大東流秘伝大鑑

はじめに

古流武術の世界ではいつの時代も、時空を超えた「秘伝」が、秘かに一子相伝《いっしそうでん》の形式で伝授されてきた。秘伝は大衆化される事なく、秘密が秘密として陰《かげ》に隠され、その全貌は決して明かされる事はなかった。此処《ここ》に「秘伝」の「秘伝」たる所以《ゆえん》がある。

現在、普及している多くの武道を見てみると、大衆化路線を只《ひた》管走《すら》り、競技的にスポーツ化し、アメリカナイズする事を普及の第一の目的とし、次に老若男女にも親しめるものというイメージを前面に強く打ち出し、その宣伝に余念がない構造をとった。此処に古来より秘密情報として伝承された、日本武術の「秘伝」の崩壊の一面がある。

誰にも親しめ、スポーツ的にゲームを楽しんだり、アメリカナイズされて、お揃《そろ》いのユニホームでファッショナブルに統一された運動着や道衣を着る事は、一見スマートであり、最も大衆が好むファッションであるが、その武技一つ一つを見た場合、その技術構成はスピードと筋力に頼り、体力で押し捲《まく》って基本のぶつけ合いに終始し、最短距離を通る直線の運動軌跡をとるスポーツ的な武道が殆《ほとん》どとなってしまった。

そして戦前の、あるいは昭和の初期までには恐らく存在していたであろうと思われる、本当の意味での「秘伝」が消え去ってしまった観がある。

今日それを振り返ると、「秘伝」はアメリカナイズの変貌の裏側で消滅し、そして名目上「秘伝」と云う言葉は、表向きには使われてはいるが、本当の意味では最早《もはや》死語に近い状態になってしまっている。

従って、「小が大を倒す」という技法が殆ど無くなり、専《もっぱ》ら手の早い者が遅い者を叩き、力のある者が力なき者を倒しているだけの事であり、柔道の専売特許のように盛んに使われた「柔能《よ》く剛を制す」の言葉も、今日では死語同然になっている。

その大きな原因は、明治維新以降、日本古来の武術を、武道に置き換えた処にあり、これはただ名称を置き換えただけではなく、その武技を大衆化・競技化する為に複雑なものを簡略化し、危険なものを省略して、スポーツ的に広く親しめるように、武技の外郭のみの秘密情報を公開した為である。尊厳すべき秘密情報を一般に公開し、秘密が秘密でなくなってしまった今日、武道は、欧米のスポーツ式トレーニング法を模倣し、アメリカナイズの路《みち》を選択してしまった観が強い。

ある意味で一般公開は、多くの研究者から研究され、暴《あば》かれる運命を辿《たど》るのは必然的である。研究され、詳細な部分まで暴かれてしまえば、それは相手に「封じ手」を研究される事となり、秘密情報として隠されていたものが広く知られてしまうという実情を招いたのである。だがこれで秘密情報が全部出揃ったわけではない。「密」なる秘密情報は、その複雑さから簡略化された為、その要締《ようてい》を外してしまい、「要《かなめ》」の部分を放棄したという形になった。つまり呼吸法や修練に必要な行法を無視したという訳である。この結果、武道は武術に非常によく類似しているが、その根本は全く異質のものとなってしまったのである。

それを要約すれば、次のようになる。

武術は、健康法として有効な体軀《たいく》を造る。即ち、中肉中背の中庸《ちゅうよう》を体軀の基本とする。また武術そのものには、正しい呼吸法が存在する。従って古来より武術家は長寿である。

それに反して武道は、運動の術理が直線的な運動軌跡を通り、これを強化する為には、スポーツと同様にスピードと筋力養成が急務であり、力と力のぶつけ合いとなる。その為、体格という面から大きな体軀が要求されるようになった。

また、その運動線が最短距離を通る為、軌跡が迂回を描く螺旋《らせん》的な動きをする事がなく、更に付け加えるならば呼吸が浅く、心臓に多くの負担をかけ心臓肥大を招き、熱心に遣《や》れば遣る程、健康を害する。この事はスポーツ武道選手が度々故障しているのを見れば一目瞭然である。更に、呼吸法に大きな誤りがある為、腰、膝、足首、手首、肘、肩、頸《くび》、脳の毛細血管切断等の故障が多く、老化を早め、短命に終わる結果を招く。

この両者の違いは、一つは武道が基本技と基本技のぶつけ合いになっているのに対し、武術は基本技の重視より、「秘伝」に則った秘術の技法を使う為、力以外で相手と戦う事になる、というところにある。

武道に携《たずさ》わる者はスポーツ競技のように大量に汗をかき、その発汗が大量のナトリウム放出となり、躰《からだ》を弱め、短命で終わる人生を余儀なくするのである。

これに対し、武術に携わる者は汗をかく事が殆どなく、「秘伝」という術と、霊的な一面を含んだ技法である為、敵の力を無効にする事を目的にしている。此処に両者の次元の違いが生ずる。

また、武道の術理は、一対一の相対的なスポーツ平面の二次元的な直線の術理の上に成り立ち、年齢別・階級別の西洋スポーツ的な模倣が必要となる。これは若い間《うち》が華《はな》であり、そして「口《く》伝《でん》」や「秘伝」というものが存在しない。

だが「武」の原点に帰れば、「戦い」とはそういうものではなかった。日々の精進《しょうじん》が必要であり、武術の日常性は、一日一日を常に実戦の場、あるいは修行の場と考え、武術家としての「勘《かん》」を養い、霊的神性を養う事を目的として来た。そこには霊的な力と、先人の培《つちか》った「知恵」や「口伝」が存在し、素手以外に諸々の武具を使う為に、総合的な武技を会得する事が出来た。また立体的、あるいは空間的であり、三次元以上の術理で構築されていた。此処にスポーツとは次元が違う世界が存在していたのである。

さて、「秘伝」とは如何なるものか、この問いに、時代を超えた「強さ」の秘密が隠されている。

欧米流スポーツのトレーニング形式を模倣した武道は、何度も繰り返すが、スピードと筋力の養成が中心であり、これは師から教わるというより、自らの努力と根性で筋肉を鍛《きた》え、スピードを養っていく為、持って生まれた天性の反射神経や運動神経が必要であり、修練の中心は反復練習がその大半を占めている。
逆に武術の「秘伝」は、自らの努力と反復練習だけでは、如何《いかん》ともし難いのである。詳細な面を「口伝」という形式で、師より一つ一つ具体的に教えてもらわなければならないし、自分一人で、何代にも亘《わた》って伝承された難解な業《わざ》に取組み、それを研究するという訳にはいかないのである。知らなければ、何も解《わか》らないというのが「秘伝」である。

また、「秘伝」と称されるものの中には、先人の「知恵」が凝縮されており、長い年月をかけて完成したものであるから、絶対に「教わらなければ理解出来ない」構造になっている。此処に「秘術の妙」があり、先人の智恵と、武技の合理性が宿っているのである。

また、武術で謂《い》う「秘伝」は、同時に多くの危険な業《わざ》（＝技法）であり、これを伝授する場合、師は弟子の人間性を問題にする。これが一子相伝の由来である。

日本人は、常にその歴史の起源から、何事も情緒的に動くという民族であり、感傷的になり易く、この事は欧米人に侮《あなど》られ易い一面を持っている。そして日本人の情緒感は、明治維新以降、外国人に旨《うま》く利用され、それによって歴史が作り替えられて来た。

精神的にも、思想的にも、欧米のそのような世相誘導で歴史が築かれたのであり、今日でもその延長上にある。何か一つの事がブームになると、誰でも一斉にそれに殺到し、収拾がつかなくなる事態を招いて来たという過去を振り返れば、頷《うなず》ける話である。

昨今のゴルフブームもそれであるし、また以前にも「ブルース・リーの映画」が巷《ちまた》で爆発的に大ヒットした時、猫も杓子《しゃくし》も、老いも若きも、空手道場や少林寺拳法の道院に詰め掛けた。何処の空手道場も道院も、この時は道場創立以来の空前の盛況となった。

過去を振り返れば、ゴルフもボウリングも総《すべ》て大衆化し過ぎて駄目になり、本当の愛好者の手から離れて行った観がある。古武道や古武術と謂われたものも然《しか》りである。そして、いつの間にか、本当のものを見落とす現実を招いた。

しかし本物は、殊《こと》に日本特有の家元《いえもと》制度、宗家《そうけ》制度は、流行《ブーム》の狂騒状態を鎮《しず》め、競技人口、あるいはその修行者の数を適正数に保ち、更にこれらの情報を反応測定《フィードバック》するシステムを有していた。

曾《かつ》て秀吉が天上人に登り詰め、太閤《たいこう》となって大坂城に君臨した時、大茶会を催し、それが評判となって、武士から乞食まで一万人もの群衆が詰め掛けたという。こうなると、茶道を真に愛好する者は茶道から離れ、それらの愛好者を再び呼び戻す為には、家元制度を発足させる以外手はなくなってくる。

江戸期の剣術でも同じ事で、殊に幕末近くになると、百姓や町人が道場通いをはじめ、これが流行して大ブームになった。挙句《あげく》の果てに、百姓や町人が二本差しで武士を気取り、俄侍《にわかざむらい》が誕生した。豪農や豪商の中には、武家の家督《かとく》を金で買う者すら現われた。こうなると、柳生《やぎゅう》流をはじめとする古来より伝承された由緒ある流派は、これらの町道場と対抗する為に、門弟を厳しく制限し、有能な人物のみにしか入門を許さなくなった。

今風に謂えば、メンバーズ会員制度であり、差別化した訳である。向こうは大衆向きのクラブだが、こちらは真の愛好者の為の会員制クラブであり、それだけに課される責任も資格も、そして修行の程度も厳格で、更に技術も高度であるという事をはっきり宣言したのである。本来古流武術の良さは、此処にあるといってもよい。

我が西郷派大東流の門弟制度もこれと等しい立場を取っている。選ばれた者が、あるいは厳格な審査に合格し、入門を許された者だけが修行する制度を取っている。

従って此処にはじめて「奥伝」や「秘伝」の伝承形式が生まれ、秘密情報は徹底的に「秘密」にするという、情報公開の不可が生まれたのである。

今日は俄侍が横行し、猫も杓子もそれなりのスポーツ経験、武道経験を持った者が少なくない。しかし概《おおむ》ねは、一般的に大衆化された競技武道に手を染め、その事で総《すべ》てを理解したように錯覚し、一端《いっぱし》の武道家を自称する者が少なくないようだ。その為に大きな誤りを犯している者も少なくない。

その素人と、五十歩百歩の感覚で武術理論を述べ、豪語を奮う傍若無人な輩《やから》は今日も跡を断たない。彼等の持ち出す新説は、話を益々情報過多に陥れ、古武術界に混迷を蒔《ま》き散らしている。昨今の古武術ブームの裏には、このような現実がある事を忘れてはならない。

と同時に、日本人の情緒的な先入観や固定観念は、一種独特の暗さを持ち、殊にその暗愚は流行《ブーム》を作り上げ、これに振り回されているという現実が少なくないのだ。

まず武術修行者は、単に筋力とウェイト・リフティング的な練習反復者に陥ること無く、「修行」という観点から、もう一度自分自身を見つめ直し、「武」の何たるかを考え、本当の意味での「秘伝」に触れる必要があるのではあるまいか。

本書では「秘伝」に焦点を当て、秘伝の何たるかという事を、少しでも具体的に述べたつもりである。心有る修行者によって更に本書が研究され、日本武術の末端に、著者として貢献できれば光栄である。

著者

プロローグ・武術の思想

秘伝の定義

　秘伝というその「術」は、自分勝手に研究するものではなく、また研究した事柄を自己流に反復トレーニングするものでもなく、具体的に師から教わるものである。

　大東流の業《わざ》は、大きく分けて「業《ぎょう》」と「行《ぎょう》」に大別される。「業」は具体的な技術法を指し、「行」は日々の段階を追う精進としての修行法を指す。従って技法を行う際は「技」でなく「業」の文字を用い、日々の精進については「修業」ではなく「修行」の文字を用いる。

　さて、業としての技法は自分の頭の中で偶像をイメージしたりするものではなく、直接的に詳細な箇所を師から教わり、それを自ら体現しなければならない。

　古来より現世を「うつしよ」と呼び、現身を「うつせみ」と謂う日本語の響きで呼んだ。現世に生きる人間が現身であるとするならば、「身《み》を現《うつ》す」事こそ現世の理《ことわり》である。人としての人間が、「人形《ひとがた》」を何者かの転写《コピー》と考えるならば、今日に至る伝承も古人の転写と考えなければならない。転写が転写である以上、転写はその歴史の中で永遠に繰り返され、古人の技法をその儘《まま》写し取ったと考えて差し支えないであろう。つまり幾ら頭で考え、研究しても、それは伝承から出た業としての価値はなく、空中楼閣に描いた机上の空論で終わる事が多いのだ。

　長い伝統を有する武術は、スポーツや武道と異なって、師の教え（転写）は具体的であり、合理的であり、そして何よりも秘密の核心に触れている。即ち、武術で謂う師とは、スポーツや武道のコーチ的な側面の助言者《アドバイザー》ではなく、実用的で実戦的な「口伝」という詳細箇所を交えながら、その技法を事細かに教え、そして導く師匠的な存在である。此処に本当の意味での徒弟制度があり、「一子相伝」の転写が存在するのである。

　さて、人間の戦闘や格闘は、本来ルールの無いものであった。古代の戦い方は、歯で噛《か》む、石や棒で叩く、足で蹴《け》る、手や紐《ひも》や縄で頸《くび》を絞める、拳《こぶし》や鈍器で殴る、石や木片を投げる、四つに組む、投げて抑え込む等で、その優劣の交代に伴って、逃げる、追う、隠れる、謀《たばか》る、騙《だま》す、迷う等の行動に出る。これが概《おおむ》ね原始共産社会での実情であった。

　そして時代と共に武器が発明され、それが使われるようになると、刺す、突く、斬る、射る、投げる（＝手裏剣《しゅりけん》や飛礫《つぶて》）、撃つ等の方法が考え出され、やがてこれが体系的に編纂《へんさん》されて、武術（兵法）に変貌を遂げるようになる。

　これらの武技が、武術の「術」として変貌を遂げ、これらの術が流名を名乗り始めたのは室町初期の頃であり、古流の諸流派は江戸中期まで、武家社会を取り込んで大いに栄える事になる。

　しかし、江戸の中頃になると、武士以外に町家の金持ちや、豪農達が武術を稽古事として習い始める流行が起こり、武術は大衆化路線を走り続ける事になる。その最たるものが「旦那芸《だんなげい》」と謂われる町道場経営者の、金持に媚《こ》び入る、金銭至上主義崇拝の輩《やから》であった。

つまり金銭で、流派の秘伝の一部を切り売りするという現実が生まれたのである。これらは直接生活に跳ね返ってくる町道場の経営者達に多く見られた。彼等は一子相伝で伝わった先人の、血と汗の結晶であった秘伝の一部を小出しにしながら、町家の金持や豪農達に、その先人の心と魂を売り渡していたのである。

江戸時代末期になると、文献だけを漁《あさ》る骨董品蒐集《しゅうしゅう》家（今日でも多い文献コレクター）によって、これらの秘伝は寄せ集められ、文献の上で編纂され、新たに体系が付け加えられて、新たな流派が起こる事になる。甚だしいものは、宗家や家元の印可状までを買い上げてしまうという有様だ。そして新流が流祖の画策で誕生する。

剣術で謂《い》えば、新興流派の北辰一刀流《ほくしんいっとうりゅう》等がそれであり、柔術では天神真楊流《てんしんしんようりゅう》等がそれであった。

殊に剣術では、武術が武術以外の、道場試合形式という形を取り、また防具という、これまでにはなかった武具の模倣品を身に付ける方法で、武術の指導が始められた。

やがて武術は道場での屋内稽古が中心となり、天気の日でも道場外での稽古は行われなくなっていく。修験道《しゅげんどう》や仙道（神仙術）の行動と思想を取り入れていたこれ迄の古流武術諸流派は、「山稽古（＝山行）」という難行を強いられる教伝方式を取り止め、全天候型の屋内稽古方式に姿を変えていく。そして武術修行者を野山から遠避け、道場内での試合上手が英雄としてもて囃《はや》される現実を作り上げていく事になる。

しかし維新幕末期、人斬りとして勇名を轟《とどろ》かせたのは、江戸や大阪の大都会を中心に全天候型の道場を構える門弟達ではなく、都会から遠く離れた、地方の名も無い武術家達であった。

彼等は普段より、実戦に即した稽古をしており、防具を使わない、あるいは使っても非常に簡素であり、単純で粗末な武具を身に纏《まと》い、戦国時代の武将達が修練する、実戦さながらの修行に励んだ者達であった。彼等が甲冑《かっちゅう》のような防具を使わないのは、武術を競技ではなく、実戦に即した真剣勝負であるという精神的思想を背景に、肉体的には防具によって身の自由を奪われる事を嫌った為である。

話は十六世紀に戻るが、戦国時代、戦場で役に立ったのは示現《じげん》流《りゅう》であったと謂われる。柳生新陰流《やぎゅうしんかげりゅう》やその他の流儀の剣術は、道場での試合形式では勝ちを得ても、戦場では全く使い物にならなかったと謂う。

「一之太刀《いちのたち》」しかない玉砕思想を掲げた示現流はその太刀合の型に於て、柳生新陰流等の複雑多岐に亙《わた》るような、二之太刀、三之太刀が無く、総て「一之太刀」に己の全気力と全気魄を注ぎ込み、初太刀に総てを賭けた剣法であった。実に単純明解であり、この事が強さの秘密であった。

江戸時代末期は、日本中が騒然となった時代である。戦国時代の下剋上を遥かに凌《しの》ぎ、殊に京都の街では無差別斬殺が行われていた。中村半次郎《なかむらはんじろう》（後の桐野利秋《きりのとしあき》）らは十六世紀の戦国時代、最も役に立ったと謂われる示現流の手練《てだれ》であった。新撰組《しんせんぐみ》（新選組とも）の天然理心流《てんねんりしんりゅう》もこれに準ずる。

しかし明治維新を迎え、日本の社会が西洋風的に改造されていくと、更に新しい武術が起こり、その名称も、武術から武道と呼ばれるようになった。柔道や、それの歩調を合わせた剣道の登場がそれであった。

また大正時代になると、石黒流等の新しい流派が起こり、新流派の産声《うぶごえ》が続々と続いた。だが、新流派は古流諸流派の秘伝を受け継いだというより、組織作りや人脈作りの方法論の伝承が中心であり、この頃になると、秘伝と名の付く技は非常にお粗末なものになり、多くは西洋スポーツと同じく、筋力養成法を基本にした流名の伝承に過ぎなかった。

嘉納治五郎《かのうじごろう》が創始した講道館柔道《こうどうかんじゅうどう》は、天神真楊流や起倒流《きとうりゅう》をその母体に置くとしているが、それは「秘伝」を母体にして、柔術を柔道に改めたのではなく、天神真楊流の組織体系と人脈作りの方法論を伝承した観が強い。「柔道」という名称は、それを如実に物語っている。

講道館柔道を演出した知謀の武道家

明治の初頭、西宮から上京し、後に東京大学文学部に入学して、政治学と哲学を修める傍《かたわ》ら、当時まだ東京に残っていた古流柔術二流（天神真楊流と起倒流）に学んだ男が居た。その男の名を嘉納治五郎と言う。

若かりし日の嘉納治五郎

悪童時代の嘉納治五郎（前列右）

嘉納治五郎は、万延《まんえん》元年（一八六〇）兵庫県武庫郡《むこぐん》御影《みかげ》町の商家で酒屋を営んでいた嘉納治郎作希芝《まれしば》の三男として生まれ、治五郎が十一歳の時、父治郎作は彼を東京に呼び寄せて、生方桂堂《おがたけいどう》の成達書塾で漢学を学ばせ、十四歳の時には育英義塾《いくえいぎじゅく》に入塾させている。

育英義塾は当時では稀《まれ》な外人教師による徹底した英語教育を実施し、塾生には全員寄宿舎生活を義務づけていた。

嘉納は入塾して間もない頃、先輩格の塾生から、新参者として苛《いじ》められ、悔《くや》しくてたまらない、涙に明け暮れる日を過ごしている。躰付きが貧弱で、体力に恵まれなかった嘉納には、いつの日か自分を苛めた先輩達を見返してやろうという気持ちが、いつしか子供心に芽生えていた。これが柔術を学ぶきっかけになったという。

更に高度な学問を身につけたいという事で二松学舎《にしょうがくしゃ》に入塾し、続いて十五歳の時、大学予科学校であった外国語学校に入学。十八歳の時には東大文学部に入学している。

やがて嘉納に、少年の頃から宿願の念として抱いていた柔術を学ぶ機会がやってきた。嘉納の躰《からだ》付きは元来小柄でひ弱であった為、弱小の者が剛力の巨漢《おおおとこ》を投げる、といった柔術に前々から心を寄せていた。当時、接骨業を職業として、その傍ら柔術を教えていた八木貞之助を見つけ出し、その紹介で天神真楊流柔術の福田八之助の門下に入った。福田八之助は天神真楊流以外にも、気楽流《きらくりゅう》柔術や奥山念流を学んでおり、当時では珍しい組織的な武術普及構想を持ち、特異な指導法で門下生を募っていた。

その指導法とは、自分自身で学び取った技法については、その流名を自らの名付けた流名で名乗り、新たに組織的に普及して行く事を許可したものだったのである。

この頃、多くの柔術諸流派が、秘密主義の古式形式の教伝をとっていたのに対し、天神真楊流や気楽流は組織普及型の個人各位の力量に応じた自由形式を取っていたので、新派の柔術が一斉に新流名の産声を上げる事となる。

千葉県銚子には、嘉納と同門であった石黒関斎が石黒流を名乗り、その他にも大正末期まで、これらの新派流名合戦は続いたのである。

そうした中、嘉納は自身の流名を嘉納流と名乗らず、講道館流、若《も》しくは講道館柔道と名乗ったのである。

今日の日本柔道及び国際柔道を見た場合、他の古流柔術と、その起源は江戸中期頃からはじまった同根の技術を持っていたにも関わらず、講道館柔道がこれらの柔術の躍進を抑えて隆盛を極めたのは、やはり治五郎自身が組織普及型の教伝方式を充分に理解して、安易に一流派に留まらず、他の柔術を寄せ集める等して、組織体系を研究した結果の賜《たまもの》であるといえる。欧米を模倣する明治という時代を先取りして、知識で柔道を普及してきた知謀の証《あかし》が此処にあるようだ。

しかしながら、嘉納治五郎の柔術家としての力量と伎倆《ぎりょう》と、その実戦家としての実力の程には素朴な疑問が残る。だがそれを巧妙に隠したのは、やはり彼の学閥と教育者としての名声であろう。

嘉納は十八歳の時に、天神真楊流の福田八之助に学び、続いて旧幕府講武所《こうぶしょ》教授方の起倒流本山正久の紹介で、曾て起倒流の名人と謳《うた》われた飯久保恒年《いいくぼつねとし》に入門している。

嘉納の学んだ古流柔術の大家は、いずれも最晩年期の力衰えた老人であり、この老人達が死ぬ半年程前に、突然駆け込むように入門している。曾ては柔術でならした大家も、今は歳をとり、生活に困窮していたことは、剣術の名人と謳われた直心影流《じきしんかげりゅう》の榊《さかき》原鍵吉《ばらけんきち》が生活の糧《かて》を得る為に、サーカス等の曲芸団（撃剣興行《げきけんこうぎょう》）に剣術遣いとして出ていた事を考えれば、これらの柔術の大家達も決して生活は豊かであったとは言い切れない。纔《わず》かな金銭で流名と奥儀を売るように、嘉納に印可を与えた事も考えられる。

嘉納が入門して、纔か六年にして免許皆伝を手にし、永昌寺《えいしょうじ》に講道館を創設した事を考えれば、やはり此処には大家達の、金銭で極意を切り売りするような特別な手心があったと思われるのである。

育英義塾に入塾以来、躰付きが貧弱で苛められていた治五郎少年がやがて青年嘉納となり、五、六年足らずで達人の域に達し、何れの流派の奥儀も即座に習得できる程の、柔術家としての才能が備わっていたかどうかは疑問である。それとも古流柔術の大家の死期を待って、計算ずくで免許皆伝を手にしたと考えるのは著者の邪推だろうか。また、これは単なる文明開化に押し流される、当時の時代的な流れの偶然であったのだろうか。

講道館入門時の西郷四郎（前列左端）
顔にはまだ幼さが残る

今日の柔道の隆盛を見るにつけ、嘉納治五郎自身の学歴と学閥と政治力が、他流派柔術や、この頃沖縄から入って来た空手の普及に歯止めを掛けたとも謂われている。

そして嘉納が学んだ柔術の結果から浮かび上がって来るものは、天神真楊流の福田八之助や起倒流の飯久保恒年から学んだ柔術の極意ではなく、実は組織的指導法の教伝方式ではなかったか。その狭間《はざま》に、彼特有の知謀が見え隠れするのである。嘉納自身、今にも風前の灯火《ともしび》と化し、死に絶えようとしている柔術の奥儀に触れる必要はなく、人は道を説きさえすれば組織化された集団に寄り付くといった、人間の小賢《こざか》しさに群がる習性の《利》を見抜いていたのではないかと思われる。

やがて西郷四郎も自身の社会的未熟を利用されて、嘉納の組織化されつつある講道館柔道に、死闘を演じる一戦士として取り込まれていったに違いない。草創当時の講道館を盛り上げ、一躍有名にしたのは西郷四郎をはじめ、講道館の四天王と謂われた、横《よこ》山作次郎《やまさくじろう》、富田常次郎《とみたつねじろう》、山下義韶《やましたよしあき》ら、この四人の功績によるところが大きい。

現在、嘉納治五郎を柔道の神様として崇拝する人は内外でも決して少なくない。この崇拝の中心根拠は武道家にして教育者であるという事が、その根拠であろう。

これは嘉納治五郎自体が、日本学閥最高峰の東大を卒業した知識階級の人であったという事や、学習院を初めとする、華族の名門学校の教育者としての地位と功績がもて囃されていたからではあるまいか。

嘉納は武術の実戦家というより、合理主義者であり、頭脳も明晰で、先見の明のあった近代稀に見る経営学者であった。そして大方の武道評論家なり、註釈者なりは、嘉納の計算高い、策士たる所以《ゆえん》を迂闊《うかつ》にも見逃し、本当に武術家として批評し、論じなければならない事の根本を完全に見落としているのである。何故ならば嘉納の標榜した「自他共栄《じたきようえい》」が何よりもそれを明確に物語っているからである。

恐らく嘉納が目指していたものは、連綿と続いて来た日本武術という様なものではなかった筈だ。近代スポーツ、あるいは体育という隠れ蓑を巧妙に使って、広義の体育教育を目指したものと思われる。広義と言えば聞こえが良いが、要するに体裁の良い「自他共栄」を図る自己宣伝材料であった。また策士であったが、上級武士が武士道精神に則って、戦略を巡らし、戦術を練るというものではなかった。これが西郷四郎との間に深い溝を作った原因でもあると謂われている。だが西郷は嘉納に対して、積極的に、あるいは直接的に批判する意図は無く、あくまで与えられた柔道の場で、果たされない自身の渇望を、自分なりに決意して、大陸飛翔の夢の実現といった、遠回しな形で講道館出奔《しゆつぽん》を決意したのではあるまいか。

だが西郷の嘉納に対する悲願は空しく、闇に沈んで行った。嘉納の目指す柔道は競技化し、スポーツ化した世界に向けての国際柔道であり、その構想路線は日本的なものから欧米的なものへの移行であった。その組織拡大政策も欧米商人のそれであり、これによって柔道は欧米人に積極的に受け入れられ、瞬《またた》く間に世界的普及を成し遂げたのである。それは一国の国技という枠を超えて、国際化の美名の許《もと》に、日本武士道及び日本的精神の崩壊を目指したものでもあった。この点が福沢諭吉《ふくざわゆきち》の「脱亜入欧主義」に極めて似通っている。

日本的な伝統及び精神を悪しき風習として、打ち砕くべく発端を切り開いたのは、ペリーの砲艦外交である。やがて明治維新を経て、森有礼《もりありのり》や福沢諭吉らによって創立した明六社《めいろくしや》（明治六年に創立）の盛会によって、華々しい開花を見た。これが彼等が豪語して憚《はばか》らなかった「文明開化」、即ち「脱亜入欧政策」であった。

この政策の中心課題は、白人崇拝と西欧科学知識の早期導入であり、特にアメリカ文化の導入であった。これ以来日本人は国家レベル、あるいは文化人及び有識者レベルで、対米従属の路線が取られ、同時に人種的には、強い対白人劣等感《コンプレックス》を抱き続ける結果に至らしめた。恐らく嘉納もこの白人崇拝の信奉者の一人であったに違いない。嘉納の目指す「自他共栄」は、同胞の日本人に向けられたものではなく、あくまで白人崇拝主義を基盤として彼等を早急に取り込み、欧米に於て普及発展を狙ったものと思われる。嘉納は時代が西欧化に向かって、急激に動いているのを肌身で感じ取ったに違いない。

日本的風土を徹底的に批判し、日本的なものに罵声《ばせい》の限りを浴びせ掛ける事が、福沢諭吉の『学問ノススメ』からも窺《うかが》えるように、当時の社会風潮の流行の先端が、神仏と旧武士階級を扱《こ》き下《お》ろす「文明開化」であった。新興スポーツ武道「柔道」も、この流行の波に乗った観がある。

講道館柔道は、天神真楊流や起倒流等の柔術の名称を時代遅れのものと決め付け、《術》を《道《どう》》に摩《す》り替えて、《柔道》と体裁よく言い繕《つくろ》っているが、その正体は「人の道」とは全く関係のない、欧米を模倣した国際化の為の「欧米化の道」であった。

国際化とは実は、「欧米人の、欧米人の為の、欧米人による、スポーツ柔道」であったのだ。

これはとりも直さず、白人国家主導型の運営で柔道を世界に普及させつつ、その裏で武士道精神を腐らせ、武道のスポーツ化を推進して、日本的なものを日本人から一切奪ってしまう事を意味していた。

嘉納が柔道を国際化の波に乗せ、柔道普及の世界制覇を目指したのは、昭和十一年に開催される予定であった東京オリンピックの前年の頃からであり、彼自身が国際オリンピック委員に選ばれて奔走した時、既にスポーツ柔道の世界制覇を意識していたに違いない。

当時、嘉納の世界戦略構想の中には、日本古来から培われてきた武士道と、そこに培われた日本精神を柔道界はもとより、武道界から一掃して、競技化し、スポーツ化して、欧米人に売り渡す某《なにがし》かの魂胆があったようである。

日本人は対白人劣等感（人種的には容姿その他が日本人よりカッコいいと思う見ため感覚。文化的には日本語より横文字の欧米語の方がスマートだと思う文化的感性）に陥り易く、アメリカナイズされたものを好む性格がある。

今や右へ倣えをして、多くの武道団体がこれを安易に迎え入れている現実がある。実際に柔道界が武士道精神を一掃した結果、国際柔道に右へ倣えしたのが、各々の武術の語尾に《道》を名称にした、剣道や空手道や合気道等であった。各々は今でも国際的な組織拡張に奔走している。

秘伝を無くした日本剣道

柔道が嘉納治五郎によって意図した通り、武術でなく「体育（嘉納の目指した体育の言葉は、徳育と知育をも含めて、三位一体として教育者の間で高い評価を受ける)」あるいは「近代スポーツ」として競技化に成功し、国際化、大衆化した事は、大日本武徳会《だいにほんぶとくかい》(明治三十一年創立)に参画する全日本剣道にも大きな衝撃を与えた。そして柔道の二番煎じ、二匹目の泥鰌《どじょう》を狙う路線が早急に敷かれた。

明治以降、日本剣道は高野佐三郎らによって、主だった流派(多くは北辰一刀流)の型を取り入れて、大日本剣道型が成立したものであるが、これは本当の意味での、古流剣術の秘伝を取り入れてはいない。

幕末、主だった剣術の流派は、千葉《ちば》周作《しゅうさく》成政《なりまさ》(一七九四〜一八五五)の北辰一刀流、斎藤弥九郎《さいとうやくろう》善道《よしみち》(一七九八〜一八七一)の神道無念流《しんどうむねんりゅう》(渡辺崋山《わたなべかざん》、藤田東湖《ふじたとうこ》、江川英龍《えがわひでたつ》らを輩出)、伊庭軍兵衛《いばぐんべい》の心形刀流《しんけいとうりゅう》(シンギョウトウリュウとも読む)が三大流派として君臨していたが、その他にも男谷精一郎《おだにせいいちろう》の直心《じきしん》影流《かげりゅう》(この流派は男谷下総守信友《しもうさのかみのぶとも》にはじまり、幕末の剣豪と謳われた榊原鍵吉友善に伝承され、大東流柔術総務長を名乗っていた武田惣角《たけだそうかく》にも伝えられた)、薩摩《さつま》の示現流(桐野利秋のほか、篠原国幹《しのはらくにもと》、有村俊翁、大山綱良《おおやまつなよし》らを輩出)、尾張《おわり》の柳生新陰流、大和の柳生流《やぎゅうりゅう》、山岡鉄舟《やまおかてつしゅう》の一刀正伝無刀流《いっとうせいでんむとうりゅう》、近藤勇昌宜《こんどういさみまさよし》の天然理心流、小野派一刀流《おのはいっとうりゅう》(伊藤忠也《いとうちゅうや》)より分かれた溝口派《みぞぐちは》一刀《いっとう》流《りゅう》等、数え上げれば切りが無い程、多くの剣術諸流派が残っていた。しかし、明治三十一年、大日本武徳会が発足すると、近代剣道は、当時東京高等師範学校の職に奉じていた高野佐三郎らの剣道一派に統一されてしまったのだ。

これは、嘉納治五郎の柔道が「教育」の場に於ける「体育」という事に主眼を置いたように、剣道でも、日本の時代の流れに、武道として取り残されないようにとの最後の足掻《あが》きだったのだ。

歴代の全日本剣道連盟の会長が、嘉納と同じく東大卒であり、また剣道連盟の理事らも東京高等師範(前の東京学芸大学、現在の筑波大学)で占められ、また、今日の柔剣道が教育関係者で占められているという事実が総てを語っている。そこには、柔道の二番煎じ、二匹目の泥鰌を狙う、全剣連の意図が読み取れてくる筈である。また、全剣連の上層部は、次期オリンピックの種目に剣道を採用するようにと、盛んに働きかけている現実がある。そしてこれは同時に、剣術諸流派に残る、多くの秘伝が消滅した事を意味するのである。

明治維新以降、日本の武術は、最高学府で高等教育を受けた教育者によって牛耳られ、文明開化に合わせて西洋化を目論んだものと思われる。その為には「秘伝」という、難解で修行に時間を要する複雑な技法を後世に伝承するよりは、基礎体力養成法として、大衆化して簡略化し、スポーツとして楽しめるものでなければならない、という意図が働いていたと思われる。

柔剣道が明治以前までの柔術や剣術と異なり、武術として殆ど役に立たない状態に陥っている事を挙げれば、この事も決して誇張ではないことが容易に解るのである。型にこだわり、妙に形式化された「姿勢」や「構え」が、実は軟弱で、約束的な狎《な》れ合いの体捌《さば》き、定型的な画一化された足捌き等を押し付け、自由性を失わせているのである。

例えば、柔剣道の高段位を取得する警察官が、刃物《ヤッパ》を持ったチンピラや鉄砲玉（彼等は刃物を持つ場合、腰溜《こしだめ》にして体当りする事を組の幹部から厳重に指導され、その修練のみに心血を注ぐ）に簡単に刺し殺されて殉職するという事件が、全国各地で起こっているが、これらは、今日の柔剣道が突然に起こる不慮の出来事の遭遇に、実戦護身術として何ら役に立たず、効果が無い、という事を如実に物語った事件ではあるまいか。

著者は曾《かつ》て、二十四時間店《コンビニエンスストアー》の前で深夜屯《たむろ》する風体《ふうてい》のよくない非行的な少年達の集団に、その態度を注意した老齢の某柔道七段が、逆に彼等の集団一斉襲撃に遭い、手も足も出ず袋叩きにされているところを、間一髪で助けた事があった。年齢を重ね、歳とともに円熟すると謂われる武術が、その真髄とは別に、スポーツ化し、競技化した結果、実戦での非日常的な戦い方を忘れてしまった観が強いものだとして、この老齢の柔道家を見るのだった。

また多くの武器（剣、杖、棒、小刀、短刀、鎖鎌《くさりがま》、十手《じって》、手《しゅ》裏剣《りけん》、飛礫等）を用い、暴力から身を護《まも》る構成で技法が組み立てられている武器術を指導する古武道家が、実は格闘を職業とするスポーツ選手にも劣る事がある。戦闘に於ける本当の真意を忘れ、通り一遍的な型に頼って形骸化し、一旦微温湯《ぬるまゆ》に浸《つ》かり、安全圏に逃げ込んで、安穏な生活をしている古武道の大家も少なくない。

また、これらの大家と称される人の中には、古文献漁《あさ》りが専門で、生活を掛けて格闘するスポーツ選手や空手の無段者にも敗れるといった貧弱な実力しか持ち合わせない人もいる。彼等は日々の修行よりは、文献の中から過去の人脈を辿り、その探究に異常な執念を燃やす人種である。

これからも分かるように、武術の武に「道」（＝「道《タオ》」の信仰）を付ける形骸化した唯物主義的発想は、複雑多岐に亙る今日の世情や凶悪犯罪を考えれば、全く無力であるという事である。

兵法の起源以来、古人が命懸けで体得し、研究し、多くの工夫によって編み出された武術は、武道スポーツや現代武道の「道」の影響で、古武道と改まり、単純に暴力から身を護るように作られていた術が、殆ど機能しなくなってしまった観が強い。

今日警察官の間で行われている警察官逮捕術（実際には乱取り形式の試合）も、「素手対短刀」という事を想定して乱取り試合が行われるが、この場合、素手で受ける方は相手の短刀、若しくは刃物が長ければ長い程、素手は得点を稼ぐ側としては不利になり、刃物を持つ者から容易に攻め込まれるという事が、半《なか》ば常識となっている。

これを逆の方向から論じれば、長物（槍、長刀《なぎなた》＝薙刀、長巻、棒等）を躱《かわ》すには、相当な体捌きが必要であり、また、反射神経や運動神経に頼るこれらの動きは、歳を取れば取る程、躰の動きは鈍くなって益々不利になり、結局スピードと筋力の差がものを謂うという事になる。これは「長が短を負かす発想」であり、「大が小を倒す理論」である。

明治の剣豪と謳《うた》われた三田村某が、長刀《なぎなた》の名手であった女性に、いとも簡単に手玉に取られ、無残に敗れた事が、刃物は長い程、有利であるという事を端的に証明しているのである。(但し、これはあくまで剣道・長刀のルールに於ての得点を取る為の試合である)また長刀に「脛《すね》」の防具を当てるのも、長刀の長さを生かした、長刀ならではの証である。

そして、これらの長い物に対戦する時、それを躱すには相当な手捌きや足捌きが必要であり、更に自身の反射神経や運動神経に頼らなければならないとすると、これは最早「武」を目的とした「術」ではなく、呼吸の浅い西洋スポーツのように、スピードと筋力の「体力」の必要が生じてくるのである。

しかし、体力のある若者であれば、訓練してある程度の防禦力は備わるかも知れないが、中年の峠を超え、老期を目前にした衰退の一途にある中高年者が、これに対戦する事は至難の技であり、歳を重ねれば重ねる程、不可能に近いと謂わねばならない。人間は何人も、やがて老いる運命を背負っている。そして新旧が入れ替わるように、老兵は若者にその座を譲らなければならない時が来る。

だが、これは力のある者が劣る者を叩き、手の早い者が遅い者を下す、あの弱肉強食の理論であって、「小が大を倒す」発想ではない。力のある者が弱者を力で捻じ伏せる発想である。

では、刃を躱し、力を躱す為の相対的な体捌きと、反射神経や運動神経を一切御破算にして、新たな活路はあるのだろうか。実は、これこそ「秘伝」と謂われる、武術の「術」なのである。秘伝は「術」というものの集積であり、教訓から構築されているのである。

毒される「道」の信仰

武術や武道に昏《くら》い人は、安易に剣術を剣道、柔術を柔道と言ってしまう事がある。これは日本人の中にそれだけ「道《タオ》」の固定観念が浸透しているという証拠でもある。

しかし、武術の真の目的は、肉体を外形化する「道」の信仰ではなく、自らの術の修行と、その裡側《うちがわ》の精神統一にある。つまり釈迦が只管《ひたすら》、内観法《ないかんほう》によって自己を探究した如く、自らを探し求めて裡側《うちがわ》へ回帰する人間修行がその目的である。

さて、日本武術が「〇〇道」と名称を変更した裏には、この「道《タオ》」の信仰が含まれている。

しかし、精神統一は、単に躰を反復練習させ、筋力やスピードを養成するだけでは達成できない。日々の精進と、その修行が必要である。

また「道(タオは、あくまで欧米流のマナーの域を出ない。西欧に対抗した道教的な意味合いも強い。そしてスポーツ的な意味合いが強い)」を信仰したところで、精神統一の目的は果たされず、不必要で無理な反復練習が躰を痛め、傷つけ、老化を早める結果となるばかりではなく、精神を散漫にして、動物のように落ち着きのない精神状態を作り出してしまう。鎬《しのぎ》を削るような激しい動きの中に「動中に静」は訪れず、益々心を掻き乱し、精神統一を鈍化させる状態に陥る。

また武術の「武」の下に「道《どう》」を付け、道《タオ》を只管《ひたすら》信仰する昨今の武道は、密教や古神道で言う「尊天や宇宙神」を否定する教えであり、人間の判断に委ねて取捨する寔《まこと》に不敵な発想であり、利己主義であり、神や仏は参考資料にするといった程度の事で、大きな意味として捉えていないのが実情である。

道場に神棚を祀る最初の起りは、禅の道場で僧侶が自らの道場である僧堂に神棚を祀った事がその由来であり、これが鎌倉末期から武芸者の道場にも祀られるという伝統になっていく。

さて、我々日本人は中国大陸の影響を大きく受け、後に「神」「仏」「儒」を一緒くたにして多神教の傾向を持つようになる。これは習合思想であり、仏教も神道も儒教も、各々の長所のみに眼を向け、元々一神教であったものを多神教に置き換え、独創的な思想で発展させた。しかしそれにも関わらず、聖徳太子以来の日本の習合思想は崩れ去り、「神の教え」を人間が判断するという「道《タオ》」の信仰に摺り替えてしまったのである。日本人を無神論者に走らせた元凶は、実は此処にあったのである。その結果、今日でも多くの日本人は家に神棚や仏壇を置きながらも、特定の宗教を持たず、信仰すら行われていないのが現実である。道はその隙間をかい潜って、武・芸の世界に流れ込んで行ったのである。家族の間に宗教を持ち込み、それを頑迷《がんめい》に信仰している人は、その多くが基督教《キリスト》等の外来宗教や、御利益《ごりやく》本位の新興宗教を信仰している人であり、それ以外は熱狂的な固執する宗教を持っていない。

一方で「道《タオ》」の信仰は、中国古来の伝統に則り、中国人をして「神を信じぬ不敵な民族」と謂わしめたが、彼等中国人にとっては、「青史《せいし》に名を留める」あるいは「子孫を辱《はずかし》めない」という思想がある。これは儒教の教えるところの、歴史主義と家族主義が結合したものであり、やがて「道」の信仰として発展して行く事になる。これを宇宙の原理に据えたのは老子であった。

老子によれば、「道《タオ》は一を生じ、一は二を生じ、二は三を生じ、三は万物に生じる。万物は陰を負い、陽を抱く」として、「一陰一陽する、これを道という」（『易経《えききょう》』繋辞伝《けいじでん》より）とある。

そしてこの根底には絶対的正義とも謂うべき、「気一元論」の宇宙構造の基準が控えていた。その中枢をなすものは、万物が包含する陰陽の「沖気《ちゅうき》」であり、沖気は陰陽から生まれ、その陰陽は「気」から生まれ、その混沌とした「気」は道の生成作用によって生まれた、とするものである。

日本は古来より中国大陸との文化交流を盛んに行い、多くの文化と技術を吸収してきた。日本の使節団が中国を訪れたのは、後漢の光武帝《こうぶてい》の頃で、西暦五七年の事であったが、本格的な交流は四世紀以降の事になる。その頃の日本は古代文化の黎明期を迎えていたが、先進国・中国では神仙思想や仏教思想が流行して、既にその中盤期に入っていた。これは時代のズレを生み、このズレは先進国の文化や技術は導入しても、その思想や政治体制は導入しないという選択を齎《もたら》した。こうして日本人は大陸文化を熱心に学んだが、総てを受け入れたのではなかった。

殊に日本が断固と拒否したものの中には、宦官《かんがん》、道教、神仙思想、同姓不婚《どうせいふこん》、科挙《かきょ》制度等があった。これらの拒否の理由は、天皇家の立場が危険に曝《さら》される事を恐れたからであったかも知れないが、その根本には神話の世界が日本に流れていたからである。従って絶対的正義を否定するのである。

この絶対的正義というものは、その時、その場の、支配勢力や現体制に身を委《ゆだ》ね、その支配勢力の傘下《さんか》に属し、現支配体制の判断に委ねるという、いかようにでも組み替えられる基準が設けられていたのである。だからこそ、体制側は絶対的正義を拒否した。現に天皇支配体制を擁護する物部《もののべ》、中臣《なかとみ》の保守派と帰化人らのグループは、技術で経済力を得た蘇我《そが》氏らとの間に激しい抗争を起し、天皇家が揺れ動く事になる。

欽明《きんめい》（第二十九代）、用明《ようめい》（第三十一代）、崇俊《すしゅん》（第三十二代）の各々の天皇の、仏教に対する考え方は、それを如実に物語っている。殊に崇俊天皇に至っては、その抵抗が強く、天皇家から天才と謳われた聖徳太子（厩戸皇子《うまやどのおうじ》）が出てくるまでは、仏教思想が拒み続けられる。しかし、太子の詭弁《きべん》とも謂える「神・仏・儒の習合思想」理論は、それまでの神道一辺倒の考え方に終止符を打ち、神道と仏教を同時に信仰し、儒教の教えに従って生活する事を理論的に打ち出したのである。これは裏側を構築する、和を以て尊しと成す「和」の理論であったかも知れない。

此処に習合思想は、悪く言えば詭弁であり、「善い処取り」の、日本特有の国風文化の根幹が確立されて行くのである。これは歴史的に言って、江戸末期まで続いた。

しかし、明治維新を経て明治の中期に至ると、外来宗教（キリスト教やイスラム教）の流入が激しくなり、それに対抗するような形を取って現れたのが「道《タオ》」の信仰であった。ある意味で「気一元論」は、外来宗教の善悪二元論の絶対的正義観に対抗したものであった。

善悪二元論の基準は、あくまでも人間の判断に委ねられ、神や仏を否定して、その一方で独特の「心学的な美学」を発展させる魔力を持っていた。「勝てば官軍」と謂う諺《ことわざ》も此処から生まれたのである。

さて「気」は中国土着の宗教であった道教から発したもので、基層の民に根差した存在であった。中国の思想史の中で「気」は底辺で形成された概念で、それを合わせた考え方が中国特有の拝金主義であった。政治力学の力関係で動《ダイナミック》的な交代を繰り返してきた中国史は、一方で激しく激流を押し流しながらも、その一方でこれと錯誤して、民衆の中には拝金主義が蔓延《はびこ》る現実を作ってきた。

これらの考えが日本を直撃したのは幕末の頃で、これが日本の富国強兵の政策によって、神国日本の国体が大日本帝国憲法発布と共に、明治期は「道《どう》」として君臨する事になる。やがて武芸の世界にも、「○○道《どう》」と名称を持つ武技や稽古事が巷に広く流行する事になる。この「道《どう》」は、単に人の進むべき道を示唆したのではない。背後に拝金主義が隠れているのである「道《どう》」の流行で、これまで控えめであった各々の稽古事は、金銭を掻き集める巧妙な手段を家元に頼っていたが、拝金主義が罷《まか》り通るようになると商人方式で月謝制度が新たに確立された。従って、商才のない武骨な指導者は、武家の商法に甘んじ、これに乗り遅れる事となった。

　明治中期以降、講道館柔道が草創期を脱して発展期に突入すると、勝者のみが道を全う出来るというシステムと流行形態が一般化し、多くの武術家はこれに倣《なら》った。俗に言う「〇〇道」が数多く出現したのである。今日もその延長上にある。

　だが古人はこれを拒み、敢えて「道」の文字を用いず、素朴に「術」と称したのである。戦後日本人は環境破壊と生産至上主義によって消費欲望に駆られ、止めどもない混乱の淵に佇《たたず》んでいる。術を道にすり替えて、結局、術を見失った事の一つの大きな要因が、これらを混乱の淵に近づけたのではあるまいか。

　また物質万能、科学万能、肉体重視という考え方が、「術」という人間本来の知恵を忘れさせ、欧米流の迷信が、かくもこのように退廃させたのではあるまいか。

　果たしてスポーツマンや武道家が、文武両道の悟人《ごじん》として社会に如何程の貢献を齎したのだろうか。

　更に勝者として英雄に祭り上げられた彼等の犯す事柄は、性《セックス》醜聞《スキャンダル》であったり、金銭に関わる我田引水的な話題ばかりで、スポーツや武道をしない一般人より、更に低い水準で奔走している事実を、一体どのように理解すればよいのであろうか。

　だが今、心ある武術家達によって、秘伝に焦点が当てられようとしている。時代が「術」に回帰しようとしているのである。「術」を取り戻す事は、単に懐古趣味から起こったものではない。日々精進に励みながら、静かに自分自身を探究しようとする意思の現われが、「道」から離れて「術」に回帰しようとするのである。

現代柔道家の詭弁

　多くの日本人は、講道館柔道が古流柔術より起源したものと思い込んでいる。しかし、柔道と古流柔術は殆ど無関係であり、嘉納治五郎は天神真楊流と起倒流を学び、その他の古流柔術より体育として、あるいはセーフティースポーツとして柔道を創始したというが、柔道と古流柔術の関係は、その天神真楊流の人作りや組織作りに於てのみであり、その形式や伝統を受け取ったものであり、この伝統は柔道の草創期以来今日も受け継がれている。

　その第一を挙げれば、柔道に古流柔術の面影を残すものは「古式の型」であり、しかしこれは起倒流古式の型（表面の型）であり、単に柔道流に脚色して紋付袴《もんつきはかま》で演武《えんぶ》しているのに過ぎない。本来の柔術の得意とした、投げる、抑える、固める、絞める等の他に、突く、蹴る、廻り込む、外す、捕縛《ほばく》する、斬る等の技法が無く、更に斬り合いでの無刀捕り等は一切存在していない。

　第二に、柔道は体力主義に則って、「柔能く剛を制す」あるいは「小能く大を倒す」は死語同然であるという事を早々と証明した為、柔道以外で体力を培った者でも柔道の乱取試合には参加できる構造を持っている。例えば、ロシアのサンボウ、朝鮮の朝鮮相撲、モンゴルの蒙古相撲、その他の相撲取りやレスラーやボディ・ビルダー迄が、柔道の「一本背負い」一つ知らなくても、対戦した相手が小柄でひ弱であれば、ある程度まで勝ち進む事が出来る。これは柔道に「小能く大を倒す」という、最も大切にしなければならない真髄に止めを刺した詭弁ではあるまいか。

現代は一見平和で、警察力も過去に比べれば民主化され、社会秩序は外国よりは良いと思われている日本であるが、それは表面上の事であり、その裏は警察官僚の毒で冒されているのが現実である。また柔道の組織力は講道館をはじめ、嘉納家の独占企業であり、これらに関する醜聞《スキャンダル》を一々挙げるまでもない。

オリンピック種目に数えられ、国際化に成功した国際柔道連盟は、カラー柔道衣からも分かるように、武術はおろか、武道としての感覚も過去のものになり、今日では歴《れつき》としたスポーツに成り下がり、その一面、競技化したスポーツでありながら、武道を装う詭弁の現実がある。つまり、時と場合に応じて、競技化して競うスポーツと、日本古来よりの武士道精神を受け継いだ武道という立場で、二枚舌を巧みに使っているのである。

現代柔道家の多くは、詰問されて困難に直面すれば、一方で武道と称しながら、もう一方でスポーツと言い、いつでも安全地帯に逃げ込む、小賢しい図式が出来上がっているのである。従って「武」として「死」の折り目を持つ事は、彼等の人生観ではない。日常生活と試合とを旨く使い分け、人からちやほやされる事が大事であり、享楽的で有頂天に舞い上がり、今が楽しければよいとするのは、芸能タレントと全く変わりが無いのである。

しかし、武道が武術という「戈《ほこ》（戟）を止める兵法観」を母体として通過し、武士道を構築しているならば、「生は有限」である事を自覚しなければならない。即ち、「戈（戟）を止める」とは、兵法が合理的な人殺しの殺生法であるという事への認識である。

時には自らの意に反して、「死を覚悟」せねばならぬ事を知るのは、武士道を掲げる生者の義務ではなかろうか。何故ならば、武士道は武術を志す者の精神構造であり、スポーツ武道のそれでないからだ。マスコミに騒がれ、英雄として庶民の頂点に立ち、他人からちやほやされるタレント指向だけが、柔道家としての本意ではない筈だ。

近年柔道の特徴は、力の有るものが、あるいは体軀の立派な者が劣る者を投げ、そして固めるという、欧米的なスポーツ指向に変わり、「柔能く剛を制す」など何処にも感じられなくなってしまっている。柔道が武道と謂われた時代は、恐らく昭和四十二年頃の岡野功師範（当時五段）が活躍していた時迄であろう。

戈を止める本当の意味

著者は、武術と謂えば何処となく野蛮を感じ、これを「人殺しの術」と称せば眉をしかめ、悍《おぞま》しい泥臭い戦の為の兵法といった表現をする近代武道家達を一概に否定しない。だが、人殺しのしての術が何故歴史に登場したか、その人を殺す為のメカニズムはどのように構築されたか、またこの殺す事を前提に置いた死生観は何故、密教や古神道と結びついて倫理観に発展していったか、これらの論を、そういう近代武道家と称する人達から一度も聞いた事がない。

歴史は繰り返すという。歴史は繰り返す事実があるからこそ、これを引き継ぐ次世代は古人の武術研究を愚弄してはならない。

今日、誤った武道論が展開されている。強い者、試合に勝った者だけが英雄として罷《まか》り通るタレントの世界が展開されている。これは非常に残念な事である。また、これらのタレント指向が、次世代を自らの生き態《ざま》の感情の発露として利用する悪しき体験主を裏で操り、スポーツ組織化の坩堝《るつぼ》に閉じ込めて、興行的な企てを目論んで利権争いに奔走する輩が存在する事も併せて、残念といわねばならない。

勉学するべき時機《とき》に勉学を怠り、無教養の儘《まま》、ハードな肉体的な反復トレーニングに明け暮れ、自らの肉体を酷使して「人間を知らない」、「世の中を知らない」、「歴史を知らない」、そして教養が無いという近代スポーツ選手像の危惧は、半世紀程前の日本軍閥がやらかした、あの軍人特有の愚行に、何処か類似しているのではなかろうか。

先の大戦の戦中・戦後を通じて、日本国民の上に降《ふ》り懸《かか》った悲劇は、実に「軍人の無教養」にあった。その結果、政治を誤り、外交を誤り、軍政・国防を誤り、国を誤る結果を招いた。日本軍人の無教養な政策の選択肢が、現実に惨状を招いたのは紛れもない事実であった。そして彼等は軍人でありながら、戦争すらも知らなかったのである。

武術や武道観を、ただの肉体感覚で語るのではなく、理性や知性を以て「戈（戟）を止める」体験を語り継ぐ事は、教訓を学ぶという点で、歴史や伝統、文化や倫理に反映する筈であり、その反映を次世代の者は鏡としながら良質な部分の研究を怠ってはならないと考える。つまり貴族的な、上級武士的な立場に立って、真の奉仕精神を発揮し、高い教養の上に立脚しなければならないという事である。これが内外に亙る常識を備えるという事であり、武士道の持つ潔さを、広い視野と豊かな教養で体得していかなければならないのである。

抑《そもそも》武術、あるいは兵法と謂われるものは「人殺しの術」である。人を殺すのにはそれなりの道理があり、理屈があり、動機があって可然《しかるべき》である。殺伐とした強面《こわもて》の輩の専売特許ではないのである。「人殺しの術」の殺伐とした部分を取り除き、安全面だけをいいとこ取りしてスポーツ化し、ゲーム化して競う事は、人の生命を安易に弄《もてあそ》ぶ事であり、その思い上がりだけが傲慢を究める事になる。武術に於ける兵法の謂う「兵」とは「凶器」であり、それだからこそこれを用いる事は、高度な倫理的な判断が必要とされ、出来る事ならば、常に武術は「戈を止める」為にしか用いるべきでないと考えるのである。

武術の真髄を知らなかった太平洋戦争当時の軍隊官僚

国民の多くは、太平洋戦争当時の日本軍閥の横暴、殊に東条《とうじょう》英機《ひでき》の『戦陣訓《せんじんくん》』で、大和魂や武士道精神を大きく誤解してきた。これらを即、滅びの美学に結び付け、「死ぬ事だ」と思い込む誤解を齎《もたら》した。

山本神右衛門《かみえもん》常朝《つねとも》の口述著『葉隠《はがくれ》』（常朝の語りを浪人していた佐賀藩士の田代又左衛門陣基《のぶもと》が口述筆記した聞書《ききがき》）には、その冒頭に「武士道とは死ぬ事と見つけたり」と記されているが、此処で謂う「死ぬ事」は、「万歳突撃《ばんざいとつげき》」をして犬死する事を説いているのではない。この裏には一日一日を「鮮やかに生き」「輝かしく生き」、それを自覚して、日々の己に宛《あてが》い、然る後に死に遭遇する事があれば、死ななければならないと説いているのだ。

だが東条英機の『戦陣訓』にはこれがない。生きる事を否定し、自決を強要している。この戦陣訓ほど、高級将校に甘く、底辺に居る兵隊や下士官に非常に厳しく、苛酷なものはない。

この戦陣訓は、今村均大将が教育総監本部長の時、東条に求められて部下に纏《まと》めさせたもので、日中戦争の折り、中国人に対する日本軍の将兵のモラルは低下し、その品位挽回を目指したもので、加えて、死守する陣地を安易に放棄して、中国軍に投降する現実を踏まえて作成されたものであった。日本語としては格調高く表現されているが、第七の「死生観」には「死生を貫くものは崇高なる戦闘奉公の精神なり。生死を超越し、一意任務の完遂に邁進《まいしん》すべし。心身一切の力を尽くし、従容《しょうよう》として悠久の大義に生くることを悦びとすべし」とあり、更に第八の「名を惜しむ」と続く。

これには「恥をしる者は強し。常に郷党家門を思い、愈々《いよいよ》奮激して、其《そ》の期待に答うべし。生きて虜囚の辱めを受けず、死して罪禍の汚名を残す勿《なか》れ」とあり、第一線の戦場で戦った将兵達は、陣地を死守する傍ら、捕虜になる事を戒められた。これは戦陣訓がその格調高さに反して、余りにも抽象的で、余りにも完璧な日本語を成しているが故の、よく理解し難い、自省の語りになっていたからだ。これは庶民層や下級兵士に訴える絶大な力を持っていた。

従って将兵は窮地に追い込まれた時、全員万歳突撃をして玉砕するか、各々が三八式歩兵銃の銃口を口に加え、足の指で引き金を引いて自決するか、あるいは手榴弾《てりゅうだん》を腹の下に於て自爆する以外、他に方法がなかった。

また、サイパンの悲劇を持ち出すまでもなく、婦女子に至っても敵兵に捕まったり、保護される事を嫌い、崖の上から身を投げたり、車座の中に手榴弾を破裂させて、あるいは舌を噛み切って多くは死んで行った。

これら日本軍兵士及び、現地に居た邦人の玉砕や吶喊《とっかん》攻撃は、この戦陣訓から来る恫喝《どうかつ》の怯《おび》えに端を発し、日本人（＝庶民）が日本人（＝庶民）から村八分の、あるいは非国民としての汚名が着せられることから、自虐的自決に追い込まれていった結果である。

しかし、これは高級将校には通じなかった。敗戦の、いざという時、自殺未遂として終わった東条英機や、捕虜になっておめおめと生き残った海軍中将・福留繁《ふくとめしげる》や、敵前逃亡して台湾に逃げ帰った陸軍中将・冨永恭次《とみながきょうじ》らの醜態を見れば、軍人ヒエラルキーの頂点にいる軍隊官僚のエリートには無用の長物であり、ヒエラルキーの底辺だけが苛酷な掟《おきて》に縛られていた事が分かる。

また戦後、死地に向かった特攻隊員の慰霊の為に、旧陸海軍上層部のメンバーが、『特攻平和観音』を奉って、その英霊を慰める奉賛会を結成した事があった。

この結成を試みたのは、太平洋戦争に於て特攻隊を奨励し、それを指導した軍上層部の、曾《かつ》ての生き残りの将軍、参謀長、高級参謀（高級とは先任であり、参謀長次官の意味である）や、旧東京帝大等の物理学者を始めとする学識経験者達であった。彼等は若い命を死へと追いやった張本人でもある。

この動機は、死地に追いやった多くの将兵に対して、自省からの懺悔《ざんげ》の気持だったのだろうか。もし懺悔の気持ちであるとするならば、反省と責任を新たにして、跪《ひざまず》き、心から合掌しなければならないであろう。しかし、懺悔の為に合掌するその両手が、果たして本当に清らかなものであるかどうか疑問である。恐らく最後まで、彼等の合掌するその両手は、洗い清められる事はないであろう。何故ならば彼等は、自らの自己顕示欲保持の為に多くの将兵を無慙《むざん》に見捨て、無能で、功名心だけが突出した高級将校であったからだ。そして、とても人間を理解できた指揮官とは言い難いからだ。

その中でも驚くべき事は、その趣意書を発行した「特攻平和観音奉賛会」の代表者として、及川古志郎が筆頭に挙げられている事である。

及川は東条内閣時代の海軍大臣で、また軍令部総長を兼任し、

特攻平和観音

旧海軍土浦航空隊の跡地に立つ予科練の碑

アメリカのtake and takeに対して、「屈服か対決か」の二者選択の弱虫ゲームに追い込まれて、「致し方あるまい」の口癖を残して、日本を太平洋戦争の泥沼への道に引き摺《ず》り込んだ張本人でもあった。及川の八方美人に振る舞った駆け引きは、余りにも有名である。

次席には河辺正三が名を連ねるが、河辺は元陸軍大将で、インパール作戦当時のビルマ方面軍司令官であった。その部下に、名誉欲と自己宣伝の為に、名声と有能な将軍を気取り、インパール作戦を強行した牟田口廉也《むたぐちれんや》陸軍中将がいる。また河辺は本土決戦を企画し、特攻攻撃を以て最後まで戦争継続を主張し、その頑迷さを以て国運を決しようとした人物であった。

更に世話人として、清水光美（元海軍中将で、連合艦隊第一艦隊司令長官）、菅原道大（元陸軍中将で、航空総監及び航空本部長を兼任し、特攻計画を発令し、第六航空軍司令官として沖縄特攻作戦を指揮した）、福留繁（元海軍中将で、第二航空艦隊司令長官。連合艦隊の参謀長時代に米機動部隊の艦載機に空襲され、一時捕虜となって極秘機密計画文書をアメリカ側に盗まれるという醜態を演じた事は、太平洋戦史を調査研究している人なら、知る人ぞ知る、愚将の一人であった）、寺田謹平（元海軍中将で、第三航空艦隊司令長官。海軍の特攻作戦を指揮した）等の旧陸海軍の錚々《そうそう》たるメンバーが名を連ねていた。彼等は反知性、反理性の枠組みの中に身を置きながら、最後まで権勢を誇ろうとした、良識を持ち合わせぬ軍隊官僚の頂点に居た者達であった。

捕虜になってもおめおめと生き残る高級将校たち

捕虜になっても自決もしなければ、軍法会議にもかけられないという海軍の高級将校が居た。特攻平和観音奉賛会のメンバーで、最後まで一司令官の野望を捨てなかった福留繁海軍中将である。

抑《そもそも》事の起こりは、連合艦隊の司令部が、パラオからフィリピンに逃げる事から始まったのである。司令部の高級参謀や参謀達が、下級将校や下士官や兵には死守する事を命じ、自分達は身の危険を感じて逃げ出すのであるから実に情けない話である。当時、これが日本海軍上層部の実体であった。

この事件はこのようにして起こったのである。

連合艦隊司令部の参謀の面々は、二機の大型飛行艇に分乗した。一番機には、戦死した山本五十六《やまもといそろく》大将の後任になった古賀峯一《こがみねいち》連合艦隊司令長官と側近の一行が居た。

二番機には参謀長としての福留繁と側近の参謀の一行であった。その退却途中、米機動部隊の艦載戦闘機に空撃され、二機の大型飛行艇は撃墜されてしまった。しかし、この事実は戦後に至っても戦史からは削除され隠された儘で、一般には悪天候の為、遭難若しくは墜落したと発表されて、誰もがそう信じていた。

だが、真実はこれと異なっていた。悪天候の為ではなく、米機動部隊の艦載した戦闘機に撃墜されてしまったのが事実であった。

古賀長官の乗った一番機は、この撃墜によって行方不明になるが、二番機に乗った福留参謀長の一行は撃墜されずに、当時の日本占領下にあったセブ島付近の海域に不時着した。間もなく飛行艇は海中に没したが、この一行は機内に装備してあった簡易ゴムボートに乗って、セブ島に上陸しようとしていた。この時、アメリカ人将校が指揮するフィリピン人ゲリラに捕まって、身柄をゲリラに拘束された。即ち、一時的にここに居合わせた参謀達は敵の捕虜になったわけであった。

高級参謀や他の参謀達は、身分や階級を取り調べられた後、国際法に従って、上級将校として手厚く優遇され、その時の様子を、同行した参謀の一人はこう回想している。

「アメリカの指揮官及びゲリラ達は、自分達の取扱について意外と親切であり、機密書類の事については一切質問しなかった」と云い、福留自身は「ゲリラ達は、機密書類に一切関心を抱かなかったようだ」とこう答えている。しかし、故意にそうしたのであった。

更に、不時着した際、防水鞄に入れてあった機密文書の「Z作戦計画書」は、ゲリラの通報で付近を航行していた潜水艦に届き、海域捜索の結果、防水鞄を発見する。そしてそれは直ぐさま、アメリカ陸軍情報部に送られた。情報部ではこれを即刻コピーして、原文の入った防水鞄は、潜水艦から再び海に流されたのであった。同時に福留参謀長一行はこれと同時に釈放された。

後日、セブ島海域付近で磯に流れ付いた防水鞄を、福留参謀長一行は発見し、「Z作戦計画書」が無事である事を確認した。

しかし、これにはアメリカ側の策謀の意図があり、「もし、日本側がその機密文書を発見して無事であると知れば、作戦変更は行われないだろう」という策略が巡らされていたのである。

彼等参謀達は、再び手元に戻って来た極秘の機密文書は、アメリカ側がコピーして海に流したという事を夢にも思わなかったのである。

アメリカ陸軍情報部は、「Z作戦計画」の分析を徹底的に行った。そして日本軍の消耗戦に弱い、脆弱《ぜいじゃく》な実情を知るところとなる。

これによって日本海軍の実情と、陸軍の布陣位置や陸海軍の航空戦力まで把握されてしまう事になる。また、航空機や艦船を使用する為の燃料の残量や火力までが克明に分析され、各地に布陣する方面軍や師団の指揮官の氏名まで知れるところとなった。指揮官の氏名が分かれば、当然ながらその戦歴や経歴を分析し、更にはその本人の性格や思考能力まで分かるというものである。

この貴重な機密情報を、アメリカ側は幸運な入手方法で得たのであった。以降の日本側の作戦は、その殆どがアメリカ側に筒抜けになり、後手に回る作戦が実施された。

ここで福留繁の冒したミスの責任は大きいものであったが、福留自身は切腹もしなければ、軍法会議にもかけられず、何事もなかったようにその後、第二艦隊司令長官に栄転している。

このように福留繁の軽率な判断と醜態は、後々まで日本軍の後遺症となり、多くの非戦闘員である国民や、第一線の下級将校や下士官兵までも苦しめる事になる。

ともあれ、特攻作戦の戦術構想は、消耗戦を戦い続けるには、人的資源や工業生産力に限界があり、近代科学を基本にした近代戦を無視した観があった。
そして欧米人が衆目の一致を認めているところは、「勇戦敢闘をした後、力尽きて捕虜になった軍人」を、英雄として高く評価した事に対して、日本では東条英機が独断と偏見で製作させた「戦陣訓」を楯に、如何に勇猛な事実があろうとも、一旦捕虜になったら、「売国奴だ」「非国民だ」と罵った侮蔑の言葉を忘れてはならない。

日本の運命を大きく変えた大東亜戦争（アメリカ側は太平洋戦争と称した）は、その激戦地の各々に大きな運命の綾が見られた。運に左右され、纔《わず》かなミスが即座に戦局に反映された。晴れている筈の上空に雲が覆っていたり、風が出て来た、ある部隊には伝令が届かなかった等の事だけで、勝敗の明暗を分けたところがある。このように戦いは運に左右され、最初は五分五分であった筈の戦力が、終盤に近づくにつれ、戦局の変化が克明に現われ、長期戦に至っては、結局生産力や経済力等の体力のある方が勝つ図式になっている。

大東亜戦争を振り返った場合、多くの知識人や有識者は日本の無謀を先ず一番先に挙げ、工業生産力と経済力が日本を遥かに上回るアメリカに戦いを挑んだ当時の戦争指導者を厳しく批判する声があるが、国力の差を正確に把握したところで、日本が戦争に負けるという予測が付いていたか否か、極めて疑問なところである。

また日本に神風は吹かなかったとするが、神風は至るところで吹いていた。それを当時の戦争指導者達は無教養から感知する事が出来なかっただけの事である。何事も計算通りには行かない。人知の届かぬところで、運命は動かされている。この事を謙虚に知っていたら、そして日本特有の軍隊官僚の傲慢がなかったら、あるいは幸運の女神は日本側に微笑んだかも知れない。

福留繁の捕虜事件からも解るように、当時の軍隊官僚の組織は、上に甘く、下に厳しい形が既に確立されていて、然も指揮官の責任分担がはっきりせず、底辺の兵士達は高級将校の捨て石にされてしまった観が否めない。

官僚主義の申し子、第四航空軍軍司令官・冨永恭次

フィリピンには南方方面軍の傘下に、陸軍第四航空軍が軍令部を構えていた。航空作戦に当たる全ての実権は、第四航空軍にあっては、最高の統帥権を持っていた。このルソン島に布陣する四航軍の軍司令官が冨永恭次陸軍中将であった。

日米間の太平洋戦史から見ると、冨永の第四航空軍軍司令官就任は、まさに愚将の配属であった。両陣営に於て、これ程の愚将も前代未聞であった。冨永恭次は前線指揮官というより、東条英機と同類な陸軍省内の事務屋であり、勇気や勇敢さはからっきしなかった。また、これが太平洋戦争末期にアメリカ軍に幸運を齎したのである。

さて、冨永恭次とは如何なる人間だったか。先ずそれを追いかけてみることにしよう。

冨永中将は、当時内閣総理大臣であった東条英機陸軍大将の腰《こし》

巾着《ぎんちゃく》として、公私を弁《わきま》えぬ、傲慢にして横柄という、その悪評が知れわたっていた人物である。

東条英機の最高の腹心である事から、権力と地位にものを言わせ、思い上がった性癖から猿芝居的な過剰演技までをして、我が身一人の保身に明け暮れた将軍であった。

その猿芝居ぶりは、若者が白髪頭の鬘《かつら》をつけてぎこちなく老人の老け役《ふ》をやる、あるいは老人が白粉《おしろい》を顔に塗りたくって皺《しわ》を埋め、若者を演じるような滑稽さがあった。

台湾に逃亡するにあたっては、自作自演で演技をしたと思われている。それなるが故に、また小さな暴君でもあった。

「類は友を呼ぶ」という諺がある。

東条英機は、几帳面《きちょうめん》な点を除けば、性格的には小心者で、石原完爾《いしはらかんじ》（陸軍中将で東亜連盟の創設者）が侮蔑を込めて「東条上等兵」と呼んだ如く、偏狭で、猜疑心が強かった人物であった。

東条英機の不遜と増長、傲慢ぶりは、この冨永恭次にも共通したものがあり、また、冨永自身も建前と本音を旨《うま》く使い分ける二面性をもっていた。ある時は巧妙に、またある時は、滑稽に猿芝居を演じた愚将である。

そしてその行動の中で、軍司令官であった冨永中将自身が、作戦に従事する将兵を置き去りにして台湾に「敵前逃亡」したという重大な事件を見逃してはならない。

戦前の日本の官僚主義や日本軍の軍閥は、とりわけ戦時になっても小心者を高官に優遇するという年功序列に合わせた共同体システムがあり、第何期生という期生閥から愚人を選出し、度々失態を冒している。特に日露戦争以降に於ては、軍隊官僚主義や期生閥が定着し、選良意識が強まると、この傾向は更に強まった。東条英機もその一人であったし、冨永恭次もその一人であった。

冨永恭次は自己顕示欲が強く、名誉欲と権力欲の柵にしがみついて、最後までこれに固執した。

冨永は自身の顕示欲から新聞記者を大事にし、彼等に対する優遇措置には特別なものがあったと云われている。

自己宣伝が旨く、雄弁家であり、人を旨く騙す事に長けていた。

特に下級将校や下士官と握手をしたり、感激を装って、涙を流して、虚飾に満ちた猿芝居を臆面もなくやってのけた。感激する、あるいは感動するという人間の感情面を道具として、旨く使い熟《こな》したのは冨永を於て他には見当たらない。

冨永の人間性は小心な暴君である為、心理状態は、時と場所によって大きく変化し、動揺した節があった。また、二重人格の性格も屡々《しばしば》現わした。

航空軍を歩兵の真髄で捉え、『統帥綱領《とうすいこうりょう》』に基づいて、奇襲と突撃を精神主義に合体させて実行しようとした愚将でもあった。

この『統帥綱領』という書物は、将軍や参謀だけに授与されるものであり、日本陸軍では重要機密の典範書であったとされている。

これによると、その一節に次のようなものがある。

「軍隊指揮ノ消長ハ指揮官ノ威徳ニカカル。苟《イヤシク》モ将ニ将タル者ハ高邁ノ品性、公明ノ資質及ビ無限ノ包容力ヲ具《ソナ》エ、堅確ノ意志、卓越ノ見識及ビ非凡ノ洞察力ニヨリ衆望帰向ノ中枢、全軍仰慕ノ中心タラザルベカラズ」

高邁《こうまい》な品性、公明な資質、無限の包容力、堅確の意志、卓越した見識、非凡な洞察力……と続く、これらの将軍の条件は、将軍自身に課せられた修養精神と能力を要求したものであった。

また重要機密とは名ばかりであり、内容の多くは、ヨーロッパ戦線に於けるナポレオン以降の戦史が記されており、奇襲と突撃の旧時代の戦闘方法が記された時代遅れの書物であった。冨永はこれを只管《ひたすら》戦いの書として信奉し、東条英機の精神主義に共鳴して、当時の科学技術の粋を集めた精密な航空作戦を、歩兵の綱領で指揮しようとしたのである。

冨永が第四航空軍の軍司令官に赴任した時、この奇妙な将軍に驚いたのは、航空畑を歩いて来た作戦計画を発令する参謀達であった。なにしろ歩兵の知識で、それも歩兵連隊の連隊長の感覚で、緻密な航空作戦を指揮しようとしているからであった。

これについては軍司令部はもとより、第一線の部隊に至るまで、航空作戦の無知に対する冨永恭次の、軍司令官としての役務に不満と憤慨の声が高まっていた。

では何故、冨永恭次のような航空畑でない将軍が、第四航空軍の軍司令官として任官されたのだろうか。

これは陸軍内部の派閥に問題があった。東条内閣が倒れた後、旧軍閥の一掃化を狙った、陸軍大臣杉山元大将は、東条閥の追い出し策として、冨永恭次を第四航空軍の軍司令官に据える事を思いついたのである。

これを杉山大将は、「旨い人事」と豪語して、東条内閣の置き土産であった冨永を比島《フイリピン》に飛ばしてしまったのである。その意味で「旨い人事」であった。

国家の危急存亡の時期にあって、派閥の特権と権力にしがみつき、航空作戦に無知な冨永を軍司令官に据えること自体、無責任この上もない事ではないか。まさに厚顔の悪あがきである。それが為に、航空作戦に大きな支障を来《きた》し、度々の攻撃失敗が繰り返され、多くの人命が無残に散っていった。

冨永の無経験と無知は、第四航空軍軍令部に大きな波紋を呼んだ。

この愚将は陣頭指揮する事を陸軍航空隊の乾坤一擲《けんこんいってき》の精神として、奇襲と突撃を只管《ひたすら》力説した。他人のいう事は一切聞かない頑迷さがあり、独断と偏見が強かった。人に対しても、好き嫌いが激しく、身の回りを世話する当番班長や当番兵には、内地から連れてきた憲兵将校や下士官に身の護衛を任せ、自分の指名する者だけを側近者として傍《そば》に置いていた。

東条英機が憲兵政治を実行したように、冨永自身もまた独裁者を模倣して憲兵准尉等の憲兵を私兵化し、自らの警護に当たらせていた。

特攻隊の出撃に際しては、純真な特攻隊員に対し、「自分も最後の一機で必ず突入する」と豪語し、また、自ら隊員の一人ずつに握手をして回り、特攻機が離陸すると、その後を詰め寄って腰に差していた軍刀を引き抜いて、「進め、進め！」と叫び、頭上を振り回して虚飾的な勇将ぶりを偽装した。所謂《いわゆる》自己宣伝の狂信者であった。

このように冨永には人心収攬《じんしんしゅうらん》の才能があった。猜疑心が強い東条英機を手玉にとって、最後はまんまと手なずけてしまったのであるから、若い将校や下士官を騙し、感激させるのはお手のものであった。多方面にかけて、老練の才に長けていたというべきであろう。

また、戦局の事態や場所も弁《わきま》えず、儀礼を好み、特攻隊の出撃には、必ずといっていい程、儀式化された壮行会が行われた。

冨永恭次の一連の演技は、その多くが偽装されたものであり、演技過剰は、後になって直ぐに見破られる程、幼稚な猿芝居に変わっていった。この幼稚な猿芝居を演技しながら、アメリカ軍がリンガエンに飛来し、戦況が悪化して敗戦の色が濃くなると、今度は綿密な逃亡計画を企てて、比島を捨て、台湾へ敵前逃亡を図るのである。

これは日本陸軍史上、前代未聞の大事件で、最悪の敵前逃亡事件であった。また、日本陸軍の中で、これ程卑怯で悪辣《あくらつ》な将軍は居なかった。この愚行は、まさに軍紀違反の敵前逃亡であった。

逃亡後も、責任転換や誤魔化しや自己弁護に長《た》けていて、台湾に着陸した時には、首に包帯を巻き、胸のポケットに短刀を差していたという。首の包帯は、自身が病弱であるとのイメージを他人に植え付ける為であり、胸の短刀はいつでも自決の覚悟があるように思わせた偽装であった。

これと同じ事はインパール作戦の失敗を悟った牟田口廉也が自決を仄《ほの》めかした偽装とよく似ていた。二人の共通点を挙げるとするならば、自決を仄めかしながらも、誰も止めなかったという点であり、それだけ周囲からは自決が猿芝居であるという事を見抜かれていた証拠であるし、人望も全くなかったという事である。そしてもう一つは、戦後、自らの当時の愚行や失敗を弁明する為に、誇大と偽りの「回想録」を書いて、自己宣伝に脚色を追加した点である。

誠意があるように見せかけた者に、真の誠意がなかったように、自決を仄めかした者に、本当に自決をした者はいないのである。

これまで病人を装って滑稽な芝居を打っていた冨永恭次は、北投温泉での静養が始まると、再び怪物ぶりを表わし、美食に耽《ふけ》って憚《はばか》らなかったという。

これらの狂態ぶりに、流石《さすが》の大本営も痺《しび》れを切らし、昭和二十年五月に予備役に編入したが、冨永は自らの息のかかる部下を使って現役復帰の運動を行った。纔《わず》か二ヵ月後の昭和二十年七月には、現役復帰して第百三十九師団の師団長に収まり、敦化《とんか》で権力の公私混同の限りを尽くした。しかし、翌月の八月十五日、日本の無条件降伏により、ソ連の捕虜となってシベリア・ハバロフスクに連行された。

ハバロフスクでは戦犯容疑で軍事裁判を受け、日本の「対ソ連攻撃計画」について、「これは天皇の戦争責任である」と自供して憚らなかったという。この自供については、対ソ連攻撃計画は、天皇の裁可を仰いだものとしたのである。

この裁判の様子は、昭和二十一年八月三十一日、モスクワからラジオを通じて全世界に放送された。人心収攬《じんしんしゅうらん》の才能に長けた冨永は、ハバロフスクの捕虜収容所でも、猿芝居的な演技で旨く立ち回ったという。

シベリアと聞けば、誰もが直《す》ぐに過酷な強制労働を想像する。しかし士官以上の将校は、国際法の万国捕虜規定により、強制労働が免除される。ある意味で、強制労働の課せられない上級将校たちにとって、最前線の激しい戦闘に比べれば、まさしくここは天国であったに違いない。飢えない程度に食事も出された。そして上級将校は、下級兵士に比べて待遇もよかった。

当時一緒にシベリアに抑留されて、冨永元中将につき添った参謀の某元大佐は、食事として捕虜に配給されたパンに対し、「パンは階級順に大きな方から配れ！」と、余程腹がすいていたのか、臆面もなく言ってのけた。

しかし、腹のすくのは誰しも同じことで、特に過酷な重労働を課せられている下士官や兵は、将校以上に体力を使い、いつもすきっ腹を抱えていた。こういう破廉恥《はれんち》な事を臆面もなく口走った、この参謀の元大佐は、その世渡り処世術によって、恐らく多くの部下を犬死にさせて、自分一人が生き延びて来たのであろう。これについては冨永恭次も例外ではなかった。

シベリアに抑留された旧日本軍将兵は、六十万人に達したと謂われている。そしてその中でも抑留期間の長かった人は、何と十一年の長きに及んだという。

冬のシベリアは、氷点下三十度にまで下がったと謂われている。一日纔《わず》か三百五十グラムの黒パンとスープ、それに少量のトウモロコシ等の穀類が入った粥《かゆ》という粗末な食事であった。シベリア強制捕虜収容所の多くの旧日本軍の下士官や兵隊達は、シベリアの原生林の開拓に従事させられた。毎日激しい過酷な重労働が待ち構えていて、寒さと飢えと、眩暈《めまい》がするような疲労に襲われ、食糧不足が原因で栄養失調や心機能不全等で、毎日何十人何百人もの人達が死んでいった。

しかし、彼等を襲ったのはこれだけではなかった。この極限状態の中で洗脳が行われていたのである。日本帝国主義の誤謬《ごびゅう》を掻き立て、逆にソビエト社会主義が如何に素晴しいか、日本人の捕虜の中に植え付けていったのである。

そして日本人の捕虜の多くは、社会主義や共産主義の日本の思想攻略の尖兵として舞鶴港に復員兵として帰って来たのである。この中には日本軍属だけではなく、満州各地の警察官や国鉄職員等も含まれていた。帰国後、彼等の子弟の多くは、就職問題に多くのシコリを残し、特に警察官や自衛官（仮に入隊できても士長止まりで曹候補生からは外された）等の公務員に就職できないという事態を招いた。また、昭和四十年代から五十年代にかけて、防衛大学校の入学試験では、成績や身体検査の如何に問わず不合格になっている。

シベリア抑留で思想的な洗脳をされた事が、子弟の就職問題に大きな影響を与えていたのである。まさに肉体を酷使され、更に考え方まで百八十度変更させられ、人格を破壊されて、廃人同様の洗脳の結果の犠牲者であった。

しかし将官や佐官達にこのような犠牲者は殆ど出ていない。思想工作も究めて軽いものであったし、食糧も一日生きていく上では差し支えのない食事量であった。高級将校の多くは帰国後、自衛隊の前身である警察予備隊や海上保安庁の高級職員として再就職し、以降も優遇されながら余生を送っている。

昭和三十年四月十八日、シベリアに抑留されていた富永は、引き揚げ船・興安丸《こうあんまる》で京都府舞鶴港についた。そして余生は政府から支給される高額な恩給で安穏とした生活を送ったという。多くの若者を特攻隊員として死地に出向かせ、自らの一命は姑息《こそく》な手段で繋《つな》ぎ止めた富永恭次の、「生きて辱めを受けず」の戦陣訓は、一体何処に消えてしまったのだろうか。

世界戦史を振り返ってみても、日本軍の特攻作戦は、異常な戦術であった。そしてその指揮していた軍司令官が敵前逃亡したのも軍事史上に於ては異例な行動であった。

これら権力惚《ぼ》けした軍首脳部の軍人達は、選良意識（陸軍大学校や海軍大学校の卒業時の成績順）だけが露骨に表現されて、彼等の傲慢な言動や行動は、信念もなければ哲学もなかった。

まさに今日に見る政治家や高級官僚の選良意識に類似している。彼等にとって、国家の為に命を賭けるといった責任感覚は微塵《みじん》もなく、政治の何たるかという事も理解していなければ、政治家本来の姿勢等も持ち合わせていないのである。そればかりか、戦争自体を全く理解していなかったのである。

富永は、特攻として出撃する若い搭乗員達に、「この祖国存亡に於て、諸官らは興国を救う神である。諸官達ばかりは死なせない。この冨永も最後の一機に乗って、敵艦に体当りし、諸官らの後を必ず追うぞ！」と激励し、言葉巧みに雄弁を吐いて勇将を気取ったという。

日米戦争を通じて、否、日本の明治維新以降の戦争を通じて、これ程、恥知らずな将軍は他に見当たらないであろう。

東京裁判（極東国際軍事裁判）では、これらの卑怯で臆病な恥知らずな戦争指導者の責任追及を見逃したり、逆に上官の命令で已むを得ず捕虜虐待の行動に出た、下級将校や下士官や兵を第一級殺人容疑で取り調べ、次々に絞首刑に処している。何と不可解で不条理な現実であろうか。

兎に角、連合国が開いた東京裁判の戦犯容疑にもひっかからず、安穏な高額恩給生活を送った将軍や提督は、最後まで自らの愚行を恥じる事を知らなかった。

裁判で裁かれるのは、寧《むし》ろ福留繁や冨永恭次のような提督や将軍であり、卑怯で臆病で、その上無責任であった事実を裁いて、全世界に公開するべきではなかったろうか。

もし、東京裁判が連合軍の手によってではなく、日本国民の間で国民裁判として実施されたら、あるいは軍上層部や大本営陸海軍部の敗戦責任を追及した場合、福留繁や冨永恭次は、真っ先に絞首刑になっても不思議ではない人物であった。

　戦争には多くの教訓が示されている。殊に太平洋戦争に於てはこれが凝縮されている。しかし、軍司令官等の肩書きで傲慢な態度を取り続けた戦争指導者の多くは、戦後この教訓の何たるかを全く解しない儘余生を送った。

無能で功名心だけが強かった愚将・牟田口廉也

「ああいう軍人が畳の上で死ねるというのは何とも悔しい」

　これはインパール作戦に従軍した兵士達の偽らざる声である。

　インパール作戦に限らず、ガダルカナル、ニューギニア、ミッドウェー、そしてシベリア抑留を経験し、苛酷な運命を強いられた兵士達は無能な指揮官への怒りを忘れない。

　太平洋戦争当時の多くの指揮官は、名誉欲と自己宣伝欲に奔走したといっても過言ではない。殊に陸軍中将・牟《む》田《た》口《ぐち》廉《れん》也《や》の如き愚将を最高指揮官に据え、作戦を強行して多くの死傷者を出した大本営の失態の事実を見落としてはなるまい。

　太平洋戦争当時、牟田口廉也の無責任は、冨永恭次に匹敵するような先駆者的存在だった。飢餓に苦しむ将兵を見捨てて逃亡を図ったという事は、冨永と負けず劣らずの双子的な愚将で、戦後、高額な年金や恩給で安穏と暮らし、自分の失策を認めなかった点でも、二人はよく類似している。

　昭和十九年一月、大本営陸軍部はビルマ方面に於て、劣勢になりつつあった日本軍の立て直しとして、タイの北西部からインド東部のインパールへ進行して、援助ルートの遮断を目指し、イギリス軍に先制攻撃をかける大規模な作戦を計画し、これを三月に実施するという行動を起こした。これがインパール作戦である。

　陸軍の作戦室は、南方方面の戦況の調査も実施する事なく、机上の空論でこの作戦を計画した。インパールとコヒマの重要拠点を確保して、インド独立派の蜂起を促す事が、この作戦の趣旨に掲げられていたが、兵力及び補給不足の為に大失敗に終わった。

　当時ラバウルの保持も危ぶまれていた時だけに、この作戦の実行に踏み切ったのは、まさに無謀の一言であった。

　牟田口は軍司令官として安全な後方部隊に我が身を置き、三度三度の温食にありついて、最前線から届く補給要望を無視して、強引な進攻を押し進めるように檄《げき》を飛ばしていた。しかし、補給を受けられない最前線の日本軍は餓死寸前であり、イギリス軍の強力な攻撃に手も足も出せず、飢餓地獄を体験しながら敗走した。日本軍将兵の通った道は、別名白骨街道と異名が付く程悲惨なものだった。

　多くの将兵の生命を預かる指揮官の部署に、平時の旧態依然とした愚将を据える事自体が無謀であり、統帥の明朗性、溌剌性、柔軟性等の『統帥綱領』の本領である「包容力の具、堅確な意思、非凡の洞察力」等は何処にも見られず、人命軽視の作戦が展開された事は、まさに過失の一語に尽きるのではあるまいか。このように将軍や高級参謀達の、この過失を犯した責任こそが問題だったのである。

日本軍は以上から分かるように、太平洋戦争に突入した事自体が、短期決戦の目的から見れば無謀ではなく、この戦いに、政治的外交的工作を目論んだ好戦的なアメリカ側の誘導にまんまと引っかかり、それを回避できなかった政治家や軍閥の世界的視野の狭さや、国際問題に関しての政治的経済的外交的伎倆に欠けていた事が問題であり、抑《そもそも》の主因は此処にあったのである。まさにこのような無能な政治家や愚将軍人達が、太平洋戦争の戦争指導をしていたというその事自体を、無謀と言わねばならない。そしてその無謀の実体を糾弾《きゅうだん》し、その真相を明確に提示して、各々の作戦について議論された事は、曾て一度もなかった。

過去の忌まわしい出来事として、あるいはこれらの作戦に関わった将軍達の名誉を守る意味から、真実は闇から闇へと葬り去られているのが実情のようだ。

防衛庁戦史室も、これらの無謀の実体については頑《かたく》なに口を閉ざし、あるいは事実を押し曲げ、大本営及び愚将と云われた軍人達の評価に、事実無根の誇大的な脚色を施して、誤った歴史を残そうとしている。この辺も旧軍官学校の派閥のようなものが残っていて、その真相を戦後国民の前に明らかにさせない政治的な力が働いているようだ。

日本の軍首脳に位置していた将軍達は、戦中に於ては祖国日本を護るという人神主義と天皇制を巧みに利用し、国民に対しては自分自身を滅して国に捧げる事を強要し、戦後に於ては、国家復興は天皇の御意志に従うものとして、卑怯にも生き存《なが》らえてきた。彼等の傲慢な姿勢を崩さず戦後を生きた生活態度には、命令一つで部下を死地に追いやった責任と、度重なる種々の作戦の失敗に対する反省の色は微塵《みじん》も窺われなかった。

戦争の教訓から何を学ぶか

戦後に至り、太平洋戦争史が解明された今日、多くの日本国民は、アメリカの日本の物量的、あるいは軍需工業生産力にものを言わせての消耗戦に負けたという、アメリカ側の言い分を信じているようであるが、事実は必ずしもそうではなかった。

作戦的な考え方からして、ミッドウェー作戦やガダルカナル作戦は、元々勝てる筈の戦いでありながら大敗を喫し、戦中当時、アメリカを蔑敵と称し侮った代償は、その投じた人的資源及び保持していた軍事兵力を失った計算から考えると、それは非常に高いものについた事を忘れてはならない。教訓として学ぶ点は、この大敗の原因が、蔑敵アメリカと侮る愚将による度し難い指揮系統に問題があった、ということであろう。

また、アメリカが物量的にその工業生産力に物を言わせて、威力を発揮し始めるのは昭和十九年七月以降の事であり、日本軍はそれほど劣勢を極めておらず、この時点に於て勝敗の行方は定かではなかった。

ここに日本人の行動様式と、戦争に及んでも、その戦争の何たるかも知らず、敵国アメリカに侮蔑と揶揄《やゆ》の限りを尽くして憚らなかった事は、元々日本人が世界的視野に乏しい致命的な欠陥を抱えた民族とも言えるのではないか。そして今日に至っても、国際社会の中で戦前戦中と同じく、醜態を曝《さら》し、只管《ひたすら》迷走を繰り返している点は、当時の戦争指導者と少しも変わっていない。

これを考えるにつけ、日本人の造り上げた社会構造、企業の形態、国家機関（司法・立法・行政）や、その他の公的機関の鈍重なまでの非効率性等、その一つ一つを取り上げて見ても、ひょっとしたら日本人の危急存亡に於ける危機意識は、元々大局的かつ合理的な観念が欠如していて、物事を長期的な展望で捉《とら》える立体的空間的思考能力に欠陥があったのではあるまいかと、疑いを抱く程である。

神武天皇東征以来、神国日本には、古来より神風が吹いたと自称する。太平洋戦争に於て、確かに神風は吹いていた筈だった。しかし、根本的な国家的危機に遭遇しながらも、目先の利益だけに軽佻《けいちょう》浮薄《ふはく》な行動を示す戦争指導者達に、この神風は感知できなかった。

そして戦勢悪化の戦場の深刻な実情に疎かった大本営の怠慢を見逃す事が出来ない。また、武器が無い、食糧が無いという最前線の深刻な訴えと、その現実に対し、それを精神主義で戦わせようとした戦争指導者達の軍隊官僚主義の怠慢も見逃す事が出来ない。

太平洋戦争には多くの教訓が残されている。しかし、戦後の温和な民主主義空間の中では、これらの教訓は活《い》かされるどころか、戦争体験者は「戦争はもう懲《こ》り懲《ご》りだ。この貴重な体験は次世代に伝え、二度と戦争が起こらないようにしなければ……」という言辞が飛び出す。

この言辞はヒステリーそのものであり、戦争は「悪」、あの戦争は「誤り」という事だけの、軍国主義反対の鋭い感情だけが先行している。またこのような分析力と洞察力に欠けるヒステリーが、絶対的正義感の上に君臨し、傲慢を究め、次世代を翻弄《ほんろう》させて、歴史への検証能力を奪い去り、何故戦争が起こったのかというメカニズムを明確にさせないばかりでなく、歴史的教訓を伝えようとする努力を怠っている。殊に感情主義で戦争体験を伝える集団は、革新的な政治団体の餌食となり、旨く利用され、便乗されて、政治的反戦主義に一役買っている。従って多くの教訓は活かされないばかりか、闇から闇へと葬り去られ、次世代の歴史を検証する公正な眼を奪い、感情の捌《は》け口《ぐち》として、戦争体験を利用し、感情のみで語る戦争体験を展開している。

著者は、戦争といえば眉をしかめ、軍事研究といえばおぞましいという感情を露《あらわ》にする人達を、決して誤っているとは断言しない。しかし、彼等は近視眼的で、微視的に物事を捉えている事は明白であり、彼等が理性的に、あるいは知性的に太平洋戦争を語り継ぐには、些か感情が勝ち過ぎているように思える。その為、体験者の必須条件である、理性や知性が機能しないヒステリックな感情論からは「教訓」が教訓として機能しないばかりか、「兵は凶器である」という烙印を押して、皮相的かつ幼児的に終始されると危惧している。

欧米には「火事は出さないようにしなければならない。しかし火事が起これば、それは消さなければならない」という考え方がある。そしてそれを迅速に消すには常に、訓練を重ねておかねばならない、という考えが付随している。所謂《いわゆる》「百年兵を練る」事を謂っているのだ。

軍事に関する研究、また戦争を研究する事が平和の敵と考える考え方、あるいはそれに関心を持つ事は軍国主義であるとする偏見的な思考は、本当の意味での平和を蔑《ないがし》ろにし、反戦論イコール平和主義と表面を旨く誤魔化《ごまか》しているに過ぎない。これこそ次世代を翻弄させ、そして愚弄《ぐろう》し、歴史を検証する公正な眼を奪う事である。

戦う事を忘れてしまった平和主義に固執する戦後の日本人は、戦前・戦中よりはるかに日本は良くなったと思う人が大多数であろう。確かに物質面に於いては、便利で、豊かで、快適になり、良くなったといえよう。しかし、人間自体の中味を振り返った場合、それは戦前・戦中の、人情の機微や道義《モラル》を凌ぐものといえようか。寧《むし》ろ道義的（礼節や謙譲の面など）には、戦前・戦中を下回っているのではあるまいか。それは最近の青少年犯罪の凶悪化からも窺《うかが》える事である。そしてこれらの精神面では、寧ろ時代を逆行して退化したといえる。ここに戦争教訓が現代に活《い》かされていない実態がある。

戦争は政治の延長であるという言説を用いるまでもなく、戦争は歴史や伝統、文化や道徳に反映し、人心に介入して、真の姿を狂わせ、人間の持つ倫理観を歪曲するものである。これらを歴史の中から拾い上げて、理性や知性で判別しなければならない。そして日本人の民族的特性を研究して、その欠如を探り、戦史の中での教訓が活かされる事こそ、次世代への貴重な遺産ではあるまいか。

武術と武道の違い

武術は、元来先人の智恵としての経験から積み上げた「戦訓」を活かして、長い時を経て完成したものである。そして武術と武道の違いを単刀直入に述べるならば、武術は「負けない事」を教えるが、武道は「勝つ事」のみを強調するという思考である。

さて、「戦訓」とは、元々失敗や敗北の本質《エッセンス》から成り立ったものので、それらの原因を冷静に見つめ、分析し、その中から新たな教訓を導き出し、次回の勝利へと結び付けようとするものである。

戦いの場に於て、勝者はいつまでも勝者であり続ける訳はなく、屡々《しばしば》先の敗者に覆《くつがえ》される場合が往々にしてある。それは敗者が、これまでの戦訓を活かして冷徹に分析し、研究し、対抗策を考えて、修練を繰り返し、激しく迫るからである。

此処に失敗や敗北の本質が活かされているのである。

これに対して勝者は、勝ちに気を良くし、大衆層の全人格を代表し英雄を気取り、あるいは安易に奢《おご》り高ぶり、戦勝気分に酔い痴《し》れて、敵対する相手を単純に弱者と見下し、侮り、自らの短所を根底から正しく見つめ直す事を怠るからである。つまり物事を客観的に観《み》る事を忘れてしまう為である。この意味で試合の勝者は、まさしく、勝ちが「一場の夢」であった事を、後になって思い知らされるのである。

また武道の格闘が、躰のみを張っているのに対し、武術は古人の戦訓から学んだ「知恵」を生かし、「術」を巡らし、それを実戦に応用するのである。この智恵と術こそが、秘伝の源泉なのである。

古来より、「勝者の勝ち戦の戦法より、敗者の負け戦の敗因の方が、その価値としては大きい」と謂われる所以は、これである。人生に於て、明暗を分けるのは勝者の奢《おご》りと、敗者の執念であり、この双方が火花を散らしてぶつかり合った時、次の軍配はまさしく先の、一敗地に塗《まみ》れた敗者に挙がるのである。

武術は「負けない事」を教える事が、実はこれが武術の極意であり、負けない事、付け入られない事、侮られない事、攻められない事が、先人の知恵となり、やがてこれが「秘伝」となったのである。

次に、武術と武道の違いを、呼吸法の面から迫ることにしよう。先《ま》ず一言で解《わか》り易く例えるならば、武術はヨーガの呼吸法や瞑想の呼吸法に似ており、武道は西洋スポーツを近年に利用した筋力トレーニングであるので、言わばラジオ体操的なものであり、基本は西洋体操を模倣したもので、その動きは呼吸法を無視したものが多く、早い動きで、身体の振り子反動を利用しているものが多い。その為、その不完全性を認める動きとして「深呼吸」を付け加えているが、それ自体も形式的で早い動きであり、筋肉の緊張を益々高めるものとなっている。

つまり武道は筋力とスピードの養成を狙ったもので、躰の柔軟性を目的としたものでない事が分かる。躰が柔軟性に欠けていれば、その頭脳もまた柔軟性に欠け、柔軟性の欠けた中からは変応自在な業は飛び出す事がない。

結局、力ある者が弱き者を下し、手の早き者が遅き者を叩くという、弱肉強食論に戻ってしまう。これでは詰まるところ、十六世紀の乱世の兵法に、次元を逆戻りさせただけであって、先人の培った知恵が全く活かされていない事を物語っているだけである。

また武術と武道を比較した場合、武術は正対し、対峙する双方はお互いが「敵」であり、この辺が武道の「相手」という感覚とは異なっている。

武道競技は、お互いが相手であり、従って相手がルール違反をしたり、卑劣な手段を使ったり、禁じ手を使ったり、得物を持ったりすると罵声の限りを尽くしてあれこれと論《あげつら》い、また一人に対し、二人以上の相手が現われて勝負すると、卑怯と詰《なじ》ってこれを憚らない。一対一で、正々堂々と、正面からというのが武道競技のスポーツ的ルールである。

また、演武形式を取っている合気道や大東流やその他の柔術は、双方の相手が「取り」であり「受け」であって、「敵」という感覚を持たない。定められた約束事を、約束通りに熟し、品評会式に出来不出来を競うだけに終始する。早い話が狎れ合いの中で成立している演武を、無難に失敗無く熟すだけの事である。

　しかし、戦いという実戦の中で、「敵」という感覚が無ければ武術としての「術」は成り立たない。敵は一人とは限らず、また素手であるという保障もない。巧妙な手段で悩ますかも知れないし、特殊な隠し武器を使って、ほんの一瞬の隙を窺って攻め込んで来るかも知れない。此《これ》に備え、防備を図ろうとすれば、まさに敵対者は敵であり、あらゆる手段を計算に入れて、「心の備え」をしておく事が肝腎《かんじん》である。

秘伝の構造

　秘伝は、大きく分けて三段階の「術」で構成されている。つまりこの三重構造は、これが三位一体になって、はじめて秘伝が秘伝として作動され、機能されるのである。この三段階の「術」は、先ず第一に霊的な術理、第二に統覚法《とうかくほう》的な術理、第三に敵の波調を狂わす術理である。同時にこれは非日常的な事柄であり、「修行」という、日々の精進が必要となる。そしてこの裏側に流れる、武士道の精神構造は謂うまでもない。

　霊的な術理は、その修練法に於て「行」が必要であり、本来は師から詳細な部分を「口伝」によって教わる事が肝腎であるが、本書では概略の説明に止める。

させて「行」を行う場合は、単に通り一辺の形式化したものを真似るのではなく、人間の二十四時間の中で人体時計を使って、各人に合わせた「行法の時間（各々の生まれの干支《かんし》の陰陽）」をあてる事が大切である。好きな時間に好きなだけ修練するのではなく、特殊な方法で割り出した時間を探し出し、その時間に限って行う事が肝腎である。

　また、行法に於ての約束事は厳守する必要があり、これを破ると精神に異常をきたすので充分に注意が必要である（これらの霊的な術理に関しては、「行法・秘法篇—第一章　大東流と密教原理」を参照のこと）。

　第二に挙げた「統覚法」の修練は、主に室内ではなく、野外での修練が中心となる。その為には長時間歩いたり、時には登山を行ったり、木食行《もくじきぎょう》（自然に溶け込み一体となる）のような、山中での修行を積み重ね、動物の感覚を身につけ、自らを自然の一部にする事が要求される（これらの統覚法的な術理に関しては、「行法・秘法篇—第二章　合気統覚法の術理」を参照のこと）。

　第三の敵の波調を狂わす修法は、主に言霊《ことだま》を使った特殊技術であり、《合気言行《あいきごんぎょう》》を用いる。

　これは真言《マントラ》等を唱える修法であるが、この「術」を習得《マスター》する為には、単に呪文を知るというだけではなく、自らの呪文の声を聞き取る「洞窟行《どうくつぎょう》」を行わねばならない。この行は、一言一句を正確に発生するだけではなく、その発生した自分の音声を自分の耳で「聞き取る」という事が大切である。

これを行う場合、決して人に見られてはならず、一週間、一ヵ月、三ヵ月、半年、一年、二年、三年と、順に段階があり、またこれを行う場所も充分に検討し、霊的な行法と統覚法を併用して行わなければならない（これらの敵の波調を狂わす術理に関しては、「行法・秘法篇—第三章　敵の波調を狂わす術理」を参照のこと）。

この他の霊的な行法には、太陽を凝視する日拝や月拝があり、殊に月拝は月の満ち欠けを利用した行法であり、地球、月、太陽の関係から最も重要な要締となる。

太陽光が月の様々な姿を見せてくれる訳であるが、新月から新月まで、あるいは満月から満月までを朔望月《さくぼうげつ》と謂い、これは二九・五三〇五九日で、旧暦の一ヵ月の基準がその単位となる。この月の満ち欠けを利用した行法が「月拝《げっぱい》」である。

因《ちな》みに、「朔《さく》」とは月を真ん中に地球と太陽が並んだ時で、これは月が見えないので新月の時である。また「望《ぼう》」とは地球を真ん中に、月と太陽が並んだ時で、満月である。更に、朔と望の中間に反面だけが反射して輝く、上弦と下弦の月がある。

我々人間はこのような天地の間にあって、行動しているのである（これらの月拝や日拝に関しては、「行法・秘法篇—大東流と密教原理」を参照のこと）。

理論篇

第一章　西郷頼母の大東流構想

戈を止める秘伝の伝承

格闘技あるいはスポーツ武道の中で、格闘選手としてその強さの秘訣を問われた場合、十中八九までが、日頃の「練習」と答え、「根性」と答えるようである。では逆に、練習と根性を徹底するだけで果たして本当に強くなれるのであろうか。

一撃必殺を目指す為に巻藁《まきわら》を長年叩き、基本技の養成と称して「一本捕り」を十年かかって遣《や》る等は、決して武術の見地から見て合理的ではない。これらを指示する指導者は、基本が大事という事を強調したいのかも知れないが、人間の人生はそれほど長くない。その活動期は「生・老・病・死」の内、「生・老」にかけての纔《わず》か二周期《ツーサイクル》に過ぎず、これを四季に置き換えれば、「春」と「夏」であり、二季節《ツーシーズン》にしか過ぎない。「秋」には病気になり、「冬」には死ぬという短い計算となる。

さて、記憶力の全盛は十代後半がピークで、体力は三十代半ばから下り坂になる。これを練習と根性でカバーしても得るものは何もなく、ただ肉体疲労からくる心臓肥大症という、死を臭わせる悪しき隠亡《おんぼう》が自分に纏《まとわ》りつくだけである。

肉体主義の研鑽は、三十代半ばには脆《もろ》くも崩れ、老武道家達は第一線から退き、外野から鸚鵡《おうむ》返しのように「根性」の一言を連発して、コーチ役にまわり、気怠《けだる》い檄《げき》を飛ばす、というのが実情ではあるまいか。

また精神面から「心」や「道」を強調してみても、それはあまりにも抽象的であり、現実感が伴わないため、単に「御題目」で終わっている場合が少なくない。更には勝者を英雄とする昨今の格闘技の世界において、「心」や「道」の倫理観は全く通用しなくなってしまっている。試合に勝った者だけが英雄であり、英雄はタレント並みの祝福を受ける現実を前にして、心・技・体の教えは、遥か遠い日の古き遺産と片付けられている。

昨今はマスメディアの発達で、個人武道の秀技は、西洋スポーツのルールを借りたものが広く流行し、観戦する娯楽的な大衆武道の、興行的趣向の観が強くなってきている。

そして日本人は、古来より培った精神風土を急速に風化させている。自らのご都合主義に拠り掛かり、一方で武道を豪語しながら、また一方でスポーツ反復練習を肯定して、飽くなき筋力トレーニングに励んでいる。

古人の命懸けで培った「秘伝書」は、埃《ほこり》を被《かぶ》るだけの骨董品に成り下がり、実際に役に立つ形で読み取れないのが現実だ。いわば秘伝書はアマチュアレベルでは解読できない、難解な書物になってしまっている。

その現実の一つは、秘伝書に書かれている全貌は、その行間を窺う想像《イマジネーション》力によって始めて見えてくるものであり、つまり直接相伝を授からない限り、その意味を理解できないのである。

また、もう一つは、個人レベルでの理解力と能力を必要とするもので、単に野心・野望・根性・情熱・努力・忍耐といった有限的な奮闘だけでは到底辿り着けないようになっているのである。

不思議な事に、各流派の秘伝書、あるいは極意書というものを眺めれば、レベルの低い秘伝書や極意書ほど、その説明は詳細に、丹念に説明しているのに比べ、高レベルの技術を説く秘伝書は、その説明が極めて抽象的であり、項目をただ単に箇条書に並べているに過ぎないものすらある。

これは一子相伝《いっしそうでん》を目的としたため、詳細を口伝で伝え、あとは箇条書された項目を頭の中で整理したらよいというだけの形になっているからである。従って古文献を漁《あさ》り、それを蒐集《しゅうしゅう》してみたところで、骨董品の寄せ集めでしかなく、実技として解読し、実際に役立てるという試みは、既に崩れてしまっているのである。

秘伝書の持つ意味

さて、秘伝書あるいは極意書というものは、次の三つの違いを持つ形式から構成されたと考えられる。

その第一は、人脈系統というものを強調し、自己の流派を伝承する為に、人脈伝承の系統図だけを明らかにして、それ以降については、長《おさ》たる首席師範の力量に任せ、組織造りを中心としたものである。この人脈の中には、伝承系図に歴史的に有名な武術家が登場する。古流武術の形式はこれが最も多い。

第二に文伝というものを強調し、記録中心で、文章で事細かに記し、同時に歴史と人脈伝承の由来を明らかにし、世に有名を轟《とどろ》かす事を目的にしたものである。これは武技の極意伝承というより、伝承の際、高額の師範印可料を支払い、そのステータス・シンボルや肩書きに身を寄せる事で、自己満足に浸るというものである。旦那芸的で、八光流《はっこうりゅう》等の新興武道によく見られる。

第三に体伝という形式をとり、人脈系統や文伝を無視して、秘密主義に徹し、密教や古神道の印伝形式に則《のっと》って、世に広まる事を憚《はばか》り、極秘の裡《うち》に一子相伝として伝え、一切を門外不出にして持ち出しを封じてしまったものである。

大東流合気柔術の看板を掲げていた頃の植芝盛平

大東流はまさにこの中に含まれ、幾多のダミーの伝書（現在残存する武田惣角《たけだそうかく》が与えたとされる伝書は、合気道創始者の植芝盛平《うえしばもりへい》によって体系の構想が練られ、某代書人によって筆記された。また八光流柔術創始者・奥山龍峰《おくやまりゅうほう》や「生長の家《せいちょういえ》」初代総裁・谷口雅春《たにぐちまさはる》らも代書を行った）を放出させながら、その中枢は闇に包まれて来た。そして実際、恐るべき密教の調伏《ちょうぶく》法に則った、怨敵降伏《おんてきごうぶく》の恐るべき武術であった。

西郷頼母の怨敵降伏の的

では、この怨敵降伏の的にされたものは何か。

会津藩から見た場合、薩摩・長州・土佐であり、殊に長州と薩摩については恨みが深かった。これは古神道と密教に通じていた西郷頼母《さいごうたのも》の調伏法の激しさから窺えるのである。また秘密情報を隠すためには有能なダミーが必要であり、その構造には裏と表が必要になってくる。つまり本物を裏に封じ込め、ダミーを表面化する作業であった。当時、頼母が福島県霊山神社《りょうぜんじんじゃ》の宮司であった頃、その元に修行に来ていた武田惣角は、表を徘徊《はいかい》する絶好のダミーであったに違いない。惣角はこの当時、榊原鍵吉《さかきばらけんきち》の直心影流《じきしんかげりゅう》の剣を学び、大東流を名乗っていない。惣角流合気術がその流名であり、頼母が大東流を名乗るのは、大日本武徳会《だいにほんぶとくかい》が創設された明治三十一年以降の事になる。

会津戊辰《ぼしん》戦争で敗れて以来、頼母の怒りの眼は、明治新政府を横領したこれらの藩閥政治首謀者（薩摩・長州の画策者で、薩摩では大久保利通《おおくぼとしみち》、長州では木戸孝允《きどたかよし》、山県有朋《やまがたありとも》ら）に向けられる事になる。頼母は事あるごとにその反撃の機会を窺っていたが、明治十年の西南戦争が勃発した際、頼母は薩摩西郷軍に軍資金を送ってこれを援助している。

頼母の行動は、多くの会津藩士が、薩摩討伐の為に喜んで警視庁隊（会津抜刀隊）に加わり、戊辰戦争の恨みを晴らすべく、九州南国の地に赴《おもむ》いたのとは対象的であった。頼母は、本当の敵が誰であるかを知っていたのである。

警視庁隊に旧会津藩士を起用する事を考えたのは、「征韓論」で対立し、勝ちを収めた大久保利通《おおくぼとしみち》であり、それに賛同したのは岩倉具視《いわくらともみ》、伊藤博文《いとうひろぶみ》、木戸孝允、山県有朋らであった。また、その罠《わな》に嵌《はま》って槍玉《やりだま》に挙げられ、野に下ったのが西郷隆盛《さいごうたかもり》、江《え》藤新平《とうしんぺい》、後藤象二郎《ごとうしょうじろう》、副島種臣《そえじまたねおみ》、板垣退助《いたがきたいすけ》らであった。ここで明治新政府の、薩長土肥の藩閥で固められた権力闘争が浮き彫りになり、西郷追放後、朝敵としての汚名を西郷一人に被せ、西南《せいなん》の役《えき》が勃発する。その後、日本は西欧追随政策をとり、西欧《ヨーロッパ》的植民地主義を模倣して、帝国主義路線をひた走る事になる。

明治という時代は欧米的な考え方が雪崩《なだ》れ込み、国家レベルで次世代に向かって、その種子が蒔《ま》かれた時代であった。福沢諭吉《ふくざわゆきち》や森有礼《もりありのり》らの文化人や有識者《ゆうしきしゃ》によって陰謀ひしめく世論操作が行われた。そして日本人に対しては、日本民族の誇りを積極的に忘却させようとした時代ではなかったか。

欧米的な文化志向が強まり、以降日本は極度な白人コンプレックスに陥っていく。廃仏毀釈《はいぶつきしゃく》運動からも窺えるように、寺塔放火や僧侶迫害が行われ、その裏で強力な脱亜入欧政策がとられ、欧米従属型の、無条件で欧米に屈服する白人崇拝信仰が、布教の嵐となって日本中を覆った。

　頼母はこの発信基地を知り抜いていた。頼母・四郎親子が徹底的な毛唐（欧米人）嫌いであったのは、日本が真の独立国家としての国体を失い、日本古来からの秩序は旧来の陋習《ろうしゅう》と受け止められ、一方的に欧米従属主義を押し進める欧米推進派の自由主義・功利主義を危惧したからであった。頼母の頭の中にあったものは、欧米列強に対する日本精神の主権回復であった。大東流の流名由来は、これに端を発している。従って大東流は、古流の一流派であるというより、欧米を意識した国家武術的な秘密兵器であった観が強い。

西郷頼母の目指した新時代の兵法

　大東流は、会津藩の殿中作法《御式内《おしきうち》》と会津藩校・日新館《にっしんかん》の教科武術（剣術・柔術・槍術・棒術・捕縄術・弓術・砲術・鉄扇《てっせん》術・白扇《はくせん》術・居合術・古式泳法・水中柔術・馬術・操船術等）を複数の研究者によって、数百年単位で共同編纂して集大成したものを、太子流《たいしりゅう》の兵法理論に合体させて幕末に完成したものである。従って、今日密かに囁《ささや》かれている、一天才が創意工夫の末、明治・大正・昭和を通じて中興の祖となり、会津藩御留流《おとめりゅう》を集大成して「大東流」となったという考え方は、歴史的見地から見ても正確ではない。この編纂に当たった中心人物が会津藩国家老・西郷頼母近悳《ちかのり》である。

晩年の西郷頼母。戊辰戦争後は保科近悳を名乗る

　大東流は幕末期の激変する時代背景の許《もと》で、前々からの幕府の方針であった、公武合体政策に備え、幕府や皇族の要員を警護する為に編纂された武術であり、江戸幕末期から明治初期に至って完成された近年稀《まれ》に見る武技である。

　先述したように大東流は、日新館の教科武術「会津藩御留流」に、上級武士や奥女中の殿中作法《御式内》を付随した形で完成したものである。但し、これらの事実を記す江戸年間における伝書や記録等は一切なく、会津藩にもその痕跡は全く残っていない。総て秘密に古神道や密教の印伝形式をとり、門外不出の武技の研究が行われていたものと思われる。しかし、これは西郷頼母が「会津藩御留流」の編纂に入った頃からであり、これ以前には、この印伝形式は存在しなかった。

　大東流は現代でも流派の人脈が複雑で、極めて系統的、及び修行法に謎が多い。近年に至っては指導者間の我田引水《がでんいんすい》の秘密主義が仇をなしたと思われる。

　さて、大東流の命名者であると謂われる、西郷頼母と彼の一族系統を追ってみる事にしよう。

西郷頼母に至る菊池家系譜

　元々、西郷家の先祖は九州の菊池一族に始まる。菊池一族は菊池則隆《のりたか》（孝）を初代当主とする、日本屈指の豪族で、歴史の中で極めて重要な位置に属した一族である。

　その歴史は寛仁三年（一〇一九）に刀伊《とうい》（刀夷とも書く。刀伊の賊の来冦で、沿海州辺境民。女真人《じょしんじん》ともいう）が壱岐・対馬、博多を襲い、掠奪と殺戮を繰り返して北九州にまで及んだ時、これを迎え撃って勇敢な奮戦記録を残したのが、菊池則隆の祖父にあたる太宰府長官、権帥藤原隆家《ごんのそちふじわらのたかいえ》であった。隆家は北部九州の豪族たちを指揮して、これを悉《ことごと》く撃退したという。

　また、後の蒙古襲来の時には菊池武房《たけふさ》が、北条時宗《ほうじょうときむね》と並ぶ際立った活躍を示し、この事は『蒙古襲来絵詞《もうこしゅうらいえことば》』に描かれている。

　そして菊池氏が歴史の中でクローズアップされたのは、隠岐《おき》に流され、伯耆国船上山《ほうきのくにせんじょうさん》に脱出した後醍醐《ごだいご》天皇に呼応し、「元弘《げんこう》の変《へん》」において壮絶な討ち死をした菊池武時《たけとき》の頃からである。

「菊池武朝申状」によると、楠木正成《くすのきまさしげ》が軍功の第一人者として、武時の嫡男、武重《たけしげ》を推薦し、肥後守《ひごのかみ》の地位を与えられたと記されている。その後、建武二年（一三三五）新政府が崩壊し、後醍醐天皇と足利尊氏《あしかがたかうじ》の戦いが始まると、菊池氏は天皇方につき、大いに奮戦した。中央では武重が箱根山合戦において奮戦し、九州ではその弟、武敏《たけとし》が「多々良浜《たたらはま》の合戦」で足利尊氏、直義《ただよし》兄弟と戦っている。

　南北朝時代、武家は、《宮方《みやかた》》と呼ばれた南朝方と、《武家方《ぶけかた》》と呼ばれた北朝方に分裂して戦ったが、菊池氏は内部分裂も起こすことなく南朝勢力を支持し、九州の中央部から北朝方の武家たちを監視し、勢力を強め、征西将軍、懐良親王《かねよししんのう》の肥後入国後、九州南朝方の盟主の地位を得ている。そしてその後、武朝は室町幕府体制下でも、肥後国の守護としての地位を実力で確保したのである。

　歴史を振り返れば、菊池氏は北朝方の世の中になっても、名誉ある形で武家社会の中枢に生き残り、中世以降も領土支配が強化され、「九州のスメラギ」として長く君臨する事になる。そして一族の掲げたスローガンは、政治的軍事的思想的色彩の強い《正義武断《せいぎぶだん》》で一貫されていた。

　菊池氏は古代末から中世にかけて、肥後国菊池郡を本拠地として栄えてきた武闘派の戦闘集団であり、その活動範囲はきわめて広く、その子孫が長距離遠征を繰り返して、中国四国地方、関東各地、更には東北に至り、会津に及んだとしても不思議ではない。

　西郷隆盛が薩摩藩の藩命により大島に流された時、彼は「菊池源吾」と名を変えている。つまり薩摩西郷家も、また菊池一族の末裔であり、西郷隆盛は先祖の言い伝えとして伝えられた、旧姓菊池氏を苗字《みようじ》としたのである。また菊池家と親族関係にあった西郷氏（及び西の姓）は勿論のこと、宇佐氏や山鹿氏や東郷氏（及び東の姓）の姓も、元は菊池氏の流れを汲んでおり、代々が神主や神道と深い関係を持つ事から、菊池一族は宮司家を勤めた人を多く輩出している。

大東流の流技を編纂した西郷頼母は明治維新後、日光東照宮《にっこうとうしょうぐう》の禰宜《ねぎ》（宮司の下で事務職を司る神官）を勤めた人物であり、熱烈な尊王家であったことは、菊池一族の掲げた《正義武断》のスローガンからも窺えよう。

あたかも国家の大事の時、頼母は家老としての優れた見識を示し、しばしば藩主に建議したが用いられず、刺客《しかく》を差し向けられたり、栖雲亭《せいうんてい》に幽閉された事もある。しかし、幽閉の身となっても、頼母は天下国家を広い見地から観察する見識に長《た》けていた。

後にこの大東流は、極秘裡に養子西郷四郎（志田四郎。頼母と骨格が似ているので実子かも知れない）に受け継がれていくが、四郎が表向きは大東流を継承しなかった（秘密裏に継承する）ため、柔道創始者の嘉納治五郎と、養父頼母の板挟みになり、長崎に逃避したという説もあるが、その真意は謎に包まれた部分が多い。

大東流流名由来

口伝と体伝を主体とする大東流の教伝方法は、閉鎖的な秘密主義に一貫したため、多くの謎を残した。更に、伝承については甲斐武田家伝説が入り交じるため、清和《せいわ》天皇や新羅三郎義光《しんらさぶろうよしみつ》の伝説のように、史実を疑うような根拠のない流名由来も罷《まか》り通っている。

例えば、「大東流合気武道は、今から八百有余年前の清和天皇の末孫である新羅三郎義光を始祖として『大東の館』で修練したことに因《ちな》み、《大東流》と称され……」と説明する団体もあるが、それは多くが武田惣角を中興の祖としているためである。武田惣角は字学のない人であったが、近代稀にみる武術の達人で、特に剣は直心影流を学び、剣客《けんかく》の域に達していた。明治の世になっても、羽織袴《はおりばかま》に刀の大小を帯刀し、時代遅れの武者修行をして、日本全国を巡回した武芸者であった。

頼母はこのような武田惣角を哀れに思い、武芸（剣を捨てて柔術で）で自立出来るようにと、彼の為に架空の伝書の形式（原本）を作成して与え、「会津藩御留流は清和天皇に源を発し、代々源氏古伝の武芸として伝わり、新羅三郎義光に至っては大東の館で一段と工夫を加えた。即ち戦死した兵卒の死体を解剖して、人体の骨格を研究した上で、女郎蜘蛛《じようろうぐも》が獲物を雁字絡《がんじがら》めにする方法を観察して、合気柔術の極意を究めた……」（牧野登著『史伝・西郷四郎』より）という甲斐・武田家伝説を付け加え、新たに「源正義《みなもとのまさよし》」の名前まで授けたのである。それにより惣角は頼母の言を墨守《ぼくしゅ》し、会津藩の名を恥ずかしめないようにと「御留流」、後には頼母が大東亜圏構想から、「大東流」を名乗ると、「大東流柔術」を名乗り、更に「大東流合気柔術本部長」と名乗り、生涯を通じて宗家《そうけ》とか、何代目とかは一切名乗った事がなかった。

また、『古事記』にも記載済みという論説が近年付け加えられた。また、当時では戦乱の為、甲冑《かっちゅう》を着けての生活が当り前であったのにも関わらず、素肌武術が存在していたと説く人もいる。これが「清和天皇開祖説」や「新羅三郎義光開祖説」等の伝説の発端となった。

他にも「大東流」や「合気之術」の流名由来説はある。例えば、武田家の馬場美濃守信房《ばばみののかみのぶふさ》の影武者だった相木森之助《あいきもりのすけ》の「相気の術」とか、あるいは武田家の遺臣大東久之助《だいとうひさのすけ》（系統図に名前を連ねているが、伝説上の人物とも謂われる）が、この武術を芦名氏の地頭になって会津に伝えた等の説や、また武田家滅亡に際し、武田家の重臣が九州福岡藩・黒田家の食客となって武田大東流を名乗った、等の説が至るところで吹聴《ふいちょう》されている。

しかし実際は、大日本武徳会創立時（明治三十一年）に、当時の大東亜圏構想に因《ちな》んで、頼母によって「大東流」と命名されたことは明らかであり、当時大陸問題に関わっていた西郷四郎の思想が、何らかの形で流名由来に投影されていたであろう事は容易に推測出来る。あるいは、最終的な命名者は頼母であったにしても、実質的な流名由来の立案は、寧《むし》ろ四郎によるところが大きかったかも知れない。

また、四郎が講道館出奔の際に書き残した一書の題名が「東洋諸国一致政策論」であったことから、吉田松陰《よしだしょういん》の「海防論《かいぼうろん》」の影響を受け、日本を中心としたアジア諸民族の団結を以て、アメリカ、イギリス、フランス及び、ロシア等の欧米列強に対抗することを主張している。しかし、大東流や合気道の愛好者は、新羅三郎義光の「大東の館」や、大東久之助の伝説を安易に信じている為、西郷頼母が指摘した、イギリスやロシアと戦う権利があるとし、英・露をアジアから排除して、日本を盟主とした大アジアを造らなければならないと説く思想を理解できないでいる。

この思想・論説の中心人物が樽井藤吉《たるいとうきち》であった。その著書『大東合邦論《だいとうがっぽうろん》』に、四郎は以前から共鳴していたに違いなく、欧米列強を意識して、「大東」がその流名になった事は極めて信憑性が高く、菊池一族の政治的軍事的思想的色彩の強い『正義武断』というスローガンを考えれば、その末裔《まつえい》たちが、危急存亡に対して同じ様なスローガンを掲げ、欧米列強の脅威に危機感を抱いたとしても、何ら不思議ではあるまい。

明治初頭から起こった「大東亜」の大アジア構想は「大いなる東《ひむがし》」、即ち、聖徳太子が隋の煬帝《ようだい》に宛た書簡の「日の出ずる処の天子より、日の沈む処の天子へ」といって憚らなかったことを今更持ち出すまでもなく、極東の中心は「日の出ずる国」日本であり、「大東流」という流名には、海外を睨《にら》んだ思想的、あるいは政治的な時代背景があった。

頼母は溝口派一刀流剣術を学び、会津木本派軍法を継承した武人であり、「三尺達磨《さんしやくだるま》」や「豆彦様」の異名をとる程背が低かっ

霊山神社の全貌

霊山神社の笹竜胆

た。しかし、この背が低かった事が幸いして、大東流の術者としては最適であったとされている。敵の下に巧みに潜り込み、業を発するには好都合の体格であったと謂われる。この躰付きは四郎にも受け継がれていた。

当時、頼母が南北朝期の尊皇家、北畠一族を祭神とする福島県・霊山《りょうぜん》神社の宮司の職にあり、頼母自身、既に十三歳の時には大和畝傍《うねび》山・神武天皇に参詣して、一詩を賦しているほどの勤皇家であったことを考えれば、「大東流」命名は、頼母の「極東の中心、日の出ずる国日本」からの独創であったのかも知れない。

また、脊髄を冒されアル中に陥って、苦渋の翳《かげ》りが見え始めたかに見える、講道館を出奔したばかりの四郎にとって、大陸飛翔の夢と、講道館を離れて最早《もはや》帰る所がない故に、「内なる会津」という故郷の模索を「大いなる東」に託したのかも知れない。

ともあれ、武士道精神と、陽明学の知行合一《ちこうごういつ》の投影が『大東合邦論』によって命を吹き込まれ、そこには西郷親子の、どちらかの理想がはっきりと掲げられている。おそらくこの親子のどちらかによって、海外（特に英・露）を意識しながら『正義武断』を掲げ、それを総称して「大東流」と命名したということが正直なところではあるまいか。

大東流の編纂と霊的神性

会津藩校日新館の教科武術であった太子流兵法（軍学）や、溝口一刀流や柔術等の極意に、馬術、古式泳法、弓術、居合術、槍術、日本式拳法（柔術の当身を中心とした拳法）を加え、藩政に基づいて編纂・改良・工夫したのが、大東流の母体を成した会津御留流であった。

この武術は複数の研究者達の英智を総結集し、幕末期に完成した総合的な新武術である。そして、曾《かつ》てどの流派の武術も真似の出来ない、高度な技法にまで発展させていった。これを頼母は軍事的思想的スローガンを掲げて、幕府要人や皇族要人を警護する、奥女中及び上級武士の為の武術に作り上げて行った。

だが大東流の意図するところはそれだけではなかった。古神道に立ち戻れば、「人間は人各々に天御中主神《あめのみなかぬしのかみ》の一霊一魂を受けた玄妙なる小宇宙神であり、その根本は大霊と同一の一雫《ひとしずく》である」という惟神《かむながら》の玄意が含まれている。

「陰が極まればやがて陽に転じ、霊妙になる」という精神的な涵《かん》養《よう》は決して合気行法と別物ではない。大宇宙の玄妙なる霊気はやがて人間に及び、その森羅万象《しんらばんしょう》に至るまでの玄意が大東流の全貌であった。そこには古神道や密教の秘め事や諸々の約束事があり、言霊の妙用をも含めて、大東流の「大東」は神聖なる聖域（日の出と共に陽に転じる霊妙）を有し、霊的神性に貫かれた「大いなる東」を意味していたのである。

西郷四郎

慶応二年二月四日、明治維新前夜、東北地方には例年に珍しい厳しい寒波が到来し、昨夜から吹き荒れた吹雪は、会津若松地方でもその猛威を振るっていた。

その日の昼近く、甲高い産声《うぶごえ》を上げて男子が誕生した。この男子を取り上げた産婆は馴れた手つきで赤ん坊を産湯に浸からせながら、「なんと小さな赤子じゃ、あまり小さいので驚いた。しかしこりゃー、かたじしだよ、しっかりしちるわい」と呟いたと言う。

この頃、京都では明治維新の前夜を迎え、風雲急を告げようとしていた。三百年続いた徳川幕府は漸く衰えを見せ始め、京都守護職として会津藩兵を引き連れ、京都にいた会津藩主松平容保《まつだいらかたもり》は、にわかに押し寄せる西南雄藩の討幕派志士の動きを封じるのに、重責の苦労を強《し》いられていた。

荒れ狂う吹雪の中、動乱期に生まれた赤ん坊は、当時の時代を背景に何か驚くような事を暗示した観があった。赤ん坊の出生届は、「会津藩士御用場役、百五十石取り、志田貞二郎《しだていじろう》、妻さたの間に生まれた三男四郎」と役場に届けられた。

志田貞二郎一家は元々、会津領（現在の新潟県）津川字志田平の豪族であったが、それが何故会津若松に来ていたかは不明である。しかし、会津戊辰戦争が始まり、会津が戦火に巻き込まれると、父貞二郎は四郎を津川に帰す決断をする。母さたは気丈な女で、二歳の四郎を背中に背負い、三人の子供の手を引き、三人の老人を連れて戦火の会津を避難して行ったという。

父貞二郎は朱雀隊の二番寄合隊員として越後方面の戦場に引っ張り出され、転戦を重ねていた。貞二郎の隊は、奥羽列藩同盟から長岡藩応援という形で越後西浦原地方を皮きりに、弥彦、与坂、見附、長岡と転戦を重ねていた。この会津藩兵を指揮するのは元新撰組副長で奥羽烈番同盟軍総統の土方歳三《ひじかたとしぞう》であった。

しかし、日増しに戦火が激しくなり、会津が猛攻撃を浴びるようになると、長岡藩応援に来ていた会津藩兵は会津に引き返す決断を行い、その途上にあったが、会津藩が降伏した為、九月二十日鶴ケ城を西軍に明け渡すに及んで、貞二郎の隊は越後塩川で武装解除になり、高田藩（十五万石、藩主榊原政敬《さかきばらまさたか》）に移送され、此処《ここ》で約一年半の禁固を余儀なくされ、厳しい収容生活を送った。

一方さたは津川角嶋に居て、農業を始め、慣れない百姓生活を強いられていた。一年半の収容生活から帰還した貞二郎は、此処で百姓として再起する事を決断するが、慣れない百姓生活と一年半にも及ぶ収容生活の心労がたたり、病魔に襲われやがてこの世を去る。志田家は大黒柱を失って絶望のどん底に叩き落され、農業に見切りをつけて、再び移転を決意し、阿賀野川湖畔の小野戸に舟大工の店を開いた。

やがて四郎は津川小学校に入学し、舟大工の店を手伝いする日々を過ごしていた。また四郎は会津藩士族の仕来《しきた》りに従い、幼少より儒教を習い、更に七歳頃から柔術も習い始めていた。津川には天神真楊流《てんしんしんようりゅう》の柔術師範、天津名倉堂《なくらどう》の粟山昇一《あわやましょういち》がいた。

会津戊辰戦争の傷跡から漸く立ち直り、東北地方は新たな生活が始まり復興の兆しが見え始めていた。そんな中で四郎は粟山について柔術を習っていたのである。しかし、その上達は目を見張るものがあり、既に四郎の敵は津川にはいなかった。

粟山は四郎を同門の高田大町、天神真楊流名倉堂の永田政一師範に紹介し、武者修行に出す事を決断する。永田は四十五歳で、粟山と同じ天神真楊流柔術を学び、粟山の方が五歳年長であった。この流派は実に多くの骨継医を出している。その名称も「名倉」が多く、また今日でも名倉の名前を留めるが、この系統の子孫は現在でも外科医や整形外科医として活躍している。

元々天神真楊流は、創始者である磯柳関斎《いそりゅうかんさい》こと岡山八郎治《おかやまはちろうじ》が、柔術の極意である現代の柔道整復術の他に、内科と外科を入れて、江戸期医師として活躍していた事に由来し、また維新後は門弟の柔術家としての生計を助ける為に柔道整復術を伝承した。これは剣術家が曲芸師としてサーカスに出演したり、また剣術興行を行い、蔑まれたのとは対象的であった。

粟山が永田の処に武者修行に出して間もない頃、元会津藩家老西郷頼母は久しく粟山を訪ねた。粟山は、過去の頼母と、四郎の母さたの関係を知るただ一人の男であった。この時、頼母は四郎に逢いに来たと思った。この頃、頼母は粟山邸を屡々《しばしば》訪れたという。

一方、永田の処で修行する四郎は、めきめきとその天性の頭角を表わし、既にこの時「山嵐《やまあらし》」を開眼していたと謂われる。更に知識家でもあった永田は、四郎に支那から渡来した唐手、欧米で流行している拳闘、国技の相撲、他流の柔術、剣術、居合、棒術、弓術、古式泳法等の武術の技法的術理をも教えたという。また永田は固技《かためわざ》が得意で、その技の切れは凄まじく、それは相手の腹を突き蹴りで打ちつけ、前屈みになったところを内掛けにして、背中に飛び乗り、頸《くび》の後ろ側に膝を掛けて固め、次に相手の右腕を自分の左腕の「脇固《わきがため》」によってぐいぐい絞め上げていくものであった。これを永田は「卍掛《まんじがけ》」と称した。

因みに、この「脇固」は、一九八五年、韓国で世界柔道選手権大会が開催された時、日本代表であった斎藤選手が天神真楊流の脇固の柔術の技で対抗しようとして、逆に韓国の選手からこの技を使われて、肘関節内の骨を骨折する事故を起こした。韓国ではテコンドウの中にも「脇固」があり、この技を日本選手は逆に喰らったのである。

四郎は永田の許《もと》で柔術の腕を上げる一方、たまにやって来る頼母から合気柔術の手解《てほど》きを受け、母校の代用教員をして生計を立て、学校近くの農家に寄宿していた。四郎が軍人に憧れたのはこの頃であり、廃刀令が出され、旧武士階級が刀を奪われて、四民平等になった折、軍人と警察官だけは帯刀が許されていた事から、四郎もやはり刀を象徴するものとして軍人を目指したのではあるまいか。

また「いくぐん大将（陸軍大将の意）」と盛んに言い続けたのは、廃刀令に対する旧会津藩士の子弟としての反動であったのではあるまいか。

明治十五年三月、四郎は代用教員を辞《や》めて、親友であった佐藤与四郎を伴って、東京の慶応義塾に入学していた先輩・竹村庄八を頼って上京する。東京に行けば望みが達せられる、そんな夢が四郎を掻き立てたのである。

その春、四郎と一緒に上京した佐藤与四郎は、彼と共に郷里の先輩・竹村庄八の下宿を訪ねた。そして四郎は陸軍士官学校入学の希望を訴えるが、竹村から学力不足（特に数学の）を指摘され、勉学の重要性を諭《さと》される。家出同然で上京した四郎は忽ちのうちに金銭が底を付き、仕事探しに奔走したが、結局探し当てたのは団扇《うちわ》の骨削りや、普請《ふしん》場の水汲み程度で、日々困窮する生活を余儀なくされていた。

竹村はこんな四郎を見るに見かね、自身も慶応義塾の拳法道場で武術を修行している立場から、四郎の天性の資質を見抜き、拳法道場の師範の伝《つて》を頼りに、四郎を井上敬太郎の柔術道場に内弟子として入門させる。

この頃、東京では東大出の学者の経営する講道館柔道が噂になっていた。これを逸速《いちはや》く小耳に挟んだ竹村庄八と四郎は、嘉納が講道館だけではなく、嘉納塾も経営する塾頭と知り、一石二鳥の企てを試みる。つまり、内弟子を兼ねた書生として潜り込む方策を考えたのだった。そして元々井上と嘉納は磯道場の兄弟弟子の関係にあり、四郎の天性の資質は直ぐに嘉納にも見抜かれ、それは以降数年に亙《わた》って利用される事になる。四郎は講道館に入門して直ぐさま、その驚異的な伎倆《ぎりょう》を発揮する。

その三、四年後には警視庁武術大会に嘉納の名代《みょうだい》として、講道館を背負い、試合に出場している。その伎倆に於ては、学者・嘉納を遥かに凌ぐ資質を備えていた。こうして四郎は講道館七人目の弟子として『講道館修業者誓文帖』に名を連ねる事になる。この誓文帖には「福島県越後国浦原郡清川村四十三番地、志田駒之助弟　士族　志田四郎　十四年四ヵ月　明治十五年八月廿日」とある。

　四郎が入門するまでの約二か月半の間には、樋口誠康や有馬純文らの入門者が居たが、彼等は嘉納が勤めていた学習院教師の縁故から来たもので、柔道によって名を為す格闘技の猛者《もさ》を目指した訳ではなく、寧《むし》ろ学者肌のひ弱な少年達であった。実質的に嘉納塾の書生となり、講道館の内弟子となったのは、四郎と、講道館入門者第一号の山田常次郎であった。山田は伊豆西浦（現在の沼津市）の出身で、治五郎の父治郎作に見込まれて早くから東京に送り込まれ、四郎より一歳年上であった。此処に嘉納家の柔道普及戦略が窺える。

　山田自身、天性の資質を備えており、後年富田家の養子になって富田常次郎を名乗り、次男の常雄が常次郎から詳細に訊いた四郎の伎倆を編纂したものが小説『姿三四郎《すがたさんしろう》』であった。

　明治十九年一月下旬に、四郎は五段に昇段し、四郎の得意絶頂はこの時であり、同年三月には講道館が九段坂下に移転した。また同年の六月には警視庁武術大会で、楊心流戸塚派の照島太郎と日本一を賭けて試合し、「山嵐」を以て優勝した（これらの詳細については、拙著『大東流合気二刀剣』（愛隆堂）『合気口伝書・第七～十一巻』（綱武出版）等を参照）。

　しかし以降、楊心流戸塚派の照島太郎の弟弟子であった好地《うけち》円太郎から、兄弟子の仇討ちと称して、四郎には度々《たびたび》挑戦状が叩き付けられた。四郎は、講道館では他流試合は禁止されているとして、これを断わり続ける。

「山嵐」の技は、後に大東流柔術・六箇条の応用技として解説されているようであるが、その真意は定かでない。しかし四郎が、天神真楊流の名倉堂の粟山や永田の教えを受けていた際、粟山邸には頼母が度々訪れている事から、四郎は天神真楊流とともに大東流も学んだという説もある。その謎は未《いま》だにヴェールを被ったままで、それは今日に至っても定かでない。四郎が得意としたこの技は、大正九年まで講道館制定の五教一つに含まれていたが、以降万人向きでないという理由から外されて今はなく、この技自体が幻の技と称され、この技法を正確に知る者は殆どいない。

　因みに「山嵐」については、平成七年十月十五日号の『週間読売』に「必殺ワザ《山嵐》復活！　出るか〝平成の三四郎〟」と題され、著者のコメント記事が掲載された。

　その内容から要点を引用すると、

「山から吹き下ろす風のように、相手を豪快にたたきつけるところから《山嵐》と命名されたという。明治十九年の警視庁武術大会で、西郷はこの技を使い、好地円太郎警視庁柔術師範を投げ飛ばした。その瞬間、講道館柔道の実力と名声があまねく天下にとどろいた、と言われている。にもかかわらず、山嵐は大正九年に講道館の技から除外されてしまった。そして、現在に至るまで使い手がいなかった。その理由は、どうも山嵐のルーツにあるようだ。山嵐の源流は会津藩の御留流武術《大東流》だったという説がある。そして、西郷は、彼が講道館に入門する前に、その技を習得していたというのだ。今も残る大東流西郷派宗家の曽川和翁氏はこう説明する」

という口上の説明があり、続いてこれに著者が、

「西郷が使っていたのは大東流の柔術の変形技です。本来の技は膝関節で相手の足を引っ掛けるんですが、西郷は、足の指が非常に長くて器用だったので、足の指でつかむようにして引っ掛けたのです。その意味で《山嵐》は彼の個人的才能からでたオリジナル技です。だから、今回、承認された技と西郷が使っていた技とは、形が同じだとしても内容が違うんです」

とコメントする。(中略)これに対して一方、東京五輪《オリンピック》金メダリストの岡野功・流通経済大学教授は、《山嵐》をこう語る。

「私が知っている《山嵐》だとすれば、背負い投げと、跳ね腰あるいは釣り込み腰をミックスしたような技ですね。現在は使い手がいませんから断言できませんが、きちんと指導して、技に慣れればそんなに難しい技ではないじゃないですか」とコメントした。

これを根本的な点で解釈すると、著者と岡野功先生の見解は些《いささ》かの類似点がある。その理由として、著者は大東流柔術の関節を取る柔術に於ける《投げ技》とし、岡野先生は「背負い投げと、跳ね腰あるいは釣り込み腰をミックスしたような技」と表現しているところから、やはり武術の高級技法というより、基本技と捉えているようである。

そして「山嵐」は名前だけが先行して、肝腎の「術」が遅れてしまった観が強いようだ。

更に「山嵐」が基本技である証拠に、次回の試合ではこれがすっかり研究され尽くし、西郷は山嵐を使う事が出来なかったのである。従って一部の大東流愛好者の間で囁《ささや》かれている「大東流六箇条から山嵐が出た……云々」は、信憑性の低いものといえる。山嵐は天才四郎の、六箇条を参考にした業であったかも知れないが、これはやはり四郎自身が編み出した得意な業といえよう。

さて、西郷四郎が柔道や柔術だけではなく、日新館の正式教科であった古式泳法をはじめ、弓術や棒術、槍術や居合術の手練であった事を知る者は少なく、彼が何《いず》れの術も練達していたと考えると、やはりこの裏には養父西郷頼母の大東流を学んだのではあるまいかという疑念が持たれる。

そして柔道家として将来を嘱望《しょくぼう》された四郎は、大陸への夢が絶ち難く、明治二十三年六月二十一日講道館を出奔した。時に二十五歳である。

講道館を出奔した当時の四郎の行き先は、同郷の長崎に居る旧会津藩士、鈴木天眼《すずきてんがん》の家であった。四郎の長崎時代は、会津藩の弓術の技を近代弓道に生かし、後に弓道九段(武徳会にはその記録がないが、流儀は大和流といわれる)の範士になっている。弓道は大東流と同じく、かなりの集中力を必要とする武術である。丹田《たんでん》呼吸の養成と集中力は、弓道と共通していたのである。

近年復元された旧会津藩校日新館。東北地方では珍しいプールがあった

　また、長崎県には四郎の主宰した「瓊浦《たまうら》游泳協会」（会津藩校日新館には泳法訓練をするプールがあった事に由来している）があった。四郎の長崎時代は、多くの挿話《エピソード》があり、その中でも「思案橋事件」は特に有名である。この思案橋事件は、人力車の車夫が複数の外人から袋叩きに遭っているところを、そこに通り合わせた四郎が助けたという事件である。当時の「東洋日の出新聞」はこの事件を取り上げ、四郎の武勇伝を痛快に書きまくっている。

　また福岡県久留米市には「南筑《なんちく》武術館」があって、四郎はここでも柔術師範を引き受けている。この時、既に脊髄カリエスで背骨を痛めていた四郎ではあるが、大東流多数捕りの技を使って、瞬時に数人の男を投げたという多数之位《たすうのくらい》は、この時に生れた武勇伝である。

　これらは総て、会津藩の武術が母体となった《合気武術》であった。大正二年、孫文ら一行が長崎を訪問した際も、四郎は柔道ではなく、合気武術と思われる業を披露したと伝えられている。

その後、戸籍を青森より長崎に移して、一時津川に立ち寄り明治二十五年、郷里に講武館を設立。後、再び朝鮮に渡鮮し、明治二十六年福島を訪ねた際、西郷頼母邸で四月二十四日〜六月五日迄滞在した。この年の八月、樽井藤吉は『大東合邦論』を出版している。

　明治三十五年、鈴木天眼が長崎で東洋日の出新聞社を創設すると、四郎は編集責任者として参加し、また新聞記者として、中国三民主義革命を大旆《たいはい》を掲げた革命軍と共に漢口《ハンカオ》で、革命戦争を体験する。そしてその内情を続々と送り続けた情報活動家でもあった。恐らくこれも西郷頼母の大東流蜘蛛之巣伝（頼母の対外ネットワークで、後藤象二郎の「大同団結運動」に端を発する）構造の一貫として、四郎が機能していたのではあるまいか。

　帰国後、鼠島《ねずみじま》として知られる瓊浦《たまうら》で瓊浦水泳協会発足に因み、理事の一人として名前を連ねている。四郎が水泳に力を入れたのは世の移り変わりを直接肌身で観じ、世界に通用するような国際選手の育成を目指した為ではなかろうか。

それを裏付けるものが、大正三年に行われた、『有明海横断二十マイル遠泳大会』である。この遠泳大会は曾て無い空前の大企画であった。

この時、監督の四郎は、この大会を指揮する田中師範に、一振りの短刀を渡してこう言った。

「この大会は、我が協会の名誉を賭けた決死の大会である。もし、途中で怪魚が現れ、隊員を襲うようなことがあったら、君自ら海に潜って、これを刺せ。隊員に万一の事故や死者が出た時は、この責任を取って自らの腹を、これで掻《か》っ捌《さば》いて申し開きせよ」と言い渡した。

孫文の長崎訪問（左から孫文、鈴木天眼、西郷四郎）

決死の覚悟でこの大会が行われた事が分かる。この大会には、二十八名が参加したとある。第一回目は失敗したが、翌年の大会には見事これを達成した。後にこの団体から、国際的にも有名な選手を続々と送り続けた。この話は発祥の地、鼠島の名前と共に、今日でも語り継がれている。

講道館を創始した嘉納治五郎は、柔道を以て国際化を目指したが、四郎は水泳を以て、西欧列強に対し、日本人の雄叫《おたけ》びを此処に示したのではあるまいか。この構図は、嘉納の西欧合理主義に対抗した、四郎の日本の武士道精神であった。

西郷四郎の講道館を出奔してからの行動には、実に謎が多い。また講道館出奔自体も、その理由が「大陸への夢が絶ち難く」だけでは、あまりにもその行動が社会的未熟と指摘されても仕方ない。本当に素朴なロマンティズムで、原衝動を社会的状況に準《なぞら》えて、それが離脱の原動力になったのであろうか。

おそらく嘉納治五郎が、対外古流の柔術勢力の制覇・統一を急ぐあまり、専《もっぱ》ら技術的・肉体鍛練的熟達のみに重きを置き、また一方で今日の柔道界ように、交代の利く尖兵として酷使され、嘉納の目指した組織的・理念的手段に、四郎は出奔という非常手段にでたのではあるまいか。それを証明するものが、仙台二高で行われた四郎の講演「柔道に就き浮びし所感」と題する講演内容であった。

東洋哲学に回帰した場合、殊に日本では求心的な儒教的武士道に回帰する。しかし、嘉納は武家出身ではなく、町家出身である。嘉納が東大で学び、教養を身につけたとは言え、それは欧米商人の合理主義であった。

嘉納の合理主義を以てこの時、四郎は平松武兵衛《ひらまつぶへい》（会津藩軍事顧問として家老職の録を受ける）と名乗り、会津藩に武器を巧みに売りつけていたオランダ系の武器商人で、プロシア人のヘンリー・シュネルを嘉納に重ね見たのではあるまいか。この結果、会津藩は戊辰戦争に蜂起する。そして、欧米の合理主義は会津領を焦土にした事を想い出す。これは根本的に双方と相反し、嘉納の欧米的合理思想に四郎はついて行けなくなり、結局、同郷の鈴木天眼の世界に韜晦《とうかい》していったのである。結果的に、四郎の赴くところは「内なる会津」にあった。更にその結果、西郷頼母の大東流に回帰したのである。

幕末維新の激動は、会津に急激な外的圧力を与え、時代の新陳代謝と伴に、西郷家に一種の精神的土壌が根付き、この西郷親子は大いなる未完の生き方を選択したのではあるまいか。これはとりもなおさず「内なる会津」の模索であった。

西郷親子の関係は、養子縁組と言われながらも、あまりにも相互は親密すぎ、頼母自身、養父とは思えない程の愛情で四郎を受け止めている。やはり、元々血を分けた親子の関係であったと思われる。

波乱万丈の生涯

さて、西郷家は首席家老田中土佐と並ぶ、会津藩きっての名門の家柄である。西郷家の家禄は千七百石を拝領していた。先祖は代々重臣の立場にあり、会津藩の秘伝と称する御式内を継承するに相応《ふさわ》しい条件を持っていた。

日光東照宮禰宜《ねぎ》就任後、自分が継承した会津藩秘伝の技法を、兼々継承するに相応しい人物を捜し求め、志田家から志田四郎を養子に迎えているが、四郎の入籍を認めさせた介在人は一体誰なのか謎である。しかし、禰宜として多忙な日々を追われる頼母にとって、遠く離れた津川、あるいは東京から、四郎を選び出すことは容易ではなく、最初から顔見知りの間柄であったと推測する方が妥当であろう。そして骨格や顔形等が非常によく似ている事から、実子説が有力であり、一説によると、頼母の妾の子を志田家に預けていたという説等があるが、これらは実際のところ定かでない。

頼母は優れた見識をもった軍略家・軍政家であったが、会津戊辰戦争で敗北し、特に白河口攻防戦は指揮官としての名誉を失墜させた。更に、西郷家一族二十一人の自刃は、筆舌に尽くし難いほど悲惨なもので、弟の死、長男清十郎の死と、悉《ことごと》く運気に見放され、不幸の渦中でもがき苦しんだ敗軍の将でもあった。

晩年は名誉挽回をするべく、《大東流蜘蛛之巣伝》という人脈構造の情報システムを巧みに使って、意中の四郎を養子に迎え、明治十七年、西郷家を再興させている。保科近悳と名字を改めるが、頼母は反政府の権力に対する心意気と会津の汚名を晴らすべく、極秘中の極秘人物に、西郷四郎を置いたのかも知れない。ここに、頼母（保科近悳）の構想した膨大な大東流構想《秘密結社的、大東亜圏アジア構想》が感じられるのである。

　頼母が蜘蛛之巣構造を立案してから、既に明治は後期に至っていた。時代は愈々《いよいよ》厳しさを増し、ロシアとの関係が緊迫し、日露戦争の開戦が噂されていた。

　明治三十六年四月二十八日、頼母は七十四歳で病没した。西郷四郎は養父の病気が重くなった事を知り、若松の陋屋《ろうおく》に帰郷し、頼母の死を見取った。

　会津藩家老・西郷頼母は悲劇の人であった。藩主松平容保が西軍との戦いを強硬に打ち出した時、利在《りあ》らずとして猛烈に反対したが、これが藩主の怒りをかい、家老職を罷免《ひめん》され、その後、長男吉十郎を連れて、幕府海軍奉行であった榎本武揚《えのもとたけあき》の軍に、仙台から合流して北に向かう。函館五稜郭《ごりょうかく》に立て籠って籠城《ろうじょう》戦を試みたが敗れて、館林に閉じ込められて禁固の身になったが、釈放後は伊豆謹中学舎塾長、福島県棚倉都々古別《たなぐらつづこわけ》神社宮司、また日光東照宮では旧藩主容保に仕えて禰宜となり、七年間勤務した後、福島県霊山神社宮司を十年勤め、大東流合気武術を編纂して七十四年の波乱万丈の人生を閉じたのである。

西郷頼母邸

西郷家一族 21 人の自刃（会津武家屋敷）

西郷頼母邸の門前に立つ著者

第二章　合気霊術の躰造りと食事法

行をする為の食餌法

先ず「行法」を行うには、その躰《からだ》造りが必要である。痩《や》せた貧弱な躰や、大食漢の肥満体では、行法には極めて不適当な躰といえる。そこで先ず今までの食事を改めなければならない。玄米穀物菜食の徹底である。

人間が神より与えられた食物は、人間の性《さが》に近い動物性食品ではなく、植物性の身土不二《しんどふじ》を実行出来る、人間の性より遠い食物であった。動物は、殊《こと》に哺乳動物は人間に性が近く、屠殺《とさつ》される場合、肉体的にはその恐怖からアドレナリンを大量に分泌し、念的には恨《うら》みに似た感情を露《あらわ》にする。このことから哺乳動物の食肉は、人間には適当とは思われないのである。

また人体に、最も有効で正しい食品の一つに「玄米」がある。その証拠に現在、玄米は欧米に於て「茶色い米《ブラウンライス》」としてもて囃《はや》されている。健康に気を遣《つか》い、健康食品に聡《さと》い中流階級以上のアメリカ人は、逸速《いちはや》く玄米の効用に着目したのである。しかし、日本ではそれ程、関心を寄せる気配は見られない。寧《むし》ろ旧態依然の白米が主流であり、口当たりのよい食品ばかりを好んで食べている。

さて、玄米であるが、玄米は生きている米である。白米を土に蒔《ま》いても発芽しないが、玄米は、それ自体が生きている為、土に蒔くと発芽する。

この事から、米はその表皮部分である「麩《ふすま》（外皮）」や胚芽を取り除けば、生命力が失われてしまうという事が分かる。

白米は、麩や胚芽を脱穀によって取り除いた「粕《かす》」であり、また、精白米にはビタミンB群という成分が皆無な為、これが欠乏すると脚気《かっけ》、胃腸障害、自律神経失調症や機能障害等の病気を招くのである。

白米は「粕」であり、この文字からも窺えるように、「白米」という字を横にすると「粕」という字になる。

カスとは、栄養素を奪い取った後の物質であり、また、多くが口当たりのよい澱粉《でんぷん》である為、白米は極めて味が淡泊である。その為、濃い味のソースベースの肉が食べたくなるのも、必然的な条件反射であろう。

このような、食肉中心の食事に依存していると、やがては血液を汚染させるばかりではなく、日本人が古来より連綿として培ってきた、遺伝的要素の中に蓄積されてきた食体系（穀物玄米菜食）が破壊され、霊的神性は著《いちじる》しく曇らされて、不幸現象に陥り易い状態となる。

世の中の多くの不幸現象である交通事故、怪我《けが》、争い、戦争、家庭不和、不倫、強姦《レイプ》等の諸悪現象は、全て、欧米食肉（早熟であり性的興奮が異常に大きくなる）文化に依存した結果であり、これは現世の物質界の低次元波調と同調してしまった為である。

いずれも初期症状としては、道徳観や倫理観の低下が現われ、やがて浮上して表面に現われてくると、このような不幸現象に発展する。
他にも、玄米は有効成分の宝庫に相応《ふさわ》しい物質を含んでいる。複合炭水化物（生命活動としてのカロリー源になるだけではなく、生合成する際の中核が高密度を保っている）、類脂肪（リノール酸を豊富に含み、これら不飽和脂肪酸は脂肪代謝を正常にさせる）、粗蛋白質（炭水化物から体蛋白質が生合成される時、脂肪やミネラルと共に重要な働きをする）、ビタミンB群、ニコチン酸（ビタミンB群で、脂肪の代謝に関与して神経機能を維持）、パントテン酸（ビタミンB群の一種で老化や無気力の防止、性機能の安定を図る）、コリン（肝硬変、動脈硬化、高血圧を防止）、葉酸《ようさん》（造血作用の促進と胃腸障害の防止する）、ビタミンE（生殖機能に働きかけて精力減退等、老化を防止する）、リン（脂肪と結合してリン脂肪となり、脳細胞には不可欠なＡＴＰと呼ばれる物質を構成する）等を含んでいる。

さて、玄米にもう一つの効用を付け加えるならば、最近の研究で、この中にはフィチン酸という、放射能等の発癌性物質を体外に排泄する作用を齎《もたら》す物質が含まれている事が分かってきた。

この事から、玄米は、公害物質の解毒《げどく》作用があるばかりではなく、二十一世紀初頭には必ず表面化していくであろう放射能の影響に対抗する、有効な食品と注目されている。また、霊的体質をつくる為の必要不可欠な食品である事は言うまでもない。

それと反比例して、白米は、発癌性のある除草剤のダイオキシンや、ＤＤＴ等の公害物質の排除作用はない。白米の常食者は、血液性状を混乱させ、消化機能を失墜させて、肝臓や腎臓の解毒機能を弱め、自律神経の内分泌機能を不安定にさせる。

現世（三次元物質界）の次元は、あくまでも低次元であり、波調は振幅の大きい粗低周波である為、その粗密的組成粒子は粗《あら》く、従って、人間の霊的覚醒も粗く薄くなる。所謂《いわゆる》低級なものばかりに波調が同調してしまうというチャンネル状態にあるのである。このように霊的バイブレーションが低下すると、霊的神性を曇らせるばかりでなく、肉体的には急激な変化に耐えられない体質になってしまう。つまり、肉食や乳製品や白米では、霊的昇華は期待できないという事である。

日本人は、明治初期まで連綿として続いた日本独特の食体系を守り通してきた。それはまさに、霊的神性を保つ食体系であった。しかし、近年に至っては、この日本独特の食体系である、穀物菜食主義の植物性食品指向は、欧米的な食文化にとって変わられ、肉食品や乳製品が大量に摂取されるようになった。

今日では動物性の高蛋白高脂肪の食品が多く食卓に並び、霊的には益々おかしくなり、これらはまた、一方で成人病の病因になり、難病奇病を発生させる元凶になっている。

難病奇病は、精・気・神の働きの孰《いず》れかが狂って、二つ以上の箇所が重なった複合病である。従って、精神病等の脳や神経系のメカニズムを探っても解決の糸口は見当たらない。何故ならば、これらの病気は、憑依の姿をとっているからだ。

また、現代医学は約二万五千種程の病気を発見しながら、そのうち治療法が確立されているのは約五千種程で、残りの二万種の病気に対しては、全く皆無の状態である。

　現代人は電力の恩恵に与《あずか》りながらも、一方でその根源である原子力発電所の放射能汚染に曝《さら》され、また宇宙からの放射姓物質や、電力供給の為の送電線や、その他の家電機器から出る電磁波から、何らかの影響を受けている。

　元々日本人は、先祖から受け継いだ、穀菜食民族の証である「腸内還元酵素」を遺伝情報の中に持っていたのであるが、昨今の肉食中心の食生活で、腸により以上の負担が掛かり、機能失墜を起こして解毒作用を作動できない体質に変わってしまった。欧米人のように脚が長くなり、逆に胴が短くなった分だけ、腸の長さも短くなってしまった。それは同時に生殖機能を狂わし、放射能等を解毒したり排泄する機能までも失ってしまった。

　そして、一般に公害摂取量の多いと思われている玄米菜食者は、白米に動物性蛋白質を抱き合わせて食べている人より、その蓄積量は極めて少ない事が分かってきた。

　玄米には、公害物質排泄作用があり、殊に放射姓物質や重金属、その他の公害物質を排泄する解毒作用があり、またそれらと結合して、腸からの有害物質を阻止する働きがある。この中核をなすものがフィチン酸である。しかし、ただ玄米を食べていれば良いというわけではない。

　フィチン酸は、アルカリ性の状態下で最も良く働く特異な性質があり、その結合率は生理的中性状態（弱アルカリ性）のpH７で、有害物質との結合度は約八〇％、アルカリ状態のpH８で、その結合度は一〇〇％となる。しかも、喩《たと》え有害物質が体内に取り込まれ血液中に吸収されたとしても、玄米には強肝・強腎効果がある為、それらの有害物質を速やかに解毒し、排泄する作用がある。同時に玄米の中には、有害物質をはね除《の》け、生命活動を健全に押し進めていく能力が備わっているのである。

　これらは、長崎や広島で被爆体験をした被爆者のうち、日頃から玄米食をしていた人達で、その証明が成されている。

新時代への軽い躰造り

　さて、修行を行う行者の躰は軽くなければならない。それは同時に省エネタイプの躰であり、生命の維持を食物のみに頼るのではなく、食を出来るだけ最小限度の状態に止め、然も健康であるという状態を保たねばならない。これが《半身半霊体《はんしんはんりょうたい》》である。《半身半霊体》を完成させる為には、玄米が重要な役割を果たすのであるが、それと併用し、副食として常食したい食品の一つに大豆がある。

　大豆にはレシチン源が豊富に存在する。肌荒れを防ぎ、瑞々《みずみず》しさを保つ為には、大豆は有効な食品である。惚《ぼ》け防止にもなる。大豆は、粗蛋白であり、類脂肪の含有量が多い。また、不飽和脂肪酸が多い良質な油分が豊富であり、コレステロールの沈着や、血栓の形成を防ぐ効果がある。ただ一つだけ、蛋白質分解酵素の働きを妨げる因子が含まれている為、非常に消化が悪いという難点がある。

これを解消するには、大豆そのものをその儘《まま》食べるよりも、大豆食品を食べる事である。例えば味噌、醤油、納豆、豆腐、きなこ、湯葉《ゆば》、油揚げ（厚揚げや薄揚げ）、雁擬《がんもど》き、豆乳等である。

殊に、味噌、醤油、納豆は大豆食品の代表選手であり、まず、味噌は良質の生きた酵母を豊富に含んでおり、腸内の細菌の性状をよくし、有用菌の繁殖を促す働きがある。

次に醤油であるが、この食品は、カビとバクテリアと酵母の異なった三種類の微生物を作用させてつくり出した食品で、旨味《うまみ》成分としてはグルタミン酸、アルギニン、リジン等のアミノ酸が存在し、苦味成分としてはマグネシウム、蛋白分解酵素であるペプチド、また、甘味成分としてはブドウ糖、グリセリン、酸味成分としては乳酸が含まれている。

納豆は、納豆菌という一種類だけの微生物を働かせてつくりあげた、極めて珍しい発酵食品である。熱にも光にも強く、乾燥に対しても強い抵抗力を持っている。

他に、レシチン構成をなすものでは枝豆がある。

枝豆は、未熟大豆であるが、その未熟故に、大豆に比べて消化がよい。レシチン構成をなすコリンの含有量も極めて豊富である。

また、穀物菜食性の人間にとって、副食としての野菜は切っても切れない関係がある。主食である玄米に最も良い相性を持つのが野菜であるからだ。野菜は後で述べる陰陽のバランスをとるための最も良いパートナーであり、体質を中庸（神の体型）に保つ働きがある。また、順応性を高める働きがあり、季節ごとに出回る野菜はその時々の旬《しゅん》の味を伝え、人間の躰の細胞に、自然のリズムを刻み込む役目を果たしている。それによって古人は季節や風土への順応性を高めてきたのである。

次に、野菜には造血を促し、浄血する作用を持っている。葉緑素は野菜だけに備わった特典であり、直接的あるいは間接的に赤血球の造成に深く関わっている。それに加えて食物繊維があり、大腸の蠕動《ぜんどう》運動を助けて便通を整える働きがある。

また、浄血作用が絶大なうえ、消癌因子であるビタミンA、C、Eが豊富に含まれている。

青菜としては春菊、小松菜、芹《せり》、菠薐草《ほうれんそう》、みつば、紫蘇《しそ》、大根葉、あしたば等。根野菜としては牛蒡《ごぼう》、蓮根《れんこん》、人参《にんじん》、大根、ゆり根、薩摩芋《さつまいも》、馬鈴薯《じゃがいも》等。葱菜としては硫黄《いおう》分を含み特有の匂いがする、葱《ねぎ》、分葱《わけぎ》、大蒜《にんにく》、薤《らっきょう》、玉葱《たまねぎ》、ニラ等であり、また、『日本書紀』には「ねぎ」を「秋葱《あきぎ》」として紹介しており、この中に含まれる硫化アリルは澱粉代謝をスムーズにする分解酵素を持っている。

実野菜としてはトマト、ピーマン、茄子《なすび》、胡瓜《きゅうり》、南瓜《かぼちゃ》、豆類等。芽野菜としては貝割れ、アスパラガス、ブロッコリー、アルファルファ等。香味野菜としては生姜《しょうが》、山葵《わさび》、青紫蘇《あおじそ》、茗荷《みょうが》、山椒《さんしょ》等。生野菜としては山芋、大根、セロリ等。特殊野菜としては整腸の薬効がある茸《きのこ》、蓴菜《じゅんさい》、木耳《きくらげ》等。季節野菜としては筍《たけのこ》、グリーンピース、栗等である。

これらは食べれば良いというものではなく、陰陽のバランスを把握して食べる事が肝腎である。

なお、冬に生野菜等を食べると、冷え症や腰冷えの病因になるので注意が必要である。生野菜は夏の間だけ食べ、冬には煮野菜（大根、人参、蓮根、椎茸、白菜等）が適当である。またこの禁を破ると肝機能障害を起し易い。

白米について

江戸初期から昭和初期まで行われていた、全国を旅して、その地方の道場主の教えを乞うという武者修行は、修験者《しゅげんじゃ》と同じく、《歩行》を旨として行われてきた。その際の修行者の食べる物は、玄米を中心とした粟《あわ》、黍《きび》、稗《ひえ》、麦豆等の五穀が中心であり、滅多《めった》に白米は口にしなかった。白米を食べると《泥腐《どろくさ》る》としてこれを敬遠した。

《泥腐る》とは、白米は既に栄養価の抜けた澱粉の塊《かたまり》である、という事を知っていた為である。白米は既に精白加工が行われている為、ビタミンB群が欠乏していて脚気に掛かり易かった。これを古人は「泥腐る」といって、白米を避けたのである。

正常な人体構造を長く維持する為には、白米や肉類、乳製品や加工食品、高級魚や油物を避け、玄米菜食を中心にした食餌法《しょくじほう》を実行しなければならない。即ち粗衣・粗食・少食に徹する事である。

睡眠は短時間熟睡が肝腎《かんじん》で、七時間以上の「だらだらとした微睡《まどろ》むような浅い眠り」は、脳を精神的に汚染させるので、五時間程度の熟睡を心がけるべきである。また運動は肉体を苦しめるような無酸素呼吸の猛練習は避け、有酸素呼吸である、「素振りをする」「歩く」「泳ぐ」「自転車に乗る」等の、緩やかな運動を実施した方が、心臓肥大症等の突然死に繋《つな》がる病気から躰を護《まも》る事が出来る。これらを実行する事で、《半身半霊体》の基礎がつくられるのである。

野性の感覚を呼び戻す

人類の有史以来の歴史を振り返ると、その大半は「飢餓の歴史」であった。今日のように、毎日腹一杯食べられるようになったのは、日本が昭和三十年以降高度成長を成し遂げ、欧米食文化が食卓に導入されてからの事である。それ以前の「食の歴史」は、飢えに苦しめられた時代であった。いつの時代も汲々《きゅうきゅう》とし、食糧不足に悩まされていたのである。

殊に、数十万年前の氷河期時代においては、食糧確保についての苦労は想像を絶するものがある。

この時代の人々は、某《なにがし》かの食糧にありついた時だけが栄養補給の機会《チャンス》であり、それ以外は漸減状態にあったと思われる。また、食は真剣勝負であり、彼等にとっては神聖なものであった。

当時の人々の躰の構造は、食物（澱粉や糖分や脂肪分）を消化吸収して、それを血液中のブドウ糖に変換する、人体本来の機能を有していた。この点は、現代人に於てもほぼ同じである。しかし、彼等には何日間も食物が口に入らない期間があり、その間は体内に蓄えていた蛋白質や脂肪を再分解して、これを血糖に変え、血糖値を維持するという、特異な構造をなしていたと思われる。

ところが今日に見るように、日に三度三度の温食にありつき、それが当り前と思っている現代人にとって、食は真剣勝負の世界から遠く離れてしまったのである。食は、単に楽しむもの、食通《グルメ》として味わうものという、欧米的な、あるいはブルジョア指向的な考え方が生まれ、真剣勝負の世界から、動物的な味覚の世界へと転落してしまった。

誰もが食通を気取り、飽食に明け暮れる今日、人間は食の本質をいつのまにか忘れてしまってた。

過去に於て、「食う」とは生きる事であり、真剣勝負の世界であった。そして、食の原点である、浄不浄（腹に収まれば美味《おい》しい、不味《まず》いは無い）は、人体構造と表裏一体の関係にあり、これが人間の血となり、肉となってきた。

しかし今日、その事はすっかり忘れ去られ、食は、舌先三寸・目先三尺を楽しませるものに成り下がってしまった。

これは結局、先祖から遺伝情報として受け継がれてきた、ブドウ糖生産の機能まで狂わせる原因になっている。

というのは、血中のブドウ糖は、二つの経路から生産されているからである。一つは食物を口にした場合で、もう一つは食物を何日も口に出来ない場合である。

人体は食物を口にした場合、これを血糖に変換し、血糖値を維持するという機能が備わっており、また、食物を口に出来ない場合は、今まで体内に蓄えていた蛋白質なり、脂肪なりを分解して、血糖に変換する機能を持っていた。しかし飽食の時代にあり、朝から晩まで、日に三度も四度も食事をする習慣が生まれた今日、血糖値は常に口から入った栄養分のみによって補給されるというような状態になってしまった。その結果、空腹時に、体内にあった蛋白質や脂肪を分解して、血糖に変換する機能が失われてしまった。つまり、息も付かせぬ栄養補給の連続で、血糖を作り出す経路が、一つだけになってしまったという事である。

これは漸減食期間（食物を食べずに「禊《みそぎ》」をする期間。この期間を設ける事によって、無駄な体脂肪を燃焼させる事が出来る）が全くない為、余分な蛋白質や脂肪を外に排泄する事が出来ず、その為に、高脂肪高蛋白の栄養過剰に陥り、無駄な体脂肪を増やしてしまう結果を招いた。それが成人病の代表格である、高血圧や糖尿病、あるいは高脂血症（肝臓に脂肪が付く疾患）という、現代病である。

バブル崩壊以降、長引く不況下にあっても、日本は未だ飽食の時代であり、食通《グルメ》ブームは一向に下火になる様子がない。誰もが贅沢な味を追いかけ、その飽くことを知らない。

日本は昭和三十年代を境に国民所得が倍増され、終戦直後は稀であった、外国産の高級な果物及び、肉や乳製品等が簡単に手に入るようになり、今日では毎日のように食する事が出来るようになった。そして、表面的には食生活が豊かになり、物質的な文化水準は確かに向上した。

しかしその反面、思考や洞察力、更には、右脳等の霊的な精神性が下がり、そればかりか、動物性脂肪の取り過ぎで、奇々怪々な現代病で苦しめられ、精神と肉体の両方から苦悶しなければならないという現実を余儀なくされている。この由々しき現実にあっても、国民の多くは、欧米食文化の中心課題である、肉食信仰や牛乳信仰を改めようとしない。昨今の氾濫する食通情報《グルメインフォメーション》は、マスメディアによって大衆層に受け入れられ、美食の世界に引きずり込み、その奴隷となるような、悪しき生き方を国民に示唆している。

現代は、物質文明の恩恵に浸り切った時代である。

しかし、これらは表面だけの見掛け倒しであり、目くらましであって、旨く偽装された、欺瞞と詐取《さしゅ》の固い鎧《よろい》で覆われている。トロイの木馬同様、巧妙な騙《だま》しの為に作られた偽装《カモフラージュ》であり、これらは人工的、あるいは意図的に演出されたセレモニーでしかない。今日の食文化もこの延長上にあるのだ。

現代の食生活の実情を、これに例えるならば、戦後生まれ——それも昭和五十年以降に生まれた今日の青少年の体軀は、戦後生まれの中でも殊に際立ち、背も高くなり、脚も長くなって、確かに見掛けは立派になった。しかし、これは外見的な一局面に過ぎない。

内面的には、逆境や困窮に耐える事が出来ず、また、精神的には、意志が堅固でなく、肉体的には体力も見掛け倒しであり、強靭《きょうじん》な持続力に欠けている。そして、青少年の多くは、苦しい事、辛い事、汚い事を遣《や》りたがらない。また、無関心派が多いのも、この年代の特徴であり、彼等の価値観は、専ら唯物主義で一貫されている。精神的にも肉体的にも未熟で、軽佻《けいちょう》浮薄《ふはく》な脆《もろ》い一面を持っている。

また、彼等は病的な欠陥を持っていて、その多くはアレルギー性の病気（肉食や卵類の摂取から起こる病気。アトピー性皮膚炎や花粉症等）を持つ者が殆どである。そして今日も、また近未来も、その延長上に自分の身を置かねばならないという、辛い十字架を背負わされているのだ。

このような現状から察すると、物が溢《あふ》れ、食べ物が粗末に捨てられる現代、切磋琢磨《せっさたくま》して、身を慎《つつし》み、災いや穢《けが》れを落とし、「大禊祓《おおみそぎはらい》」を実行して、阿鼻叫喚《あびきょうかん》の地獄から脱出する時機《とき》が来ているのではあるまいか。

大禊祓

釈迦やキリストは大禊祓を達成して霊的神性を高めた。

大禊祓はまた、道元《どうげん》禅師の名著『正法眼蔵《しょうぼうげんぞう》』の中に、「一茎《いっきょう》艸量《そうりょう》あきらかに仏祖心量」という、一本の草にも絶対的な価値観を追求していく道でもあるのだ。

一茎艸量とは、一本の草にも智恵徳相が個別に現われていると見るのではなく、その草も自分と同根であるという考え方である。つまり、何事にも垣根を造らず、名もない雑草すら仏の分身であって、それは自分との分身であると説いているのである。

人間が生きていくという事は、他の食物を食べて生きて行かなければならない。植物性にしても、動物性にしても、その尊い命を人間が貰うわけであるから、これを感謝していく事が人としての大切な道になるのである。人間の繁栄は、他の生命あるものを犠牲にして成り立っているのである。

生きて行く為に、毎日何らかの生命を犠牲にし、殺生しているわけである。従って、食事をする前に箸《はし》を置いて、「頂きます」と合掌するのは生命を犠牲にしてくれた、穀物や野菜や小魚の為の、自らの罪へのお詫びと感謝の印なのである。

「頂く」とは、他の生物の「命を頂く」事であり、そこには当然感謝の念が生まれなければならない。だからこれらの食物を少量で止めるという「腹六分」の考え方が必要になり、殺生の数を最小限度に抑えるという努力を、当然人間側が払わねばならないのである。

道元禅師は「仏遺教経」の中に、「諸々の飲食《おんじき》を受けては、まさに薬を服するが如くすべし。良きにおいても悪しきにおいても、増減を生ずることを得て以て饑渇を除け」と厳しく戒めている。僅かに身を支えることを毋《なかれ》。

永平寺の開祖・道元禅師の厳格な教えは、その後も厳格な伝統として、以降七百五十年以上も続き、食事作法が典座《てんぞう》教訓として「赴粥飯法《ふじゆくはんぼう》」の中に凝縮されている。

赴粥飯法の真髄は、その作法が厳格である事もさることながら、その根底に流れる、「殺生の戒め」を道心としており、それは人間が「業」の深さに落ちる事を戒めたものである。つまり、卑しさの戒めでもあるのだ。乞食《こつじき》は富者に比べて、社会的には卑しい貧賤のものとされているが、血が滴《したた》るようなステーキに食らいつき、三度三度美食に明け暮れる富者と、日々を慎み、過食や飽食の愚を冒さない乞食とでは、果たしてどちらが本当に卑しい存在であろうか。

また、富者ならずとも、喩《たと》え高位の位を持つ「高僧」「名僧」の善知識者と雖《いえど》も、美食や飽食を重ね、多量の命を奪っていれば、その罰は、やはり自分自身に跳ね返ってくるのは必定《ひつじよう》である。そして、彼等が如何《いか》に熱心に念仏を唱えようと、如何に題目を唱えようと、その報いからは免れず、結局最後は自らが蒔《ま》いた種を刈り取らねばならなくなるのである。

因果の糸を手繰《たぐ》り寄せて行けば、結局この世に生きていること自体が、衆生《しゆじよう》に課せられた時節因縁であり、遠因的には誰もが「殺し」をやっている。マクロ的に見れば、全ての人間は五十歩、百歩の差でしかない。「身」が起こす業《ごう》は「殺生《せつしよう》、偸盗《ちゆうとう》、邪淫《じやいん》」であり、また口が起こす業が悪口や嘘である。また、意が起こす業が享楽や欲望である。従って、仏法では、身密《しんみつ》、口密《くみつ》、意密《いみつ》を以て現世を解脱《げだつ》し、人の行動の基本である音と躰と意識の全てをかけて祈念しなければならないと説く。それが仏と交わって、結局命を育《はぐく》むのだと説いているのである。仏を直観すれば、貪《どん》・瞋《しん》・痴《ち》から解放され、悪業（殺し）や愚痴（仏の悪口を謂う）、仏を倒そうとする修羅《しゅら》から解放され、そして命を育みながら、仏と一体となると説くのだ。

仏法が教えるように、他の命を大切にするという事は、つまり、己の命を大切にするという事であり、それは自らの健康法に寄与するという事なのである。此処に粗食少食の真髄がある。

さて、人間は日に三度の食事を無意識に繰り返している。腹が空けば某かの店に入り、あるいは弁当を開いて腹を拵《こしら》える。無意識に習慣的にそれを繰り返している事と、解らずに遣らかしてしまった事の二通りがある。人間はこのように無意識からなる殺生を、人生の中で繰り返しているのである。それがまた、罪を重ねる原因になるのだ。その罪を少しでも軽くして、日々を過ごそうとするのが、「食事即仏道」の考え方である。

もう一つの秘伝考

朝餉《あさげ》、夕餉《ゆうげ》と云う言葉が示す通り、明治以前までは一日二食であった。江戸時代に書かれた『武功雑記《ぶこうざつき》』には、戦国時代の武士達の生活の様子が書かれ、将兵達は朝と夕方に各々二回の食事をしたと書かれている。その量は一回につき二合《ごう》五勺《しゃく》（合は一升《しょう》の十分の一の単位で、勺は一合の十分の一の単位）であり、朝晩この量を食べたのであるから相当な大食である。つまり二日で一升の米を食べた事になる。これは量からすれば、まさに大食漢だ。

だが、武士階級の全般に亙《わた》ってそうだったわけではない。概《おおむ》ねは先鋒を司る足軽雑兵《あしがるぞうひょう》や徒侍《かちざむらい》であり、言わば身分の低い七十石以下の肉体労働者で、馬にも乗れず、騎馬侍の後方より駆け足で付き従う徒歩《かち》の体力が要求された。彼等は徒士《とし》あるいは下士《かし》と呼ばれ、侍階級のヒエラルキーの底辺に位置した、下士官や兵隊の階級であった。

武士下級層のこの習慣は、室町末期から幕末までに及び、明治以降はその儘《まま》、日本陸軍の伝統となる（陸軍では玄米ではなく、江戸時代の中級以上の武士の食事であった白米の支給政策をとり、農村出身の兵隊の自尊心と満足感を満たそうとした）。明治時代の日本陸軍は一日二食主義で、この習慣は明治の末期まで続けられた。

さて、秘伝と謂われるものは秘密情報を集約し、凝縮したもので、一般に知られては何の価値もない。また秘密情報は日常茶飯事の生活状態の中に存在しない。またそれを知る人も少ない。従って秘伝が秘伝となりうるのである。底辺の大勢を成す、下士官や兵隊が行う事と、将校が、それも上級将校が行っている事は必ずしも一致しない。これが十六世紀の戦国時代であれば、尚更《なおさら》の事である。

戦術的に考えれば、兵・下士官は、将校の立案した作戦計画によってそれを具現する現場労働者であり、将校は現場労働者をその作戦通りに動かし、指揮する知能面を受け持つ戦術家である。更に上級将校はあらゆる戦略を巡らし、戦略を司る戦略家である。此処に戦術の現場、戦術の指揮、それを統合した戦略という、三つの階級が存在する事が分かる。

秘伝と謂われるものは概ね、その戦略家が授かるもので、一般には秘密情報として知られないのが常識である。だから秘密情報も下級武士は知らない事であり、また上士は下士とは異なる次元の食生活に徹していた筈《はず》である。

因《ちな》みに江戸時代中期、武士階級層の分布は日本人の全人口の約七%であり、その七%の武士階級層のうち、更に上級武士は纔《わず》かに七%であったという。即ち、ごく纔かの上級武士のみが、秘密情報を知り得たわけである。

現代栄養学や医学は、朝食を抜く事は仕事や学業に差し支えるから、能力を低下させない為にも朝食はしっかり摂るべきだと、口を揃えて主張する。彼等の言い分は、午前中に脳の活動を高める為には、朝食をしっかり摂り、血糖値を上げる為に糖分が必要であるという。糖分は肉体エネルギーの中枢を担うだけでなく、脳を働かせる為の重要な源であるというのだ。

朝食抜きは、昨日の夕食から翌日の昼食まで、約十五、六時間の空腹期間があり、その間、糖分が不足し、脳へのエネルギーは欠乏状態になる。その為に集中力や洞察力が低下するというのだ。事故やミスを犯さない為にもそれが必要なのだという。これを支持する考え方は、凡《およ》そ現代栄養学者や医学者の九割を超えると思われる。

しかし、果たしてそうだろうか。

人間は同化作用と異化作用によって一日の日の分担があり、その自然な状態に任せて空腹に強い体軀を造らねばならない。空腹トレーニングをする事が、まさに纔か一割に満たない実行者の行う「秘伝」なのだ。

また咀嚼《そしゃく》を充分にする事も大事である。現代は昔に比べて食品自体が非常に柔らかくなった。これは咀嚼回数の減少に繋《つな》がった。柔らかい食物を食べるという事は、同時に咀嚼回数を減らすだけではなく、昔のように固い玄米や穀物類を食べて、歯を磨き、防禦するという習慣がなくなったのである。従って一口を口に入れて、それを五十回以上噛むという人は稀《まれ》になった。殆ど十回以下で丸呑みしてしまう。これでは虫歯や歯周病も増えるのは当然であり、またよく噛む事によって満複中枢に指令が送られるのであって、よく噛まないと満腹の指令も届かないのは当然である。

さて、よく噛むという事は、唾液と食物を混ぜ合わせる事であり、唾液の中には尿酸、ペルオキシダーゼ等の活性酸素が含まれている。これは発癌性物質を防御する働きがある。

因みに、武術家の秘伝としての食餌法《しょくじほう》（少食で粗食を指す。一食に五品以上を食べよと薦める現代栄養学でいう食事法とは異なる）は、朝飯抜きの「一日二回の食餌」である。

「秘伝」を裏側から見れば、その他大勢が実行しない事、実行出来ない事、知らない事を秘密にするのが、本当の意味での秘伝というものであるまいか。

密かに人に知られず実行する。また、これが人間の霊体質を造る秘密情報であった。

動きを軽快にする法

修行者としての体軀は、軽やかな動きが出来る躰《からだ》でなくてはならない。それと同時に軽快に身の熟《こな》しが必要である。鈍重では敵の遅れをとるのだ。

この事はベトナム戦争が大きな教訓を残している。

ベトナム戦争は、我々の記憶にまだ新しい。この戦争は、一九六〇年から一九七五年まで続いた戦争で、元々フランスの植民地であったベトナムに、その二番煎じで乗り込んだのがアメリカで、ベトナムの共産化を恐れて起こした戦争であった。この戦争は、北ベトナムの南ベトナム解放戦線が、アメリカと激しく抵抗した戦争であった。

ベトナムは凡《およ》そ六十年に亙《わた》り、フランスの植民地として支配され続け、この支配から抜け出す為に、ホー・チ・ミンを指導者とする「ベトナム独立同盟」（通称ベトミン）を結成し、ベトナム国民が必死にアメリカに抵抗した戦争であった。

事の起こりは、一九四五年九月、第二次世界大戦後、古き良き時代の植民地支配の甘い汁が忘れられないフランスは、それまで目の上のコブであった、日本軍の敗戦に伴う武装解除をいい事に、現地に拘留されていたフランス兵に再武装させ、更にフランス本国や、アルジェリア、モロッコ、セネガル等に布陣していたフランス兵とフランス外人部隊をベトナムに向かわせ、ベトナム独立を阻止しようとした事が発端であった。

この独立粉砕に対し、ベトナム民主共和国臨事政府のホー・チ・ミン大統領は、当時二十万人に上るフランス軍に数千人で組織したベトナム正規兵とベトナム解放戦線のゲリラ兵から成る、ベトミン軍（一九四一年結成）を編成して、これと激しく戦ったのである。当時は日本軍がベトナムに駐留していた為、フランス軍は手も足も出せず、拘留状態であったが、日本軍が敗戦するとフランス軍の活動は盛んになり始めた。そして、ベトミン軍の抵抗は九年間も続き、疲労の色が濃くなってきたフランス軍はアメリカに後を譲って退却をした。ベトナム戦争は、実に此処にはじまるのである。

アメリカは当時世界最強と謂われた、アメリカ陸軍特殊部隊をベトナムに派兵する。

当時の米国防総省《ペンタゴン》が推定した勝利を収めるまでの日数は約二週間であった。その理由は世界に矜《ほこ》る海兵隊と、近代戦を代表する最新鋭の科学兵器で武装した特殊部隊を動員すれば、赤子の手を捻《ひね》るように楽勝出来ると軽く見ていたからである。

この時、世界はアメリカの勝利を信じて疑わなかった。何故ならば敵側である北ベトナムの南ベトナム解放戦線は、その武装の殆どが、竹槍と弓矢であり、その上当時の彼等男子の平均身長は一六〇センチ前後、平均体重は五〇キロ前後と小柄で、それに比べて特殊部隊や海兵隊は、当時世界最新鋭のM16《イチロク》小銃と、優秀な火器で重武装し、彼等の平均身長は約一八五センチ、平均体重は約八五キロで、前者と後者の体軀の関係はまるで、子供のようなド素人と、充分に練習を積み、試合慣れした玄人《くろうと》裸足《はだし》のレスラーか、フットボールの選手のような関係であった。

誰が見ても、勝利はアメリカのものであった。それがどうであろうか、最初二週間で決着が着くと思われていた戦争が、何と十五年間も続いたのである。アメリカは、毎年二五〇億ドルの戦費を投じ、核兵器を除く、あらゆる新兵器を投じて長期戦を戦ったが、結果的には惨敗に終わった。今まで経験した事のない屈辱と、多大な死傷者が続出し、アメリカの世論は、一気に戦争反対の方向に風向きが変わっていく。

ではこの明暗を分けた源泉は何か。それは粗衣粗食を古来より全《まっと》うしてきた北ベトナム軍の貧農出身の兵士達の体軀と、対仏抵抗戦中からの、彼等自身の中にあった、憤怒《ふんぬ》と諦観《ていかん》が忍耐と結び付き、民族独立運動が民族コミュニズム運動に変貌を遂げ、欧米人の我《わ》が儘《まま》を許さない憤りが、彼等に超人的な勇気を与え、勝利を齎《もたら》したのである。また彼等は身軽な躰を利用して、ジャングルを歩くとき等、足跡をつけないように川の中を歩き、無闇に木の枝等も折る事はなく、柔軟な躰を巧みに生かして、自らの存在を隠す術に長《た》けていた事を付け加えておかねばならない。

このアメリカの勝てる筈であったベトナム戦争敗北の歴史は、今日でも我々の脳裡《のうり》に生々しく残っている。

食禄を考える

現代人は野性に学ぶべきである。体軀を巨大にして、スタミナ源と称し、肉や乳製品に固執する食文化は無知であり、愚行である。また修行は力んで汗水垂らして躰を苦しめ、練習に励む事ではない。大東流の特徴は反復練習もせず、汗もかかず、大食漢に陥らず、そして業《わざ》が冴える事だ。

食の基本は玄米穀物菜食を中心とした「粗食」であり、「少食」でなければならない。また身体的には「粗衣（普段着の衣服では木綿、儀式では絹。羊毛や毛皮や化学繊維は不可）」に身を包み、精神的には物財に取り囲まれる優越感から脱皮して、色情を離れ、「わび」「さび」の世界に身を置く事も大切である。ここに神を理解する「人神合一《じんしんごういつ》」の真髄がある。

合気行法は、肉体を楽しませるだけの目先三尺、口先三寸の物欲の世界から離れてはじめて実現される行法であり、半身半霊体に限りなく近い者だけが反応できる人神合一の技法である。

全ての欲は、錯覚や衆生の輪廻《りんね》による法輪《ほうりん》から起こるものである。衆生が未熟だと、欲望や煩悩は限りないものに拡散されていく。そしてこれがいつまでも繰り返される事が輪廻の実体である。己を空《むな》しうする事によって、無と空の世界に遊ぶ事が出来、悟りという自由の世界が開けてくるのである。

「神は、信仰すべきものではなく、理解すべきもの」である。世の、多くの宗教家や信者は、この部分で大きな過ちを犯しているのである。長年坐禅会に参加し坐禅をしても、また教会に日曜毎に通って賛美歌を歌い、あるいは真言を唱えても、さっぱり祝福されないのは、肉体によって神を体験しようとしていないからだ。

「禊《みそぎ》」としての断食も経験する事なく、長い間の宿便を宿し、躰の至る処に毒素を溜め込んで、血液を穢《けが》していては神の祝福はないのだ。

「ちゃんこ鍋・大盛飯」を抱え、肉や乳製品を食らい、暴飲暴食に明け暮れて大食漢に陥るのは、相撲部屋やレスリングジム、柔道場やフルコン空手道場の世界である。日々質素を旨とし、粗衣、粗食、少食に徹する修行者が、彼等のスタミナ料理を真似する必要はない。巨大体軀の大食漢が、如何程の威力を発揮出来ようか。それに大食漢ほど寿命が短いのである。

人間には「食禄《しょくろく》」と謂うものがある。人は殆どが成人を邀《むか》えた頃、その人が一生食べる食糧の量が決まると謂われている。その推定は凡そ、一人六〇〇〇キロと謂われ、その六〇〇〇キロを飽食や大食を重ねて食の太い人生を送れば、寿命は早く尽きるし、その六〇〇〇キロを少食に徹して大事に使えば寿命はそれだけ伸びる。大きな体軀の欠点、大食漢の欠点は、歴史が如実に教えている。躰の大きくなり過ぎた鯨《くじら》の先祖は、その躰を支える為に、陸上での生活が出来なくなり海に戻った。また、巨鳥モア（モア亜目の走鳥類で十八世紀に絶滅）は滅びて地球上から姿を消した。

人間では、イギリス人のテット・エバンズが一九五〇年の二十六歳の時に、二八三センチの身長を有したという。しかし、その後彼がどうなったか知りたいと思うが、以降は不明である。またカリフォルニアに住んでいた、世界一の巨漢アーサー・ノールは三六〇キロの体重であったという。一旦彼が横たわると、自分では起きる事も叶《かな》わず、肥《ふと》りに肥った躰は、医者もどうする事も出来ず、その最期は実に無残な死に方であったという。躰が必要以上に大き過ぎるという事は、地球上では不向きであり、大食漢に陥っての飽食や過食は、絶対に慎み、戒めなければならない。

脱・体力主義

ベトナム戦争の教訓から得るものは、必ずしも体力主義が総《すべ》てでは無いという事である。

昨今は体力主義、筋力主義、肉体主義が罷《まか》り通っている。それは柔道を始め、フルコン空手の極真会館《きょくしんかいかん》、またＫ１《ケイワン》等の体力主義、筋力主義に見る事が出来る。アメリカナイズされた、肉体主義を第一とする考え方である。殊にフルコン系の空手は、実戦空手と称して、無防具で「当てる空手」を展開・普及中である。素手での格闘の実戦のみが強調されていて、人間の最大の急所である顔面と金的《きんてき》は反則として禁止し、それ以外は何処を突き、蹴っても構わないとしている。その為、技の使用範囲が制限されて、結果的には技よりも体力のある方が勝ち進むという現象が起っている。そして技を体力でカバーしている為、技の無い者程勝ち進むシステムを展開しているのである。

これは「危険」という理由から成り立ったもので、人体の最大の脆《もろ》い急所である顔面（此処には多くの殺法の急所があり、縫合《ほうごう》が走っているので撃たれれば脆い）や鍛えようの無い金的を打たれる心配が無いから、安心して相手に突きを打たせながら（体力のある者は打たれてもエネルギーの消耗が少ない）前進するという形をとり、体力で相手を封じ込めるという試合展開になっている。果たしてこの考え方が武術として正しいものか否か、疑問である。

　武術の真髄として、「危険」こそ、最大の然も力の無い者、体力の無い者には最も有効な手段であった筈だ。

　読者は藤猛《ふじたけし》という、ウェルター級の世界チャンピオンであったボクサーを覚えているだろうか。彼は一撃必殺のハンマーパンチを売り物にして、常にKO勝ちして世界チャンピオンになった選手である。「勝って兜《かぶと》の緒を絞めよ」とは、彼の口癖であった。

　当時、学生であった著者は、藤猛のKO勝ちの場面を期待してテレビに食い下がったものであった。恐らく日本中が彼の勝ちを信じて疑わなかった筈である。しかし、試合は予想外の展開となった。一ラウンドか二ラウンドで、けりが着くと思っていた試合はズルズルと長引き、最初はなめてかかっていた藤はその意外なしぶとさに驚き、回を重ねるごとに当惑した表情を露にして行った。

　対戦者は巧みなフットワークとガードで藤のパンチを躱《かわ》し、一打も当てさせない儘、回が重なって行った。焦りと恐怖を払い除《の》けようとして繰り出す藤のパンチは、悉《ことごと》く空を切って対戦者を一発も捕えることが出来ず、体力の消耗だけが加速して行った。

　そんな中、対戦者は小刻みに弱い打法でパンチを繰り出し、然も正確に顔面を捕えて当て続けた。対戦者は打ち続け、藤は打たれ続けた。遂に藤は自信を喪失して戦う気力を無くし、試合放棄をして、結局KO負けになった。これは意外な試合展開であったというより、体力主義だけが必勝の条件になるという事を端《はな》から否定した出来事ではなかったろうか。

　所謂、弱くとも、小刻みに正確に急所を叩き、また躱す技術を持っていれば、体力が無くとも、勝つ事が出来るという事を物語ったものではあるまいか。この点は、ベトナム戦争時の、ベトナム人の戦い方とよく似ているのである。

戦訓から何を学ぶか

　日本が戦った先の太平洋戦争は、纔《わず》か三年八ヵ月であったのに対し、ベトナムでは竹槍と弓矢だけで十五年も戦ったのである。

　当時、旧ソビエトや中国も裏で軍事援助を行っていたが、両国の最新鋭の武器がベトナム人兵士に行き渡ったのは戦争末期のことである。アメリカとの激戦の最中、ベトナム兵士の出立《いでた》ちは、その武器の貧弱な武装に引けもとらない、ラタニヤ椰子《やし》の枝で編んだ菅笠《すげがさ》のようなヘルメットに、木綿の粗末なシャツとズボン、それに古タイヤで作ったサンダル履きというお粗末なものであった。しかし、彼等の捨て身の必死の抵抗は、グリーンベレー（アメリカ陸軍特殊部隊）すら寄せ付けなかった。そして、アメリカの最初の予想とは大きく異なって、北ベトナムが勝利を収めたのである。

　この大逆転劇ともいえる戦勝の背景には、政治的な画策も含めて何か別の秘密がありそうである。

何故、良く訓練された世界最強の軍隊が負けたのか、何故、原始的で旧石器時代のような野蛮な武器に太刀打ち出来なかったのか、その敗因は、その戦争を戦った、人間に問題がありそうである。

ベトナム戦争が終わって、既に二十有余年が経つが、最近になって、当時の戦争に参加した、元北ベトナム兵士が当時のアメリカ海兵隊員の事をこう回想している。

「彼等は、腕力と一時的な瞬発力はあるが、持続力と忍耐力がなく、その上不器用で、のろまで、動きは鈍く（ジャングルの中を敏捷《びんしょう》に動くベトナム人の目にはそう映ったのであろう）、知恵の回りが悪く、鈍重な上、毎日三度三度、我々では信じられないような大量の食料を豚のように食べ、ハンバーガーとコカ・コーラと冷蔵庫がないとやっていけない、哀れな兵士であった」と述べている。

石塚左玄

この言葉は、まさに石塚左玄（明治の陸軍薬剤監）が指摘した「食養道」の一節にぴったりではないか。ベトナム人のスリムで中庸な体軀にあわせて、彼等は少食であったという事が、勝利を収める勝因になっている。

素人考えでは、プロの相撲取やレスラー、オリンピックに出てくるような柔道の重量級以上の選手や、アメリカンフットボールの選手で組織された軍隊は、さぞかし強いと思うであろうが、実はそうではないのである。長期戦では鈍重である。

軍隊機能の中で、最も理想的な体軀をしているのは、中庸の人達である。相撲取やレスラーや柔道の重量級以上の人達は、本能

西郷頼母（右）と四郎（左）

の命ずる儘に、その多くは自分の躰を支える為に、人一倍食べていかなければならない。食べるという事は、自らの食料を、自らが携帯しなければならない。それだけ多くの荷物が必要になり、背中に背負う背嚢《はいのう》の中味は大食に合わせて武器よりも食料が多くなり、また、それだけ携帯品が重くなる。当然そうなれば動きも鈍くなるであろう。

それと平行して、躰が大きいという事は、一時的な瞬発力はあっても、持続力が無い為、長期戦には不向きの体軀・体型であり、また、食べるという事に執着する為、大食漢は、食べた食物の消化の為に、胃腸が消化活動をしている時間は集中力も失われて、注意散漫になるのである。また、これが容易に攻められてしまう隙《すき》をつくるのである。ここに、今まで誰も気付かなかった、大きな体軀の盲点がある。

戊辰《ぼしん》戦争の時、会津藩は、国家老・西郷頼母《さいごうたのも》の命により、玄武《げんぶ》隊（五十歳以上）、青龍《せいりゅう》隊（三十六歳から四十九歳）、朱雀《すざく》隊（十八歳から三十五歳）、白虎《びゃっこ》隊（十六歳から十七歳）の年齢別に編成された組織をつくった。

そして、これら会津藩兵以外にも、相撲好きの藩主・松平容保《まつだいらかたもり》の要請により、「会津力士隊」が華々しく組織された。

これにより、会津藩士や会津の城下に暮らす町人達は、彼等を会津の誇りに思い、会津藩の勝利を信じて疑わなかった。

しかし、彼等は西南雄藩（薩摩、長州、土佐）で組織された、百姓や町人や下級武士から組織された西軍に、袋叩きに遭《あ》い、呆《あっ》気《け》なく崩壊してしまう。

松平容保の思惑であった、相撲取はさぞかし強いであろう、という素人考えが、力士隊結成に反映されたのであろうが、小説『三国志演義』に出てくる豪傑の、名将・関羽《かんう》や、勇将・張飛《ちょうひ》のようにはいかなかった。

また、太平洋戦争当時、日本陸軍の中に大相撲力士陣で組織された軍隊があったが、これは一度も華々しい戦果を上げる事がなく、敗戦まで彼等は温存（本土決戦に備えて、切り札にしていたのであろうか）されていた。

晩年の松平容保

戊辰戦争の頃の松平容保

当時の陸軍首脳部は、白兵戦（当時の白兵戦は三八式歩兵銃の銃口の先端に銃剣を着剣し、銃の弾丸を殆ど発砲せずに、銃剣術の要領で敵陣に突撃し、殺傷すると謂う、明治以来の日本陸軍の独創的な戦法）に於て、彼等に大きな期待を寄せたのであるが、亦《また》も同じ愚を冒して彼等の思惑は外れた。それよりも、一円五厘の召集令状（俗に言う赤紙）で農村（多くは貧農の出身）から徴兵された、無名の一兵卒の方が、ちやほやされた有名な力士よりも、逆に彼等の気力を上回り、勇戦して武功をたてている。しかし残念ながら、与えられた陣地を死守し、勇猛果敢に戦った彼等の多くは戦死した。

大きな躰の欠点、大食漢の欠点は、これ等の戦訓が如実に教えているのだ。

相撲競技とその武術性について

日本古来の競技の中で、境界線を設けて、その線より出たら「負け」という格闘技は相撲だけである。

相撲の歴史は古く、平安朝宮行事の『相撲節《すまいのせち》』に記録されているが、その中で「土俵」というものが考案されたのは、江戸中期頃と謂われている。またそれが勝負に決着を付ける為のルールにもなった。

朝鮮半島から伝播《でんぱ》した身体文化は、日本の稲作と結び付き、その宗教性と共に発展して行く事になる。そして相撲の中には日本人の稲作民族としての民族性と宗教性がミックスされて重厚に重なり合い、殊に宗教性に関してはそれが漂い、やがて神聖化されて権威の立場を取り続ける。

勿論「見世物《みせもの》」的な要素は、あらゆる面で濃厚に感じられるが、それは同時に「祭」に匹敵するもので、強い宗教性の香を放っている。

力士の四股《しこ》等の動作も、単なる準備運動というより、宗教性を絡ませた演出であると見るべきであろう。

また禊祓《みそぎはらい》の形式を取る為、土俵の横には塩・水・紙が用意されていて、吊屋根の下部に幕が張り巡らされている。この幕は「瑞引幕《みずひきまく》」と呼ばれるもので、瑞引の「瑞」は瑞穂《みずほ》を表わし、「瑞」は五穀を実らせ、穢《けがれ》と不浄の垢《あか》を祓う意味を持っている。塩は「清めの塩」を表わし、水は「力水」で躰を清める事から化粧水とも呼ばれ、紙も同じように力紙、化粧紙と呼ばれ、孰《いず》れも宗教色を濃厚に漂わせている。つまり相撲は最初から最後まで「神事の行」として起源したのである。

「土俵」が考案されたのは江戸時代の初期であるが、この「土俵」によって、これまでの方法が一変し、相撲のスポーツ化を成功させる事になる。これは同時に「見世物」としての、興行が成り立つ形式を作り、「勝ち負けを論ずる」事で民衆の中に溶け込み、それはまた大衆化に拍車を掛ける事になっていった。

そして「土俵」の登場で、これまでの取組ルールが変わって行ったのである。この変化は力士の体型にまで大きな影響を与え、世界でも例のない肥満体力士を生み出し、タレント同様の見世物的な要素を更に深めて行く事になる。

この事を総合的に分析すれば、最早《もはや》相撲に武術性は存在せず、また武士道精神すら存在しない事が分かる。ただ相撲から漂ってくるものは、神事の行に於ての禊《みそぎ》的な宗教性のみである。

しかし、その禊すら薄れようとしている。今、外国力士が横綱を張っている。日本相撲協会は、これがどういう事を意味するのか全く気付かないようであるが、これは日本の相撲にとって、自殺行為を意味するものなのだ。

日本古来の相撲は、勝ち負けを競う、単なるスポーツではなかった。これには日本人の心の故郷《ふるさと》である、祭事や神事や礼拝行為が絡んでいた。ある意味でこれらの宗教行事は、だからこそ美しいと言えた。しかし、相撲をスポーツの一種として考えるようになった今日、恐らく日本の相撲は柔道同様、外国人に乗っ取られて滅んでしまう運命にあるようだ。

相撲を大衆化し、国際化しようと目論んだのは、日本の欧米酔心派の進歩的文化人らであり、彼等の意図するところは日本古来の身体文化を破壊する工作であった。そして相撲は、柔道と言うスポーツと全く異なっているという事に、多くの日本人は気付かないでいる。

更にもう一つ、相撲の特徴を上げるならば、それは宗教儀式と結び付いているだけではなく、「瑞穂《みずほ》の国・日本」と大きな関わり合いがあったのである。日本の稲作文化は、その中心になるものが「米」である。そしてこれらの五穀豊穣《ごこくほうじょう》を祈るのは、神道《かんながら》（＝惟神《かんながら》）でなければならなかった。田植えから始まり、梅雨の雨の恵みを経て、台風期を無事に乗り越えれば、後は秋季の刈り入れである。また刈り入れ、脱穀という手順で繰り返される稲の一連の習慣は、日本人の食体系を支え、これを古来より連綿として続けて来た国民が、日本民族であった。しかしそれが、最近はどうであろうか。

食卓には星条旗が立ち並び、所狭しと多くのアメリカ産の食品が並んでいる。その並んだ食品は、米に変わって麺麭《パン》になり、穀物菜食に変わって肉や乳製品が勢揃《せいぞろ》いするようになった。日本人の心から神道の影響が薄れ、同時に日本人の同一性《アイデンティティ》すらも薄らいだ観が否めない。

元々稲作文化と神道は夫婦の関係にあり、双方は堅い絆《きずな》で結ばれていなければならないものであったが、相撲の国際化により、この考え方は殆ど崩壊してしまったと言ってよい。それはまた、日本民族の霊的神性を失わせる為の、明治以来の伝統の一つになってしまった欧米酔心派の画策でもあったと言えるのである。

丹力と敏捷さを養う

武術の修行者は肩に筋肉を付けてはならない。つまり「撫肩《なでがた》」の躰付きで、然も腕の中央から肘部の近い処にかけて鮒形《ふながた》（へら鮒＝青鮒のように背中の高い形）の丹力養成をしていなければならない。そして中肉中背の中庸の体型である。

躰は軽くて敏捷な体躯でなければならないが、決して痩せた体型であってはならない。

一般に、痩せている人は体重のある人より健康である、あるいはスマートであり恰好良いと思われているが、それは大きな誤りである。健康的なスマートさはない。

痩せている体型の人には糖尿病の末期の人も居るし、胃腸障害や高血圧、人工透析や末期癌の人の中にも痩せた体型をした人はいる。また激しい運動やスポーツを遣り過ぎて、心臓肥大症に陥ったり、長距離ランナーのようにスポーツ心臓になって、痩せている人もいる。彼等の体型は、薬の乱用で中庸からかけ離れた躰付きをしている。太腿の筋肉が異常に削《そ》げ落ちている躰付きで、そしてその弱り切った心身は健康とは程遠い。猫背の人も体型的には痩せていて、躰は細いが健康には映らない。また共通している事は頬がこけているので、人相学的には人望や信用がない。

さて、日本人の今日の成人男子平均身長は、老若を合わせて約一六六プラスマイナス二センチ前後であるから、その体重は六三プラスマイナス三キロ前後が好ましい。それ以上の体重があると、腰や膝に必要以上の負荷をかけ、動きも鈍重になるし、また小柄な人（一六〇センチ以下）を除いて、体重六〇キロ以下というのも、打たれ強さから考えて、余りにも軽すぎるし、打たれた場合骨折等をして直ぐに損傷を受け易い。あくまでも中庸に徹した体軀が必要である。

だが、身長・体重が中庸の基準に達していても、躰が引き締まり、特に腹筋は強健で引き締まっていなければならない。腰回《ウエスト》は出来るだけ引き締まり、更に内腹圧が強健で、蹴りや突きを跳ね返すだけの丹力を持ち、腰の切れがあり、点足法（爪先立ちになり、体重をこの部分に乗せる大東流特有の転身）を使い、敏捷でなければならない。背筋は曲がらず、腰は折れず、足腰は丈夫で、腰溜《こしだめ》（丹力の養成で完成される）が出来るように頑強で、瞬発力のあるバネ（大東流弓身《きゅうしん》之《の》術《じゅつ》で習得する方法で、腰溜養成法）を持ち、腕力や握力共に粘りのある持続力があり、躰全体の動きにすばしっこさがある。これがまさに白人系の類コーカソイドや黒人系ニグロイドを敗った、ベトナム兵の体軀であった。

丹力は、精神的には物事に動じない、恐れを知らない度胸を指すが、これは心・気・力が同時に発された時、絶大な威力を現わす。そして肉体的体軀は中庸に準ずる。

武士の伝統食文化

日本は国全体が四方を海に囲まれ、世界でも稀なる自然に守られた国土を有している。海が、城で謂う堀の役目をしているのである。この日本を取り巻く海という「堀」は、日本を今日まで幾多の危機から守り、外敵の侵入を阻止してきた。亜細亜《アジア》大陸や西欧《ヨーロッパ》大陸では陸続きの為、幾度となく悲惨な戦争が繰り返され、多くの人の血が流され、人命が失われた。

各々の大陸の歴史には、人間が人間を殺戮した悲しい出来事が記されている。にも関わらずそれらが頻繁《ひんぱん》に繰り返され、王朝や国家が次から次へと滅んでは登場した。その登場の裏には、人間の欲望が見え隠れしている。

有史以来人間の欲望は概《おおむ》ねが支配欲であり、富と領土の独占であった。覇者はそこに全神経を注ぎ、それを原動力として一筋に執念を燃やした。一旦独占しても、支配者が自分の欲望領域で満足できなくなれば、武力を駆使して近隣の国家や民族を征服しようとする。それが戦争である。

戦争は領土と富を強奪する、最も手っ取り早い手段であり、今日に至ってもそれは変わっていない。

戦争の歴史は支配者の欲望の歴史であり、古代から現代に至るまで、支配者の欲望が歴史を次々に塗り替えてきた。滅んではまた生まれる、その中に栄枯盛衰《えいこせいすい》の理《ことわり》があった。

これを考えると、日本が島国であった事は、近隣の侵略者を寄せつけなかったという事に一役買っていたのである。しかしその反面、島国根性を根付かせ、大陸の戦略家等に比べて、一回り小さな戦略家しか生まれなかったことも事実であった。日本武術が如何に優れていたとしても、一流一派を振りかざして、西欧や中国の大戦略家とは太刀打ち出来ず、これらも所詮「井の中の蛙《かわず》」であった。日本人の概ねが「お人好し」であるという事も、これに由来する。だがこの「井の中の蛙」は欧米や中国のそれに比べて、残忍ではなく、豊かな慈《いつく》しみの心も培ってきた。恐らくこれらの慈しみは、森林や海等の美しい自然によって培われたものなのであろう。

さて、地球儀を見て分かるように、日本民族は存続する上で、最も恵まれた位置にあり、太古から現代に至るまで、自然の要塞に守られてきた。そして日本列島の自然風土は、今日まで日本民族を守り育んだわけである。

亜細亜大陸や西欧大陸を見て分かるように、外敵が齎す混血は非常なものがある。日本列島の自然風土は、それからも日本民族を守った。

歴史的には五世紀頃に大和朝廷が日本を統一するが、その統一以降、日本民族はその血を外国人と濁すような大きな危機は、太平洋戦争後の一時期を除いて一度もなかった。(古くは弥生人が、原日本人である縄文人を滅ぼして混血をつくっているが)

前時代に比べれば、山林や海の乱開発や汚染は確かに進んでいるが、それでも日本国土は南北に長く、良き緑に覆われている。砂漠化しにくい位置にも属している。この砂漠化しにくい理由は、ヒマラヤ山脈が日本列島の乾燥を防いでいるとも謂われている。その為、美しい景観が何処に行っても見られる。

逆に亜細亜大陸や西欧大陸は、地球儀を見て分かる事だが、その大半が砂漠である。だから日本人であるという事は、それだけで恵まれた環境下あるという事になる。だが今日の日本を振り返った時、至るところに欧米の横文字が氾濫し、アメリカナイズする事を好む風潮がある。そして日本の古来からの風習や文化は、これらに押されて影を潜めてしまった。しかし、日本人が日本の文化を否定し、日本の自然の恩恵を忘れてしまうと、日本民族は崩壊に向かわなければならなくなる。

松浦家の甲冑（松浦史料博物館蔵）

「身土不二」から発した土産《うぶすな》信仰は、既に「海幸彦（火照命《ほでりのみこと》）・山幸彦（火遠理命《ほおりのみこと》。日子穂穂出見命《ひこほほでみのみこと》とも）」の神話伝説でお馴染みである。海から取れる海の幸、山から取れる山の幸は、非常に種類が多く、魚にしても、山の幸にしても、四季折々に変化を齎し、いつも食卓に旬の味を楽しませてくれたものだった。これが日本人の血となり骨となって、太古より連綿と続いた食文化を終戦直後まで支えてきた。

　さて、十六世紀の戦国時代に至って日本の食文化は頂点に達する。この時代の武士階級の食べ物は、主に近海で取れた背中の青い小魚や海草類、それに合わせた玄米を中心とする食餌法が常であった。また蛋白源の中心となった背中の青い魚は、白身等の高級魚に比べて栄養価が数十倍以上も高く、カルシウムやマグネシウムを豊富に含んでいる、と謂われる代物である。これらの小魚を頭から尻尾まで骨ごと食べるという食生活であった。その他にも天然塩をはじめとして玄米や大豆、地の中に育つ蓮根や牛蒡、長芋（因みに『いも』の字は、元々日本に存在した芋である長芋や里芋に「芋《いも》」の字を使い、ヨーロッパ北部から齎されたジャガイモを馬鈴薯《ばれいしょ》と呼ぶように、これらには「薯」の字が当てられた）や里芋等の根野菜も豊富なエネルギー源を含んでいた。これらが、戦場で戦う武士のエネルギー源となったのである。

　天文十八年、ポルトガル人のイエズス会宣教師フロイスの著《あらわ》した『日本史』によれば、「武士達は、戦乱の最中白兵戦で斬り合い、刀傷を負っても比較的に早く回復した」と、踊るような筆使いで、その驚嘆ぶりを記している。これは日本人（当時の武士階級の殆どは、領主や重臣以外は平時には漁をしたり、畑を耕すといった晴耕雨読の生活を送っていた。ある意味で身分や姿形に武士、農民、漁師の差はなかった。あったのは腕に職を持つ刀鍛治等の職人や、商に聡い商人達であった）に恐るべき治癒力が備わっていた事を物語っている。その治癒力の源となったのは、これらの蛋白源もさることながら、粗衣粗食に耐え切れる精神構造であった。

　また『日本史』には、十六世紀に於ける戦国期の武家の食事と、体力の関係が克明に記されている。刀傷を受けた武士が驚くべき速さで回復していった事や、坂や山を甲冑を着けた儘、猛スピードで駆け降りたり駆け登ったりした事等が、驚きの眼で記されている。

戦場に出れば徒歩《かち》侍《ざむらい》でも甲冑を装着した、その重さは腰に巻いた食糧等を含めて三〇キロとなる。騎馬侍であれば、その装備は更に重くなり四〇キロは下らない。その重さの甲冑を装着しながら、長槍や大太刀を振るうのであるから、大変な体力と持久力と忍耐力を持っていた事になる。精神的にも不屈であり、堅固な意志を持っていた筈である。更に、それにも増して坂や山を駆け降りたり駆け登ったりするのであるから最早神業《かみわざ》に近く、膝や腰は頑強であり、何よりも足首や膝のバネの力は相当なものであった。これらは武士階級のみに留まらず、僧侶や山伏等にも及んでいた。単にこれらは肉体的トレーニングでつくられたものではなかった筈だ。

松浦家に伝わる箸と膳（松浦史料博物館蔵）
箸はその先端が銅で作られていて毒に反応する構造をしていた

それを裏打ちするのは、日本の海の幸、山の幸の食べ物の恩恵によるところが多く、更に日頃から粗衣粗食であった事が、これらの条件を可能にし、そこには頑強な、現代人には無い霊的体質があったと考えられる。

また、余談であるが、武士の食文化の知恵の一つに「茶の湯」がある。戦場に向かう武士達が好んで茶を飲み出陣した理由は、実は茶の成分にある。茶の中にはビタミンCが多く含まれており、不安と動揺を抑える精神安定剤の働きがある。恐らく武士達もこの精神的な作用を知っていたに違いない。

茶の湯は、千利休《せんのりきゅう》の創始した茶道として知られているが、その特徴は、庶民の質素な住居様式を取り入れ、草庵《そうあん》が自然の素材を以て構築されている事である。この閑雲亭は、屋根は棟《むね》・梁《はり》・桁《けた》を除いて、殆どに竹材を用い茅葺《かやぶき》とし、各柱は自然の丸柱を組み合わせ、藁縄《わらなわ》で固定し、釘を一切使わない事が草庵の特徴である。ここにも当時の素朴な武士の文化が現われていた。

茶室閑雲亭全貌
明治 26 年、松浦家第 37 代詮公（茶号心月）の建てた草庵茶室は、全国でも稀であり、京都桂離宮に次ぐものである

閑雲亭茶室　茶釜

閑雲亭から外界を臨む

第三章　霊体に相応しい体軀

霊的神性とは

人の身魂《みたま》は多少の能力差や強弱はあっても、各々に神界や霊界と結ばれている。また幽界や地上界の物質的な現象の影響も受けている。その為にこのことは神道の神懸《かみがか》りに於ての正邪の判定からも窺える。この正邪を見極めるには、神の言葉を取り次ぐ神主と、その正邪を判定する審神者《さにわ》が必要となる。

神が居れば、そこには必ず神の言葉がある。また人の姿を借りた神の動きもある。この言葉と動きが《神懸り》と謂われるものである。

古神道の世界では、神意を人間に伝える媒介人として、御言伝宣者《ミコトモチ》として「巫女《みこ》」がいた。邪馬台国で登場した卑弥呼《ひみこ》は「日女《ひるめ》」であり、「神主《かんぬし》（はふりとも読む）」でもあった。神主は神を宿す「主」であり、「祭」を主宰する神の教えや、その動きまでを実践しており、これが祭の形式を成した。この形式は、後の神道や陰陽道《おんみょうどう》や修験道《しゅげんどう》にも受け継がれて行く。そして祭は同一の心情を共有する、共同体のチェック機能を果たしてきた。五《ご》穀豊穣《こくほうじょう》はその共同体に於て、最も共通した人々の願いが込められていたのである。

しかし今日に至って、これらの同一心情は無残に切り捨てられてしまい、物質文明に取って変わられた。物質文明の繁栄の下で、自由主義の謳歌《おうか》は個人主義の方向に向かったが、同時に日本人は、神の言葉や動きを実践するチェック機能を失ってしまった。

今日の社会風潮を見るにつけ、霊的神性は著《いちじる》しく失われ、神の言葉や動きに蓋《ふた》をしてしまった観がある。神と共に居ない時代、神の名を借りて、各々が自由奔放に自己主張を正当化する時代である。

また今日の欧米食品に依存した食生活が、金欲、物欲、色欲にほだされる環境をつくりだし、神を不在にして、日本人をこうまでに堕落させ、そして物質崇拝や金銭至上主義からも分かるように、人々を黄金の奴隷にならしめた。この結果、日本人が本来持っていた霊的神性は、悉《ことごと》く曇らされ、肉体的にも、精神的にも、野獣化され、動物化されてしまった。

霊的神性の喪失は、肉体的にも、肉食、乳製品、高級魚等の高脂肪高蛋白の動物性食品ばかりを好んで食べる食習慣と体質を造り出し、肉食や欧米食文化の誤りから来る病因が浮き彫りになった。つまり肉類の高脂肪高蛋白性は植物食品に比べて、油（脂《あぶら》）成分が強い為に血管にこびりつき易く、動脈硬化、高血圧、高脂血症等の成人病を引き起こす病因をつくる。これがまた性的興奮を高め、精神面を崩壊させ、霊的神性を曇らせる結果を招いた。

元々大自然から人間に与えられた食べ物は、穀物と野菜と、その周辺の海から採れる海草類や小魚類であった。それが、欧米推進派の有識者や文化人達によって、現代栄養学という新しい学問の分野を以て覆《くつがえ》され、特に戦後に至っては、欧米文化一辺倒となった。その結果、宇宙の秩序や法則は大幅に乱れ、肉類や乳製品を摂《と》る事によって血液が汚され、躰《からだ》と心の調和は崩されて、病気、怪我、争い、不倫等の不幸現象が、昔に比べて一層多くなった。

人間は自分の住んでいる土地と、決して無関係ではない。身土《しんど》不二《ふじ》（自分の生まれた土地と肉体は同じものであるとする考え方。その土地で採れた農作物が自分の体に一番適しているという一体思想）の法則からも分かるように、土地と人体の結び付きは極めて深い関係がある。住んでいる土地の風土、環境、磁場等の現象によって、人間は大自然から生かされている。つまり住んでいる土地とは、元々渾然一体《こんぜんいったい》であり、その生命体の中で、呼吸をし、霊的な気を受け、肉体を代謝させながら、同時に心の養成や御霊《みたま》磨き（修行）の原動力となっている。従って「食する」という事と、「霊的神性を養う」という事は無関係でない。

多くの武道書が、その技術的な理論や強弱論のみに終始し、自らの武道・武術の流派の優れている事だけを論じて、《食》について一切述べていないのは全く残念な事である。

さて、日本人の霊的神性は植物性の食体系を守る事で、自然の中から四季という季節の変わり目を感じ取り、四季の中から神々の言葉を聞き取っていたという事である。そこに日本人特有の季節感と自然観があり、神々を祀る「祭」が存在したのである。

祭

現代人は精神性を失った迷える仔羊に喩《たと》えられる。そして、迷ってばかりで、不安や苦悩の淵から抜け出せない夢遊病者のように、同じ処を何回も堂々巡りしている現実もある。このように人としての魂の芯《しん》を見失い、迷いを深めると、やがて悪魔の虎口《ここう》に引き寄せられて、抜き差しならぬ状態に陥るのは必定《ひつじょう》であろう。

この現実を回避する打開策として、一つの啓示がある。古来より、日本人が連綿として培《つちか》ってきた精神土壌、即ち「祭」である。

現代人は、文明という贅肉《ぜいにく》を余りにも身に纏《まと》い過ぎた為、不自由な心を持ち、それから離れて生活する事が出来なくなっている。しかしここで、文明という贅肉を削《そ》ぎ落とさない限り、これから先の生き方は見えてこないのである。

現代人が生き方を模索する上で、その手掛かりとなるのは、古人が培った日本的な精神土壌を再び探索する以外、他にはあるまい。

惟神《かんながら》（神道《かんながら》）は、日本人が培った精神土壌の根底をなすものであった。そこには自然の摂理が説かれ、自然と調和していく事が何よりも大切であると説かれていた。即ち、自然流に、自然と生きる、四季の流れを経験する事であった。

春夏秋冬、生々流転《せいせいるてん》の中に、動かしがたい真理が存在している。我々は生活を向上させる為のみに科学を発達させ、便利で快適な文化生活を発達させてきた。しかし、こんな時代であるからこそ、もう一度過去に葬り去られてしまった、心と魂の真理を採掘する意義があるのである。

その自然の摂理を説いた中に「祭」という、稲作と結び付く四季の観念がある。

さて、一年という周期は、稲（五穀）と深い関係にあり、一年を「トシ」と定義づけるのは、「イネ」のタネ蒔《ま》きから始まって、成長、収穫、貯蔵のサイクルをもってである。

これを象徴するものに「歳徳神《としとくしん》」という、歳月の神がいる。この神は歳月の神というより、五穀豊穣を祭る「稲の神」である。所謂《いわゆる》「霊穀」である。

地球上で生命を持つ物質、あるいは生命体は、全て霊を持っていると考えた方が良い。稲（五穀）すらも、万物に宿る霊を備えているのだ。それは歳神によって定められ、生命あるものは歳神によって導かれる事になる。玄米菜食主義が《霊的食養道》と謂われる所以も、この歳神の導きに委ねられているからである。

また、歳神の移動にも密接な関係があり、一年を通じて、殊に、忌み嫌われる季節はとりわけ冬である。冬は万物が忌み籠る期間であり、生命の待機期間である。この時期に、歳神は一旦山に籠ると考えられている。

これが忌み嫌われるようになったのは、人間の四期に例えられるからであり、「生・老・病・死」の「死」は、まさに四季の「春・夏・秋・冬」の「冬」を暗示したものであった。

即ち、「フユ」という語源は、「死」であり、不吉なものを想像させるからである。しかし、栄枯盛衰を繰り返す現世に於て、それを嘆く必要はない。それは同時に、生命の再生を待っている期間であるからだ。

山に籠《こも》った歳神は、やがて春になって野に降りてくる。「フユ」とは「御霊《みたま》の殖《ふ》ゆ」であり、「殖《ふ》ゆ（＝冬《ふゆ》）」は、増えるの意味がある。この時期に辛抱して耐え忍び、忌み籠る間に、確実に新たな生命が「殖やされている」のである。

このように、日本人は農耕民族として、自然の慈悲にすがりながら、「自然と闘う」事を「自然と共にある」という自然観で受け止めて、遊牧民族や騎馬民族と違った生き方をして来たのである。

豊作を祝い、大漁を寿《ことほ》ぎ、これを神に感謝する。そして来年も良い年であることを祈願し、魂の循環と再生を軸にした生活様式を、その日常に取り入れていた。その結果、四季の移り変わりに敏感であり、それを「肌」と「心」と「魂」で感じ取っていた。

しかし、今日の日本人は、物質主義・科学万能主義という一種の一神教を信じた為、曾《かつ》て太古の日本人が、神と共にいて、自然界の万物に神の営みを見ていた、四季の循環は見逃され、日本人の「心」や「魂」から失われつつある。

日本人の植物的価値観は、欧米の動物的価値観にとって代わられ、遊牧民のような羊飼いの錯覚に陥って、自然と闘い、太陽に抵抗し、水不足に抵抗し、暴風雨に抵抗し、山や森林を乱開発して、欲望の膨張と拡散に暇《いとま》が無い。また、欧米の自然管理を模倣して、格闘世界、闘争世界を具現化してしまったのである。此処に危急存亡の暗示がある。

今、学ぶべき事は古人の培った、自然と共にある知恵であり、そこにこそ、日本人の精神土壌があるのだ。そして、この魂を呼び起こさない限り、日本人の明日はないのだ。差詰め「米（玄米）」は、重要な手がかりを記す道標であろう（玄米の「玄」は、宇宙玄理の「玄」と同じ意味を持つ）。

昨今は、「米」が「神」から離れて、単に物質と化し、食料品に転落している。飽食の時代にあって、米は、単に腹を満たす為の澱粉《でんぷん》の塊に成り下がっている。

昔のように、豊かに実った米を神に捧げ、豊穣の秋を祝う心は忘れ去られてしまった。そんな時代になってしまった事を著者は悲しいと思う。つまり、今日の農業を見てみると、もう既に、稲作は目的ではなく、米産業は澱粉生産が目的であり、精白米のような、胚芽《はいが》を持たない米の変形食品を作り出す事が目的になってしまっている。米の生産者たちは、澱粉の製造と販売の利益のみを追及する事が、その目的となっている。これまで「祭」と共に連綿として続いてきた稲作農法は、企業的経済農法に取って代わられ、単に換金作物に成り下がってしまったのである。そして今日では「祭」は、単なる地域の観光誘致のセレモニーに成り下がり、最早《もはや》稲作との関係を断ち切ってしまっている。

西郷派大東流では「豊穣の秋」を祝う行事として、密教に則った「豊穰祭《ほうじょうさい》」があり、これは初代宗家・山下芳衛《やましたほうえい》翁の時に始められ、毎年十一月二十三日の御前四時に護摩壇《ごまだん》を組み、瑜伽護摩《ゆかごま》儀軌《ぎき》の作法に則って、周囲に今年実った穂を採取した後の藁《わら》が敷き詰められ、護摩壇とともに灯された火を藁の上にも導き、その上を裸足で渡り歩く「火渡之行《ひわたりのぎょう》」を行い、周囲四方（東北・東南・西北・西南）に立てられた竹や藁を倶利迦羅《くりから》の彫られた日本刀で斬るという祭を行う。これには邪気祓いの意味が込められていて、調伏法《ちょうふくほう》を兼ねた息災祈願なのである。

現代こそ、日本人は再び失われた自然を取り戻し、自然の摂理に接し、自然から学び取る、本当の意義が此処にあることを理解する必要があるのではないか。

人体の霊的構造

人間の躰は多くの細胞から成り立ち、それは食べ物によって造られている。日頃の食生活の食べ物が血を造り（西洋医学の脊髄造血説に対抗した、東洋医学の腸造血説）、筋肉や骨を構成している。人間は食べ物から出来ているといっても過言ではない。従ってその人がどのようなものを食べているかで、その人の霊的神性の修養度が分かる。また食べ物には食べるものと、食べられるものとの関係があり、それは双方の歓喜と感謝の関係で成り立っている。

食と霊的神性の関係を比べた場合、先ず肉食中心の人、肉や乳製品が好物の人は霊的神性が低い。精白米を食べている人も同じである。（玄米が生きているのに対し、米は精白されると死んでしまい、単に澱粉の塊となっている為である）それは動物性の食品自体が、霊的波調の粒子が粗い為である。また、食べるものと、食べられるものとの関係上、哺乳類に近いものは屠殺《とさつ》の場合に、副腎髄質ホルモンであるアドレナリンが、肝・骨格筋のグリコーゲンの分解を増進して血糖値を上げ、それが毒素となって体内を循環し、些かの恐怖感からの感情と、殺されて食べられるという恨みが、彼等の想念の中に残る。従って人間が自分の性《さが》に近い食べ物を食べる事は、双方の間で、歓喜や感謝は齎《もたら》されない。これを長年常食にすると波調は粗くなり、霊的波調は著しく失われ、その振幅が大きくなってエネルギーが低下する。波調が粗く周波数が低いという事は、幽界や地上界の低級霊の世界に迷い込む事になり、幽界の《外流（＝低級霊から発する偽情報で、神界の「縦の情報」に対して、「横の情報」を謂う。火水《かみ》の「火」の縦循環に対して、「水」の横の伝染を意味する）》に流されて、性格は粗暴になり挑戦的になって、考え方自体も唯物主義に陥り易くなり、物質中心の欲望を増幅させる人生を選択する事になる。

一方、植物性の食べ物は、霊的波調の粒子が細かく、また密である。従ってこれを常食にしていると、霊的波調が密になり、霊的周波数も高くなり、その振幅は極超短波のように小さくなる。この結果、神界や霊界の高級霊世界との交流が可能になる。つまり霊的神性が高くなり、《半身半霊体《はんしんはんりょうたい》》に近づいたという事である。

この地上界に蔓延《はびこ》る災いや病気等の不幸現象は、幽界の横の情報が齎《もたら》す低級霊世界の仕業であり、全て食べ物に由来している。

昨今は諸外国から、多くの食べ物が自由に輸入されるようになった。その多くは、日本人の周波数（波長、若しくは波調）に合わない、低次元なものばかりが入ってきている。特に農作物の多くは、農薬や食品添加物がたっぷりと使われ、また牛肉を始めとする肉類は、肉質を柔らかくする為に、成長時に大量の女性ホルモンや畜産物用の抗生物質がふんだんに使われている。

これらの輸入食品の多くは、農林水産省や厚生省で規制されている農薬残留許容値とは全く異なり、毒性の強いマラソン剤、キャプタン、青酸、ＩＰＣ、ベノミル等が用いられ、その使用許容量は、日本の十倍から二十倍と謂われている。また外国産の家畜飼育や高級魚の養殖には、多くの抗生物質が使用され、更に加工過程で使用される食品添加物は三百種以上のものが使用されているという。特に危険と謂われているのは、中国産の食用豚肉で、発癌性の高いＤＤＴが使われているという。

飽食の時代にありながら、身辺をよく見回すと、農薬や食品添加物が大量投与されていたり、食肉類の加工食品や卵類、牛乳や乳製品のような血を汚すものばかりが売られており、これらは霊性を低下させるものばかりである。そしてまともな食べ物は何一つ無いという悲惨な状況になっている。

太古の日本人食生活の智恵からはじまった、産土《うぶすな》思想の根源を成した《身土不二》の原則は、今や大きく崩れ去り、その土地で作られた作物を食べる事が出来なくなったというばかりか、農薬等の汚染で、健康な土地は悉く死んでしまい、健康な農作物が生産できなくなってしまったという由々しき現実に直面している。

教訓として残したい事は、どんなに道場内での試合上手でも、一旦奢《おご》り高ぶって大食漢に陥り、食への慎みを忘れ、乱せば、一《ひと》溜《た》まりもなく葬り去られるという事である。人間の生の無力さは、大自然の暴力に比べれば「無」に等しく、精神的な渇きと飢えが人間を更に無力にするという事である。

心と躰の波調を密にする

さて、波調を細かくし、密にする為にはどうすればいいのだろうか。それは細やかな波調の世界の神界の言葉と、その行動を知る事が先決であろう。同時に肉体的には、《半身半霊体》に、限りなく近づける努力が必要であろう。

《半身半霊体》とは、肉体が身魂全体の五割を占め、精神がその残りの半分を占めるという、五対五の関係である。これが《正安定》を得た状態である。

しかし、現代人の、肉体対精神分野（心、及び魂）の占める分離比割合は、凡《およ》そ肉体が「九」であり、精神分野が「一」（この内「心」対「霊魂」の比率は九十九対一）という、寔《まこと》にお粗末な配分状態にある。従ってこれらの肉体重視の考え方から生まれてくるものは、金や物や色等の、性的肉体的感覚を喜ばすものが、その殆どを占める。精神分野の重要性に気付かないのが、概ね現代人の実状ではあるまいか。

さて人間の生命体は、肉体（精）、心（気）、魂（霊）の三者で複合的に構成され、「精」は「霊」と結び付く為に「気」が必要であり、この「気」は肉体に直結される気（性悪説が主体で物欲をもつ）と、魂に直結される気（性善説が主体で物欲をもたない）の二通りの気が存在する。

気、つまり心をどのように用いるかが、半身半霊体を形成する上での重要な要となる。

また、現代人が《半身半霊体》に至らない大きな理由は、繰り返し述べるように、その殆どが食の誤りにあり、日本人が古来より連綿として伝えて来た「食体系」は、特に戦後に至って破壊され、食卓の上には星条旗（アメリカ産の食品）が並ぶようになった。その結果、食生活が欧米化し、今まで稀であった難病奇病が

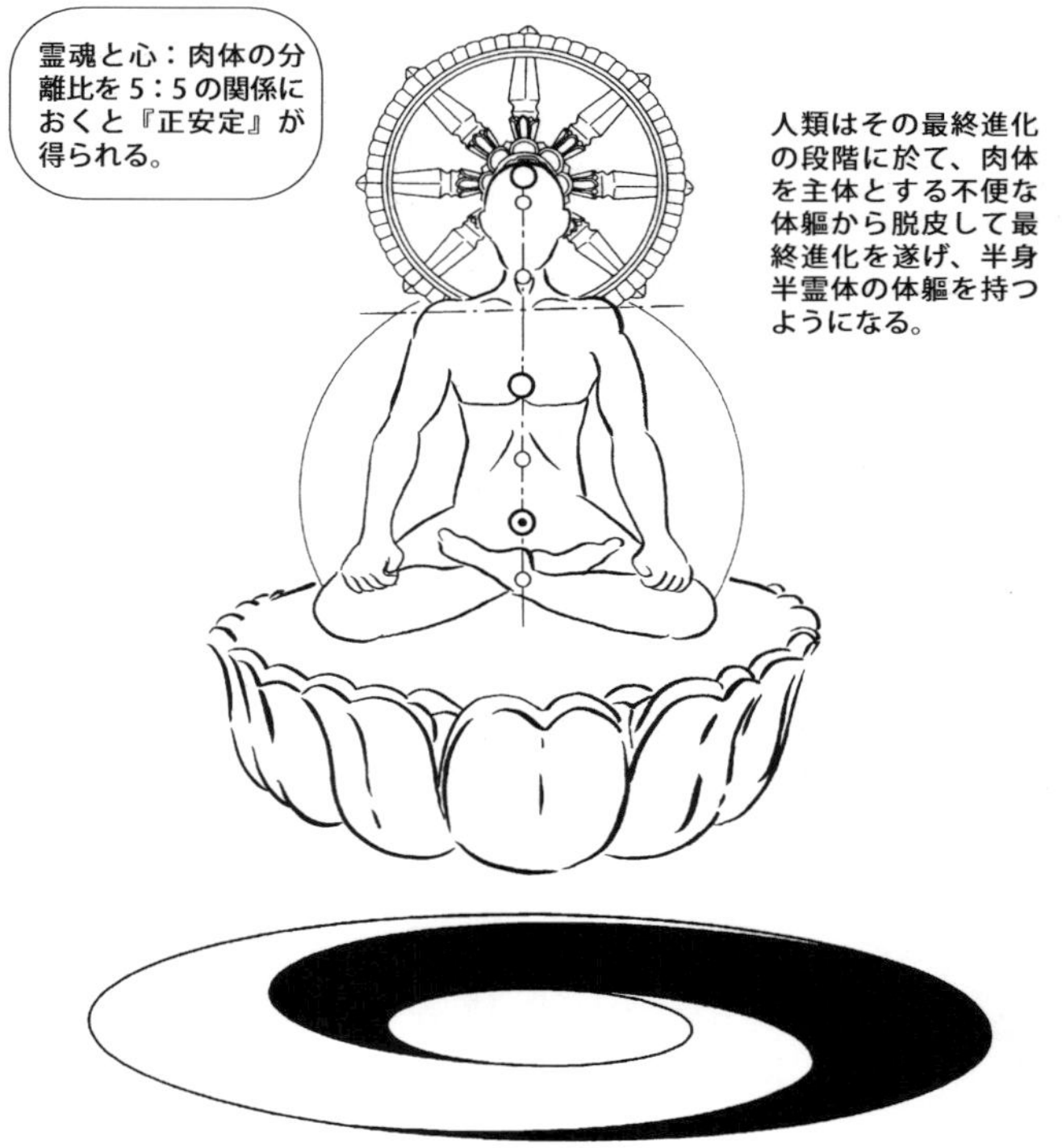
霊魂と心：肉体の分離比を5：5の関係におくと『正安定』が得られる。
人類はその最終進化の段階に於て、肉体を主体とする不便な体軀から脱皮して最終進化を遂げ、半身半霊体の体軀を持つようになる。
半身半霊体とその理想的な体軀

増え始めた。成人病等は、高脂肪高蛋白の、欧米型の食生活が齎した死の臭いをさせた悪しき隠亡《おんぼう》である。

人間にとって最適な食べ物は、自然界から与えられた穀物類、野菜類、そしてその海の周辺で採られた少量の海産物類であり、逆に肉類、乳製品、食肉加工食品、卵類、大型の高級魚類等は適当でない。また食肉を焼いたり、天麩羅《てんぷら》油やサラダ油等で揚げたものは勿論のこと、魚類や野菜類に於ても同様であり、「足が早く」酸化し易い。一般に健康食品と思われている干物類（干魚、鰹節、煮干し等）も、酸毒が強い食品である。酸毒の強い食品や動物性の油類は、老化現象を増大させる。その為、煮出し汁等は干物類から摂らず、昆布と椎茸で摂るのが適当である。

酸毒の強い動物性食品の摂取は霊的神性を曇らせ、魂の持つ宇宙波調が低下して、幽界の《外流》に流され易い状態になる。多くの世の中の不幸現象は、食べ物によって血液を汚し、霊的神性を曇らせた結果、《外流》に流される事から起り、当然それに流されれば、精神面よりは肉体的感覚を追い求める欲望が強くなり、その結果波調が低下するという事が起る。青少年の早熟や、性情報に聡《さと》い性的感覚は総て肉食に由来する。

肉食は、宇宙の法則に反するばかりでなく、最後には身魂の調和は破壊されてしまうのである。この事は心身共に完成に近づいた著名な武術家が、晩年、食の間違いに気付き、肉を一切摂らなくなった、という事からも窺えるというものである。

人間が健康体を維持していく為には当然栄養素が必要であり、その栄養素の基盤は蛋白質、澱粉類、ビタミン、ミネラル、鉄分、アミノ酸、脂肪等であるが、それらは全て植物性食品に含まれていて、植物性食品だけで充分に賄えるようになっている。

日本人は明治初期まで、連綿として日本独特の食体系を守り通してきた。しかし文明開化と共に破壊され、特に戦後に至っては、日本独特の食体系が無残に崩れ去った。穀物菜食主義あるいは植物性食品指向が栄養不足という名目で、欧米的な食文化に取って変わられた。その結果、肉食品や乳製品が大量に消費されるようになり、動物性の高蛋白高脂肪等の摂取が増え、また一方で成人病の病因になり、これらは難病奇病の現代病を発生させる元凶となった。

近い将来、大激変が暗示され予想されている。この大激変は恐らく、低次元から高次元への外圧的な「移行」と思われる。つまり霊的神性の高い者と、低い者を選別し、淘汰する為の大異変と思われる。

これを予想すると、高蛋白高脂肪の動物性食品を常食としている者は、霊的神性が曇らされている。《外流》にも流され、汚染され易い。また《外流》に流され易い者は、邪霊の囁《ささや》きに翻弄《ほんろう》されて淘汰される運命にある。

食の誤りは現代人に多くの弊害を齎した。血液は動物性の粘着力の強い酸性物質に汚染され、血管は動脈硬化で脆《もろ》くなり、酸性体質に陥って、著しく霊的神性を曇らせている。曇らされた者が、淘汰されてしまうのは「間引きの理」から謂っても当然である。

また、人間平等に持ち合わせている潜在力が眠った儘で、神気の発動がみられなければ、外圧的な移行を超越する事は出来ない。その為に急激な外圧変化に耐えうる躰が必要である。霊的神性の低い者たちは必ず起るであろう、近い将来の急激な外圧移行が生じた時、間違いなく相当な苦しみを肉体に浴びる筈である。

では、理想的な新しき時代に対応しうる体軀とは、どのような体質か。それは《半身半霊体》である。換言すれば《人神合一体》である。

外流の意味

柵《しがらみ》は、往々にして現世の欲望（密教では六欲という＝眼・耳・鼻・舌・身・意）を引き摺る性質を持っている。

人間には三つの煩悩障《ぼんのうしょう》があって、一つは皮煩悩障といって見ために囚《とら》われる事、二つは肉煩悩障といって間違った考えに囚われる事、三つは心煩悩障といってはっきりとした判断が出来ない事、の三障に振り回されているのである。

これらの煩悩障は、やがて精神的な毒となって、現世に心像化現象を作り上げ、心の中に柵《しがらみ》を引き摺る現実を作り上げる。これが外流（邪気）と同調《アコーダンス》されてしまうと、三障が浮上してきて、在《あ》りもしない錯覚と幻覚の世界を作り上げてしまうのである。一般に謂われている地獄界はその典型的なものであろう。

人類が生存している地球は、各階層の最外郭にあり、そこで衆《しゅ》生《じょう》（人間及びその他の動物）は生命の営みを繰り返している。

だが、三次元顕界である現世は、その本質が悪の本性を中心に、「肉体主精神従」の、弱肉強食の社会構造の中で人間として活動を繰り広げている。悪の本性とは、「自分だけが良ければ全て善し」の自己中心主義であり、その価値観といえば「金・物・色」の独占を図る「我《が》」から出た欲望であり、「そうした考え方が自由競争社会では当然だ」とする概念を、社会構造の柱にしている事である。換言すれば、これが近代文明主義国家の運営理念になっているのである。また、これが地上界（三次元顕界）では、外流の吹聴をする悪霊たちを温存させ、彼等の天下にならしめて、その棲家《すみか》にしているのである。

つまり、欲望ばかりに囚われていると、自分の内側にある良い性格や、埋もれた素質が見えなくなって、また、良い考え方にも耳を傾けなくなって、利害だけで物事を判断してしまう状態に陥るのである。

外流は常にこのような考えの持ち主に取り憑き、そして交わろうとするのだ。

例えば、「食」についてもこの三障を冒していて、三大煩悩に振り回されている事が決して少なくない。

つまり、食を乱す口先三寸限りの「美食」、慎みを忘れた大食漢の「過食」、貪欲に振る舞い、旨いものを追いかけて飽きるほど食べる「飽食」の三障である。

自由競争社会に於ける「商《あきない》（商＝購《あがな》いであり、商人は客に仕えることで本分を全うする）」としての食品産業の基本は、「客が認める味だけが正しい」とする、客本位の食品商売の為、客の喜ぶものは自らを殺しても、それを全うしようとする。

しかし、客という一般大衆は、それが躰にどのような影響を与えようとするか、殆ど考える事はない。自分の舌が喜べば、それは「美味《おい》しいものだ」となる。大衆というものは、風潮に流されて自己の向上よりは、低空飛行を行って、一時の慰安とアバンチュールを楽しむ生き物である。つまり、神の囁きに耳を傾けず、悪魔の囁きに耳を傾け、既に外流に流されて、ありもしない想念を作り上げて、悪霊や悪神に魅了されてこれと交わる現実があるのだ。

そして外流に流されていると、自らの芯《しん》を失い、骨抜きにされて、心像化現象の中で作り上げた、地獄界や餓鬼《がき》界の中を這《は》いずり回らなければならなくなる現実を体験するのである。

また外流は、白人文化の「外国人(＝アングロサクソン系白人)」の理論そのものをも指す。外流とは幽界の邪気なるものであり、右廻《まわ》りする、「水」と同種の横の広がりを意味するものである。

現世の民主主義の中枢を為《な》す「平等主義」は、これが人類の幸福の原点であると信じられて来たが、東欧社会主義国家の崩壊によって、この平等主義は絶対的な真理でない事を人類の前に暴露した。このように主義主張がそうであるように、地球規模でこれを見た場合も同様である。人類が棲《す》む地球自体が不均衡《アンバランス》な微妙な組み合わせによって成り立っているという事である。これは宇宙に於ても同様である。宇宙が不均衡であるからこそ、宇宙を模倣した人間も不均衡であり、例えばこれを人体に準《なずら》えて言うと、人体は平等とは程遠い、左右不均衡な状態より成立している。また人によって、右利きと左利きがいるのか、何故人体構造の於ける臓器の中《うち》で心臓は左に偏《かたよ》っているのか、肝臓は、胃は、膵臓はと調べていけば、人体は左右対称でない不均衡であるという事が分かり、もし人間を創造した創造主が心臓を躰の中心に配置し、各々を等しく均等に左右対称にして創造してくれていたら、「右利き・左利き」は存在せず、人間は両刀遣いで、これまでの人類の歴史による生活苦は半減していたかもしれない。

さて、人間の心臓は左にあるという事は、人間の歩行や軸足も左が中心に置かれているという事になる。殊に日本人の軸足は左側を中心にして考える為、その行動原理が総《すべ》て左旋回をしていると考えられる。左旋回し、「左旋」状態にあるという事は、「中心回帰」の方向であり、左旋回をしながら中心に集まろうとする働きを持っているという事になる。それは地球の自転とも関係があるし、また心臓の左側に位置するという事にも関係がある。従って、人間は歩く時も、走る時も、泳ぐ時も左足荷重で行動している事になり、その臓器として最も大切な心臓すら、左側に捻《ねじ》れているという事になる。

人間の脳でも左右の働きは各々に異なる。そしてこれらは各々の働きによって、意識を作り出している。

因みに、左旋は収縮であり中心帰一であり、右旋は拡散・膨張である。そしてこれらが左右の拮抗《きっこう》を失い、バラバラに行動を起こし、一方方向に極端な力が加わった場合、人間の行動だけではなく、宇宙そのものも狂い出すのである。

さて、卍《まんじ》に似た逆卍のハーケンクロイツがある。これは卍が左回りに対して、ハーケンクロイツは右回りである。

一九二〇年、ヒトラーはマルクス主義の「赤」に対抗して新しい党の結成を迫られ、また党旗作成にも迫られていた。神秘主義を旨とするヒトラーは、ゲルマン民族の先祖であるアーリア人の勝利のシンボルである鉤十字《かぎじゅうじ》であるハーケンクロイツを模する事にした。そしてデザインされたものが、社会主義並びに国家全体主義を象徴する「赤」と、自由主義の「白」とハーケンクロイツであった。

この右回りのハーケンクロイツは、卍の功徳《くどく》と円満とは程遠く、自然を不吉なものに変え、自然に逆らう思想を生み出した。世の中の不幸現象は、その行動の流れが右回り一辺倒になった時に起こるものである。右回りは安定を失い、不吉な暗示を持つばかりでなく、人体構造の中枢に位置しなければならない「霊的神性」までをも曇らせ、穢《けが》すものなのである。

世の中の動きが右回りに動いた場合、膨張と拡散はその止まる処を忘れ、自滅に向かって拍車が掛る。日本は明治以降、右回りの文化一色で覆われてしまった。日本人は太古から護《まも》られてきた、ムー帝国の光明波の神聖な火を曇らされ、穢され、欧米に蝕まれる現実を作り上げた。その結果、日本列島を無造作に開発・改造し続け、ムー以来の連綿として続いた左回りの神域も、霊域も無《む》慙《ざん》に打ち崩されて、益々悪霊軍団を招き入れる結果を造ってしまったのである。

そして文明の発達は、人間と磁場の関係を著しく疎遠にしてしまった。人間が、直接大自然からエネルギーの吸収が出来ない体質に変えられてしまったのである。日本列島改造論が吹き荒れ、増加する都会の人口、アスファルトと鉄筋コンクリートで遮断され、自然の清気など何処へ行っても地球の磁場から受けるエネルギーを失い、「文明＝《イコール》磁場の欠乏」という図式を作り出してしまった。

だからこそ大東流で説く「左回りの行動思想」は、大きな意味のあるものである。

三次元物質界は球体空間の最外郭にある

《半身半霊体》になると、精神対肉体の分離比が「五対五」の、半霊半体質の、軽い昇華された異次元の肉体を持つ事が出来る。

半霊半物質は、現世の三次元世界の物質的次元が異なる為、例えば核爆弾による放射能等の汚染からも、躰を守る事が出来る。

現在、我々が生息する三次元物質界は立体空間の最外郭にある為、物質的な影響を極めて受け易く、従って肉体を攻められると、その苦痛は即、自らの想念の苦しみに反映されてしまう。

寒ければその寒さが、即肉体に跳ね返り、暑ければ即その暑さが肉体に跳ね返ってくる。そして現代人は物質文明の遺産である、一見快適に思える冷暖房の恩恵に預かっている。その為に人体の調節機能が狂う結果を招いた。これらは母親の過保護で育てられている、乳幼児を見れば一目瞭然であろう。本来ならば乳幼児の時期に、言葉を喋《しゃべ》るのと同様、自動調節も出来るようになっていて、社会生活を営める人間の仲間入りをするのであるが、今日のように便利で快適な生活に加え、欧米型の食生活、あるいは母親の極度な過保護等も相まって、自動調節の未熟な儘で、子供が人間の仲間入りをしてしまうという現実が起っている。その為、外界に対して、適応不良やアレルギー体質の子供が多くなってきている。アトピー性皮膚炎や花粉症が、これを如実に物語っている。昨今生まれた乳幼児に、野性のエネルギーは全く備わっていない、といっても過言ではない。

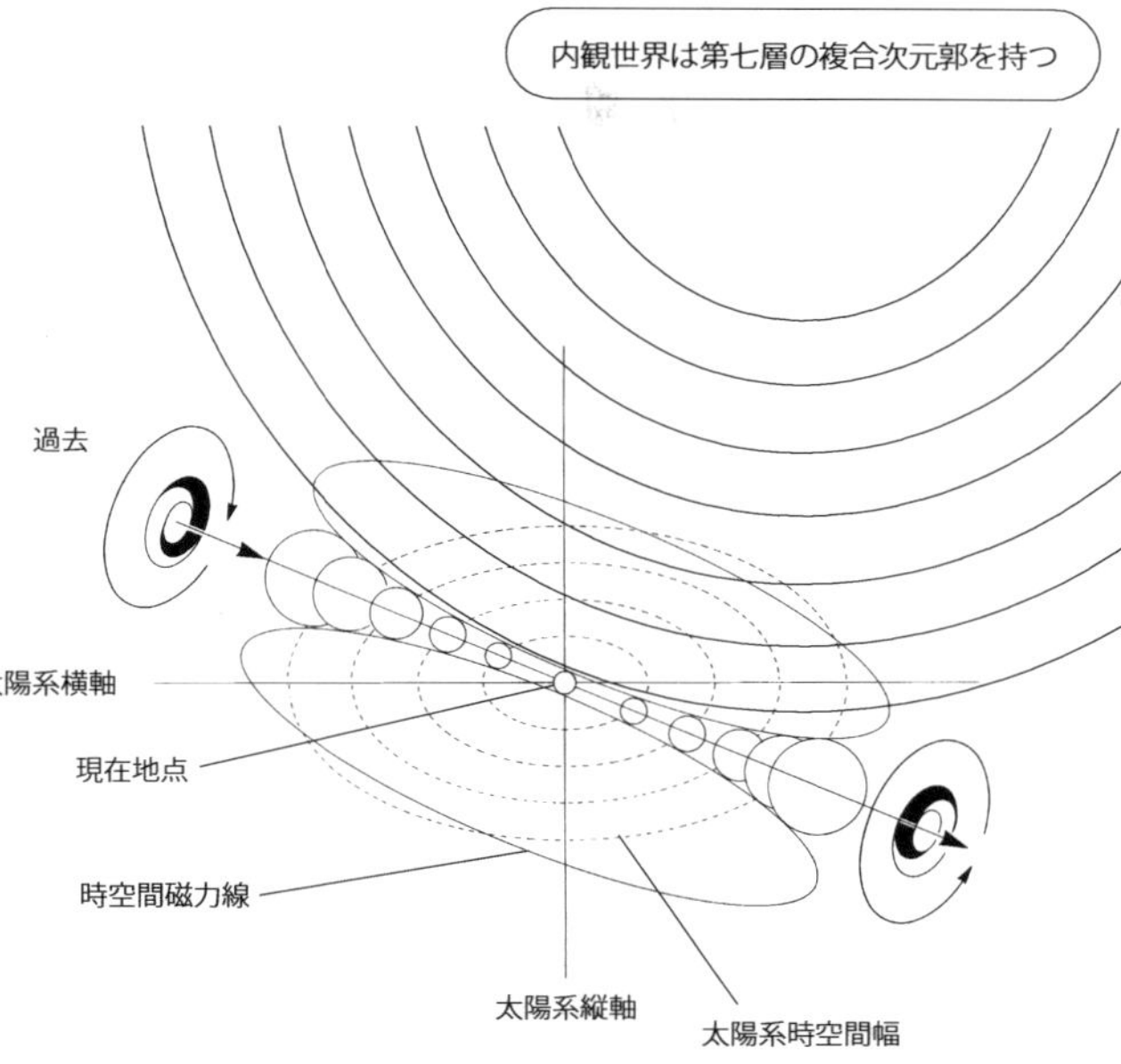

三次元物質界は立体球体空間の最外郭の表皮にある

内観宇宙の図

日本の子供の多くは、生まれて物心付いた時から、唯物主観に振り回されて、拝金主義的感覚が次第に大きくなっていく構造に遺伝情報が変更されてしまっている。小学校にも入れば、彼等の話す話題は野性についての事ではなく、テレビや漫画雑誌等の、流行やマスメディアの話題が中心であり、物質文明の教化を諸《もろ》に受けている被害者といっても過言ではない。しかし、彼等はそれに気付く事もなく、また彼等の保護者である親達も、その不自然な規格化された社会や家庭に、少しも疑いを抱かない。

現代を生きる文明人は、胎児の時から既に自然から隔離され、欲望の命ずる儘に、知らず知らずの裡《うち》に、研鑽《けんさん》された物質文明の恩恵に預かり、その生活の在り方や思想や考え方までが規格化されて、「揺《ゆ》り籃《かご》から墓場まで」という、在《あ》り来《きた》りの人生にレールが敷かれている。

現代人は文明の便利さ、安全さ、豊かさを最大限に受け入れてしまった為、物質的には管理される社会体制が生まれ、家庭が生まれた。一昔前とは家庭内の序列が変化し、その家庭を形成する父母や子供は何の疑いもなく、この不自然で規格化された管理家庭が一般的であり、世間並みであると思い続けている。

物質的には豊かになったが、それに比較して精神的には貧弱となり、道義や社会倫理は著しく低下した。求めるものは肉体的感覚や享楽であり、その快感を得る為に現代人は生きている、と言っても過言ではない。

幸福感という定理は、今や贅沢と物質的豊かさに置き換えられ、人より抜きん出て、富を独占し、豪邸に住み、高級車を乗り回して、日々を美食に囲まれて、リッチ感覚で明け暮れるという、ありもしない幻覚を追い求めている。優越感を味わう為に多くの人々は、庶民層から抜け出す企てを試みて、人生修行の何たるかも解さない儘、物質的豊かさの虜になって、あくなき徒労と奔走を続けている。

元々運勢の低下や不幸現象は、《食》が乱れて霊的神性を曇らせ、それが穢れとなって身魂の波調を粗くし、その結果、幽界や地上界の悪霊と交流してしまう事にある。従ってそれらの悪霊や霊障を一時的に祓《はら》っても、肝腎のその人自身の身魂の波調や周波数に改善がなければ、再び元の木阿弥《もくあみ》に戻る。つまり《食》を正さなければ、霊的神性は高まらないという事である。そして今急がれることは、今までの穢れを一日も早く精算浄化し、曇りを取り除く為にも、食生活を改めて、限りなく《半身半霊体》の体軀に近づける事である。

なお、「秘伝」をはじめとする大東流の高級技法は、限りなく《半身半霊体》に近づかずして、その会得は皆無であるといってよい。大東流の高級技法は霊界や神界の業であり、それは音（言霊《ことだま》＝神《しん》呪《じゅ》）から生まれて、形を成した業であるからだ。

肉食を中心とした欧米食をベースに、喫煙し、暴飲暴食を繰り返していては、単にそれらの高級技法も、形稽古の筋力重視の柔術と同じ様な、形踊《かたおどり》（形だけを真似して、気・血の運用が感じられない魂の無い練習法）の領域から脱する事は出来ない。

武術によって、その精神を培った悟人が、天下泰平、家内安全に寄与する一面があるとするならば、自らの躰を通じて正食法を実践し、これら欧米食文化の愚に、警告を発する事ではあるまいか。

大きな体軀の欠点

体軀が大きくなれば、それだけ霊的神性が低くなり、波調の密度は粗くなる。思考的にも大ざっぱで、積極的で勇敢に見える反面、キメが粗く、几帳面さや緻密さに欠け、よく言えば放胆である。集中力にもムラがあり、『三国志』で言うならば、張《ちょう》飛《ひ》益《よく》徳《とく》のような武将である。張飛は関羽《かんう》と伴に劉《りゅう》備《び》玄《げん》徳《とく》を助け、魏や呉と戦って累進し、西郷侯に封ぜられたが、呉討伐の途の野営中、部下に寝首をかかれて暗殺されている。日頃からの、張飛への恨みであったと謂われる。筋肉隆々の豪傑と謳われた人間ですら、徳を失うとこのような破目《はめ》に陥る。

さて、日本で有名を馳せた名だたる武術家や武芸者の中には、大柄な人だけではなく、小柄な人も多かった。寧《むし》ろ小柄な人の方が印象に大きく残り、小兵が巨漢を敗る醍醐味は、「柔能《よ》く剛を制す」であり、「小よく大を呑む」の面白さがあり、日本人はこのような意外性を好む民族である。

そして合気系の達人には小柄な人が多かった。

西郷頼母《さいごうたのも》は三尺達磨《さんしゃくだるま》と謂われたくらいに背が低く、小柄であり、子息（養子）の西郷四郎も一五〇センチ前後の小柄な人であった。また、武田惣角《たけだそうかく》も植芝盛平《うえしばもりへい》も小柄であり、それに続いた塩田剛三らの弟子達も小柄で勇名を轟《とどろ》かせた人が多かった。

では何故小柄な人が都合がよいのか。

これは精体（肉体）、気体（心）、霊体（魂）との分離比にある。

ベトナム戦争の教訓からも分かるように、体軀と食禄《しょくろく》の関係があり、地球は西へ行けば行く程、精神性が低くなり、逆に東に行けば行く程、精神性が高くなる。精神性が低いという事はそれだけ体軀が巨漢にならざるを得ず、凡その欧米人の体軀から考えて、食生活がこのような体軀を造るのは明白である。

さて、明治四十年（一九〇七）六月、アメリカのダンカン・マクヅーガル博士は霊魂がエネルギー体である事に着目して、人間が死ぬ時の前後の目方を秤量《しょうりょう》したという記録が残されている。

臨終寸前の重病人を床ぐるみ台秤《だいばかり》に乗せて、刻々と重量の変化する様子を観察し、死の刹那《せつな》に重量が軽くなる実験を行い、その事実を発見したのである。

それによると七〇～九〇グラムの減量が認められたという。当時のアメリカ人の体重が平均七五キログラム前後であるから、その中間値をとり減少が八〇グラムとすれば、アメリカ人の肉体分野と精神分野の比率を割り出すと、七五〇〇〇分の八〇となり、〇・〇〇一〇一六……であり、大方一〇〇〇分の一となる。

恐らくこの場合、当時の日本人と比較した場合、体軀は食生活、殊に動物性蛋白質の欠乏から日本人の方が体軀は小さかった。逆に小さな体軀であるという事は、肉体分野と精神分野の比率が若干アメリカ人より大きくなり、霊的神性も高かったと思われる。

霊体は物質で出来ているものではないが、生命体の約一〇〇〇分の一の目方を持ち、同時にこれは波動エネルギー体であるという事が分かる。そして霊体は肉体に比べて目方こそ少ないが生命体と同じ輪郭をもち、心を従えて行動する事は霊体自身に何がしかの質量があるという事が分かるのである。従って霊的神性が低い程、その行動は動物的であり、野獣的で、体臭も動物的な匂いがする。また肉体に頼る為に咄嗟《とっさ》の危険を回避する場合にも、反射神経や運動神経に頼り、常にスピードと筋力の養成をして力が衰えないように心がけねばならない。

逆に霊的神性が高いと、その行動は気体と霊体を融合させて、危険が身に迫った場合、霊的反射神経で回避する事が出来る。

人間の肉体はやがて年老いて、その肉体は滅んでしまうものである。これを魂が認識するか否かで、東洋と西洋を隔てているのである。従って、巨漢主義程、霊的反射神経は働かず、皆無に近くなるという事である。

肉体重視から霊体重視へ

十代二十代に培った黄金期の若々しい肉体は、時を経て澱《よど》みの泡のように消え、そればかりか反射神経や運動神経すら衰退の一途を辿る。如何に厳格な筋力トレーニングを自分自身に課してみたところで、誰しも年齢から来る衰えは防ぎようがない。相撲、柔道、格闘柔術、競技システム合気道、空手、拳闘《ボクシング》、ムエタイ、レスリング、K1《ケイワン》等の格闘技を見てみれば、体力や反射神経や運動神経を維持できる時間は、実に短い事が分かる。しかし年齢差というものは、これだけに止まらない。皮膚細胞組織や新陳代謝すら、衰えてしまうのである。また視覚や聴覚も衰え、敵に相対して、身構える反射的な対処能力も鈍重になる。

結局、若い時だけが一時の華《はな》であり、曽《かつ》ての輝かしい栄光は風前の灯火《ともしび》となる。過去の英雄も、日増しに体力が衰え、年齢からくる老化には為《な》す術《すべ》もなく、黙ってこれを甘受するしかない。

この現実に、古人はこう考えた。この体力と反射神経や運動神経に頼る事なく、別の威力を以て、これを越えられるものがないかと。考えた末に発見したのが、経絡を流れる《気》というものの存在であった。

中国拳法に見る《発勁《はっけい》》や、新躰道に見る《遠当《とおあて》》等も、この《気》を追求する現れであろう。しかし、その効果は思ったより小さく、物理的な相対威力としては、現実問題として確固たる成果を見ていない。またそれを使うには、複雑な技術と段階的な修練が必要であり、その実体の有無を問い詰めれば、一部の限られた天性の素質と才能が必要である事に、《気》の修行者達は気付いたのである。これらから落ち零《こぼ》れた修行者達は、今度は宗教論を持ち出して、人の論理や世の秩序の在り方を示した。またある人は、日々の修練を、言葉巧みな弁舌に置き換えて、高邁《こうまい》な思想を語る弁論家に成り下がり、常識や社会通念を持ち出して、他を罵《ののし》ったり、詰《なじ》ったりして、言葉でうまく威圧する新たな話術を身に付けた。

この点が法治国家・日本に住んでいる素質や才能共に無い練習者の特権であろう。

《合気》も核心を突かれれば、これと似たり寄ったりであり、その実体は不透明なものが何処までも付き纏《まと》う。この不透明さによって、謎が謎を呼び、言葉だけが先走りして、「実」が付いてきていないというのが、現在の武術世界の現状ではあるまいか。

一本捕りを十年掛ってやるのも問題であるが、四十歳を過ぎても、なおも受身をして転がったり、骨格や筋肉を攻め、力の柔術をやらなければならないのも問題である。此処に残るものは練習によって使い過ぎた、無残な肉体だけである。そこには心臓肥大となり、これに喘《あえ》ぐ無残な肉体の悲鳴だけが残る。

また、大東流や八光流《はっこうりゅう》、合気道や気系統の武術を練習している人の多くは、「力の無用」を力説し、《合気》の絶大な威力を、過去の達人であった武田惣角や植芝盛平あるいは創始者の武勇伝に摺り替えて、それを豪語し、自慢しているのが実情ではあるまいか。

従って「指一本で敵を倒す」という八光流の豪語は、その言葉の中にロマンを感じないわけではないが、型通りの関節技も実戦にはあまり効果的でなく、最早死語となっている。

また合気道は「競わない」「争わない」等の言葉を持ち出して、演武中心となり、実戦という現実に背を背け、これをタブー視して蓋《ふた》をしてしまった観すらある。

実戦での格闘は、双方の興奮状態から大量のアドレナリンが分泌される。特に、アルコールには体内のアドレナリンの分泌を活発にする作用があるため、大酒呑みが酒を呷《あお》った後、気が大きくなり、その勢いから辺《あた》り構わず好戦的になって、これを取り押さえようとした場合、関節技で応戦しても極めて困難である場合が多い。

また著者の経験から、覚醒剤常習者を取り押さえる時は、更にこれ以上の困難が強いられる。当身《あてみ》を散々食らわせ、関節が外れるまでに極め込んでも殆ど効果がなく、骨折に至らしめても応戦力は決して衰える事がない。武術のズブの素人でも、神経が鈍感になった相手には当身技や関節技、あるいは投業《なげわざ》を試みたところで全く効果がないという事である。

これらの現実に立ち返った時、「力の無用」を力説したところで、争わない宗教観や、不透明な合気理論では説得力がない。実際に筋力で培われた空手の拳は煉瓦《れんが》や瓦《かわら》を割り、杉板を貫き、また拳闘《ボクシング》のカウンターパンチは、一撃で相手をＫＯする威力を持っている。一度その洗礼を受ければ、「力の無用」論者もまざまざと力の威力を思い知らされる事となる。そして安全地帯に身を置きながら、そこから出ようともせず、外野から、たかが一枚のセメント瓦も割る事の出来ない気系統の練習者が、実戦の「非常さ」や「戦い」の何たるかも知らず、只管《ひたすら》「力の無用論」を力説している事は、何とも悍《おぞま》しい限りであり、滑稽でしかない。もし、力の馬鹿馬鹿しさを力説するならば、相撲や柔道、空手や拳闘等の練習者と戦い、自分の今まで練り上げた気の威力を以て、相手を屈服させた者だけが言える言葉である。その経験なしに合気理論は語れない。

《合気》を得るには、各々の修法とその段階を踏む事が必要であり、後は自己の努力も去る事ながら、経験を通じて戦う事の中に、実戦での勘を養っていく事が大事である。その蓄積なしに、《合気》を語る等、ナンセンスと謂わねばならない。また筋力やスピードに固執する事も厳禁である。

最後につけ加えるならば、《合気》は確固とした実戦経験を通して会得できるものなのである。その会得には、トランス状態（神懸かり）を得る為の、言霊の妙用を含めた《玄意《げんい》》を理解する事が必要であり、古神道及び密教の修法が必要なのである。

その修法の大半は日々の精進と身魂磨きの有無に掛っている。神の気を受ける為には、《玄意》を理解しうる「神気」を受け入れる器（半身半霊体）が必要であり、霊的食養道に通じていなければならない。

均整のとれた体軀

スポーツは概《おおむ》ね、左右孰《いず》れかの片側方向だけを強化し、養成するものが少なくない。手や腕や肩の動かし方も、腰や足や膝の動かし方も、利き腕、利き足を中心とした左右孰れかの一方だけを主体として運動を行う。この為、これらの運動を長年行うと、必ず躰に異常が現われてくる。此処に人間がスポーツをする宿命的な障害が浮上してくる。

武道も今日では、スポーツと同じ様なスピードと筋力の養成が中心であり、利き腕、利き足を中心にした反復トレーニングであり、コンビネーションと得意技を中心にした技術の養成が行われている。この為、左右の均整のバランスが崩され、スポーツ障害での疾患が、その愛好者に多くなってきているのが実情である。

では何故このような障害が起るのか。これは左右同じように動かす事を怠るばかりか、力の集中する場所を誤っている為である。例えば手は小指に力を集中するとか、足は拇指《おやゆび》に集中するとかの、集中する箇所の誤りがあり、また本来閉まっていなければならない筈の肛門が緩んでいる等が挙げられる。その為に、左右孰れかに負担が掛かり、また所定の場所にあらねばならない気が、それより上に上がってしまい、均整のバランスが失われるのである。

物を掴《つか》んだり、握ったりする場合、小指側から掴み、人差指を浮かすようにすれば、腕や肩に無駄な力が入らず、また集中する箇所が一点に定まる為、心の安定が得られる。

しかし多くの場合、人差指を中心にした力の使い方をして、腕や肩に力が入っているというのがスポーツ武道（剣道での竹刀《しない》の握り方等）の実情ではあるまいか。これでは腕や肩の均整は大きく崩されてしまい、また手の左右には各々の異なった神の降霊を願うことは出来ない。

「静」の場合、左（左＝「ひ」であり、「ひ」は火を表わす）は毘沙門天《びしゃもんてん》が宿り、右（右＝「み」であり、「み」は水を表わす）は摩利支天《まりしてん》が宿る。またこれが「動」に転ずると、左右の神は入れ替り、渦を発生させて、その「動」の中での武神や軍神となる。

つまり動的エネルギーは渦を伴って、円運動が始まり、やがてこれは円運動のエネルギー源が、楕円から渦へと移行するのである。だが均整が崩れると、降神や降霊が出来なくなる。

渦

現世の諸現象の中には、螺旋《らせん》を伴う無数の渦が存在する。そしてこれは流体の中で粗なる処と、密なる処を造り、各々は低圧帯と高圧帯を造る。

渦は、流体域に低圧が起り、それが発生した時に起る現象を示す。渦から円を考えれば、自然界に存在する運動エネルギーは、何らかの低圧が減少方向に向かう時、永久運動をなすものと考えられる。

例えば素粒子、原子、太陽系、銀河系等の運動エネルギーがこれである。そして星雲は、不定形から渦巻状へ、更には楕円形へと進化するのである。

我々の棲む宇宙は広大な空間に虚質を造り出し、それは充満状態となっている。この虚質は流体で、弾性と慣性を持ち、物資体として存在するから、いつかは不均衡を生じる。これが低圧帯と高圧帯である。気象図を想像して貰えれば容易に察しがつく筈である。

この低圧帯の一部に我々の三次元世界があり、他方の高圧帯にマイナス三次元の反宇宙が存在する。

さて、この低圧帯部は、階層をなして虚質の渦が発生し、最も大きいのが総合体としての渦であり、この宇宙の最外郭に三次元世界が存在する。その総合体の内部には星雲団の渦があり、星雲団は銀河系等のいくつかの集合体によって星雲の渦が構成されている。更に、銀河系星雲の階層の一部に太陽系等の星の渦があり、それらの星は原子によって構成されている。そして原子も一つの階層をなした虚質の渦であり、素粒子は原子の階層の渦の中に存在する。

このように宇宙の階層の構成から見ると、原子や素粒子の下には、更に一段小さな粒子階層が存在している事になる。

これらは虚質に渦が生じた時、この渦流を阻止する作用が働き、これがプラス三次元世界の磁気波となる。

磁気波は、また電気波と対抗して電磁波となる。これが虚質の渦の反作用によって発生したエネルギーの電磁波の発生源となる。

宇宙を構成する基本的なエネルギー源は電磁波であり、これが合成して異次元世界である霊界や神界を構成していると考えられる。

つまり人体を小宇宙と考えた場合、この小宇宙も電磁波の影響を受け、渦の中に存在している事になる。例えば台風の渦、鳴門海峡の渦、巻貝の渦、朝顔や糸瓜《へちま》等の蔓科植物の渦、人間の頭髪の渦、指紋の渦、遺伝子の螺旋の渦等、一々数えれば切りがない程、多くの渦が存在する。そしてそれは波動による波調を示す。

降神と降霊

人間の動作の中に回転するという動きがある。回転は左右に回転するものであり、その場に止まりながらの回転、動きながらの回転がある。

神楽《かぐら》舞等の回転動作は、これを如実に表わしたもので、人間は回転する事によって、霊的波調が高くなると考えられている。そしてこの回転動作には「右旋」と「左旋」がある。

また回転は左右が対照とならなければならず、孰れかに歪があると回転は円滑《スムーズ》に行われない。従ってその体軀は左右の均整の取れた体軀でなければならない。

アメリカインディアンは敵地を襲撃する場合、出陣の前に必ず「旋回の儀式」を行う。馬に乗った儘《まま》の状態で、回転する中心軸に槍を打ち込み、その円周上を左右に旋回する。左旋は沈下・求心（縦）を意味し、右旋は上昇・拡散（横）を意味する。沈下は降神の意味を持ち、上昇は昇神（神を天に帰す事）を意味する。この両方の拮抗がとれて「縦横の十字」が完成する。

これと似た事は亜細亜大陸の匈奴《きょうど》（紀元前三世紀～後五世紀にかけて中国を恐れさせた北方の遊牧民族。モンゴル系に属するフン族）にも見られ、出陣の前の降神、若《も》しくは降霊である。これを行う事によって降神、あるいは降霊が行われて、各々が自分の裡《うち》に降りるとされたのである。その加護を以て、敵に攻め入るのである。その威力は絶大であり、三元式遁甲にはこの旋回方法、十二通り（左に数回、右に数回の口伝あり）が示され、その方角磁場の電気線を以て、優位な状態に立って、敵に攻め入るのである。

因みに人間がある地点からある地点に移動すると、人間と磁場の関係で電気線が上昇する。また一点に数日間留まると、電気線は下降する。

虚質の定理

虚質とは実質に対しての「虚」を表わす文字である。

この虚質には、電気にプラス・マイナスがあるように、その絶対値は等しい。また数学にもプラス・マイナスがあるように実数と虚数があり、孰れも絶対値は等値として計算できるという定理に基づいたものである。

また物質にもその運動法則の中で弾性と慣性があり、三次元世界に対してマイナス三次元世界の虚質が存在しても不思議ではない。

プラス三次元世界が縦波だけを伝えるとするならば、マイナス三次元世界は横波の伝達だけを司り、デジタル的な伝達法とアナログ的な伝達法があっても不思議ではない。

さて、電磁波は横波である。するとマイナス三次元の存在である電磁波は、虚質である可能性が高い。

例えば、水の波は水が媒体であり、音の波は空気が媒体である。であるならば、電磁波も何らかの媒体が存在しなくてはならない。昔はエーテルなる架空の物質の存在を仮定して、この光エーテルが電磁波の媒体と考えられていた。しかし、マイケルソン・モーリーの実験結果に基づき、アインシュタインによって、光エーテルなる架空物質は完全に否定され、電磁波には媒質が存在せず、電磁場によって伝わるという説が有効になってきた。

だが電磁波には「波動性」があり、波動性がある以上、それには媒質がなければならない。それが虚質の定理である。

つまり現世は三次元世界と称されているが、実は横波だけのアナログ世界であり、これがマイナス三次元の虚質によって構成された世界ではないかという仮定が成り立つのである。何故ならば現世に実体がなく、刻一刻と変化を遂げ、総てが流動しているからであり、此処に「夢」あるいは「幻」である現世が存在するからである。

狭き門より入れり

日蓮の予言の中には「五の難」――「大風《たいふう》、万性《ばんせい》を吹き殺し、国土、山河、樹木、一時に滅没《めつもつ》し、非時《ひじ》の大風、黒風、赤風《しゃくふう》、青風、天風、地風《じふう》、火風、水風あらん」が記されており、未来は自然破壊が深刻になると予言している。自然破壊は「風」という文字で現わされ、未曾有《みぞう》の未来型公害が、放射能汚染と共に語られている。

「四の難」には、「大水百姓《ひゃくせい》を漂没《ひょうもつ》し、時節反逆して、冬雨降り、夏雪降り、冬、時に雷電霹靂《らいでんへきれき》し、六月に氷《ひょう》、霜《そう》、雹《ばく》を雨《ふ》らし、赤水、黒水、青水を雨らし、土山《どせん》、石山《しゃくせん》を雨らし、沙《しゃ》、礫《りゃく》、石《しゃく》を雨らす。江河逆《さかしま》に流れて山を浮かべ石を流す」とあり、酸性雨を予言しており、その結果、森林や農産物が全滅し、更には河や海の魚介類にも大きな影響が及ぶとしているのである。

火力発電所からは亜硫酸ガスが排出され、石油化学コンビナートや車からは大量の排気ガスが吐き出されている。これらが酸性雨を作り、自然が枯れてしまうような状態を作り出しているのである。土の中の微生物までもが死に絶え、自然の全てが枯渇する危機を予言しているのだ。

樹木の緑を枯らし、農作物を壊滅状態に追い込む酸性雨は、人間が作り出したものである。大量生産、大量消費の現実が、社会構造を根底から変えてしまい、やがて地球は灰色の廃墟と化そうとしているのである。ゆっくりと、然も進行癌のように進む自然破壊は、恐らく二十一世紀初頭に、そのピークがやって来ると予想されている。

また、塵《ちり》として宇宙空間に漂っている物質は、確実に太陽を汚染し、汚染された太陽は凄まじい熱核反応を起こす危険性を持っている。太陽の核反応が更に加速された場合、地球は自然破壊と併せて、猛烈な異常気象が発生すると考えられている。今日でもその兆候は現われており、例えば天気予報は、コンピュータを駆使しているにも関わらず的中しなくなり、また二、三十年前の地震はその統計から見ても、新月や満月の時が多く、時間帯も正午前後や夕暮れ時が多かったが、阪神大震災は午前五時四十五分で、これは関東大震災の正午前後とは異なっている。

恐らくこのように悉く予想が外れ、今までの常識を覆す事態が起こるであろう。冬であるにも関わらず、気温は三十度を超え、夏には寒波が到来して雪を降らすのである。交互に季節外れの冬と夏が繰り返し、やがては激しい旱魃《かんばつ》に襲われて未曾有の食糧危機が始まるのである。それに歩調をあわせるように、大気圧が日増しに上昇し、恐怖の高圧地獄が起こることが、日蓮の「六の難」に記されている。

「天地、国土亢陽《こうよう》し、炎火洞燃《えんかどうねん》として百草亢旱《こうかん》し、五穀みのらず、土地赫燃《かくねん》して万姓滅尽せん」とある。義農《ぎのう》の世（理想世界）を出現させる為には、「前代未聞の大闘諍《だいとうじょう》、一閻浮提《いちえんぶだい》に起こるべし」の予言からも、人類は火と水の試煉を受けねばならぬということである。

科学技術の発達は、その裏から凝視すれば、自然の欠点を人為で改善改良し、あるいは新種をDNAの組み替えで操作し、人間の都合のいいように矯正していこうというものである。しかし、この繰り返しは結局、自然を制御し、管理し、矯正したと思っていた事がやがて歪をつくり、人間への災いとなって、最後には再び巡ってくるという事を忘れてはならない。

聖書（マタイの福音書）の言葉を借りるならば、次のような言葉が当てはまるのではないだろうか。

狭い門から入れ。
滅びにいたる門は大きく、
その道は広い。
そして、そこから入って行く者が多い。
命にいたる門は狭く、その道は細い。
そして、それを見い出す者は少ない。

人類は、余りにも自然を蔑《ないがし》ろにしてきた。甘く見て、滅び行く、大きな門ばかりに目を奪われてきた。その結果が自然破壊であった。そして、この儘突き進めば、間違いなく現代人が地球上の最終人類として終焉《しゅうえん》を迎えなければならなくなる。

曾て地球上の王者だった恐竜が全滅したように、人類もこの後を追わなければならなくなる。自然破壊の実態は、自らが作り出した科学技術や、文明そのものが大きな翳《かげ》りを落としている事を忘れてはならないであろう。換言すれば、人類は豊かさと引き替えに自然を破壊してしまったという事だ。

効率の良い農作物や果物を生産する為に、二局対決の中で善悪を決め、塩素、リン、銅、スズ、水銀、ダイオキシン等の有機化合物を中心とした農薬や、殺虫剤、除草剤をふんだんに使用してきた。これらは、それを使用した農作物や果物から体内に入り、あるいは樹木を汚染したり、川に流れて行ってやがては海に至るという最悪な循環をつくった。

また、それが今でも魚介類の体内に蓄積されるという間接的な悪循環を繰り返している。こうした食物を食べれば、必然的に人間は神経を破壊され、内臓に障害を引き起こすのは必定である。慢性的な蓄積効果によって、やがてはそれが遺伝子情報の中に取り込まれて、子から孫へ伝達されていく危険性も大きい。ここに滅びの暗示があるのだ。同時に、これは人間の思い上がりと、自然侮蔑から出たものである。

もし、人類がこの愚に気付かなければ滅亡は免れないであろう。しかし、近代科学は「神」を、迷信の権化と決め付けて葬り去った。しかし、神を打破したのではない。近代科学は依然として、真の神を究明する事も出来ず、また解明したのでもない。この世に、あらん限りの害毒を流し、その恐ろしさを暴き、裁きうるのは「神」をおいて他にはいない。神は哲学であり、そして、大自然に潜む日本古来の宗教なのだ。

予言の書『立正安国論』に予言された淘汰の時代

日蓮の予言した『立正安国論』には、次のことが記されている。

「国土乱れんときは、まず鬼神《きじん》乱る。鬼神乱るるがゆえに万民乱る。賊来《きた》って国を劫《おびや》かし、百姓亡喪《ひゃくせいもうそう》し、臣・君・太子・王子、百官、ともに是非を生ぜん、天地怪異《けい》し、二十八宿・星道・日月《ひつき》、時を失い、度を失い、多くの賊の起こることとあらん」

日蓮は屢々《しばしば》「鬼」を現代風に喩《たと》えれば「情報」と置き換えて使っている。従って、ここに用いられている「鬼神」とは、情報のようなものと思われる。

日蓮が、第二次世界大戦を予言した時は、その予言の中で「四方の賊、来って国を侵す」とあり、「火賊・水賊・風賊・鬼賊」の四つを上げ、これは陸上戦、海上戦、空中戦、情報戦の四つを指摘し、この近代戦を以て、更に、四方から敵が攻めてくると予言し、東と南からはアメリカとイギリス、西からは中国、北からはソ連であった。そして「百姓荒乱《こうらん》す」と付け加えている。

第二次世界大戦の予言に使われた「鬼賊」は情報戦であるから、この「鬼神」とは諜報活動、あるいは諜報組織（CIAやアメリカ陸軍敵対諜報部隊CIC等を指す）であり、また、その組織は社会工作、あるいは核をも含む破壊工作を目的としたものと思われる。

戦前、CIA（前身はOSS戦略事務局＝転覆工作、破壊プロパガンダ、ディスインフォメーションなどを行う）が、上海で「児玉機関」に阿片《アヘン》を与えて日本の国家機密を探り、彼等を操ったように、現在はCIAが国際支配層の代理人、あるいは工作員となって、政治、経済、金融、また、政府要人の暗殺者としての破壊工作をしている。

世界の歴史は、十七世紀後半にかけて、ある一定の意図を持った穏微な集団によって動かされてきた。彼等の組織活動は、政治中枢の深部にまで潜り込み、緻密な計算から作業が成り立ち、それは巧妙であり、かつ、悟られる事なく遂行され、そして目的を果たす。社会全体の工作を目的にしている為、個人の人格や人権等は、一切無視されて「十把一絡《じゅっぱひとから》げ」の大量破壊が行われるであろう。二十一世紀初頭は、そんな暗示のある世紀で彩られている。

これを兵法で見聞した場合、日本武術は各々に戦術的には大成しているものの、戦略的には欧米人のそれには及ばず、大きく出遅れていると言わねばならない。所謂《いわゆる》欧米のそれは、日本人の戦略理論より一枚も、二枚も、あるいはそれ以上に上手であると言う事である。恐らくこの要因は、日本人が感傷的で、情緒に陥りやすいという、島国特有の欠陥を抱え、それに輪を掛けて、狭い日本に地方閥が、未だに存在しているという事である。維新の恨みという、過去の忌まわしい遺産である。

さて、日蓮の予言から推測すると、その順序は、第一番目に鬼神が乱れる。第二番目に万民が乱れる。第三番目に国土が乱れるの順になっている。ここでは盛んに「乱れる」という言葉を三回も使って、鬼神、万民、国土の順であることを強調している。では、一体「鬼神が乱れる」とはどういう事か。

諺《ことわざ》には「断じて行えば鬼神も之を避く」とある。ここで使われている鬼神は、「おにがみ」であり、死者の霊魂と天地の神霊であり、他にも「鬼神に横道《おうどう》なし」等とも謂《い》われている。つまり、鬼神は邪道、邪《よこしま》な行いをしないという事である。その邪な行いをしない鬼神が「乱れる」のであるから、相当な緊急事態と謂わねばならない。

情報が鬼神の権化《ごんげ》であるとするならば、それが「乱れる」のであるから、神界や霊界までを揺さぶる大異変が起こるという暗示がある。

この大異変は、人々に大混乱を巻き起こすばかりではなく、大自然の根本までも揺るがし、秩序や摂理の制御《コントロール》を失わさせるものなのであろう。では、大自然までが揺るぐ状態とは何か。恐らく、地震や洪水等の天変地異を暗示するものであろう。

現代社会は情報通信網によって、総《すべ》ての社会機構が動かされ制御されている。その情報網が故意に狂わされたらどうなるか、現代の盲点は此処にある。

今やコンピュータは、各々の家庭に猛烈な勢いで浸透して、人類はその制御下に置かれようとしている。

個人では、光熱照明水道や調理器の制御、温度調節、防犯設備、自動車誘導管理、電話管理、パソコン通信、大きくは上水道管理、人間管理（国民総背番号制）、食糧管理、道路網管理、鉄道網管理、原子力発電所管理、航空機管制管理、金融管理等であり、また、近年の電子マネーの出現で金融経済は、総てこれに総括され、集約され、経済が運営される構造になるであろう。

二十一世紀初頭、これらの情報通信ネットワークによって制御されている生活が大混乱に陥るのであるから、国民の騒然となった様子は想像を絶するものであろう。

情報破壊工作の露払いは、何といってもパソコンネットワークを通じて行う、金融派生商品《デリバティブ》に見られるような、先物取り引きの金融経済の大混乱であろう。これは先ず、株式市場に仕組まれる、アメリカのバブル崩壊工作が上げられている。

インターネットのパソコンネットワーク情報網は、一般大衆向けの、株式や金融派生商品の勧誘等を盛んに行うであろう。現在では、インターネットでの先物商品を買わせる売り込み作戦と、そのシステムは殆《ほとん》ど出来上がった状態になっている。

また、カード社会の発達により、銀行業務や株式等の投資信託の販売や営業も、これによって決済されるシステムが開発されている。

後は、ハードであるコンピュータ機器を破格の値段で家庭に送り込み、今以上に普及させるという課題だけが残されている。今後、パソコンメーカーは熾烈《しれつ》な販売合戦を繰り広げるであろう。そして、ネットワークが各家庭の隅々にまで網羅され、気軽にこれらの商品が買えるようになると、これらの市場は、投機家以外のド素人を巻き込んで、インターネット株式に殺到させ、益々エスカレートしていく事であろう。また、これが猛烈な勢いでバブルの形態をつくっていく事になろう。

今、実際にアメリカでは株価は、高騰の様相を呈している。一説では、近いうちに天井に達するとも、あるいは既に天井に達して、緩やかな下降線を辿っているともいわれている。

しかし、これを冷静に見つめれば、近いうちに急落し、下落する危険性を孕《はら》んでいる。今、起ころうとしている、アメリカでの異常なバブルは、いつ弾《はじ》けてもおかしくないのだ。

株式の歴史を振り替えってみても、上げ相場は十年以上も続かない事は、一九二九年十月二十四日ウォール街での「暗黒の木曜日」を思い出すまでもない。今日のアメリカの株価急騰の要因は、戦後生まれの、四十代・五十代のベビーブーマー達の株式市場介入にあると謂われている。

彼等は、自分の老後計画の為に用意した自己資金を、銀行の安い利息より、高い利益が期待できる投資信託へと、せっせと鞍替えした事が、この上相場の原因となったのである。高利回りを当て込んでの彼等の市場介入である。この為に株価は、近年には珍しく異常な程の高値をつけた。

しかし、これは一時のバブルに過ぎない。膨らみ過ぎた風船は、やがて誰かの手によって割られる運命にあるのだ。

もし、アメリカで公定歩合が引き上げられ、バブル崩壊が起これば、現実問題として、自由主義経済は一体どうなるであろうか。恐らくその衝撃的な波紋は、世界の隅々にまで及び、大恐慌に発展するであろう。

これが日蓮の予言した大混乱であるとするならば、当然、その後に何が起こるか、歴史を見れば一目瞭然ではないか。

第二次世界大戦もこのような経緯から起こったのであり、大混乱が沈静した後の、大不況の後遺症から生じた戦争であった。

人間が世の中の仕組みを形成している以上、それは頭脳が甚だ不完全であるのと同様に、その仕組みも、また不完全であると言わねばならない。

日蓮は、釈迦入滅後二千年以降、末法の世が現われ、世の中が動乱に陥る事を予言している。日蓮の説いた仏典の中には、「釈迦入滅から二千五百年後に世界最終戦争《ハルマゲドン》が勃発する」と指摘しているのである。日蓮の遺《のこ》した『撰時抄』には、「前代未聞の大闘諍《だいとうじょう》(空前の世界規模の大戦争)、一閻浮提《いちえんぶだい》(世界全人類)に起こるべし」と記されている。

そして、日蓮はこの戦争が終了した後に、平和な理想境(戦争も病気も、憎しみも苦しみも無い世界。彌勒《ミロク》の世で、俗に言う千年王国)が完成するといっているのである。この事は出口ナオの『大本神諭《おおもとしんゆ》』にも、日蓮の予言した通りの「空前絶後の世界大戦争」を支持する内容の予言が成されている。恐らく、世界人類はこの時期を転機に変るものと思われる。そして多少の誤差はあると思われるが、その時期が二〇二〇年と予想されているのである。

これは釈迦入滅が紀元前四八〇年頃と推定されるから計算上では、二〇二〇年と推定されるのである。

人類はこれまで第五段階目の進化を達成したと謂われている。予言では、人類は七段階の進化を遂げると成っており、外圧等の異変によって、次に進化を遂げるのは第六段階であり、神の意向とも謂うべき大異変が直に迫っていると謂われる。思考的には超頭脳を持ち、精神対肉体が半々になった、《半身半霊体》であると謂われている。

日本には古神道や密教を始めとする修行法の中に、大脳旧皮質を活性化させる方法があり、古来より植物性の食体系を経験しながら、日本人の神と人間の儀式である「祭」の伝統の中に生かされてきた。大脳旧皮質は、潜在意識を司る処であり、これは霊的神性を高める上で最も重要な部分である。それは人間が段階別に進化を行って、神的な存在となる上で、未知なる新しい機能を復活させる為に重要な意味を持っている。しかし、歴史を振り返れば、人間は物質文明を発達させると同時に、破局に向かう運命も同時に作り出しているのである。これが相対界に働く作用と反作用であり、「相生相殺の法則」である。

今まで物質文明を発展してきた人間は、幸運にも自然淘汰の領域外でそれらを傍観《ぼうかん》してきた。しかし、次に起こるであろう大異変的な淘汰は、何人《なにびと》と雖《いえど》も、その激流の外で傍観する事を許されない。そして、これが霊的な世界を出現させる為の大きな登竜門になるのである。

人間が物質的に生み出した諸々の科学技術や文明は、再び回収されるという、自然からの報復を受けなければならないからである。

行法・秘法篇

第一章　大東流と密教原理

密教の印伝形式をとった大東流

大東流は秘密めいた密約事が多い、特異な修行形態を持つ武術である。大東流の修行には各々に段階があり、それをクリアーするごとに、複雑な約束事を設け、密教の修行法を取り入れてきた。西郷頼母《さいごうたのも》の教伝は、気合之術（気合術）をはじめとした、透視之術、読心之術、隠行《おんぎょう》（形）之術《のじゅつ》に及び、それに体之術《たいのじゅつ》（＝躰術で骨格の逆関節を攻める）が加わっていた。更に山行が付随されていて、坂道を走り、断崖崖淵《だんがいぜつぺき》を藤蔓《とうづる》に掴《つか》まって昇ったり降りたり、夜坐《やざ》（実際には、夜の山の中で行う坐禅の事である）を行って木食行《もくじきぎょう》等を教授したという。これらの行法はすべて密教に由来するもので、各過程を通過するごとに、秘密保持の為に「秘事《ひめごと》（＝密事《みそかごと》）」を設けた。大東流が他の柔術諸流派と異なり、複雑多岐に亙《わた》るのはこの為である。

修行としての場所の設定

現世の修行には、己の身を置く時空が必要である。何処《どこ》に自分を置くかで修行の成就の有無が分かれるのである。

行法を行い、真言《マントラ》を唱えるには、人里から隔離された場所を探さなければならない。つまり単に隔離を目的にしたものではなく、他人に知られない事（秘密）を目的にした自らの修行の場である。この場所は、言行を自分の耳に還元できる洞窟等が適当である。発した声が響き、それが再び自分の耳で聞けるという場所であるからだ。

これは一般に謂《い》う「山籠《やまごも》り」とは異なる。山籠りは世間から自分を隔離する為に行われるもので、深山幽谷に入り、俗世間と完全に隔てる事によって、狭義的な向上を目指して練習を積むものであるが、密教の行法としての修行は、他人に知られず、秘密が漏洩しない事を目的とした、俗社会からの隔絶であり、人里から離れれば離れるほどよいのである。

山籠りはその目的が、肉体を酷使して行う筋力的なトレーニングをする反復練習であるが、求聞持聡明法《ぐもんじそうめいほう》の修行の場は一切肉体的なトレーニングを行わず、言行《ごんぎょう》という音声を以て、極限まで自己を高めていく修法三昧《ざんまい》を目的とする。これには強靭な精神力が必要であり、緊張と集中力（ここで謂う集中力とは、物事に打ち込む時のような没頭を現わす集中ではなく、綱渡りをする時のような、あるいは平均台の上を歩く時のような、平衡感覚のバランスをとる集中力である）を駆使して、現世の自分を神界に至らしめ、変身する事を目的とする。自己の生命エネルギーを高める事によって宇宙エネルギーと融合し、俗世では見えなかった、眩《まばゆ》いばかりの黄金に包まれた「光」を見ることができ、これがすべてその修行に捧げられた時、人間は途轍《とてつ》もない超能力を身につけ、いざという時、それを発揮することが出来る。

空海が一夜にして建立したという高知県にある「一夜建の岩《いわ》屋《や》」は有名であり、また近くにある空海の修行場としての「御《み》蔵洞《くろどう》」は、これとならんで有名である。ここで空海は求聞持聡明法（虚《こ》空蔵《くうぞう》菩《ぼ》薩《さつ》能満諸願最勝心《のうまんしょがんさいしょうしん》陀羅尼《だらに》求聞持法で、本尊は虚空蔵菩薩）を実践し、悟りの境地を得たと謂われる。

さて、求聞持聡明法の実践に当たっては、一〇〇日行、二〇〇日行、一〇〇〇日行があり、百日単位に区切られて行われる。百日とは約三ヵ月であり、本来は三ヵ月を九〇日として換算するのであるが、密教の求聞持聡明法は一回の行を百日と定め、この間、他人に姿を見せる事なく、己が道場と定めた修行の場で修行を完遂するのである。

食に関しても厳重に注意を払い、肉や乳製品は勿論の事、一切の穀類も絶って、自然に自生する木の実や野草等を食べ、少量の水で生命を繋ぐ。これを「木喰《もくじき》」と謂う。

修行は早朝四時頃から始まり、虚空蔵菩薩を賛えた真言《マントラ》を唱える。

真言は「オン・バサラ・アラタンノーオン・タラク・ソワカ」であり、これを早朝より百万回唱えるのである。

次に「オン・バサララタヤ・ウンナム・アカーシャ・ラバ・オン・アミリキヤ・アリボ・ソワカ」の真言を百万回唱えるのである。この行が段階を追ってクリアーされると、次々に荒行へと進み、異次元の境地を体験するのである。

空海はその境地に至った時、「仏の躰《からだ》というものは、真実の悟りが、あたかも一つの人格を持ち、姿を現わしたもので、そこには説法もなければ、悟りもなく、また救うという仏法本来の活動も一切無い。ただあるのは今と云う境地のみである」と知り得たのである。

刃の陣1

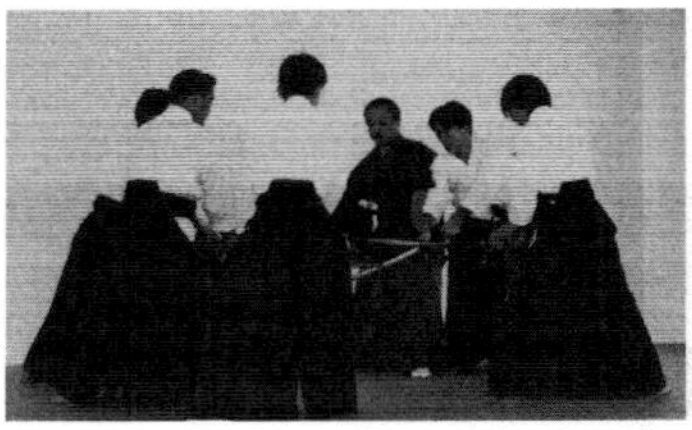
刃の陣2

刃の陣／崩し

この「境地のみ」とは、記憶力が増大して、個人レベル、国レベル、地球レベルを通り越して、宇宙レベルまでに至る記憶を得ることであり、時空を超越した精神を体験できるのである。宇宙の知識の蔵である、アカーシャ若《も》しくはアカシャ・レコードと謂われている世界の、始まりから終りまでを司る、虚空蔵菩薩（アカーシャ・ガルバ）に一心不乱に帰依する事によって、人間はアカーシャを知覚する事が可能になる。ここに宇宙の実在を知り、過去も未来も超越した気宇壮大な宇宙ビジョンを見ることができるのである。

大東流における言行秘術は「刃の陣《やいば》」等をはじめとする、敵の包囲に陥った場合、これから脱するために言行を唱え、時空を超越した秘術を使って危機を回避するのだ。

因《ちな》みに、西郷派大東流における言行・秘術は、右手で剣印を頭上に受けて天に切り、それを右に降ろし、真言「オン・キリキリ」を数回唱え、心の中で明王の火炎と転法輪をイメージして、更に真言「ノウマクサンマンダ・バサラダンセン・ダマカラシャダソワタヤ・ウンタラタカンマン」（敵を不動金縛りにする暗示法の準備）を念じ、最後に「オン・アビラウンケン・バザラダドバン」（暗示への導き）と唱えつつ、敵の誘いの術の言行として「オン・ロケイジンバラキリクソワカ」（暗示の完成）を心の中で唱える。この場合、決して口を動かして唱えてはならない。敵に言行秘術を読まれてしまうからだ。またこれは意識して行うのではなく、無意識の中でも、自動的に作動するように潜在意識の中にも叩き込んでおかなければならない。

山行の目的と伏之術

スポーツ武道は、その練習の場が殆《ほとん》ど室内であるが、武術は時として道場を出て、山に籠り山稽古をする事がある。

日本古来の武術は難行苦行の末に超人的な能力が養われ、それはやがて霊格的に昇華する次元が会得できると考えたからであった。その為、土着の原始宗教《シャーマニズム》と結び付いて、日本独特の修行法が確立された。

道鏡《どうきよう》が葛城山《かつらぎさん》（葛木山とも）で難行苦行し、験力を得たとされるように、看病禅師《かんびようぜんじ》（雑密《ぞうみつ》の呪術で病気を治す密教僧）の多くは、元々深山の修行者であった。人々を畏怖させる神秘的呪術は、俗界と隔離された場所が好まれ、人跡の及ばない深山こそ最も修行に好ましい場所であった。俗界と切り離され、非日常的な苦行の果てに体得できると言うものであった。また山は、その位置形状による、神が宿るとされる神秘性から、古来より神として崇拝されてきた。

さて嶮《けわ》しい山の中での修行は、時として思いもかけない事に遭遇するものである。狼や猪、熊や山犬、毒蛇や蜂の突然の襲撃がこれであり、もし運悪くこのような場面に遭遇した場合、それを如何に回避するかで、自らの生死の明暗を分ける、一瞬の判断に迫られるのである。

武者修行を長年経験した者達は、この場合、「伏《ふ》せ（伏之術《ふせのじゆつ》）」の方法をとる。これを伏之術という。これは各々流派によって秘伝があり、経験から編み出された実用的な動物や昆虫の威嚇《いかく》法である。

この「伏せ」の方法は、時を経て技法に発展し、大東流剣術では、剣を抜いて上段に構え、後ろに伏せる事で仰向けになり、その「虚（影）」を猪等の動物に飛び掛からせて、動物がその我が虚に飛びついたところを、一太刀で腹を削《そ》ぐ達磨《だるま》伏の術を使うのである。

この「伏せ」の技法は、現在では「達磨素振《だるますぶ》り」の形で残り、この素振りは回数を熟《こな》すというより、伏せて起き上がるまでのタイミングと、斬る為のイメージを増幅させて行う技法である。またこの「伏之術」には、熊に襲われた場合の「熊伏《くまふせ》」、猪に襲われた場合の「亥伏《いふせ》」、山犬や野犬に襲われた場合の「戌伏《いぬふせ》」、蜂に襲われた場合の「蜂伏」等がある。

　このように自然から学んだ多くの経験は、豊富な体験の中からいつしか「秘伝」として武術の知恵となり、これらは古墳時代より武技、武芸と総称され、南北朝時代には兵法と呼ばれるようになった。この兵法の原形を正しく残したものが、江戸中期頃に発生した武術であった。

　同時に弓、槍、棒、刀（反りのあるもの）、剣（両刃で反りのないもの）、小太刀、短刀、矛、鎌、鎖鎌《くさりがま》、手裏剣《しゅりけん》、火縄銃《ひなわじゅう》等の武器を使う事と、それらを使いながら乗馬するという技術も発達してきた。これらの実践的な「伏せ」としては、「草伏《くさふせ》」や「木伏《もくふせ》」等があり、修行者が野山で修行する上での基本的な「伏之術」となった。

　なお、「伏せ」は、敵から姿を隠す為に伏せる、あるいは自らが術を用いる為に伏せる術者特有の辺りの自然に溶け込む行動であり、「臥せ」は、術者が敵を抑えて臥せ込む、抑業《おさえわざ》の「臥せ」

達磨素振り
1) 敵に対して構える

2) 敵が振り上げ、打ち込む瞬間に転がり

3) 打ち込む機先を制して突き掛ける

数珠を持った剣印構え

二刀浮子の構え

御符を持った木剣の構え

である。

野山を棲家とする

不動明王《ふどうみょうおう》に祈りを捧げる祈念として「不眠不臥不休断食断水之行」がある。野山を巡拝して、野山に棲《す》む動物の感覚を養い、次に「木食行《もくじきぎょう》」に入る。木食とは不眠不臥不休断食断水の後に現われた、餓《う》えた山河の小動物の姿であり、野山の祭神に祈願を行うのである。この場合、対象となるのは不動明王であり、不動明王は密教的に謂えば、仏の姿の化身《けしん》であり、仏の尊き命を受けて、忿怒《ふんぬ》を表現し、煩悩に荒れ狂う浮世の悪魔を懲《こ》らしめ、密教の修行者を守護する役目を帯びている。現世を正しく教示する為には、「加護」や「愛」だけではどうする事も出来ず、剣（独鈷《とっこ》剣）と羂索《けんさく》が必要となり、不正な暴力に対する忿怒の現われがこれなのである。しかし、元々不動明王は仏の悟りの姿であり、静かな境地を現わすものである。

人はある意味でこのような不正に対する激しい憤りと、忿怒の心がその心の片隅で息づいているのである。

さて、人間は動物と同じ感覚を得る為に山野に入り、大自然の洗礼を受けなければならない。これが木食行である。自然の中で生息する植物や小動物を分類し、人間にとって有無の区別を下し、昆虫の幼虫、木の実、食材草等を食べ、小川の水で沐浴《もくよく》を行い、飲み、そこに本当に生きる生き物の姿を観るのである。

この時の木食行の真言は、不動明王をイメージしながら、「ナーマクサーマンダーバ・サラナンセンダン」（音写漢字で現わすと「曩莫三曼駄縛日羅赦。戦陀摩訶路灑拏。薛頗吒耶云恒羅也。唅鋡」となるが、これは漢字での音読み当て字の為、梵字《サンスクリット》の威力には及ばない）と唱える。これは特に、木食行と共に、滝行の際などに用いられる不動真言である。

阿吽

地天、水天、火天、風天により四方を取り囲まれた宇宙が、人間の内観宇宙を形造り、それが一つの小宇宙を成している。大宇宙と小宇宙は同じ要素から構築され、ここには力を用いる場合、金剛力士が存在する。金剛力士は宇宙力の化身で、一体だけの時は執金剛神で、両極（東西）に各々の神が現われた場合、金剛力士となる。

流動するあらゆる現象は、相互に矛盾するモチーフの陰と陽を持ち、双方が互いに反発する時、同じものはたちまち二体に分かれ、仁王を造り出す。是《これ》が「阿《あ》」「吽《うん》」であり、「阿」が勝者となり、「吽」が敗者となった時、仁王が出現するのである。従って阿吽の二者は元々一体であり、各々が単独では存在する意味を失うのである。

阿吽はインドの梵語を漢音に当字したものであり、「阿」は万物展開の始原で、万物還元の本体を指す。「吽」は万物展開から見れば帰着点で、還元から見れば陰同様に出発点となる。

「阿」は口を開き、呼気を行って「吐《と》」とし、「吽」は口を閉じ吸気を行って「納《のう》」とする。

阿吽は古来より呪法に用いられ、この二文字を以て一切の文字や、その音声の根源としたのである。またそれは宇宙の天地が開け始めた時、大極の「太初」となり、帰着点に向かい閉じてしまうことを「太終」とした。

宇宙には東に青龍《せいりゅう》、西に白虎《びゃっこ》、南に朱雀《すざく》、北に玄武《げんぶ》が鎮座し、またそれは時計回りによって、春夏秋冬を表わす四季でもある。

鎮魂の法

解剖学という医学書を繙《ひもと》くと、

「胸大動脈は第四胸椎の左側で、大動脈弓の続きとして起り、脊椎の前左側を下降し、次第に正中線に近づき、第十一胸椎の高さで、横隔膜の大動脈孔を通って腹腔内に入る」

という一説が図解と伴に記されている。

人体は平等にこの高等哺乳動物の精緻な構造をなし、血管の位置から、神経や筋肉も解剖学の医学書に示された通り、あるべき箇所に、あるべき形で、あるべき姿を見せている。この点において、人は皆平等である。

躰を頑強な鋼《はがね》のように鍛えた人もそうしなかった人も、裕福である人も貧した人も、名誉や地位のある人も無い人も、権力者も被支配者も、幸福な人も不幸な人も、人種の差こそあれ、すべて同じ箇所に同じ血管、同じ神経を有している。男女の構造や機能の多少の違いはあるが、この意味で人間はひと皮剥けば、その構造や機能は皆同じである。そして死んでしまえば、その人の個性や思考など、形としては残りようが無く、解剖学の示す通りの一個の死体と化し、医学書に争《あらが》う事は決して許されないのだ。

では現世では、このようなほぼ同じ構造をもち、同じ機能をもった人間が、男女の差こそあれ、かくも平等から逸脱し、不平等と不合理に陥ってしまうのは何故であろうか。

俗世にあって、俗世に翻弄《ほんろう》されて生きた場合、人間には自《おの》ずと不平等や不合理が生ずる。柔軟な精神が崩壊し、現世に執着する住人になってしまう。ここに人間の奴隷構造が存在する。

金・物・色を求める低次元の世界に迷い込み、不自由な精神構造を構築した時、人は暗い固定観念で塗り固められる。これは霊的神性が低下する事を意味する。求める対象が実体の無い幻であり、「自分」という実体を置き去りにして、夢の世界に迷い込むのである。この世に固執するあまり、病気を恐れ、死を恐れ、悩み、迷い、そして苦しみ藻掻《もが》く。

死の恐れや不安は、時として人間の不《ふ》定愁訴《ていしゅうそ》になり、この世の住人になろうと願う、哀れな人間の、生きとし生けるものの性《さが》である。ここに実は不平等と不合理が存在するのだ。

人は現世の永遠の住人にはなる事ができない。人にできることは現世という地上を旅する事だけなのだ。これを忘れると、思念の牢獄に即座に繋《つな》がれ、「鎮魂《ちんこん》（心を清める事によって、神人感応を得る）の法」を見失うのである。

人間の頭脳は新しいものを学ぶ構造になってはいない。一見新しいと思う知識や流行も、既に存在したものであり、それを繰り返し学習し、脳に蓄積された潜在意識を学習の度に顕在化《けんざいか》しているに過ぎない。

一般に人間の脳の働きは「チャンネル説」と「白紙説」が考えられている。チャンネル説は、予《あらかじ》め脳に接続する想像パターンが遺伝子情報として組み込まれ、それが外部から刺激されると接続し、チャンネルを開く機能を有していると考えるのに対し、白紙説は人間が新しい情報を得ると、次々に白紙の画布に書きこまれて、それが知識や流行の蓄積になるという考え方である。

しかし、最近ではチャンネル説が有力であり、情報はチャンネルの組み合わせで様々な変化や変更が行われて、それがあたかも新しいものであるかのように具現化される、というのが分子生物学（生命現象を分子レベルで捉え、生物の遺伝機能を、その中心的な役割を果たすＤＮＡで解明していく学問）の中心的な命題である。

人間には約四十億あるＤＮＡ情報が犇《ひしめ》き合っていると謂われ、脳に潜んでいる各々のチャンネルを組み合わせることによって、環境や訓練を遺伝子的に開発し、それを読み取り具現化するという方法の研究が行われているが、それはまだほんの一部に過ぎず、せいぜい一〇％以下と謂われている。従って残りの九〇％以上は未使用の儘《まま》になっている。だがこの九〇％以上の未使用のＤＮＡ情報に焦点を合わせようと試みる人は少ない。旧態依然の権威思考に陥り、暗記力と読みの早さと、運動神経と反射神経といったスポーツ的な反応を示す人を英雄に祀り上げ、思考力や創造力の優秀な、霊的な一面を持つ人を殆ど評価しない現実がある。また、こちらの方にチャンネルを合わせる事を異端視する。そこに現世に固執する現実が生まれるのである。

しかし、人間の生命現象を解明する場合、固執は禁物であり、執着し、何ものかに魅入られる事は、やがて自己を見失う元凶となる。

我々人間は一体どういうものであるのか、またＤＮＡの先祖の情報にまで遡《さかのぼ》って、もう一度自分自身を振り返る必要があるのではあるまいか。

鎮魂帰神

人はどこから来て、どこに帰って行くのか、またその未来的心性、あるいは霊的神性をどこまで想像できるかが、「稔《みのり》」を期待させる、神と合一する修行者達の憑依《ひょうい》と脱魂の、呪文と神呪《しんじゅ》の法であり、鎮魂行法であった。

鎮魂《ちんこん》帰神《きしん》には「鎮魂」と「帰神」があり、その二つの側面を対立させる事によって、憑衣させる事を「鎮魂」、憑衣させられる事を「帰神」という。つまり「帰神」するとは、「鎮魂」させられることに他ならない。鎮魂する仕手が、仕手の魂を受け手に送り込み、「脱魂《エクスタシー》→憑衣」という順に行われ、これが帰神となる。これは帰神＝神懸りという形態を取り、神と人の霊魂が一致することを物語る。

神界や仙界を行き来した人の記録によると、「鎮魂の法たる、肉体と魂の結合は心の浄化と穢れを祓うことによって成就され、それは鞏固《きょうこ》にして、その極地に至れば無病息災、長生不老不死を以て、道を得るの緒に就くものとする、此れを自修鎮魂法と云う、要は此の霊魂と肉体との二種の妙応感合にして、一体を成しめ、永く相離《あいはな》るること無からしむるの道を求むるの外無し」と結んでいる。

さて、その修法の時刻は、丑満時《うしみつどき》がもっとも適当であり、時間的には午前二時から五時を以て、鎮魂法を行う。まず東あるいは南側を向いて静坐し、心を静めた後、今までの濁気《だっき》を吐く。次に歯を絞り、気を引いて息を閉ざす。気を引いて息を閉ざすのは、邪気《じゃき》の侵入を防ぐためであり、吐気と伴に邪気が入り易い状態にある。そのために一旦息を閉ざす。次に吐納の調息を調整するに当たり、自らの舌を以て、唇や歯の内側と外側を津液《つば》（唾液）で濡らし、両手の指で顳顬《こめかみ》付近の髪を撫で、あるいは梳《す》く。そして立ち上がり、手を上方に伸ばし、天を突き上げるようにして思い切り伸ばし、次に躰を屈めて出来るだけ小さくする。再び手を天に突き上げ、そのまま躰を左右に捻り、その後、躰を屈めて出来るだけ小さくなるようにする。呼吸は天の伸びたときに吐き出し、躰を縮めた時に吸い込む。これを数回繰り返した後、仰向けに寝て、丹田マッサージを行う。

丹田マッサージとは丹田付近を掌《てのひら》でマッサージする事で、呼吸と躰の「按《あん》・摩《ま》・矯《きょう》」を行う事が目的であり、最初は掌で揉《も》み、次に拇指《おやゆび》を除く四本の指を、胃の部分から膀胱《ぼうこう》付近まで正中線に沿って強く抑え込んでいく。姿勢は仰向けに寝て、両膝を立て、掌で揉み、次に四本の指を正中線に沿って突き立てるようにする。呼吸は吐く時に腹を膨らませ、吸う時に腹をへこませる。

次に再び静坐して鎮魂印を組み、『おおみ神ほぎ神ながら』を唱えながら霊動、あるいは霊威《みたまふり》を行う。

この方法は指を組み合わせた両腕を、上下に振動させながら霊動の発生するのを待つ。暫《しばら》くすると躰の中に無意識運動が起り、霊動が始まる。最初の振動は意識をして行うが、やがて無意識運動が起る。この段階では動作そのものもぎこちなく、不規則の動きであるが、次第に回数を重ねる事によって、動きが滑らかになり、舞の如く優美な動きとなる。この無意識の反復運動が、人間に降り積もった穢れを祓い、煩悩を打ち消して浄化への世界へと誘うのである。この浄化が進むにつれ、やがて神との融合が図れる。つまり宇宙の絶対神との交わりである。

この行法は太陽が天を運行している時に行ってはならず、寝静まった丑満《うしみつ》（三つ）時を狙って行うのが正しい。

太陽が天に上っている間は内外の刺激が多すぎて、人は攪乱《かくらん》された状態になり、同時に精神集中が疎《おろそ》かになる。身体感覚を心と同じ方向に向けるには、この行法によって、統一的運動と刺激の調和が必要である。これによって内外の変調（現世は有害なものと、有益なものが交差する世界）を統一し、躰の耐久性が増して、結晶し、統一が達成されるのである。

不完全な結晶を持つ魂はその微粒子が粗く、外圧や外流に流され易く、純粋結晶化が阻《はば》まれている。その結晶化を容易にするのが鎮魂帰神法である。結晶化が不完全で、統一の達成がなされていない状態で、スポーツ的な運動を行った場合、呼吸の吐納は自然と浅くなり、心臓への負担が大きくなる。更にこの状態を精神力で我慢していると心臓肥大となり、心筋梗塞の病因になる。また魂の結晶密度が粗いため、邪気や邪霊の入り込む隙を作ってしまう。同時にこの事は、内外の攪乱に眼を奪われるだけではなく、運動が肉体中心である為、運動神経と反射神経に頼り動き回らなければならないので、時間とともに疲れが生じ、本当の意味での自動運動が出来なくなる。

この自動運動こそ、霊的反射神経というものであり、これは霊魂の結晶化が完全となり、統一が達成された時に行える運動である。

霊的反射神経を養う

人は年齢とともに運動神経等の肉体力が低下していくものである。敏捷な体捌《さば》きの中心をなす反射神経も同様である。肉体の延長上にあるこれらは、総《すべ》て物理的な三次元現象に制約されているからである。従って現世での時空を超越しない限り、いつまでたっても肉体的なものが必要となる。しかし、肉体は永遠のものではなく、やがて死滅するという現実を知らなければならない。

では人は何を目指して修行するのだろうか。

栄枯盛衰は俗界における世の習いである。しかし、人は一喜一憂や喜怒哀楽の「世間風《せけんふう》」の風によって、人生の泣き笑い劇を演じ、時の流れの毀誉褒貶《きよほうへん》に振り回され、それに逆らって抵抗したり、あるいは過去の栄光にしがみついて、いつまでもそれを追いかけているのが現状のようだ。

現代社会は以前に比べると、その社会構造は複雑化し、人倫は乱れ、人間関係は俗事に囚《とら》われ易く複雑であり、枝葉末節にばかり惑わされる傾向にある。時間と社会機構の固定の中で、あたかも満員電車で通勤するようなストレスが至る処に発生し、無駄なエネルギーを浪費する、といった俗事の風潮に振り回される。

しかし、その中にあって平然としていられるのが《不動心》であり、これが心を自在に使い熟す術《すべ》の中核を成す。

諺《ことわざ》に「断じて行えば鬼神もこれを避ける」というのがあるが、安全地帯に逃げ込んで、直面した現実からの逃避ばかりを企てていると、やがては積極性が失われ、創意工夫もできない優柔不断な、柔軟性の無い考えに汚染されてしまう。

何かにつけ、現実逃避を行って安全地帯に逃げ込む事の、惑わされる世界が消極性とするならば、危険が予想される難解な状況下の中でも、怖《お》じ気づかず、また臆病風にも吹かれる事なく、「平心（日常を営む平坦な心）」を保っていることが積極性であり、換言すれば、この境地が《不動心》である。

心の中には、人各々に「起上り小法師」のような七転び八起きの不倒翁が入っていて、その使い勝手を知っているか否かで、その人の度量と力量の差が明確になってくる。

いつも安全地帯に逃げ込んでばかりいる人は、不測の事態が起こった場合、適切な処理や不意打ちの避け方を知らず、立ち直る動作が極めて鈍い。そのために危険回避の策ばかりを弄《ろう》して、老人のようになり、自由性、あるいは活発性という躍動感が失われ、溌剌《はつらつ》とした行動がとれなくなってしまっている。心は虚弱になり、萎縮《いしゅく》して逃げるか、助けを求めることしか出来なくなってしまう。

俗界には絶えず風（八風であり、利《り》・衰《すい》・毀《き》・誉《よ》・称《しょう》・譏《き》・苦《く》・楽《らく》の人間世界の心の現象）が吹いている。

因みに、利は「憂」に属し、損得から起こる一喜一憂。肺を病む。

衰は「怒」に属し、地位の上がる事を喜んだり、格下げになる事を悔しがる心の狂乱で、肝を傷つけ、自律神経を狂わす。これが狂えば、交感神経と副交感神経の回路が虚（傷つく）に陥り、体液（水）の分泌を狂わし、濁り始める。

毀は「恐」に属し、人に蔑《さげす》まれたり、厭世観《えんせいかん》に陥って惨めさを感じたり、人を中傷《ちゅうしょう》誹謗《ひぼう》することである。これは腎を病み、生命力をすり減らす。

誉は「驚」に属し、地位や名声を得る事で、傲慢になったり横柄になる事であり、やがて高慢な態度が嵩《こう》じて、心を病む。

称は「喜」に属し、知らない間に他人から思わぬ賞賛を受けたり、褒《ほ》められたりして、思いもよらぬ突然の喜び事にびっくりする事である。これは心を病み、やがてこれは腎気《じんき》の鬱結《うつけつ》を招く。

譏は「思」に属し、人から悪口を言われたり、陰口を叩かれたりして、気を落とし、その他の善意や故事、格言を悪意に受け取ってしまうことである。くよくよ思い悩んで、脾を病む。

苦は「悲」に属し、落ち目になって、人生を諦《あきら》めてしまう事である。これは悲しみを表し、肺を病む。

楽は「喜怒哀楽」の谷間を行き来し、絶好調に達して何事も旨《うま》く行き、順風満帆の現状に満足して楽観的な態度に陥る事である。楽自体は心を病む。そして、その先に「悲」が待ち構え、肺を病む等である。

その風が一旦吹き荒れると、直《す》ぐに風邪（心的な）を引いてしまったり、最悪の場合には急性肺炎になったりして、生死の境を彷徨《さまよ》わなければならなくなる。

このような状態に陥らない為にも、心を常に乾布摩擦《かんぷまさつ》しておく必要がある。

霊的反射神経の基本を成すものは、《半身半霊体《はんしんはんりょうたい》》に備わった霊的神性であり、そこには主観と客観を一体となし、内外に垣根《かきね》を造らない境地の会得が必要である。即ち物理的な現象のみを捉え、それを眼で判断する以外の、変応自在なる無意識（無）の境地（霊的反射神経）の開発が急務である。

牡丹下の猫

霊的反射神経を教える教訓の一つに、柳生流の『牡丹《ぼたん》下の猫』という挿話がある。

一匹の猫が牡丹の花の下で、気持ちよさそうに昼寝している。そこに武芸者が近付き、一刀の下《もと》に猫を斬り付けた。猫は、この刃《やいば》をひらりと躱《かわ》して逃げていく。

さて、この時の猫の心境だが、猫は本当に気持ちよさそうに寝ていたのか、それとも寝たふりをしていて、咄嗟《とっさ》の危機に対して、最初から対処していたのではないかという、二つの推理が成り立つ。

前者が事実とすれば、猫は本当にぐっすり寝ていて、その咄嗟の攻撃に刃を交わしたという事になる。

後者は本当に寝ていたのではなく、常に危険に対して、身構えていたという事になる。この二つの仮説の相違点は、「寝ていた」のか、「寝ていなかった」のかという事である。

寝ていたのであれば、咄嗟の出来事のみに対処して、その瞬間、危険を交わしたという事になる。そして、猫の心は寛《くつろ》いでいて、寝ていながら、寝てなかったという事だ。

もう一つの考え方は、最初から寝ていなくて、常にいつ何かが起こってもいいように、起きていて寝た振りをしていたと考えれば、猫は常に危険に備えて寝る事が出来ない。やはり、「寝ていた」と考えるのが自然ではあるまいか。

ではこの反射神経は何処から起るものであろうか。

それは先ず心を自由に解放する事である。鎧戸《よろいど》を立てて、身構えるのではなく、自由の中に心を遊ばせて、今まで雁字《がんじ》絡《がら》めになっていた固定観念から離脱しなければならない。

この離脱こそが運動神経や有意識（顕在意識）に左右されない霊的反射神経というものである。

第六感的な勘を養う

現代医学でも、酸素を摂り過ぎると長生きができないと謂われている。一説には新陳代謝の回数も決まっていると謂われている。だから汗をかき過ぎる事もよくないのだ。

激しい運動やスポーツ、それに無意味と思える長い深呼吸は過酸化状態を作り、老化と精神障害の主因を作る。プロスポーツ選手の短命、あるいは激しいスポーツを若い頃に遣《や》った人の心身の故障は、これらに起因する。宗教家やヨガ修行者も、一歩間違えばこれと同じである。指導者を誤れば命取りになるのだ。

特に新興宗教やヨガに入れ上げた人で、やたら長い深呼吸を繰り返した人は、その呼吸法の誤りから精神障害を煩《わずら》っている人が多い。深呼吸は、また言霊《ことだま》まで狂わせてしまうのである。

人は肉体だけを鍛えても、戦いに勝つ事が出来ない。戦いに勝てるのは強靭《きょうじん》な肉体ではなく、天命に従い、それを全うした強靭な精神力である。

何よりも大切なのは「風《ふう》」を読むという事である。

風は物理的な、「かぜ」という意味ではない。それは寧《むし》ろ霊的なものに近く、一種の第六感的な「勘《かん》」である。この勘が働かない限り、実戦には役立たない。武術は四角四面のルールに則ったスポーツ武道ではないのである。また試合の為だけに温存されたようなスポーツ武道ではどうしようもないのだ。

風を知り、風を読む

自己の側面を客観的に、遠望的に凝視する方法と、自らの後ろ姿を、真後ろから凝視する方法がある。これが「風《ふう》を知り、風を読む」六感を強化する行法である。

焦りや迷い等の心理的不安は、側面や背面の不確実性から湧き起こってくるものであり、側面や背面を意識する修練を積むと、自分の周《まわ》りに幽《かす》かな微風が漂っている事に気付く。

そして敵若《も》しくは正対した相手に、その動きを五感（五官）で注意深く凝視しても、眼の映る物理的現象に頼っている以上、その判断は既に手遅れとなる。

《映る》とは、原因の要素である《起因》が、既に起こってからの結果であり、事は成されてしまった事が眼に映っているという現象である。これらを「見切る」には、大気に漂う幽《かす》かな異変を知らせる《風》を読む事が必要である。

《風》は何処にも吹いている。《風》の性質は、大気に流れる空気の流通だけに止まらず、その何処から来て、何処へ去るのかの行方すらも知らせてくれるものであり、それ自体にはしっかりと音があり、温度差があり、臭いまでが漂っている。《風》の流れは、その《風》を読む、人間の経験や知性や教養等の、それらを総称した体験によって異なり、人を読み、人を知る経験の中で息づいている。それらが総合的に大気の中に溶け込むのであって、その感知する場所が眼ではなく、肌で空気に触れる感覚に近い霊的な、気を感知する「六感」であるという事である。直接的には躰の背面であり、その場所こそが、《風を知る》唯一の器官なのである。人の霊的な器官は此処に集中しており、悪寒《おかん》が走ったり、不穏な動きを察知するのは、この部分と丹田の潜在意識網との連絡が密になった場合に起こる現象である。

丹力を養う

丹力を養うには先ず、丹田の養成が必要となってくる。丹田には三つあり、上丹田、中丹田、下丹田である。上丹田は頭部の泥《でい》丸《がん》、若《も》しくは眉間《みけん》を謂い、泥丸は正中線上に垂直に立つ垂線の上部にあり、此処は最下部の真丹田《しんたんでん》を経由した会陰《えいん》に迄至っている。また眉間《みけん》は人相学的に謂うと「太陽宮」に当たり、人間一身の総《すべ》ての運気の焦点であり、武術的には、唸《ねん》（「念経《ねんきょう》」を読む時の念に近い共鳴を伴う声＝無声音波）を発する最も大切な処である。更に此処はその人の精神力や性格等も表わし、運気の強い人は此処が能く発達している。また気力が欠けてくると、此処の色が暗然な色彩に変わり、気力や運気が衰退している事を表わす。

中丹田は武術で言うと中段の位置であり、膻中《だんちゅう》と謂われる場所である。

さて下丹田は「関元《かんげん》」あるいは「気海《きかい》」とも謂われ、人体のうちで最も中心をなす部分である。下丹田には太陽神経叢《たいようしんけいそう》があり、此処は第二の脳《ブレイン》と謂われている。また地球の重力の影響を直接受ける処であり、此処をジオイド方向に垂直に建て安定させる事が出来れば、不動心に至るのである。心の休まる処であり、男子は精力を蓄える処、女子は血を蓄える処である。

神経節で最も大切な処は、この太陽神経叢であり、胃腸や消化器官を支配し、また第二の頭脳として腹部内の副腎上部にある交感神経系を鍛《きた》え、自律神経を調節しているのである。下丹田を養成すると、交感神経を鍛える事になり、自律神経やホルモンや免疫等の調整が円滑に行われるようになる。これは同時に脳を鍛える事にもなり、此処は右脳と直結された創造力と潜在意識を蓄積する重要な場所である。

武術は何よりも「太刀合《たちあい》」が肝腎である。その為には度胸の原動力となる丹力（胆力）が必要である。

武術の教えには、「心裏虚霊《しんりきょれい》にして、神気不動の貌《かたち》を指して、これを自然体という。敵と対峙した時は、敵を見て慌てると、心は、むなしい。心、気、力の三つを一体にして試合に臨め。敵に対するに、爰《ここ》に敵ありと念の起こる時は、動ずるもの顕《あらわ》る。動ずるに至りては、一身むなし。敵と見ても、心動かず、虚霊にして、安く対する処、本体備われる也。是れ不動智と云う」とあり、丹力を不動智という名称で説明している。

古来より丹力を養成する事で悟りが開けるとしたのは、丹力が付く（肚が出来る）からであり、これによって人は見性《けんせい》の境地に到達するのである。

見性の境地に至れば、宇宙の《玄理《げんり》》が理解でき、現世の総ての柵《しがらみ》から解放されて解脱《げだつ》に至り、何処より来て何処に帰って行くか、自らの出生の意味が明らかになるのである。また宇宙の膨大な、虚空蔵菩薩《こくうぞうぼさつ》の記憶の貯蔵庫《アカシャ・レコード》と直結された唯一の回路でもあるのだ。一心不乱を以て、宇宙の知識の蔵に帰依する事が丹力を養う事に繋がるのである。

天命

さて、好機到来には、ある種の一定法則がある。それは偶発的に突然にやって来るものではない。逆境に立たされたり、苦悶の淵に佇《たたず》んでいる時は、それが隣り合わせの、直ぐそこに到来している事を予感させるものである。これが神武天皇以来、神国日本に吹き続けている「神風」だ。足許《あしもと》から鳥が飛び立ち、危急存亡の秋《とき》に勝時《かちどき》を暗示する「武神」の天意だ。

だが凡夫は、それを好機到来とは思わないようだ。そして気付かない儘、苦境の淵に立たされて、苦悶と悶絶を繰り返すのである。

しかし、その実体は全く別のものであり、老子の謂う「天がその者に大役を与えんとする時機、その者が大役に値するだけの力量と度量を持ち合わせているかどうか、それを試す為に苦難と困窮を与え、その真価を試す」という事であり、言わば苦悶と悶絶は、試煉の為の仮初《かりそめ》の手段である。これを古人は《天命》とよんだ。

その天命の囁《ささや》きは余りにも小さく、微《かす》かである為、それに気付かない儘、渦中の逆流に翻弄されて、それを聞き逃している場合が多い。それはあたかも、遠望する庭先に一匹の蜉蝣《かげろう》が、羽音《はおと》を静かにたてて羽搏《はばた》いているが如き、弱々しく微かなものである。

人生は、人間である以上、躓《つまず》きもするし、失敗もする。しかしその度に母親の胎内に戻って、羊水の眠りから遣り直す事は出来ない。

生・老・病・死の四期を経験する人生に於て、何か失敗する度に、母親の胎内に戻り、羊水にぬるむ春の眠りから遣り直す事は出来ないのだ。人生は一回限りの事であり、何事も真剣勝負である。従って聞き逃しや、見逃しは許されない。

人生の究極に向かう処は「死」であり、時間と共に、死に向かっている関係上、今日出来なかった事を「明日こそは」という、錯覚する《生の哲学》で、人生を思い違いしてはならない。

生の哲学は、その生き態《ざま》に緊張と鮮明さを与えない。この哲学は《先送りの理論》で構築されており、「今日という一日」を安易に考え、蔑《ないがし》ろにする欠陥をもっている。

現世に於て、存在しているものは「昨日」でもなく、「明日」でもない。「今、この一瞬」という瞬間点が存在しているだけなのである。この一瞬を蔑ろにして人生は成り立たない。

四期を経験する人生にとって、一からの遣り直しは絶対に許されないのだ。刻一刻と変化する流転の現世は、昨日や明日等という不確実の要素は何処にも存在しない。だからこそ、その人の生き態の根底に、絶えず流れているのは《生の哲学》ではなく、《死の哲学》なのである。

一日一日を自分の死に当てて生きる事は、その一瞬に緊張感や鮮明さを与え、それがあるからこそ、その生き態は本物になる。そこに天命が宿るのである。

俗界に往々にして罷《まか》り通っている「先送りの理論」は、逆に「今、この一瞬」の緊張感や鮮明さを失わさせ、ついには堕落へと導くものである。今日遣れなかった事が明日に遣れる訳が無く、明日遣れなかった事は明後日に遣れる筈が無い。《死の哲学》を追及すると、周囲の環境や物事は、今迄とは全く異なり美しい姿に変わって見えてくる。行動の一つ一つに意義が生じ、人間である事の価値を見出す。周囲の総てのものが新鮮に感じられて来る。

その逆に生に囚われれば、大半は空しさの繰り返しとなる。そして、日を重ねるごとに、日増しに空しさが増大されていく。やるせなく生きるしか、手がなくなってくるのである。若者であっても、既に老人のように気力が衰え、年齢以上に年を取り、惨《みじ》めな老後の生活が残るだけである。

人生の明暗を分ける悲劇は、「今、この一瞬」という、幽かな羽音に隠されているのである。好機到来は常に苦悶の淵と隣り合せであり、危機と好機は常に表裏一体の関係にある。

この「今、この一瞬」に真剣に生きる事こそ、「一日一日を自分の死に当てて生きる」事であり、好機到来の羽音を聞き入れる唯一つの方法である。

そして本当の無垢な自分自身を凝視する時、巷《ちまた》に蠢《うごめ》く占師や運命学者達が、俗人の無知や不安につけ込んで、口から出任せを喋《しゃべ》り、如何に大きな罪を犯してきたか、それを知る事が出来る。悩みの淵に苦悶し、どん底から這《は》い上がられずにいる俗人の多くは、占師や運命学者の、霊能者的雰囲気に騙《だま》され易い気質を持っている。依頼者は神秘性に酔い痴《し》れ、他力本願的な助力を以て、不運脱出を試みようとする。しかし、それは一種の幻想であり、天命に逆らう原因をつくる。これらは実体のない根無し草のような錯覚であり、この事がまた新たな因縁をつくり、再び低次元の地上界や幽界の「外流」に流される事になる。

未来予知や予言について

三次元世界は物質で構成されている為、有限であり、許容量に自ずと限界がある。現世で起る諸現象はアナログ的に現われ、重複して存在する事は出来ない。即ち、過去・現在・未来の現象は同時に存在する事が出来ないのである。

しかし、霊界世界は波動エネルギーの世界であるから、無限に多くの現象が重複して存在する。従って霊界には過去から未来に至るまでのあらゆる現象が存在しうるのである。

このように霊界世界を仮定し、波動エネルギーが存在する世界があるとするならば、予知や予言は可能である。物欲を離れる事で物質世界を解脱し、霊的神性が高まれば精神を集中する事で、吾が心を未来のある時点に合わせ、その波動を捕える事が出来る。それによって情景が心にイメージとして反映され、予知や予言が可能となるのである。

魂の要素は、地球が誕生した時には既に存在していて、一切の生物が存在しえなかった時代にも存在していた。やがて生物が現われ、肉体的（精）に進化を遂げて行くと、魂の要素は精へと次々に乗り移り、超物質的な存在として一体化した。ところが肉体は感覚器が主体であった為、その肉体と魂の占める割合は肉体の方が大き過ぎて、魂は肉体に支配されてしまった状態になった。その比率関係は魂が肉体の纔《わず》か一〇〇〇分の一を占めただけであった。この事が魂の存在を忘れさせ、あるいは軽視させて、肉体中心主義の原因となったのである。

古代人達は、魂の存在を巫術《ふじゅつ》（シャーマニズムで、神霊の世界と交わる術）の中で気付いていたが、時代が進むにつれ、物質中心の考え方になり、超自然的な存在は科学にとって変わられた。予知や予言という神界や霊界の呪術が非科学的なものとして軽視され、異常心理状態と決め付けられた。

多くの科学者は「未知なる事」を「まじない」という共通観念で一蹴《いっしゅう》し、科学万能を説いた。この裏側には霊魂を断固として否定した、強い物質的価値観を強調した唯物主義が流れていた。やがて魂の存在は忘れ去られ、肉体中心の西洋主義が世界を覆い始めることになる。従って現代人はその魂の存在すら気付かないのが実情である。このような中で登場したのが《生の哲学》であった。生に固執し、生きる事に執着するあまり、死を只管《ひたすら》恐れ、死を忌み嫌らうものとして、それがまた不安や恐怖の対象になった。それらがやがて苦しみとなり、悩みとなり、迷いとなって苦悶する魂が肉体を冒し、心を退化させて行った。

しかし、魂は元々超物質的な存在であるから、肉体が滅びたところで魂の核はびくともせず、それは単に脳細胞の結合から解き放たれて、非活性状態になるだけの事であり、魂は再び元の宇宙の貯蔵庫に還って行くだけの事である。此処にアカシャ・レコードの存在があるのだ。

アカシャ・レコードは、過去・現在・未来が一つの重複する超時空世界から構成されていて、その波動エネルギー構造は縦波であり、現世の物理現象に左右される横波のアナログ構造に比べて、デジタル構造を成している。個々の実体そのものが忍耐を通じて時空の絡みの上に刻み込まれた記憶であり、それは自己が無限なるものに同調する時、過去・現在・未来の区別を超えて、目のあたりに聞こえるものである。

肉体（精）、心体（気）、霊体（神＝魂）の三重構造を持つ小宇宙としての人間には、諸性体相互間のエネルギー転換装置として魂の貯蔵庫である霊中枢が存在する。これを駆使する事が出来れば、予知や予言は可能となるのである。しかし、現代社会は食の乱れによって霊的神性が低下し、魂が曇らされてその存在に気付かず、魂の比率は肉体の纔か一〇〇〇分の一程度の質量しか持たないというのが現状である。

だが食を慎み、物欲から離れれば、六道輪廻《りくどうりんね》の世界から解放されて解脱に至り、宇宙の貯蔵庫を覗く事が可能となる。

時間の設定

何処かに自分の身を置き、精神を集中するには場所だけではなく、時間の設定が肝腎である。身・口・意の三密を一体化するには、瞑想や言行という方法を取るが、これには凡その時間帯があり、厳密に謂えば個人に合った時間がある。それは設定した場所の位置によって異なるからだ。

地上の人間にとって、時間はあくまで地球と太陽の回転運動の関係から生じてくるものであり、それは決して普遍的なものでない。

例えば、火星の一日はほぼ地球と同じであるが、一年は六百八十七日もあり、また太陽に最も近い水星だと一日が地球の五十八分しかなく、一年は纔かに八十八日である。

だが三次元顕界（正確には虚質のマイナス三次元）を解脱し、神界や霊界の次元に至ると、此処は思念の世界であり、意識の集中の度合で時間の経過が早くなったり遅くなったりする。事実上は、地球時間のようなものは存在しないのである。地球の客観的な時間に対して、主観的な時間が存在しているのである。つまり時刻が刻々と過ぎていくという感覚が存在しないのである。

また、これらの異次元界は、階下に怪奇が出入りする鬼門が併設されているので、入り口を間違うと取り返しのつかない事になる。その為に、修行には「時間の設定」というものがある。

さて、地球上に居る生体は、生物であれ無生物であれ、総ての物はある特定な、然もその単体独自の周波数を以て振動音を発している。振動を各々凝縮したものが「音」であり、音は形に反映する。つまり形は音から生まれたものであると考えられる。そして集中力によって精神を統一し、それに独特の平衡感覚を集中させて、宇宙の真理を集約し、それを自らに具現しなければならない。これが宇宙との一体感である。この相互作用によって宇宙の玄理が把握でき、「人神合一」が図られるのである。

手印を結び、心を一点に集中して、大宇宙と小宇宙が重なり合わなければならない。

さて、時間には個人の身を置く場所によって異なるが、修行に入る時間と、修行を終える時間は、太陽の運行が陰陽に偏《かたよ》ってない時に定めなければならない。これは時間で定めるより方角を上げた方が適当であるかも知れない。

この方角は太陽の運行から考えると、「日の出」と「日の入」の方角であり、陰から陽に変わる境目の位置に属する、方角と時間であり、また陽から陰に変わる境目の位置と時間である。

即ち、各々の陰陽のバランスが半々になった瞬間であり、陽とも陰ともつかない状態の時である。また、一番緊張が緩み、隙が起こり易い時間帯である。だが注意しなければならない事は、殊に、太陽の日が傾きを始める時刻は、一番大きな隙が出来易いと謂われている。それは同時に鬼門《きもん》とされる丑寅《うしとら》（東北）の方角（時間）でもあり、気を用いる気門は鬼門にも通じているのだ。また、その裏側には裏鬼門がある。

更に修行には、それを行う時刻というものがあり、概《おおむ》ねは丑《うし》三つ（満）時（午前三時＝丑の刻で退陰）である。「丑三つどき」は俗に言う、草木も眠る丑三つ時（丑満時）であり、この時刻は北半球では日の出の二～三時間前に当たり、邪霊の棲家とされる鬼門や奇門が開く時なのだ。しかし、邪霊だけではなく精霊も目覚める時であり、真言《マントラ》に経呪が乗り移る時刻なのである。

人体時計

人間の生活の基準になっている時計は太陽と関わりながら、地球の動きに合わせて時を刻んでいる。また一方、農作物は月の時間に支配されて、時を刻んでいる。両者の違いは太陽暦と太陰暦からも分かるように、太陽と月の違いで、「陰暦」は「太陽暦（地球の時間）」に比べて約一ヵ月のズレを生ずる。

さて人間の躰には、二十四時間を分類し、二時間ごとに時を刻む十二支《じゅうにし》の、時刻を判別する人体時計が内蔵されている。

それは気が、一日間掛けて体内の経絡を一通り流れる事から判明される。但し正確には、人体時計は二十五時間で、その一時間の誤差を、朝日を浴びるか、朝の明るさを感じる事によって自動修正している。（行法では、この一時間のズレを修正しない前の時刻、即ち日の出前の丑三つ時が最も適当とされる）

人体の気の初めは太陰であり「子《ね》」の午後十一時から午前一時の間（陰の極み）に始まり、太陽の「午《うま》」の午前十一時から午後一時の間（陽の極み）で絶頂に至り、人間はこの時間帯に気は最も活発になる。此処に至る過程を「進陽《しんよう》」と謂い、逆に午から子までの過程を「退陰《たいいん》」と謂う。この気の循環の周期《サイクル》に従って、人体には二十四時間時計が働き、気は二十四時間掛けて体内を一周する。

体内には十二支（十二等分）の割り振りがなされていて、子《ね》の午前一時から始まり、丑《うし》の午前三時、寅《とら》の午前五時、卯《う》の午前七時、辰《たつ》の午前九時、巳《み》の午前十一時、午《うま》の午後一時、未《ひつじ》の午後三時、申《さる》の午後五時、酉《とり》の午後七時、戌《いぬ》の午後九時、亥《い》の午後十一時、そして再び子に向かう。これが体内に内蔵された人体時計である。

昼間の陽の極みには、気は上昇を始め、人体では上丹田付近（泥丸《でいがん》＝百会《ひやくえ》付近）に至る。また逆に、陰の極みには下降を始め、下丹田を通過して会陰付近に下がっていく。

さて、行法に最も適当な時刻は、丑寅の午前の時間帯（午前三時から五時まで）であり、一般には「丑満時」という時刻であり、次に未申の午後の時間帯（午後三時〜五時迄）である。大東流では午前の丑満時に対峙して、この時刻を裏丑満とし、行法は午前中に、そして修練は午後のこの時間帯を狙って行われて来た。

丑寅《うしとら》の時間帯は、会陰まで沈んだ気が浮上を始め、下丹田に至る時間であり、気の磁場は南極より北極に向かう頂点となる。また未申の時間帯は、上丹田まで上昇した気が降下を始め、中丹田に至った時刻であり、気の磁場は、丑寅と同じく南極より北極に向かう頂点となる。

それは陰暦の支配に由来し、月との密接な関係があった。これは月と太陽の入れ変わりの前触れを現わす時刻であるからだ。

因みに、月と太陽の関係に於て、引力は重さに比例し、距離の三乗に反比例するという法則が発見され、月は太陽とともに地球を引っ張っているのであるが、その力は月の方が地球に近い為、潮汐の四分の三を支配しているのである。

今日でも伝統を重んじている道場は、朝稽古あるいは寒稽古や暑中稽古を午前三時から、昼稽古を午後三時から、各々二時間程行っている所がある。これはこうした陰暦の伝統を守っている為である。

さて、元辰星《がんしんせい》（四四二頁参照）の考え方に、生年十二支の子《ね》・寅《とら》・辰《たつ》・午《うま》・申《さる》・戌《いぬ》を陽命とし、丑《うし》・卯《う》・巳《み》・未《ひつじ》・酉《とり》・亥《い》を陰命として、陽命を持っている人は朝稽古を三十分遅らせ、陰命を持っている人は定刻に始め、逆に昼稽古に於ては陽命は定刻に始め、陰命は三十分遅らせた時間帯に行う。

非情物への考え方

山や川、あるいは大樹や大石は非情物としての霊が宿っている。神社や寺院でこれらのものを祀《まつ》るのは、此処に精霊としての霊が宿っているからに他ならない。

これらのものは人間に比べるとかなり進化は遅いが、自然界の造化作用として重要な役割を果たしており、人間はその存在に気付く事が少なく、またその全貌を肉眼に写し取る事が出来ない。人間に霊魂が存在するように、非情物にも霊魂が存在している。

霊魂のみで考えるならば、その質量的なものは殆ど同じである。人間の生霊や死者の霊的神性の低い魂が、波調の同じ者に外流を流し、それにチャンネルを合わせてしまうように、非情物にもそれらのチャンネル調整の機能があるのである。祟《たた》りとはこのような低級なもの、霊的神性が低いものに取り憑く現象なのである。

従って、大樹や大石の非情物が人間に悪影響を与えるのを防止する為に、「祀る」という行為が生まれたのである。

また霊魂は自在性を持っており、拡散とともに収縮の機能も持っている。一つのものが五十にも百にも分化し、あるいは百や五十のものが一つになる事も自在で、それが集合して更に凝縮し、元の形より更に小さくなる事が出来る。また一つにて、一旦忿怒《ふんぬ》が起ると、それは百倍にも千倍にも大きなものになる。

さて人間は出生以来、脳に制御《コントロール》されながら時間を経て運動機能と言語機能を操るようになる。その原理は精神分野を占める潜在意識の中に記憶として内蔵されていて、以降、心身が一体となって生活が営めるようになっている。しかし、時間の経過は心身の一体化を忘れさせてしまう要素があり、いつの間にか一体である事が当り前になり、別々の要素が重なり合っているという事に気付かなくなる。しかし、一旦脳に異常が生じた時、精神と肉体が別々のものであると云う事に気付くのである。これは脳との連絡機能が途切れた、精神障害者を見れば一目瞭然である。

人間の、精《せい》(肉体)・気《き》(心)・神《しん》(霊)はその中枢が神である「霊」であり、自我の中枢をなし、生命力の根源となっている。その生命力は霊という変応自在の形体を取り、静止している時は球形を成す事が多く、動くと様々な形に変化する事が出来る。大きい、小さいの感覚はない。あくまで大小は三次元顕界の物理的観念に過ぎないのである。一瞬にして数千キロを移動する超時空の存在でもある。しかし、人間の肉体は三次元顕界の物的身体に閉じ込められている為、動きが鈍く、物理的な雰囲気の中で留まっているという事に過ぎない。

しかし、注意しなければならない事は、物理的な雰囲気の中で留まるという事は躍動性に欠け、創造的活動が疎外される状態を作る為、この場に安住の世界を求め、その場の住人になってしまう事である。霊魂が、このような地上に安住するような状態に至った時、非情物と波調が合い、一時的に集結する「場所」と「波調」に接触して地縛《じばく》的な状態に陥り、「祟《たた》り」という現象が現われるのである。

さて、「祀る」事は非情物のみならず、地上に安住した地縛的な波調をも昇華させる行為であり、現世から霊的神性の高い波調を送り続ければ、その誠意は霊界に到達するものであり、此処に「祈り」の真髄がある。

火への考え方（火想観）

日の出と共に始まった修行の入は「火」の瞑想で山場に達する。

密教の行の一つに「護摩行《ごまぎょう》」がある。薪《まき》を煩悩、火を智恵として、自らの煩悩を焼き尽くすのだ。

インドの古典宗教の聖典『リグヴェーダ』（紀元一五〇〇前後に編纂された）の中に、火の神アグニに関する記述がある。

　この火の神アグニは人間の煩悩を焼き尽くし、邪霊から人間を加護する神であるとされている。アグニの加護を得る為には火を以て供物を捧げ、護摩木《ごまぎ》を火に灯し、これを何度か繰り返す事によって祈願するという儀式形態が完成した。護摩は「ホーマ」と呼ばれ、それが護摩の語源になったのである。

　護摩木を灯すには護摩壇が積まれ、火が灯されて、その焔の中で祈願が成就する。「ホーマ」の儀式は、インドを発祥とし、チベット、中国を経由して日本に持ち込まれた。護摩修法は『瑜伽護摩儀軌《ゆかごまぎき》』に示され、そこには護摩の基本である、息災《そくさい》、調伏《ちょうぶく》、敬愛《きょうあい》、増益《ぞうやく》、鈎召《こうちょう》（延命《えんめい》）が述べられている。

　密教には、結縁《けちえん》から伝法《でんぽう》に至るまで様々な灌頂《かんじょう》と呼ばれる儀式があって、その段階ごとに儀式を設け、それが済んで居る者と居ない者とを区別する為に、修法の儀式は秘密にしておかねばならない必要があった。西郷頼母は大東流を、この密教に求めた。実に、大東流はこの儀式に従い、段階別に、初伝の儀式からはじまり、中伝、奥伝、秘伝と段階を設けたのである。門外不出の秘密保持の為である。

　さて、護摩祈祷は、護摩炉の形や、修法する時間によって護摩の目的は各々に変化するが、不動明王を本尊とする「不動護摩」が有名である。不動明王は焔《ほのお》を神格化した化身であり、焔を通じて仏の念力を吾《わ》が方に引き寄せるイメージの働きがある。焔には仏と交信するエネルギーがあり、修行者の精神に振動を与え、仏と共鳴して焔の中に不動明王の姿を導き出す。

　これによって精神が浄化され、吾は益々宇宙至高の存在として蘇《よみがえ》り、大宇宙と重なるのである。こうした重なり合う関係を「縁起《えんぎ》」と呼び、人間と大宇宙が重なり、その波調と共鳴し、振動し、また波動という磁力によって凡夫・俗世界からの解脱を図るのである。

　これらは、また護摩行に代表され、焔の出現によって凡夫のあらゆる煩悩を焼き尽くし、自らを仏の世界へとフィードバックさせるのである。

　なお、護摩には「外護摩」と「内護摩」があり、護摩壇を施して供物を火によって捧げる外護摩の修法と、心の中に煩悩や邪念を、心の中の智恵の焔によって焼き尽くす内護摩がある。

不動護摩

　護摩の本尊は不動明王であり、その際の祈願成就法には各々の目的に応じて、護摩壇に対して坐る方向や、炉《ろ》の形、あるいは衣（または袈裟《けさ》）の色等が異なってくる。

　敬愛法の場合は、人間の愛を得る為の修法であり、異性（男女の恋愛関係）を目的とした修法を行う場合は、先ず西に坐し、八角形（または半円形）の炉を用い、赤の衣を用いる。また友人関係や、上下の人間関係（上司や部下）も同じものを用いる。

　この場合、それらを取り囲む周囲の人総《すべ》てに祈願を行い、更に自らを厳しく戒め、四十五日間の水行を行う。それが達成されれば、人徳や人望が得られる。

調伏法の場合は、「呪《のろい》」を現わすものであり、敵に対して行う修法である。概ねは敵の大将や、首領格の人間に用いるもので、時には法律で罰する事の出来ない犯罪者や、手の届かない所にいる悪人や、凶悪粗暴なる力で到底抑える事の出来ない者を相手に、この調伏法《ちょうぶくほう》を用いるのである。

この場合、自らは厳しく戒め、日々の精進を目指して修行する事は勿論であるが、四十五日、九十日、百八十日、三百六十日とその度合に応じて日数（口伝にて省略）が定まり、目的達成の為に滝行を行わなければならない。この場合、坐する方向は南であり、炉の形は三角形、衣（袈裟）の色は黒である。

調伏法は不動明王に対して怨敵《おんてき》調伏を祈願するもので、別名破壊法とも呼ばれる。本来は悪を滅ぼし、邪を封じて、弱者を救済するものであったが、往々にして宿敵崩壊を目指した、本来の目的とは異なった事で用いられてきた。これが盛んに用いられ出したのは、平安末期から鎌倉初期に掛けてからであり、武将同士の攻略や政策上の対立や抗争から用いられる事が多かった。本尊は不動明王をはじめ、軍荼利《ぐんだり》明王、降三世《ごうさんぜ》明王、大威徳《だいいとく》明王、金剛《こんごう》夜叉《やしゃ》明王の五大明王を本尊とし、執り行うものである。怒りと焔を象徴した、これらの五大明王は、赤い三角炉の摩炉に火を灯し、そして激しい調伏を行った。

この修法は、日本では古くから用いられ、政敵に対して盛んに用いられた。戦略や政策の重要な要となり、群雄割拠の鎌倉時代から徳川初期にかけて、敵の大将の運気を奪い去る事を目的として、密教僧が祈願成就の為に調伏を修した。

その典型的なものが、鎌倉幕府の征夷大将軍・源　頼朝《みなもとのよりとも》が調伏法の使い手・文覚上人《もんがくしょうにん》に依頼して敵将を陥れ、次々に敵を制した事や、徳川家康が天台密教僧の慈眼《じげん》大師天海に依頼し、調伏法を用いた事である。

また天海は家康に智慧《ちえ》を授け、大坂冬の陣等で活躍し、以降徳川家を揺るぎないものにして、その円周の裾野を広げ、その上に強固な徳川幕府を築いて行った。更に徳川家調伏祈願として方広寺の梵鐘に「国家安康」の銘を刻ませ、旧秀吉恩顧の大名を、次々に災いの坩堝《るつぼ》に叩き込んで行った。天海が調伏法で呪殺《じゅさつ》したとされる大名は、浅野長政、堀尾吉晴、加藤清正、真田昌幸、前田利長らであったと謂われる。

これらの調伏法は戦国時代に頂点を迎えるが、この他にも「大元帥明王」を本尊とし、敵を徹底的に滅ぼし壊滅させる「大元帥法」や、雨乞いの為の「孔雀《くじゃく》明王法」等がある。更に自分を制御し、空を飛ぶ修法の「天狗法」等がある。

息災法の場合は、無病息災を祈願するもので、病魔退散、健康、安産、無事故、無災害、家内安泰などであり、現在運気が不調で、災害や事故に見舞われ、あるいは逆風に立たされ、窮地に陥って、その不運状態から逃れる為に運気を好転させる方法である。この場合、坐する方向は北であり、炉の形は円形、衣（袈裟《けさ》）の色は

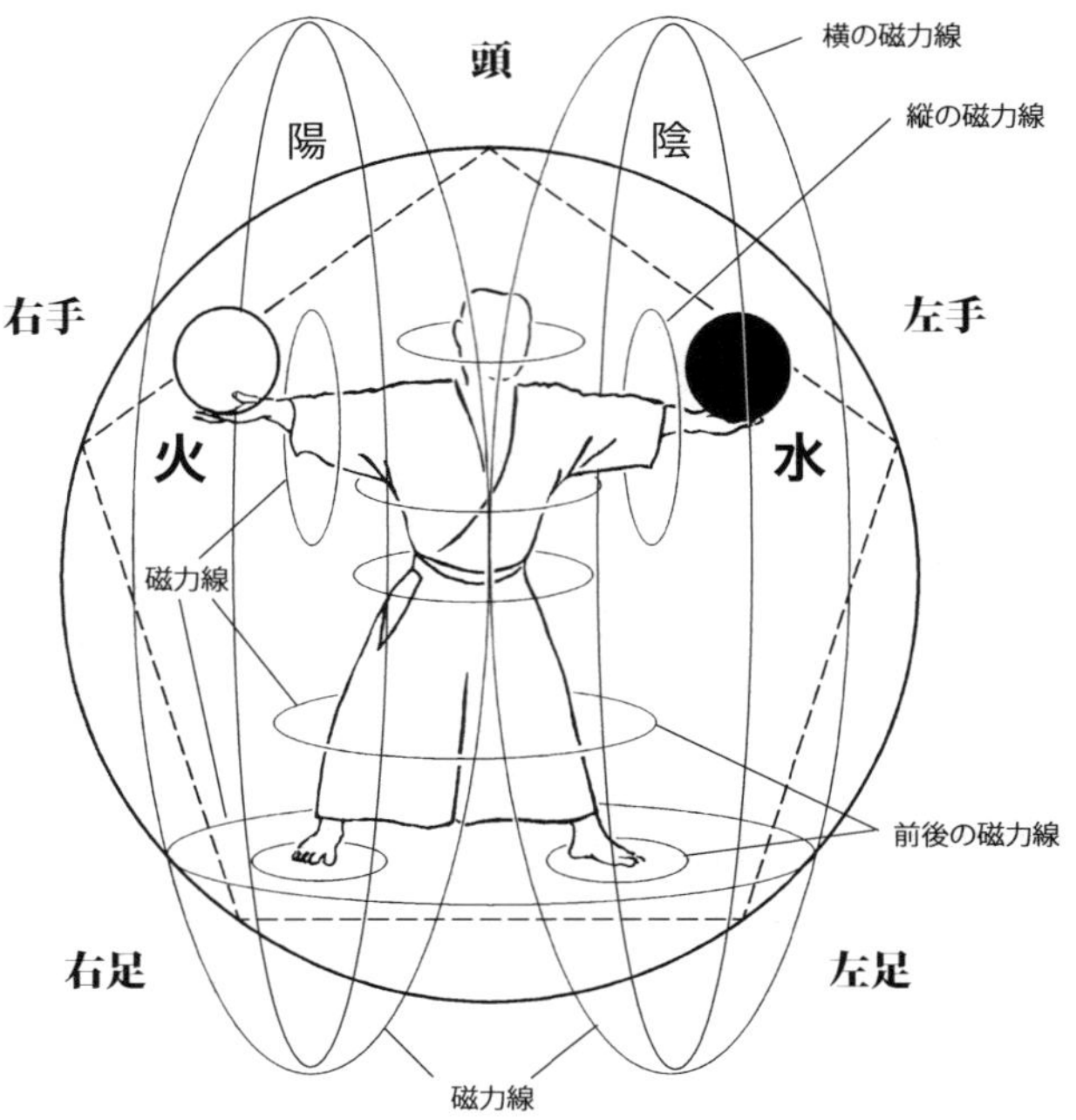

躰動の時は右が陽（日）となり、左が陰（影）となる。

火水結縁の図

白である。自らは厳しく戒め、日々の精進を目指して修行する事は勿論であるが、十日間の断食行、若しくは同日数の水行を行う。

　増益法の場合は、現在は別に運気を低下させてはいないが、更に強運を得る為に行う方法である。この場合、祈願者はいま運気が上向きでなければならない。順風満帆な上向き状態である。現在、成績が上位であるが更に上位のランクに入りたい、商売は順調であるが更に拡張して手を広げたい、金運に恵まれているが更に大金持ちになりたい、健康であるが更に延命長寿を願って長生きしたい、というのもこれに入る。この場合、坐する方向は東であり、炉の形は四角形、衣（袈裟）の色は黄である。自らは厳しく戒め、日々の精進を目指して修行する事は勿論であるが、十三日間の断食行、若しくは同日数の水行を行う。水は火を消すものではなく、火と水を交互に組み合わせ、「火水結縁《かみけちえん》」を造る事にあり、躰の浄化が充分でないと、ついには火に魅入られ、健康を害する。

　また、火は「陽」であり、火の性質を充分に理解して行わないと、精神障害を招き、健康を害することになる。尚、この時に用いる火は、「天界」の火であり、それはまた霊界、神界の火でもある。（以下口伝）

不動護摩修法の方法

　さて、不動護摩の実践であるが、その第一は火天段《かてんだん》である。それを順に挙げると、第二は部主段《ぶしゅだん》、第三は本尊段《ほんぞんだん》、第四は諸尊段《しょそんだん》、第五は世天段《せてんだん》で、この第五の世天段を以てクライマックスとなる。

◎火天段

　十一本の段木（護摩木）を積み、右手脇にある火種から火を取って移し、白扇で煽《あお》ぎながら薪に火を灯ける。

　智慧の火の象徴である「羅《ら》」（智慧の火の象徴で梵字のラジャス）を観じながら、その中に一房華《ぼうけ》を投げ入れる。この一房華とは火天の坐する蓮華座《れんげざ》に変化するもので、火が燃焼する際に火天像を観る。火天を観る場合は、後述する月輪観から始まった阿字観によって熟練されていなければならない。

順に、塗香《ずこう》を三度、蘇油《そゆ》を大杓と小杓で三度、乳木《ちぎ》を三本、飯を三杓、五穀を三杓、切華三度、丸香と散香を三度、蘇油を大杓と小杓で三度、火天にこれらを捧げ、火天に帰依する。

火天像の図

梵字のラジャス
（羅＝智慧の火の象徴）

◎部主段

次に火天の加護を受けた後、部主段の降三世《ごうさんぜ》明王《みょうおう》の加護を受ける。

これは「迷い」「盗み」「殺生」「淫乱」の四つの罪障を表わす四本の薪を炉の上に重ね置き、火天段と同じ要領で火を灯していく。

焔の中に降三世明王を表わす梵字「ウン」の中に一房華を投げ入れる。一房華の花は蓮華座になり、梵字が四面八臂の降三世明王の姿を現わす。塗香を三度、蘇油を大杓と小杓で三度、乳木を一本、飯を一杓、丸香と散香を一度、蘇油を大杓と小杓で一度を炉の中に入れ、部主段が終了する。

◎本尊段

不動護摩の本尊である不動明王の加護を修する行法である。第

降三世明王を現わす「ウン」の梵字
この明王は両足の下にヒンズー教の神であるシバ神とその妻のウマを踏みつけている

一・第二の段を終え、自己の罪障の消滅を完了した今、今度は自他総ての人間に及ぼす罪業を消滅させ、その善導の為に不動明王の加護を受ける。

人間の本来の衆生《しゅじょう》がもつ奢り、慢心、邪心、貪欲、無智、欺瞞といった六つの煩悩を現わす六本の薪を炉に投じ、点火する。手順は第一・第二の段と同じく、一房華を投じ、これが燃える最中に蓮華坐に変化していくのを観じる。この蓮華坐には梵字が乗り、これが不動明王の三昧耶形《さんまやぎょう》である剣に変化し、青黒《せいこく》の躰を持ち、その躰は焔の中に不動明王として、その姿を現わす。

その供養としては、塗香を三度、蘇油を大杓三度、小杓三度。一〇八の煩悩を表わす一〇八本の乳木を焚き、煩悩の消滅を行う。これには極度の精神統一を行い、不動明王の焔の火が供物によって、昇華される事を観じる。次に飯三杓、五穀三杓、切華三度、丸香、散香を各々に三度。

この供養が済んだら第四の諸尊段と、第五の世天段で用いる供物を作る。散香と丸香と切華を一つにし、五穀と飯を入れた飯食器に混ぜ、それを二つの器に取り分ける。これを混沌供《こんどんく》という。混沌供が出来たら、炉の中に蘇油を大杓一度、小杓で一度注ぐ。

本来不動明王は背中に焔を背負い、右手に剣を持ち、左手に羂《けん》索《さく》という縄を持ち、これは煩悩を焼き尽くし、断ち切り、縛り上げてしまう、不動明王の気性を表わしている。そこに優しく宥《なだ》めたり、説得に時間をかける等の暇はない。兎に角徹底的に、取り払ってしまう強い姿が表われているのである。

その意味で、第三の本尊段は不動護摩の中での中盤のクライマックス的な存在である。これを表わす為に、あらゆる世界の諸《しょ》衆《しゅう》を煩悩から断ち切る為に六本の乳木を投じる。更に薬種三度を行う。この時点で強く念じれば、自らの願望は成就され、不動明王の加護が得られるのである。

最後に再び房華を一つ投げ入れ、不動明王に感謝の意を表わす言葉を述べてこれは終了する。

◎諸尊段

これは本尊が変化する七十三諸尊への供養である。不動明王の個性が様々に変化し、七十三諸尊の出現を観るのだ。

最初に先ず薪を十本炉の上に積み上げる。最初の四本は煩悩を表わし、残りの六本は誘惑や迷いを表わす。

この薪に火を灯し、自らの裡《うち》に七十三諸尊の出現を観る。房華五つを火に投じ、七十三諸尊の蓮華坐に変化するのを観じ、その御利益を一身に浴びる光景を自らに観じる。

塗香三度、蘇油大杓で三度、小杓で三度。乳木三本、本尊段の際に拵た混沌供一つを供養する。更に蘇油を大杓と小杓で各々一度、房華を適度に投げ入れてこれを終了する。

◎世天段

此処に至って終盤の絶頂に達する。これは曼荼羅《まんだら》に登場する外部の二十八宿や九曜（九執《くしゅう》）等の、諸天の供養を行う。

薪を五本用意し、これによって物質的な欲望を完全に断ち切る。薪の五本は人間の五欲（眼で見る外見からの色、耳で聞く声や音、舌で感じる味、鼻で感じる香、躰で感じる感触）を表わし、これから解放されるのだ。

薪に火を灯し、房華を適度に投げ込み、房華の上に諸天が現われるのを観じる。出現すると更に一つ房華を投げ込む。やがて房華は不動明王が乗る蓮華坐に変化し、諸天の中心に存在する不動明王を観じる。

次に塗香一度。蘇油を大杓小杓共に各々三度。乳木三本を各々二度に互って投げ入れる。また本尊段の際に拵《こしら》えた混沌供を一皿、少量ずつ、各々の仏に対して供養する。不動明王に対し三度。十二天（仏の性質や役割は菩薩、明王、天という順に配列されている。帝釈天《たいしゃくてん》、日天《にってん》、伊舎那天《いしゃなてん》、毘沙門天《びしゃもんてん》、風天《ふうてん》、月天《がってん》、水天《すいてん》、地天《じてん》、羅刹天《らせつてん》、焔摩天《えんまてん》、火天《かてん》、梵天《ぼんてん》）に各々一度。但し火天に対しては二度。次に各諸天に対して三度。更に三度行い、この三度目で混沌供を総て供養に捧げる。

蘇油を大杓小杓で各々一度。不動護摩最後の供物である、房華を適度に投げ入れ、世天段を終了する。

最終段階は、感謝の意を込めて鐘を鳴らし、感謝と祈願の言葉を添える。

十二天壇

供物を火中に投じ、天上の神に捧げる儀式は、古代インドの火供の法の伝統によるところが多い。

密教では、護摩の火を如来の真実の智恵とし、火中に投じる供物を人間の煩悩に準《なぞら》えている。

諸尊の総ての徳が帰一する密教の根本仏は大日如来《だいにちにょらい》であり、煩悩を焼き尽くすに相応《ふさわ》しいのが、不動明王であった。

さて、十二天壇は大壇に対して小壇とも呼ばれ、天部の十二尊、つまり八方天である、東方の帝釈天、東南の火天、南方の焔摩天、西南の羅刹天、西方の水天、西北の風天、北方の多聞天《たもんてん》と、上方の梵天《ぼんてん》、下方の地天《ちてん》、それに日天《にってん》と月天《げってん》を供養する壇で、その立てる位置が、西郷派大東流では「十方之陣」に生かされ、一つの小宇宙を形成して「壇中術《だんちゅうじゅつ》（口伝）」を行う。

これら十二天は、一切の天竜《てんりゅう》、鬼神《きしん》、星宿《せいしゅく》、冥官《めいかん》を司るとされ、「護法善神（＝護身法）」の秘術とされている。

水への考え方（水想観）

密教の修行の中に「灌頂《かんじょう》」という行法がある。灌頂とは「頂に水を灌《そそ》ぐ」という意味で、サンスクリット語では《アビシェーカ》という。この灌頂の由来は、もともとインド地方などで行われていた神秘的な儀式の一種で、インドの国王達が、即位の儀式のときに四大海から汲み取った海水を王の頭に灌ぎ、全世界に向けて王に君臨した事を示す儀式であった。

密教はこの儀式を、「法の相承《そうじょう》」を表す為にこれを儀式として取り入れたのである。

密教の場合、仏が備えるとされる五種類の智恵（五智《ごち》＝地大・水大・火大・風大・空大であり、順に「ア」「ヴァ」「ラ」「カ」「キャ」の梵字を現わし、その意味は、地大が大地の持つ磐石《ばんじやく》を表わし、水大が清浄とか柔軟を表わし、火大が温かさとか穢《けが》れを焼き払い清める事を表わし、風大が活動とその影響を表わし、空大が包容力とか無限の広がりを表わす。つまり宇宙は五つの性質から構築されている事を説いたもの。本来はこれに識大が加わって五智の性質の解る心とし、これを六大《ろくだい》という）を表わす「五瓶《ごへい》の水」を受者の頭に灌ぐのである。

灌頂を受ける事は、即ち仏の智恵を授かる事になるのだ。

密教に於ける、この灌頂には在家《ざいけ》の信者と、仏に縁《ゆか》りの深い結縁灌頂がある。結縁灌頂は結縁道場での扉は総て閉ざされ、外部からの光が遮断された場所で行われる。道場での内部は「荘厳《しようごん》」され、儀式の作法に則って灯明が灯され、香が焚かれる。更に衆僧《しゆうそう》の誦経《ずきよう》が辺りに響き渡り、森厳《しんげん》状態が作り出される。受者は目隠しをされて、手を胸の前に普賢菩薩《ふげんぼさつ》の印を結んで置き、「オンサンマヤサトバン」の真言を唱えて道場中央の曼荼羅《まんだら》の前に導かれ、二指に挟んだ「樒《しきみ》」を落とす。（以下口伝）

西郷派大東流では高段者の「印伝式《いんでんしき》（允可《いんか》）」や、皆伝師範以上の「拝師式《はいししき》」（師と霊的親子関係を結び、以後師を崇拝する誓いを立てる）の時等にこれが行われ、霊界と神界に受者が儀式を終え、その位についた事を示す。この時の伝法灌頂は代々の宗家《そうけ》が執り行い、道場内での一切の事を外部に漏らす事が許されず、漏らすと越法《えつぽう》になるとして他言は固く禁じられる。

また、儀式以外の水として「御滝行」があり、この滝行には直接滝に打たれる行と、滝の水を凝視し、それを止めたり、動かしたりする行がある。孰《いず》れの「行」も、覚醒能力を高める為に行われる行法であるが、これを行う時は、陰に当たる水の性質を充分に心得て行わないと、精神障害となって健康を害してしまう。

さて、滝行で最も多い誤りが、滝に水を躰に受けるとき、その水を直接頭の泥丸部分で受けてしまう事である。此処で受けると大きな精神障害を来《きた》し、一旦損なった傷跡は殆ど治療不可能の状態となるので、充分に注意しなければならない。お滝場などに行くと、新興宗教の集団が、辺りも憚《はばか》らず大声で漢訳の般若心経を唱えているが、あの連中は殆ど精神に異常を来していると考えた方がよい。多くは泥丸で受ける誤りを冒しているからである。正しい受け方は、「瘂門宮《あもんきゆう》」で受けるのが正しく、直接頭の天辺《てつぺん》で受けてはならない。瘂門宮で水を受けると、先ず此処にある「宮《きゆう》」は開き、水の精気がこの宮を通して開かれ、此処から侵入した水の精気は、脊髄を各々の経穴《けいけつ》を経由して脊柱《せきちゆう》に至り、腰の「命門《めいもん》」に一旦溜まって、更に「会陰《えいん》」へと抜ける。

この時の呼吸法は、吐気、停止、呼気の順に、各々が十秒間隔になるようにして、余り長い呼吸をしてはならない。呼吸が二十秒以上超えてくると次への息継ぎが難しくなり、また精神障害を起す事があるので長い呼吸は禁物である。初心者は直接滝の水を受けるのではなく、肌を護《まも》る為に白い半襦袢《はんじゆばん》等を着る方が良く、慣れるに従って冬でも褌《ふんどし》一つの姿で滝行を行えるようになる。夏場は十分前後、春と秋は七分前後、冬場は五分以内とする。また、打たれる間、般若心経（漢訳された簡略化、手抜きだらけの和製経文である事を忘れてはならない）等は唱えない方がよい。長い言行などは、滝の轟音《ごうおん》で言霊を濁してしまうからだ。唱えるとするならば、必ず手印の「金剛印」を結び、大日真言「オン・アビラウンケン」を繰り返し唱える事である。また滝壷に入る場合は、周囲の邪霊や他人が持ち込んだ悪霊などが犇《ひしめ》き合っているので、九字《くじ》を切り、邪気を清めた後で入壷する習慣を付ける事が大切である。

また滝を凝視して「水止行《みずどめのぎょう》」を行う場合は、その近くで端座、若しくは結跏趺坐《けっかふざ》にて座り、この凝視に入る。この凝視の期間は四十五日間、あるいは四十五回とされ、連続して行える人は四十五日、断片的にしか行えない人は四十五回を一つの目標にして、三日ずつ、あるいは一週間ずつにして、その合計が四十五日である。第一回目の四十五日で水止行が完成しない場合、次に廻し、再び第二回目として挑戦する。尚、四十五日が行の一ト区切りとなっているので、欲張って五十日に伸ばしたり、あるいはその回数に達しないで途中で止めてしまい、再び顧《かえり》みないようになると、精神に異常をきたすので、その区切り目ははっきりさせる事が大切である。

鏡への考え方

顔を映すだけではなく、心を映す道具に鏡がある。

心の映しは、同時に天界での自分の心の映り方を表わし、それは霊界や神界で映し取られているものと同じ意味を持つ。御鏡《みかがみ》拝《はい》（一七三頁参照）などがこれらの行法となる。

さて、鏡には自分の顔や姿を映す事が出来るが、これは左右が反対になり、実像とは逆の姿が現われる。これは同時に、自分自身を別の世界に身を置いた姿ともとれるわけである。見方によっては歪曲された姿でもあるし、あるいは異次元での実像であるかも知れない。

古代人達はこれを天界に映った、異次元の自分と見ていたようである。この事は、鏡が自己暗示の為に使われた道具であるという事を物語っている。自己暗示といえば神秘的な言葉の響を持っているが、これは言葉を使う人類にはごく普通に起る現象である。古代人達は鏡を用いて、異次元の自分に問いかけ、そして自らを言葉の世界に誘って、自己暗示を行っていたものと思われる。これが言霊のはじまりであった。これらは近年の脳生理学で解明されており、人間特有の言語機能が脳のメカニズムに深く関わり合い、自己暗示の現象が起ると考えられている。

さて古神道の鎮魂法の一つに「十種神宝《とくさのかむたから》御法の行」の中で唱えられている十種類の宝は、奥津鏡《おきつかがみ》、辺都鏡《へつかがみ》、八握剣《やつかのつるぎ》、生玉《いくたま》、死反玉《まかるがえしのたま》、足玉《たるたま》、道反玉《ちがえしのたま》、蛇之比礼《おろちのひれ》、蜂之比礼《はちのひれ》、品々之物之《くさぐさのもののの》比礼《ひれ》である。

これらの十種神宝を唱える事によって、加持祈祷を祈願するのである。その中に鏡二点が加えられている事は、鏡の持つ「映す」二面性に、善悪の次元を超えた心すべき重大な暗示が隠されているのである。

人間は生まれてこのかた、育《はぐく》まれた環境条件によって雁字絡めに本当の自己が歪められ、知らず知らずのうちに物心に振り回されて、黄金の奴隷に成り下がり、現世の物質至上主義に執着する精神構造を築き上げてしまっている。しかし、これは俗世の俗事、仮の世の実体の無い「夢」と認識できなければ、個々の人生観は曇りに曇った哀れな生涯となってしまうのだ。現世俗事の俗世にあって、俗の中に生き、俗に染まらぬ生き方が肝腎《かんじん》なのである。

また、自が精神は俗世の住人となり切らずに、地上を旅する、単に旅人たる人間でなければならない。此処に喜怒哀楽を求め、安堵するような霊的神性が曇るような生き方はしてはならないのである。もし曇らせるような生き方を選択した場合、自らは一喜一憂の六道輪廻の世界に引きずり込まれ、日々をこの小さな循環の中のみに求めなければならなくなる。まさに精神的牢獄の中に自らを繋ぐ事になるのだ。これは殻に閉じ籠る事を現わす行為である。

ではこれから脱する方法はあるのだろうか。これを解消する一つの方法として「鏡」があるのである。

鏡合

鏡に向かって自己を映す。その映った像は左右が逆であり、己の姿を見ながら、一瞬己以外の人物に出会ったような気がしてくる。だが此処に居る自分こそが真実の自分であり、自分の現状を克明に現わしたものと謂える。

さて、この鏡を用いて行うのが「鏡合《かがみあわせ》」である。

鏡合とは、天井の高い八畳程の部屋の壁に、合計四枚の姿見大の鏡を向かい合わせに配置し、その中央に吾が位置する。つまり自分の姿を鏡に映し、それを前後左右の四方から見えるようにするのである。そして各々の技法をこの中でイメージして行い、それを吾が眼で修行の姿を確認するのである。

この修練法は各々の業に応用でき、自らの悪しき癖や、及び腰等の腰の逃げた様子を確認できるので、基本的な欠点の修正を行う事が出来る。

合鏡の術

宇宙は内側に向かって無限に広がっている。この無限の中に畳み込まれたものが、「合鏡《あわせかがみ》」である。

それは丁度、向かい合せた鏡の中に、幾重にも映し出された自分の鏡像を見るが如く、それは無限に続いている。まるで夢想の中に自分の存在を認めるような錯覚を覚える。向かい合った原因と結果は、無限の過去に向かって、無限に連続している。鏡像のそれは、結果から出た次の原因となるのである。

このように合鏡の衝立《ついたて》の中には一つの宇宙の縮図が存在し、人間が大自然の中で、一部の面を占拠しているという事に過ぎないという事に気付くのである。

さて、「合鏡」は、「鏡合」と同じようなものであるが、後者は四枚の鏡を用い、殊に無手の修行の場合に用い、前者は衝立状にして二枚の鏡を用い、刀や手槍の武器等を使用した場合のイメージトレーニングに用いる。

武術や武道には大きく分けて二通りのものがある。つまり、その武技が五体のみの無手であるか、武器を使用しての格闘であるかの二つである。但し、この合鏡については、飛道具を用いる武術（弓術、鎖鎌術、手裏剣術等）や長槍等の武器は除外される。さて五体のみを用いる武術としては柔道、空手、拳法、合気道、骨法《こっぽう》、柔術躰道《たいどう》等であり、武器を用いるものとして剣道、居合術、杖術、棒術、槍術（袋槍や籠槍）、十手術、捕縄術等が挙げられる。

合鏡で行う武技としては、後者のイメージトレーニングで、武器術の技法を目的として行うもので、此処には前後して裏表の自分が同時に映る。殊に剣術のイメージ力には効果が高く、悪しき癖の矯正になるばかりではなく、映った像を敵の目から見る事にもなり、今まで自分自身を主観的に考え、そのように見ていた感覚から、客観的に第三者の眼で自己を捉える事が出来る。

例えば、二人以上の相対稽古で、そこに見えるものはあくまで自己を中心とした敵しか見えてこない。しかし、鏡に映った自分の姿は、ある意味で傍観者的な見方をする事が出来る。己自身が何者か、それを探究する糸口として「合鏡」や「鏡合」が使われるのである。

月輪観

月輪《がちりん》円の中の阿字《あじ》は、一般には「阿字観《あじかん》」として知られ、阿字観はその名前が示す通り、梵字の「阿字」を観想し、阿字の中に我があり、我の中に阿字があるといった様々な観点から、阿字を中心にして瞑想を行う修法である。

「阿字《アヌトウーパー》」は、本不生《ほんぶしょう》の意味をもつ古代インドの梵字であり、本不生はまだ「生まれてないもの」を指し、「生まれなきもの」を指す言葉で、他人が作り出したものでもなく、あるいは自分が作り出したものでもない時空的な存在を超越したものである。つまり時空を超越し、人知の及ばない、それを指すのである。

月輪観《がちりんかん》を例える場合、「月」を例えにとるが、仮に月を見た事

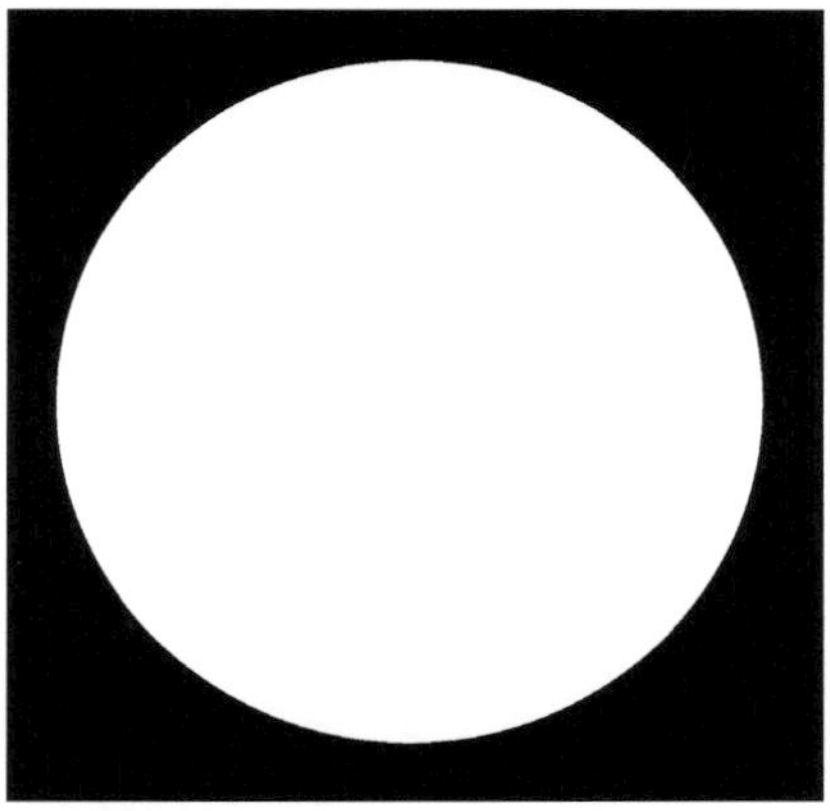

月輪観の図

のない者に、月の事を百万回説明したところで、それを理解させるのは容易ではない筈である。しかし、一回月を見せれば、それで説明が足りる。このような密教の「観」は、体験して始めて理解できるものである。

本不生が意味する阿字こそ重要であり、その象徴的な梵字と共に修行する事が悟りである、三昧《ざんまい》の境地へ誘うのである。

この修法は先ず結跏趺坐《けっかふざ》に坐《すわ》り、阿字観のみに意識を集中する。だが初心者の場合、椅子に坐った儘でもよいし、あるいは座布団を二つ折にして尻部の下に敷いてもよい。安定が保てる状態まで訓練したら、座布団を敷かずに結跏趺坐に坐り、阿字に意識を集中する。これを行う場合の照明は、出来るだけ電気などを使うのではなく、太陽光を利用して行う。

呼吸は浅くなく、深くなく、早くなく、遅くなく、意識を阿字に集中する。その意識で大事な事は、我が全身に宇宙の力を吸い込むような吸収力である。それを丹田の奥へ奥へと吸収するのだ。

次に一旦休み、間をあけてから月輪観に入る。

阿字観と違うのは、月輪円の中に梵字の無いものを用意する。つまり黒地に白い円を描いたものを用いるのだ。

月輪円を凝視する場合、月輪に心を定め、やがて半眼にして、強く凝視していないでも眼の前に月輪が見えるかのように意識の集中を図る。これが第一段階であり、次に「広観《こうかん》」という第二段階に入る。

広観は目を閉じていても見えるかのように月輪を引き寄せ、自分の脳裡にそれをはっきりと意識する。充分に引き寄せる事が出来たら、次に月輪から白い淡い光を発光させる。これは出来るだけ柔らかな光でなければならない。その光は次第に円形から球形に移行し、立体味を帯びて、珠《たま》となるようにイメージする。その珠は段々大きくなり、自分の等身大と同じ大きさになり、やがてそれを超えて家中を包み込むような大きさとなり、更に進んで町を包み、国を包み、地球を包み、最後には宇宙全体を包み込んでしまう程の珠となるのである。これが広観である。

第三段階は「斂観《れんかん》」である。これは続けざまに行うのではなく、一旦間を入れて休憩し、その後に行うのがよい。広観を行い、極限状態に間で拡大された月輪は、時間を置かないと不安定であり、この安定を得る為に、少しの時間を必要とするのである。

斂観というのは広観の逆で、今度は出来るだけ小さく小さく絞り込み、中心の一点に月輪を絞り込んでいくのである。まるで顕微鏡の中の月輪が、更に小さく絞り込まれて極小《ミクロ》の世界に迄収縮されていくのである。

この両方の広観と斂観を行う事で、月輪観は終了する。

阿字を観る

月輪観により阿字観の最初の段階である基本をマスターしたら、次は阿字を深く理解する為に阿字の本質に迫っていく。そして阿字と我が身を近づけるのである。

自分自身が抱える煩悩も、また菩薩の境地に他ならないと説く、密教独特の教えは、我と宇宙を結び付けるものであり、本不生が同じものであると説く思想に端を発している。これが「我《が》即法界《そくほうかい》」である。

我と謂う垣根を取り払い、我と宇宙は一体であるとする実感にまで到ろうとする世界が阿字の世界である。

阿字観は、密教の修行の中でもその修行の中心を為し、「観る」「感じる」「知る」為の瞑想法であり、自らの意識の力によって虚空に阿字や月輪をイメージするのである。

大東流の祖・西郷頼母が密教に目を付けたのは、密教の阿字や月輪を想像するイメージ力の超能力的な一面を大東流に応用しようとしたから、と謂えるのである。

この修法の中には敏感な感覚を養う「勘」の養成にも繋がるし、想像力を駆使して、イメージから湧き起った言行を以て敵を封じ込める技法にも使えるからであった。この事が、言霊に敏感に反応する言霊宇宙の実体であった。

そして、阿字観によって開花するのが、実用的な真言九字である。

阿字観の図

真言九字

九字は本来、邪気や邪霊を払う為に用いられる技法として、修験道の間でも盛んに用いられた方法である。

九字は刀印（剣印＝手刀）を以て縦横碁盤の目のように切る九字と、手印を以て切る方法がある。

刀印を以て切る場合は、空中前方に「臨《りん》・兵《ぴょう》・闘《とう》・者《しゃ》・皆《かい》・陣《じん》・列《れつ》（裂）・在《ざい》・前《ぜん》」と発し、最後にその碁盤の目の中央に剣印を打ち込む方法と、手で印を結び、邪気邪霊を払う方法とがある。

因みに、「臨」は普賢三昧耶《ふげんざんまいや》、「兵」は大金剛輪《だいこんごうりん》、「闘」は外獅子《げじし》、「者」は内獅子《ないじし》、「皆」は外縛《げばく》、「陣」は内縛《ないばく》、「列」は智《ち》拳《けん》、「在」は日輪《にちりん》、「前」は隠形《おんぎょう》（隠行）の印である。

この九字を切る場合、阿字観によって培われた集中力によって、光を放つように爽やかな気分を以て切らなければならない。また、この場合の刀印は真剣と同じ役割を果たす。その威力を絶大にするためには日々の精進が必要であり、また半身半霊体の、最も神に体型に近い体軀をしていなければならない。

四方九字

一般に知られる九字は、「臨・兵・闘・者・皆・陣・列・在・前」と発し、最後にその碁盤の目の中央に剣印を打ち込む方法が有名であり、最もポピュラーな技法であるが、実は九字には四方の四隅に対《むか》って切る「四方九字」がある。

一般に知られる「臨・兵・闘・者・皆・陣・列・在・前」は、本来東北の方向に対って切る九字であり、実は東南、西南（裏鬼門）、西北の方向にも九字を切るのである。

さて、「臨・兵・闘・者・皆・陣・列・在・前」の言葉の意味は、恐らくこれは道教の思想と孫子の兵法が合体したものであり、対う敵前の、我が軍の優勢を謳ったものと想われる。意味的には中国より齎《もたら》された漢詩的な要素を持つ外来語である為、日本語としての意味は掴みにくいが、「お前の前には、我が優秀な精鋭部隊が控えている。早々に退散せよ」と言ったような道教的な意味

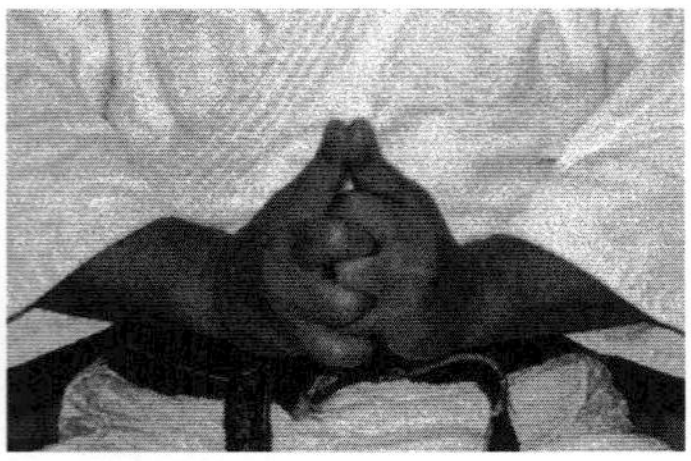
臨（普賢三昧耶印）

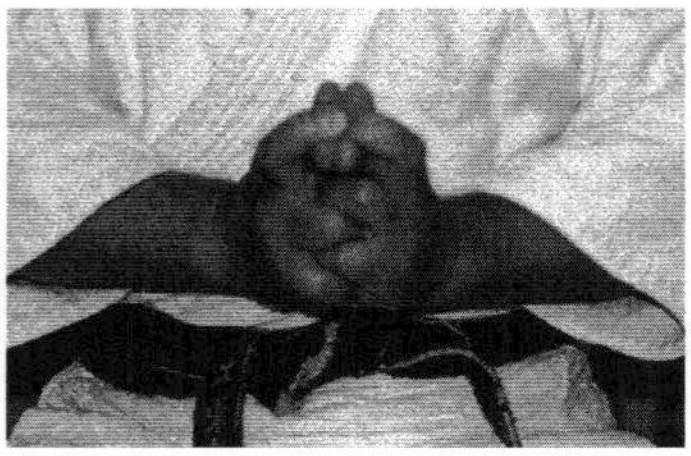
兵（大金剛輪印）

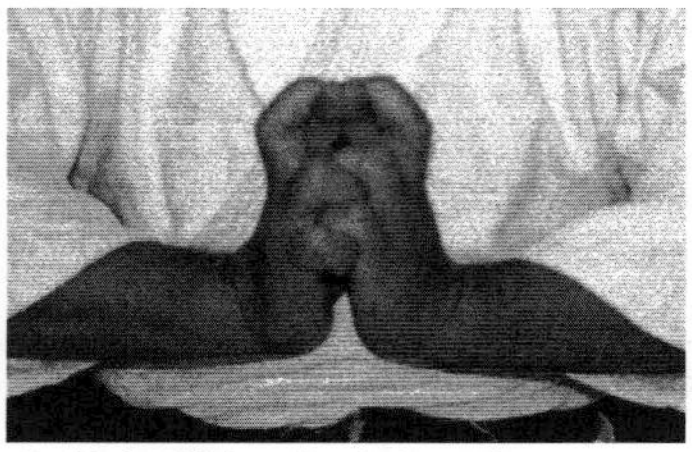
兵（大金剛輪印　立てたところ）

闘（外獅子印）

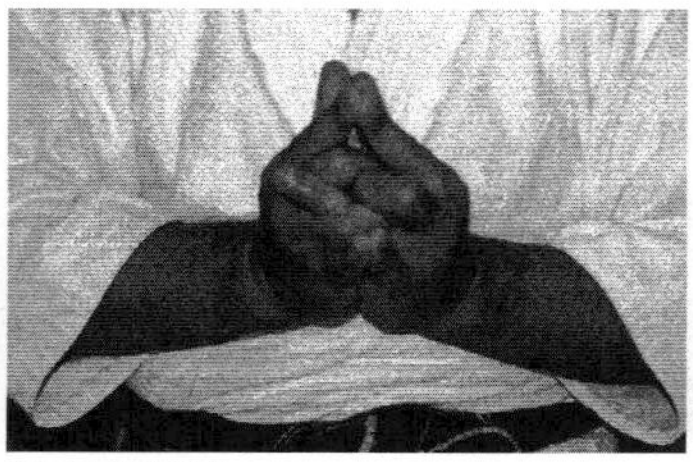
者（内獅子印）

皆（外縛印）

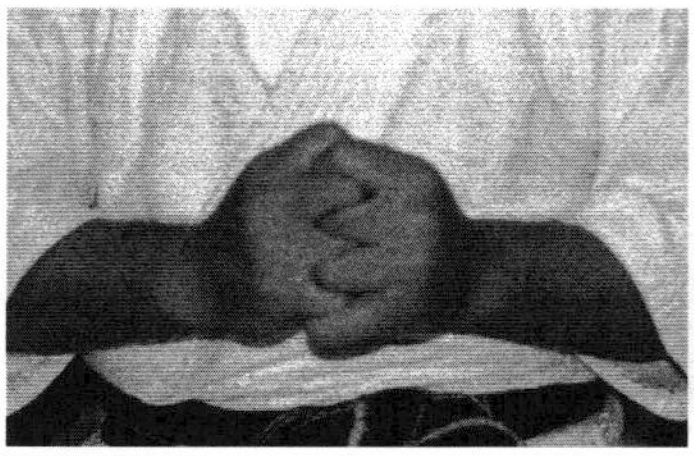
陣（内縛印）

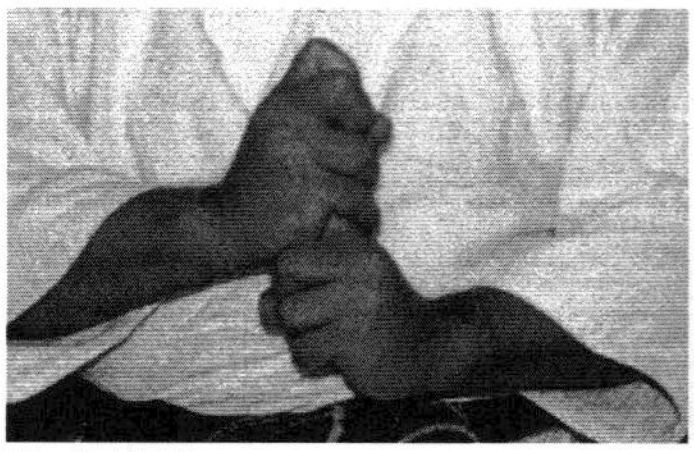
裂（智拳印）

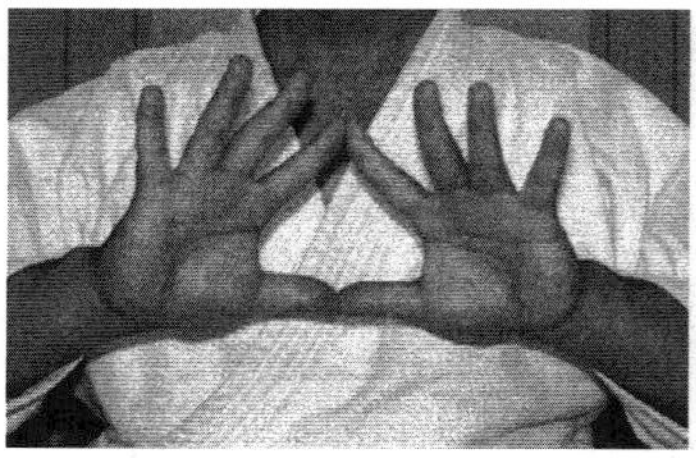
在（日輪印）

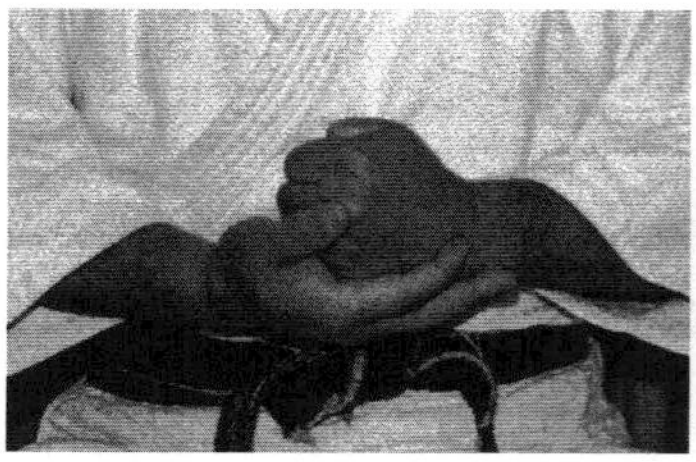
前（隠行印）

合いが強い。つまり言霊そのものは道教からの借り物で、その中に暗示と想念が入り込む為、それを信じる者は、信じた通りの結果が出るのが呪文であり、神呪である。従って、その意味が日本語に置き換えられ、大した意味でなくとも、呪文や神呪は大きな力となって発揮され、絶大な威力を奮うのである。此処に「想念の合気」（一九三頁参照）の原形を見る事が出来る。

では、此処で東北方向以外に切るその他三つの九字を紹介しよう。

西郷派大東流の「四方九字」の順としては、東北の後に続け様に、百八十度裏側の西南に対って、「満《まん》・役《やく》・伸《しん》・羽《は》・癩《らい》・亮《りょう》・離《り》・召《しょう》・焚《ぶん》」（これは刀印のみで切り、手による印相はない。本来は倶利迦羅《くりから》を彫刻した日本刀の脇指《わきざし》を抜いてこれを行う。また最後の文字の「焚」は「ブン」と発音する事もあり、火を点《つ》けて故意に「焼く」という意味がある。東北が九字の序曲とするならば、残りの西南、西北、東南は、オーケストラでは本番の曲となる。意味は口伝にて省略）を発し、次に西北に対い「密《みつ》・複《ふく》・吽《うん》・守《しゅ》・精《せい》・匡《きょう》・緑《ろく》・葵《き》・雹《はく》」（口伝にて詳細は省略）、次に東南に対い「不《ふ》・剣《けん》・陰《いん》・巽《せん》・翔《しょう》・陽《よう》・竜《りょう》・殊《しゅ》・旡《き》」（口伝にて詳細は省略）を刀印と共に発する。

因みに、東北方向に対って切る九字を「孔雀軍法行《くじやくぐんぽうぎょう》」、西南に対って切る九字を「初金宝珠行《しょきんほうじゅぎょう》」、西北に対って切る九字を「初胎如法行《しょたいにょほうぎょう》」、東南に「金剛夜叉行」という。これはまさに西郷派大東流の「左回しの四方素振り」のその儘の動きである。

しかしそれが「右回しの四方素振り」と変わると、毘沙門天と摩利支天《まりしてん》の陰陽・右左が入れ替わり、東北（最初の一刀は右回しであっても同じ）、次に、東南、西北と順に切っていき、これは右回しの四方素振りに一致する。（大和柳生流に現存する）

日拝

太陽に左掌の労宮《ろうきゅう》が直接当たるようにして向け、この部分から太陽エネルギーを吸収する方法である。時間的には、日の出直前の頃の時間が最も良く、この時間帯を狙って行う事が肝腎である。

日の出直前の太陽に向かって直立した儘、大きく五十回深呼吸

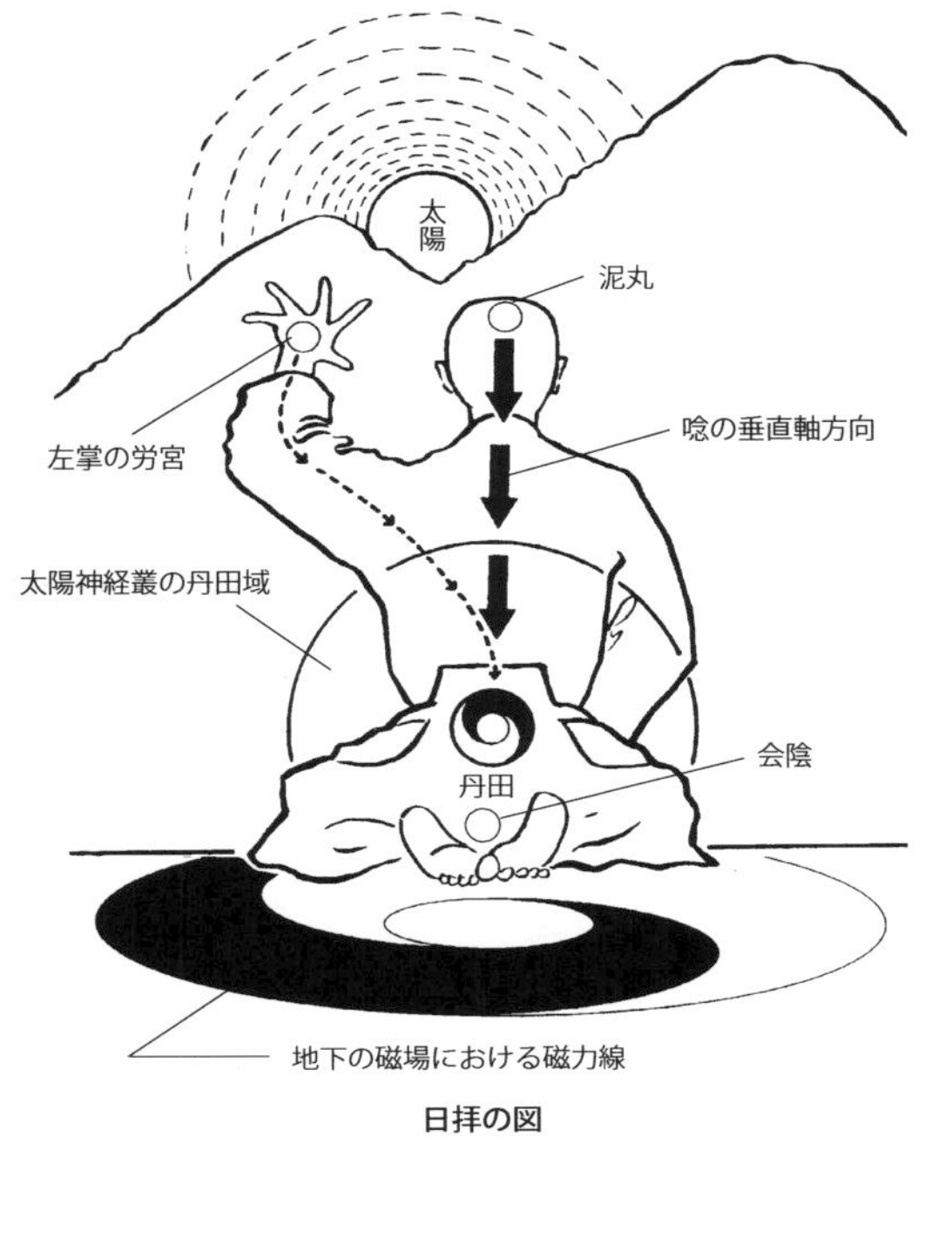

日拝の図

して、次に「鶴立調伏服気法」を使って五回これを行う。これを行った後、眼を軽く閉じて、「閉眼鶴立法《へいがんかくりつほう》」で、心の中に太陽をイメージする。これを強くイメージしながら太陽を吾が躰の中に取り込むイメージをする。これを行う事で躰全体が暖かくなり、輝いたような感覚を持つ。これが完了した後、静かに眼を開き、太陽を凝視する。

次に太陽に向かった儘、その場に静坐し、左手を太陽に差し向ける。この時の静坐は肛門が地面に接するように座る。

左手の労宮を入り口として、左労宮が強力な吸引力を以てそれを吸収しているようなイメージを持つ。

やがて左手から取り込まれた太陽エネルギーは、肘を通り、肩を通り、下に下がって下丹田の太陽神経叢（真丹田）に到達する。太陽神経叢に強力な太陽エネルギーが蓄積されて行くところを想念する。

これを十～十五分程度行う事によって、この部分の意識と感覚がはっきりと自覚され、次に「内視法」と「返聴法」を行って、更に躰動的に意識と感覚を付け加える。

◎内視法

日拝を行った直後、静坐し眼を軽く閉じた儘、頭を少し裡側に曲げてその位置から下丹田を睨《にら》み、その睨みは更に奥まって真丹田に到達する。これを強くイメージする事で、この部分の意識が明確なものになっていく。やがてこの意識は感覚となり、陽気が発生する時と同じ感覚を得る。

◎返聴法

内視法を行った後、続いて返聴法を行う。耳を以て真丹田の音を聴くのがこの目的である。内視法で得た意識と感覚を、音に変えてそれを自覚するのである。最初のうちは全く関係の無い腸などが動く音がするが、次第にそれが収まり、耳を澄ませると空白の音が迫ってくる。空白の音は物理的に耳で聞こえるわけではないが、その空白から音が迫っている事を自覚する。

月拝

これは月を凝視する月想観《げっそうかん》である。古来より月は生物の、そして人間の身体、感覚、知性が持っている一定のリズムを左右する事で知られている。

生命は海より誕生したと謂われる。その海に大きな影響を与えていたのが月である。また海の中の生物は月の規則に従い営みを続けたが、その一部は海を離れて陸性化し、陸地に住むようになっても依然月の影響下にあった。

では何故、生き物に影響が及ぶのか。それは規則の因子が、地球磁場に対する月と太陽の影響下に組み込まれている為、あらゆる生体を取り囲む電磁波に、月がある種の信号《シグナル》を送りそれが変化を齎《もたら》し、生物はそれを感受するからである。そして生物には生物場という生命体を支える電気の場の存在があり、この生物場は満月の時に正の最大値を示し、新月の時は負の最大値を示すのである。更に満月の時には、正に帯電するからマイナス・イオンを引き付け、新月の時には、負に帯電してプラス・イオンを引き付けるのである。

月拝は、正に帯電した時のマイナス・イオンが最大になる時機《とき》をその観月とし、生物場に干渉する満月（十五夜）に、人間は生物学上の引力を受ける訳である。つまり古来より生物は、その物質代謝速度を月の周期に委ねてきたのである。

その周期を利用しながら、月のリズムと人体のリズムを同調させる事が月拝の目的であり、月の影響下に人間のエネルギーが同調する最大値に於てこれが可能となる。

さて、月拝は中国明代の故事によると「男は月を拝まず、女は竈《かまど》を祭らず」というのがあり、これは仲秋《ちゅうしゅう》の名月を観月するのは女の領域であり、歳末の竈の神を祭るのは男の領域であるという事を述べたものである。しかし、大衆に向けられた故事には、覇者の隠匿的な心理が働き、一般に知られたくない秘密情報は「習わし」として俗世の風習の中に閉じ込め、門外不出とした政治的な策謀があった。「観月の妙」はその最たるものであろう。

その理由として、『古事記《こじき》』や『日本書紀《にほんしょき》』には、月読命《つくよみのみこと》という男神が登場している。また、アマテラスは「海照《あまて》る」を現わし、海人《あま》の月神を意味しているのである。更に一九七二年以降に発掘されたとされる馬王堆漢墓《まおうたいかんぼ》（紀元前二世紀頃）から発見された絹に描かれた帛画《はくが》には、左上には月とその中にヒキガエルと兎が描かれ、右には太陽とその中に烏が描かれている。これは烏兎《うと》を表す。殊に、左の月にヒキガエルと兎が描かれているのは実に興味深い。

『抱朴子《ほうぼくし》』の中には、仙人の妙薬として「肉芝《にくし》」という項目があり、そこには一万年生きた、頭に角があり、顎の下に赤い八の字が書かれた躰の重いヒキガエルを旧暦の五月五日に捕え、百日間陰干しにすれば仙薬が出来る、と書かれている。これを仙薬と称する所以《ゆえん》は、ヒキガエルの右足で地上に円を描けば、忽《たちま》ちそこは流水となり、またその左足を以て身に帯びれば、あらゆる武器の攻撃を避けられるとしている。もし敵が自分を射ようとすれば、弓や弩《いしゆみ》（「ド」とも発音される物で、矢の先に重い石がついた水平発射式の弓）の矢は、向きを変えて敵自身に向かうと謂う。

此処で注目される事は、《流水》《左》《円》《五月五日》等の文字であり、結局これらは月の意味に還元される。そして蟾光《せんこう》と謂えば月光を意味し、蟾影《せんえい》と謂えば月影を意味する。また蟾宮《せんきゅう》と謂えば月の宮殿を意味するのである。つまり月には人体と同じ様な名称を持ち、月と人体である小宇宙が月自体と同調する事が意味されている。従って観月とは、単に月を拝むだけではなく、月の中にある蟾宮という宮殿を観る事がその目的とされているのだ。此処に観月の妙がある。

中国には「拝月《はいげつ》」という習わしがある。これは「仲秋節《ちゅうしゅうせつ》」と謂われるもので、旧暦の八月十五日に願を掛けるもので、平安時代陰陽道《おんみょうどう》とともに日本に持ち込まれてきた。

観月の妙は、この旧暦の八月十五日を頂点に、毎月十五日が観月に当てられ、晴天の日は毎月丑満時に月を拝み、伊吹を行って吾が古き気を吐き出し、月の精気を体内に取り入れるのである。

さて、「望」は「もち」と言い、満月を現わす言葉であるが、十五夜が必ず満月の日とは限らない。旧暦の十五日から二三日ずれて満月の日があるので、月拝は十五夜を前後して約三日程が精気注入の時機となる。

月拝は、望の頂点を前後として行う月の精気注入法であるが、これに対峙して「朔《さく》の妙」と謂うのがあり、これは新月の、朔という現象を用いて行う新月の妙で、この日を月拝に当てる事もある。但し、朔は一日の時間内のほんの瞬間な事で、夜半の時もあれば昼間の時もある。昼間の時はこれを用いず、夜半のみにこれを行う。（口伝「朔の妙」に特別な時刻割りあり）

四方拝

東西南北には、各々に如来や明王、尊天（諸神）が宿っている。しかし、大方尊天は心を乱す四魔《よんま》（四種の魔物）によって遮《さえぎ》られ、殆どの人間がその加護を得られないばかりか、その存在にすら気付いていない。

四魔とは「身魔《しんま》」「煩悩魔《ぼんのうま》」「天魔《てんま》」「死魔《しま》」という、人の心を惑わせ、人神合一の合体から遠ざけようとする「魔」である。人間は生まれながらにして「魔」を背負い込み、その衆生として身魔と煩悩魔を自分自身の中に持っている。

さて、身魔とは五陰（五蘊《ごうん》）であり、この五陰である「色（肉体）・受（感じ）・想（察し）・行（念じ）・識（認識）」は、五陰盛《ごおんじょう》苦《く》として人間の命すら奪う事がある。これは『般若心経』の一節に「色即是空、空即是色、受想行識」があり、色と形のある肉体の意味であり、この物質的なものは生きていく要素となりうるが、それは同時に人間を滅ぼすものでもあると説かれているのだ。

煩悩魔とは、欲望は心を乱し、精神すら変えてしまうという事であり、この有害性については「三障《さんしょう》」が挙げられている。三障とは、第一が皮煩悩障で見た目に囚われる。第二が肉煩悩障で間違った考え方に囚われる。第三が心煩悩障ではっきりした判断が下せずに迷う事であり、人間世界イコール煩悩の世界としているのである。またこの根源には「三毒」があり、一つに貪《むさぼ》り求める心、二つに思うようにならぬ心、三つに真実を求めようとしない心が挙げられる。

死魔とは、このような欲に満たされた人間世界にいる限り、誰もがこの魔から逃れられないという苦しみの事で、人間は「生・老・病・死」の四期を辿り、欲の旺盛な人間程、この四苦の最後の「死」に悩まされる事を挙げている。

天魔とは、欲界の天に居る魔物は人間の善行を邪魔し、正しい教えに従わせないばかりでなく、「見せない」「聞かせない」「感じさせない」「触れさせない」「味わわせない」というように、五官を閉じ込め、無間《むけん》地獄に閉じ込めてしまうものとしている。

この四魔に対抗する為に密教では、自我の中の欲が強すぎると我執《がしゅう》という「こだわり」が生まれて貪婪《どんらん》な心が生じるので、只管《ひたすら》「無我」の心を教えるのである。つまり無我に接近すれば、この比較と対立の考え方はどんどん距離を埋め、「不二」と「一如」の世界に近づけてくれるのである。これは根本は同じで、一つという教えである。

この四魔に対抗し、これを打ち破るのが、真言の力で祈りを聞き届ける四如来、即ち四明王である。

大日如来は四如来に姿を変え、西には西方浄土で有名な阿弥陀如来（大威徳明王）が位置し、東には阿閦如来《あしゅくにょらい》（降三世明王）が、北には不空成就如来《ふくうじょうじゅ》（金剛夜叉明王）が、南には宝生如来《ほうしょう》（軍荼利《ぐんだり》明王）が、各々位置している。

四方拝は、金剛界曼荼羅（密教では西が上になり東が下になる）を配した位置での「拝」を行う。

金剛界曼荼羅は全体を九つの正方形に分割し、各々に仏のグループを配した構成になっている。

この金剛界は「成身会《じょうしんね》」「供養会《くようえ》」「一印会」「四印会」「理趣会《りしゅえ》」「降三世会」「微細会《みさいえ》」「三昧耶会《さんまいやえ》」「降三世三昧耶会」の九つに仕切られ、別名「九会《くえ》曼荼羅」とも謂われる。金剛界曼荼羅は六大（地＝不変、水＝清浄、火＝温和、風＝活動、空＝包容力の五大に合わせて、識＝五大の性質が分かる心）で言えば「識大」に当たり、これは精神を現わしている。これは真理に到達する心の過程《プロセス》を現わしたものである。この曼荼羅は、成身会から時計回りに三昧耶会、微細会と順に辿り、九番目の降三世三昧耶会へと至る構造になっている。

成身会から六番目の一印会（大日如来）までは様々な心の形である「自性輪身《じしょうりんじん》」を現わし、七番目の理趣会は宇宙が人間と接点を持った為の心の形である「正法輪身《しょうぼう》」、そして残り二つは明王が忿怒《ふんぬ》で教化する時の心の形「教令輪身《きょうりょう》」を現わす。これらの「九会《くえ》」の各々の過程は、「悟りを求める側」は九番目の降三世三昧耶会から出発して、最終地点である成身会に到達するコースを辿り、「真理を求める側」は中心の成身会から出発して最終地点である九番目の降三世三昧耶会に到達するコースを辿るので

金剛界曼荼羅の構造

ある。これは胎蔵界の「理」に対して、金剛界では宇宙の精神を象徴する「智」を意味するものである。そして大日如来の結んだ印は「理」と「智」が一体であるという事を現わす。

四方拝は、宇宙の真理である精神の原理の、緻密《ちみつ》な縮図である「玄理図」を拝する事で、人は宇宙の玄理に触れるのである。またこれは金剛界の成身会の各々の明王を観る事に繋がるのである。

この事は大日如来が、時には観音菩薩や地蔵菩薩に変身しながら、人間を救ってくれるという女性的な胎蔵界に対して、金剛界は男性原理を現わしたもので、両者は重なり合って理智の両輪を成すものである。そしてこれは両者を合わせて「金胎不二《こんたいふじ》」と謂われる所以を成している。

また個人の運命が星宿に支配されていると説く熾盛光法は、天皇の公的年中行事の四方拝にも結び付いている。

天皇は毎年正月一日寅の刻（午前四時前後）に出御し、先ず北に向かって当年の属星の名字を七遍唱え、それに続いて再拝に、賊寇、毒魔、危厄、毒気、百病等の除災を呪し、更に天地、四方、山稜を拝する行事を行う。これも密教に因んだものである。

因みに、密教では二つの曼荼羅を示しながら一つの真理を悟らせる方法に、胎蔵界と金剛界の曼荼羅を示す、宇宙の縮図を示す。

胎蔵界曼荼羅の中心である中台八葉院《ちゅうだいはちよういん》は、大日如来を中心に宝幢《ほうどう》、天鼓雷音《てんくらいおん》、無量寿《むりょうじゅ》、開敷華王《かいふけおう》の五如来がいて、各々の間に普賢《ふげん》、文殊《もんじゅ》、観自在《かんじざい》、弥勒《みろく》の四菩薩がいる。そして周りには四百の仏が取り巻いていて、胎蔵界曼荼羅を構成している。つまり胎蔵界を構成しているのは四百九の仏である。更に大日如来を中心に四如来、四菩薩の役目を細分化して、各々を受け持つ仏のグループが、中台八葉院を二重、三重に取り囲む各院を造っている。阿弥陀如来は観音院、文殊菩薩は文殊院、観音菩薩は地蔵院というように八つの院が四如来と四菩薩に対応している。

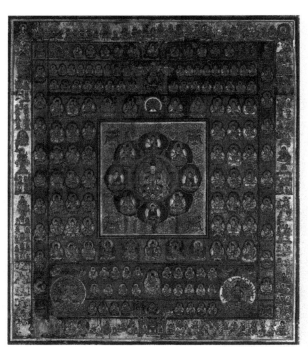

胎蔵界曼荼羅の構造

遍智院と持明院の二つは、どの如来や菩薩にも対応していないが、これは直接大日如来と対応している。以上の事から胎蔵界曼荼羅は、各々の仏の慈《いつく》しみの心を現わす女性原理から構成されたものであるという事が分かる。これはまた、密教宇宙の物質的な側面である、理《ことわり》の世界を象徴した玄理図であるという事が分かるのである。

自分自身の中に曼荼羅の世界を観る

密教に注目したスイスの心理学者カール・ユング（Carl Gustav Jung　東洋の宗教を研究し、精神分析運動の中核的な指導者であったが、後フロイトの学説を批判し、独自の分析心理学を創始する）は、特にその中でも「瞑想法」に注目し、曼荼羅を「自分自身でも意識できない部分を含めた心の全域を現わした宇宙図」として、これを紹介している。

さて、人間の心の中には意識しない「意識」がある。自我意識の中には、感覚で感じ取る意識があり、これは眼、耳、舌、鼻、身（肉体）と、意識で感じ取る外見、声、味、匂、触覚を認識する機能が備わっている。人間はこの六つの識で生活をしているが、その奥には第七識という自我意識があって、更に奥には第八識というものがある。我々は日常生活の中で、多分に「無意識」という言葉を用いるが、これは密教で言う「阿頼耶識《あらやしき》」というもので、この第八番目の意識は第七番目の自我意識の更に奥に存在している。

この阿頼耶識は、外から持ち込まれた六つの情報を、自我意識を通じて分析し、これを吸収して更にその奥にある第八番目の意識に送り込み、これは瞑想を通じて宇宙観である曼荼羅に反映される。

我々が曼荼羅を見る時、その図から反射して返ってくる事は、その構造が複雑であるという事より、こういうイメージが心の片隅に隠されているのではないかという、不思議な感覚に囚われてしまう。特に初めて曼荼羅に対面する時、この感覚は非常に鮮明で、神秘的な共感を呼ぶのは決して著者だけではあるまい。

先ずこれを凝視する時、そこに描かれている仏のいくつかがゆっくりと揺れ始め、自分に問いかけてくるような感覚にかられるのである。この状態を、密教では瞑想法の観法の「入口」と称しているのである。

この瞑想を通じて曼荼羅の世界に近づき、その呼吸の一つ一つが宇宙の玄理の波動となるのである。また吐く息、吸う息と共に仏のイメージが近づくのである。

第二章　合気統覚法の術理

勾玉発光体

《合気》というものは、呼吸法や室内練習だけでは絶対に身に付かないものであり、山行が必要である。

　山岳信仰に身を置いていた先代の宗家・山下先師は、福知山《ふくちやま》（福岡県にある北九州市と直方市にまたがった標高九九九メートルの山）や、それに連なる山稜地帯の英彦山《ひこさん》を修行の場としていた。それには著者自身が屡々《しばしば》同行した事がある。

　この福知山という山は、今日ハイキングコースともなっており、そう高くもない山であるが、山頂まで後五〇メートルという処に急坂があり、そこに差し掛かる処から難所が続いている。著者も例外なく、此処では度々息切れがしたり、急ぎ足で一気に登る故か、よく立ち眩《くら》みがして眩暈《めまい》等を起しかけたものであった。しかし二十代の半《なか》ば、急ぎ足で登っても、今まで起っていた症状が、全くといっていい程消えてしまったのである。

　ある登頂した時の事である。その日は、口では表現が出来ないような恍惚感があった。今まで四苦八苦して登った同じ道が、まるで山道にエスカレーターでも取り付けられたのかと間違う程楽だったのである。そして頂上に到達した時、何とも謂《い》えない清々《すがすが》しい充実感を感じたのであった。

　不思議と全身に、何か訳の分からない、地の底から吹き上げてくる気吹《いぶき》のようなものが漲《みなぎ》ってくるのである。それは気圧の関係かとも思われたし、躰を暖めながら山頂に到達した時点で、毛細血管が開いたような感じだった。更に空を見上げて、澄み渡る大空に叫びたいような気持ちに駆られていた。そこには大空と融合する一体感があったのである。そこは天界と結び付く、融合の境地であったように思われる。

　自然の清々しい精気に満ちた空気が、自《おの》ずと一つになる。そしてそれは喜びに満ちた体験であった。

　自然の精気を感じ、一体感を感じる事は、心と躰が解け合い、躰と魂が融和する事でもあるのだ。自分自身と宇宙との境目が消えていき、温かい熱感が感じられていくのである。呼吸は遅くなく早くなく、深くなく浅くなく、リズミカルな躰動《たいどう》で横隔膜・胸郭・咽喉・舌・鼻から静かに繰り返されている。生物電流の発生が感じられる。そして何よりも安らぎを感じるのだった。

　その時、著者は初めて、自分の手首が普段より大きくなっているのを感じ、右手で左手首を、そして左手で右手首を握った時に感じがいつもと違っている事に気付いた。

　この感覚を掴《つか》まない限り、《合気》という「発気《はっき》」の不思議な力は得る事が出来ないのではないか、という意外な発見をしたのであった。

　更に、この日の回想は続く。山頂で弁当を食べ終わった時、空には青空を箒《ほうき》でサッと掃いたような白い雲が幾筋か見えた。長《なが》の休憩はこれで終わりとなる。また今から想像も付かない山行が始まるのだ。

今度は下りに入る。登って来た道とは違う枝道を抜けて、田川（福岡県田川市）方面に向かった。

下りを進んで行くのであるが、この道は下ったかと思うと、再び登り始めるという高低の激しい道であった。その揺さぶりは苦痛の一語に尽きた。下りと甘く見たのが著者の誤算であった。かなり下まで降りたかと思うと、また再び登り始める。その登りが実に苦しいものであった。そしてこの道は石が露出したり、穴があいていたりして、歩き辛いものであった。

単にハイキング程度の山歩きであれば、ここまで苦痛は伴わないが、山下先師の後をついて歩く事は、レクリエーションの感覚を遥かに上回っていた。先師は天狗のように足が速いのである。同時に著者の躰が、それだけ文明病の贅肉に冒されているという事であった。その為か疲れは甚だしかった。そして息苦しくもあった。

それでも歩くしかなかった。しかし、その状態を我慢しながら歩いていると不思議な事が起り始めた。

急に呼吸が楽になったのである。一種の放心状態だった。足も軽く感じられた。肉体的に格闘したり、努力せずとも、一定のリズムを以て、自然に前へ前へと進んで行けるのである。歩いている事すら意識していないのだ。まるで外界が万華鏡《まんげきょう》の中を覗き込んでいる時のように不思議な色彩となった。やがて目の前が、黄金の光を帯びてきたような錯覚に駆られ始めた。心身が陶酔をしているようにも思えた。そして今まで一度も見た事の無い不思議なものをまざまざと見てしまったのである。頭がおかしくなったのだろうか、という驚きと恐怖を感じた。

周りの景色も違った感じで見えていた。それは確かにすっきりとした覚醒感を覚えるのだった。この陶酔状態で足を進めていると、再び不思議な事が起った。

この陶酔状態の中で、眼の前に勾玉《まがたま》のような形をした紫色の発光体が現われ始めたのである。この発光体は眼を閉じても確認できた。この発光体は腎臓のような対になった形をしていて、紫色の勾玉の形を成した二対なるものは、金色の縁どりが成されていた。実に不思議なものを見てしまったと思った。同時に躰が実に軽かった。

この陶酔状態は約十五分程であったが、発光体は再び現われては消え、消えては現われるという状態を繰り返していた。これが

勾玉発光体の図

合気《あいき》統覚法《とうかくほう》で云う、「勾玉発光体」だったのである。

　著者はこの時、周囲の景色や、心身自体が筆舌に尽くせない程軽くなり、快い幸福感と恍惚感に包まれた事を憶《おぼ》えている。

　これはよく登山家が体験するという、ウォーキング・ハイ、あるいは長距離ランナーが体験するランニング・ハイという《ハイ体験》であった。

　肉体的なトレーニング中心の筋力・スポーツ体験では、殆ど体験できない状態を作り上げるものであった。

　スポーツ鍛練法は、その呼吸法の多くが無気呼吸であり、極度な酸欠と極度な酸過多状態を交互に作り出している。それに比べて、呼吸法を古来より研究してきた古武術は、幽体修行を目的としている為、その呼吸法の中心は有気呼吸、つまり胎児が行っている「胎息」に入って行くものである。

　この勾玉発光体が現われるのは、苦しい肉体的無気呼吸から、無意識の陶酔状態に入る有気呼吸に切り替わる際に起るものである。このメカニズムは単純に言って、脳内の血液量が絶対的に少なくなった時に、人間は光を知覚したり気持ちよさを感じたり、浮遊感覚を覚えたりすると謂われている。人間の脳には、脳への酸素消費量を一定に維持しようとして、神経細胞は酸素を通常より多く摂取しようとする。つまり血管を広げたり、酸素摂取量を向上させて、酸欠状態に陥らないように自動調節を行うのである。毛細血管の回路が通常より多く開かれるのはこの為であり、血液中の酸欠状態に伴って、βエンドルフィンの放出が増加するという働きを持っている。これが正しく作動された場合、万華鏡の中を覗くような感覚を味わったり、眩しいばかりの光の渦を凝視する事が出来る。そしてその知覚が更に敏感になると、宇宙との一体感が得られ、あたかも躰が黄金に取り巻かれているような感覚が得られる。恐らく合気道の植芝盛平《うえしばもりへい》翁が黄金体を体験したのも、このような感覚であったろう。

　しかし、武道のスポーツ的鍛練法は、呼吸の吐納が正しくない為、この状態に切り替わる事が出来ない。吐納法に無理が生じれば、時として極度な酸欠状態を起したり、あるいは酸過多状態を起して、殊に心臓と脳に負担を掛け易い。その為に心臓肥大症（心筋梗塞など）の病因となる。また無理にハイ状態を期待して、過激なトレーニングに励むと、神経系統に歪《いびつ》な幻覚症状が現われ、サイケデリックな極彩色の、万華鏡《まんげきょう》の世界とは違う、時間や空間の捻《ねじ》れた世界が現われる。これは異次元空間（奇門、あるいは鬼門）に迷い込んだ為であり、内因性の幻覚が発生した証拠であり、この世界を奇界、あるいは鬼界という。

　この状態を放置すれば、急性の精神分裂で死に至る事もあるのだ。従ってこれらのスポーツでは、競技を行う前に準備体操をしたり、終了時に整理体操をして、酸素摂取量の調節を行わなければならない。

　これとは逆に、有気呼吸法を主体とする古武術は、一旦この方法を完成させてしまうと、行法が始まると同時に有気呼吸に切り替わり、無意識のうちに脳に酸素を適量分だけ送り込み、心臓への負担を和らげ、疲れを感じないばかりか、快い陶酔感すら感じられるのである。

古武術の奥儀は「無声」である。つまり「気合」を発生させないのである。従って有声の呼吸法である無気呼吸とは異なり、ここに肉体中心の顕在意識と幽体中心の潜在意識の差がはっきりと現われてくるのである。勾玉発光体を体験したのは、著者が二十四歳の頃である。

さて、勾玉発光体を体験するには、日頃から歩く訓練を積み重ねておかねばならない。昔の武士や武芸者が「歩く」事に専念し、日々精進を目指したその目的は、この勾玉発光体を体験する事にあった。

江戸中期以降、世の中が平穏になってくると、武士階級は行政的な役職が多くなり、日々を乱世に合わせて精進するという事を怠り始め、武術の稽古や戦に備えるといった考え方が遠のいて行った。しかし、その一方で危機管理に対する考え方が生まれ、自らを修行するという、「日々に死を当てて生きる」という思想も起った。これらは山本常朝《やまもとつねとも》の口述書『葉隠《はがくれ》』等に見られ、武士の精神構造を、日々の精進に置き換えたものであった。この頃の武士が、江戸から鎌倉まで歩くという行動に出たのも、日頃から足腰を鍛えておく、いざという時の危機管理意識の現われであった。

また歩くという中には、体内に蓄積された余分な脂肪分を燃やし、新陳代謝を盛んにして、呼吸を自然に戻す働きを持っている。

さて体験を得る為の方法としては、先ず一日一キロ（約十五分間）程度の散歩から始めるとよい。慣れるに従い、距離と時間を伸ばし、四キロ程度の距離が三〇分前後の早足で歩けるようになったら、次に山歩きへと切り替える。山の高さはさほど高くない山でよく、標高一〇〇〇メートル前後の山が適当であろう。

休みの日などを利用して日帰りで、最初は一日じっくりかけて登る事である。この山行を半年から一年程度経験する事によって、足が山道に馴染《なじ》み、また歩く速度は次第に速さを増す。同時に自分自身でも、出来るだけ速く歩こうとするように心がける。つまり一日掛かっていた上り降りの道のりを、半日程度で行き来するように心がけるのである。しかし、呼吸の乱れるような、息遣《いきづか》いの荒くなるような登り方をしてはならない。急ぎ足であっても、その呼吸法は深呼吸に近いような状態を維持しながら、速くもなく、遅くもなく、リズミカルに、横隔膜・胸郭・咽喉《のど》・舌・鼻腔から、息を制御しながらゆっくりとした呼吸法で登山と下山を心がける。そして常に呼吸が整っていなければならない。

呼吸が整っていなければ、快い振動が脳に伝わらないからである。歩き方にも一定のリズムがなければならない。このリズム感がβエンドルフィンの放出を容易にするのである。

注意点は、山行きの場合、山頂で食事となるが、その食事の量は出来るだけ少なめにし、酒や煙草は禁物である。

これを半年から一年間程度続ける事によって、勾玉発光体を体験する事が出来る。また体験者の報告によれば、その体験は登山の時よりも、下山の時の方が圧倒的に多いようである。

毛細血管の回路を開く

勾玉発光体の体験と同時に、毛細血管の回路を開く開発訓練も山歩きと同時に行うとよい。

通常人間は、訓練を行わない毛細血管の回路網は約二〇〇前後といわれている。しかし、訓練する事によってこれを約五倍の一〇〇〇程度にまで増やす事が出来る。

一番効率の良い方法は気圧差を利用する事で、それは標高一〇〇〇メートル前後の山の登山で達成する事が出来る。

山岳信仰が登山に求めるのも、実はこれらの勾玉発光体の体験や回路を開く為の開発訓練であり、それは同時に不老長寿の法として、古くから秘伝とされてきた。

人体は「先天の気」と「後天の気」を合体させる事によって生きられる仕組になっている。「先天の気」は成長や発育などの根本的な生命力であり、これに飲食物の栄養素である「水穀の気」と、呼吸に必要な酸素、即ち「天空の気」とを合わせ、生命活動を維持する活力を「後天の気」としている。また「先天の気」と「後天の気」が合体したものを「真気」と呼び、この本質たる真気を更に開発していくと「神気」となる。

普通「真気」は約二〇〇前後の毛細血管を流れているが、その真気を開発すると、毛細血管の回路網が約五倍の一〇〇〇程度にまで増やされ、真気はやがて「神気」として体内に気血の運行が行われる。この神気は脳は勿論のこと、手足を巡航してやがて丹田に集結を始める。この集結が起ると、丹田を中心にして暖かいような、熱いような感覚が起り、その熱感は次第に躰一面を覆うようになる。最初の段階は制御が利かないが、修練を積み重ねることによって自在に躰の一部分へと送る事が出来るようになる。つまり丹田を中心にして、手首に送ったり、腰や膝に送ったりする事が出来るのである。これは山行きを続けた状態で、約二～三ヵ月程度で習得する事が出来る。

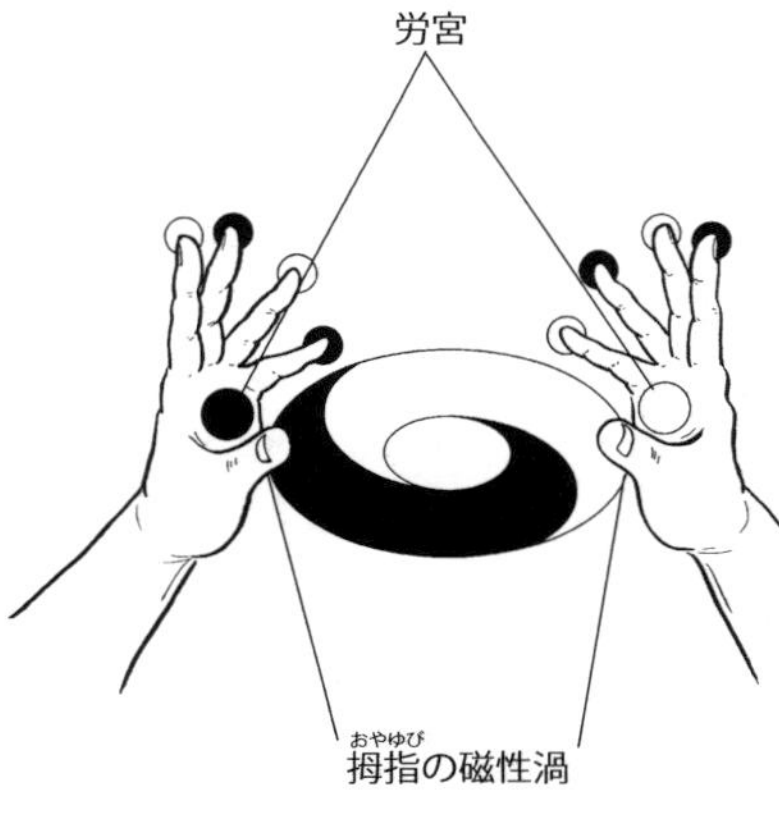

指先と労宮に現われる磁性

呼吸法その他については、勾玉発光体の体験と同じであるので、此処では詳細を避けるが、注意点を付け加えるならば、杖等を持たず、手に何も持っていない恰好で登山・下山をすることである。荷物は総て背中に背負う方が良い。また登り・下りの際には、両手の指を朝顔の花びらのように閉じたり開いたりして上り降りすると、毛細血管の回路が早く開発されていく。この開発が高まるにつれ、気分が爽快になり、腹部にかなりの熱感が感じられる。その熱感は直ぐに掌《てのひら》に伝わり、手首が一回り大きくなったように感じる。

　また、この開発がほぼ完成した頃に、掌と指にはっきりとした各々の境目が出来、例えば右手の労宮《ろうきゅう》には磁性としての正（S）極が現われ、左手の労宮には負（N）極が現われる。また指にも拇指《おやゆび》（この指は磁性渦に従う）を除く、右手指頭には人差指が負、中指が正、薬指が負、小指が正となり、左手指頭には人差指が正、中指が負、薬指が正、小指が負というような、はっきりとした磁性が現われる。

周天法

　周天法のサイクルは次の通りである。

①文息（四四九頁参照）によって先ず丹田に意識を掛ける。陽気の発生を意識する為である。

②思い切り息を吐き出し、肚をへこませ肛門を吊り上げる。これを三～四回程度行う。

③意識を丹田に掛け、呼吸を等均等の武息（四四八頁参照）で行い、その呼吸に合わせて、下腹部を膨らませたりへこませたりして、肛門を絞め上げる。

④呼吸は武息を行い、泥丸《でいがん》から丹田に意識を送る。暫くすると下丹田付近に陽気が発生する。

⑤呼吸は武息を行いつつ、吸う時は長く、吐く時は短い呼吸を繰り返す。これを繰り返しているうちに陽気が下腹部を中心にして縦の循環で回転をし始める。その回転は腰の裏の命門部分迄拡がって行き、命門の部分をはっきりと意識する事が出来る。

⑥この時、丹田から更に奥まった処に真丹田（臍下三寸、更にそこから裡《うち》側に三寸の位置）を感じ、真丹田から会陰《えいん》迄のコースが開け、更に命門までのコースが開け、泥丸から命門をはっきりと意識する。

⑦呼吸は武息を行いながら、吸う時は長く、吐く時は短い呼吸で、丹田、会陰、命門を意識しながら陽気が更に上に上り続けて行くことをはっきりと意識する。

⑧やがて陽気は玉枕《ぎょくちん》に達し、玉枕で温養を行い、更に泥丸温養

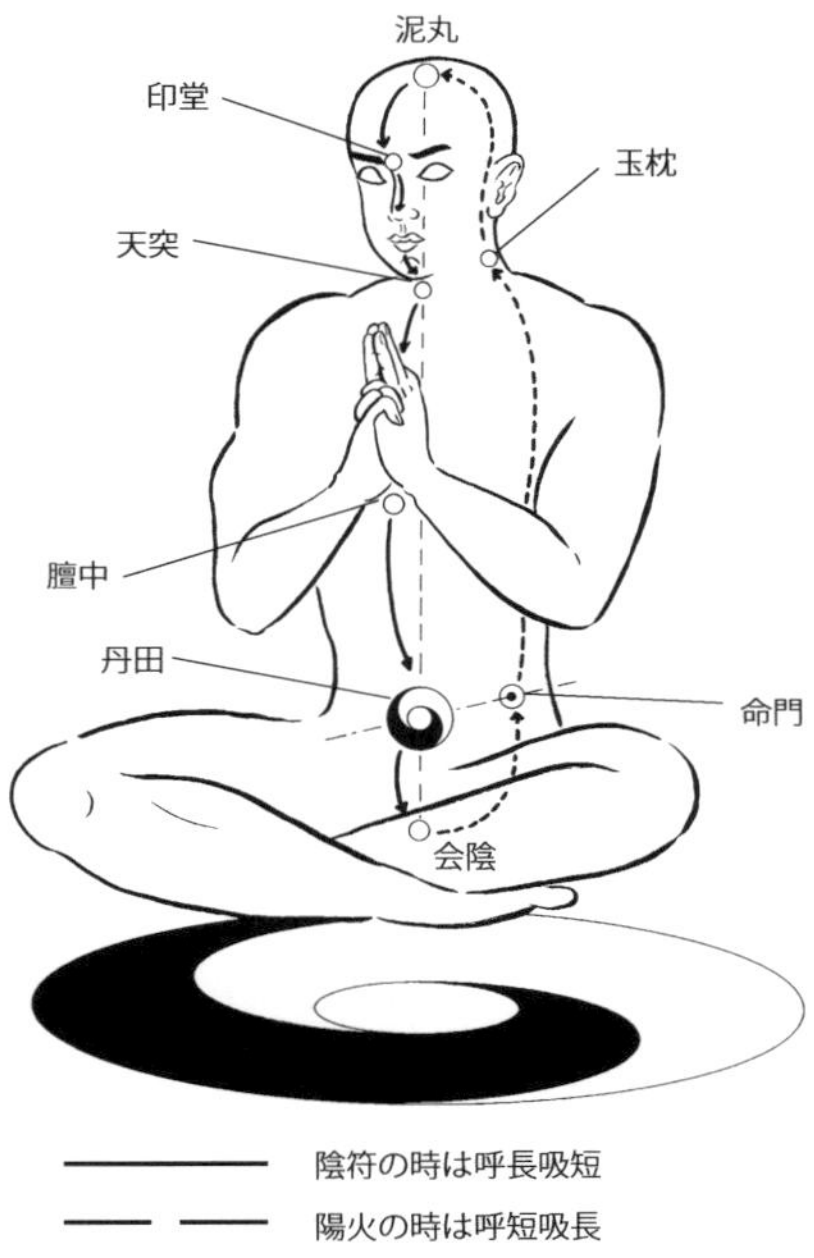

小周天のサイクル図

へと至る。
⑨泥丸の頂点に迄達し、温養をした後、陽気が下り始めると、呼吸は文息に切り替わり、吸う時は短く、吐く時は長く行う。更に陽気は下がり印堂、人中天突へと下がって行く。
⑩呼吸は吸う時は短く、吐く時は長くの文息を行いながら、次に膻中《だんちゅう》温養に入る。陽気が膻中に至る途中、人中から天突に達する訳であるが、この時、胸につかえるような感覚を感じるが、慌てずにその儘にしてしていれば、自然と陽気は下へ下がって行く。
⑪呼吸は、文息で吸う時は短く、吐く時は長くを行いつつ、膻中から丹田へと繋がるように意識する。
⑫同じ文息を行いながら、陽気は膻中から丹田へと繋がり、丹田と泥丸が結び付いて、はっきりと丹田を意識する事が出来る。

　小周天で温養する箇所は命門、玉枕、泥丸、膻中、丹田の五箇所であるが、温養箇所を減らしても構わない。小周天は最初は武息で行ってもよいが、慣れるに従って、文息で行う事が好ましく、温養、進陽火《しんようか》、退陰符《たいいんふ》の総てを武息で行うのが理想的であり、これがやがて大周天の登竜門となる。

統覚法

　これは覚醒を感知する法である。先ず静坐をし、眼を半眼に開いて一メートル程先を静かに眺める。この場合、閉眼すると心の中に様々な雑念が現われるので、精神統一の妨げとなり、眼はあくまで半眼にするのが正しい。これは端から観れば閉じているように見えるが、黙想状態にあるので、最初は心には様々な動きが現われる。

　さて、静座して姿勢を正し、腰骨の強化を行わなければならない。この場合、胡坐《あぐら》での坐りは腰骨に負担が掛かり歪めるのでよくない。静坐が最も良い。

　先ず、腰骨を垂直に立てる為には、一番目に尻部を後に引き、二番目に腰骨の中心を前に突き出す。三番目に下腹に圧力を掛け

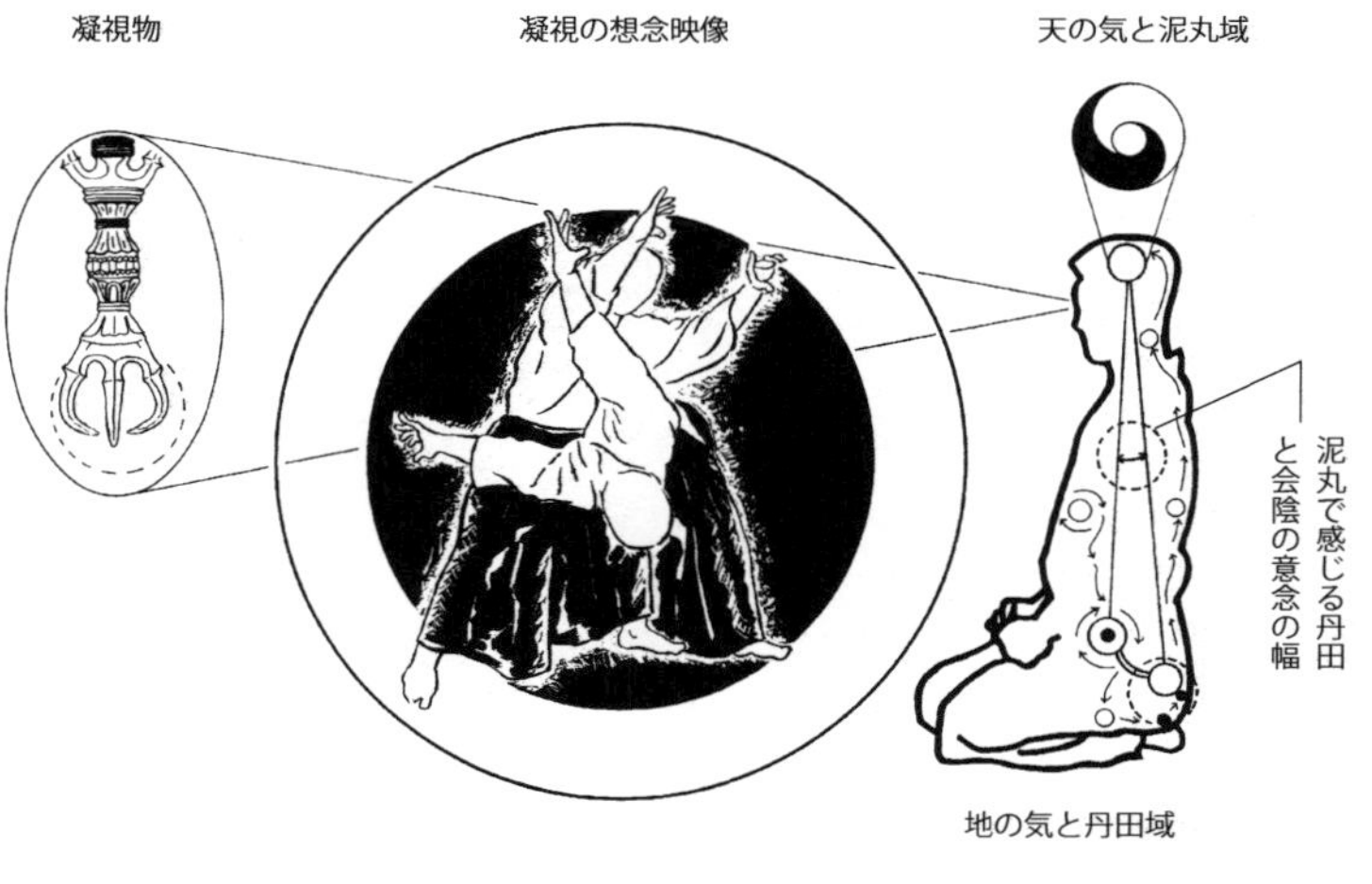

統覚法の図

るように力を入れ、やがて真丹田（経絡《けいらく》で謂う丹田であり、真丹田はこの部分より裡側に三寸、更に下がって三寸の処にある）が意識できる。此処の意識が出来たら自分の意識としては腹圧を緩め、力みを止める。しかし、一旦力の集中が起こると、後は自然に力の集中が起こり、無意識状態でも此処が意識できる。この時の感覚は、総ての体内の力《りき》みが此処に集中し始めるので殊に上半身が楽になり、心の中に落ち着きが生まれる。

日々これを繰り返すことによって、極めて効率の良い精神統一が行われるので集中力がつき、持続力が強まってくる。その上、判断力や洞察力が明晰となる。この行を「静坐法《せいざほう》」という。

さて、静座法が一通り完成したら次に「統覚法《とうかくほう》」に入る。統覚法は丹田に気を集め、それを鎮める事によってこの付近に陽気が発生し、その起こった陽気を利用しての神経反応を自らが自覚し、覚醒するという行法である。先ず吐気から始まりゆっくりと吸気が行われる。次に再び吐気が行われ、その後に吸気を行う。この間隔は約十秒交代で行われ、「吐く時は重たく、吸う時は軽く」である。これを繰り返した後に、横隔膜の上下とあわせて生物電流が発生し、静座法で半眼の儘、覚醒状態に入る。

周天統覚法

覚醒状態を意識した儘、真丹田付近に集まった陽気を体内の正中線に沿った任脈《にんみやく》と督脈《とくみやく》の経絡上を使って、陽気を循環させる。この周期は周天法と同じように行い、瞑想状態に入る。眼はあくまで半眼の儘を維持し、命門で温養を感知し、次に会陰部で温養を感知する。会陰部の温養感知は難しく、腹圧調整を行わないと肛門筋が死人のように緩みすぎて大便を漏らすことがあるので、やはりこれは半断食（消化の悪い植物繊維の食べ物で、蒟蒻《こんにやく》等であり、一日一回夕食のみに玄米と梅干一個を合わせたものを食べる）状態での試みが好ましい。大便を垂れ流すのではないかという事ばかりに心が動いてしまうからだ。この状態を一週間程行ってこれに入るとよい。

さて、周天統覚法が完成すれば、毛細血管の回路が普段のときよりも数倍に開かれるので、躰全体に熱感を感じ、殊に下半身が熱くなる。逆に上半身は冷たくなり、殊に頭が冷えて頭脳明晰となる。肚《はら》の裡側から勇気が漲《みなぎ》り、同時に行動的あるいは実践的な感覚が得られる。肚が坐り、躰全体は軽くなるのだ。

合気統覚法

この行動的かつ実践的な感覚を以て合気統覚法に至る。

合気統覚法は一・五メートル離れた梵字を凝視する方法である。これ自体は月輪観《がちりんかん》に非常によく似ている。月輪観と異なるところは、月輪観が裡側の瞑想であるのに対し、合気統覚法は外側の意識が覚醒され、行動的で実践的な状態に至るということである。

それは陰湿で陰気な部屋の中に居た者が、部屋の中に太陽の陽気を差し入れて、心がはずみ、爽快になって外へ出て行こうとする陽気になった感覚である。

梵字の凝視は二～三〇分で、周天統覚法の状態を作りながら陰陽が和合して陽に転ずる覚醒を覚える。

さて、これを実行する最も適当な時機《とき》は、月の「朔《さく》」と「望《ぼう》」の翌日の日の出の時機であり、部屋の中で、あるいは野外で静坐してこれを実施する。陰と陽が交わり、これが陽に転ずる事を「合気」と謂い、毎月合気は朔と望の翌日に絶好調を迎える。つまり毛細血管の回路が開き、躰に軽快さを感じるのである。躰が軽くなり、空間に躰が「浮かぶ」という不思議な感覚に至るのである。

吾《わ》が西郷派大東流では、朔と望に行う合気統覚法に、独特の口伝があり、「天師道《てんしどう》」なるものがある。これは一般に謂われている「房中術《ぼうちゅうじゅつ》」の一種である。この源は中国の養成思想が齎《もたら》したもので、春秋戦国時代から漢代後期（紀元二十五年頃まで）に掛けての道教に起こったものである。天師道は陰陽和合について説かれ、例えば男女に於て「交会《こうえ》」を行っていい時期とそうでない時期を定め、陰陽が相争うときは是を避け、殊に旧暦の五月は夏至を含み、旧暦の十一月は冬至を含むが、この時期は陰陽が相争うので交会は避けなければならないとある。この両月は陰陽が夏至と冬至で極まり、それは同時に陰陽が生じる月であるから、その前後五日間は交わりを避けなければならないというのだ。しかし、両月を除く朔望月の前後は、月の精気を貰い受ける時機であり、多いに行うがよいとある。同時に合気統覚法は、この朔望月に合わせた翌日の太陽行法で、体内に統覚を覚醒する行法である。

空中飛行術

切り立った岸壁の前に立ち、その遥か向こうを凝視する。暫くすると、その空間の中に、躰が融和していくような感覚に陥る。大空への無限の自由を感じ、草木の一本一本にすら一体感を感じる。日常性から掛け離れ、大自然の中で不思議な気分に浸る。そして天地を自在に行き来する。

様々な超常的な能力を獲得した仙人・陽勝《ようしょう》は、このような生きた密教を身に付け、大空に舞い上がったのではあるまいか。陽勝のエピソードには山林修行の述懐が多くある。

陽勝の『伝奇譚《でんきたん》』によれば、

「山中に入って五十余年、その間『法華経』の功徳によって、自在に天地を行き来し、飛行の術を身に付けた。自在に仏を見、自在に法を聞く事が出来るようになった」とある。

陽勝の伝説には屡々《しばしば》飛行術が登場する。この空中を飛行する術は、密教では文殊菩薩《もんじゅぼさつ》を祀って行う修法や、毘沙門天を祀って行う修法がある。

密教僧であった陽勝は神仙道にも通じ、秘符を服する事で飛行準備を整え、静思《せいし》する事で空中に浮上し、念じる事で一日四万八千キロを瞬時に移動したという。これを「乗蹻《じょうきょう》の法」といい、他にも、空鉢や空瓶に食物や水を満たす術も出来たという。

密教は、ある意味で道教の呪術や仙道などにも結び付き、日本独自の修験道として発展しながら、またその一方で、古神道にも深く結びついていった。そしてこれらの超常的な能力は、脳のメカニズムから解明すれば、一種の「臨死体験」あるいは「誘拐」（日本では古来より「神隠し」と謂われた）等に非常に類似しているのである。

これらを「内なる宇宙（内観宇宙）」から考えれば、陽勝の一日に四万八千キロを瞬時に移動したというのは、外側での飛行ではなく、実は内なる宇宙、つまり己の内部に起こった臨死体験や誘拐と同じような、自身の脳の裡側を飛行したのではあるまいか。

第三章　敵の波調を狂わす術理

唸波

波動エネルギーを以て同じ種類の動物に影響を与えようとする場合、それは同じ種類の波動エネルギーでなければならない。それは丁度電波を狂わすのに太鼓の音をもってしても無理というのと同じである。従って生命体の波動を狂わせる為には、生命体の波動と同じ種類の波動が必要である。

さて、波動は周波数によって構成されている。生命体には固有の周波数があり、固有の性質機能を持った生命現象が存在する。この固有の周波数を崩すには同質の波動で、その周波数を狂わすしかない。その同種類の波が「唸波《ねんぱ》」である。

唸波を発する場合、生物の波動の周波数と微《かす》かに異なる周波数の唸波を作り、この波動を生物に加えてやれば、生物本来の波動は崩され、狂いが生じるのである。

調伏法等で行う真言はこの唸波を、ある種の周波数で空中に飛ばし、唸波の振動がその調伏しようとする者の脳に入り込み、その生活機能のリズムを狂わし、不健康な状態やミスを誘って、ついには死に至らしめるのである。唸の伝達は、口を巧みに動かし、その真言の意味を敵に悟らせず、またその音量は高からず、低からず、太からず、細からずの唸を以て敵の言霊中枢へと侵入する。

唸波は単に特定の周波数を発するのではなく、脳の中枢に入り込んで、「精」や「気」の主である「霊」に直接影響を与えようとするものである。

陰陽師

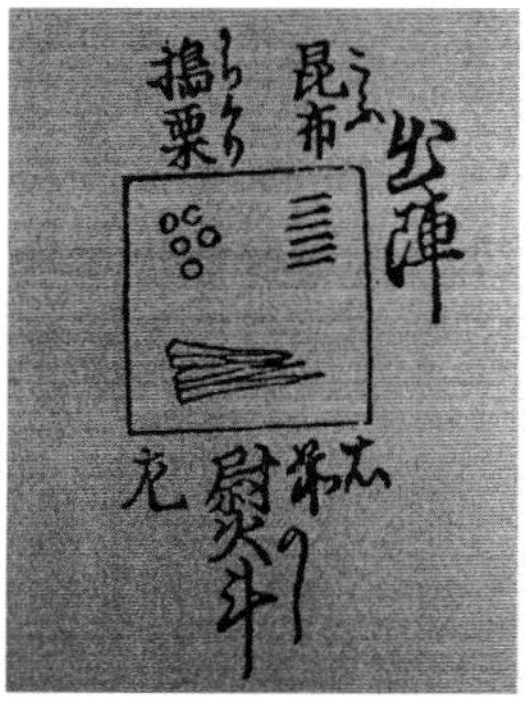

呪文

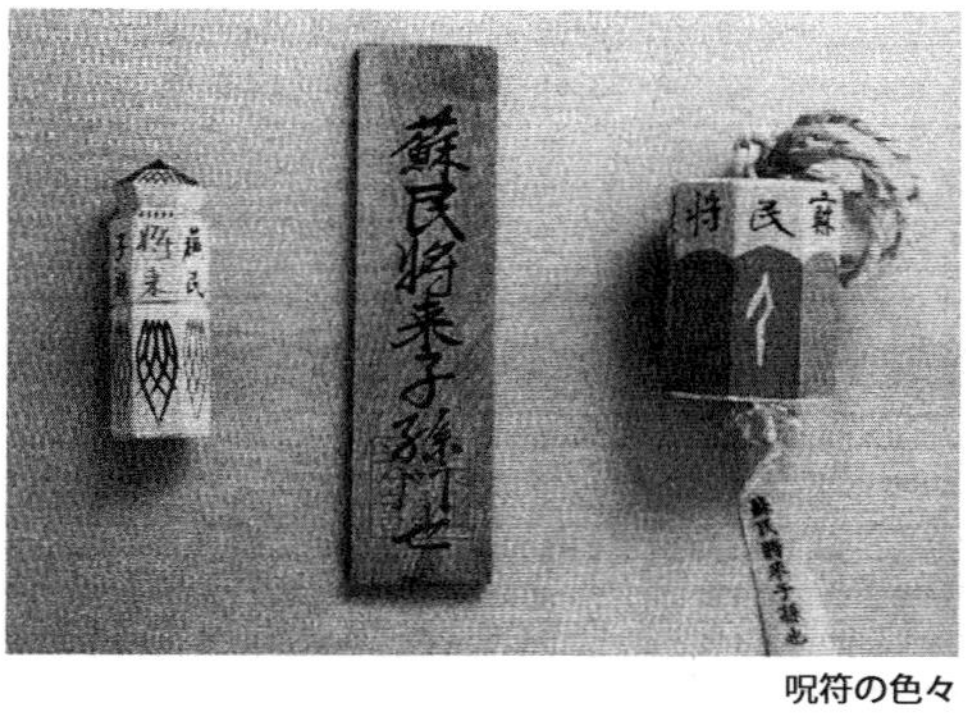

呪符の色々

幽玄と睨みの術

敵を睨んで倒す、これが即ち「幽玄」の実体である。幽玄とは虚無の事であり、虚無とは形のないものを謂《い》う。色もなく、声もなしというのが、幽玄の世界であり、その虚無の表現法が、即ち「睨《にら》み」である。

睨みは敵の眼を睨むことで、その睨みが敵の不注意を誘う。蛇にじっと睨まれた小鳥や蛙はその恐怖から混乱を起こし、最後には自ら蛇の口に中に飛び込むと謂われている。人間も動物も勝負の場に於て、これと同じ愚行をすることがある。

太刀合い等の勝負で、敵と正対し、睨んだ末に敵が打ち込めば、その敵は自らの腕前を恐怖心から披露した事になり、それ自体で腕前が悟られてしまう。また剣は構えただけで敵の人格や人間性が分かり、その心までが読み取れるのである。道場での稽古上手は、試合に於ては勝負の駆け引きから強さを発揮するが、実戦となるとからっきし駄目な場合が多い。所謂《いわゆる》小手先だけの駆け引きやコンビネーションの小賢《こざか》しい技は、実戦とは大いに異なると謂う事である。また睨みの術に弄《もてあそ》ばれる事も多い。

さて、睨みの術の修練は、最初は動物を対象に行うのがよいであろう。例えば犬とか猫等である。先ず強そうな犬や猫を相手に睨む事からはじめる。しかし睨むといっても、恐い顔をして睨むのではない。眼を微動だにせず睨み据えるのである。

眼は動物を睨んだ儘《まま》、足は摺《す》り足の要領で近づいて行く。この時、初心者は万一の事を考えて木刀（材質は薩摩木刀か琵琶木刀が最適）を手に持つとよいであろう。右手に木刀、左手に白い手《て》拭《ぬぐい》を垂らして持ち、動物に近づくのである。じりじりと追い詰めるように近づき、打ち据える事よりも睨み付ける事が目的であるから、犬猫等の動物が飛び掛かってこない限り、木刀は使う事がない。右手に木刀、左手に手拭、そのうえ睨み付けるのであるから、当然動物側は吾《われ》の眼、木刀、手拭の三点を見る事になる。左右の手は下段の構え、あるいは垂らした儘で近づき、左右の手は決して動かしてはならない。充分に適当な距離（動物が一気に飛びつける距離）まで近づいた時、手拭を静かに振るのである。その振っている手拭に動物が眼を移せば、それで動物は負けた事になる。大方は尻尾《しっぽ》を巻いて逃げる形をとる。しかし、逆に睨みを無視して飛び掛かってきた場合は、睨みが足らず、場数を重ねて修練するしかない。

睨みの術は、睨んだだけで敵を倒す事を謂うのである。従って、ほんの纔《わず》かでも眼を逸《そ》らせば敗北となる。更に睨みの根底の中には、一条の光芒にも似た殺気が備わっていなければならない。

攪乱之術

秘伝の業には視覚失調や運動機能や、その平衡感覚を喪失させる術がある。

この術は、基本的にはフェイントでの心理的な状態のバランスの崩しにあり、例えば敵の眼を指で突く、敵の脇腹（章門《しょうもん》＝肋骨の突起部分にあり、突かれると激痛が走る）や腸骨《ちょうこつ》を指で突く等であり、敵の倒れまいとする防禦心理を瞬間的に利用する方法である。

その時敵は、自己防衛本能から自身で死角を作る事になり、術者はこれを巧みに用いるのである。当身で謂う「仮当身」等が、これに入る。

だが、これは姿勢を正常に保とうとする姿勢反射を利用しただけで、四肢と筋肉の緊張を利用しているに過ぎない。

つまり敵の動きが術者によって方向を変えられ、敵はそれに逆らって反対側に動こうとした力を強めただけで、それを利用すればある程度の技は掛けられるが、単にこれは「崩し」の一種に過ぎない。

さて、「攪乱《かくらん》之《の》術《じゅつ》」は、心理的なフェイント状態を更に進めて、「術」によって、敵の隙を誘う。

通常人間は筋肉にある種の力が働いて、緊張している時は反射的に素早い行動が起こせるようになっている。しかし、これが極度の緊張を繰り返すと、今度は逆に隙となって、自らの死角を攻められる事になる。更に頸動脈のある部分を点手《てんしゅ》（大東流点穴《てんけつ》術で使う独特の指の突き方。詳細は拙著『合気口伝書第八巻』を参照のこと）等で軽く圧迫すると、今度は居眠りをはじめてしまう。つまり敵は運動催眠に陥る訳である。

生命体は絶えず変化を繰り返しており、然もその変化の中で状態を一定に保たなければならないという正反対の行動が働く。また一方に動くと反対側に修正されて、元に戻るという波動的な変化が起り、躰が動いている場合も、また静止している場合も、所謂動的平衡状態になっているわけである。

例えば右に動けば左に戻るという動作が繰り返され、筋肉の釣り合った収縮とたわみが繰り返され、それに指令を与えているのは脳である。脳にある種の刺激が加われば、時として痙攣《けいれん》発作が現われ、これが条件反射の要因となる。この痙攣は脳全体の一種の混乱状態であり、一時的な視聴覚障害を起すのである。

これらは視覚追認によって認められる。例えば聴覚に障害のある登山者が、転落事故を起こす事があるが、これは眼の前に物が飛んで来たり、鳥が猛烈なスピードで横切って行った場合、あるいは単にそれらの事を頭の中で想定した場合等で、この状態に至った聴覚障害者は崖淵《がけっぷち》に立った場合など、転落事故を起こす事がある。これは正常な者でも充分に考えられ、一種の運動催眠である。

秘伝としての「攪乱之術」は、これを更に進めた術である。その一つは言行呪文を唱え、その声が、近くに居ながら小さくなり、遠くに居ながら大きくなるように発する独特の発声法を用いて、敵の遠近感を狂わせ、上肢に影響を与えて、同時に催眠に陥れるとするものである。これが「上肢攪乱之術」あるいは「閉眼之術」である。この発声法は神呪を唱えながら、洞窟の中で音が和音し、何かに共鳴するような感じで発声する。

またもう一つは、視覚に影響を与えて、敵に意識の判断を狂わせ、眠りを誘い、下肢を不安定な状態にして、ついには閉眼転倒するのである。これが「下肢攪乱之術」あるいは「開眼之術」である。この場合、額下方の印堂《いんどう》付近から神呪を唱えて霊波を送り、口から音声を発してはならない。その口の形のみを敵に見せつけて、神呪の念を送り付けるのである。それと同時に敵に梵字で書かれた呪符を見せつけ、当惑と混乱を誘う。

このように脳は言葉や図形化した文字と密接に結び付き、それを耳で聞いたり、マイナス要因のある種の形を提示する事で、人間の脳機能は平衡を失ってしまうのである。

この術法は、更に奥の「摩《ま》利《り》支《し》尊《そん》天《てん》之秘術」として極秘伝に含まれ、左に毘沙門天、右に摩利支天を降神させ、神呪を唱えて敵の意識を狂わせる。左右各々に手印（火と水を現わす印）を分離させ、「印の結びとは逆の動き」を行って、敵の波調を狂わせ、運動神経の回路を閉じさせるのである。また左右は陰陽によって入れ変わり、火と水は交互に現われる。（口伝）

写真左下は、大東流二人取り足胡坐の業である。大東流の固め業は、固め取る業の形を重んずるものではなく、固業の極め迄に持って行く事が重要であり、いくら固業の「形」を模倣したところで、真言を唱え、敵をその形にまで誘導できなければ、その固業の形は全く無意味のものとなる。

また「伏せ」の術も心得ておかねばならず、「伏せる」という事は自らの「伏せ行」を以て、敵も「伏せる」事であり、同時にこれは「木《もっ》剣《けん》武《ぶ》技《ぎ》」に発展する。

大東流・足胡坐の術は、「上肢攪乱之術」と「下肢攪乱之術」が合体したものであり、それは同時に大東流の秘伝とされる「摩利支天之秘術」に繋がるものである。

木剣武技

武術の真の目的は「道《タオ》」の信仰ではなく、自らの心の律し方を

呪符による足胡坐

剣印呪文による足胡坐

剣印呪文による足胡坐
踏みの裏側のアップ

大東流二人捕り足胡坐

通じた精神統一にある。

精神統一は、単に躰に負荷を掛け酷使したり、スポーツ的に反復練習させ、筋力やスピードを養成するだけでは達成できない。また「道」を信仰したところで、精神統一の目的は果たされず、不必要で無理な反復練習が躰を痛め、老化を早める結果となるばかりではなく、精神の集中力を散漫にして、動物のように落ち着きのない精神状態を作り出してしまう。従って鎬《しのぎ》を削るような激しい動きの中に「動中に静」は訪れず、益々心をかき乱し、精神統一を鈍化させる状態に陥るのだ。

さて、木剣武技であるが、木剣（木刀とは異なる）の中心課題は精神統一であり、木剣は木片を武技の代用として真剣に劣らぬ道具に仕立て上げる事にある。

木剣は修験道《しゅげんどう》の世界で開発されたものであり、精神統一をする事で木片を真剣に劣らぬ道具に仕立て上げ、襲い掛かる敵の真剣に対峙したものであった。

修験道では、修験者が敵に襲われた場合、その武器の代用として用いられたものが木剣という木片であった。この木片は落ちている木の枯れ枝や木製の御符等であり、これを武器の代用として用いた。また数珠等を用いる事もあった。

遠近術

遠近術は肉眼による「眼」から起る錯覚と、実際の物の長さを眼の錯覚によって短く見せたり、長く見せたりする幻覚を利用した錯乱之術の一種である。この錯乱の目的には、先ず第一に「間合の読み間違い」が挙げられ、次に「大小の間違い」、「長さの間違い」、そして最後に「場所の間違い」が挙げられる。この「場所の間違い」は、遠近術で自分の居る場所が、光や方向感覚を狂わせられる事から分からなくなり、一体自分自身がどのような状態であるのか、あるいは何処に位置しているのか、それらの悉《ことごと》くを狂わせる術である。

これに陥ると、遠近の感覚ばかりでなく、時間の観念が薄れ、無気力に陥って、堂々巡りを行う。また、時には疑心暗鬼から激しい慟哭が起り、錯乱状態となる。それは人間の本能で闇夜に夜間の歩行を行った場合、歩行する周辺を回転運動する、あの恐怖の行動に似ている。一旦これに陥ると、錯覚を錯覚と見破る事が出来ないのである。

蔭を討つ

蔭《かげ》とは「影」であり、それはまた「陰《かげ》」でもある。

一般に、影と謂えば、物体の影や生物の「影法師《かげぼうし》」を指すが、形あるものはまた月や太陽の光を浴びて、陰陽の裏側に影を放つものである。姿あるものはこの影に制約を受ける。

また陰は、陽の当たらない処、見えない処を指すが、これは本来肉眼から見てその場所を指すのではなく、陰陽の真半分の境目から陰に移行したその部分を指すのであって、これは陰に移行し、陰から陽に移行するまでの、円の真半分の位置を指すのである。

この真半分の総てに当たる位置が「陰」、即ち「蔭」である。

この蔭には「陰の満潮」と、各々入口と出口付近に陰の「始まる時機《とき》」「終わる時機」がある。

陰の満潮はその蔭を撃つ絶好の時機で、その時機を頂点の軸として用い、運動視覚の失調を招く。

人の躰には各々に蔭を示す「時機の仕掛け」が施されており、この仕掛けを巧みに利用する事で、視覚や運動機能に障害を与え、攪乱させるのである。

この時の視覚障害や運動障害は、眼の前にあるものが遠くに見えたり、遠くに見えるものが近くに見えたり、小さなものが大きくなったり、大きなものが小さくなったりする視覚障害をはじめ、運動障害の失調に於ては動いているものが止まってしまったり、止まっているものが動き出す、あるいは動けそうで動けないというような状態に至らしめるのである。つまり妖術の一種であり、被術者の幻覚を誘うものである。

その他にも薬草を用いて敵の飲食物に混ぜ、これを騙《だま》して呑ませて、視覚障害や運動障害を起こさせる術がある。これを「薬術」という。

この修法は、自らが滝や激流の河などに出向き、それを凝視してその水の流れを止めてしまうものである。実際の現象として物理的に水の流れを止める事は出来ないが、水からの心像化現象によってこれを止め、その止まった状態を凝視して、これを心に焼き付ける訓練をする。現世の物理現象は静から動へ、動から静へ、繰り返し移動を行っている。また陰が極まれば陽になり、陽が極まれば陰になる。その極めと極めの隙間に物体が静止する空間があり、それとは逆に物体が動き出す空間がある。どちらの空間も、微視的視野から見れば「静止」であり、前者は動きからの静止であり、後者は動き出す瞬間であるが、まだ静止した状態で動きには至っていない静止である。厳密に謂えばその空間では物体は止まった状態であり、要するに此処に「蔭」が存在する。所謂、術を掛ける「汐時《しおどき》」であり、これを「陰の満潮」と称し、蔭を撃つ瞬間なのである。

この静止の蔭を見極めて、今度は攪乱之術で会得した上肢攪乱、あるいは下肢攪乱の各々の術を敵に送り込み、視覚若《も》しくは運動神経系統に障害を与えるのである。

古伝は、眼明きに「開眼之術」を使い、盲に「閉眼之術」を使えとある。しかし「蔭を撃つ術」は眼明きや盲に一切関係無く、敵の身体平衡感覚維持機能を狂わせて、一時的に中枢神経のバランスを不安定にし、脊髄神経作用、前庭知覚作用、前庭知覚反射に影響を与える術である。

脳のメカニズムは簡単に謂って、左脳半球は意志活動に属し、随意運動、言語、思想等の分析活動や自由意志活動を司り、右脳半球は計画的な運動が不得意であり、この為音楽的、絵画的、幾何学的な創造性の分野や空間的な平衡を司るのである。

このように右脳と左脳では各々に役割があり、これは最初から固定されたものであり、入れ換わる事はない。従って、これらの特異性を逆利用するのが「蔭を撃つ術」である。また、これは「薬術」とともに「隠し武器」等を用いる事もある。

曾《かつ》て著者は、度々我が家を訪れた武田《たけだ》時宗《ときむね》先生から惣角翁の隠し武器について話を聞いた事があるが、晩年の惣角翁は躰中至る所に刃物や針を隠していたという。他人が近寄ろうものならそれを突然出して来て、「刺し」の術で攻撃をしたという（刺しの技法は手形を用いて重要急所を刺すだけではなく、脇指や鎧通《よろいどお》し、匕首《あいくち》や針鈎や鈎縄等を用いて、大東流点穴術を実践する技術もあった）。これら武器は大東流の蔭を撃つ術として使われていたのではないかと思われる。また、この用心深さが武術家としての人生を全うし、八十六歳という長寿に繋がったものと思われる。

昭和 56 年、著者宅を来訪した武田時宗先生（写真右）
著者（中央）の後方は、現関東方面指導部長の進龍一師範

著者の歓迎に応えて乾杯を行った武田時宗先生（写真右）

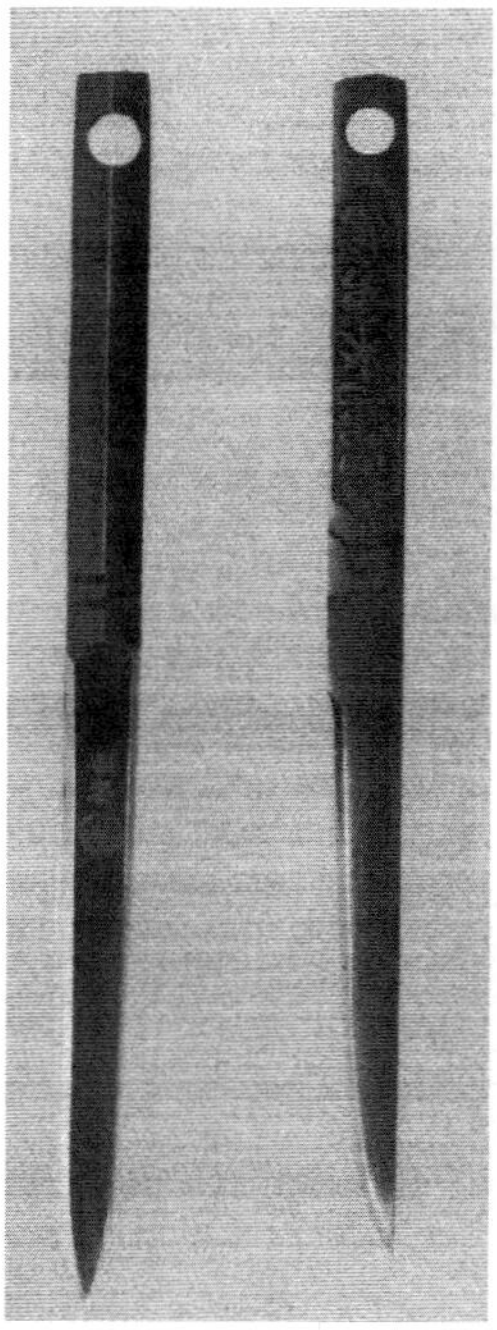
小柄

十字手裏剣

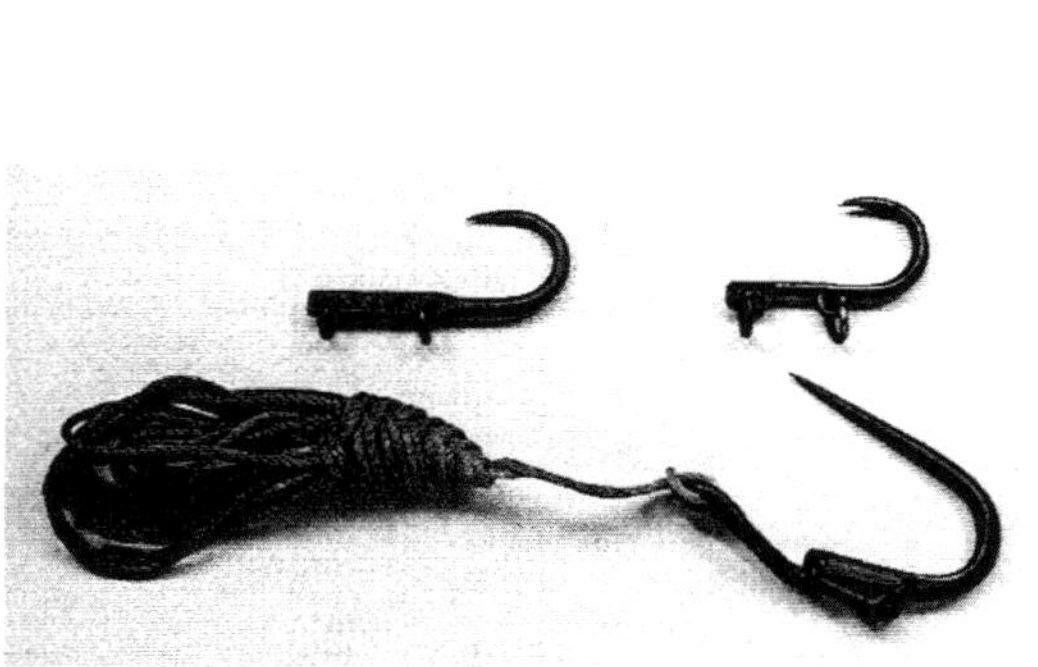
鈎と鈎縄

大東流で用いる隠し武器の数々

第四章　潜在脳の開発

右脳の秘密

人相学では、「脳の延長は顔」であり、「顔の延長は脳」とするのである。

日本人の顔は、一般的に平面的な顔が多いと謂《い》われている。顔が平面であるという事は、思考や発想も平面的で、抑《そもそも》脳の構造自体が平面的であるという事になる。二次元平面思考では、奥行きを想像する事ができず、これでは全体像は掴《つか》めない。従って三次元立体思考よりは劣る。此処が日本人の致命的欠陥である。

立体的、空間的思考能力は、既に明治初頭から始まったその教育制度の中で奪い去られていたのである。従って物事を多角的に、複眼的に全体像を把握しようとする三次元立体思考能力は、退化の一途を辿り、極めて乏しい民族に改造されてしまっていたのである。

その為、世界の歴史がどの様に動かされて来たか、政治や戦争や文化までが、何の目的を以て変貌を遂げて来たか、正面から見る事はあっても、側面や裏面から見ようとはしないし、またそのような能力をもち合わせてないので出来ようもない。日本人は明治維新以降そのように、思考回路自体を百年以上も封じ込められてきたのである。気怠い豊かさの中で、飽食と享楽的生活に酔い痴《し》れて、一次元や二次元の思考で本当の幸福はつかみ取れるものであろうか。

ここに右脳開発、即ち、三次元立体構造の思考能力、欲を言えば多次元思考能力の開発が急がれるのである。

では、この右脳開発はどうする事によって得られるのであろうか。先ず身体を動かし、特に末端部分を運動させる事である。

例えば、小さくは噛《か》む（顎《あご》の筋肉を動かし、食事の時に脳に刺激を与える）、指先を精密（器用）に動かす、呼吸によって横隔膜の上下運動を行う、腹を思いきりへこませる、手の指や足の指を思いきり開く、手足の関節の節々を捻る等である。

また大きくは、左右に旋回をしながら歩く（右旋回及び左旋回を各々回数を決めて行う）、前後の受身等の回転運動を行う、呼吸の吐納に合わせて体を左右に大きく捻る等である。これらの運動を怠れば、脳の機能は左脳だけとなり、肉体は活性化を失い、記憶的なものだけに固執されてしまう。特に呼吸法は最も重要視されるのである。

大脳生理学によると、人間の脳は右半球と左半球とではその役割が大きく異なり、元々左脳は意識の伝達、言語機能、観念構成、概念認識、時間感覚、算術機能、細分機能等であり、右脳の持つ潜在意識、非言語的絵画性、幾何学的空間図形認識、視聴覚の詩的音楽的想像性等、それらを統合的に総括する創造力の分野が欠けている。

しかし、明治維新以降の日本の教育制度はどうであったろうか。この多くは左脳の開発に使われ、特に言語機能や算術機能の育成のみにその多くの比重をかけたのではなかろうか。即ち、「記憶力」

の分野のみ重要視して、大学入試から公務員試験や企業の就職試験に至るまで、全てそのような能力のあるものを優秀とみなし、逆に「創造力」の基盤であった非言語的形態を蔑《ないがし》ろにし、無視し続けてきたのではあるまいか。つまり近代社会は、全てが西洋一辺倒の脳の左半球のみを躍起になって育成してきた人間達で世界の歴史が作られ、世界の経済が牛耳《ぎゅうじ》られてきたという事になる。

そして近代以降の科学的思考方法は、全てが脳の左半球の思考方法であったのである。計算や理論で人間を弄《もてあそ》び、一握りの左半球の頭脳優秀者のみが、尊敬の的となり英雄視されてきた事になる。現在でも時代を先取りする先覚者の間で、右脳の開発が叫ばれているが、概《おおむ》ねは微力であり、依然左半球中心で、創造力の基盤である潜在能力は無慙に封じ込められているという、明治以降の教育の延長上にあるのである。人間に最も必要な能力は「創造力」である。言葉を換えれば先覚的な「先見力」である。

これが封印されるとイメージ能力が失われ、想像はおろか、空想すら出来なくなってしまう。即ち「勘」が鈍り、あるいは働かなくなるのである。これは人間的退化である。

では、これを更に分かり易く解説してみよう。

左脳は「記憶力」を中心とする書物に書かれた事を読み取り暗記する「知識の開発」であり、右脳は過去に起こった諸々の経験や体験に基づいて創造性と洞察力を巡らし、これに「勘」という、第六感的な霊的能力を付随させて直感力や先見力を育成する「知恵の開発」である。

記憶力や暗記力は、理論的な計算や言語機能が中心である為、緊急な状況判断に迫られた場合、記憶の中に保存された知識の検索に時間がかかり、直感的超常現象の恩恵に預かる事が出来ない。即ち、知識として持っていた情報過多が混乱を招き、一貫性のない状況判断をしてしまう事になりかねないのである。つまりアナログ平面上の円盤に保存された平面思考のような結論しか出せないと言う事になる。宇宙は前後左右上下に幅と厚みを持つ。即ち、時間的空間的立体的な複合構造をしているのである。従って、これに共鳴するのは立体思考の発想力である。

知恵とは立体思考から発したもので、直感力、即ち、「勘」が未来や遠隔地で起こり得る映像を把握するのである。

しかし残念ながら、西洋科学一辺倒の信者の中には、これらを根拠のない迷信として片付けてしまう近代科学の信奉者も少なくないのは事実である。

それにも増して、最近は道義《モラル》が更に低下している為、男女の貞操観念も著しく低下した。特に青少年の男女はこれが甚だしい。忍耐力も洞察力も極めて薄く、思考力は現在の教育制度が欧米式に準じている為、左脳の開発が中心で、中には無理な学閥社会の犠牲になって、言語や計算や概念のみが強調されて、人間育成の立場から見れば伸び悩みの状態にある者も多い。

潜在意識を使う立体的、図形的、創造的、思考能力は全て右脳に委ねられている。その能力の伸び悩みは、「楽を知って、苦を知らない」現代人のような人種を作り上げた。

軽薄な一時の戯れに現《うつつ》を抜かし、破廉恥な行為をして何の憚《はばか》る事もなければ、既に人生は終わっているのだ。一時の性交の快楽遊戯は、結婚前の人工流産に繋がり、やがて麻薬等による薬物投与による快楽を追い求めるようになる。これらは自覚症状があっても、ブレーキがきかないから実に始末が悪い。

過去の歴史を振り返ってみても、これらに属した人間が、どのランクに位置されてきたかを見れば、果たして幸福であり得たのか知る事が出来よう。

さて話を元に戻せば、右脳に何らかの多くの秘密があるのではないかという結論に達するのである。

ミッドアルファ波

「顔は脳の延長である」という、この法則の根底を探ってみる事にしよう。

人は男女を問わず、一日一回は鏡を見て自分の顔の輪郭状態や色等を確認し、今日一日の自分というものを想像する筈である。多くは朝起きて、洗顔や歯磨きの時に、鏡に映った自分と対面する筈である。しかし、鏡に向かう目的は、概《おおむ》ね髪型を確認したり、目の充血の度合いから健康状態を確かめたり、化粧の載《の》りを確認する程度で、真剣に鏡の中の自分と対話を交わす事は少ないであろう。だが、ここが問題なのである。もしここで鏡中の自分と対話し、毎日のその習慣が良き運勢を作るとしたら、顔は良い方に移行するのではないか。

例えば、鏡に映った自分に、このように話しかけてみてはどうであろうか。

「おはようございます。今日一日元気で頑張ります」、あるいは「毎日ご苦労さん。今日もよろしくお願いします」等の自らを労《ねぎら》う言葉である。また名前を問いかけて、自らの存在を確認してみる事も、人生を知る手がかりとなる筈である。また鏡を見ながら将来の自分の姿を描き、人生設計のイメージを投影させるのである。これを『御鏡拝《みかがみはい》』という。

さて、自分の存在を意識し、自らを労うとどのような事が起こるのであろうか。

これを大脳生理学から解釈すると、α《アルファ》波制御《コントロール》をしているという事になる。それも最も右脳の働きを助けると謂われているミッドα波を作り出しているという事になる。鏡に向かって自分自身にモーニングサービスをするという事は、心を安定させ、整理されて、歓喜に溢れ、清々しい気持ちにしてくれて、最良のミッドα波が出てくるのである。

その遣《や》り方は調息呼吸法（規則正しい深呼吸による腹式呼吸）で、呼吸の吐納を整え、心を最良条件《ベストコンディション》の状態に持っていくのである。つまり「身・心・息」の三つを調整し、ミッドα波を作り易い状態に置き換えるのである。

呼吸は人体生理学から言うと、呼吸の吐納によって肺が空気中の酸素を血液に摂取し、栄養分が酸化されてこれが生命維持エネルギーに変換され、疲労物質が次々へと更新されていくのである。

呼吸の吐納は抑《そもそも》吐く息の中に体内の老廃物が含まれており、それを吐き出す事で老廃物の一つである炭酸ガスが排出されるのである。この老廃化された炭酸ガスを充分に吐き出す為には、吐納の浅い呼吸では更新のエネルギー交換が行われず、不完全燃焼を起こし易く、また吸入の際にも摂取される酸素量が少ない為、酸欠状態に陥って、頭脳は活性化が行われない。

要するに浅い呼吸は老廃物が体内に蓄積された儘、有効なエネルギーも得る事ができずに、脳の活動は不活発な状態に陥るのである。肺の空気の入れ替えが不十分であれば、血液の養分の補給が必要である。呼吸の吐納を深く行えば酸素摂取量は増大し、体内の老廃物は大量に取り除かれるばかりでなく、深呼吸する事で頭脳は最良の状態が作れるのである。そして裏の命題から吟味すれば、「脳は顔によって作られている」という事も言えるのである。

呼吸と心の関係

さて、頭脳に最良の状態を作り出す呼吸の吐納を紹介しよう。この吐納のポイントは『吐く時は口から細く長く重たく吐き出し、吸う時は鼻から静かに軽く、頭のてっぺんに吸い上げるようなイメージで吸い上げる』と言う事である。これを毎日五分程度行えば頭脳は最良条件になり、ミッドα波を作り易い状態になる。「脳の延長が顔である」の定理に従えば、頭脳の最良条件は、顔まで作り替えてしまうという事になる。

言葉を換えれば「悟人はミッドα波を作り出せる状態」になっていて、理解力や洞察力に優れ、呼吸を制しているのではないかと思われる。これが知的思考人間の創造の作用である。

この創造の作用を更に探究すると、神経と内分泌との関係が浮かび上がってくる。

この関係を肺呼吸から説明すると、自らの意志で行う運動神経系と、無意識に働く自律神経系の内臓器官に及ぼす生命維持活動である。

呼吸は自分の意志で操作しながら行う事が出来るが、自律神経系の内臓器官は自分の意志では操作する事ができない。しかし、肺呼吸自体もそのやり方を調整し、操作方法を変えれば、意識から始まって、無意識の世界へと導く事ができる。此処に至れば全てが無意識のまま自然な状態で「心の安定」を保つ事が出来る。そして呼吸は、人に「合ったり」、「合わなかったり」する。

武術の精進や、日常生活の至る所には「掛引の呼吸」と謂うものが存在していて、そこには目に見えない世界が支配している。この世界が「心の安定」の世界である。心が乱れれば呼吸も乱れ、また心が狂えば呼吸も狂い、やがて周囲は邪気で満たされてしまう。これから考えても、「呼吸」が如何に重要であるかという事が分かるであろう。

即ち呼吸は、自律神経や交感神経のみに関わっているのではなく、副交感神経（鎮静作用を起こす神経）に深い関わりを持ち、安定したミッドα波を作り出す状態にしてくれるのである。そして深い呼吸がミッドα波を作り出す条件でもある。

例えば人前で何か話をする時でも、心の不安定から上がって、冷静さを失い心臓がドキドキする時でも、暫く深呼吸をすればこれが治まってしまう。この事から考えても、呼吸が心と何らかの関係を持っている事が分かるであろう。「呼吸を制する事は心を制する」事なのである。

人体に脳は三か所ある

人間の脳が左右に分かれている事は先に述べた通りであるが、右脳（イメージや創造や感性の世界を司る）、左脳（記憶力、暗記力や言語的及び理論的思考を司る）に合わせて、人体には潜在脳と謂われる処がある。潜在脳とは一般に「丹田」と言われる処である。

この「丹田」と謂われる潜在脳は、腹部付近の太陽神経叢《たいようしんけいそう》という処にあり、臍下《せいか》三寸、更に奥に三寸の処にある。此処は別名「気海《きかい》」とも呼ばれる場所で、その文字からも伺えるように気を蓄える膨大な貯蔵庫となっている。そして此処は右脳と同じようなホルモン（ドーパミン、チロトロピン、β《ベータ》エンドルフィン等）を出し、独立した中枢を持って人間の持つ潜在能力に大きな寄与をしている。

此処は右脳より遥かに奥深い潜在意識を有し、未知なる霊的深層意識を司っており、ミッドα波制御には欠かせない大切な場所なのである。そして宇宙の波動と共鳴する場所でもある。此処を開発する為には、表面意識である左右の意識脳と潜在脳との封鎖された回路を開いてやり、霊的深層意識が表面意識に伝達されるようにする必要がある。但し、此処はβ《ベータ》波の時は回路が閉ざされてしまい、ミッドα波になって初めて回路が開かれる。従ってミッドα波を出せるかどうかで、封鎖された回路を開く事ができるか否かが決まってしまうのである。

ここで、回路が閉じた儘ではどうなってしまうか考えてみる事にしよう。

浅い呼吸や、いつも苛立っていて不安や恐れがある状態では、ミッドα波は作り出せない。作り出せないばかりではなく、最も有害とされるβ波が増加し、交感神経を極度に刺激してアドレナリンという厄介な恐怖分泌液が出てきて、体中を汚染し始めるのである。この分泌液に汚染されると、副交感神経は次第に抑制されていき、胃腸の働きが鈍り、神経性胃潰瘍《いかいよう》の状態に陥る。更に内分泌線系のホルモンの働きが不活発になり、病原菌に対する免疫細胞の免疫力が低下して、癌、性病の感染、精神障害、心筋梗塞や高血圧や糖尿病等の成人病等の病気を発病し易くなる。つまり免疫力が悉《ことごと》く低下して、発病の種々の原因を作るのである。更に身体のみに止まらず、精神の範囲にまで侵入してきて、否定的になり、消極的になる。

また、他人の幸福な状態を羨《うらや》んで不幸感や劣等感に陥り、更には全ての人が敵に思えてきて被害妄想に陥ったりする。

この事から分かるように、内分泌液と精神作用は密接な関係にあるのである。これを無視していては、いつまでたっても幸福にはなり得ないのである。

意欲的かつ積極的な行動に出て、幸福感に満たされる為には、先ず封鎖された回路を開く事が先決である。

潜在脳の開発は同時に、右脳の活性化にもつながり、呼吸によって精神状態を安定に保つ事ができれば、脳に鎮静作用を起こすドーパミン、βエンドルフィン等の分泌が盛んになり、鬱積《うっせき》していたストレスは即座に解消され、積極性を高めて新たな力が沸き起こってくる。

さて潜在脳の開発法を紹介しよう。

先ず正座して『脳内浄化法』を行ってみよう。脳内浄化法は脳の活性化と潜在脳である丹田の開発を同時に行うものである。

脳内浄化法による呼吸法は、体内に残る炭酸ガス等の老廃物が含まれた古い空気を、口から一度思いきり吐き出して、次に鼻か

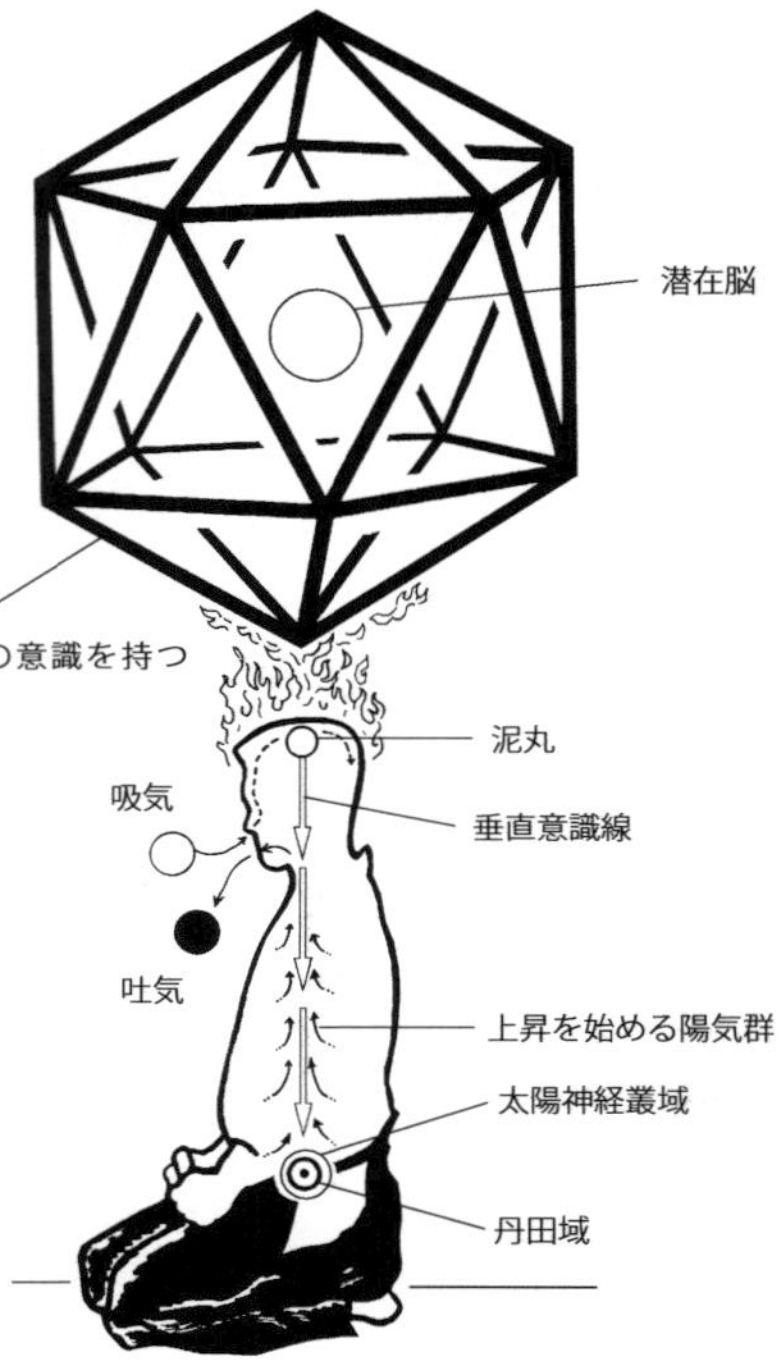

潜在脳の構造

らゆっくり吸い上げて、深く息を吸い込む呼吸法である。浅い呼吸は酸素摂取量を少なくしてしまうので、充分に吸い込む事が肝腎である。

深呼吸とともに今度は頭を上下に動かし、これを五分程繰り返す。次第に呼吸の周期は規則正しくなり「心の安定」が得られたら、次に呼吸法を腹式呼吸から逆腹式呼吸に変える。逆腹式呼吸とは『丹田呼吸』の事であり、腹式呼吸が息を吐いた時に腹がへこみ、息を吸った時に腹が膨らむのと逆に、逆腹式呼吸は息を吐いた時に腹が膨らみ、息を吸った時に腹がへこむという、一ランク上の呼吸法である。これに頭の上下運動を加え、十分程繰り返す。

この終了と同時に『御鏡拝』を行うのである。

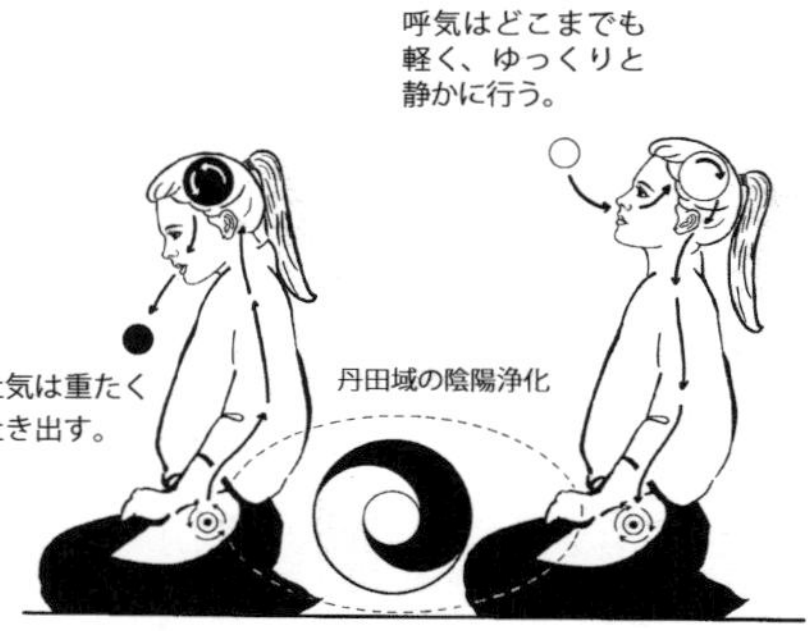

脳内浄化法

御鏡拝

人生の法則に一つに、「心に描いた事は実現される」という法則がある。御鏡拝はそれを具体的にイメージし、人生に描いた理想像にむけて着実に近付ける方法である。

鏡の中で近未来の自分の姿を描いてみよう。先ず鮮明に具体的にイメージする事である。

鏡に映った自分は、自分であって自分でないのである。言わば分身であって、そこに映るものは自分の姿をした、もう一人の自分である。これを客観的に見て自分の幸福な姿を鮮明に具体的にイメージ化して、凝視するのである。

映っているのは自分の分身であるから、最初は対面して挨拶をする事から始めよう。そして問い掛けていって、労《ねぎら》いの言葉や将来の人生設計について話してみる事も大切な作業である。

これを毎日繰り返していけば、「心の安定」が得られ、脳波はミッドα波になっていく筈である。

しかし、ここで注意しなければならない事は、御鏡拝は一種の「菩薩行《ぼさつぎょう》」である為、悟り途上の過程であり、「外面如菩薩《げめんにょぼさつ》　内面如夜叉《ないめんにょやしゃ》」という密教の教えより、外側に現われている顔は菩薩のように穏やかで優しいが、その内面は一日のうちで六道輪廻《りくどうりんね》を繰り返しているので、有頂天になったり、地獄を徘徊して夜叉のようになったりして、その本性である形相《ぎょうそう》は鬼にも例えられるのである。従って「上求菩提《じょうぐぼだい》　下化衆生《げげしゅじょう》」に向かって努力しなければならないと説く。これによって心は安定し、波調はα波になるのである。

因みに、不安や恐怖や悩みで心が掻き乱されている時はβ波、寝ぼけたり寝過ぎて頭が惚けている時はθ《シータ》波になる。また、寝過ぎは脳の血液を酸性化させる汚染物質となるので要注意である。規則正しい就寝時間を厳守し、睡眠時間は四〜五時間とするべきであろう。これ以上は寝過ぎとなるので、逆に睡眠不足の状態に陥り、身体がだるくなって寝覚めが悪くなる。即ち、θ波（仮睡《まどろみ》状態で意識ははっきりしない）の状態になっているのである。またθ波は悪循環を伴って、邪気で澱んだβ波を作り上げてしまうのである。

さて、御鏡拝は時間的には朝方が適当で、日の出と同時に行うのが最も良い。日の出は地域的に若干異なるが、夏は午前四時から五時、冬は午前六時から七時が適当であろう。

そして、鏡の前の自分には快適なイメージを与えなければならない。例えば、朝方の清々しい風景や幸福感溢れる自分自身をイメージする事である。これがミッドα波に変換させる「呼び水」となるのである。

この呼び水を以て、プラス思考の意識を潜在意識の中に植えこんでいくのである。この潜在意識の中に、自分の人生に描いた理想像を克明に植えこみ切るか否かで、その明暗が別れてしまうといっても過言ではない。人生の出発は「一日の最初に何をイメージするか」で決まってしまうのである。イメージこそ潜在脳を制御する唯一の方法なのだ。

左旋回及び右旋回の徒歩運動

直径二〜三メートル位の円を頭の中で描いて、床の上を十回交代で左右に旋回する徒歩運動である。

さて、人体に必要なカルシウム摂取量は大人で八〇〇グラムと謂われているが、牛乳をただ呷《あお》ったり、小魚を無理に口の中に押し込んだだけでは、骨に定着しない。骨に定着させる為には、「腰・膝・足」を充分に動かし使う事である。

人間の老化は足から始まると謂われる。足が弱れば身体全体が弱り、自律神経に異常を来し、頭も正常でなくなる。頭が、即ち脳が正常な状態を保たなくなれば、顔も正常な状態から掛け離れて、左右いずれかに歪んだり、醜い状態になってしまう。醜い顔では幸福になれる筈がない。醜い顔は不幸感を呼び寄せ、やがてそれが募って劣等感をもたらし、否定的なイメージで心を支配させてしまう。そうなれば呼吸すら整える事ができず、潜在意識制御など、夢物語で終わってしまうのである。

さて、この方法は直径二〜三メートル位の円を頭の中で描いて、左右に十回交代で旋回しながら、呼吸に合わせて徒歩を繰り返すのである。

因みに右回りは地上からの浮上を意味し、左回りは地中に向かって潜り込み沈下していく事を意味する。台風と竜巻をイメージしてもらえればよい。

手はだらりと下げ、手の指先と足の指先のみに気力を集中して、朝顔の花びらのようなラッパ状にパーンと開くのである。足の指の間には四箇所、地上からの吸入口と、足中央部の「足心《そくしん》」といわれる「勇泉《ゆうせん》」という経穴《ツボ》の、併せて五箇所から地上に撒布《さんぷ》している気を集める。更にこの集めた気は、出口がなければ体内で充満し停滞して淀んでしまうので、これを流し続けなければならない。これを流し出す出口が手の指の間の四箇所と、手の中央部にある「労宮《ろうきゅう》」と謂われる経穴である。

「地の気」は、足から入ってきて、手もしくは顔から出ていくのである。そして残りの一部が呼吸で吸収した「天の気」と混合し、人体の中心である丹田に納まって潜在脳開発を行うのである。

潜在脳開発

意識の制御は、自律神経の制御でもある。即ち、呼吸と体温を制御する事である。息が詰まり、むせてしまうような無理な深呼吸ではなく、楽で自然に則した規則正しい深呼吸によって、ミッドα波を作り出すのである。

先ず、左旋回及び右旋回の徒歩運動を行いながら、丹田に意識を置いて、「太陽神経叢が暖かい」と念ずる事である。念ずるだけではなく、肛門の括約筋を開いたり閉じたりして、腹の方に吊り上げ、熱感を具体的に意識するのも良い方法である。

この方法は太陽神経叢の部分の塊に想念を置き、意識しながら暖める事である。やがてその熱は足先の方まで伝染していく。そして膝から下が暖かくなるのである。これは痛風や足首が固まってしまう半身不随の疾患の予防運動も兼ねているのである。

因みに、太陽神経叢の由来は、太陽が光冠《コロナ》を放射する形に似ている為で、臍下三寸（下丹田）の付近には種々の内臓が分布されており、これら内臓を制御しているのが神経叢なのである。

先ず此処を暖めながら、次に上丹田の額もしくは眉間の中央にある「印堂」に神経を集中して、纔《わず》かな風の流れや物事の移り変りをこの部分で関知する訓練をする。目を閉じていても背後の気配を感じたり、あるいは季節の変わり目をこの部分で感じようと、微量なものでも嗅ぎ取るのである。それらの感覚が感じ取れるようになったら次に、古典の「頭寒足熱」の故事に従い、「印堂」付近に涼しさを感じ取る訓練をする。

左旋回及び右旋回の徒歩運動を行う際は、姿見程度の鏡を見ながら行うと姿勢の歪みや、今まで気づかなかった歩く際のおかしな癖等も発見でき、同時に顔の状態等も確認できるのである。これを『大鏡拝《おおかがみはい》』という。

左右に旋回しながら自分自身の姿を見て徐々に修正していくと、「心の安定」が得られ、熱感と共に快い陽気（横隔膜の呼吸の上下運動で得られる生物電流）が沸き起こってきて、それが体内を巡って循環を始める。更に額、若しくは「印堂」付近に爽やかな涼しい風が吹き込んでくる。この状態に至った時、大量のミッドα波が発生しているのである。

太陽から発生したエネルギーが自分自身の活力に変換され、潜在脳の回路はONに切り替わり、深層潜在意識であるインスピレーション（大宇宙の知恵）が引き出せるのである。

恒温動物としてのヒトの脳の構造

脳幹の真上には行儀よく並んだ視床《ししょう》が存在する。その下部には塊があり、それは上部に向かって左右に分かれている。これが一塊になって下に垂れ下がったものが視床下部《ししょうかぶ》と下垂体《かすいたい》である。また視床の後に小さな粒として存在するのが松果体《しょうかたい》である。更に視床の外側を囲むように廻り込んで、下に潜り、次第に太さを増しながら前方に戻ってくるのが海馬《かいば》である。

さて大脳辺縁系というのは脳幹に並ぶ古い脳であり、爬虫類ではこの辺縁系が脳の大部分を占めていた。これは嗅覚《きゅうかく》を司る処で、匂いの処理を行っていた部分であり、生物が進化するにつれ、やがて匂いは重要な情報から遠ざかって行く。これに代わって海馬のすぐ傍にあった扁桃体《へんとうたい》が情報処理に参入し、辺縁系にとって代わる。

扁桃体は五感や内臓感覚を受け取って、入手した情報が自分にとって有益か無益かを判断する。つまり情動の発現に関与し、有害無害を判断する。扁桃体の裡《うち》側には側座体《そくざたい》が位置し、情動を運動に変換させる部位である。

さて爬虫類は変温動物であり、ヒトは恒温動物である。この両者の違いは、ヒトはいつも体温や血圧が変化しないが、爬虫類は温度変化によって変化が現われ、情動に波が生じる。しかしヒトの場合、間脳《かんのう》が様々なホルモンを分泌していて、体内の調節を絶えず行っているから、自身で躰を守ったり、子孫を増やそうという本能が働く訳である。そしてこの本能的な働きはこの間脳が作っているのである。
　また間脳は視床や視床下部、下垂体や松果体と言った部位で構成され、視床は外部から入ってくる総ての情報を選《よ》り分け、大脳皮質へと伝える中継点である。その真下にあるのが視床下部で、此処はホメオスタシス（＝homeostasis　血液中のホルモン濃度を一定量に保つ体液の恒常性）を調節する自律神経機能の中枢部である。これによって体温や血圧の調節、食欲の満腹中枢の制御や代謝の調節、その他に性的な欲求や感情の調節も行っている。これは下垂体に指令を下して、様々なホルモン分泌を制御しているのである。

　このように視床下部が多くの働きをするのは、恒温動物としてのヒトの脳の特徴で、此処に神経の中枢が集まっている核を成しているからである。
　さて下垂体は先に述べた通り、視床下部からの刺激を受けて様々なホルモンを分泌する場所である。またその後にある松果体は、外界の光の量や、天体の周期運動に反応して、時間の感覚や環境による情報を受け取り処理している処である。また松果体からはメラトニンというホルモンが分泌されていて、この分泌量は昼間に少なく、夜間に多く分泌されている。これによって人間の一日の活動周期が制御されているのである。殊に満月の夜には、様々なホルモン分泌量が多くなり、毎月これを修行の頂点として、大東流では「月の妙」が行われる（次章「月の妙」参照）
　十七世紀のフランスの哲学者デカルト（Rene Descartes　近代哲学の祖で解析幾何学の創始者）は人間の脳に注目し、殊に松果体に注目した。彼は大脳皮質や大脳辺縁系は左右対称に存在するのに、松果体だけは真ん中に一つだけしか存在しない、これは脳と心が別物であると考えた訳である。彼は心が松果体に作用して、脳を制御《コントロール》しているのではないか、という脳と心、心と魂の区別を定義付けたのである。これは今日に至っても難解な問題であり、科学者の多くは以降の定義付けに苦悶しているのが実情である。
　さて統覚法では、「心」が松果体に作用して、「脳」を制御しているという説をとりたい。

脳の運動支配と感覚支配

　人間には意識（＝顕在意識＝有意識）と潜在意識（無意識）が表裏一体の関係で重なり合っている。前者は類催眠や運動支配や感覚支配を司り、後者は主に記憶支配を司る。また前者は運動神経系や感覚神経系や自律神経系が中枢から末梢、末梢から中枢までの再体制化をなすものであるが、潜在意識が各神経系に侵入した場合、記憶支配のみに留まらず、感覚支配や運動支配にまで及び、それが意識から解放されれば自由感を体験する事が出来る。その自由感は自己の実現の為に必要なチャンネルセットが行われ、記憶支配から様々な組み合わせが可能となり、重感あるいは軽感、温感あるいは冷感を暗示する事で、感覚神経系で受けた刺激を運動神経系に伝え、その運動神経系の働きで進退・転身の動きを、敵の実感感覚に合わせて無意識運動を行う事が出来る。これが先に述べた霊的反射神経である。

脳の機能は領域を広げ、能力を開発する訓練をすれば、筋肉の不随意筋（一般には動かせないと謂われるが）までを動かす事が出来、また身体器官を記憶支配から再学習して引き出し、脳の活動指令に有効な働きを加える事が出来る。

例えば、背中で人の気配を感じたり、またその動きすら克明に感知し、あるいは耳朶《みみたぶ》や、足の薬指や小指等を動かす事も出来るのである。つまり脳に今まで知らなかった動きや感覚を覚えさせる事が出来るのである。

脳の内側にある二つの内観宇宙観

多くの人が宇宙を考える時、宇宙というものは無限であり、無《む》界《げん》の無限界自然を想像する。では何故、宇宙は無界ではならないのか？　このような問いに応えられる人は殆どいない。単に感傷的な、あるいは情緒的に、旧態依然の知識に従って、暗い固定観念からそう思い込んでいるに過ぎない。

宇宙が物理的現象の実在として存在するならば、これは絶対に有限でなければならない。物理的実在が無限である筈はない。初めがあり、終わりがあるのだ。そんな事は誰にも想像がつく筈であるが、それにも関わらず、やはり無限だと信じてしまう。それは何故か。

これは頭の中で、あるいは自意識の中で無限の宇宙が反映されているからである。

この固定観念は日常的状態を脱しえず、それは丁度輪廻《りんね》の輪の中に引き戻される、あれに似ているのである。しかし、これを解脱する事に成功すれば、今までの日常的状態から抜けだせて、非日常的状態（人神合一＝悟り）に至る事が出来る。この非日常的状態は、武術を志す者にとって必要不可欠な要素である。旧態依然の日常観からは、何一つ進歩が望めないからだ。

非日常的状態とは一種の変性的意識状態であり、端的に言えば「悟り」である。悟りの要素は、気付く事であり、感じる事であり、この場合、自分と宇宙との一体感を知覚する事なのだ。

「宇宙は一点に回帰する」これは宇宙観的な集束論である。これを左右分離した別々の脳で観た場合、左右は各々別々に異なる宇宙が映っている事になる。

人間には左右の脳が存在し、普段は左脳の働きで日常的状態に置かれている。そして右脳の知覚は殆ど開発されない儘手付かずで、映像が映らず、無慚《むざん》に眠っている。しかし、右脳を開発すれば、右半分にも宇宙の存在を認める事が出来る。二つの脳に二つの宇宙が映るのである。その二つの宇宙にはやはり二つの脳を持った自分が映り、その各々にはまた二つの脳を持った自分が映る筈である。この二つの脳に二つの自分が映り、更にその各々の脳にはまた同じように二つの脳を持った自分が映り、更にそれが永遠と続く。つまり有限の中に見る無限である。

この無限は一体どうなるのか。つまり点に回帰する零次元に向かう訳である。だがこれが零次元に集束するかといえば、そうではない。限りなく零次元に近づくが絶対に零にならないのである。所謂《いわゆる》フラクタル次元であって、零への回帰に向かう方向には向かい、ただ複雑な集束には至るが零にはならないのだ。此処に連続し、宇宙と反映する自己があるのだ。この両者は何処までも響き合い、そして反映しあって対応関係が続き、宇宙を合一する二つの各々に感じる内観宇宙が開けてくるのである。

脳の進化

人間の脳は時代を追うごとに、古い脳の上に新しい脳を、段階的に付随させて進化してきたと謂われている。つまり生命の根源である、意識や呼吸を司る脳幹を根幹とした爬虫類《はちゆうるい》の脳幹に、その進化を示す記憶や、情動を司る大脳辺縁系、更には創造性を司る大脳新皮質の三重構造になっていると謂われる。人間の精神分野が、「知」「情」「意」の三重構造で構成されているのはこの為であり、最外郭の大脳新皮質は大脳辺縁系に還り、大脳辺縁系は脳幹に還元される構造をなしているのである。

つまり脳の進化は大脳新皮質を大きくする事によって、脳の進化が為された事になる。類人猿とヒトの脳を比べた場合、それを類人猿等のチンパンジーと比較すると、殊に前頭葉連合野はヒトの方が三倍以上の表面積を持つが、それはその他の哺乳動物と違う、創造性という優れた分野を持っているからである。人類の文明という物質分野は、この創造性によって導き出されたものである。同時にそれは、脳の進化と深い関わりを持っていたという事になるのである。

だが、脳が進化を遂げる一方で、「心」の存在が疎《おろそ》かに扱われてきた。そして「心」という実体を医学的に解明する場合、はっきりとした定説がない。ある学者は、心は脳内で起こる一連の化学反応と結論付け、またある学者は神経細胞の細胞同士の刺激的電気信号が、ナトリウムを通す神経伝達物質の感知と解釈されている。つまりグルタミン酸、アセチルコリン、ドーパミン等である。また、ある学者は、「心」と「脳」の二元論に固執し続けている。

このように「心」の定義は、学者各々によって多様であり、その心の実体が今日の科学をもってしても解明されていないのが実情である。

また、それと同時に、「魂」のメカニズムも解明されておらず、ヒトの脳を第三段階に分類して、発生的にシミュレーション出来ても、今日の科学を以て、第四段階以上の脳をシミュレーションする事は不可能である。それは脳の大脳新皮質の発達と共に進化したヒトの脳も、次の進化が迫られる時期に到達しているからである。進化が迫られているという事は、同時に大部分は淘汰されるという事が、裏返しの事実として存在しているのだ。

脳の進化、とりわけ大脳新皮質の発達は、あまりにも人類に物質的恩恵を与え過ぎた。同時にこの恩恵は、退化と隣り合せの現実を作り出し、生き残る者と、死に絶える者が選別され、淘汰される時代が到来したという事を如実に示しているのである。

さて、脳は約一四〇億のニューロンで構成されていると謂われるが、このニューロンは、一日に約一〇万個も死んでいると謂われる。総てが死に絶えるまでに約四〇〇年もかかるという計算になるが、それでも確実に生・老・病・死という順を辿って、生きとし生けるものの死への行進が行われているのである。

また、ニューロンは他の細胞と異なり、生まれてから分裂する事はなく、ただ減っていくのである。

脳生理学では、生まれて数年間に、樹状突起と呼ばれる突起がどんどん増えていき、大人になるまでに、一つのニューロンが約一万個のシナプスをもって他のニューロンと結び付き、年をとるに従い樹状突起が短くなり、やがてシナプスの数も減っていって細胞体が膨らみ、そして死に至ると謂われる。しかし、これは脳に刺激を与えなかった場合である。

脳を刺激し、健脳状態に近づける為には、先ず脳への酸素供給量を増やす事である。そして様々な感覚器から脳への刺激を意識的に増やし、また自己を取り囲む精神的環境を豊かにする事である。脳への刺激によって、記憶中枢の側頭葉と海馬でニューロンの樹状突起は確実に増え続け、老化は遅くなる。

もし人類に進化という現実が迫っているとするならば、それは脳の進化を指し、「内なる宇宙」を育んでいく事ではあるまいか。

此の世の現象は、総てが脳内現象であり、「内なる宇宙」の為せる業である。そして人間が決定的に他の霊長類と異なるところは、その感覚意識の中に「内なる宇宙」を持っている事である。

人間以外の動物の場合、動物は「内なる宇宙」を持たない為、自意識によって思考処理を行う事が出来ない。仏説に謂う、動物に仏性が無いと謂われる所以は、この為である。彼等は単に本能のあるが儘に得物を追って走り、そして捕食する。

しかし人間の場合、外部から刺激を受けると、その刺激は即座に脳に伝達され、反作用として作動するのである。しかし、昨今の便利で豊かで快適な文化生活は、人間に野性を失わせ、脳への刺激が疎かになった観がある。つまり、手足を動かす事が少なくなり、それだけ脳への刺激が昔に比べて少なくなってきているという事である。それは同時に「内なる宇宙」を失う事なのである。そして淘汰される者と、そうでない者とが区別されるのである。

その意味で人類は、今最終進化の半身半霊体を迫られているといえるのではあるまいか。

第五章　月之妙

月の妙技

月は太陽と異なり、その反射を受けて色々な形に変化する。新月からはじまった月は十五日を経て満月となり、やがて満月は再び新月に戻っていく。人体に現われる最も大きな影響を与える時は満月と新月であり、満月は活動的になるが、新月ではその活動が控えられる。

月の新月はある意味で「陰」であり、満月は「陽」である。新月の陰は、また「蔭」にも通じ、「月の妙」はこの蔭にあり、これを「月心《げっしん》」という。

この月心は月輪観《がちりんかん》に由来し、自分の心の中で月を念じると共に、月輪と融合を図り、その月の残像をイメージし、浮き上がらせて最後は自分の胸の中に収めてしまう。

この時の眼は半眼であり、呼吸を整えながら月輪を意識していく。此処までの要領は月輪観と同じであり、月輪観の修法を充分に熟知し、会得しておかなければならない。月輪観に入るに従い、呼吸は鼻だけではなく、口を自然に閉じて舌先を上顎に軽く圧し当て、舌を口の中で手前の方に丸める。吸う時のイメージは息が後頭部を突き抜けるようなイメージを以て吸い込み、それはあくまでも軽いものでなければならない。

また吐く時は、丹田部分から重い吐気が総《すべ》ての息を押し上げて、一切を吐き出すような吐き方をする。この吐く時に神呪《しんじゅ》を心の裡《うち》に念じ、月輪の残像を打ち消さないようにする。

月の妙技は密教の修法を用いた秘術で、月の持つ「清浄」「円満」「清涼」「照明」等を象徴した後に胸に収める事が肝腎《かんじん》である。そして自分の心と意識が月と重なって、融合するイメージを持つ事が大切である。

「清涼な心」は月の分身であり、自らは月と融合し、一体となったイメージを観《かん》じるのである。此処で観じるのは「自分の心には限界がない」という想念を持つ事が大切であり、それは一時的に極大《マクロ》になったり、極小《ミクロ》になったりすると同時に、これを自在に操り、「無二」あるいは「一如」の世界に迄到達しなければならない。

この時に念じる神呪は、和製の、あるいは漢訳の漢字に無理に当てはめた『般若心経』等ではなく、サンスクリット文字を頭中に描き、梵字を忠実に再現しなければならない。真言《マントラ》や陀羅尼《だらに》は、言語に忠実である事が何よりも大切にされ、その梵字一つ一つに修法の威力が込められているのである。

さて此処で用いる道具は「桃の木」であり、これを木刀くらいの長さか、長くても約五尺杖（正確には一五三センチ）の長さのもので、握った感じは木刀か杖のような太さでよい。生乾きの木は良くないので、切ってから一年以上のものを使用する。

因みに桃の木は邪霊を祓い、悪霊を退散させて、自らの祈願が成就される神木とされている。月の妙技に用いるこの桃の木は「月桃《げっとう》（本来月桃は桃に似た小さな白い花をつける草木で、インドでは神が宿る草木とされた。日本では密教の中で桃の木とされた）」と謂《い》われ、聖なる御神木《ごしんぼく》とされて密儀（満月の儀式と新月の儀式）に用いられる。この際に用いる木は、その代用品として「琵琶《びわ》の木」でも良いが、桃の木の方が一等上である。

また食餌（食事）は行法の期間半断食を行い、口に入れるものは水と蕎麦粉《そばこ》であり、蕎麦粉を水に溶いて、行の十五日間はコップ一杯を昼と夜の二回だけ食する。これは大和柳生流で行われた秘伝の行法で、修法実行中に天狗を見ると謂われている。

この修法の修練は、昼間でも構わない（但し最初の一日目のみ。あるいは夜の山道を覚える為に一回のみが許される）が、出来れば夜間に小高い丘か山に登り、崖淵に立ち（立禅《りつぜん》の姿勢で）、満月の夜からはじめ新月の夜までの十五日間行い、次の満月の時まで休み、再び満月からはじめ、その十五日間の行を合計して九十日行う。最後の新月の九十日目に、新月にも関わらず眼の前に満月が現われ、その明りは夜目が利くが如くになって、夜行性の動物と同じ感覚を得る事が出来る。この時に敵と対戦すれば、無敵の威力が備わる事になる。尚、桃の木の先端に巻き付ける『神《かみ》飾《かざり》』の結びに口伝がある。

月の妙技の呪術集団であった風魔一族

忍術集団の中に月の妙を使う、呪術集団・風魔《ふうま》一族がいた。彼等は古くから衛司戦士（志能備《しのび》＝忍びの者）として朝廷に使え、男巫女《おとこみこ》の呪術集団であり、月忍衆《げつにんしゅう》とも呼ばれた。

風魔一族の先祖は、畿内《うちつくに》の住人であった大伴細人《おおとものしのび》であったという説があり、大伴細人は長年、厩戸皇子《うまやどのおうじ》（聖徳太子）に仕え、太子崩御《かむさり》ました年の推古《すいこ》天皇（炊屋姫《かしきやひめ》の天皇《すめらみこと》）三十年（西暦六二二年）に、斑鳩《いかるが》を飛び出し、諸国漂泊の旅を繰り返した後、十年間、出羽羽黒山で修行に明け暮れた人物であった。そして彼は山中活計《くらし》を旨とし、日に十里も二十里も山歩きをし、年齢は既に七十を超えていたという。細人の故郷《ふるさと》は畿内の伊賀国《いがのくに》であり、蘇我馬子《そがのうまこ》の大臣《おおおみ》が、排仏派の物部《もののべ》氏や守屋《もりや》氏の大連《おおむらじ》を討った時、年少の厩戸皇子を助けて、多いに活躍した人物である。

しかし、細人が畿内に戻る事を思い立ったのは、それから半世紀も過ぎた頃で、細人の先祖は、朝鮮半島南端にあった古代の国名を持つ加羅具似《からくに》であった。後に加羅具似の民は、朝鮮半島から日本にやってきて畿内に住み、彼等は伊賀盆地を開墾した。またこの頃、朝鮮半島からの渡来人として泰《はた》氏が居《お》り、彼等も伊賀盆地に住み着いた渡来人であった。後の時代に、忍者として名を馳せる服部半蔵《はっとりはんぞう》の服部という姓は、明らかに朝鮮半島の渡来人の姓であった。また大伴細人も朝鮮半島からの渡来人であった。名族・大伴の姓も持つが、支流である。

さて、細人の会得した業は、新羅《しらぎ》渡来人の間に伝えられたものを彼自身が新たに改良したもので、懐中には五本の短剣を秘め、これを投げるという事を得意とした。この五本の短剣は後に忍びの者独特の手裏剣に改良される。また吹矢や手鈎を得意とし、更には菜種油《なたねあぶら》（灯油）を使う「火之術」をも得意とした。

その戦法は、身を隠す場所のない広場等での戦闘は避け、敵を林の中などに誘い込んで、大樹の影などを巧みに利用する戦術であった。そして中国で生まれた遁甲を得意とした。遁甲は文字通り、甲《こう》が三奇と六儀の中に遁《のが》れる理論に成り立ったものであるが、いま一つの意味は甲《こう》は「甲《よろい》」の事であり、甲を着た実戦を不要にする術の事で、『日本書紀』の「天武紀」には、大海人皇子《おおあまのおうじ》（天武天皇）が遁甲をよく行ったとある。

大伴細人の用いる技法は、後に「志能備《しのび》」と称され、当時七十歳を既に超えていた彼は、己の技術を伝える為に弟子をとり、これを伝えたとある。当時の古代人の技術伝達は、ただ技術だけを合理的に伝えるだけではなく、その精神面の範囲として、自流の業がどのようにして伝わったか、その経過を述べ、故事などにも倣って、精神面の裏付けを必要不可欠と考えていた。やがてこの考え方が、武門の頭領としての逸材を輩出する事になるのである。細人の門下から出た人物としては、葛城山《かつらぎさん》の出身の役小角《えんのおづぬ》（当時十二歳）と、法道《ほうどう》（当時三十歳）という僧侶であった。

因みに役小角が、飛鳥・元興寺《がんごうじ》の高僧・慧灌《えかん》から密教の奥儀《おうぎ》『孔雀明王経法《くじやくみようおうきようほう》』の秘法を授かり、世にその勇名を轟《とどろ》かせるのは、これより半世紀も後の事である。

細人《しのび》の後を継いだ者達は、役小角や法道をはじめとして、秘密裡に人脈を拡大し、天皇家の志能備となり、特異な術を使ったと謂われる。そしてまた、風魔一族も細人の末裔《まつえい》であった。

さて、風魔一族は夜陰に乗じて、強い臭気を放つ薬物（神経麻痺を起こすものや、眠らせるもの、刺激臭で失神させるもの）を使う事を得意とし、また呪術にも通じ、調伏法によって政敵を抹殺する集団でもあった。この集団はやがて権力から離れ、どの主にも属さない忍術集団となり、諸国を自在に渡り歩いて、それは風のようであったとも形容された事から「風魔」の由来に至った。元々は大陸からの渡来人とも謂われ、その身の熟《こな》しが風を連想させた為、「風天狗」とも呼ばれた。

彼等は月の妙技である密儀・秘術を用いて、心を自由に飛ばす事が出来、幽体離脱に似た現象を起して、遠くの情報を収集したり、動物や植物等の意識の中に自分の意識を注入して敵情を探ったとも謂われる。また未来予知の技術に長《た》け、自分の姿や風貌迄を変えたと謂う。

それを可能にしたのは、満月の際の密儀と、新月の際の密儀であったとされる。満月の際の密儀は主に「月光浴」であり、新月の際の密儀は、銀河の霊星を凝視する無明への瞑想であった。

月には各々に表情があり、新月→上弦→満月→下弦という段階を経て再び新月に戻り、その月の磁力波《エナジー》は各々に異なる。

月からのエネルギー波である磁力波を、自らの呼吸の中から取り入れ、それを自己の小宇宙《ミクロコスモス》に体現して増幅させ、自分の意識体の中に自覚する。すなわち、その意識を意識体として潜在的なスクリーンの中に反映させるのである。

月の磁力波は、その意識体を高める事によってトランス状態を作り出す事が出来、その覚醒とともに意識が増大されていく。また、超意識生命体の磁力波が増幅するにつれ、超太古の記憶が呼び覚まされていく。この瞬間に意識体は高次元の超太古の意識と合体し、人神合一が図られる。

月光浴とは、宇宙の創造力を自分の中に取り込み、それを意識体として感知し、内観に月の密儀を連動させて創造の宇宙意識の中に身を委《ゆだ》ねる事である。これによって人間は超太古の記憶が蘇り、その細胞の中に封じられた威力が解かれるのである。このように月の密儀は、月の力を使って行う自己制御であり、トランス状態への変容である。

これらの変容が、古くから武術の秘術として使われていた事が分かる。

月の密儀・四術之伊吹

一ヵ月に四回の機会が訪れ、その月の満ち欠けを利用して、月光浴を行いながら伊吹を行う。

月の満ち欠けは、古くは「盈虧《みちかけ》」とか「盈虚《みちかけ》」という文字が当てられ、生命の躍動や魂の有りようを関連付けて考えられていた。朔望月《さくぼうげつ》の事を、中国では「朔」を「死魄《しはく》」と呼び、日本ではこの熟語を「ついたち」と読ませた。魄は魂と同じ意味を持つが、魂は人間に宿る「身魂《みたま》」の意味があり、魄は方向を異にして、天上を指し、月を意味した。これは人体の小宇宙に対峙して、地上から天上に昇るのが魂で、天上から地上の肉体に突き進み、そこに宿ろうとするのを魄とした事に由来する。つまり、その方向性は人体の魂は地上から天上へ、天上の魄は地上の肉体へと移行する事を教えているのである。

これに月の満ち欠けが重なり、月の場合、その円《まる》い形状のうち太陽光の反射しない部分が、地上の人体に於ける魂であり、月の光は魄《はく》としたのである。

人間は月の光を肉眼で確認する事も出来るし、またその光や月の輪郭をイメージして内観に取り込む事も出来る。更には「新月」「上弦」「満月」「下弦」のイメージを行って「行」を試みる事も出来る。これを『哉生明之行《さいせいめいのぎょう》』という。「哉」とは「始め」という意味である。

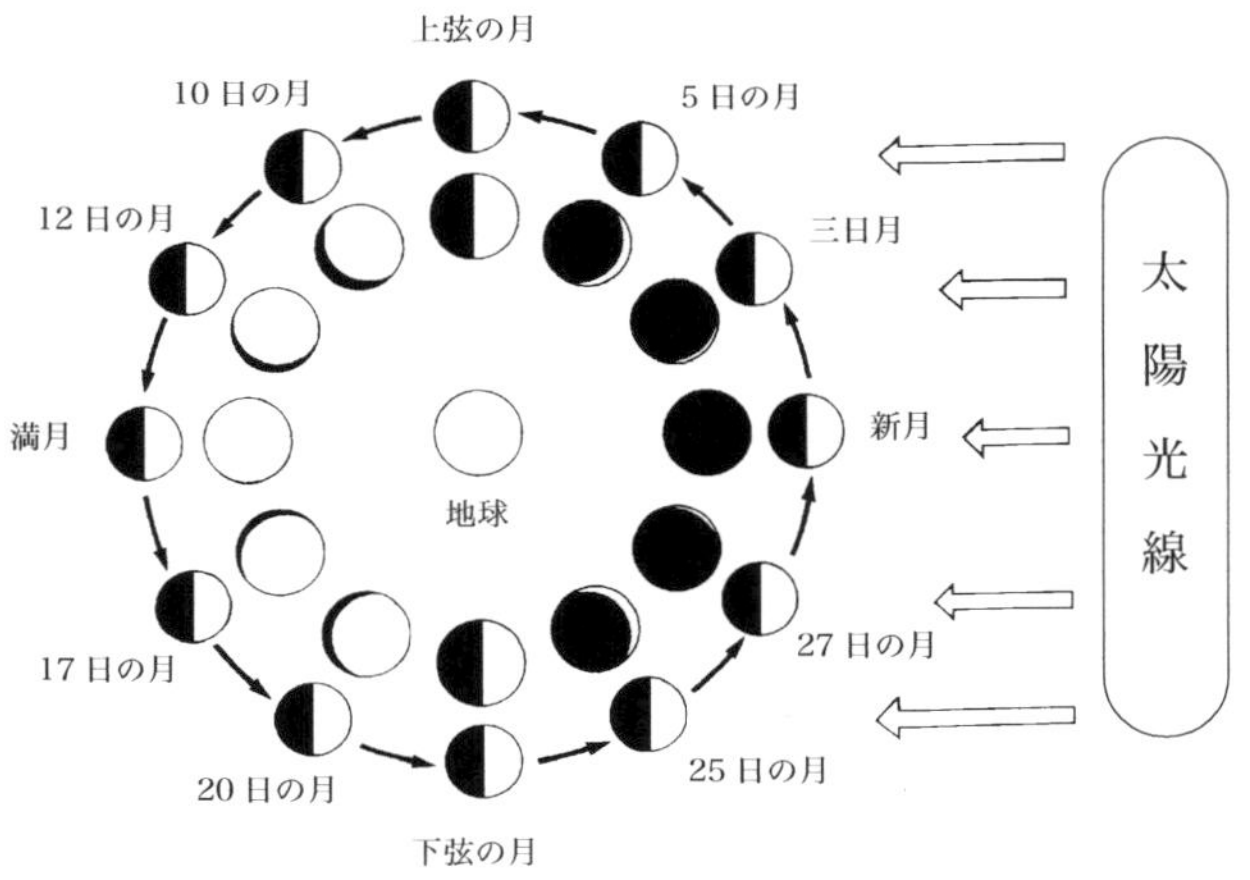

太陽光線と月の満ち欠けの関係

この哉生明之行は、「朏」を「始め」とする、新月から新月の明暗を謂い、これに合わせて「伊吹」を行い、この過程を消化して「既生魄之行」に至る。

◎新月之伊吹

下弦の月から約二・五日（前の新月から二十五日）で二十五日の月となり、更にそれから二日後（前の新月から二十七日）に二十七日の月となり、更に新月から三日目で三日月となり、五日目で五日の月となり、上弦の月に至る。

新月は朔月《さくげつ》であり、朔月は月を真ん中に地球と太陽が並んだ時であり、月は隠れてしまって見る事が出来ない。

人間の精神面に感性的な刺激を与え、光は見えないが、満月より大きな影響力を与える。丹田にある第二の脳に影響を与え、潜在意識が旺盛になる。新月当日は黒月の極みに達する夜で、闇夜の闇を一身に浴びて、上丹田、中丹田、下丹田とその黒月のイメージを各々に送りながら伊吹を繰り返す。

◎上弦之伊吹

月が盈《み》ちはじめて満月に至る迄の間を「白分《はくぶん》」といい、これを密教では「白月《びゃくがつ》」という。これは白分・黒分ともに各々一ヵ月を二分する十五日という周期で循環する。今日でも上旬・下旬という呼び方はこれに由来するのである。上弦の月は十日目で十日の月、十二日で十二日の月となる。

月の磁力波が、意識や記憶の部分に働きかける。過去の記憶を辿ることによって、時間を超越し、意識体は前世に帰って行く。心や昼間の躰の疲れを取り除く効果がある。上《かみ》つ弓張と称す半月のこの月は、夕方、南の空に現われる。弓張は白分と黒分の各々半ばした時で、伊吹を行いながら古《いにしえ》の懐かしい脳に遡《さかのぼ》り回帰する事をイメージする。

◎満月之伊吹

満月は新月から始まって十五日で十五夜となる。満月は望月《ぼうげつ》であり、望月は地球を真ん中に太陽と並んだ時であり、太陽反射の投影の中で最も明るい時となる。この月は日没後、東の空に出てくる。この月の出る時期は旧暦の八月十五日を頂点《ピーク》に出るのが次第に遅くなり、、再び翌年の旧暦の二月を境目に徐々に早くなる。

右脳の感覚機能が最も旺盛になる時で、それに合わせて左脳が共鳴し、両方の合理的な機能が融合し、調和する時機《とき》である。この時各々ばらばらに動いていた意識体がそのチャンネルを合わせる事によって、月輪と合体し、一つになる。伊吹を行いながら、その月輪を体内に取り込むイメージが肝腎である。

◎下弦之伊吹

月が虧《か》けはじめて晦《つごもり》迄を「黒分《こくぶん》」といい、これを「黒月《こくがつ》」という。これも白分と同じく十五日周期で循環する。下弦の月は新月から十七日目で十七日の月となり、更に二十日で二十日の月となり、下弦の月に至る。望と朔の間の月で下《しも》つ弓張という。

月の磁気波は上弦の時と同じ性質を持ち、脳の思考力に働きかける。この時に新しい価値観で物事を考える機会が訪れ、多重次元的な思考が働く。伊吹を行いながら自らの想念は過去から現代へと具現され、魄（魂）の再生が促される。

十三夜の菩薩行

一一三五年（保延《ほうえん》元年）宇多《うだ》天皇は九月十三日の月に対して「今宵は雲浄名月なり」と言った条項が、左大臣・藤原宗忠の『中《ちゅう》右記《ゆうき》』に書かれ、十三夜の風習が民衆の間に根付き始めた事が窺われる。この十三夜が殊に注目を浴びたのは、月の化現《けげん》と考えられていた虚空蔵菩薩の縁日がこの日であった事からである。十三夜待ちは、虚空蔵菩薩の菩薩行の時期とする行法が密教にはある。

これは、虚空蔵菩薩は月の化身である事から、満月の月輪の中に虚空蔵菩薩の姿を描き、それを川面や湖の水辺に反射した月を映し、それを凝視する行法である。

古来より月と水の関係は深く、月は水を司る密接な関係にあったと考えられる。月と水の関係は、有史以来の人類の古い観念が記憶されていて、それが月と水を関係づけるのである。それは夜露であったかも知れないし、それらは月が齎《もたら》すものと考えられていた。

川面や湖の水辺に映える月は水の精気を湛えた水神《すいじん》であり、また水神は海の水の潮汐を支配するものでもあった。水は生命を育む構成要素であると同時に、人間にとっては万物を浄化する特別なものであり、また水に加えて鏡は水と月との関係を更に密接に近づけ、それを結合させる祭祀の具体的な道具であった。

さて、この行法は毎月旧暦の十三日（新暦二月九日、三月十一日、四月九日、五月八日、六月七日、七月六日、八月四日、九月三日、十月三日、十一月一日、十二月一日、十二月三十一日、一月三十日）の十三夜に行う「行《ぎょう》」で、十三夜が選ばれた理由は宇多天皇がこの夜を「雲浄名月なり」と称している事と、統計的に見て晴れの日が多いと考えられる事からである。

この行法を行う際は、精進潔斎して前日は断食を行う。また十三夜に掛かる五日前には禁煙と断酒を実行していなければならない。当日は各々の干支の陰陽に合わせて丑満時を基点として行うのであるが、この前に沐浴《もくよく》を完了していなければならない。白鉢巻に、服装は白の着物と袴を身に着けて、白足袋を履き、更に御信刀《ごしんとう》としての倶利迦羅《くりから》を腰に指す。野外でこれを行う場合は、湖等の水面に月を映して凝視する方法がよいのであるが、近くに川や湖がない場合、盥《たらい》に水を張り、その水面に映った月を凝視する。

これを行う事で月の柔らかな磁気波が意識され、心の中が幸福感で満たされていく。

因みに、御信刀として倶利迦羅の彫られた刀を腰に指すのは、魔避け退散の法であり、夜間には心強い唯一の味方となる。

既生魄之行

新月之伊吹、上弦之伊吹、満月之伊吹、下弦之伊吹の各々の伊吹を体験して次に「気吹《いぶき》」に移る。既生魄之行の「既生魄《きせいはく》」は「立待月《たちまちづき》」の「十七日の月」を現わし、中国では「生魄」の意味の十六夜を表わす。この十六夜は「既望」とも謂い、「望」が終わった事を表わし、「望」とは旧暦で毎月十五日の月（十五夜）であるが、この月は毎年八月十五日の月を謂うのである。この月は日没前後に東の空に朏《で》る月で、「望」を意味し、望は十六夜、立待月、居待月《いまちづき》、寝待月《ねまちづき》（臥待月《ふしまちづき》）、二十日月《はつかづき》（更待月《ふけまちづき》）、下弦（弓張《ゆみはり》）、二十三夜、二十六夜と至り、新月を経由して再び、二日月、三日月、上弦（弓張）、十三夜と巡り、十五夜に至る。

十五夜の中でも旧暦の八月十五日は「朔に月が東方に見えるのを《朔日《ついたち》（＝一日の事で晦《みそか》の意味）》と謂う」と、古伝にはあり、「ついたちづき」の丑満時に「既生魄」を行えとある。（山下先師の手記『四郎投《しろうなげ》密教御言葉』より）

これによれば、「旧暦の八月十五日の丑満時に精水（恐らく冷水若《も》しくは谷川の清らかな水を指すのであろう）で躰を清め、汗の不浄を拭い祓い、白装束（白の着物に白袴で腕には襷《たすき》を施して）に身を固め、吾を中心にして凡《およ》そ三尺四方に水を張った桶《おけ》を置き、腰に真剣（倶利迦羅のものが最も良いとしている）を帯刀して、鯉口を切り、伊吹を交互に繰り返し、前方の桶に入った月が水面の中央に映った時機、鞘から刀を滑るように抜き取り、それを天柱（地上面を水平方向とする腕と剣のの垂直方向）に振り揚げて、再び此処で一回最後（＝最期の事で、生涯に一度の意味）の伊吹を行い、その終わりと倶《とも》（同時）に転身して《後、前、右横、左横》と、四方に斬り据え、前方に聖眼《せいがん》（＝正眼）として構え、再び伊吹を行って、今度は逆方向に《後、前、右横、左横》と、四方に斬り据える。それが終わって聖眼に構えればその呼吸は《気吹》となって躰内を巡り、既生魄之行は会得した気吹と倶に完成する」とある。

そしてこの言は続く。

「人を縛るは、既生魄之行を究めるべし。是れは月の朏《で》る十五夜に学び、十五夜に解かれる（解かれる＝放たれる、あるいは自縛されたものが解かれるの意味）。是れ、不動の術なり」とある。

これは密教の不動金縛の術を意味したものである。恐らく月の満干が、人間の脳に種々の影響を与え、その威力の研鑽として不動金縛之術を提示しているのである。

二十四節気と七十二候

我々は太陽暦の新暦の影響で「二十四節気《にじゅうしせっき》」というものを忘れて既に久しい。古代エジプトの王ファラオが人民の頂点に君臨した太陽であったように、太陽暦は人間社会の頂点に君臨し、農業社会や生産社会を構築した。また太陽の運行に従って、人間は生産と再生産を繰り返し、そして新暦は一方で人間を時の奴隷にならしめた。

時代と共に人類のエネルギー源は、次々に発展変貌を遂げた。

十九世紀には蒸気機関が発明され、石炭が主流であったが、二十世紀に至っては電力と原子力がその主流になり、そして太陽は人間の齎した近代科学の前に後退し、背後に退いた観が強くなった。しかし、エネルギーにも行き詰まり、時代が先祖返りを求める中、太陽と共に、月への回帰が求められるようになった。

二十四節気とは、太陽の運行を示す二十四の節目を設け、月の周期《サイクル》だけでは季節感の感じられない暦に、太陽の位置を示す節気を加えたものである。そしてこの節気は「中気」と「節気」に分かれている。二分二至である春分・秋分と、夏至・冬至を中心に十二の「中《ちゅう》」が設定され、中と中の間に四立の立春・立夏・立秋・立冬をはじめとする十二の節が組み込まれた。この二十四の中気と節気が一月に二つずつ配当され、十五日間隔で時が巡っていくのである。

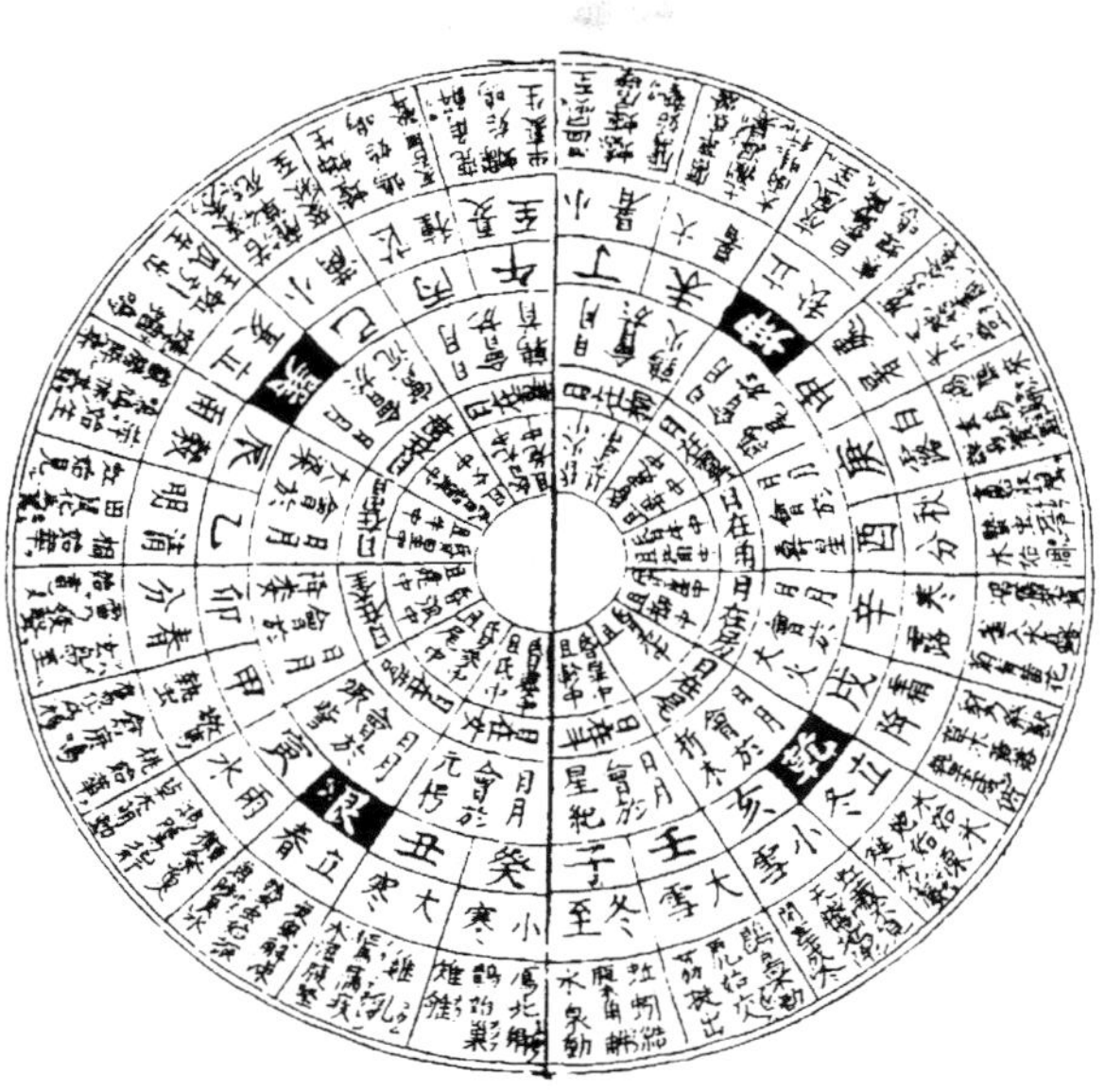

『和漢三才圖會』に記された「二十四節気」
（『和漢三才圖會』野槌蛇・上巻より）

古代中国で二十四の節気が考え出された当初、冬至を基準に一年を二十四等分した形で、「平気」と「恒気」が作られたが、近年では天球上を太陽が運行する「黄道」を二十四等分して、三百六十度を十五度ずつ区切って、その線上を太陽が通過する時刻を計算して「定気」と「実気」を定めている。「平気」と「恒気」の考え方は、あくまで太陽の一年平均であって、現実の太陽と地球の運動に基づいているわけではない。何故ならば、十五・二一八日の間隔で次の節気が巡っているからである。この事は太陰太陽暦が月の周期で太陽の一年の周期として、これが接合するのが二十四節気であったが、太陽と月の天体は各々が独自の運行を行っていて、接合数値を割り出すのは至難の技であった。このよい例が日食と月食の予測の失敗であった。

古来より日食と月食は、国家の運命を激変させる程の重大な異変と考えられていた。その為、各々の王朝では太陰太陽暦の学者を総動員してその研究に取り組んだが、太陽と月の運行の軌跡は、完全な円運動ではなく、屡々《しばしば》学者達を挫折させ続けてきた。しかし元代に至って「授時暦《じゅじれき》」が登場する。この暦は、古今の善暦《ぜんれき》と称される程の優れた暦で、以降四百年近くも使用される事になる。それでも日食の予測には失敗し、西洋の太陽暦に屈し、清代には西洋人が作った「時憲暦《じけんれき》」に取って代わられる。しかし、これらの太陰太陽暦の最大の欠点は、「閏月《うるうづき》」の問題である。

さて、二十四節気は季節の移り変わりや、分かれ目の節目、自然現象の寒暖等に注目したものだとすると、七十二候は動植物の変化に注目し、その小さな変化を観測したものといえる。つまり微視的に自然を捉えたものが七十二候である。この両者はマクロ的な考え方と、ミクロ的な考え方が各々に交叉し、合体したもので、「節」の間に「中」が設けられている。また七十二候は、各節・各中に第一候〜第三候までが設けられ、七十二候を作っている。

二十四節気を順に挙げると、立春《りっしゅん》（春の気が立つ日）は旧暦の一月八日（新暦では二月四日）で「節」。雨水《うすい》（凍った雪や霰《あられ》が解けて雨水となる）は旧暦の一月二十三日（新暦二月十九日）で「中」。啓蟄《けいちつ》（冬の間、穴に隠れていた虫が出る頃）は旧暦の二月八日（新暦三月六日）で「節」。春分（昼と夜の長さがほぼ等しい）は旧暦の二月二十三日（新暦三月二十一日）で「中」。清明《せいめい》（天気が清浄明潔となり、万物が盛大に向かう）は旧暦の三月九日（新暦四月五日）で「節」。穀雨《こくう》（万物が生成して百穀を潤《うるお》す）は旧暦の三月二十四日（新暦四月二十日）で「中」。立夏《りっか》（夏の気が立つ日）は旧暦の四月十一日（新暦五月六日）で「節」。小満《しょうまん》（草木が繁り天地に満ち溢れる頃）は旧暦の四月二十六日（新暦五月二十一日）で「中」。芒種《ぼうしゅ》（芒《のぎ》のある穀物を植え付ける頃）は旧暦の五月十二日（新暦六月六日）で「節」。夏至（昼が長く夜が短い日）は旧暦の五月二十七日（新暦六月二十一日）で「中」。小暑《しょうしょ》（暑気が大暑に向かい始める頃）で旧暦の閏五月十四日（新暦七月七日）で「節」。大暑《たいしょ》（一年を通して最も暑い日）は旧暦の六月一日（新暦七月二十三日）で「中」。立秋（秋の気が立つ日）は旧暦の六月十七日（新暦八月八日）で「節」。処暑《しょしょ》（残暑がまだ引かない頃）は旧暦の七月二日（新暦八月二十三日）で「中」。白露《はくろ》（露が草葉に見え始める頃）は旧暦の七月十八日（新暦九月八日）で「節」。秋分（秋の彼岸の中日で、昼と夜の長さがほぼ同じ）は旧暦の八月三日（新暦九月二十三日）で「中」。寒露《かんろ》（草葉に冷たい露が降りる頃）は旧暦の八月十八日（十月八日）で「節」。霜降《そうこう》（霜が始めて降りる頃）は旧暦の九月四日（新暦十月二十三日）で「中」。立冬（冬の気が立つ頃）は旧暦の九月二十日（新暦十一月八日）で「節」。小雪《しょうせつ》（雪が初めて降り始める頃）は旧暦の十月四日（新暦十一月二十二日）で「中」。大雪《だいせつ》（雪が本格的に降り始める頃）は旧暦の十月十九日（新暦十二月七日）で「節」。冬至（一年中で夜が長く、昼が短い）は旧暦の十一月四日（十二月二十二日）で「中」。小寒《しょうかん》（寒の入りで、節分までが寒の内）は旧暦の十一月十九日（新暦一月六日）で「節」。大寒（最も寒さが厳しい頃）は旧暦の十二月三日（新暦一月二十日）で「中」であり、因に「節」は「陰」、「中」は陽とする。

七十二候は、立春の一月八日〜二十二日迄で第一候が東風凍《とうふうこおり》を解く、第二候が黄鴬睍睆《けんかん》（円く浮き出て見える）す、第三候が魚氷に上る。

雨水は一月二十三日〜二月七日迄で第一候（第四候）が土脈《とみやく》

潤い起る、第二候（第五候）が霞《かすみ》始めて靆《たなび》く、第三候（第六候）が草木萌動《きざし》く。

啓蟄は二月八日～二十二日迄で第一候（第七候）が蟄虫啓《ちっちゅうこ》を戸《ひら》く、第二候（第八候）が桃始めて笑う、第三候（第九候）が葉《は》虫《むし》蝶と化す。

春分は二月二十三日～三月八日迄で第一候（第一〇候）が雀《すずめ》始めて巣くう、第二候（第一一候）が桜始めて開く、第三候（第一二候）が雷《らい》乃ち声を発す。

清明は三月九日～二十三日迄で第一候（第一三候）が玄鳥《げんちょう》至る、第二候（第一四候）が虹始めて見《あら》わる、第三候（第一五候）が鴻雁北《こうがんきた》す。

穀雨は三月二十四日～四月十日迄で第一候（第一六候）が葭《よし》始めて生ず、第二候（第一七候）が牡丹華《はな》さく、第三候（第一八候）が霜止《や》んで苗出ず。

立夏は四月十一日から二十五日迄で第一候（第一九候）が蛙始めて鳴く、第二候（第二〇候）が蚯蚓《きゅういん》（みみず）出ずる、第三候（第二一候）が竹笋《ちくかん》生ず。

小満は四月二十六日～五月十一日迄で第一候（第二二候）が蚕起こって桑を食らう、第二候（第二三候）が紅花《こうか》栄う、第三候（第二四候）が麦秋《ばくしゅう》至る。

芒種は五月十二日～二十六日迄で第一候（第二五候）が蟷螂《とうろう》（かまきり）生ず、第二候（第二六候）が腐草《ふそう》蛍と為る、第三候（第二七候）が梅始めて黄なり。

夏至は五月二十七日～閏五月十三日迄で第一候（第二八候）が乃東《ないとう》枯るる、第二候（第二九候）が菖蒲《しょうぶ》華さく、第三候（第三〇候）が半夏《はんげ》生ず。

小暑は閏五月十四日～二十九日迄で第一候（第三一候）が温風《おんぷう》至る、第二候（第三二候）が蓮《はす》始めて華さく、第三候（第三三候）が鷹乃《すなわ》ち学習す。

大暑は六月一日～十六日迄で第一候（第三四候）が桐始めて花を結ぶ、第二候（第三五候）が土潤おうて溽暑《じょくしょ》す、第三候（第三六候）が大雨 時《ときどき》行う。

立秋は六月十七日～七月一日迄で第一候（第三七候）が涼風《りょうふう》至る、第二候（第三八候）が寒蝉《かんせん》鳴く、第三候（第三九候）が蒙《もう》霧《む》升降《ご》う。

処暑は七月二日～十七日迄で第一候（第四〇候）が綿柎《めんぷ》開く、第二候（第四一候）が天地始めて粛す、第三候（第四二候）が禾《くわ》乃ち登《みの》る。

白露は七月十八日～八月二日迄で第一候（第四三候）が草露《そうろ》白し、第二候（第四四候）が鶺鴒《せきれい》鳴く、第三候（第四五候）が玄鳥去る。

秋分は八月三日～十七日迄で第一候（第四六候）が雷《らい》乃ち声収《おさ》む、第二候（第四七候）が蟄虫戸《こ》を抔《はい》す、第三候（第四八候）が水始めて涸《か》る。

寒露は八月十八日～九月三日迄で第一候（第四九候）が鴻雁《こうがん》来る、第二候（第五〇候）が菊花《きくか》開く、第三候（第五一候）が蟋蟀《しっそく》

（こおろぎ）戸に在り。

霜降は九月四日〜十九日迄で第一候（第五二候）が霜始めて降る、第二候（第五三候）が霎《しぐれ》（時雨）時《ときどき》施す、第三候（第五四候）が楓蔦《ふうかつ》黄なり。

立冬は九月二十日〜十月三日迄で第一候（第五五候）が山茶《さんちゃ》始めて開く、第二候（第五六候）が地始めて凍る、第三候（第五七候）が金盞《きんさん》（黄金の杯）香《こう》ばし。

小雪は十月四日〜十八日迄で第一候（第五八候）が虹蔵《かく》れて見え不《ず》、第二候（第五九候）が朔風《さくふう》葉を払う、第三候（第六〇候）が橘《たちばな》始めて黄なり。

大雪は十月十九日から十一月三日迄で第一候（第六一候）が閉《へい》塞《そく》冬と成る、第二候（第六二候）が熊穴に蟄《ちつ》す、第三候（第六三候）が鱖魚《けつぎょ》群がる。

冬至は十一月四日〜十八日迄で第一候（第六四候）が乃東生ずる、第二候（第六五候）が麋角《びかく》解《げ》す、第三候（第六六候）が雪下《せっか》麦を出だす。

小寒は十一月十九日〜十二月二日迄で第一候（第六七候）が芹《せり》乃ち栄う、第二候（第六八候）が水泉《すいせん》動く、第三候（第六九候）が矩《ち》始めて雊《な》く。

大寒は十二月三日〜十七日迄で第一候（第七〇候）が款冬《かんとう》華さく、第二候（第七一候）が水沢腹堅《すいたくふくけん》、第三候（第七二候）が鶏始めて乳《にゅう》す。

月神剣

月之行の中で重要な要となるのが「月神剣《げっしんけん》」である。これは「二十四節気」と「七十二候《ななじゅうにこう》」に深く関わり合った行法を、その特徴とする。

月神剣は「月の不思議」な出現（登り方）に由来する。

さて、風流の一つに「観月」というものがあり、これは水に映った月を楽しむ事をいう。また串月《せんげつ》といって、月の影が水に映り、その影が風や波によって、縦横様々に変化して串のようになる様を観て楽しむというものである。これは居待月《いまちづき》の日に舟を浮かべてその月を観るというものであった。

さて、この居待月は旧暦の「毎月十八日」に当たり、その中でも旧暦の八月（＝節）十八日（新暦の十月八日）の寒露《かんろ》・第一候（第四十九候＝鴻雁《こうがん》来る）の日を頂点に、この剣の成就は為るとされている。

月神之剣の日取りは、「節」と「中」に当たる日に割り当てられ、立春（正月節）では第三候で一月十八日（新暦の二月十四日）、啓蟄（二月節）第三候（第九候）で二月十八日（新暦の三月十六日）、清明（三月節）第三候（第十五候）で三月十八日（新暦の四月十四日、立夏（四月節）第二候（第二十候）四月十八日（新暦の五月十三日）、芒種（五月節）第二候（第二十六候）で五月十八日（新暦の六月十二日）、（旧暦閏《うるう》五月で五月十八日＝新暦の七月十一日は含まれず）小暑（六月節）第一候（第三十一候）で六月十八日（新暦の八月九日）、白露（八月節）第一候（第四十三候）で七月十八日（新暦の九月八日）、寒露（九月節）第一候（第四十九候）八月十八日（新暦十月八日）、立冬（十月節）第三候（第五十七候）で九月十八日（新暦十一月六日）、小雪（十月中）第三候（第六十三候）で十月十八日（新暦の十二月六日）、冬至（十一月中）第三候（第六十六候）で十一月十八日（新暦一月五日）（旧暦の十二月十八日＝新暦の二月四日は含まれず）の各々が当てられ、稽古始めは、寒露の旧暦八月十八日から一ヵ年後の八月十八日迄とされている。つまり一年通して修練した剣は、翌年の旧暦の八月十八日に成就する。

行法の時間は丑満時であり、生まれの陰命、陽命によって時間を合わせ、儀式を含めて三十分を限度としてこれを行う。

これを行うに当たっては、先ず修行場（道場）が必要で、これは晴天の時と雨天の時を考えて二つの場所を確保しておく。晴天の時は野外が好ましく、山頂等の出来るだけ高高度の場所を選ぶ。高ければ高い程よく、然も夜間には人目の付かない処を選ぶ。また屋内である場合は夜間の道場がよく、道場が無ければ室内に神棚を祀って道場を設ける。その際の北から南に向け、吾が南に座して北に向かう。つまり「天子の座」をとる訳である。また予め道場に神棚がある場合は「五具足《ごぐそく》」を揃えて北から南に向ける。五具足とは慈悲・慈愛を表わす花立二対、邪気を払い、計画の成就を明確にする香炉《こうろう》一つ、光明と智恵を表わす蝋燭《ろうそく》と蝋燭立二対である。更に本尊としての不動明王の小像と蓮華坐（台座）を用意する。これは野外で用いる場合も同じである。白鉢巻に白口被《マスク》（和紙で作られたマスク）、服装は白装束で身を固め、白足袋、それに白の手甲《てっこう》・脚絆《きゃはん》を用意し、頭部に結ぶ白鉢巻き、沐浴（躰を微温湯《ぬるまゆ》で拭くだけではなく、塩で歯を磨き、眼・鼻穴《びけつ》の奥を洗い、耳の垢《あか》を拭い、肛門を浄化して浣腸して排便するか、大腸内を温水循環器で洗う）をして身を清めておく。また「御信刀」として、倶利迦羅入りの刀、もしくは脇指を用意する。出来れば拵《こしらえ》の有る物がよい。但し、柄は白布で上から巻いておく事。

最初に当たる寒露の旧暦八月十九日には、「十八道契印《げいいん》」を結び邪から身を護《まも》る「護身法」を行わなければならない。これは修行の場所を清め「結界法《けっかいほう》（俗界と神域を隔てる儀）」を行い、道場へと変化させていくのである。

十八道契印には、浄三業《じょうさんごう》（肉体や精神、魂や言霊、吐く息や体温の最も正常な状態に自らを修める）、仏部三昧耶《ぶつぶさんまいや》（曼荼羅《まんだら》における仏部の仏であり、各如来に対して帰依し、慈悲を受ける体制をつくる）、蓮華部三昧耶（蓮華部は観音を現わすもので帰依、慈悲を受ける）、金剛部三昧耶（曼荼羅における金剛部に対しての帰依）、被甲護身《ひこうごしん》（護身法の最終段階に当たるもので、仏の加護と堅固な精神を形成する）、金剛橛《こんごうけつ》（道場に相応《ふさわ》しい聖域を作り出す）、金剛牆《こんごうしょう》（結界法を完成させるために、通常の土地と聖域の区別を仏の力によって作り出す）、道場観（大日如来の光に満ちた道場の構築）、大虚空蔵《だいこくうぞう》（道場と宇宙を一つにする為に法具や供物を宇宙と結ぶ）、宝車輅《ほうしゃろ》（車を迎えにいかせ本尊を導く）、請車輅《しょうしゃろ》（宝車に仏を迎えるために精神宇宙に到達する）、迎請（不動明王を護法尊としてまつる）、金剛網《こんごうもう》（道場を聖域とする為に邪気の侵入を阻止する網を張る）金剛炎（道場の周囲に邪気を焼尽くす聖なる炎を出現させる）、閼伽《あか》（仏の供養と精神的な自己操作）、蓮華座（蓮華座に仏を出現させる）、普供養（供養物を仏に供養する）の十八道を行って基本十八道は終了する。

さて、十八道終了後、腰に御信刀を指し、深呼吸とともに静坐し、腰骨を建て、静かに武息を行う。手に天鏡印を結び、それはやがて満月印（開放印）に組み替える。指を出来るだけ大きく、はちきれんばかりに開き、拇指と人差指を開きつつ、野外で行う場合はそれを天に向け、室内で行う場合は大方月が出ているであろう位置をイメージして天に向け、その隙間から月を迎え入れてそれを凝視する。時間は五分程度である。この満月印は女性器を表わし、そこから新たな自己を誕生させる事を意味するものである。

凝視が済むと、腰から御信刀を抜き取り、月影を刃文《はもん》に映す。そしてそれを静かに鞘に納め、納刀が済んだ後、再び刀が抜けないように紙縒《こより》で封印をする。この封印は次回の十八日（旧暦）が来るまで解いてはならない。

この行は一ヵ年後の八月十八日に成就し、御信刀とともに霊力が付くものとされる。またその霊力は言霊の威力を絶対にし、怨敵降伏にも大きな威力を発揮する。

第六章　合気秘法

想念の合気

人は想念を以て強くイメージする事で敵を封じたり、思う通りに操る事が出来る。またこれらの想念を潜在意識と結び付けることによって「無意識」を造り出すことが出来る。

意識は、氷山に例えるならば、水面上に出ている肉眼で確認できるものであり、水面下のそれが「潜在意識」と謂《い》われるものである。水面上と水面下の比率は約一対六であり、これを地球に例えるならば、その表面の陸地と海面の関係であり、それは大体一対六の関係になる。

想念の合気は、このように水面下に沈む潜在意識を利用して現世に特別な空間を作り、これが次第に異次元空間と結び付くようになる。やがてこの想念は異空間バリアによって、異次元の玄法《げんぽう》（＝宇宙の玄理であり、神霊界の理）が曳《ひ》き出され、その想念が潜在意識の中に溶け込むのである。

また気の動かし方によって想念が動き、それが瞬時に潜在意識と結び付いてしまうのである。万物は音によって形を成し、形によって物体を形成している。従って音には音波があり、光には光波がある。また心には常に意念があって、それが潜在意識と結び付けば唸波《ねんぱ》となる。

◎腕が重たくなる

各々の物体には重みが落ち着くべき場所がある。その落ち着くべき場所は各々にその物体の最下部であり、これは生物や鉱物、その他の総《すべ》ての物体に言える事である。しかし、人間は心次第で最下部にあるべき重みが上体に移動したりして、常に力が抜けたリラックス状態が作れない。だがこれは力を抜く事で、その重心の有るべき処に重心が戻り、最下部に下がってくる。

◎足に根が生える（躰《からだ》全体が重たくなる）

先ずこれを行うには、重心を下丹田に置き、更に下へどんどん下がるイメージを持つ。呼吸は調息法で「鶴立調息服気法《かくりつちょうそくふっきほう》」を行い、心と呼吸を鎮めていく。

腕が重たくなる

足に根が生える

①脚を半歩開き、眼は半眼にする。
②先ず、一旦強く吐気を行い、総てを吐き出してしまったら、鼻から静かに吸気を行う。吸い込む時間は五秒程度である。この時は軽く、頭の天辺《てっぺん》を抜けるようなイメージで吸い込む。
③充分に息を吸い込んだら、両手の拳《こぶし》を地面に突き立てるように上丹田に集めた気を咽喉《のど》から中丹田に下げて行く。
④両手の拳は、地面に突き立てるようにして中丹田の息を更に下へ送る。更に下丹田に充分に満たし、此処で息を溜め、全身の意識を此処に集中する。この間が十秒前後である。この時肛門を開き、気は更に下に下がる事をイメージする。
⑤やがて息は遣い古して古くなり、古気は上昇し始める。この時、握っていた拳は全開して、朝顔の花びらのようにラッパ状に開き地面を押さえ付けるようにする。

この行程を数回繰り返し、後は寛《くつろ》ぎ、誰かに持ち上げて貰う。気が下に下がり、充分に満たされて足に根が生えたとイメージする事で、如何に自分を持ち上げようとしても上げる事が出来ない。まるで足に根が生えたようになる。それが例え二人掛かりであろうとも持ち上げる事は出来ない。

◎曲がらない腕

人間の唸波には心像化現象があり、心に描いた事は、必ず成就するという法則がある。

この曲がらない腕もこの心像化現象を利用したもので、簡単なイメージ力を働かすだけでいとも簡単にできる。

曲がらない腕

鋼鉄の肚

曲がらない腕のイメージは、自分の丹田から大量の気が迸《ほとばし》る事をイメージし、それが脊柱《せきちゅう》を上り、腕に来て、腕から肘、肘から手首、手首から指先と伝わってきて、最後には指先から大量の気が迸《ほとばし》り出ている事をイメージするだけの事である。これだけで二人掛かりであろうとも自分の腕を曲げる事は出来ない。

◎鋼鉄の肚（腹）

よく「肚《はら》を造る」と謂われる。肚を造るとは、丹《たん》（胆）力を養う事で、打たれ強い事を意味するのであるが、それは殆ど苦痛を感じない、打たれ強い「肚」を意味するものである。

先ずこれは、肚にあたかも鋼鉄の鉄板が入っているかのようなイメージをする。寛いで、呼吸はごく自然に鶴立調息服気法を数回行って、この鋼鉄のイメージを持つ。

この鋼鉄の肚は、拳で突かれてもへこたれる事がない。

◎折れない躰

自分の躰が真直ぐになっているとイメージするだけで、自分の躰はその上に何人乗ろうと折れる事はない。ただイメージするのは自分の躰の中に鋼鉄のような心棒《しんぼう》が入り、それが脊柱を真直ぐにしているとイメージするだけなのである。

◎腕の打ち合わせで痛まない腕

相手を作り、腕の打ち合わせを行う。一人は腕の中に鋼鉄の心棒が入っているとイメージし、もう一人は何もイメージせずにただ肉体的で機械的な打ち合いを行う。

段々回数を重ねる事によって両者の開きが出始める。前者は殆《ほとん》ど痛みを感じず打ち合う事が出来るのに対し、後者は腕に痛みを感じて、打ち合い五十回程になると両者の差は歴然となり、前者が平気なのに対し、後者はこれ以上続行できなくなる。腕の中に心棒が入っている事をイメージするか否かで、これ程の差が出るのである。

折れない躰　一人の状態

折れない躰　人を載せた状態

腕の打ち合わせで痛まない腕 1

腕の打ち合わせで痛まない腕 2

想念の描く小宇宙

人間の躰は一つの宇宙であり、想念はそこに一つの球体を造り出す。

人体の中心は太陽神経叢《たいようしんけいそう》の奥底にあり、その中心核は無限の零次元の中に存在する。この無限の零次元から気の噴出が行われるのである。

これが丹田から無限のエネルギーとして、迸る陽気に変わり、想念を心像化していくのである。

腕が重たくなる、足に根が生える、曲がらない腕、折れない躰、鋼鉄の肚、腕の打ち合わせで痛まない腕等は、想念を心像化したものであり、他にも「吸盤を持った掌《しょう》（労宮行《ろうきゅう》）」「万山崩れるとも泰然として動かぬ不動心（肚《はら》の養成）」「業に掛けとった敵を逃さぬ抑え（合気）掛け」「首を絞められても窒息しない業（口角《こうかく》之術や気吹《いぶき》留め）」「瞬時に起こる火事場の馬鹿力（瞬間合気）」「岩をも弾《はじ》き飛ばす爆発力（発気力）」「殺気を感じたり敵の気配を感じる、風を知る肌感覚（霊的体感）」「鬼神が道を譲る攻め込まれない境地（負けない位）」「背水の陣（捨身《すてみ》）」「死に狂い（武士道の精神構造）」「敵の焦りを誘って、むかつかす（攪乱）」「包囲網から突破する多数之位（陣の破り）」等は、小宇宙の吾体が造り出したもので、これが唸波となり、現世に心像化現象を起こすのである。

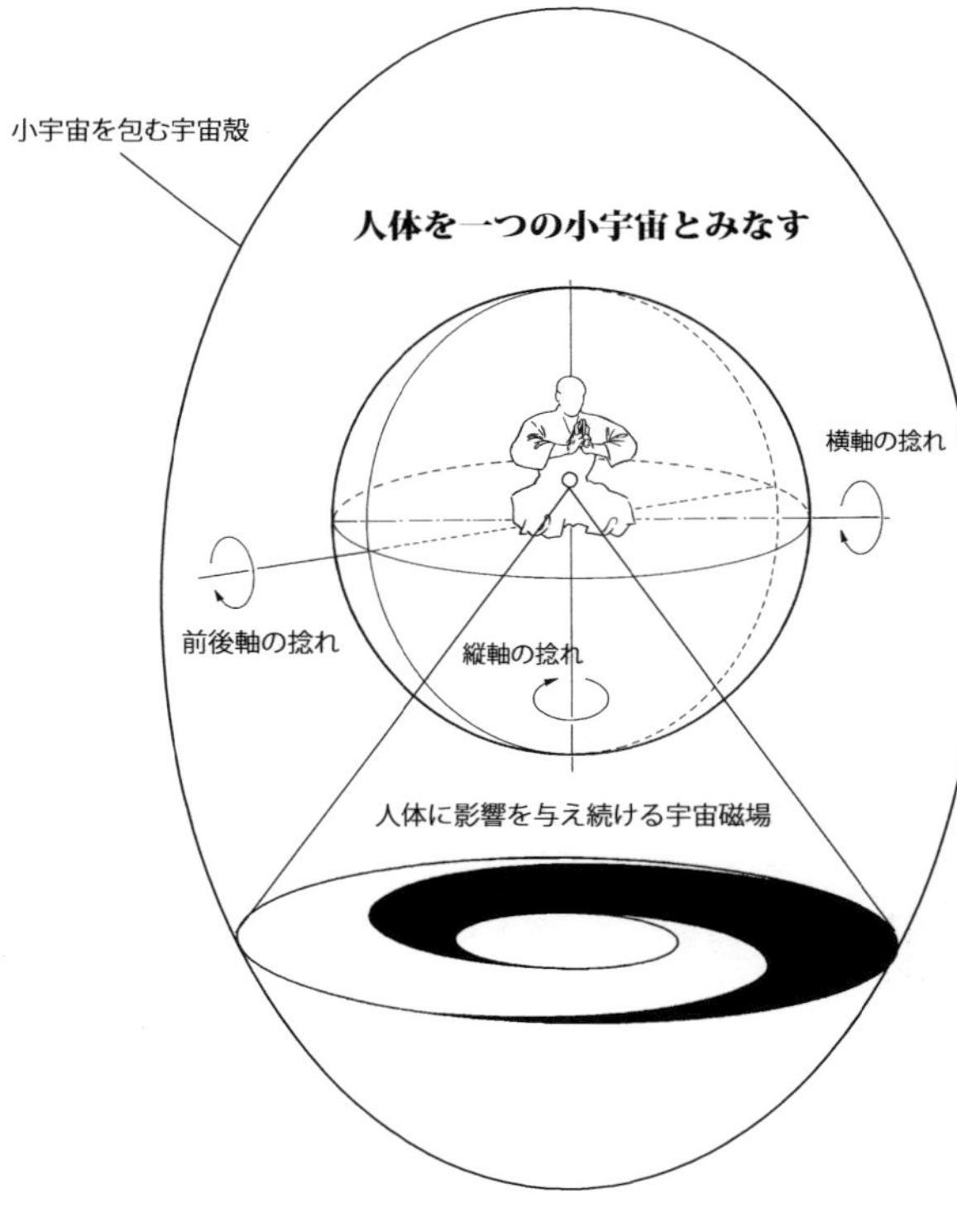

人体宇宙図

浮き上がる手

敵が腕を差し出し、吾が浮き上がる手を阻止しても、吾が手は自然と浮き上がって行く。敵はこの手を力ずくで阻止する事が出来ない。この時、肛門を吊り上げるようにイメージする。決して力で吊り上げてはならない。吾に小宇宙の想念が確立されれば、敵の手は自然と浮き上がっていく。また、浮き上がったイメージをまず最初に脳裡に映し、これを強くイメージして、結果として手が浮き上った状態となる。

浮き上がる手

沈み込む手

敵が腕を差し出し、吾が手を支えようとしても、吾が手はその敵の反発する力に関係無く沈み込んで行く。この時は、肛門を開き、気を下に下げるイメージをする。それによって吾が手は下に降り、同時に敵も抑え込まれて、どんどん沈み込んでいく。脳裡に映し出す感覚は「浮き上がる手」と同じである。

沈み込む手（内）

沈み込む手（外）

動かぬ腰

敵が吾が帯の腰部《ようぶ》を掴み、持ち揚げようとしても、あるいは前後から腰部を押しても動かせない腰である。

これは敵が持ち揚げる時には重心を真下に落とし、前後から押してくる場合は力の支点をそこに沈めて集中し、四股《しこ》立ちで重心を下げる事が肝腎である。このイメージは、吾が足に根が生え、その根が地中深く張り巡らされていて、微動だにしない事を脳裡に描く事が肝腎である。

動かぬ腰

合気揚げ

敵に吾が手を掴ませ、これを人差指の方向に導いて敵の躰をつり上げる。この際の支点は拇指《おやゆび》の付け根付近の尺骨部である。

揚げる気力（発気）の源泉は、下丹田にある太陽神経叢からの潜在的な意念《いねん》であり、下丹田と上丹田にある泥丸《でいがん》を意識しながら、吾を中心にして球体を描き、その中心が吾であるという想念を持つ。この事によって、敵は吾の中心に動かされる事になり、揚げられてしまうのである。

この技法は一見単純に見えるが、中は深遠であり、奥深いものがある。合気は、合気揚げに始まり、合気揚げに終わると云われるが、大東流の業は、総てこの合気揚げに回帰するのである。

合気揚げ
1) 坐法にて、敵に吾が手首を掴ませる

2) 吾が手に刀印を切り

3) 人差指の方向に指し揚げる

合気下げ

敵に吾が手を掴ませ、敵の手首を切って小指の付け根に当たる尺骨部で、吾が人差指を下に下げ込むようにして押し込む。気力の源泉は合気揚げと同じく、下丹田の太陽神経叢であり、此処から発した気力によって、敵の手首が切り込まれ、手首を切り返すと同時に、敵は下方に沈んでいく。発気が充分に行えた場合、敵は頭を下に垂れてしまうのが、掛かった場合の特徴である。

なお、合気を強く掛けると、ムチ打ち症のような状態となるので、初心者に掛ける場合は手加減をする。

1) 坐法にて、敵に吾が手首を掴ませる

2) 吾は刀印を切り、敵の腕を後方に曳き

3) 敵の手首を切って

4) 極め込む

5) 極めを徐々にきつくして

6) 更に下方へと極め付ける。その場合、合気下げが掛かっていれば、敵の頭部はカタッと下に垂れる

合気絡め

敵が吾が手首を握ろうとした瞬間、左右の手をクロスさせ、摺り替えて掴ませ、その絡め捕りによって敵の両腕を封じる。術者は、一点に定めた下丹田の位置が動かないようにしなければならない。

1) 敵に吾が手首を掴ませる

2) 吾は差し違いを以て、左右を交叉させ

3) 敵の腕を絡めた状態にして

4) 投げ放ち

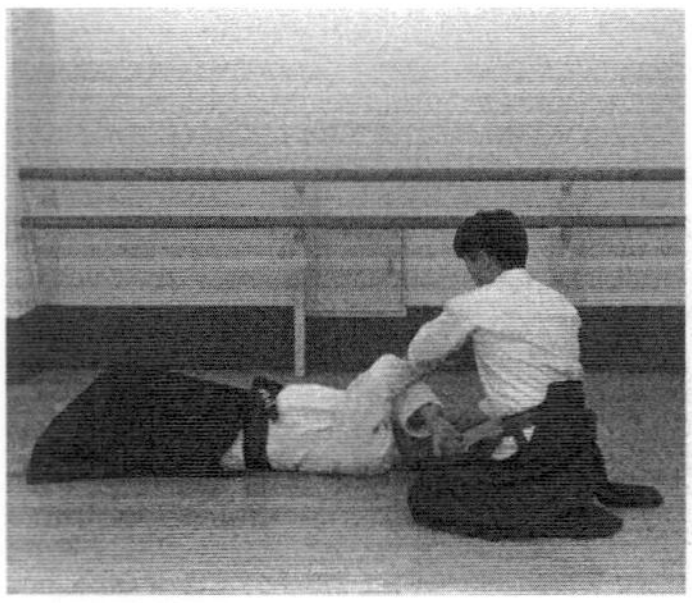
5) 最後に絡め捕る

捌きによる合気

人間には転倒する態勢や姿勢、角度やバランスを不安定にさせやすい身体空間がある。躰動には均整を失わせ、この失った状態が死角となって、転倒への過程《プロセス》を描く。この転倒までに至る誘導は大東流独自のもので、他の柔術諸流派には見る事が出来ない。

西郷《さいごう》頼母《たのも》が日新館《にっしんかん》の正式教科であった会津《あいづ》藩《はん》御《お》留流《とめりゅう》は当時五百石以上の上士の子弟及び、その一部の親族や探求者に教えられただけで、これを頼母は修行上の工夫を加え、御留流から抜け出して、独特の西郷流ともいうべき秘術を編み出していた。この秘術は合気術に至るまでの「体《たい》之《の》術《じゅつ》」と謂われるもので、関節技を含む逆手技や「捌《さば》き」が含まれていた。この捌きには、巧みな手捌き、腕捌き、体捌き、足捌きを会得した後、合気術の秘術が使い熟《こな》せるとしたものである。

捌きによる合気

柔術諸流派にはこの「捌き」というものがなく、動きは直線的であると見抜いたのも頼母であったし、また頼母は、柔術諸流派や柔道の母体となった天神真楊流が足軽や中間の為の基本柔術であり、真に「やわら」と称すべきは、この会津藩御留流（後の大東流）を除いて無いとしたのである。

さて、人間が転倒する行動パターンは、概《おおむ》ね直線の軌道を辿る。凡その攻撃や行動パターンは直線運動に集約され、それは最短距離を通る行動軌跡を描くが、これに正面から直線軌跡で対抗しても、力と力のぶつかり合いとなり、敵の矛先を躱《かわ》す事は出来ない。従ってこれを躱すには、一旦突進してくる力の方向を変え、弱めてしまう必要がある。方向を変え、弱めて、自分の裡《うち》側に誘い込むのが捌きの合気であり、一旦誘導した敵を抑え、あるいは投げ放して動きを封じるのである。

崩しによる合気

無駄な力、余分な力を一切使わず、瞬時に敵を崩し、人体のバランスと人間の持つ眼の死角を利用して倒し、最後は関節業を使って封じ込めてしまう柔術である。崩し方には当身等を打ち込んで直接運動不能にする「崩し」と、間接的に相手をある円軌道の中に導いて、自然体のバランスを崩す「崩し」がある。

さて、前者の崩しについては、「技法・術理篇―第六章　大東流当身拳法」を参照してもらいたいが、後者の崩しは、その崩した後に脈所を絞めて絞め落とすか、関節を逆（この場合、順方向と逆方向がある）にとって抑え、あるいは投げるという柔法独特の、次の柔術技法を施す為の「崩し」となる。また、その崩しには精神的な崩しも含まれる。

柔法に於ける崩しの科学は、端的な水平方向（F）や摩擦力（f）を入れての$F=f$や、垂直抗力（N）や直方体質量（M）や重力（g）入れて、鉛直方向の力の釣り合いの$N=Mg$、あるいは破壊力を示す$L=\frac{MV^2}{2}$という初歩的な物理学の方程式からだけでは解明できない。

身体は固体ではなく流動体であり、流動体であるという事はその多くが液体で構成されているという事を意味する。肉体の構成成分は多くは液体であり、それに「心」という「魂」に繋《つな》ぐ「動揺媒体」が関与している。心は一点に定まることなく、絶えず動き廻るものである。肉体を頑強に固定して見たところで、心はそれにも関わらず、飛び回り動き廻る。牢獄に投獄された肉体でも、囚人が遠くに思いを馳《は》せるように、心が肉体とは関係無く、好きなところに唸《うなり》（意の念が振動し、やがて音を形作るという意）となって一時も一点に止まる事を知らない。

人の心は、不穏な動きを察知しただけで心に動揺が走り、それが心配の種子となって、不安定な要素を作る。このような不安定要素の事実を知りながら、敵の力に対して力で対抗するというのは愚の骨頂であり、寧《むし》ろ力は、心の動揺によって微塵《みじん》もなく打ち砕く事が出来る。

人間は如何に巨人と雖《いえど》も心を形成しており、そこに不安定要素を与える事が、本当の意味での「崩し」である。

試合上手でも負ける事がある。時には八百長試合をやらねばならない時もある。例えば、試合上手の天性の才能を高く評価され、オリンピックに出て世界の強豪と互角に渡り合える選手でも、自分の知らないうちに家族が拉致《らち》され、人質に取られて、「試合に負けなければ殺すぞ」と脅されて、恋女房や愛する子供に危害が及ばんとする時、果たしてこの試合上手は、悠々とその試合に於て、勝ち誇る事が出来るであろうか。

人質の恒例が半ば行事的に行われてきた、人類有史以来の非合法活動は、逆転を狙う体制側の専売特許であり、古今東西を問わず、今日でも政治的あるいは利益誘導の手段として使われている。

人は男女を問わず、家庭が円満で夫婦仲も良く、家として形を成し、有形にしろ、無形にしろその幸せが財産として形を成した時、失うものは大きくなる。失うものの被害が大きくなればなる程、脅迫に屈し易く、あるいは利益誘導のお先棒を担いで不正を遣《や》らねばならない状態となる。形有るものの脆《もろ》さである。

汚職等をはじめとする世の中の不正は、この孰《いず》れかが不正の動機となる。社会秩序が極めて安定しているという日本に於て、それは卑怯《ひきょう》等と言ってはおれない。愛妻家や家族想いに、これを無視する者はいない。捨てるものがないが故の人間の性《さが》である。

確実な事は、自分が負けなければ、あるいは不正を働かなければ、愛する家族に危害が及ぶという事実だけである。

政府公認の「サッカー籤《くじ》」を発売する事になった。その全権は文部大臣にあるという。博打《ばくち》を国家が公然と公認し、国民にその勝敗の行方を占わせ、賭け金を掛けさせるものである。

サッカーの起源は、フランス革命の時、ギロチンによって落とされた人間の生首を、今日のボール変わりに蹴って遊んだのが始まりという残酷な遊びであり、競技である。西洋スポーツの概ねは、このような残酷の歴史に血塗られている。このような残酷なゲームに、日本政府はワールドカップを意識して、これを公認とした事は非常に残念な事である。

さて、このような博打を原点とする勝負事には必ずといっていい程、「八百長」が存在する。プロ野球、大相撲、プロレスに八百長が存在している事は周知の通りである。これらの総てが脅迫によるものではないであろうが、凡そはこれと類を同じくするものであったり、利益誘導の為の我田引水に落ち着く筈である。八百長がその原点となるのは、脅迫であれ、唆《そそのか》しであれ、恐らく「心の動揺」から起こる、先の述べた通りの現実からであろう。

宮本武蔵は、これに応《こた》えて謂う。詳細は武蔵の自戒の書『独行道十九条』にあるので参考されたし。

独行道十九条

一、世々の道に背くことなし
一、よろずに依怙《えこ》の心なし
一、身に楽しみをたくまず
一、一生の間欲心なし
一、我れ事において後悔せず
一、何《いず》れの道にも別れを悲しまず
一、自他ともに恨みかこつ心なし
一、恋慕の思ひなし
一、居宅に望みなし
一、身一つに美食を好まず
一、末々什物になる旧《ふる》き道具を所持せず
一、我が身にとり物を忌むことなし
一、兵具は格別余の道具たしなまず
一、道にあたっては死を厭《きら》はず
一、老後財宝所欲に心なし
一、神佛を尊みて神佛を頼まず
一、心常に兵法の道を離れず
一、物事に数奇好みなし

人間は他の哺乳動物と異なり、仏性のある生き物である。仏性は心を形成する。仏性有るが故に、心は一点に定まらず、動くというのが現実だ。そしてこの動くという事は、時には「崩し」にも用いられるのである。

合気は一つに、肉体の重心の位置を崩すだけではなく、精神的な心の崩しとして存在し、その心を動揺させ崩す方法に「呪文」や「神呪《しんじゅ》」がある。

手が外れない合気

人間の手の握りと肘や肩の関節は、孰《いず》れも順方向にしか動かないようになっている。逆方向に無理に動かせば脱臼《だっきゅう》したり、亜脱臼が起こる。脱臼と謂われる完全脱臼は痛みを伴わないが、不完全な亜脱臼は激しい痛みが伴う。

さて、「手が外れない」、あるいは敵が「手を離せない」逆方向に極める柔術は、敵が吾の手首、肘、肩、足首を捕えた瞬間、瞬時に「逆手」を掛け、敵の動きを封じるものである。

人間の関節の構造は、順方向に極限まで曲げられた時よりも、逆方向に極限にまで極められた方が、指の捲く運動が強くなって、瞬時には手の握りを外せない状態になる。

手が外れない合気（正面）

手が外れない合気（側面）

巻きによる合気

力技や力士に対して「巻きの合気」が用いられる。巻きの「まき」は本来「捲《ま》き」であり、自らが手を施して巻上げる事を意味するのである。

例えば、「袖を曳《ひ》く」と「袖を捲く」と謂う事に於て、両者は多いに異なり、曳く場合、引き寄せる為には敵より上回る力が必要になり、捲く場合、敵の力の如何とは関係無く、巻上げたり、巻き込んだりする事が出来る。それは丁度、鰐《わに》が牛等の自分より体格や体重の優れたものを水の中に曳き摺《ず》り込む動きに似ていて、鰐は水中で自らの体を回転させる事（噛みつき、巻き込む）で牛の巨体を倒し、抵抗する行動を封じてしまうのである。

巻きによる合気

我々一般人の体軀は、日本人の殆どが一様な中肉中背の中庸の体軀であり、相撲取りやレスラーやプロ野球選手を除いてほぼ同じである。体重は成人男子であれば体重は六〇〜七〇キロ前後で、身長は一七〇センチ前後であろう。この体軀で体重一〇〇キロ前後、身長一八五センチ前後のスポーツ選手と競った場合、正面からぶち当たる正攻法では決して太刀打ち出来ない。体格的には大人と子供程の差があり、恐らく握られた手すら外す事が出来ないであろう。

しかしこの場合、握られた手を捲くように捻ったらどうであろうか。吾が指の先端を動かす事によって捲きの業が可能になり、抜き手を試みたり、掴ませた儘捻り業を掛ける事が出来るのではあるまいか。

巻きの合気は「捲き取る」という、此処に由来するのである。

影による合気

人間の眼には残像を引き摺る余韻《よいん》がある。繰り返し動作を行っていると、それが無意識の暗示となって脳で意識してしまい、咄《とっ》嗟《さ》の変化が起こっても、それに気付き、回避する事が難しい。この眼の「狎《な》れ」を利用したのが影による合気柔術である。

例えば、単純な両手取りに於ても、これを素早くクロスさせ、左右の手を入れ替えても手首を握ってくる敵は、この入れ変わりに気付かず、同じように握ってしまう。また常に手首の陽を取っている敵が、急に掌を返し、陰に取らせても、陽が陰に変じた事に気付かず掴んでしまう。このように眼の残像を巧みに利用し、敵と捕えるのが「影の合気」である。

呼吸による合気

人間の呼吸には吐納《とのう》があり、吐納には長短の陰陽がある。その呼吸と呼吸の間に一瞬の隙が起こり、この隙が業を掛ける時のタイミングとなり、それを巧みに見極める事で「呼吸による合気」が可能となる。

武術は抑《そもそも》己の肉体を抛《なげう》って体現する実践である。業の成立はそれなしに有り得ない。一旦肉体を通して表面化された業は、やがて時と場所に応じて如何様にも姿を変える事が出来る。肉体を抛ちながらも、自分の肉体を業が通過しなければ、業は業として体現される事はない。

凡そ技術というものは、人間が自分の肉体を通過したか否かに掛かっている。人が、日々を精進し、修行に励む実体は、種々の業を如何に「肉体を通過させるか」に掛かっている。

自分の肉体を通過させた業を、無手の儘、武器一つ持たずに、無刀の剣に変えて、呼吸と呼吸の切れ目、あるいは隙間を巧みに読み取る事が、呼吸を利用する事であり、それによって敵の魂を抜き取る事も可能になるのである。人間は、また口及び鼻からの吐納を繰り返しており、それは同時に毛穴からも皮膚呼吸を行い、大量の熱気を発散させている。緊張が走った場合、この発散は旺盛となり、このような時に敵と対峙した場合、敵の呼吸は「浮き上がる」事になる。不図《ふと》、敵の呼吸が見える瞬間があるのだ。肉体に、業を常に通過させる修行を重ねると、張り詰めた神経と周囲の空気の中で、穏やかな気合いが充満し、敵の視線の中に自分の姿を見る思いが反芻《はんすう》され、何の前触れも無く、相手の呼吸の吐納が浮き上がって、それも吐く息を捕まえる事が出来る。

人間の瞬発力の殆どは「吐く息」であり、無声であれ、有声であれ、心の中で「どっこいしょ」と気合いが掛かる。物を持ち上げる場合から、座る場合に至るまで「どっこいしょ」の掛け声は消える事が無く、瞬時に於ても「どっこい」と無意識の掛け声を掛けている。この「どっこいしょ」あるいは「どっこい」は独鈷《どっこ》に由来し、人体の急所の「独鈷」にその原点を求める事が出来る。

独鈷は、頬車《きょうしゃ》と同じ線上に位置し、同時に此処は三叉《さんさ》神経と頸動脈を司る顔面神経に繋がれている。人が事を仕掛ける瞬間、その呼吸の吐納は顔面神経から伝わり、顔面には、その意図を額から発している。

殊に「吐く息」は、この額に現われ、これはほんの少量の吐き出される息でも、捕え易く、「唸《ねん》」が先だって伝わってくるのである。また独鈷は、「よいしょ」と有声、無声を問わず仕掛かってきた敵に対し、「どっこい」で受け、この呼吸の遣り取りは、肉体を通過させた業の度合で上手、下手が決まる。大方下手は、力のみが主体となって、肉体に業を通過させていない修行不足から、敵に敗れるのである。

そして呼吸を自在に読むには、自分の肉体を通じて業を通過させ、それを消化させた者が有利に立ち、この基礎固めは、日々の修行に掛かっているのである。

ところで、人間の額の皺《しわ》は何を物語るか。人相学上、額の皺はその人の年輪を刻むだけではなく、その経験や体験の度合を現わしている。その為に手練《てだれ》は此処に鉢巻をし、これを隠すと同時に保護する。

額の皺の少ない人程経験や体験の度合が少なく、多い人程それが豊富であると謂われる。つまり呼吸を読み取る際の「勘《かん》」が働き、対峙した場合、敵の肉体の業の通過状態を巧みに読むのだ。

たった一撃で何処が崩れるか、何処が弱いか、どういう癖を持っているか、肉体の何処に持病や骨格障害を持っているか、その先天的な箇所までを即座に読み取ってしまうのである。したがって鉢巻は、古武術の伝統的な風習である。

絞めによる頸合気

柔術は絞業《しめわざ》による殺法を、組打《くみうち》（組討ち）の中で古くから研究してきた。合気道や、一般に眼にする大東流柔術には絞業はないと思われがちだが、大東流が戦国期からの格闘を下地として編纂されてきた経緯から考えると、当然素肌武術と雖も、絞業は存在していなければならない。

大東流の絞業は次のように三つに分かれる。その第一は腕や手で敵の頸《くび》を絞める。第二に縄や下緒《さげお》（刀の鞘《さや》の栗型に巻いている約三尺の正絹で出来た組紐《くみひも》）を用いて敵の頸を絞める。第三に鉄扇や白扇（西郷派大東流に伝わる独特の約一尺の白扇）を用いて敵の頸を絞める。絞業の特徴は頸動脈を絞め揚げて圧迫し、呼吸困難に陥れる事である。しかし、これらの直接的な殺法だけではなく、間接的な殺法があり、それは敵に同じ業を五〜六回掛けて、肺を壊疽《えそ》状態に至らしめる事である。腕を用いて絞業を行った場合、敵の頸には殆ど後が残らず、手、下緒、縄、紐、針金、天蚕《てぐ》糸《す》（釣糸）を用いて絞めた場合は、頸に克明に後が残る。

絞業によるこれらの技法は、「頸合気《くびあいき》」若しくは「絞合気《しめあいき》」と呼ばれ、単に腕力で立っている敵を絞め落すのではなく、敵を自然体の状態から転倒させて臥《ふ》せ、その儘微動だに出来ないようにして臥せ込み、裏表、頭を中心にして上下、腕を中心にして左右半立ちの状態にして、前後から頸合気を掛け失神させるのである。

大東流の「藤下り《ふじさがり》」という業の名前からも分かるように、人間は頸を絞められると、顔色は充血して紫色に近い状態となる。絞業が掛かった場合、敵は必死で呼吸をしようとして混乱状態になり、荒々しく空気を吸い込もうとするのである。この状態を一気に絞め揚げてしまえば失神するのであるが、失神させずに「絞め」と「緩め」を交互に五〜六回繰り返すと、敵の舌は腫《は》れ上がり、肺は壊疽状態に陥る。また一気に絞め落とした場合の蘇生法はあるが、このように数回に区切り絞め落とした場合の失神は緊急な外科手術が必要であり、従来の蘇生法では蘇生できない。前者の方法で絞め落とした場合、口から泡のような唾液を吐き出すか、大小便を漏らすのであるが、後者の方法では唾液を出したり大小便を漏らす事はなく、肺壊疽、若しくは急性肺炎の状態に至る事が多い。

また頸合気を掛ける際、「絞め」と「緩め」を交互に繰り返して肺壊疽を起こす業は、手や腕の技法より、針金や天蚕糸を使った方がより効果的で、敵に決定的な致命傷を負わす事が出来る。

さて、これらの業に嵌《はま》り、そこから抜け出す方法があるかという事を考えた場合、大東流や一部の古流柔術ではこの方法を古くから研究しており、逆に柔道や近代空手はスポーツ的な要素の強い競技になっている為、これらの事を殆ど研究していないというのが現状のようだ。柔道や八光流《はっこうりゅう》では、後ろから絞めてきた敵を、前方にお辞儀をするように投げ放つとあるが、実際問題としてこれは容易ではない。もし前屈《まえかが》みをしようものなら、益々絞め揚げる方はその力を強め、投げる前に自分の方が絞め落とされてしまう。また空手は接近戦に不向きで、「抱きつく」「抱え揚げる」「投げる」「抑える」「寝技に持ち込む」「絞める」等の業に弱く、殊に背後から頸を絞められた場合、それに対処する技法が研究されていない。もし背後から細紐、針金等の鋭い細さを持った武器で攻撃された場合、膝蹴りや太腿部を蹴るロー・キックは当てる事が出来ず、また背後に向かって打ち出す猿臂《えんぴ》も、それ程の威力がある訳ではない。藻掻《もが》き、暴れれば暴れるだけ、二回、三回と絞め揚げられて、肺壊疽《えそ》を起こす確率が高くなるのである。

大東流には、背後から突然頸を絞められ、これから逃れる秘術がある。首を絞められた場合、先ず確保しなければならない事は、呼吸出来る最低の通路である。先ずこれが出来なければ、反撃する機会は失われるからである。その方法は、歯を食い縛《しば》り、「イー」と発音する「口角《こうかく》之術」で先ず酸欠状態になるのを防ぎ、気管支への通路を開く事を確保し、次に立ち直って敵と対面し、次の攻撃に出る事である。（イーと発音するのは「いのち」の「い」であり、口伝に「気吹《いぶき》溜め」の方法あり）

また、絞業と似た技法に「頸固《くびがため》」という業があり、この業は「頸椎を直接折って即死に至らしめる」方法と、第一頸椎と第二頸椎を外し、「頸動脈を圧迫して血流の流れを塞《ふさ》ぎ、失神に至らしめる」方法とがある。この業の掛け方は、術者が敵の顎の下に吾が右腕を差し込み、それを左腕で支えつつ、同時に左手の掌で敵の側頭部を右方向に強く押すという方法をとる。

左腕と右手首が敵の頸背後で交叉している為、此処が力の支点となって頸に強い圧力がかかり、先ず最初に第三頸椎から第五頸椎の間に大きな圧力がかかる。この力を強めれば骨折に至り、弱めれば第一頸椎か第二頸椎が外れるか、若しくは頸動脈が圧迫されて脳の流血が止まり、失神状態に至る。

さて、絞業や頸固等の業を行うのは、何も人間だけにに限った事ではない。昨今は野犬からも身を護《まも》らなければならないし、飼い主が暴力団等の非合法的活動家の場合、戦闘犬のような軍隊の開発したドーベルマンや、闘犬の土佐犬等それに準ずるシェパード等の犬を飼って、自分の護衛役に使ったり、対抗組織の組員にけしかけて、人間殺傷の武器に使っている場合が少なくない。そして、この組織とは何も関わりあいのない無垢《むく》な一般市民が被害者となる事がある。

絞めによる頸合気　頸固

万一このような事件に遭遇した場合、最も効果の大きい戦闘護身術が絞業である。この場合、手や腕で締め殺すのもよいが、噛みつかれて深手を負う事を覚悟しなければならないので、叩き殺す場合は「琵琶《びわ》の木刀（鉄芯《しん》入り）」、確実に締め殺す場合には「針金」が最もよく、吾が西郷派大東流には初代宗家・山下翁が編み出した「竿金《さおがね》」という、野犬に襲われた場合に掠《かす》り傷ひとつせずに、用意に締め殺す術がある。この竿金という術は一頭の犬だけではなく、その技術熟練度に応じて、複数の犬を一度に殺す事が出来る。

ここで戦闘犬の事を少し説明すると、軍用犬として開発されたドーベルマンは頸《くび》が弱く、此処を絞められると窒息死する。この犬は軍用犬や警察犬、番犬等に起用され、飼い主に極めて忠実な犬として知られる。その為、暴力団等の飼い主が自分の護衛用として飼っている場合が少なくない。更に犬の忠実な性格を利用して五、六頭の複数の犬を飼い、敵対する総ての者に一斉攻撃する訓練をしている。

　また土佐犬は、元々高知県に居た在来種にマスチフやブルドッグを配合して近年に闘犬として作出したもので、体高は凡そ六〇センチ前後でドーベルマンとほぼ同じである。なお、闘犬として近年に作出された闘犬・土佐犬と、純粋の日本犬である「土佐犬」は異なるのでしっかりと覚えておく必要があり、後者の土佐犬は天然記念物であり、殺傷する事は法律で許されていない。また動物愛護協会の厳しい監視の眼も光っており、この土佐犬ばかりでなく、犬（野犬を含む）総てを、このような方法で殺傷する事は非難の対象になるので、出来る限り威嚇《いかく》だけで避けたいものである。

　シェパードはドイツ原産のオオカミに似た犬であるが、一般に信じられているオオカミを直接改良してシェパードが作出されたという説は正しくない。この犬は警察犬を筆頭に、軍用犬や番犬として使われる。またシェパードはドーベルマンほど戦闘的ではないので、その優しい性格を利用して盲導犬としても使われている。

　しかし、昨今は愛犬家のモラルが低下し、その資格のない者や、利己的な誤った飼い方をしている輩《やから》が少なくなく、また飽きて捨て犬とし、これらが野犬化して人間を襲う事もあり、大いに迷惑な時代になったと言える。

大東流の合気理念

　武術の基本理念は大東流に集約され、大東流はその中枢を為《な》すものが「合気」である。大東流の合気理念は単刀直入に述べれば、江戸末期に開発された「実戦護身術」である。護身術の根本理念は抑《そもそも》「人殺しの術」であり、人を殺す為のみにその業が編み出されてきた。まさに諸流派総合の真髄は此処にあるといってよいであろう。

　武道で言う倫理や儒教的考え方は、安全圏に居る者達の詭弁《きべん》であり、戯言《たわごと》であり、人の命の尊さ、平和の有難さは、この人殺しの術を通してのみ理解が出来、机上の空論で平和を説いて見たところで、それは絵に描いた餅に等しい。人殺しの術と武器を遠避け、戦い方を教えない事だけが平和を維持できる方法ではない。現世は体験的学習を通じてのみ、それが理解できる仕組になっている。

　今日の国際問題一つ挙げてみても、人類は不幸にして「武力を使わずに国際問題を解決する」糸口を見出していない。旧態依然として武力の中心は武器・兵器であり、組織化された軍隊である。その何たるかを理解せずして、軍縮を説き、核兵器廃絶を唱えてみても、直ちに世界が平和になるという事はない。未だに世界各地で戦争の火種は燻《くすぶ》っている。先ず平和を実現する為には、そして世界全体を理想郷に近づける為には、その攻撃対象をしっかり見据えて「武」を理解する事が大切である。また現実の世界は、理想の世界に比べて極めて冷厳である。その実体から眼を逸《そ》らせても、真の平和と自由は得られないのではなかろうか。

そして急がれる事は、歴史を振り返り、その中に記されている戦争からの教訓を学ぶべきである。

さて、大東流は弱肉強食の理論によって構築された武術ではない。徹底的に力を否定し、肉体トレーニングを否定する事が、その真髄の根底にある合気理念である。今日の武道を見る限り、その多くはスポーツ理論に身を寄せたトレーニング法を用いている。殊にその最たるものが、柔剣道を始めとして、空手、拳法、合気道、居合剣道、相撲等であり、スポーツとしては欧米柔術（柔道を母体にしたグレーシー柔術など）、レスリング、拳闘《ボクシング》等である。

一般人が格闘技を想像する場合、そのトレーニング法は旧態依然の、マラソン等のランニング、縄飛び、ウェイトトレーニング、兎飛び、スクワット等の筋力とスピードを養成する鍛練法を想像するであろうが、武術にとってこれらは決して上質の鍛練法とは言い難い。これ等は筋力的な「力」の養成を目指しているからだ。

大東流はこれ等の力を無効とする。それは力は「業の中にあってこそ、本当の力」であり、鍛練法自体に力の在るのは本当の意味で役に立たない事を示すのである。

昨今は「柔能《よ》く剛を制す」は殆ど死語に近い状態になってしまった。現実には筋力トレーニングで鍛え上げ、磨き上げた俊敏で精妙な技術を持ち、エネルギッシュで体軀の大きい巨漢が、理論抜きで粉砕し、勝ちを納める事が多くなった。総て体力主義である。だがこれは試合というリングを設け、試合場が設定された場合であり、現実に於ける実戦は、これらの試合場とは大きく異なり、必ずしもリング上での試合上手が総ての闘いに勝てるという訳でもないのが、また一方で事実としてある。

機動隊で巨漢の異名をとり、日々筋力トレーニングに励み、柔剣道で鍛え上げた警察官が、いとも簡単にド素人の刃物を持った犯人に刺し殺されるのは一体どういう訳であろうか。

また八光流や合気道のように、その宣伝戦略上から、素人の夢とロマンを煽《あお》り立て、「小男が、あるいは婦女子が、巨漢を宙に舞上げて、触れた瞬間三間《さんげん》も吹っ飛ばす」という、奥山龍峰《おくやまりゅうほう》（初代創始者）や植芝盛平（戦前の相撲取・天竜を宙に舞上げて門弟に加えたというが、実際は天竜が植芝の手首を握り、それで合気の極意を感じたという話に因んでいる）の極意技伝説を持ち出し、力の不用と、力を抜く事を強調する護身武芸や護身術も結構であるが、実際問題として、著者は小男やか弱き婦女子が巨漢を宙に舞い上げた態《さま》を一度も見た事がない。

では何故、現実と護身術が一致しないのであろうか。それは既に護身術が人殺しの術であるという事を忘れ、あるいは危険な技を省略してスポーツと同じく安全なものばかりを追い求めているからである。しかし、危険な技こそ護身術の根本ではなかったか。
昨今は人権や人命の尊重が叫ばれてから随分久しい。敵を傷つける事はおろか、自らを危険の中に身を投じる事もない。常に安全圏に潜り込み、外野から観戦し、傍観するという事が多くなった時代である。だから青少年の犯罪も低年齢化し、増加の一途にあるのだろう。だがこれは「危険」だけの理由で、危険な技と危険な持ち物を取り上げた結果であり、ある意味で武術の根本に触れない限り益々エスカレートしていく事であろう。

そして大東流の合気理念は、再び危険な人殺しの「秘伝」に回帰するのである。

なお、秘伝について特記すべき事は、公開したり、人前で演武を見せる時は、「どうでもいいような業」を公開し、演武を行う時は、要《かなめ》となる秘密情報を隠す為に「如何にも素人と思われるように下手に見せる」という事である。敵に花を送り、吾より優れていると思わせる事が、秘密情報を秘密情報として、残す最良の方法である。これは初代山下翁の「申し渡」である。

曽《かつ》て著者は、八門遁甲《はちもんとんこう》の名人と謂われた某氏（これを職業としている）に吾が「命術《めいじゅつ》」の星《しょう》を教えて欲しいと依頼し、それを快く引き受けて下さり、その命《めい》と引き替えに一〇〇万円（平成二年当時で決して安いとは思わなかったが）を差し出そうとした事があった。

しかし、某氏から数日後手紙があり、「貴殿の人生は、たった一〇〇万円程の事か。貴殿は自らの命に如何程の値段をつけるお積もりか」と御叱りの手紙を受け取ったのであった。著者はそれ以来、自らを愧《は》じ、大変な失礼をした由を手紙に認め、丁重に御詫びの手紙を書き、この依頼を断わった。某氏に言わせれば、一〇〇万円如きの端金《はしたがね》で命《めい》は教えられないという事なのであろう。

今になって考えれば、それは当然だと思う。多くの日本人は一日のうち、殆ど棲《す》みもしない家を建て、それに大ローンを組んで毎月高額な金を払い続けている。そしてその家はでき上がりが良きにつけ悪しきにつけ、あるいは地震や台風等の自然災害で倒壊しないという保障もない儘、二十年、三十年と億単位に近い高額な金銭を返済していく。中味に坐する人間が中心であるのに、その器にこれ程の金をかけ、日常生活を営もうとするのだ。

世の中には無形の秘密情報に一円の金も使わず、それを探り出そうとする輩《やから》が居る。これは常識知らずで、非常に失礼な事である。九十余過ぎまで生きた、大東流の名人と謳《うた》われた某師範は一手教授する度に高額な金銭を取ったという。考えて見れば尤《もつと》もな話である。まさにそこには、「人前で見せる演武は下手に行え」の教訓が生かされているのである。

第七章　言霊と内なる宇宙

言霊と言行

世界各地には様々な個別言語が存在している。それらの個別言語は、一様に文字とその発声する音声は異なり、その発音から受け取るものは単に語形が異なるだけで、そこには人類共通の規制が働いている。これを普遍的な条件の中で制御《コントロール》しているのが人間の脳である。人間の脳には言語に存在しうる、その普遍的条件が予《あらかじ》め内蔵され、各々の言語の音素により、それが再び脳に反映されるという構造をなしている。つまり言語の規制の働きによって、人間はその中で一喜一憂を演じているという事なのだ。その中には喜びの言葉があり、悲しみの言葉があり、憎しみ、妬《ねた》み、侮蔑、怒り、恐れ、悩み、迷い、苦しみ等を表わす形容があり、それが精神的な働きをなして人間に反映され、日常的な喜怒哀楽として現われる。人間の健康、不健康もその反映である。

さて、言語の理解力は、その人の知的能力に委《ゆだ》ねられる。しかし、呪文は言語そのものへの理解力には関係無く、呪文そのものの音が聴覚器官を通じて脳に伝わり、運動中枢にまで達して、行動や判断を誤らせたり、迷いや恐れを抱かせて、動きを停止させ、更には運動中枢そのものに刺激を与えて狂いを生じさせる。

特殊な振動音が伝わる、これが呪文や神呪《しんじゅ》の特徴である。聞きようによっては意味不明の羅列《られつ》のように聞こえる呪文や神呪が、実はその呪言そのものに大きな力が秘められていて、人間の中枢神経はその呪言に敏感に反応する。この反応はこれを聴く者の知的能力に関係無く、また国境を超えて絶大な威力を発揮するものである。

各々の国の言葉は、元々戦争に勝った国の言葉が、負けた国に押し付けるものであり、本当の意味での国語は純粋性を失ってしまう特徴を持っている。

だが呪文や神呪は、国を越境する言語共同体のような働きがあり、民族を超えた吸引力がある。その意味で呪文や神呪は梵字に示された音が、直接脳の運動中枢に働きかける役目を持っている。

人間の脳の中枢には、例えば海鳴りがまるで誰かが呟《つぶや》く呪詛のように聞こえたり、鴉《からす》の鳴き声が不吉を思わせる呪《のろい》のように感じてしまうのは、言語野《げんごや》に反応する潜在的な刺激材料が記憶されていて、それが運動野《うんどうや》にまで及ぶからである。

この意味で脳に伝わり易い点では、梵語の音は絶大であり、また大和言葉に見られるような音の響きも豊かさが感じられ、国境を超越して外に開かれた言葉と謂《い》えるのである。だが言葉には人間の喜怒哀楽があり、言語文化の存在性に左右されて人は行動を起し、あるいは徒労と奔走を繰り返している。従って、時としてその言語文化の主体性《アイデンティティ》（＝存在性）は命取りになる事もあるのだ。

それは呪文や神呪が直接脳に働き、その運動中枢を刺激して、その音自体が破壊作用を齎《もたら》して脳そのものを破壊し狂わせ、精神分裂状態にして、時には死に至らしめる事もある。

人の喋る言葉には喜怒哀楽や一喜一憂が含まれていて、時としては恐れを誘い、迷いを齎し、狂いを生じさせるのである。この最たるものが「神（霊＝魂）」を冒された精神分裂症《パラノイア》（病）である。世界には無数の言語があるが、殊に日本では子音と母音が切っても切り離せない関係にあり、これを正確に発音できるのは霊的神性の高かった日本人を於てなかった。しかし、日本の太平洋戦争の敗戦にともなって、この正確な子音と母音の関係が崩れ去ろうとしている。外来語ともつかぬ、言葉の乱れである。従って日本人には呪文や神呪を使える人は、限られた特別な訓練を受けた人だけになってしまった。

さて、イロハ四十七音に濁音とつまる音を組み合わせたものが、五角形の中に口を持つ音で、この音は時として呪文や神呪に使われ、敵を殲滅する為に、古くから調伏法として使われて来た。

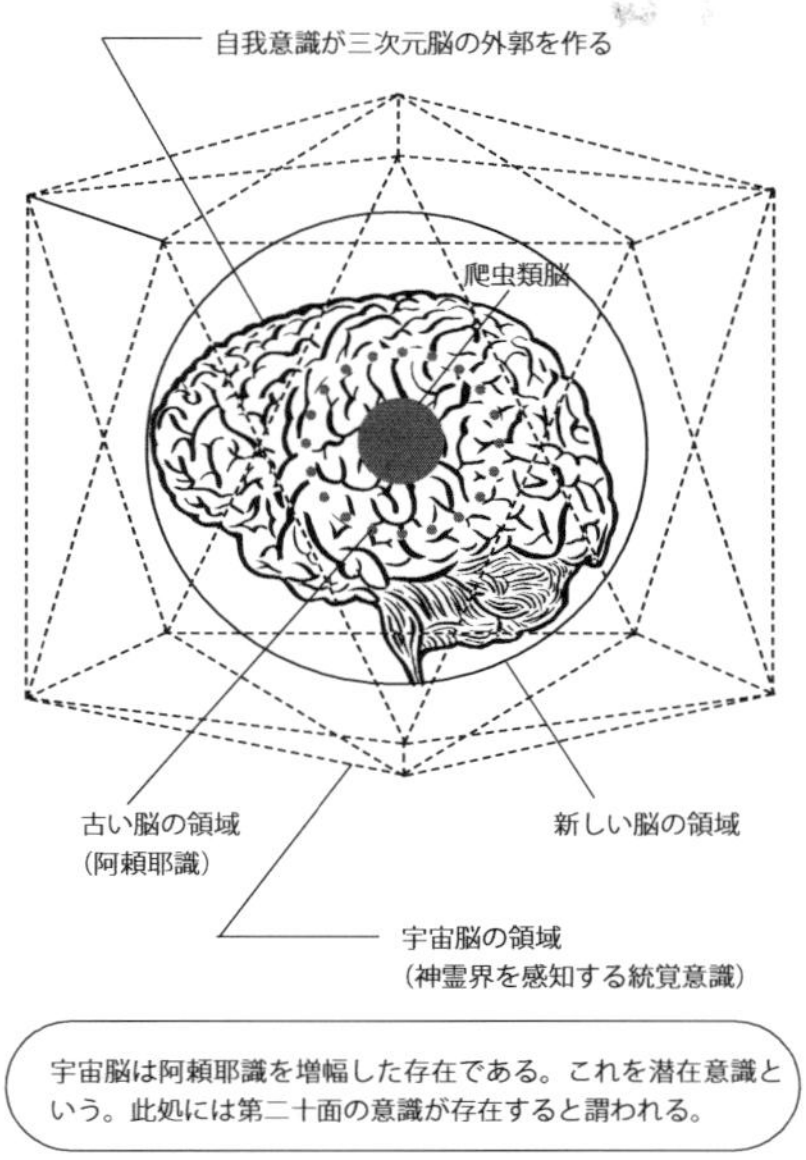

古い脳の上に新しい脳が乗る

人間の脳の構造の概略は、古い懐かしい脳の上に新しい脳が覆い被さり、今日の現代人の脳を形造っている。

そして呪文や神呪というものは、直接古い脳に到達して、高等哺乳動物の行動に影響を与え、疑い、恐れ、迷い、孤独の穴の中に叩き込んで、足掻《あが》きの世界を彷徨《さまよ》わせる。従って呪文や神呪は人間だけではなく、「熊伏」等の「伏之術」からも分かるように動物にも影響を与える事が出来るのである。

密教の呪文や神呪は、十八道、金剛界曼荼羅の修法、胎蔵界曼荼羅の修法、護摩行に実践され、精神宇宙の如法（宇宙の大法であり、玄理である）を司っている。対象となる人間に対して、調伏法を行い、思い通りに命を制御し、五大の力である「地、水、火、風、空」を観じ、煩悩や欲望を露にする術である。

言霊宇宙の構造

「はじめに言葉ありき」とはキリストの言葉である。そしてその言葉を表す為に文字が誕生する。

言霊《ことだま》が文字になる過程の中で、先ず最初に「五角形」があり、その中に「口」が生まれた。その五角形の一辺と中央の口の一辺を組み合わせて生まれたのが、「イロハ四十八音」である。

言霊とは音の響きを持つ霊力であり、その原形は大和言葉に由来している。しかしこの言葉は、神代《じんだい》文字に書き表されるようになり、その後カタカナで表わされるようになった。漢字が使われるのはあくまでも便宜上の事である。

さて、神事の際、神歌が奉唱される。この神歌奉唱は和歌の形体がとられ、五・七・五・七・七の三十一《みそひと》文字（正確には三十二《みそふた》文字）でつくられている。三十二音とは、八元神である「トホカミエミ（ヒ）タメ」の八音の四倍に当たり、天文道（占星術の性格を持ち、天体観測をする事で未来予知をする学問であり、日月や五惑星の位置を考慮して異変を予知するものである）では、霊的作用の関係から導き出されたものである。和歌は元々漢字で記された歌ではなく、日本古来の大和言葉であった。

「若い」という意味も「ワカ」から来ている。これは枯れたものを若返らせる言霊の霊力を持っているのである。「ワカ」は老いや病気より蘇らせ、若返りの言霊としての力を持っている。また、五・七・五・七・七のリズムは宇宙の波動と同調しやすく、このリズムを発する事で、自らの小宇宙は天体の大宇宙に反応して、安らぎと快い気持ちを与え、霊的神性を高める役目をする。霊的神性が高まれば、宇宙の波動がその儘人体に還元されて、和歌の持つ独特のリズム感が脳波と共鳴し合い、平素のβ波がα波に変換され、ミッドα波の状態を作るのである。これによって更に宇宙意識が高まり、右脳に封じ込められていた懐かしい脳が活動し始めるのである。

因みに、右脳には潜在意識への連絡性、図形及び幾何学的行動線の認識、統合性や創造性、視覚イメージ、象徴的理解等があり、また、霊感的な人類史に纏《まつ》わる潜在的記憶や神話作用が未開発の儘封じ込められている。それを言霊で呼び起こすのである。

密教では、「音」が「形」を造るという考え方がある。形はその根元が音であり、万物はその音によって形が整えられていると説くのだ。

人間は五種類の感覚を持っている。見る、聞く、嗅ぐ、味わう、触れるである。密教では時としてこの感覚が、煩悩を生じさせ迷いを誘うものの元凶であると説いているのである。

従って密教の教えでは、宇宙の真理は人間の理性だけでは解明する事が出来ないとしているのだ。だからこそ、人間は自分の感覚器を総動員して真理を捉えなければならないと説く。そして真理には「善悪」は存在しないのだとも付け加えられている。

目という感覚を活用したのが、音からはじまった形の世界であ

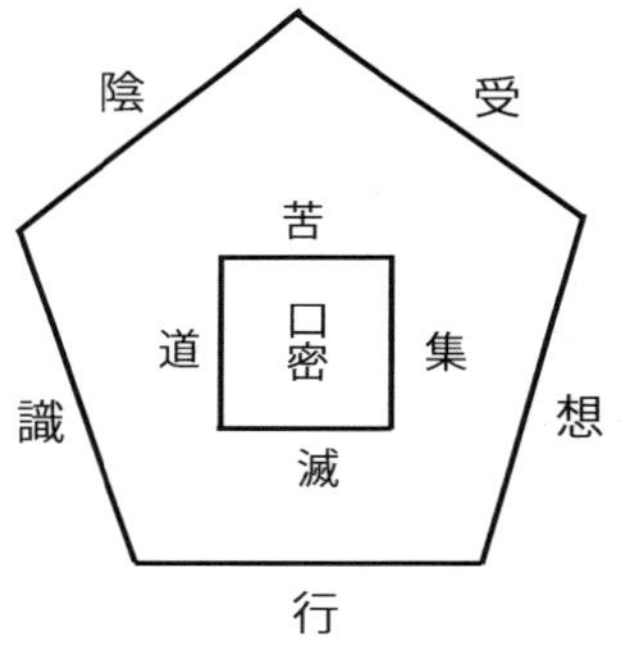

言霊文字は五角形の中に口が出来、その組み合わせで「イロハ文字」が出来た。

五角形の中の口の図

り、形はそこに仏の姿を描き出し、それは曼荼羅となって、菩薩や神々の世界を具現した。また形は音に合わせて、やがて象形化され文字が現われた。人間はその文字を理解する事で宇宙の真理を理解しようと試み、文字を通じて交流体験が行われるようになった。

文字は音声によって宇宙の特定の周波数と共鳴し、ある種の振動を起こす。この振動音が凝縮されたものが言霊であり、音は形を捉え、それは形として反映され、その反映は音に集約されている。言霊、つまり真言《マントラ》や陀羅尼《だらに》を唱える事によって、修行者は宇宙の真理と瞬間的に合一する事になるのだ。これが「人神合一」である。

言霊とトホカミエミタメ之剣

人間は神秘的なことを体感する事は出来るが、それを適切な言葉に変えて表現する事は太古より困難とされてきた。しかし、古人の智恵はこれをリズムと音声を一致させ、然も躰動までがこれに伴うという方法を編み出していた。これが「トホカミエミタメ」を唱える種々の技法である。

ここでは坐法之剣を紹介する。「トホカミエミタメ之剣」は蹲《そん》踞《きよ》で行う剣と、坐法で動かずに行う剣があるが、その基本は坐法之剣であり、この遣《や》り方は、先ず右の踵《かかと》を会陰《えいん》部に当て、左の踵を恥骨《ちこつ》に当てて坐る。そして左右両方の踵がほぼ中央部に重なるように姿勢を保つ。これは行動力を旺盛にするもので、同時に生殖器の強化にも繋がる。先ず霊的な動きやその行動力を欲するのであれば、生殖器の強化が必要なのだ。肉体的精神的行動力に加えて、霊的神性の発現にも多いに寄与するのである。昔から修験者や修行僧達が霊的能力を高める為に色情を絶ったのは、性欲の昇華に由来するのである。現代のように性の吐け処を淫乱に求めていると、霊的神性は著しく曇らされ、穢《けが》れを纏《まと》って邪気や悪霊に魅入られる事になる。その為にも坐法之剣を修行し、その会得に努めなければならない。

さて、その坐り方と剣の構え方であるが、右足の踵を会陰部に当て、左足の踵を恥骨に当てて坐り、背筋を伸ばして剣を正眼に構える。呼吸は丹田を意識しながら、頚と肩を緩め丹田に力を込

トホカミエミタメ之剣
振り被り、打ち下ろすと同時に飛び上がる

トホカミエミタメの神代文字

める。丹田に力を込めれば、頸と肩は自然と緩む。この相乗効果によって最も相応《ふさわ》しい姿勢が完成する。また丹田に気が集まれば躰の動作や脳の回転も最高潮に達し、機敏になり、円滑になり、剣の理想的な俊敏さが得られる。これを「空坐《くうざ》」という。

因みに、踵からは掌の労宮《ろうきゅう》の経穴《けいけつ》と同じように、酵気放射が機関銃のように発射されている。この酵気の微粒子が会陰と恥骨の表皮を貫いて生殖器の活力を強め、此処で充満されたエネルギーは脊柱を上り泥丸《でいがん》に達する。生殖器が正しく作動しない限り、また頭脳も健全に働かないので、真髄を把握する事は出来ない。

さて、坐り方と構えが完成したら、言行に入る。剣の一振り一振りに言葉を合わせるのである。一振りずつに「ト・ホ・カ・ミー・エ・ミ・タ・メー」と語尾を長引かせ、謡《うたい》のような発声をしながら、剣を上段から振り被り、「真っ向斬り」で振り降ろすのである。注意点は決して力任せに振ったり、肩に力を入れない事である。発声法は能の謡のような発声法であり、「ミー」と「メー」の四文字の最後を謡うように遠くまで通る「丹田発声法の声」で引き伸ばす。

この四文字の最後を引き伸ばす発声法は、剣道の「切り替えし」に於ける残心や、据物斬りの切り据える最後の「据え斬る」押しの動作を現わす。従って声は遠くまで突き通すようなイメージを以て発声する事が肝腎である。声が口先の発声にならないように充分に注意を要する。

この修練は最初はゆっくり呼吸に合わせ、慣れるに従って、動きを徐々に早めて行く。そして一ト区切りを二〜三十回程行う。これを毎日同じ時間に行うと二〜三ヵ月で不思議な丹力が着く。不思議な丹力とは、早く動いても疲れないという事と、腕が「伸びる……伸びる……」という感覚と、肩が「和らぐ……和らぐ……」という、躰より黄金を発する実感である。そして剣が己と同化する。

次にこれがほぼ出来るようになったら、蹲踞でのトホカミエミタメ之剣に入る。

これは蹲踞をした状態で姿勢を保ち、背筋を伸ばして剣を正眼に構える。正眼は剣先と自分の眼、自分の眼と剣を握った右手の合谷、右手の合谷と剣先の三点を結び付け、三角距を造る。正眼の構えと蹲踞の姿勢が定まったら、阿吽（ア〜ン）の呼吸で精神統一を行い、先ず飛び撥ねながらアと阿吽の「阿」音を発し、「トホカミ」と声（吐気）を発して前進し、次に「エミタメ」で飛び撥ねながら後退する。そして最後に阿吽の「吽《ウン》」音で納気し、剣と呼吸を元に戻す。行う調子はリズミカルに前進後退を繰り返す。最初は五回程度から始め、日を重ねる事で、慣れてきたら徐々に回数を増やし、最終的には百回前後が好ましい。早朝の同じ時間に繰り返し、充分に丹力が養成されると、最初は上がっていた息が徐々に静まり、息切れをせずに円滑に行えるようになる。また「後ろ撥ね」の極意はこの動作を練る事によって自在となる。これらは大方《おおかた》二〜三ヵ月程度で完成し、軽やかな躰を保つ事が出来る。この「トホカミエミタメ之剣」は人神合一を図る修行法であり、半身半霊体《はんしんはんりょうたい》の体躯を会得する為の修行法と思って差し支えない。到底物理的な筋力養成法だけでは、人神合一の体躯は得られないのである。そして、言行と行法を合体させる事が大切な注意点である。これが音と形の合体である。

敵の脳と言霊を狂わせる術

現世の、生きとし生けるものは総て、音声あるいは振動音を発している。これは生物であれ、無生物であれ同様である。また宇宙には聖音オームというものがあり、邪を招くものと、邪を払うものがある。邪を招くものの中には、その振動音が言語野に反応して動作を停止させたり、平衡感覚を狂わせる元凶になり、また邪を払うものとしては知らずに敵の誘いに乗り、深入りして方角の災方を冒したが、神呪によってこれを脱し、周囲の邪を総て打ち払って、方徳に変える働きを持っている。

これらは言霊という、特定の周波数を以て音に凝縮され、音は形に反映し、その反映は形として現われるというものである。つまり形は音から生まれたものであるという事が再認識されるであろう。

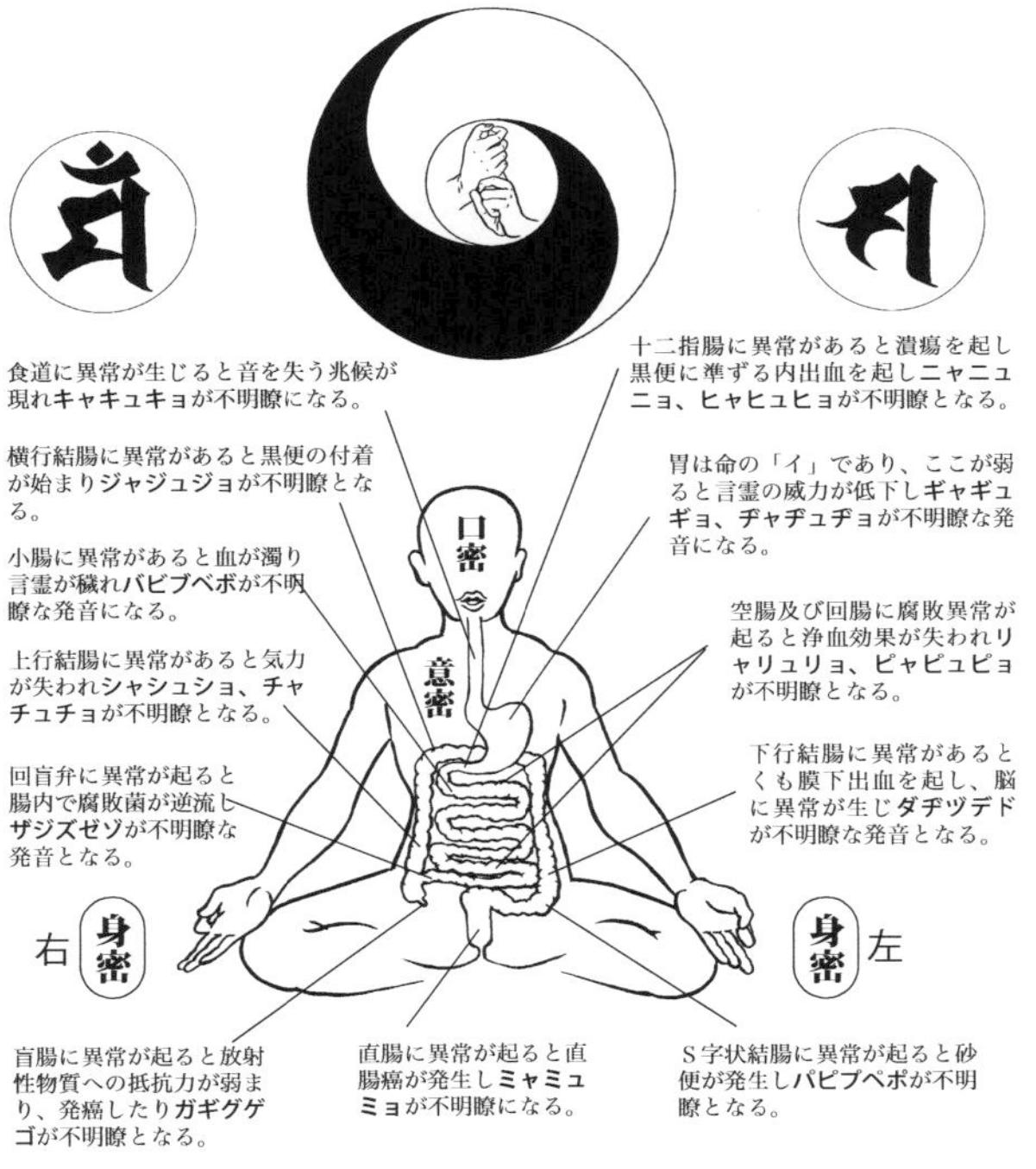

人体における言霊宇宙の図

このように音を凝縮し、集約した言霊はある種の一定の法則を持ち、有利にも、不利にも動く。

言霊を狂わせる方法として「呪殺法」や、仲間割れを起こさせる「離間法」があり、また護摩をもって敵の体調を狂わせる「災体法」がある。これは密教独特のもので、戦国時代は武将の間で盛んに行われていた修法である。

下の表はイロハ四十七文字の戦略表である。この戦略表の中には、正方形に内接する円が描かれ、円の中にはそれと内接する五角形が描かれている。この五角形は、五角形と口の関係を表わし、呪文の戦略となる「方災」と「方徳」を暗示する呪文や神呪が含まれている。

さて、言霊とは何かという事に迫ろう。言霊、つまりこれは一種の霊体であり、時空を超えた伝達意思を表わすものである。つまり人間の口から発声する言語は、現世の心像化現象を司る為の、重要な時空を超えた意思の表示であり、時としてこれは異次元に到達する事がある。

例えば神気と合体すれば、憑依《ポゼッション》の姿をとり、こちらから意念を発して気で貫けば、遠隔操作的な現世での変形現象（超常現象）が起り、異次元空間で起る脱魂《エクスタシー》の姿をとって、異界体験が可能となるのである。

霊体は本来、時空を超えた存在なので、その本質は意念であり、現世に肉体を持たないという事にある。肉体を持ってないが故にそれ自体では物理的動作は不可能であるから、肉体を持つ水冷式の高等哺乳動物である人間に取り憑いて色（色識別や形識別）を成し、肉体を制御しようとする働きが起る。人間の眼の持つ色彩感覚や形の善し悪しを判断する機能は、霊格を置く各々の次元で高低が異なっている。

因みに、人格はその人の心が作るものであり、霊格はその人の魂の修行状態で定まる「格」である。従って霊格が高ければ高い程、高次元の存在となり、現世の諸現象に振り回されない不動心が備わっている。

さて、人間が音声として発する言語は、霊体からの魂と結んだ結果であり、これが霊と協調して言霊となる訳である。そして言霊の故郷は「内なる宇宙」の脳に存在しているのである。

言霊を狂わせるとは、脳をある種の刺激によって、特殊な伝達情報を与え、人間の躰そのものを司る、「精（肉体）」「気（心情）」

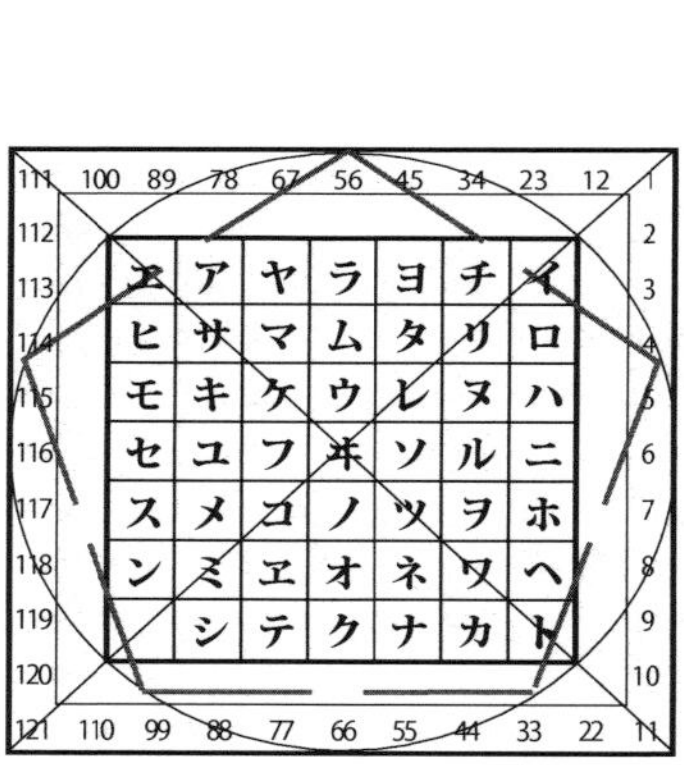

イロハ四十七文字の図

「神（念または言葉）」の三者のバランスを崩す事にある。

普段の正常な場合は、「神」が「気」によって固く結ばれていれば「神」は霊と協調して「精」を安定した状態に保てるが、「気」が不安定になり、「神」と「精」の結び付きが弱くなってバランスを失えば、人間の生体としての魂は眠らされる事になり、肉体は霊に支配されてしまい、精神と肉体の結び付きが解除されてしまうのである。これが所謂《いわゆる》霊障であり、言霊という呪文、あるいは神呪を以て「神」の眠りを誘う事が出来るのである。

呪文によって掛け取る業

呪文、神呪ともに調伏法《ちょうぶくほう》を用いる。調伏法は降伏法《こうぶくほう》とも謂われ、敵対者集団に対して、災いや征伐を与える修法である。調伏法の多くの場合、これは間接的な修法であるが、降伏の文字からも窺えるように、これは「降参」を意味するもので、『金剛頂経《こんごうちょうきょう》』に出てくるものを武術的に体系化したものである。

大東流密教修法は調伏に有効な人物像を上げている。先ず、苛《いら》立《だ》ち易い人である。直ぐに激怒したり苛立ったりする人間の本性は「小心」であり、小心であるからこそ気性が激しく、激怒したり苛立ったりするとある。

次に反対意見が我慢ならない人である。具体的にこの人物を挙げるのなら、太平洋戦争当時、暴君であった東条英機《とうじょうひでき》のような人物である。憲兵政治を行い、自分に楯突いたり、反対意見を述べる者に対して徹底的に弾圧を加えるという悪しき性格の持ち主である。東条は朝日新聞社で筆をとっていた中野正剛《なかのせいごう》（国民同盟・東方会主宰）を弾圧し、最後に自決に追い込んだが、自らはどうかというと、日本が敗戦した日、自決を試みて果たせず、けちな自殺未遂という茶番劇で世間に同情を買おうとした醜態を見せた人物である。この意味では、第四航空軍の軍司令官の冨永恭次《とみながきょうじ》と同類項であり、冨永が自決を仄《ほの》めかして自決を遂げられなかった猿芝居如きの茶番劇と同じものであった。歴史を観ても暴君は最期が惨《みじ》めであり、この期《ご》に及んでのたうち廻るという見苦しい足掻《あが》きを曝《さら》す。この意味では生への執念深さが感じられ、従って死に態《ざま》は実に惨めな最期を迎える。

調伏法で気を付けなければならない事は、このタイプの人間は左脳の発達に比べて、右脳が幼児的発達しか見られず、深く洞察して創造するという事が出来ず、頑迷で責任転換が非常に旨く、雄弁である。その為、彼等の唸は言霊界を悉《ことごと》く汚染し、悪霊と連合しているので往生際《おうじょうぎわ》が悪いという事である。また、その責任のとれぬ性格から逆恨みする。これらを降伏した場合、調伏者自身にその唸が跳ね返ってくるので、この除去法を心得ていないと自らが同じように倒れる事になる。

次に他人の言葉に耳を傾けずワンマンで横暴の人である。また下層にいながら言葉尻を上手に捉え、暴言を吐く人もこれに属する。両者に共通している事は、時として傲慢になり、自分に甘く、他人に厳しい意見を持っている人である。傲慢は、一見堅固そうに見えるタイプであるが、本性は小心である為、外圧からの圧力で動揺と混乱を招き、また暗示に掛かり易く、自爆的な経路を辿って崩壊する運命と背中合わせになっている。

次に激し易い人の中で、酒を飲むと感情的になり、あるいは感傷的になって、感激し、感動を起こす人である。これらの人は慎みが足らず、いつも表面に出ようとして墓穴を掘るタイプである。例えば熱血漢である。ヒステリックな凶状《きょうじょう》持ちで、自分の声（言動や考え方）に感動して酔い易く、勇敢に先陣を切って突撃するオッチョコチョイタイプでもある。行動型で、一見勇敢に見えるこのタイプも、また逆の、消極的でねっちり型、ぐずぐず型と同じ種類であり、単にこの場合、積極性も消極性も表裏の関係にあり、同根であって、やはり洞察力の足りなさから墓穴を掘るタイプである。両者は全く情報戦には使えない性格をしているのである。

以上、調伏法で有効な効能の現われる人を記したが、これらの人の共通点は「小心者」に尽きるようだ。

それに比べて熱血漢の正反対のタイプで、何処まで行っても平行線を辿るのが洞察型タイプである。冷静沈着であり、直ぐに激怒したり、感動したりしない。

このタイプは調伏法を行う場合、最も警戒しなければならない人物の一人で、非常に勘の働きがよく、暴君型と異なり、自らが主役にのし上がるよりは脇役として、主役を冷静に見つめ、また計算高く打算的な駆け引きに長けている。自分を有利な形で売り込むが、決して頂点に登り詰めようとはしない。表面に出ず、冷徹で、影的な存在の彼等は、まさに恐るべしで、トップに居ないだけに調伏は至難の技となる。従って、単に調伏だけでは目的が達成されず、直接式の調伏が必要になってくる。これが直接呪文による「業」となる。

数霊

人間は数に非常に反応し易い動物である。それは脳に「数の観念」があり、その観念が、時には暗い固定観念（知識として得たものが誤認情報として脳の言語野を占める）になって自らの墓穴を掘る結末を招く。

さて数字は零から始まり九で終わる。数字は必然的にその感覚が脳の言語野に組み込まれていて、人間はそれに敏感に反応する。そして数には「数霊《かずたま》」が存在する。

武術で使う数霊は「三・四・五・六・八・十」であり、「一・二・七」は殆ど用いられる事がない。

「三」に対《むか》うのは火天《かてん》であり、「四」に対うのは水天《すいてん》であり、「五」に対うのは風天《ふうてん》であり、「六」に対うのは地天《じてん》であり、「八」に対うのは日天《にってん》であり、「十」に対うのは月天《がってん》である。このように各々の囲みに備えてそれと戦う武神が異なっている。数にイメージした各々の武神を用いれば、敵陣の大将の運気を削ぎ、方徳を方災の方向に閉じ込めてしまうのである。

人間の頭脳には「物差し」という度合を測る尺度が用意されている。この物差しを使って、謀略を企てるのが数霊である。その謀略に最もよく使われるのが、「封じる為の数字」である。

この数字は、即座に頭脳中枢に反応して、喜怒哀楽や想念のイメージ造りに一役買う。

また数字と日付は密接な関係があり、太陽系での星座の運行がこれに関与している。

歴史の日付もこれと密接に結び付いていて、戦争を蜂起させる場合も、恐らく民衆を誘導し、世論を工作する為に、数字のもつ威力（数字には言霊と同じように数霊という霊魂的念をもつ）を利用し、そのような、頭脳に反応する尺度的な効果を狙ったものである。また人間の生年月日の数字は「命」と深く関わり、その生まれた日付で方徳と方災の運気を操る。

八字文殊鎮魂法

月輪に八字文殊《はちじもんじゅ》の梵字を描き、その本尊である文殊菩薩を中央に描いて、邪気や怪異を鎮める為に行う祈願行である。これは大東流の場合、三次元空間の中に四次元空間の世界を重ね合せる為に、磁場の清めと、怪異の鎮魂の為に行うものである。

獅子に乗った文殊菩薩「八字文殊」を本尊として、磁場の邪気や怪異を鎮め、近づかぬようにする修法である。

月輪に描く鎮魂図は、直径一〇センチ程の白い円盤を作り、その円盤の中央に墨字で文殊菩薩、千手《せんじゅ》観音菩薩、勢至《せいし》菩薩、普賢《ふげん》菩薩、虚空蔵菩薩、観世音《かんぜおん》菩薩、弥勒《みろく》菩薩、地蔵菩薩、金剛蔵王《こんごうざおう》菩薩の梵字を表わし、それを紫色の絹の袋に収め、懐《ふところ》に抱くか、あるいは刀剣に「独鈷剣に倶利迦羅の竜地を彫込んだ脇指《わきざし》」を腰に帯刀する（月輪に描く場合は、中央の文殊菩薩は同じ一であるが、それを取り囲む八菩薩が暦の動きによって入れ換わり、それを割り出す方法は口伝とされている）。

試合場というものは、これまでの遺恨が残り、何らかの邪気で汚されている。人が生死を賭けて勝負を決する場所は、同じ様な遺恨と邪気を何代にも互《わた》って引き付けるもので、その磁場は大きく狂わされている。勝つ事よりも、負けない事を考える為には、八字文殊鎮魂法の修法が必要である。

この時の真言は「オン・アビラ・ウン・カシャラ」である。これは密教鎮宅法（口伝で大東鎮宅《だいとうちんたく》がある）としても用いられる。

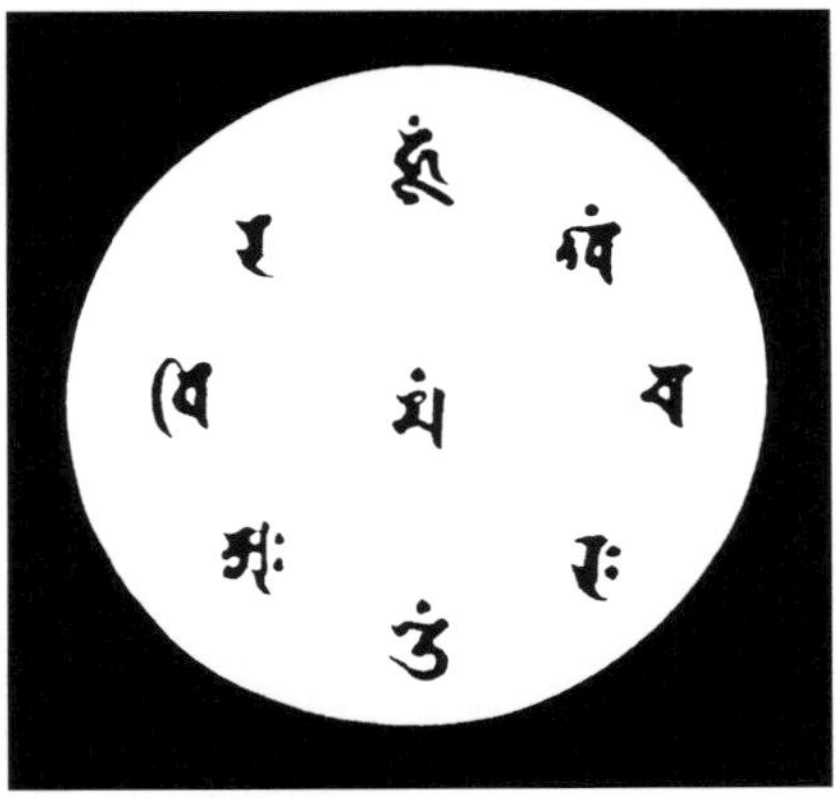

八字文殊と本尊の月輪鎮宅図

不動金縛之術

言霊には痛みを感じさせたり、躰を縛り付けたりする脳のメカニズムに反応する威力がある。それは月の満ち欠けと同じように、衰退と絶頂が存在するのである。これは朔《さく》と望《ぼう》を現わし、地球磁場と月に対する関係が存在しており、その規則的因子は、あらゆる生体を取り囲む電磁波に影響と変化を齎《もたら》し、生体がそれを敏感に感じるからだとされている。

例えば「痛み」は、各々の傷跡そのものが痛くなるのではなく、その痛みを感じる脳から発信された痛みである。その他、恐怖などについても、この原因は大脳皮質が機能の低下を起し、意識が鈍り、反対に皮質下の脳が過敏になり過ぎて、それが恐怖となって心に反映されるのである。

「痛み」でも「恐怖」でも、それらの情報が言葉と結び付き、その言葉の持つ、言霊がこれらの現象と結び付くのである。所謂これが自己暗示的なマイナス要因となる。またこれらが原因となって運動機能に障害が生ずる。

これを巧みに利用したのが「不動金縛《ふどうかなしばり》之《の》術《じゅつ》」である。これを掛けられると、自分の意思とは関係なく動く事が出来なくなり、全身が金縛り状態となる。

これを行う方法は、術者が先ず東北、西北、東南、西南の各々の方向に刀印を以て九字《くじ》を切り、場を鎮めて邪霊を追い払う。

次に内縛印を結び、真言「ノウマクサンマンダ・バサラダンセン・ダマカラシャダソワタヤ・ウンタラタカンマン」を唱え、次に剣印を結び、真言「オン・キリキリ」を唱えた後、刀印に結び変え、再び真言「オン・キリキリ」を唱える。次に転法輪印を結び、真言「ノウマクサンマンダ・バサラダンセン・ダマカラシャダソワタヤ・ウンタラタカンマン」を唱える。

これによって内に潜り込もうとする悪霊を縛り付け、その場に封じてしまう事が出来る。

次に外五鈷印《げごこいん》を結び、真言「ノウマクサラババタタ・ギャティヤクサラバ・ボケイビャクサラバ・タタラセンダ・マカロシャケンギャキサラバ・ビキナンウンタラタ・カンマン」を唱える。これを唱えることによって曼荼羅の外側の枠が囲まれ、諸天の加護を受ける事が出来る。

次に諸天救勅印《しょてんきゅうちょくいん》を結び、真言「オンキリウンキャクウン」を唱えて、諸天の網で包囲の形が完了される。

最後に外縛印《げばくいん》を結び、真言「ウマクサンマンダ・バサラダンセン・ダマカラシャダソワタヤ・ウンタラタカンマン」を唱え、不動金縛りが完成される。

これによって生霊、死霊に関係無く、金縛りで敵を捕える事が出来る（この術は「月神之剣」の会得が無ければ、単に音声の念仏的な題目に終わる）。

第八章　兵法と八門遁甲

忌み嫌われる鬼門と心像化現象

人間の持つ本来の衆生《しゅじょう》は神と直結された《善》である。しかし、物質界の垢《あか》に穢《けが》れはじめると、やがて心に歪《ひずみ》が出来て、神から直流的に降ろされてきた気は、幽界と地上界の「外流《がいりゅう》（邪気で横の伝染）」に穢れはじめる。その外流の気が最も強い方向が丑寅《うしとら》（艮）であると謂《い》われている。更に歪は想念を伴い、元々無かったものを在《あ》るように見せかけ、新たな外流的影響を作り上げて行くものである。

通常、忌み嫌われる丑寅の方向が鬼門だと信じてしまえば、即座に外流に汚染され、それは実際現象として地獄的想念を作り上げ、それを信じる人に災いを降り掛ける。これが心に描いた事が現実化されてしまう、心像化現象の悪しき例である。

鬼門信仰は古くからあった。その歴史は匈奴《きょうど》に由来する。

匈奴の存在は、前三世紀から後五世紀にかけて、中国を度々《たびたび》脅かした北方の遊牧民で、モンゴル系に属するフン族である。首長を単于《ぜんう》と称し、集団騎馬戦法を得意とし、ヨーロッパへの侵入や、東・西ゴート民族を圧迫した歴史をもっている。その集団騎馬戦法は凄まじく、皆殺し戦法を常としていた為、民族大移動の原因を作っている。

秦の始皇帝（第一世皇帝・政）自身、匈奴の凄まじさを充分に承知しており、彼等の疾風の如き侵入と、その皆殺し戦法の脅威を恐れて、彼等を黄河以北に逐《お》い、春秋戦国時代（斉・燕・趙・魏）に一部築かれていた万里の長城を増築したのは有名である。またゲルマン民族が大移動したのも、この匈奴の脅威の為であった。

匈奴の存在は、中国の有史以来、頭を悩ませ続けた強大なる脅威であり、彼等が生息していた地域は、中国の都から見て東北の方向にあった為、この方向を災いの「鬼の居る門」、つまり《鬼門》としたのである。

この考え方は後に、弥生神道（発祥は中国の一部及び朝鮮。後年は縄文古神道に変わって日本列島に君臨する）や陰陽道《おんみょうどう》に取り入れられ、鬼が出入りする方向を丑寅の東北と定め、万事この方角を災いの根源として忌み嫌うものとしたのである。またこの方角の反対方向が、鬼門と裏返しになった《裏鬼門（西南）》である。

しかし、鬼門・裏鬼門は、単に中国の故事から起こった匈奴への脅威だけではなかった。

この方角は太陽の運行から考えると、「日の出」と「日の入」の方角であり、陰から陽に変わる境目の位置に属する方角と時間であり、また陽から陰に変わる境目の位置と時間である。各々の陰陽のバランスが半々になった瞬間であり、陽とも陰ともつかない状態の時である。即ち、一番緊張が緩み、隙が起こりやすい時間帯である。特に、太陽の日が傾きを始める時刻は、一番大きな隙が出来やすいと謂われている。

曾《かつ》てナチス・ドイツのアドルフ・ヒトラー（神秘主義者）は、「日の入」の緊張の緩む時間帯を「悪魔の囁《ささや》き」として、この時間に、単調な宣伝工作活動を繰り返し行うと、潜在意識の中に「悪魔の囁き」が入り込んで、人を意の儘《まま》に動かせるという秘密を知っていた。近年まで左翼活動家がこの宣伝工作を用い、党員を倍増させてきた裏話は、知る人ぞ知る有名な話である。

また、奇襲攻撃を仕掛ける際に、一番多く使われる時間帯は「日の出」の頃であり、寝覚めの前の一番深い睡眠状態にある時である。俗に「寝込みを襲う」というのが、これである。

兵法・八門遁甲《はちもんとんこう》でも、この方角を攻めの「出入口」に用いており、この方角は謂わば戦略上の死角である。最も侵入を容易にする方角が、《鬼門》と謂われる東北方向であり、時間帯に置き換えるならば日の出間際《まぎわ》という事になる。またこの逆が《裏鬼門》と「日の入」の時間帯である。これらは何《いず》れも人の心にある心像化現象が作り上げた死角の一例である。

しかし、霊学的に言えば、《鬼門》、即ち丑寅には、仏教や弥生神道や国家神道によって押し込められてしまった「艮《うしとら》の金神《こんじん》」が封じ込められている方角でもある。

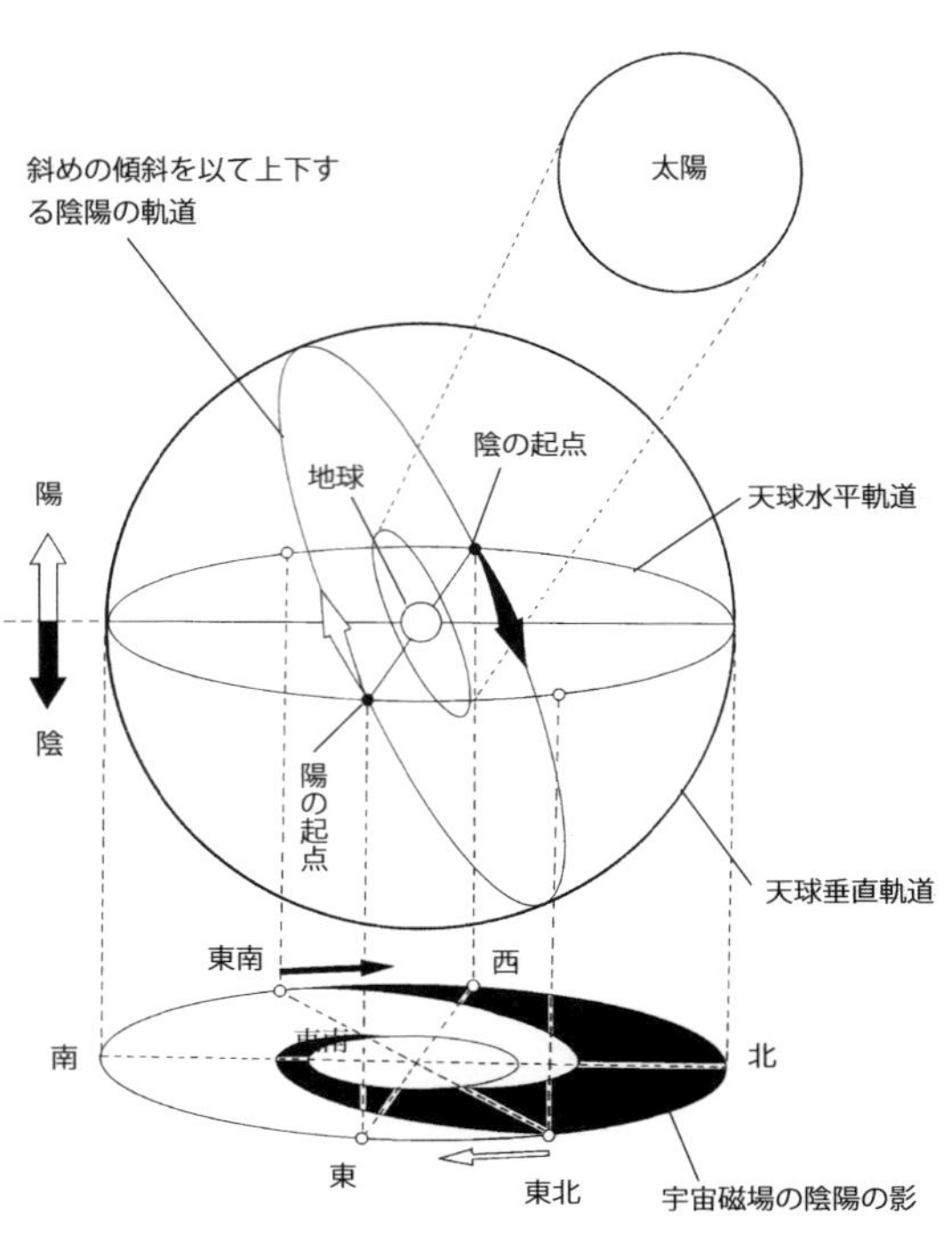

「日の出」と「日の入」の図

八門兵法・太子流

太子流兵法《たいしりゅうへいほう》（太子流は「兵法」を「平法」とも称した）は抑《そもそも》聖徳太子（用明天皇の皇子で本名は厩戸皇子《うまやどのおうじ》）の称号名《太子》に由来し、望月相模守定朝《もちづきさがみのかみさだとも》をその流儀の祖とする軍学兵法である。定朝は、聖徳太子の軍要の奥儀を夢の中で悟り、甲斐武田家に属し、屡々《しばしば》騎馬戦法を以て奇襲攻撃で軍功を立てた人物である。

甲斐武田家が滅亡すると、芦名盛氏の地頭の代から、定朝の門弟が会津や仙台の東北各地で活躍した。会津藩初代当主保科正之《ほしなまさゆき》は、当代稀《まれ》にみる名君（政治家）で、徳川四代将軍・家綱《いえつな》の補佐役を勤めた人物であった。朱子学の山崎闇斎《やまざきあんざい》、神道の吉川惟足《よしかわこれたり》を招いて、自らの修身と、藩士の教育に勤めた。

保科正之は、江戸初期の徳川御三家の水戸藩・徳川光圀《みつくに》、外様大名岡山藩・池田光政《いけだみつまさ》と並ぶ、儒教的な文治政治を行った三大名君（明君でもあった）の一人であった。因みに、幕末の会津藩国家老西郷頼母《さいごうたのも》は、明治になって保科近悳《ちかのり》と姓名を改めるが、藩祖保科正之《まさゆき》の末裔である。会津藩では、この太子流兵法が極秘の裡《うち》に伝わり、二流派に分かれていた。浦野派と中林派である。

太子流は兵法として、山鹿流《やまがりゅう》と甲州流《こうしゅうりゅう》の軍学の影響下にあり、八門遁甲方術の流れを汲む、複雑な三元式遁甲の騎馬戦法を用いる流派であったと謂われている。

殊に山鹿流の影響が強く、『武教全集』には、剣術、柔術、杖術、棒術、槍術、弓術、薙刀術、小太刀術、殿中居合、馬術、古式泳法、操船術、騎馬軍法を含んでいた。

因みに、山鹿流の二大宗家《そうけ》は、平戸藩（山鹿万介高紹《たかつぐ》）と津軽藩（殊に有名なのは第四代藩主・津軽信政《つがるのぶまさ》で、遁甲は用いないが日取りの方術を得意とした）であり、長州の吉田松陰《よしだしょういん》（吉田寅次郎の養子になり、名は矩方《のりかた》）は、長州藩代々の山鹿流兵術師範の家にあり、長崎遊学の際には、宗家の山鹿万介や葉山鎧軒《はやまがいけん》を頼って平戸を訪れている。この二人を訪ねた理由が何だったか、実際のところ定かではないが、今日でも歴史的な暗示と謎を与えて、現代に問いかけているようにも思える。

山鹿流兵学

山鹿流兵学は吉田松陰が学んだ流派として有名であるが、この流派は単に戦術を専門的に体系化した流派ではない。正式には「山本勘介流」とも謂われるこの流派は、開祖山鹿素行《やまがそこう》が『甲陽軍鑑《こうようぐんかん》』を骨組みにして構築した兵学であり、素行が北条氏長《ほうじょううじなが》から学んだ甲州流兵学に端を発している。

山鹿流の特徴は、合戦に於ける戦術に止まらず、武士の道義的行動までを指摘し、一つの武士道の世界をつくり上げていることにある。この道義的行動とは、武田信玄が常に合戦に於て、「六分の勝ち」を求めたように、「皆殺しの戦法」を戒めた意図が貫かれていた。完全な勝ちではなく、敵に四〇％の余力を残した、六〇％の勝ちである。

だが、やはり合戦は非情なものであり、特に些《いささ》かの余裕を与えて勝ちを得る戦いは、知恵を巡らせた戦略と戦術が必要であった。

合戦兵学によれば、優位な場所に位置して、そこから攻め込み、然も多勢の敵に臆病風を吹かせ、敗走させるような事態が起こりうる「日取り」の計算を割り出す「日取り決め（年・月・日・時・分・秒）」がある。これを八門遁甲では、《軍立《いくさだち》》という。

その日時を、戦略占星術の七曜、九執《くしゅう》（九曜）、十二宮、二十八宿に分類し、天球を八つに分け、一宮に三宿を割り振り、外円の二十四宿に二十八宿を振り分け、複雑な計算式から割り出して、充分な作戦を立てるのである。これに日本式の兵学では《真言《しんごん》九力《くりき》（真言十力の中《うち》の九つの法力）》が加わる。もし、この軍立に従って戦うとしたら、敵側の君主の命を暴き、それに纏《まつわ》る弱点的な事柄と方角を探し出し、決戦場所を決定する。そして宣戦布告した後、決戦場所で特殊な陣形を組み、敵を迎え撃つ。これが一旦行動を起こせば奇襲戦法となるのだ。

少数勢力が大勢の敵と戦うには、こちらが特殊な陣形を組んだ攪乱《かくらん》戦術を中心とした陽動作戦に出なければならない。迎え撃つ側の機動力にも富んでいなければならない。この特殊な陣形を《八門遁甲・金鎖之陣》という。

この陣形は独特なもので、兵士の隊伍を整える一般的な「鶴翼《かくよく》之陣」等に代表されるものではなく、八方を同じ隊形にして何処が本陣であるか分からなくする陣策が凝らしてある。つまり同じように見える八方に構えた陣は、各々に粗密があるのである。従ってこれを攻める方は、味方を八方向に割いて、同じように八方の陣に割当てなければならなくなる。粗の部分は攻めても容易に勝つ事が出来るが、密の部分は苦戦を強いられる。迂闊《うかつ》にも密の部分に大将が攻め入れば、部隊全体は命取りともなりかねない。このような戦略戦術上の理《ことわり》が『甲陽軍鑑』には記されている。

『甲陽軍鑑』そのものは、武田信玄《たけだしんげん》、勝頼《かつより》親子が二代に互《わた》って、治績、刑政、戦争、戦術、戦略構想、論功行賞等を纏め上げた兵学書であり、武田信玄の軍師であった山本勘介《やまもとかんすけ》（山本勘助とも言い、勘助を架空の人物とする説と、大内義隆《おおうちよしたか》に仕えたという説がある）が、この書物に軍学の才を買われて名軍師として登場している。山鹿素行（会津の人。名は高興《たかおき》、甚五左衛門と言う。一六二二〜一六八五）が自らの流派を「山鹿流」と謂わず、「山本勘介流」と名乗ったのは、この辺に由来しているのであろう。

また山鹿流の特徴は、単に戦術に重きを置いた軍学ではなく、戦乱の世から離れてしまった武家社会に於て、本当の武士の生き様とは如何なるものかを探究し、武士道精神を啓示した特異な流派でもあった。山鹿流の精神には、戦術を教える『武教全集』と技術面の部分を除けば、『葉隠《はがくれ》』にも共通した箇所があり、武士の道義的心得が貫かれていた。

素行は元和《げんな》八年（一六二二）に生まれた。父山鹿六右衛門貞以《さだより》は元々関一政《せきかずまさ》の家臣であったが、同輩を斬って会津に立退き、一時、町野長門守幸仍《さちなお》の食客《しょっかく》になっていた。母は蒲生《がもう》家の臣、岡左内の一族岡備中守の女であったが、父六右衛門貞以は彼女を妾《めかけ》にして、その二人の間に生まれたのが素行であった。

素行は幼少より朱子学を学び、更に小幡景憲《おばたかげのり》に甲州流兵学を学び、寛永《かんえい》十九年に印可を受けたが、やがて当時の官学であった朱子学に強い疑いを抱くようになる。そして次に目指したのは、孟子の教えを直接取り込む古文辞学的な方向で、儒学と兵学を融合させようと図ったのであった。しかし、これが後に幕府の怒りをかい、播州赤穂に流刑にされている。浅野家は約十年に亙り、素行を優遇し、この地で彼に兵学の教育に当たらせている。赤穂義士の武士としての精神土壌は、この素行の山鹿流兵学によって培われたものである。

また素行の精神的血脈は、幕末の吉田松陰にも受け継がれ、松陰自身に大きな示唆を与えた。所謂《いわゆる》これが学識を集大成した「松陰学」というものに発展していく。

「吾専《もっぱ》ら陽明学を修むるには非ず。ただその学の真、往々にして吾が真と会うのみ」と松陰は語って、朱子学、陽明学、あるいは和漢の歴史にも通じ、幅広い見識を示している。そして松陰が国際社会へ眼を向け、後に九州遊学を決意して『水陸戦略』を上書きして「海防論《かいぼうろん》」に至った事は、海外知識を分析して日本列島を取り巻く欧米列強の外圧的到来を予測するだけの先見の明があった、と謂えるのではあるまいか。現実に、欧米列強は明治維新を口実に、討幕派と佐幕派に、各々イギリスとフランスの両方に軍事援助させ、日本列島を二分する植民地計画が実行に移されていた。一方ロシアは、日本海を渡って奥蝦夷方面（北海道北部）から侵入し、両国間の隙を見計らって「漁夫の利」を得ようとしていた。

吉田松陰肖像

松陰はこの時、纔《わず》かばかりの乏しい資料で、欧米の海外情報を分析し、『廻浦紀略《かいほきりやく》』を書き著したが、その真相を確認する為にも九州遊学を決意するのであった。また平戸藩には、山鹿流兵学の本流である宗家の山鹿万介が居たのである。それは「海防論」に至った結論を導き出す、「山鹿流兵学では、この国家危急に如何に対処するか」という意見参考を聞く為のものでもあった。

八門遁甲

八門遁甲は、別名《奇門遁甲《きもんとんこう》》とも謂われ、昨今の占いブームの流行に乗じて、屡々《しばしば》奇門遁甲の名で登場している。しかし、遁甲は正確にはそのような占いの類では断じてない。

奇門遁甲の看板を掲げた占師の仕事場や事務所には、宗教儀式の一種と思われる神棚のようなものを祀っているが、奇門遁甲と、霊能力的（神のお告げや霊視等の超常現象）な繫《つな》がりは一切関係ない。

八門遁甲は極めてシビアーな、そして神も仏も存在しない、電磁気、力学、幾何学を用いる、中国の古典物理学である。従って、一切の霊能力的なものや、神聖を補助する占いは、此処に入り込む余地が全くない。もし、此処に祈祷行為に似た霊能力的なものや神聖なものが、占いの一部として入り込んでいたら、これらは全て偽物であり、自分の遁甲知識の未熟を繕《つくろ》う為に、神や仏を持ち出しているに過ぎない。これらは奇門遁甲の名を騙《かた》り、拝金主義に墜落した詐欺商人の、それである。

遁甲は、簡単に言えば《地理風水》の一種にも類似しており、正確には「八門金鎖之陣《はちもんてつさのじん》」と「奇門遁甲」の二つが合体して、《八門遁甲》になったと謂われ、漢籍書では子部兵書に属しており、歴《れつき》とした《兵術》なのである。

中でも、三元式の八門遁甲は、満蒙の騎馬民族の兵術であるとされ、騎馬戦法に際しては、恐るべき威力を発揮すると謂われている。

我が国に於ける遁甲の由来は、推古天皇の御代六百二年十月に、百済《くだら》の僧侶、観勒《かんじん》（カンロクとも称した）が日本に訪れた際、『暦本』『天文地理書』と共に朝廷に献上した事から始まる。

直伝は、《符使式》とは違う《三元式》のもので、朝廷の命に従い、大友村主高聡が習得し、天武天皇自身も大変上手であったとある。遁甲は満蒙の騎馬民族の兵術であった為、やがて中国でも学ぶ事が禁止された。

唐六代・玄宗《げんそう》皇帝は、王室以外の者に漏れるのを恐れ、金属製の箱に厳封したとある。やがて日本でもこれは禁じられた。後に皇室が、一切の遁甲に関する秘巻を焼却したのを始め、これらの兵書は悉《ことごと》く禁止されて、日本からは、その殆《ほとん》どが消滅している。

密かに伝わったものとして、甲州流（山本勘助《やまもとかんすけ》）や山鹿流、他に越後流、長沼流、宮川流、宇佐美氏等の兵術が存在しているが、今日では一番肝腎《かんじん》な日取りの軍配術（軍立《いくさだて》）等の、奥儀と称される秘伝が、悉く消滅しているのである。従って、山鹿流でも直伝のものは失われ、大方《おおかた》は室町期に複製書物として、後に作ったものであると謂われている。

しかし、その威力（この威力というものは、あくまで電気的エネルギーという意味で、神聖的エネルギーは一切存在しない）を恐れるあまり、徳川年間になっても、それを研究したり、用いたりする事は厳罰に処され、これらの書物を持っていただけで、即刻打ち首になったとある。

遁甲の語源を岩波書店の『広辞苑』で調べると、「人目をまぎらわせて身体を隠す、妖術。忍術」とある。これは語源学者自身の不勉強から起こる誤った解釈であろう。遁甲は忍術のように、その術者が姿を隠すものではない。

遁甲は、あくまで隠れるのは、十干（甲・乙・丙・丁・戊・己・庚・辛・壬・癸）の最初の「甲」が、六儀《ろくぎ》（戊、己、庚、辛、壬、癸）の中に隠れるのであって、人間が姿を消したり、隠れたりするのではない。

十干の「甲」が六儀の中に隠れるとは、方術の術法に従って、物理学と同じような物理法則（その土地の磁場と君主の生年月日の関係、及び太陽や月や星の運行を調べ、そこで起こる時間的な磁場現象が君主の「命」に与える影響を計算する術）に従って、電気的法則に則って、これを用いる。

甲、または乙が、各々に変化して、三奇（乙、丙、丁）の中で入れ替わり、複雑な行動を示す術として最重要視されていたのである。

蜀《しょく》の丞相《じょうしょう》・諸葛亮孔明《しょかつりょうこうめい》が遣ったと謂われる《八門之陣》という得意な戦法も、この八門遁甲に由来している。

これは別名を《八卦《はっけ》之陣》といって、巧妙に変化する八つの陣から成り立ち、この陣へ攻撃を加える攻撃者の目から見れば、どれが一体本当の陣か分からないのである。この時、攻める側としてみれば、攻撃部隊を八つに分けるわけであるから、戦力は八つに分散され、攻撃機能が低下するばかりか、下手をすると密なる強部に接触して、攻撃側の致命的な命取りにもなりかねないのである。

　指揮官の戦場心理の一つとして、戦闘展開の予定表をどう演出していくか、そして当面の敵に対し、何処に優先順位をつけて、攻撃に掛かるかという事に心を砕くものである。だから一定兵力を各々の攻撃目標に対して割く場合は、完璧な作戦と緻密な計算を立てた上で割かなければならない。しかし、それには優先順位があり、本隊に主力を結集させれば、別動隊は攻撃に至っても完全な勝利は望めず、戦闘も手薄の状態で展開が始まる。逆に別動隊に主力を結集させると、本隊は手薄となり、辛い状態で苦戦を強いられる事になる。二つに割かれても、このような不安の影が付き纏《まと》うのであるから、八つに分けられた陣を攻撃するには慎重な対策がいるのはいうまでもない。

　これらを攻撃する側から見る場合、更に悪い事は、この八つの陣は、均等に八つに分かれているのではなく、どれが主力であるか分からないばかりか、変化に富んだ複雑な地形に陣地配置がなされている点である。それは丁度、一人に対して、八人の敵が包囲してしまった時と同じ状態になってしまうのである。これには魏の最高司令官であった、司馬仲達《しばちゅうたつ》も散々悩まされ、大いに苦戦したとある。

　司馬仲達は、孔明の《八門之陣》という布陣の見事さに思わず感嘆の声を上げ、「天下の奇才なり」と、その英知と力量を率直に評価している。

　西郷派大東流の中には、地平戦に於て、《八方分身》あるいは《八方分散》という技法があるが、この八門兵法を応用したものである。

　この技法は、八方向に分散した多敵に対し、一瞬の攻撃を促して誘い入れ、一気に殲滅《せんめつ》する恐るべき秘術である。この秘術は《誘《さそ》い入れの誘《さそい》》というものがあり、一斉に誘い入れる導入の通路を、自らを取り巻く敵上の空間に一人がやっと通れる脱出路を作って、心理的に「今が攻撃の汐時《しおどき》」という錯覚を敵に起こさせて誘導する術である。八人の敵を八人と思わず、常に一人であるとして、その内の一人に注目して、最初の一人を空間の脱出路に誘い入れて、一人を次々に倒すが如く全体を倒すという術である。これを西郷派大東流の「柔《やわら》之術」では、《秘伝・八方分身》という。

　西郷派大東流の技法に見られる、他武道では見られない多数捕りは、江戸年間の『甲中乙伝《こうちゅうおつでん》』に由来しているものと思われる。このように日本学派の兵学や兵法は、これらの戦略と戦術を土台として出来上がったものであり、根源は全て八門遁甲の複雑な奥儀に由来するのである。

八方分身

因みに、大東流八方分身は、八門遁甲の遁甲盤（陣）の上に吾が身を置いた攻略図であり、この遁甲盤の流動と共に行う術である。

幻の甲中乙伝

江戸年間、幕府はあらゆる地域から兵書を集め、それを密かに編纂していた。そしてそれを親藩大名に講習会形式で教授を行っていた。その講習会が《甲中乙伝《こうちゅうおつでん》》である。幕府は十万石以上の親藩大名及び幕府要人重役を集めて、講習会形式の兵学を習得する為の合宿をしたという。これが公のものなのか、秘密を重視した個人的なものなのかは不明であるが、恐らく大名家を対象にした秘密講習会であったと思われる。または徳川宗家所蔵の《遁甲術》の秘密学習会のようなものであったと思われる。

《甲中乙伝》の名前の由来は、八門遁甲の八方術の中で定義され、「十干」に因んだ「甲」と「乙」にその由来があり、《甲中乙伝》あるいは《乙中甲伝》の二通りのものが出来上がったとされている。その兵学の基本は《甲中乙》、あるいは《乙中甲》の名前の通り、甲または乙が、六儀の中で各々に変化して、三奇と入れ替わり、複雑な効力を示す術として重要視されていたものらしい。

当時としては一種の秘密兵器であり、《三元式遁甲》を中心にして、世の中の動向や、合戦を図上演習《シミュレーション》しながら、戦略上の構想を練ったに違いない。また中国の歴史や故事に準《なぞら》えて、《天の時》（気象とその予知）《地の勢》（地形と方角）《人の利》（政治的力関係）を留意し、上は天文までに及び、下は地理まで及んだ事であろう。《甲中乙伝》は、これらの戦術を土台として出来上がったものであり、根源は全て、八門遁甲の複雑な奥儀に由来するのである。

大東流の技の中の、他武道では見られない多人数捕り等の構想は、江戸年間の《甲中乙伝》、あるいは《乙中甲伝》に由来しているものと思われる。更にこれらの兵学に、実技として柳生流の秘伝が組み合わされ、双方には共通の秘伝が存在している。《北斗七星》や《天之川》と称する秘伝は、北半球に於ける天文、地理、戦略戦術を目的とする兵法であり、一ヵ月ごとに移動する北斗七星に因み、これを破軍星とし、「甲」を神《しん》として遁《の》がす《遁甲》でもあった。

《多敵之位》、あるいは《多数之位》の、取り囲まれた窮する状態にあって、ここから脱する事は腕力だけではどうにもならない。無事に遁《のが》れる方角を定め、然も絶対不敗の効力が必要となる。また状況判断と布陣の智恵も必要になってくる。戦っても負けない技術と戦術が必要不可欠になる。

剣の技法として、《合気二刀流剣》は、多敵の円陣十方（横八方、上下二方。合わせて十方）の包囲から切り抜ける技法であり、大東流及び柳生流の双方に同じように存在している。

橘家神軍伝と天源術

謎の多い軍略の中に橘家神軍伝がある。そして一説によれば、その祖が竹田皇子《たけだのみこ》であるとされている。竹田皇子は敏達《びだつ》天皇と、その皇后であった美貌の持ち主として知られる後の推古《すいこ》天皇の間に生まれた皇子で、更にその下に二男五女がいた。竹田皇子の妹に当たる菟道貝鮹皇女《うじのかいたこのめ》は、後に聖徳太子と婚姻している。

橘家神軍伝は、この当時の攻軍に伝わる方術であるとされ、その祖は竹田皇子であるとされているが、真相は定かでない。しかし、橘家神軍伝の目録の中に『大星伝』というものがあり、これは「一人日星」を合わせて、《大星》という名前の由来になったと謂われるが、その意味は太陽を呑み込むという事である。

朝日の光を取り入れるという事で、西郷派大東流の《日拝息吹》とよく似ている。要は太陽の光を自分の左手から受け入れて、体内に充電するという事を表し、極めて古神道に近い行法である。古神道の奥儀や言霊を加味する事によって、霊玄なエネルギーを自在に駆使する《行》と、幽遠なる《玄意》を持っている。また、神武天皇の御東征の折り、背中に太陽を頂いたので、「背日戦法」という異名がある。

また、天海僧正が使ったという《天源術《てんげんじゅつ》》（この天源術は、天保五年、横山丸三の創唱した淘宮術《とうきゅうじゅつ》に受け継がれた。本心を宮とおき、これに宿れるその人の生年月日を十干・十二支に配当させて、天の気と地の性を割り出し、敵を敗るという術）なるものがあり、徳川家は武田家に伝わった、遁甲をはじめとする秘伝を多く蓄積していたと思われる。これらの秘伝の蔵書は代々徳川家に関係のある、恵林寺に眠っているとも謂われている。

大軍に対する攻略法が『大星伝』であったのかも知れない。恐らく橘家神軍伝の一部であった事は間違いないようだ。

敏達天皇が竹田皇子に命じて守らせている事から相当なものであったとされている。応神天皇が死に際して、焼かせた遁甲秘術書は《六《りく》》（孫子の兵書『六韜《りくとう》』を手本にしたものと思われる）という《三略》と謂うものであったとされている。一説によれば、これを紀伊の徳川家が保有していたという。「風水」には秘伝の中に、これと同じ「神軍伝」があると謂われる。そして、紀伊の徳川家の所有していた複製本が水戸の徳川家にあったと謂われ、現在では戦災で焼失してしまったという。

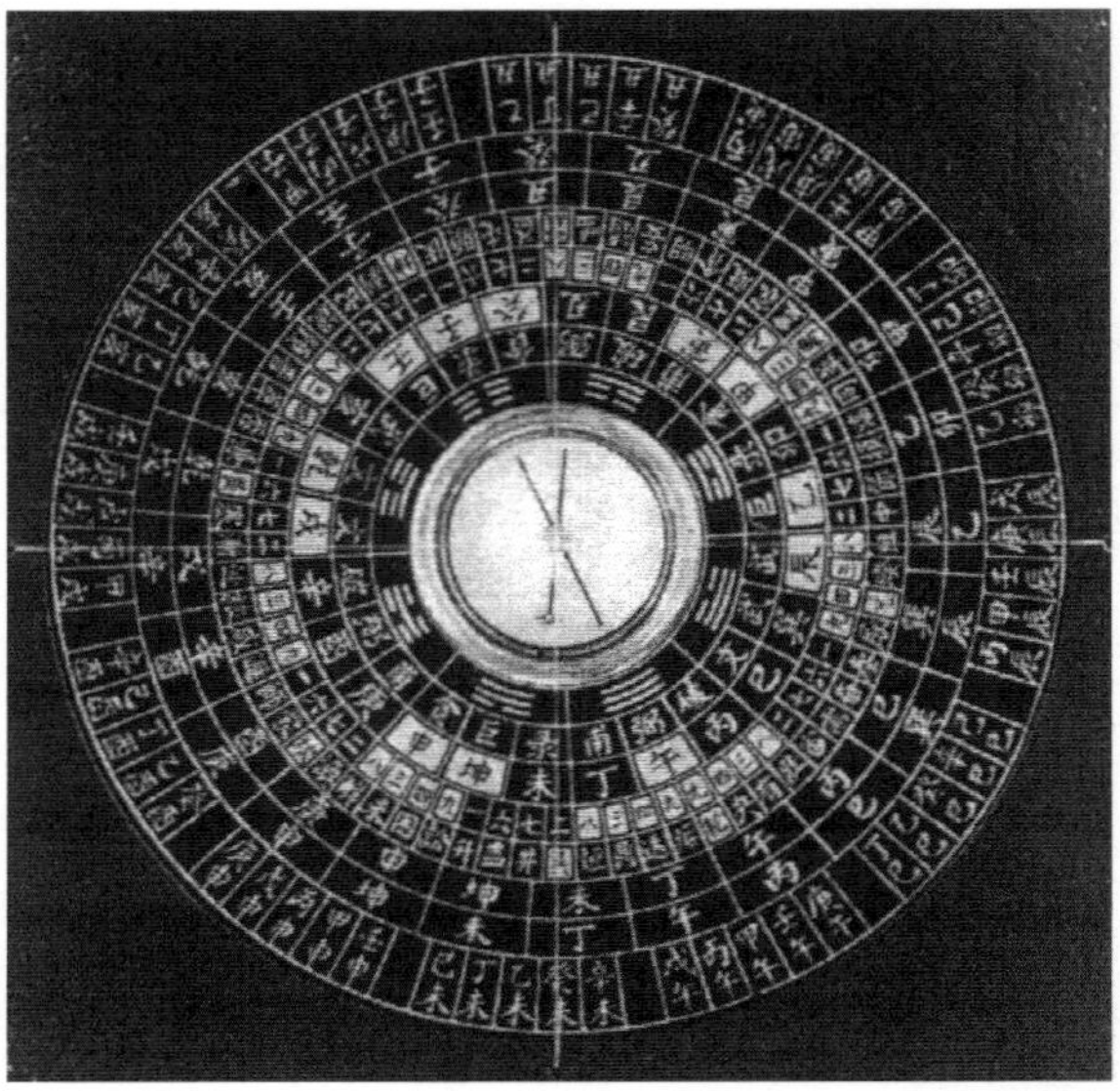

六十四卦の図

遁甲の方徳と方災

遁甲を一言で説明すれば、十干・十二支と方術の組み合わせから、《方徳《ほうとく》》と《方災《ほうさい》》の攻めの吉凶を割り出して、それに六十四卦の易を付随させ、基本形の七千六百八十通りの攻略の日取り（その土地の磁場の関係を調べ、正確には日時分秒の決定と接近に要するまでの侵入経路を割り出す）を決定し、敵陣に攻め込むと言う恐るべき秘術である。そして、これは極めて古典的な中国の地学的な物理学なのである。因みに方災を冒すと次の災いが現われる。

東南方位・火天（金剛《こんごう》夜叉《やしや》行）、東北方位・摩利支尊天（孔雀《くじやく》軍法行）、西南方位・羅刹天（初金宝珠行）、西北方位・風天（初胎如法行）の四天である。

この中央の箱庭で出来た遺跡の跡のような石柱の造りは、遁甲盤である。これは天地の「地」の気運を敷陣図として表わしたものだ。これを八門敷陣図と云う。この敷陣図には予め、方徳と方災が仕組まれている。方徳と方災は自分自身の運命の証として、吉報と災報が周期的に仕組まれていて、それを読み取って行く。

太平道と遁甲

さて、三元式遁甲は威力絶大なもので、満蒙の騎馬民族の集団戦法で、略奪及び他国を侵略する時に用いる方術である。この方術は、動き（秘伝では、左回りの旋回をある中心軸に対して繰り返す特殊な技法）を伴わせて用いる為に威力が絶大になる。

道教の中に太平道《たいへいどう》というのがあったが、「黄巾賊《こうきんぞく》（党）の乱」を指導した八門《パーモン》先生こと張角（独断と偏見に片寄った一部の占い師の間で、カリスマ性を持った大悪人として扱われている事は非常に残念である）は、この三元式遁甲を巧みに使い、また彼自身相当な霊能者であったと謂われている。

黄巾賊の乱は、後漢の霊帝《れいてい》の中平元年（一八四）に勃発する。この時代、まさに世は風雲急を告げる動乱の時代であり、国家は分裂状態にあり、世の中は乱れる様相を呈していた。

この発端は、宦官《かんがん》の横暴に始まり、汚職が横行し、政治は腐敗と濁流に押し流されて地に落ちていた。長年の間、度重なる盗賊の襲撃に収奪を繰り返されて、飢饉と破産に苦しむ華北の民衆は、八門先生こと天公将軍張角を最高指導者として仰ぎ、続々と彼の許《もと》に集結し、河北、河南、山東等、八つの県で、一斉に蜂起したのである。この時、張角が得意な奇襲攻略として用いたのが、威力絶大な三元式遁甲であった。

黄巾党の指導者側の側近としては、次男の張梁、三男の張宝で、この三兄弟は特殊な道教呪術をも心得ていた。病に苦しむ大勢の農民達に、霊符を書いた紙を水の上に浮かせ、その水を飲ませて病気を治したりして、益々その人気は高まった。動乱の世情不安の中、瞬《またた》く間に数十万の大組織に膨れ上がっていった。黄巾集団の各々が戦闘の時には、頭に必ず黄色い布を巻き、勇敢に戦ったとある。

黄色は、道教の宇宙循環理論の五行説から成り立った聖色であり、漢帝国を打ち立てた火の徳《赤》は、土の徳《黄》を以て、新しく循環されねばならないという意味が込められていた。

土の徳を表すこの集団は、黄色い布を巻いていた事から、「黄巾賊」（中国では時の体制側に反対する政策や思想や宗教を掲げると、「党」ではなく「賊」の悪名が付けられた）の異名が付いたのである。彼らは黄色い布を身に着ける事によって神聖化したと信じ、武器が貧弱にも関わらず、その戦いぶりは神懸かっていた。非常に勇敢で、それを鎮圧する政府の征伐軍は大いに苦戦したとある。

黄巾党の指導者・張角は、カリスマ性を持った超人間的な人物であり、北方騎馬民族の三元式遁甲という、世を混乱に陥れる恐ろしい秘術を伝承・会得した人物であった。

その秘術の中に秘める術理の危険性は、人間《じんかん》の運命と深く関わり、人の明暗相剋を操って、人間の運命に永久に纏《まと》わり着いて離れない、人間の宿命を操作する恐ろしさにある。はっきり言ってしまえば、この術は物理学的な行動をこの世の現象として表す、《呪いの藁《わら》人形》であり、攻撃する事のみを中心に置いた巧妙で奇々怪々な戦法である。

諺《ことわざ》に「人を呪わば、穴二つ」というのがある。これを使って攻撃した者は、また人からこれによって攻撃を受けるという意味である。即ち、襲う者は、また襲われるのだ。敵を滅ぼした者は、やがて敵の子孫によって滅ぼされるという皆殺しの戦法でもある。

その戦法の基礎となる基盤が、人に纏わる《命》であり、生年月日をはじめとする《数》である。

「人間には命《めい》もあれば、数《すう》もある」と言ったのは、明治の文豪・幸田露伴《こうだろはん》である。数には霊が宿り、数霊《かずたま》が命を操るのである。人はその数によって命が定められ、数霊を動かされれば、命を失う事すらあるのである。その、人（総大将勢力）の「命」と「数」を巧みに操ったのが黄巾賊であった。

八門先生（張角）も、三元式遁甲の中心術理である「命」と「数」を使って後漢政府を滅ぼし、農民王国の理想国家を造ろうと考えていた。しかし、それは果敢《はか》なくも実現しなかった。何故それが実現しなかったのか。

それは、才力や知力だけでは理想の新天地は開けないという、俗世間（大衆や庶民は真実よりも、人の噂や評判を気にする人種である）の、素直にこれを認めない排擠《はいせい》が働いて、現実とは違う方向に進んでしまうからである。それにより指導者張角は、歴史上の極悪人として、中国史に名前を刻まれる事になる。

太平道の指導者八門先生は、「蒼天已《そうてんすで》に死し、黄天当《まさ》に立つべし。歳は甲子《こうし》に在《あ》り、天下太平とならん」と号令して、四十万の農民革命軍を指導して、新しい国造りを目指した。彼等、黄巾を頭に巻き、武器をとって蜂起した革命軍の最初の出だしは目覚ましかった。全国各地の官府を悉《ことごと》く焼き払い、燎原《りょうげん》火の如く戦火が拡大して、無差別に暴行し、婦女子を犯し、虐殺し、そして富財を掠《かす》め去った。

因みに、中国では「行きがけの駄賃《だちん》」と称して、兵士の暴徒化に伴い、民間人への虐殺、強姦《レイプ》、掠奪、暴行等は古くからの一般化した風習であった。

少し話は逸《そ》れるが、三十万人以上の犠牲者を出したと謂われる南京大虐殺（一九三七年十二月前後）からも分かるように、これらの残虐行為の被害の数を水増しするのも、中国の古来からの一般的風習である。中国兵の、あるいは中国人の集団が戦場に於て進攻、退却または敗走に際して、必ず行う行為は、項羽《こうう》や劉邦《りゅうほう》の太古の時代からも分かるように、掠奪や婦女暴行であった。これらは中国人の専売特許であり、一方的に当時の日本軍だけに非があり、また中国軍（国民政府軍）に「習慣的行状」が決して無かったとはいえない。また、多くの中国人婦女子が犠牲になったとする南京に入城した頃の日本軍にとって、彼等は先ず地理的に不慣れであり、十二月の寒風の吹き荒む中、夜の死臭漂う不気味な南京の街を屯《たむろ》して姑娘《クーニャン》探しに出かける勇者が、日本兵にどれ程いただろうか。

自国の被害は過大に捉え、自軍の残虐行為は過小に捕えるのが万国共通であるが、残念ながら人類の歴史に刻まれた戦争で、戦争犯罪と無縁であった軍隊は、未だかって何処の国にも存在しない。

さて、これを封じ込める後漢政府は、黄巾を象徴として政治の腐敗を糾弾し、世直しを訴える彼等に対して、悪名高き「賊（＝野党）」の汚名を被せ、鎮圧軍を編成して封じ込め作戦を敢行したのである。

だが、指導者八門先生の巧みな遁甲戦術に政府軍は為す術もなく、この対応策に地方の豪族や私兵を動員した。これらの兵力を以て殲滅作戦で彼らと応戦したのである。この作戦に加わった人物の中に、後の蜀《しょく》の皇帝・劉備玄徳《りゅうびげんとく》や、魏《ぎ》の始祖・曹操孟徳《そうそうもうとく》が居た。彼等の活躍よって最初の華々しい出だしをしていた黄巾党は、打って変わって敗北を重ね、至る所でこれら農民革命軍は敗走を繰り返した。また最高指導者八門先生の急死に伴い、主軍は壊滅するのである。農民王国の理想を掲げた太平道の世直しは、ここで事実上挫折し、そして崩壊する。

しかし、この農民王国の理想を引き継いだのが、「五斗米道《ごとべいどう》」

であった。盟主・張魯《ちょうろ》は、教義に帰依した者達に、五斗の米を与えたという。五斗米道の由来はこれに始まる。しかし彼等も、最後は殲滅作戦に封じ込められて、理想の農民王国は完成を見なかった。そして八門先生の遺産であった三元式遁甲が、世直しを掲げる革命の度に浮上してくるのである。

唐帝国が滅亡する時も、三元式遁甲と思われる戦法に、太平の世に慣れ切った政府軍は、軽挙妄動を煽る攪乱策に陥り、これを裏で操った北方系の侵略者の影が、その背後にあったと謂われる。

唐代末期の詩人・李商隠《りしょういん》の詩に、『楽遊原《らくゆうげん》』というのがある。これによれば、「晩《くれ》に向《なんな》んとして意適《こころかな》わず　車を駆って古原《こげん》に登る　夕陽《せきおう》限りなく好《よ》し　只是黄昏《ただこれこうこん》に近し」と詩っている。

つまり、「夕方になると何となく心が落ち着かず、車で楽遊原に登ってみた。夕日は限りなく美しいが、もうそこまで黄昏《たそがれ》が迫ってきているではないか」という意味の詩である。

この詩は、まさに的中であった。この詩の中には、世情の不安を詩い、衰亡を思わせる暗示があったのである。唐は、この詩から纔《わず》か五十年後に、この暗示と共に滅んでいる。

人体に備わる旋回エネルギー

人間には回転する事によってある種のエネルギーが発生する。その回転エネルギーには「右旋」と「左旋」があり、これらは各々に役割を異にする。これは地球の自転する方向に影響を受けているからであり、右旋は遠心力の影響を受け拡散であり、左旋は求

アメリカインディアン・アパッチ族の酋長・ジェロニモ

戦闘槍を打ち込む円の中心
1. 最初に右旋を行い降神を願う。これによって神との降霊が行われ、彼等に神が乗り移る。
2. 次に左旋を行いこれからの戦闘に臨む。以上の右旋、左旋を行うことによって三元式遁甲之術を満遍なく発揮させるのである。
地表面
地下の磁場
陽の磁場
陰の磁場

北アメリカの先住民であるインディアン達は、大地に磁場があることを知っていた。

インディアン特有の戦いの前の旋回の儀式

心力の影響を受けて収縮するのである。この旋回エネルギーを巧みに使ったのが三元式遁甲に見られる攻略手順で、この儀式（旋回エネルギーを集める）がその儘、降神之術に繋がり、敵を襲撃する場合、絶大な威力を齎した。

この術を巧みに使ったのは、ユーラシア大陸北方域に生息していた匈奴《きょうど》と、アメリカ大陸に生息したアメリカインディアンであり、双方の先祖は骨格及び歴史学上からして同一ではないかとも考えられている。

裏の鬼界に誘う

狩猟や戦闘は実利主義の側面から、人間が生活を営む為に、体得を柱にして編み出されたものである。狩猟は、食料や衣服となる動物を生け捕りにし、戦闘は対抗する集団若《も》しくは個人を殺す、あるいは生け捕りにして利益を得る、というような実利主義に基づいたもので、この点から考えれば、農耕もこれに準ずるものである。

さて、これらの実体験から体感できるものに「気」というものの存在がある。万物は気によって構成されている。動植物から、人間、自然、そして宇宙に至るまでの総てには、生命活動の根源のエネルギーである「気」が存在する。森羅万象《しんらばんしょう》の運動と生命活動は、総て「気」によって支えられ、それは万物に大きな影響を与えている。

気の生命観や宇宙観は、陰陽《いんよう》五行《ごぎょう》の弁証法によって、木・火・土・金・水という元素により、東洋自然哲学の哲理の中枢を成し、根本的な生命循環エネルギーを森羅万象に施している。また、それが「生命情報」としての重要な要になっている。

武術に於て、敵と戦い、その戦いに於て敵を打ち倒し、あるいは負けない位置を占める為には、気の力の獲得が必要である。

古人にとって「闘う」という事は、狩猟の時の得物の獲得であり、時には猛威を奮う大自然に対して闘う事であった。また部族同士の戦闘でもあった。これらの闘いに於て、勝利する、あるいは負けない境地を得る方法としては、先ず一つは筋力を強化し、骨格を丈夫にして強健な体軀を養成し、物理的な力を獲得して闘う方法と、もう一つは物理的な力だけに頼らず、根源的な生命力に「呼び水」を注ぎ、霊的な予測（超感覚的な知覚やボイス・レ

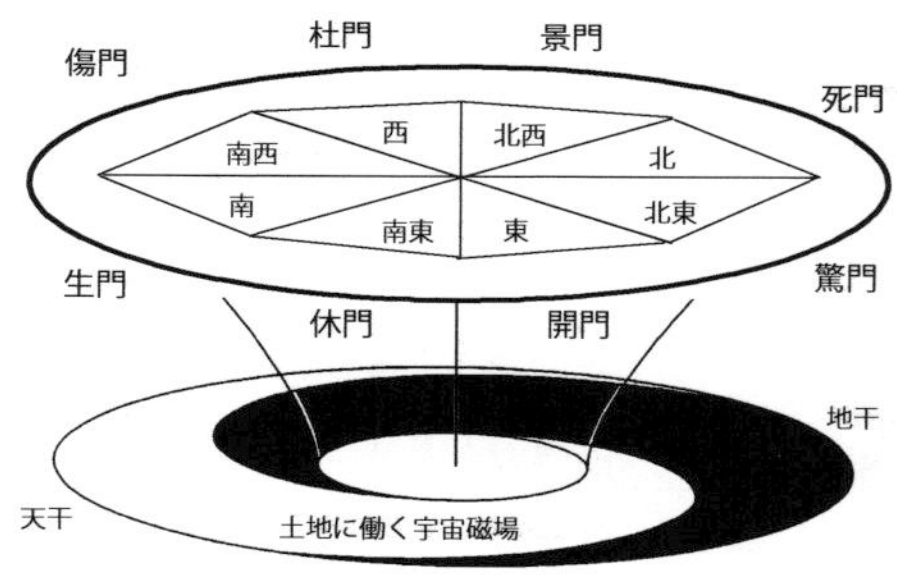

遁甲盤

コード等の霊現象）や秘術（八門遁甲等）を縦横に駆使して攻め込まれない境地を獲得する方法であった。

さて、生命体は、動植物から鉱物等の静物まで、総て電磁波を発し、磁場を帯びている。これがエネルギー実体であり、生命情報に重要な役割を与えている。物質因子は、何らかの生命情報を携帯し、大自然の中で生を受けて営みを開始し、人もまた自然の中で育《はぐく》まれてきた。大宇宙に対して、人が小宇宙と称されるのは、人と宇宙、人と自然が、何らかの生命情報によって呼応する仕組になっているからだ。

如何に武術の名人と雖《いえど》も、大自然の猛威には勝てず、達人と雖も、墜落する飛行機、脱線する高速列車に乗り合わせたら最後、決して無傷で居られる筈はない。この小空間の中で「○○道、九段だ、十段だ」と豪語しても、消え去ろうとする命の灯火《ともしび》にブレーキをかける事は出来ない。落ちる運命にあるもの、脱線する運命にあるもの、倒壊する高層の小空間に閉じ込められ、消え行く運命にあるものに、紙切れ同然の段位免状は何の助けにもならない。

人間が生活を営む空間には、予測の出来ない多くの不幸現象が存在する。交通事故、火事、自然災害、建物倒壊、盗難、詐取、転落、借金苦、抗争、殺傷、強姦、戦争等、これらの不幸現象の側面で人間は生活を営んでいる。

また、素手の武道やスポーツを実践している修行者や選手は、ある意味で犯罪に巻き込まれ易いと謂われる。殊に空手や柔道や拳闘《ボクシング》のように、素手を正々堂々の試合とするスポーツ武道は、周囲の期待を一身に受けて、好むと好まざるとに関わらず、相手が刃物や拳銃を持った敵であっても闘わねばならない場面に遭遇する事がある。しかし彼等は、腰溜《こしだめ》して、正式に「人の刺し方」や「発砲の仕方」を修練した刺客《しかく》や、射撃の経験の有る狙撃兵《スナイパー》には全く無防備であり、殊に警察官が命を張って闘ったにも関わらず殉職するのは、試合と実戦が、かくもこのように食い違っている事を如実に物語った結果ではあるまいか。

格闘や腕力に自信が無いから逃げた。今までスポーツや武道の経験が無いから逃げた。これらの単純な動機が、闘う彼等とは違う結果を齎《もたら》しているのである。「逃げるが勝ち」とはよく言ったものである。襲い掛かる最強の敵に対して、只管《ひたすら》走り続ける事に長けていたら、習い覚えたばかりの未完成な技を出すより、遥かに合理的である。しかし、格闘技の憖《なま》じっか有段者である為、その誇りにかけて闘わねばならないとしたならば、これこそ不幸という他ない。武道をかじった多かれ少なかれ修行者に、この災いはいつ起こっても不思議ではない構図となっているのだ。

しかし、もし物理的な、敵を叩く、殴る、突く、蹴る、抑える、投げる、絞める等の相対的な護身術の他に、時を遡《さかのぼ》り、あるいは時を下って、時空を超越する護身術が有るとしたらどうだろうか。

倒壊する場所や建物には近づかず、墜落する飛行機には搭乗せず、脱線する高速列車には乗車しない、単に物理的な筋力やスピード以外の、時空を超えた護身術があるとしたら、これこそ最高の護身術ではないか。

これが「裏の鬼界に誘う術」である。

八門遁甲には「他人の命」と「自分の命」を操る秘法がある。これは時空を超えた護身術であり、危険な箇所に吾が身を近づけない術である。また闘わねばならなくなった時機《とき》、いたずらに闘って、負けて身を危うくするのではなく、正反対の方向に向かって剣を奮い、勝ち、若しくは負けても、五分五分に引き分けて、負けない「位」にもっていく方法である。

さて、自身の健康度と気血の循環状態は「三脈法《さんみゃくほう》」（左右の両頸《くび》と左右の手首のいずれかの脈所に指先を当て、三点の脈の乱れを測定する方法で、詳しくは拙著・綱武出版『合気口伝書』第八巻を参照されたし）で確かめる。人体の気血の循環は天体の運行に準じていて、これは自分の意志で変更する事が出来ない。日の出、日の入、月の満ち欠けのように、人体は常に盛衰の振幅を以て、好不調が上下している。

また人間は他の生物と同じように人体時計を持っていて、人体内部に流れる気血の生命エネルギーに従って、年・月・日・時・分迄を各々の違いに応じて感知する感覚器が備わっている。これらは周期的に開閉盛衰する仕組になっていて、自分の本命星に従って、その規則性がはっきり現われ、生体を自動的に制御している。

負けて身を危うくするか、負けずに難を逃れるかは、その剣先に向かって飛び込むか、正反対の処に向かって身を置き、難を逃れるかにかかっている。

さて、正八角形に各々四十五度の配当を行い、遁甲盤（これには攻略盤と布陣盤がある）に地形を映し、南を上として八門である各々の門を反時計回りに「生門《せいもん》」（南・離《り》・火《か》）、「休門《きゅうもん》」（南東・巽《そん》・風《ふう》）、「開門《かいもん》」（東・震《しん》・雷《らい》）、「驚門《きょうもん》」（北東・艮《ごん》・山《さん》）、「死《し》門《もん》」（北・坎《かん》・水《すい》）、「景門《けいもん》」（北西・乾《けん》・天《てん》）、「杜門《ともん》」（西・兌《だ》・沢《たく》）、「傷門《しょうもん》」（南西・坤《こん》・地《ち》）の各々四十五度の八つを設ける。南を「天の風」、北を「地の水」と置く。次に八神《はちじん》（太神、日神、月神、火神、水神、木神、金神、土神）を定め、天干《てんかん》、地干《ちかん》を置く。また十干と十二支を日取りに於て配置する。

天地万物が一つの「気」からなるとする八門遁甲の考え方は、「風」には天の気、「水」には地の気が宿り、各々は風と水に応じるとする。従って人間は上は国家を統治する者から、下は底辺に至るまでの者総てに風と水は関わり合い、その吉凶・運不運が付きまとい、天地陰陽が「気」という交点で交わっているのである。

また正八角形に外接する円を描けば、それは回転を伴う。即ち、八を二乗すれば「六十四」となるのである。更に各々の地形には磁場の共振エネルギーが存在し、鉱物はその法則によって秩序を保っている。天の風、地の水はこの法則によって制御され、天地の間を流動するのが人間の生命エネルギーとされるのである。流動するエネルギーの管理と制御を目指したものが八門遁甲であり、「気」という電気線を研究する地質学でもあるのだ。そしてその電気線の流動エネルギーによって、ある方角に敵を招き寄せ、あるいは自らがある方角に向かって動けば、敵を自在に操る事が出来るのである。

また、人間には電気線の上下があり、大将（玉《ぎょく》）と兵卒（歩《ふ》）ではその電気線の上下度が異なる。大将は攻略・布陣ともに殆ど動く事はない。従って電気線の上下度は極めて少なく、沈んだ状態となる。

しかし、兵卒は大将の命令一つで、現場の手足となって奔走しなければならない。従って電気線の上下度が激しく、移動する事で電気線は浮き上がってくる。

この両者を比べた場合、大将は電気線が沈んでいるので、少しの移動で方角から来る磁場をもろに受け、即座に反応するが、兵卒は常に動き廻っているので電気線が浮き上がり、磁場から受ける影響が少ない。また大将の「命」は生年月日の本命星に大きく左右されるので、この術中に陥れば敗北を喫するのである。何よりも、自分の「命」を知る事が肝腎であり、危険な場所からの退避態勢を調えていなければならない。更に自らの「命」を知る事は、気血の生命エネルギーに暗示を刻む事になり、万一の場合はそれが危険を知らせる為に作動するのである。

生命ある人間には体温があり、呼吸がある。呼吸はその吐納《とのう》で横隔膜を上下させ、その上下は生命反応として生物電流を造り、これが自身の「気」となって、天地と呼応する。その意味から、人間の呼吸は天空を吹く「風」に似てはいないだろうか。

真の有情《ゆうじょう》を持つ人間にとって、生命のある証《あかし》は、やはり呼吸の吐納であり、また体温である。此処が単なる物体と、命ある生体との違いなのだ。この意味で人間は陽炎《かげろう》を象形した、摩利支天《まりしてん》を躰の何処かに宿しているのではあるまいか(摩利支天の術参照)。

なお、口伝に「山影の術」「五月雨の術」「熱陽炎の術」「黄昏の幕」がある。

第九章　陣

陣とは

陣は数霊《かずたま》によって支配される包囲網の仕掛けの事で、その多数之位に於ける取り囲みの人数は「三《み》・四《よ》・五《い》・六《む》・八《や》・十《と》」の「方《ほう》」数字で行われる。この中で基本となるのが三人からなる「三身一体」の三方の陣、つまり三角之陣の包囲体型である。三人が連携を取りながら敵を陣の中に閉じ込め、一人の強敵を三人で倒すというものである。

「三」という数字が陣の基本となるのは、三で攻撃することによって陣は一体化され、統率力が高まる為である。これが「二」の場合、双方の腕に差があれば仲間割れが生じ、強い者は独断が生じ、弱い者は強者に頼る心の甘えが起こる。而して結局強者自身が敵と戦わねばならなくなり、二人対一人の戦いは一対一の戦いとなってしまい、連携が保てなくなるのである。従って「三」という数字が選ばれ、陣の基本構成は「三」となったのである。

三角之陣

三角《みすみ》之陣は、よく修練した一人の手練《てだれ》に対し、三人が業を仕掛ける方法で、敵正面に位置する者が自ら囮《おとり》となって、敵の注目を惹き、後の二人が手練の真横に位置して、側面から攻撃を加えるものである。これが手練を破る「三位一体の術」である。

人間の眼は正面や後ろに対しては異常な程注意を払うが、側面に対しては意外と注意を怠るものである。その盲点をついた囲みが《三角之陣》である。

《三角之陣》は、その三角形の底辺に当たる部分が、手練と横一文字になるように接し、底辺の各々両端にいる者は、常に手練を挟んで、真横の位置に立つ。それに加えて、囮が、目まぐるしく動き廻り、惹き付けておいて、両端の包囲側の術者が、異なる攻撃方法で手練を倒す囲みである。従って強者と雖《いえど》も、三位一体の《三角之陣》の攻撃者に敗れる事がある。

ここに眼明きの不便さがある。未熟な術者は総《すべ》て眼に頼って、それらの動きを捕えようとする為である。その為に敵の外見に圧倒されて、必要以上に力んだり、焦ったりという精神的な動揺を

三角之陣
1) 穏陰之構

2) 内縛印

招く。未熟な者の敗因は、これらの精神の動揺であり、また時として悪霊や怨霊に動きを封じられて、感情や情動がかき乱される事にある。

さて、大東流では無構えの第一関門は、《三角之陣》を突破する事にある。三角形を作った三人の陣を相手にしながら、然もその動きに振り回される事なく、力《りき》まず焦らず、為すが儘《まま》の自然体を以てこれを破ってこそ、無構えの第一関門は通過できるのである。

さて、《三角之陣》は、一人の攻防の術者が三人の攻めの敵を相手にして、平面上を動き廻るものだと思われがちだが、これは大きな誤りである。一人が三人の敵を相手にするのではなく、術者自らが、敵三人になり変わり、逆陣を張るのであって、術者を取り囲んだ三人が術者を攻撃する為に張る陣ではない。術者一人が、三人の敵を相手にして三者同等の逆陣を張り、次々に敵を制するのである。これを《三角之陣の崩し》という。

この崩しの術に於て大切な事は、敵が詰め寄っても絶対に後退《あとずさ》りしてはいけないという事だ。退く事は自分の躰《からだ》の重心が後方に移動してしまい、体勢が崩れ易くなる。そんな瞬間に一斉攻撃されれば、一溜《ひとたま》りもなく倒されてしまうからだ。また目配りも、一人に対して凝視するのではなく、三方に目配りをして、敵の眼を見るというより、敵の躰全体、特に下半身の足の動きに眼を走らせて、崩しの機会を窺う。また、敵の唐突な攻撃に対して、運動神経や反射神経で対処してはならない。これらで対処しようとすると、敵に翻弄され、易々と敗れる機会を与える結果になりかねない。敵の外見に惑わされる事なく、また直感や思考等の、脳で対処する事のみに振りまされず、霊的な「勘」を大切にして崩しに入る。

常に体捌《さば》きの修行を積めば、素手で立ち向かえる自信が着いてきて、「太刀合いの妙」が会得でき、これがまた剣を持った敵に対しての《白刃取り》に繋がるものとなる。

三角之陣の崩しは、眼だけで敵を追うのではなく、自らは心の裡《うち》に真言を唱える。穏陰之構《おんいんのかまえ》を一旦内縛印《ないばくいん》に結び変え、真言「ノウマクサンマンダ・バサラダンセン・ダマカラシャダンソワタヤ・ウンタラタカンマン」を唱え、敵が吾に動揺を与える邪気（恐れや迷いが眼に映り、脳を混乱させる動揺）等を縛りつけるのである。

四角之陣

《三角之陣の崩し》が自在になったら、次は《四角《よすみ》之陣の崩し》に入る。人間の想像しうる形の中で、「三角」と来れば、当然次は「四角」となる。

四角は単に四角形という事だけではなく、そこには《方角》というものが表わされてくる。東西南北の四方に加え、東南、西南、西北、東北の四維《しい》が加わり、四角形は八角形に変化し、その動きも巧妙になってくる。

この崩しを会得するには、《四方素振り》の基本的な修練の完

四角之陣
1) 穏陰之構

2) 剣印

3) 刀印

壁さと「点足之足《てんそくのあし》」が要求され、霊的反射神経（脳で考えたり、視覚以外の感覚である霊的な「勘」）とその体捌きは、この陣からの脱出の際の重要な術となる。四方の敵から同時攻撃を受けて、焦ったり、もたつくようでは、四方素振りが、まだ完成されてないと見るべきであろう。

　崩しの糸口は、敵が動に転じて「車之陣」のようにならない前に逸速《いちはや》く抜け出て崩す事であり、四方の敵への各々には異なった間合いの間隔を作り、一番離れている敵から崩して突破口を開き、脱出する事が肝腎《かんじん》である。

　初心者は一般的に、眼の「遠近」に騙《だま》され易い。近くの敵を有利と信じ込み、遠くの敵を不利と決めつける。そこに大きな落し穴がある。心の眼を開く事が大切であり、まやかしの幻影に眼を奪われてはならない。また熟練者は遠近の術を使って眼の感覚を狂わせるので、「遠近」については充分に注意が必要である。

　四角之陣の崩しは、吾が方から見て、敵を各々の門に縛りつけ、不動状態にしてこの陣を破る。四方之陣には「四方門《しほうもん》」があり、北に北に多聞天門《たもんてんもん》、南に増長天門《ぞうちょうてんもん》、東に持国天門《じこくてんもん》、西に広目《こうもく》天門《てんもん》がある。穏陰之構より人差指を真直ぐ伸ばした剣印《けんいん》の印を組み、真言「オン・キリキリ」を三回唱え、更に剣印から刀印に結び替え、真言「オン・キリキリ」を三回唱える。敵の陣形は吾を中心にしてほぼ正方形になるような真四角を作らせ、その中に吾を置く。敵が東西南北の死角（口伝）に入ったとき、吾は討って出、陣を破る。

車之円陣

《四方之陣の崩し》が突破できたら、次は《車之円陣》の突破である。通常《車之円陣》には、六人で行う《六方之陣》と、八人で行う《八方之陣》があり、よく修練した一人の強力な敵に対し、六人掛り、あるいは八人掛りで多角的円周方向から、これを襲撃する。

《車之円陣》は中心に居る点となった一人の術者に対し、ただ取り囲むだけではなく、その中心に向かって左右に巧みな一斉回転を試みて、その一瞬の怯《ひる》みに乗じて一斉攻撃に掛ける。この攻撃を受けて立つ術者は、《八方分身》や《八方分散》を行って、この一斉攻撃を瞬時に打ち破らなければならない。

《八方分身》は敵の眼から見た「虚」の状態であり、《八方分散》は、我が目から見た「実」の状態である。

「虚」、つまり我が残像は敵にとっては「影」と映り、「実」、つまり我が躰は三次元空間の動きに従って、ここから脱出を図り、八方の何れかの位置に抜け出していなければならない。これを行う際に大切な事は、一度に八人の敵を見てしまうのではなく、八人を一人ずつ分散させて、一人と見立てる事が肝腎である。敵に見せつけた「虚」は、敵からすれば、我が「実」を見せつけている事であり、その「実」を見ている敵の隙を、我が心に映して、そ

車之円陣
1) 剣印を天地に構え

2) 敵の抜刀と共に時計回りに吾は動いて行く。だが、この時機、吾は誘いの術によって敵陣を反時計回り（左旋）に動かし、敵陣を攪乱せしめる

3) この動く際の真言は「オン・キリ・キリ」である。しかしその「唱え方」と「誘い込み」に「口伝」あり

車之円陣の誘い——中央に居座っては多敵に敗れる。術者は中央を脱して虚を攻めさせるのである

の一番崩し易い箇所を狙って脱出を図るのである。

一人の術者に大勢で取り囲んだ状態は、取り囲んだ側の心理からすると、その数の多さから優越的な感情が湧き起こるが、逆に取り囲まれた術者の心理からするとピンチであり、劣勢的な気持に陥るものである。しかし、ものは考えようである。多勢でも一人とみなせば一人であり、そのように見切ってしまうイメージを養う事が肝腎である。先ず肉食動物が、草食動物を狩りをする時を思い起こしてもらいたい。肉食動物の狩りの対象となるのは、俊足をもった生きのいいものではなく、既に体の弱りかけた、一番足の遅いものを狙う筈である。

戦い方に演出というものがあるとするならば、その展開に於て、攻撃側の相互の協調が大きな影響を持つ。敷陣した第一線の一翼を担う誰か一人の、その歩調が乱れれば、それは勝因を大きく左右する。戦いは生き物である。ほんの纔《わず》かな隙で戦局は一変し、一瞬にしてこれまで優勢を極めていた者は苦戦を強いられる事になる。戦局は勝つにしろ、負けるにしろ、刻一刻と変化を伴っていくものなのである。この変化を波に例えれば、その押し引きや進退で虚実が構成されているのである。

波の寄せたり引いたりの、《乗降《じょうこう》之汐時》を見計らいながら、「虚実陰陽の理（左右陰陽の入れ替わり法則）」に従い、これを行うのである。勿論足並みの揃わない、歩調の乱れた者を狙って、この陣を崩すのは言うまでもない。

此処まで到達すると兵法の何たるかが大方《おおかた》理解できてくる。体

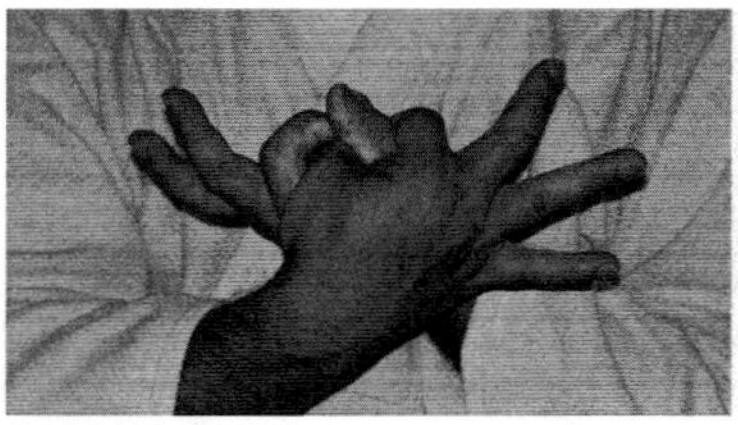

諸天救勅印を結ぶ
1) 眼印

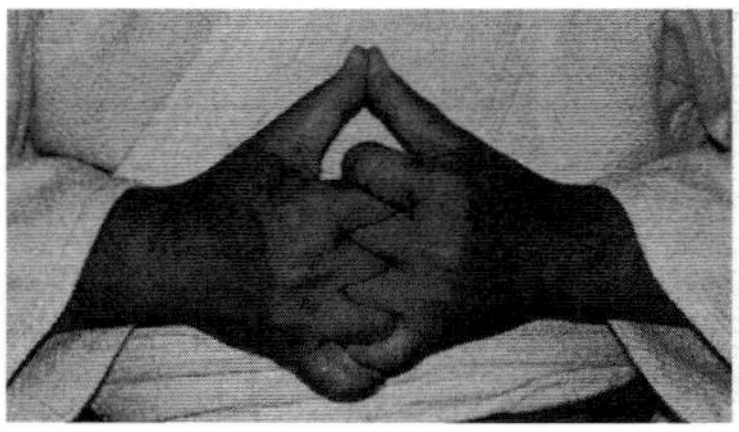

2) 天鏡印

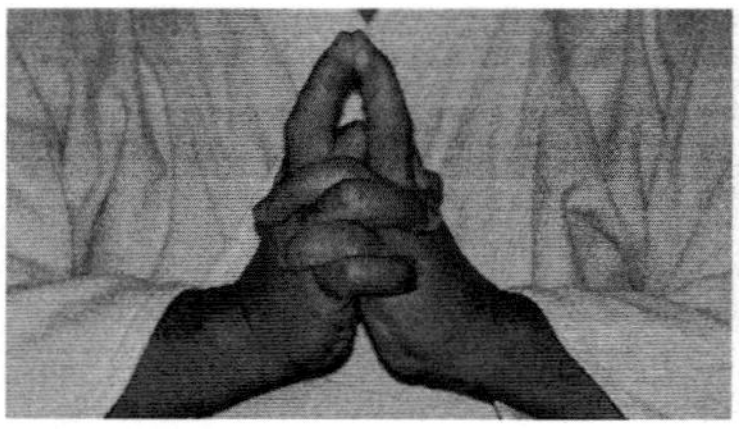

3) 諸天救勅印

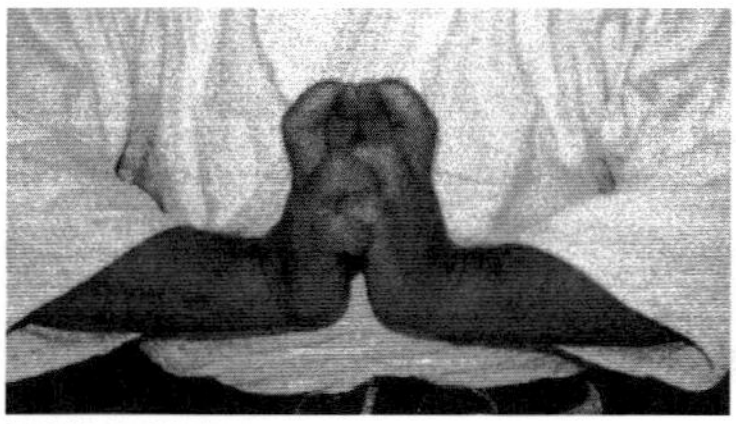

外縛印を結ぶ
1) 金剛輪立印

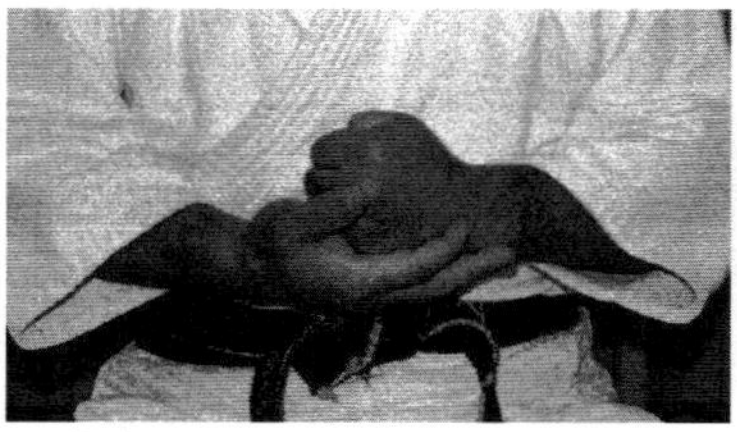

2) 隠行印

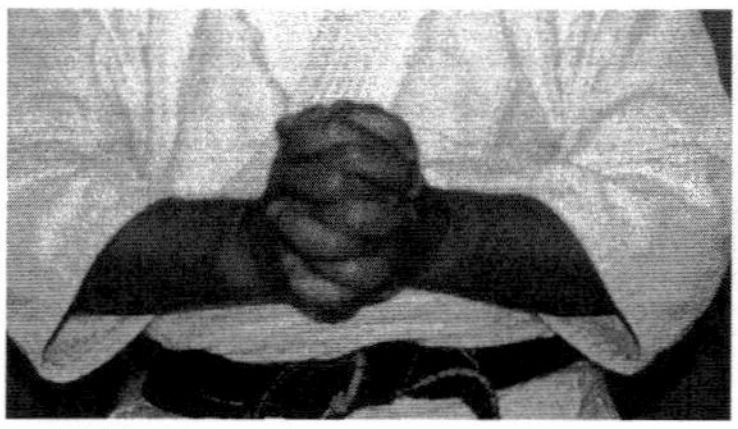

3) 外縛印

捌きや刀捌き、懸待の打ち込み時機や間積《まづも》り（間の取り方）にも習熟度が増してきて、取り囲んだ各々にも強弱があり、伎倆《ぎりょう》の程が観察力によって分かるようになってくる。また取り囲んだ敵の刃に一度も触られること無く転身を行い、理想とする無刀の境地に近づくことが出来る。

六方之陣の崩しは、吾が強力な磁光《じこう》で優位な場を獲得する為に、

穏陰之構より諸天救勅印《しょてんきゅうちょくいん》を結び、真言「ノウマクサンマンダ・バサラダンセン・ダマカラシャダソワタヤ・ウンタラカンマン」を唱える。唱え終わると、勘を以て車之円陣に隙間が開くのを凝視し、討って出る。同時に、その隙間が突破口となる。

八方之陣の崩しは、磁光で優位な場を獲得する為の場作りとして、外縛印《げばくいん》を結び、真言「ノウマクザンマンダ・バサラダンセン・ダマカラシャダソワタヤ・ウンタラタカンマン」を唱える。これは八人の敵をその場に縛りつけ、不動金縛りにして、この陣を破る。

十方之陣

陣の終局は車の陣ではない。先に述べた東西南北の四方に付け加えた、東南、西南、西北、東北の四維を加えた八角形の八方に、更に上下を加えた《十方之陣》である。

平面の円周上に上下が加わった空間に於ける立方体が、ここで現われてくる。取り囲まれた術者は、左右前後からだけではなく、上下からも蓋《ふた》をされて、空間に立方体を成した桝《ます》の中に閉じ込められた状態となる。但し実際に上下から蓋をするというのではなく、上を攻撃する者は相手の頭上から頭部のみを襲い、下を攻撃する者は術者の下から足首や膝や脛《すね》の位置だけを巧妙に攻撃するのである。この上下二者は取り囲んだ八方の陣の中には加わらず、その外側に陣取っていて、取り囲まれた術者の一瞬の隙を見て、上と下を他の八人の動きに合わせて一斉攻撃するのである。この陣は空間で立体を成している為、心理的に大きな圧迫があり、この内と外では天地の差がある。つまりここは現世の束縛された桝世界を現わすといってもよい。しかし、一歩ここから抜け出れば自由な世界があり、自由な天地が広がっている。

人は乾坤一擲《けんこんいってき》の時機《とき》に遭遇した場合、多くは目先の現実に囚われやすい。刃の下は、いつも危険な処と固定観念を抱いている。斬られる事は怖いと思っている。その怖さがいつまでも付き纏《まと》うから、思い切った行動に出れない。眼明き故の性《さが》である。外に抜け出したい気持を持ちながらも、最後まで外に抜け出す事が出来ず、囲まれ束縛されて不自由な状態を続けるのは、恐らく自らの心の内に描いた固定観念があるからであろう。

この陣を抜け出すには常道として、正攻法では到底抜け出す事が出来ない。剣豪と謳《うた》われた宮本武蔵ですら、この陣から抜け出すことが出来ず、苦慮した記録が残されている。

武蔵は吉岡一門を打ち果たした後、美濃《みの》の臨済宗大仙寺の住職・愚堂東寔《ぐどうとうしょく》和尚を訪ね、そこで教えを乞うた。愚堂和尚は正法禅《しょうぼうぜん》を唱えた人で、後水尾《ごみずのお》上皇や徳川家光等の公家や武家にも帰依を受け、特に唐代の耽源《たんげん》禅師の編み出した《一円相》を研究した人物として知られ、臨済宗復興の先駆者となり、三代後にあの有名な白隠慧鶴《はくいんえかく》禅師が出ている。

武蔵は只管《ひたすら》教えを乞うたが、最初はなかなか相手にされず、それでもねばってやっと教えたのが、武蔵の立っている場所に、無言のまま杖で円《まる》い輪を描いただけであった。そして愚堂和尚はそのまま旅に立ってしまったのである。武蔵は円い輪の中に閉じ込められて、ここで三日三晩考え抜いて、漸《ようや》くこの輪の中から脱出することが出来たと謂《い》われている。

愚堂和尚が描いた輪は、見る者が見ようによって、天地大自然の宇宙に映ったのかも知れない。武蔵の足許に、ただ杖で輪を描いた愚堂和尚も凄い人であるが、その足許に描かれた輪を、大宇宙までも包含する心の内側の領域と捉えた武蔵の受け止め方も、常人の域を遥かに上回っている。

心の自在は見る者の力量で変化する。心は肉体と違って変化自在であるが、その一方で、世間風の常識と先入観に囚われてしまうと、肉体以上に不自由な存在となる。武蔵がこの輪から抜け出す事が出来たのは、愚堂和尚の描いた円相である円い輪に固執しなかったからだ。

禅僧は好んで円を描く。これは禅の要訣に近づける為の一つの方便でもあるという。仏道では方便を真理に近づける為の教えを説くが、この悟りへの真理すらも固執しなかったところに武蔵の本当の凄さがあるのではあるまいか。

さて、ここに上げた《十方之陣》もこれと同じ行動をするのである。ここから抜け出せるかどうかは、それを試みる術者の、これまでの修行の有無に掛かっている。つまり己自身に「境目がなく、自他がなく、敵がなく」の境地に到達しているか、否かである。

さて、十方之陣の崩しは、右手で剣印を頭上に受けて天に切り、それを右に降ろし、真言「オン・キリキリ」を唱え、心の中で明王の火炎と転法輪をイメージして、更に真言「ノウマクサンマンダ・バサラダンセン・ダマカラシャダソワタヤ・ウンタラタカンマン」を念じ、最後に「オン・アビラウンケン・バザラダドバン」と唱えつつ、そして敵の誘いの術の言行として「オン・ロケイジンバラキリクソワカ」を心の中で唱える。

尚、孰《いず》れも真言を唱える場合、決して口を動かして唱えてはならない。敵に言行秘術を読まれてしまうからだ。

ところで、本書の剣印は、密教中に謂う剣印とは異なる。西郷派大東流では、剣印が左右に分かれ、各々に独立したものを「刀印」と称する。更に左右独立の朝顔のような開き、はりつめた手を「刀印を切る」と称する。

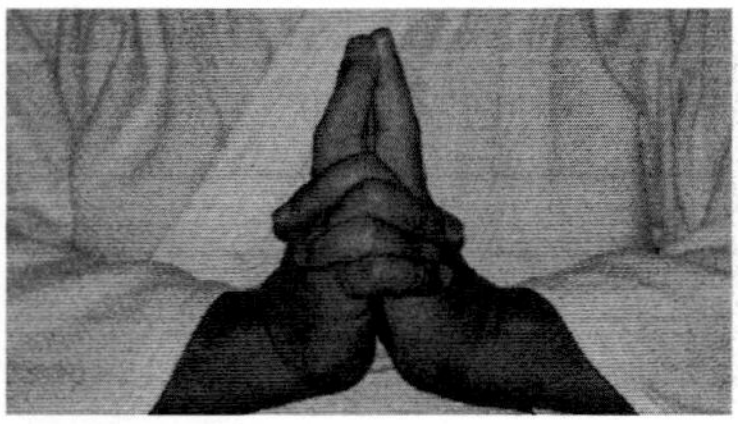

剣印を切る手順
1) 法輪救勅印

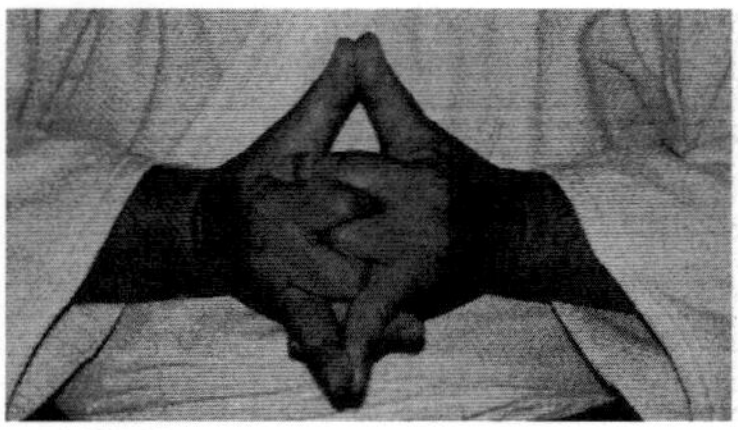

2) 内普賢印

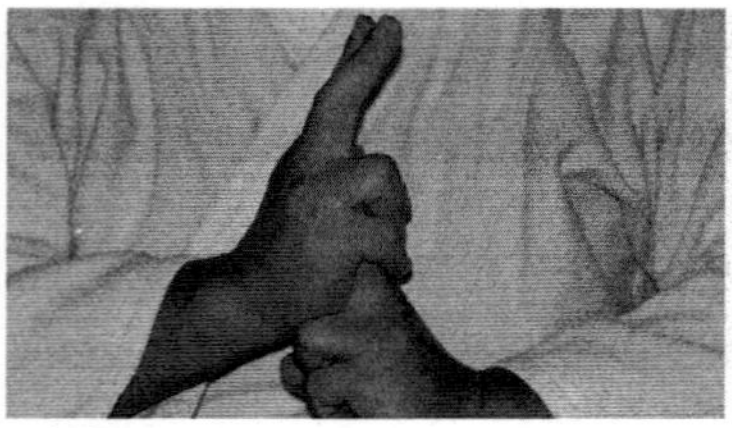

3) 剣印

技法・柔術篇

第一章　大東流柔術総伝

合気の構造

初伝の合気では、人間が転倒する死角の構造が説明されているが、それは主に一対一での崩しに見られる。転倒死角は、頸《くび》、肩、腕、手首、指に、柔術的な一条から五条までの極め技を用い、崩して抑え、あるいは投げるものである。これが「柔術百十八箇条」と謂《い》われるものである。また、この外に初伝で習得しなければならない坐法「基本手解《てほどき》十八箇条」と立法「手解四十八箇条」が付け加えられる。

中伝の合気では、初伝で学んだ四条の技法を裏に取り、六条から七条まで技法を以て抑えたり、投げる技法である。一般には「御信用《ごしんよう》之手三十六箇条」（正確には「秘伝奥儀御信用之手業」をいう。即ち手と足の関連したものは含まない）として知られている。しかし、これは大東流柔術の基本技であり、「秘伝」は「御信用之手八十四箇条」（左右裏表手足を含む）になっている。この「御信用」の語源は「護身用」であり、戦闘護身術に於て、実際に「信用できるもの」として八十四箇条を上げている。これは「秘伝奥儀」に付随された業である。

奥伝（「皆伝」の一部を指す）の合気は、八条から十条までの、手足を同時に抑えて極め、固めたり、一点を抑えて動けなくする技法である。この際、関節技を用い、当てる、崩す、抑える、倒す、掛ける、挟む、潰す、踏む、（力を）抜く、固める等の技法を行う。これは巧妙かつ複雑な業で「皆伝八十八箇条」からなり、合気を掛けて抵抗できなくした後、敵の両手、両足を畳み込んで、あるいは頭や頸に絡めて、敵の躰《からだ》の一点を抑え、動けなくする業である。

また、「当て」には、合気独特の「合気当て」があり、これは「張り」という合気拳法であり、初伝的なものは「中高一本拳《なかだかいっぽんけん》」を使った「刺当《さしあ》て」で、中伝的なものは正拳と手首の甲を使った「合気撃ち」、奥伝的なものは点穴《てんけつ》を使った「大東流点穴術」である。これは、「御信用之手」に付随された合気拳法であり、一般の当《あて》身業《みわざ》と区別している（「技法・術理篇―第六章　大東流当身拳法」を参照）。

なお、戦闘護身術は、武道やスポーツ武道とは異なり、臨機応変に対応して、手段を選ばない「闘い」に於ける確実な当身業を指すのであって、道場内での通り一遍の形式的な当てとは異なる。つまり攻撃目標を顔面と金的《きんてき》に絞り、それ以外を叩かないという事である。

本来「身を護《まも》る」時、単に敵の攻撃を待って身を護るのでは手遅れとなる。積極的に攻撃を加えなければ、敵に勝つ事が出来ない。常に「先《せん》の先」を取る事が肝腎《かんじん》であり、「後《ご》の先」であってはならない。殺される事なく身を護る事が目的であるから、その為には顔面と金的に集中して、徹底的に何度でも当身を加える事である。殊に、顔面縫合《ほうごう》を外す為に打ち続ける事は尤《もっと》もよい方法であり、次に眼や鼻の穴に向かって「刺す」事も有効である。

肩井を利用した大東流独自の入身投げ

戦闘護身術に「一撃必殺」は在《あ》り得ない。命懸けで生死を争奪する闘いに於て、人間が一撃で戦闘不能になることは、実際問題として絶対にないのである。すなわち、敵が戦意を放棄するまで攻撃の手を休めてはならない。

「崩し」には、「合気揚げ」と「合気下げ」を用いて崩し、合気揚げは敵の躰を吊り上げ、宙に浮かせ、壁掛け等を用いて「天秤《てんびん》」に掛ける事をいい、合気下げは「肩井《けんせい》」の部分を合気下げの要領で下に圧し崩す事をいう。これは腰や膝部に掛ける事も出来、この場合、敵は膝と腰が砕けて、立っていられない状態になる。

崩すポイントは、頸、肩、腰、膝、肘等で、「砕く」事が「崩す」事に繋《つな》がるのである。

「抑える」には、敵の経穴点《つぼ》（基本的なものは手の合谷《ごうこく》、足の承山《しょうざん》、肩の天宗《てんそう》等である）を取って苦痛を走らせ、そして抑える方法や、四条極や七条極のように、手の尺骨《しゃっこつ》の骨を動かして抑える業がある。勿論《もちろん》この場合、尺骨の各々の骨が動くので手首には激痛が走る。

抑えるポイントは、肘と手首を中心に、肩、腹、腰、膝、足首等であり、微動も出来ない状態に陥《おとしい》れる事が大事である。この場合、「力抜き」の手段として徹底的に当身を叩き込む事が大事であり、「倒れるまで、何度でも繰り返しに叩く」事が、抑える業を有効にするのである。

「倒す」には、敵の呼吸を巧みに読み取り、その「虚《きょ》」が生じた時に倒すタイミングのものや、倒れ易い方向に敵を導いて重心を失わせる「転倒死角」を用いる方法がある。しかし、これは闘い方を知らない素人だけに通用する方法であり、闘い方を充分に心得ている喧嘩上手には殆《ほとん》ど用をなさないものである。その為に「当て」や「刺し」と連動させて、「崩し」の状態にもっていかなければならない。

さて、「崩す」には「崩れる」という事も同時に含まれていて、両者は一枚岩に張り付く表裏一体の関係にあり、敵を崩す事は、同時に敵から崩される、という現象も起こるのである。

そして人間が「崩れる」という状態を示すのは、この場合二通り在り、一つは興奮の余り不注意の為に間違いを冒し、墓穴を掘る場合と、もう一つは恐怖の余りそれが過剰となり、自分自身の心の制御が出来なくなって、恐怖心から立ち直れない儘《まま》崩れて墓穴を掘る場合である。前者は、道場稽古で繰り返し稽古を行う事で少なくしていけるが、後者の場合は、道場稽古だけでは克服できない。実戦の場数《ばかず》が物を言うのである。教訓として、「興奮」イコール「恐怖心」という事を忘れてはならない。

では、両者は正反対の性格を持ちながらも、何故同じ墓穴を掘るのだろうか。その心理状態を戦闘教訓から学ぶ事が大切である。場数を踏み慣れてくると、人間には墓穴を掘る二通りのタイプが居るという事に気付く。

タイプ一は、酒類や覚醒剤が入り、アドレナリンの分泌が盛んになってくると興奮状態に陥るタイプで、酒を飲んで気が大きくなり、傍《そば》に知人や女性が居ると、より好戦的になって勇み足となり、一見勇猛になる人間である。

タイプ二は、危険な場所に行く事を好まず、恐怖に対して非常に敏感で用心深く、暴力に遭遇すると異常な程冷や汗をかくが、自身では小心者の自覚はなく、常に観戦者や傍観者の立場を取り、テレビの外から観戦するタイプで、行うより見る側に居る人間である。要するに事務屋タイプである。所謂《いわゆる》、文献を漁《あさ》ったり、格闘技評論を中心に論ずる武道オタクもこれに入る。

この両者は各々異なる性格を持ちながらも、戦闘に遭遇した場合、同じ結末を辿《たど》る。しかし、これらとは違うタイプの人間も若干ながら居る事は確かである。即ち、己を知る人間である。

先に述べた両者は、己を知らない為に墓穴を掘るのであるが、これに属さない己を知るタイプは、それを知るが故に、等身大の自分自身を知っており、その為に常に冷徹な判断の情報分析を欠かさない人間である。この基礎となすものは体験主義から培《つちか》われたもので、闘いや争いの何たるかを知っている為に「余裕」を持つ事をモットーとして、また恐怖心を克服するマインド・コントロールに長《た》けている人間である。このタイプは、物理的肉体的に転倒しても、実際には本当の転倒、あるいは崩れるという事は無い人間であるかも知れない。

「固める」には、多くは関節技を用いられ、関節を順方向や逆方向に極限まで曲げて、絡《から》め取り、動けないようにして制する方法や、胸郭部《きょうかくぶ》にある膻中《だんちゅう》の経穴《けいけつ》を刺激して激痛を走らせ、その衝撃で呼吸困難に陥らせて、固め取る技法がある。

これには「抑え」と「踏み」が連動する事が大切で、同時に順方向逆方向の人体骨格の造りの理と、その動かし方に通じていなければならない。固業《かためわざ》が上達すると、固めの状態からの返業《かえしわざ》が出来るようになり、その度合が高まると、二人以上の複数の敵からの固業を返す事が出来るようになる。

「担ぐ」という柔術独特の担業《かつぎわざ》は、単に体軀の大きな者が小さな者を担ぐのではなく、大方はその逆である。日本人は農耕民族であり、稲作を覚えた当時から米俵を担《かつ》ぎ上げてきた。この重さは約六〇キログラムで、人間一人分に相当する。中には一人で二つも三つも担ぎ上げた者もいたが、彼等は決して力士のような体躯をした人間ではなかった。しかし、容易に抱え上げ、数里を移動した者も居たという。昭和の初期、怪力の美女として知られた山形県酒田市の鈴木みなとさんは、一人で米俵五俵を担ぎ、かなりの距離を移動したという。

さて、このように「担ぐ」極意は、一体人間の何処に隠れているのだろうか。筋力以外に何かが存在しているという事を考えると、人体には生命エネルギーという「気」があるという事実に辿り着く。疲れない躰、押し潰されない躰、高揚感のある躰、距離に制限の無い躰を養成する為には、直接この生命エネルギーを呼び起こすしかない。

気の根源である生命エネルギーには、経絡《けいらく》と経穴の関係から、各々の特殊なポイントがある事に気付く。例えば小周天《しょうしゅうてん》などは、気が循環する「命門《めいもん》」と「瘂門《あもん》」の関係である。

大東流の担業は、両者を重ね合わせる事が多く、敵の腰部にある「命門」と、吾が「瘂門」を合わせ、担ぐという方法をとる。

大東流の担業　四方抱え横車 1

大東流の担業　四方抱え横車 2

大東流の担業　四方抱え逆落とし

両者が合わさると重さを感じる感覚が半減し、生命力が働いたとことが感じられる。つまりこれらが総合的に統括されて合気の力となり、「掛業《かけわざ》」や「踏業《ふみわざ》」や「挟業《はさみわざ》」に発展していくのである。

「掛業」には頸掛けや壁掛けがあり、「踏業」には命門の踏みがある。また「挟業」は、複数の敵の極め付けた手首を吾《わ》が顎《あご》で挟んだり、その儘投げ放つ事も出来る。これを「三間飛《さんげんとばし》」といって、本来は三間を投げ放つという事からこの名称が付いたのであるが、実際には投げられた敵が、その強烈な衝撃の為に力が抜け、暫《しばら》く起き上がれない態《さま》を謂う。これは複数の敵に対しても謂える事であり、例えば敵が三人とすれば、三人とも暫く身動きがならず、その場で藻掻《もが》く状態となる。所謂、妙技と謂われるものである。

業を始めるに当たって覚えておきたい基礎知識

◎陽の取り方

手首の甲の側を取らせる事を「陽の取り」と謂う。陽《ひ》をイメージした取り方である。この取り方には「相取り（右手に対して左で取る。左手に対して右で取る）」と「逆取り（右手に対して右で取る。左手に対して左で取る）」がある。

手の陽の取らせ方

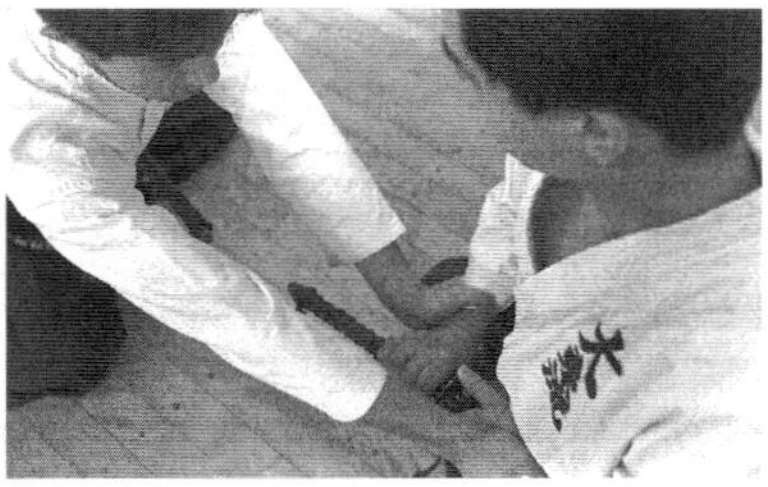

角度を変えてのアップ

通常の陽の場合
1) 敵と正対する

2) 敵に吾が手首を取らせる

◎陰の取り方

手首の裡側《うちがわ》を取らせる事を「陰の取り」と謂う。別名、裏を取らせると謂い、敵が吾が手首を掴《つか》む瞬間、掌《しょう》（一般にはテノヒラと言う）を陰《いん》（裡側から外側に向ける）に返し、手首を捻ってそこを取らせる事を、「裏を取らせる」と謂う。陰の月をイメージした取り方である。

手の陰の取らせ方（手の裏を取らせる）

角度を変えてのアップ

◎影を取らせる

手首や腕、肩あるいは躰自体の残像に、敵の攻撃を加えさせ、それを捕えさせる事を影を取らせると謂う。月の影をイメージして取らせる方法であり、「月影《つきかげ》」とも謂われる（急所で謂う月影とは異なる）。これは敵の眼に映る残像を利用したもので、眼中に残像が映っている瞬間に、間を持たせて行う取らせ方である。敵が吾が手首を封じる前に、即座に交叉させて「差し違い」を行う。

十字手差し違い
1) 敵と正対する

2) 吾は十字手の差し違いを行い、敵に左右反対の影を取らせる

影の残像
1) 吾は敵に対して抜刀の構えを行う

2) 敵は吾の抜刀を封じる為に、吾の両手首を抑える。この時吾は両手を十字に交叉させて差し違いを行う

◎天を捕る

敵に影を取らせた後、上段に振り上げる要領で、「陰」から返し、「陽」の残像だけを残して、虚を取らせる事を「天《てん》を捕《と》る」と謂う。これは天之川をイメージしたものである。この天之川は、単に銀河系宇宙を示すものではない。「天の浮橋」同様、神が高天原から地上に降臨するときかかると謂われる、浮橋の縦の循環の降臨の経絡を、天の天之川に向かって、今度は逆に遡《さかのぼ》るというイメージでこれを行い、敵を封じ、吊ると謂う意念を用いる。「吊る」とは「天に捕る」ことを謂い、敵の「天宗《てんそう》」の経穴《ツボ》に吾が肘突起を当て、「天」をイメージするのである。これによって敵は宙に浮き上がる。

1) 敵と正対する

2) 敵が吾が手首を取る瞬間に、裏を返して「陰」を取らせる

3)「陰」から返して

4) 敵の動きを封じ

5)「虚」を掴ませた儘

6)「天」を捕る

◎天に吊る

敵の「天宗《てんそう》」の経穴《ツボ》に、吾の肘先や拇指拳《ぼしけん》で押し当て、天井方向に吊り揚げる事を謂う。

因みに、「揚《あ》げ」と「挙《あ》げ」の違いは、揚げは力以外のもので上に吊上げた場合を「揚げ」と謂い、挙げは力を以て上げた場合を「挙げ」と謂う。

さて、「天に吊る」であるが、「天に捕る」とは若干異なった技法である。「天に捕る」が、敵の握った握り手を陰に返して捕るのに対し、「天に吊る」は敵の握り手頸《てくび》を極めて、一旦固定しておき、その後に「天宗」に肘を当てて、天に吊るのである。そのイメージは「天に吊る」のと同じく、天之川を描く。つまり「登り」の縦の循環である。

1) 敵と正対する

2) 敵に吾が影を取らせ

3) 影四方の要領で転身し

4) 敵を吊り揚げ

5) 即座に吊り上げて「天宗」の経穴に吾が肘の突起部を当て込む

裏側から見た「天宗の当て」

◎組みつかれた時の、敵の手の外し方

「抜き手」と謂うもので、各々に「手首」「足首」「袖《そで》」「袂《たもと》」の外しがある。

敵の握り込んだ手を外す場合、術者は敵の「合谷《ごうこく》」の経穴を拇指《おやゆび》で圧し、上下に曳《ひ》き違いを行えば容易に外れる。また、吾が後頭部で、後の敵の顔面に当身を入れると効果的である。

1) 敵は吾が胴を取る

2) 吾は気を下に下げ

3) 同時に敵の「合谷」を捕り、更に曳き違いを行って

4) 「合谷」を捕った儘

5) 転身して

6) 肘固を行い

7) 更に固めて

8) 腕と肩を固めて固め捕る

◎巻上げ

一般には「巻の合気」と謂われるもので、「蛇」あるいは「蛸《たこ》」をイメージしたものであり、その尻尾《しっぽ》や手先・足先が巧妙に動き、小さい方の力が働く事によって、敵の動きが巻き上げられ、ついには敵が浮き上がり、制せられるという業である。

1) 敵は吾が両手首を後側から取る

2) 吾は前方に指を巻き

3) 上方に揚げる。これによって敵は浮き上がる

4) 次に吾は転身して敵と対面し

5) 小手捻りの要領で敵を下方向に、吾の方に抉(えぐ)るようにして引き寄せる

◎掛掴

最後の掴は、吾が片手で敵の両腕の指を掴み、掛けとって動きを封じる。関節の逆を捕る事で、敵の動きを封じ、更に封じた敵を吾が手足で固定し、その状態を以て、吾は帯刀した刀を抜刀し、敵の首を討ち取るのである。これを掛掴《かけつかみ》という。

1) 敵は吾が両手を封じに来る

2) 吾は敵の手首の裡側を捕り

3) 巻き込んで

4) 敵の両手首を跳ねるようにして返し

5) 更に敵の体勢を前方に傾けて

6) 二本捕りを行い

7) 敵を二本捕りにて生け捕る

8) 最後は残心をとって敵の動きを制する

大東流に見る業の数々

大東流には他の柔術諸流派と異なり、種々の特異な業が存在する。そしてそれは、一瞬神秘を窺わせ、巧妙であり、レベル的には高級技法に属する。

◎踏業

踏業《ふみわざ》は、吾の膝関節、足の足刀部、足先部、踵《かかと》部分で、敵の腕、肘の「清冷淵《せいれいえん》」や「尺沢《しゃくたく》」等、肩の肩胛骨《けんこうこつ》中央部の「天宗」等、腰の「胞肓《ほうこう》」等、足の「承山」等の経穴を踏む事をいう（踏業の口伝に、十四の経穴から成る「践《ふみ》十四箇条」がある）。

足の踵部分で敵の脹脛（ふくらはぎ）部の「承山」を踏みつけたところ。この場合、敵の踝（くるぶし）が「承山」の経穴に当たるように踏みつける

膝で敵の肩から肘のほぼ中央部にある「清冷淵」を踏みつけたところ

内股を踏みつけたところ

四方固で敵の肘関節を踏みつけたところ

足刀部で敵の肘関節を踏みつけたところ。この場合、肘関節部を前方にずらすようにして踏みつけ、肘橈骨筋を下側にして、このほぼ反対側に当たる肘筋を足刀部で踏みつけると敵に与えるダメージが大きい

二条極で敵の腰を踏みつけたところ

敵を腕胡坐で極め込み、吾が足先の「虎趾（こし）」または「足底（そくてい）」で額を踏みつける。この場合、顔面縫合あるいは前頭部に繋がる冠状縫合を刺激するようにして踏みつけると、敵は激痛の為に腰が浮き上がり、更に踏み続けると冠状縫合と矢状縫合を外す事が出来る

膝で敵の肩胛骨のほぼ中央部にある「天宗」を踏みつけたところ

◎掛業

掛業《かけわざ》は、敵の腕や脚を手で握らず、その関節の曲がり順方向を利用して掛け取る技法である。掛業の本当の目的は、ただ敵を掛け捕るだけではなく、吾が腰に指す刀の抜刀が目的であり、その終局は敵の首を討つ事である。

この掛業は、ただ敵を吾が躰を使って掛け捕るばかりではなく、物体を利用しての「壁掛」や、「木掛」「棒（杖）掛」「塀掛」「岩掛」があり、敵を掛け獲《と》る（掛獲《かけとり》）際、物体にさも人間の動きがあるようなイメージを行って、これを掛ける。この自己暗示が大切で、この暗示が強い程、敵はその場に制せられ、動けないことになる。つまり、敵はその場に固まってしまうのである。

二条極の「立二条掛」を掛け捕ったところ

合気首掛。上腕骨大結節とその部分の筋頭を刺激し、曳くようにして敵の手首を抑えると、敵は腕と躰全体に痺れを感じ、動きが制せられる

四方投げよりの立掛業「弓引き」で掛け捕ったところ。この場合、引き手は敵の手首を引くのではなく、敵の袖先を引くと、小さな力で大きな苦痛を与える事が出来る

合気壁掛。首掛と同じく、上腕骨大結節とその部分の筋頭を刺激し、それが頂点に達すると痺れを感じてその場から暫く動けなくなる

二人捕りの「籠手掛（かごてがけ）」で、敵二人を掛け捕ったところ

合気顎掛。以上の「首掛」及び「顎掛」の技術が上達すると、手で掴まなくても顎の力だけで敵を抑える事が出来るようになる

八条極による「足跨掛（あしまたぎがけ）」で掛け捕ったところ

合気側面掛。「側面掛」で掛け捕った敵に、合気を掛けて動きを制する技法である

◎抑え（押さえ）業

　人間の行動を制するのに、最も効率がよく、最も手っ取り早い方法が抑え業である。抑え業には一本捕りのような腕関節を捕る方法や、手首に激しい痺《しび》れを走らせて行動を制する「七条極」のような技法がある。

　また抑え業は、手だけではなく、足や膝でも敵を抑え、敵の攻撃を無効にする為には、何れの業も肛門を開き、気を下げる事が肝腎である。

一本捕りよりの抑え　一条極一本捕り抑え

五条極の「鎌手」で抑え捕ったところ

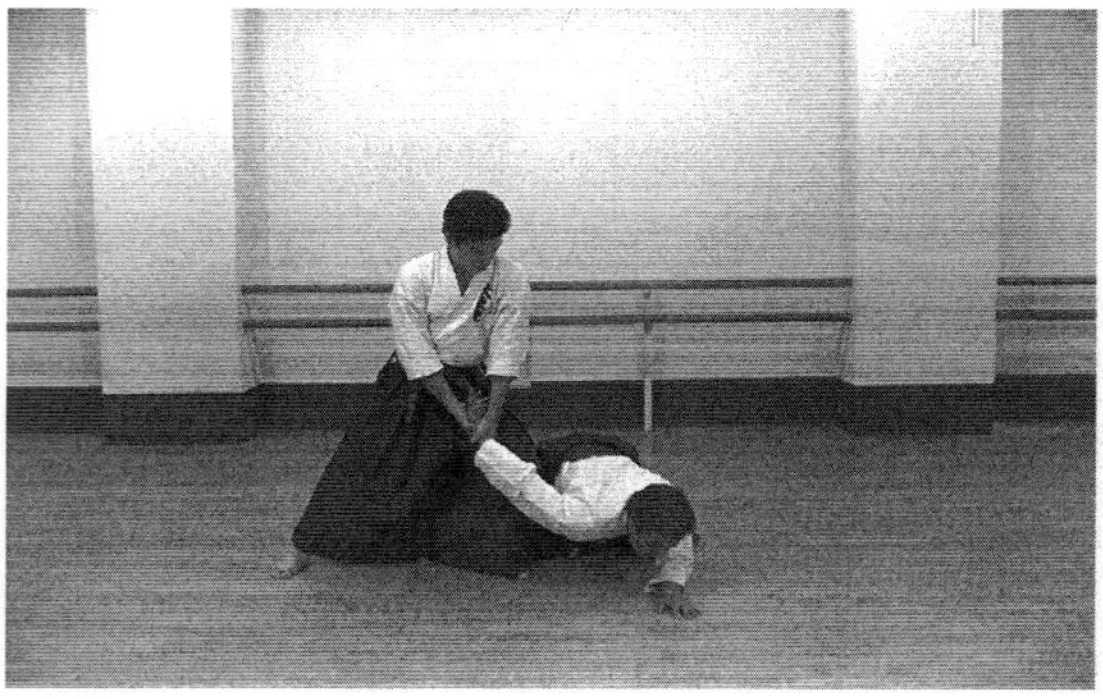

四条極抑え

七条極「雅勲（がくん）」の抑え

◎捻業

順手を捕る方法に小手捻り等の「捻業《ひねりわざ》」がある。捻業は、その基本が「猫之手」であり、これはよく逆手捕りと誤解され易いが、手首を逆方向に極めるのではなく、順方向に「く」の字形になるように極め、それを関節可動の極限にまで極め付けているに過ぎない。最も基本的な業であり、それが可動極限にまで締め付けている関係上、一旦緩めれば元に戻ってしまうという欠点がある。上級者がこの業を掛ければ、その痛みの余韻は後々まで継続するが、初心者や力の弱い女性が掛けた場合、痛みは殆ど継続する事がない。一つの基本を教える「力業」の一種であり、固業の形式をとっている為である。

小手捻り「猫之手」捻り

頸捻り

三条捻り

股関節捻り

足首捻り

◎固業

掛け捕った敵をどのように動けなくするか、という疑問に応えたのが「固業《かためわざ》」である。剣術に例えるならば、捻業が一之太刀であるのに対し、固業は更に行動を停止させる為の技法であり、これは二之太刀に入る。単純明解に「叩き合気」や「打ちの合気」を掛けるのとは異なり、複雑に掛けていくので、その過程に至るまでの伎倆《ぎりょう》と巧妙な固め加減が要求される。この固め加減は決して小手先の業ではなく、腰の沈み、膝の沈みと、その屈伸力が要求され、これはまさに日本刀の試刀の動作によく似ている。腰が浮き上がれば、途中で敵から逃げられる虞《おそれ》があるし、膝に余力の蓄えが無く浮き上がれば、意念《いねん》から始まった上丹田の気を下丹田に落とす事が出来なくなる。同時に敵の反撃を食らい、敗れる結果にもなりかねない。固業は外形的に見て、表面上は固める形と映るかも知れないが、その裡側は、気を鎮め、充分に肛門を開く技術をマスターしていなければ、非実用的な形踊《かたおどり》に終わってしまう。

足卍固

小手捻り腰固

足卍固（足首の曳き方）

腕四方固

達磨固

足固（アキレス筋固）

胡坐固

二条固

腕胡坐固

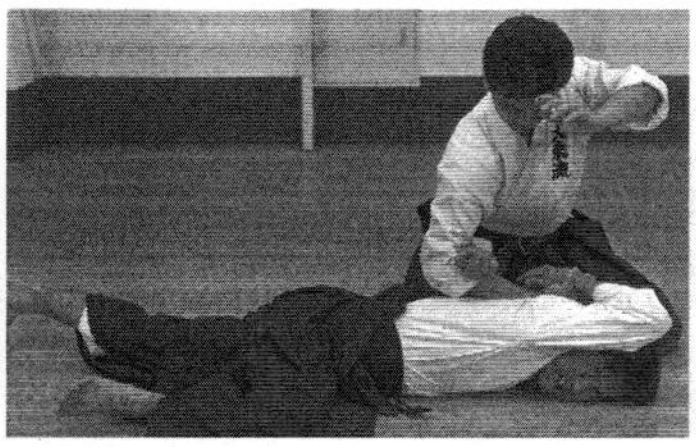
腕卍固

脚胡坐固

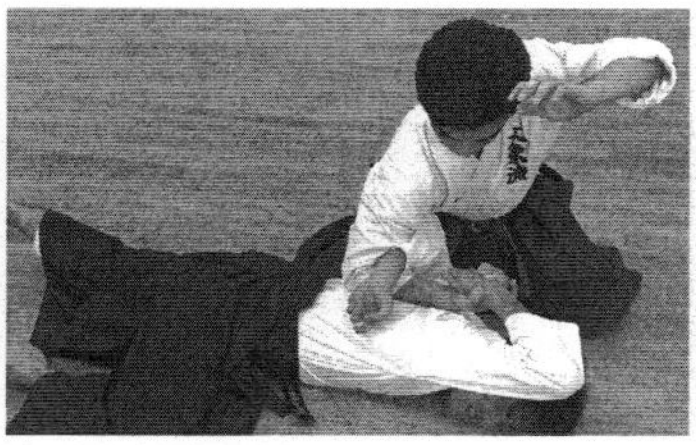
腕卍固（上部から）

◎抱業（担ぎ挙げ）

人を抱え、担ぎ挙げる技法を抱業《かかえわざ》という。この技法は、柔道の肩車やプロレスの一部に見られるが、古流武術において、極めながら担ぎ挙げる特異な抱え業を見せるのは、大東流を除いて他に見当たらない。但し、柔道の肩車に似た抱業は多く見受けられるが、抱えた儘、敵の背骨を折ったり、投げ落としたりするものは殆ど無いといってよい。

さて、この業の特記すべき点は、敵の「命門」の経穴と、吾が「瘂門《あもん》」の経穴が重なり合っていなければならない、ということである。この二つの経穴が重なる事で、吾は抱え挙げた敵の体重の重みをさほど感じなくなるのである。術者は、吾が瘂門と、敵の命門を巧みに利用する事が肝腎で、この両者が攻防の鍵となる。

四方抱

肘折抱

岩石抱

弓折抱

脚抱

抱鯖折（かかえさばおり）　敵を逆さにして抱え捕った儘、腰椎の五個の骨を狂わせ、歩行不能にする

◎落業（抱業より落し、地面に叩き付ける）

肩に抱えた敵を投げ落とす業である。これを落業《おとしわざ》という。遠い昔、肩に担いだ敵を投げて殺すか、その儘投げずに生け捕るか、それはその術者の伎倆に委《ゆだ》ねられた。殺す場合は脳点を打ち砕き、頚の骨を折るように上から下に叩き付ければそれでよかった。しかし、敵が何らかの情報を持ち、あるいは拷問してそれを聞き出す必要がある場合、敵を落とさず、生け捕るのが定石《じょうせき》であった。

腕切り落

葛落（つづらおとし）　静座もしくは胡坐坐りの敵をその儘抱き擁えて、空中に放り挙げ、地面に叩落す業。一旦この業を掛けられると、敵は脚を伸ばせない儘、尻部から地面に叩き付けられる。激しい落とし方をされると、肛門が破れて腸が出る事がある

山落

抜落

抱擁落（だきかかえおとし）

六条落　合気六条に捕って、地面に対して直角に落ちるように叩き付ける落業である。激しく叩き付けられれば、肋骨あるいは内臓に異常が生じ、呼吸の停止や内臓機能障害が起きる

◎絞業

多くの武道や古流柔術においては、某《なにがし》かの形に持ち込んで、そこから絞業《しめわざ》を掛けるのが普通であるが、大東流の絞業は、生け捕った敵を最初から絞める事を目的に業が編み出されている。

絞業の終局の目的は、敵の頸に絞め痕《あと》を残さず、仮死状態にして生け捕る事を目指したものであり、一旦絞め落とすと、その「蘇生術《そせいじゅつ》」を知らない限り、敵を蘇生させる事は出来ない。長時間放置すれば死に至らしめることもある。絞業は蘇生術と背中合わせであり、その瀕死の状態から蘇生させるのは、絞業以上に高度な技術が要求される。

各々の絞業は、その絞め方で敵の顔色に現れる状態が異なる。

それは気管支、肺、頸動脈、静脈及び、頭部の脳の血液循環と深く関係がある。脳の血液循環には、海綿静脈洞《かいめんじょうみゃくどう》、翼突筋静脈《よくとつきんじょうみゃく》叢《そう》、外頸静脈《がいけいじょうみゃく》、内頸静脈《ないけいじょうみゃく》があり、これらが各々の顔色を異なるように変化させる要素を持っている。

蘇生術を行う際、顔色を無視して蘇生を行うと、仮死から蘇生の状態に至る過程の中で、手順の間違いから、蘇生後、精神障害、頭痛、吐き気、大脳障害、耳鳴り、手足の痺れ、悪寒、大小便の意識喪失などが起こるので、指導者から正しくこれを習得する事が大切である。

藤下がり——顔色が紫色になる

合掌絞——顔色が赤黒くなる

襟絞——顔色が蒼白となる

甲絞——顔が膨張したようになり、顔色が真っ赤になる

◎挟業

人間は、その行動を絡み捕られ、動きが制せられても、そこから逃れる為に、なおもまた藻掻くものである。それは絡み捕られ、あるいは掛け捕られて、なおも自由になりたいという意識が必然的にそうさせるのである。これを制するには、更に次の段階の技術が必要となり、この技術が挟業《はさみわざ》である。挟む事によって掛獲《かけとり》を行い、敵の行動を制するのである。あるいは捨身を用いて、敵が吾が衣服の何処かを掴もうとした時、即座に身を伏せて両足で敵の脛《すね》の部分を両足で挟んで倒す技法をいう。

八条極　足腕挟（掛獲）

腕挟（掛獲）

股挟（掛獲）

紙挟（捨身挟）

三条極「押入の中」（掛獲）
この業は奥女中の業であり、生け捕った敵をコンパクトに動けなくなるようにし、押入の中に閉じ込めたという言い伝えがある

◎縛業

敵の両腕を合わせ、あるいは襟《えり》などを利用して動きを封じる技法を縛業という。縛業は敵自らが自縛の状態に陥り、動けなくなる事を謂う。これは敵の衣服、あるいは腕や肘、膝などがその業の仕組で縛り捕られる事を謂う。縛り捕られて「落ちた」際（仮死）には、蘇生術を以て、これを蘇生させる。この蘇生には、太陽活、脳活、睾丸活、腹活、肺活、背活などが用いられる。

後両手縛り——顔色が膨らむ

送縛り——顔色が紫色になり、仮死に至ると涎を垂れる

襟縛り——顔色が赤くなる

睾丸縛り——顔色が蒼白となる

首逆縛り（逆さ縛り）——顔色が紫色になる

◎重業

重業《かさねわざ》には、敵一人が自縛によって重ねられたイメージに陥って動けなくなるものと、多数捕りで、双方の、あるいは複数の躰が互いに絡み合い、身動きできなくなるものとがある。「葛重《つづらかさね》」「浮橋《うきはし》」「襷重《たすきかさね》」等は、自縛によって重ねられるもので、「胡坐重」「枕重」等は、多数捕りによって重ね合わされ、互いが絡まって身動きならぬ状態になるものである。

重業の特徴は、術者が敵を重ねるのではなく、術者はあくまで敵が自らの墓穴で重なるように誘導する事を目的とする。また、「浮橋」のような、一見重業に見えない業も、実は誘導から起こる重業の一種で、これが多敵の陣となった場合、次々に誘導され、即時に重ねられてしまう。

葛重

浮き橋

襷重

胡坐重

枕重

◎押え（捻り）崩業

暴れ馬を取り押さえる技術に「腕《かいな》を返す」というものがある。これが崩業《くずしわざ》である。

これは単に腕力で返すのではなく、急所を攻めて取り押さえる技術を謂う。腕を返す場合、その集中点は、頭部では耳、口、眼、鼻、頸動脈であり、胸郭では「章門《しょうもん》」、仙骨では「尾骶骨《びていこつ》」の突起である。この要領は、指先や組み合わせた拳を利用して押し崩したり、双裏拳を用いて中国拳法の「双峯貫耳《そうほうがんじ》」に似た撃ち方で敵を崩すこともある。この時は、掌底で両方の耳を叩くと、鼓膜が破れ、レーダーとしての働きは用をなさなくなり、敵はこれだけで戦意を失う。

絞め崩し（側面より）
前後より頸を絞めてきた敵から逃れ、逆に崩し潰す業
1) 組みつかれた三人の敵を動かし

尾骶骨押さえ
四つに組んだ敵が強力であった時、これを崩す業
1) 四つに組んだところ

2) 敵を浮かせて

2) 敵の尾骶骨を指先で強く圧すると、敵の腰は砕け、ヘナヘナ状態になる

3) 一旦吊り上げ、下方へ崩し下げる

絞め崩し（前面より）
1) 前および両側面より取り押さえられ、動きを封じられる

耳起し
敵の耳を掴み、起こし上げて敵の体勢を崩す。耳を起こすことによって耳の軟骨に激痛を走らせ、敵を制する業

2) 吾は転身して体を開き、合気揚げにて敵を吊り上げる

◎返業

返業《かえしわざ》は、抑え業や崩業を発展させたもので、業を掛けた多数の敵からその逃れる高級技法を謂う。此処では「腕を返す」技術を充分に熟知した上で、返し業が会得できるのである。

元々腕を返す術は、人間が馬を取り押さえる技術であり、一人の人間で一頭の馬を扱うという事は、約八倍の伎倆《ぎりょう》が必要である。

さて、返業は単に業の途中から、敵の手から逃れるのではなく、既に抑えられてしまって、その返すに困難な状態から返す業を返業と謂う。九割がた敵の手に落ち、絶体絶命の状態から復活する事が返業の醍醐味である。返業を修得する際、想念を用いてのイメージトレーニングが大切であり、イメージ力が弱いと、吾が想い描いた事は成就されない。

顎抑えよりの腕返し（崩しの手順）
1) 敵三人は絞めと腕抑えで吾の動きを封じる

2) 吾は外側より腕を返し

3) 指を巻き取りながら

4) 両側の敵二人を攻め崩す

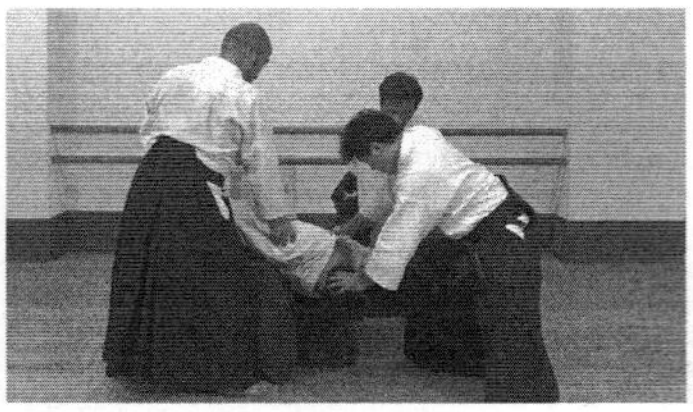

抑え業よりの腕（かいな）返し
1) 敵三人は吾の頭と腕を抑え動きを封じる

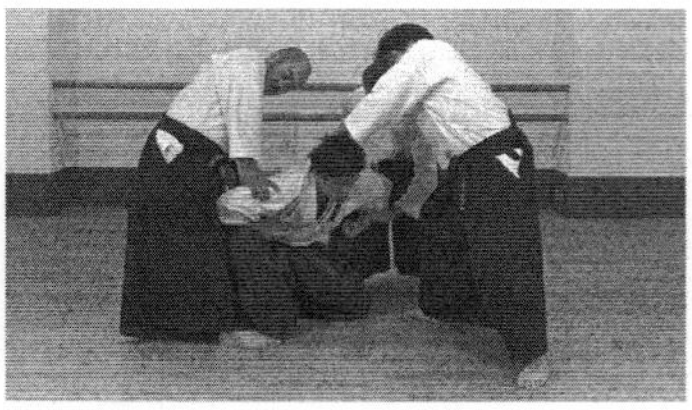

2) 吾は指を巻くようにして腕を返し

3) 巻いた儘、吊り上げ

4) 敵の懐を中抜けにして転身し

5) 腕を返して敵を吊り上げる

空中での腕返し
捕え方の「横から」

捕え方の「裏側から」

1) 敵四人は吾を抱え上げる

2) 吾は丹田に気を集め、精神統一を行って、一気に気を下方に下げる

3) 四人は支え切れなくなって潰れ始め、吾はそれに乗じて合気で投げを打つ

4) 四人全員を潰し込み、動きを制する

仰向けからの腕返し
1) 敵五人は各々に吾の両手首、両足首、そしてもう一人は吾に馬乗りになって抑え込む

2) 吾は、先ず指を巻きながら腕を返して行き、左右の手首を握る二人を浮かし上げ

3) 馬乗りになっている敵をも崩して

4) 一気に腕を返す

腕返しの裏側の部分。崩しの裏側

5) 四人を巻上げて潰す

顎押さえよりの腕返し
1) 敵三人は、吾の両腕と手首を二人が抑え、もう一人は吾の喉元の襟を十字絞めで締め付け、吾を捕える

2) 吾は腕を返す要領で外側より返し

3) 更に指を巻き、三人の腕を重ね合せ

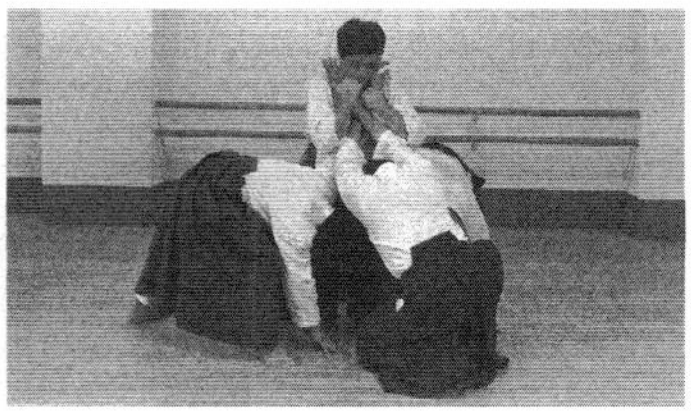

4) 一気に返して三人同時に固め込む

◎捨身業

自分の肉体を抛《なげう》ち、自らを捨てる業である。組み付かれ、あるいは力で押し切られ、身動きならぬ状態に陥った時、最後の手段として自らを捨て、挽回を促す技法である。

武術の教えには、皮を斬《き》らせて肉を斬る。肉を斬らせて骨を斬る。骨を斬らせて生命《いのち》を絶つとあり、大東流には自らを捨てる、捨身《すてみ》の業がある。

捨身業は、単に後方に倒れて転がるだけでは捨身とはならない。捨身を行う場合は、術者と敵の間に「円《まる》い珠《たま》」をイメージする事が大切である。

前方より組みつかれた時に崩して投げる巴投げ
1) 敵は吾に組み付く

2) 吾は敵の腹部に脚を掛け、後方に身を捨てる

3) 更に敵の腹部を蹴り上げて巴投げを打つ

四つに組まれ身動きならぬ状態からの捨身
1) 敵は吾と四つに組む

2) 吾は敵の股深くに脚を差し込み

3) 身体を捨てて

4) 後方に崩し投げる

胡坐捨身　自ら胡坐を作って坐り、後方に投げ放つ
1) 吾は胡坐を作り、敵に肩を取られる

2) 吾は敵の腹部に両手を当て

3) 胡坐の儘の体勢で後方に倒れ込みながら、敵を投げ放つ

横捨身
1) 敵は吾の腹部にガッチリと組み付く

2) 吾は敵の腰部を手で叩き

3) 叩いた筈身に横に身を捨て、横捨身を掛ける

袖捲捨身
1) 敵は吾の手首と袖を取る

2) 吾は腕を外に返して

3) 巻き込み

4) 巻き込んだ儘

5) 更に抉るようにして

6) 吾の両掌を自らの後頭部に当て

7) 後方に倒れ込みながら捨身投げを打つ

腕枕よりの捨身
1) 敵二人は吾の両手と両腕を取る

2) 吾は合気揚げの要領で左右の敵を浮かし

3) 一旦天に吊って

4) 敵の腕を外側から巻き込みながら

5) 最後に敵の受身の軸手を捕え、残心をとる

蛙掛

1) 吾は胡坐の状態で、敵が後から両肩を掴える

2) 吾は敵の躰を前方に崩しながら敵の頸を抑え

3) 敵の耳の部分に足先を掛け

4) 前方に投げ放つ

5) 自らの後頭部に掌を掛けて斜め後に倒れ込む

6) 敵は重心を失い、その儘後方に投げ放たれる

◎筈身業

敵のタイミングに合わせ、その呼吸を巧みに読み取り、呼吸の隙間、あるいはその繋ぎ目を捕えて業を掛ける技法が、筈《はず》身《み》業《わざ》である。筈身によって、一旦敵を投げ放ち、次に敵が起き上がってきたら、抜刀して敵を斬るという手順を追う為、術者は帯刀が必要である。

敵の手首を切る筈身投げ
1) 敵は抜刀構えの吾と正対する

2) 敵は吾の抜刀に於ける利き腕を封じに来る

3) 吾は刀の柄から手を離し

4) 敵の手首を切り上げて

5) 更に極め付け

6) 手首を巧みに切りながら筈身投げを放つ

7) 投げ放した後は、敵に対して鯉口を切った儘残心をとる

二人以上の敵を捌く後筈身
1) 敵二人は抜刀構えの吾と正対する

2) 敵二人は吾の抜刀の左右の手首を掴み取る

3) その掴み手を天に切り

4) 抉るようにして

5) 敵二人を後方に投げ放つ

送り筈身　これは敵の突進する勢いを利用して投げる筈身投げである
1) 敵は抜刀の吾と正対する

2) 吾の抜刀の利き手を勢いを付けて握りに来る

3) 敵の勢いを利用して、手首を切って極め付け

4) 敵の手首を極め付けた儘、筈身投げで投げ放つ

敵の腕を返す「腕返」
1) 敵は抜刀の吾と正対する

2) 敵は吾の抜刀の利き手を掴みに来る

3) 吾は転身して敵の手首を切り

4) 一気に筈身を付けて投げ放つ

◎巻込業

これは肘関節を外側に返す巻込業《まきこみわざ》である。人間は肘関節を外側に、ほぼ九十度の角度を以て返されると、その肘からくる苦痛に伴ってバランスを失うことから倒れてしまう。敵を巻き込む時は、「蜘蛛之手《くものて》」という巻き込みの術を用い、即座に敵を裏返しにする。

袖巻込
1) 敵は抜刀の吾と正対する

2) 敵は吾の利き腕の袖を取り、吾の動きを封じる

3) 吾は一旦後に退き

4) 引き込みながら敵の袖を巻き込んで

5) 裏に返して天に吊る

手首巻込
1) 敵は抜刀の吾と正対する

2) 敵は吾の利き手を掴む

3) 吾は敵の手首を巻き込み、裏に返して

4)「天宗」の経穴を圧して天に吊る

◎留置業

極め込んだ敵を術者の躰の一部に留め置く事を、留置業《とめおきわざ》という。

この業を掛ける場合は、ただ敵を踏み付けるばかりでなく、どこを極め、どこを抑えたら動けなくなるかの、経穴と経絡の研究が肝腎である。

肩留置

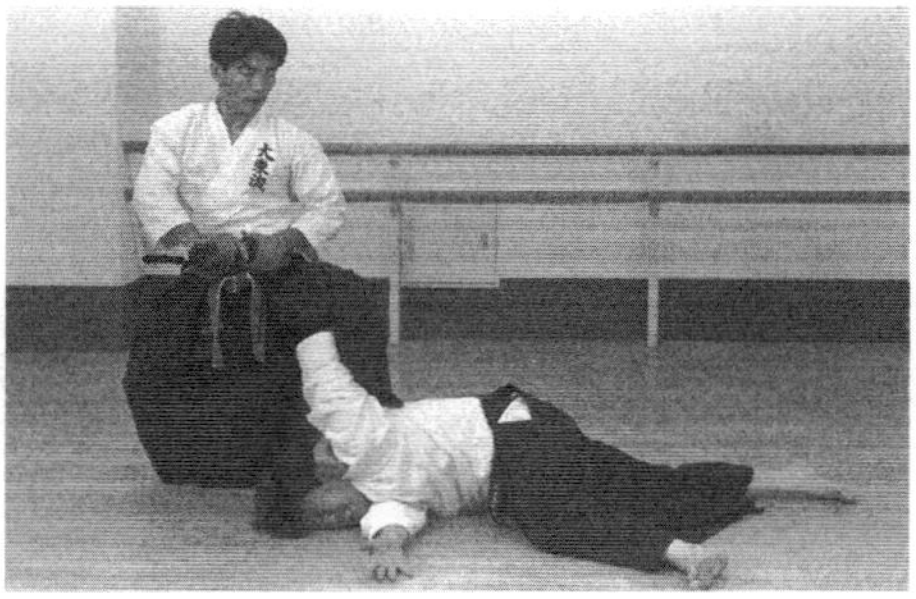
腕留置

頸留置

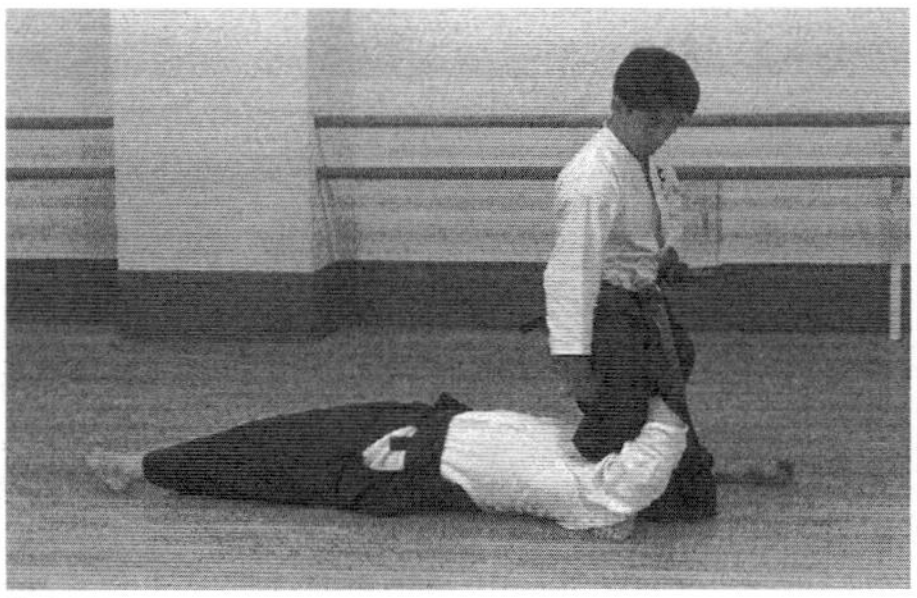
胸留置

腹留置

腕胡坐留置

脚留置

足胡坐留置

◎胡坐業

手足の肘や脛を組み合わせ、動けないように固める業を胡坐業《あぐらわざ》という。この業は、帯刀した術者が敵を胡坐に導き、最終的には敵の首を討ち取るまでの業である。

胡坐業は、極めにもって行く為の手順が大切である。複雑な組み合わせばかりに心を奪われると、敵に反撃の機会を与え、型だけの高級技法に終わってしまうので、掛獲の設定を予《あらかじ》めイメージしておかなければならない。イメージは脳裡で繰り返し反芻《はんすう》する事が肝腎である。

腕掛胡坐

後腕組胡坐（仰向け背中組胡坐）

手足胡坐（臥せ背中組手足胡坐）

基本手解き十八箇条（十八箇条は、初伝技で九本の業の左右各々両方を合わせて十八の業と成す）

◎柏手小手返し（基本手解き十八箇条の一つ）

柏《かしわ》手《で》を叩く場合は、敵の眼に向けて叩く事が肝腎である。また小手を返す場合、少商《しょうしょう》を中心にして吾が指で返すのではなく、敵の指全体を吾が掌で覆い尽くし、掌全体で返すと極めがきつくなり、さほどの力も使わないで楽に返す事が出来る。

また小手返しで投げとった後、当身を入れる事が肝腎であり、「霞《かすみ》」や「章門《しょうもん》」に手《て》刀《がたな》の当身を入れる事を忘れてはならない。

1) 敵は吾の両手を封じに来る

2) 吾は敵の眼に向けて柏手を叩き、敵の怯んだ隙に

3) 素早く小手を返し

4) 小手返しを投げ

5) 残心をとりつつ

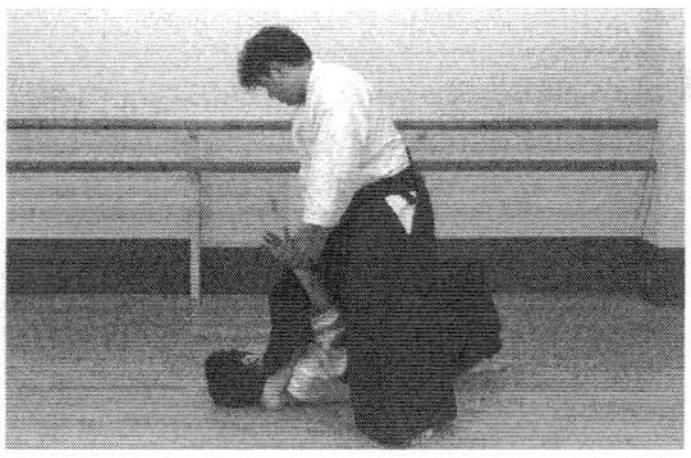
6) 立ち上がりながら、敵の頸横に脚を差し込み

7) 敵の頸に脚を掛けて返し

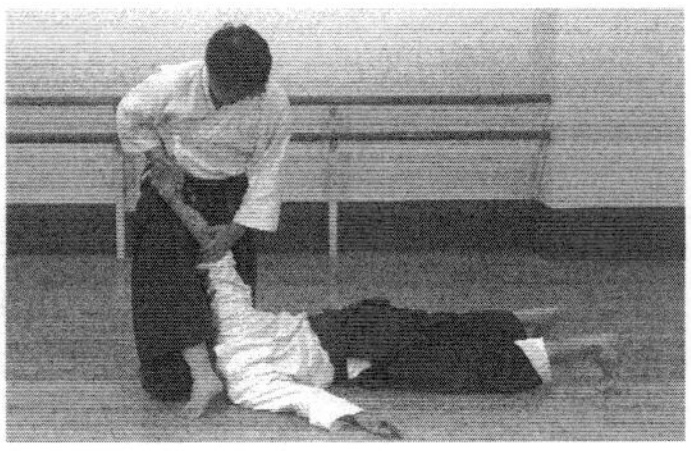
8) 返した後、腕をとって

9) 馬乗りになって敵を制し、残心をとる

◎四方固（基本手解き十八箇条の一つ）

「章門」の経穴《ツボ》は胸骨の先端部分にあり、この部分の骨は他の骨より柔らかである。この部分と肘を裡側に折られながら極められると、腰が浮き上がり、然もぴったりと膝が肘と章門を塞いでいる為、動きが制せられてしまう。

また両膝で抑える際、自らの肛門を開くようにする事が肝腎であり、肛門を開いて気を下げない場合、上半身に安定が得られないので、会陰《えいん》部に気を下げる修練をしておかなければならない。

1) 坐法にて敵と正対する

2) 敵は吾の両手を封じに来る

3) 吾は敵から握られた片方の手を切り

4) 顔面に当身を入れて

5) 敵の手首の脈所をとる

6) 敵を吊り上げて浮かし、吾は敵の外側から転身して

7) 手首を極め

8) 四方投げを打つ

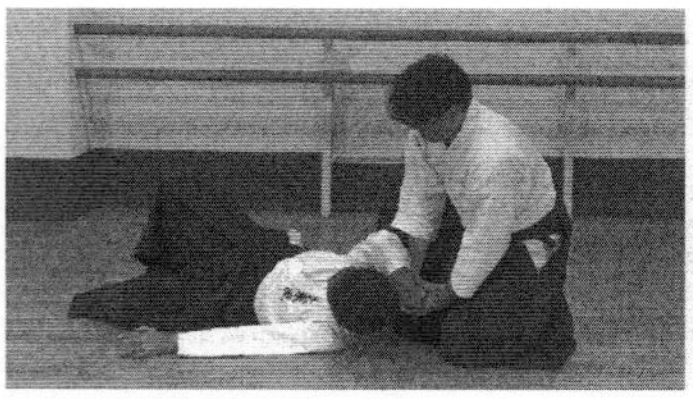
9) 四方投げで掛け捕った儘

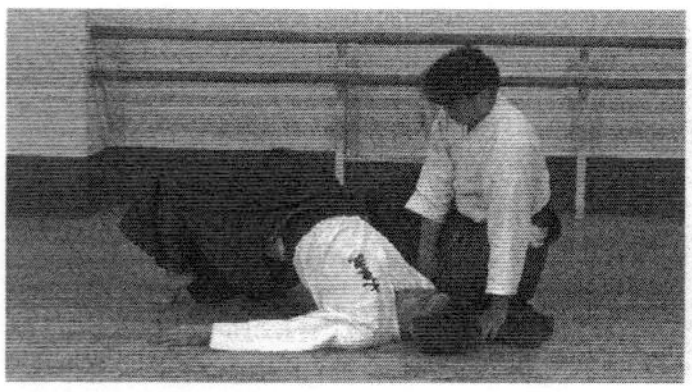
10) 敵の手首を床につけ

11) 肘を踏み

12) 更に「章門」の経穴部を踏んで残心をとる

◎一、猫之手小手捻り（相取り）一本捕り（基本手解き十八箇条の一つ）

猫之手は小手捻りの略称であり、小手捻りの極め方が猫の「手」の仕種《しぐさ》に似ている事からこの名称が付いた。但し、この猫之手は「く」の字に手首を極める為、吾と敵の手首は同じ形となり、術者である吾は、手首の甲をしっかり固め、手首を敵の手首の尺《しゃく》沢《たく》部の裡に抉《えぐ》り込んでいなければ返し業を掛けられるので、注意が必要である。

1) 坐法にて敵と正対する

2) 敵は吾の片手を相取りで封じに来る

3) 吾は中高一本拳で敵の「水月」に当身を入れ

4) 素早く敵の手首を返して、手首を「く」の字に折り取り

5) 鎌首を持ち上げた蛇のような手を作り、敵の手首を締め付けて、猫之手の要領で小手捻りを掛ける

6) 更に敵を臥せるようにして崩し

7) 抑え付けて

8) 一本捕りで固め捕る

◎二、猫之手小手捻り（逆取り）一本捕り（基本手解き十八箇条の一つ）

相取りから敵の手首を切り返す場合、敵の手首を「く」の字にして切り返す事が肝腎であり、「く」の字が崩れて一直線になってしまうと外れ易く、敵から逃げられる結果となり、反撃のチャンスを与えてしまうので、手首の極めはきつく行う事が肝腎である。

1) 坐法にて敵と正対する

2) 敵は逆取りで吾が手を掴む

3) 吾は中高一本拳で敵の「水月」を突き

4) 猫之手の要領で小手捻りを掛ける

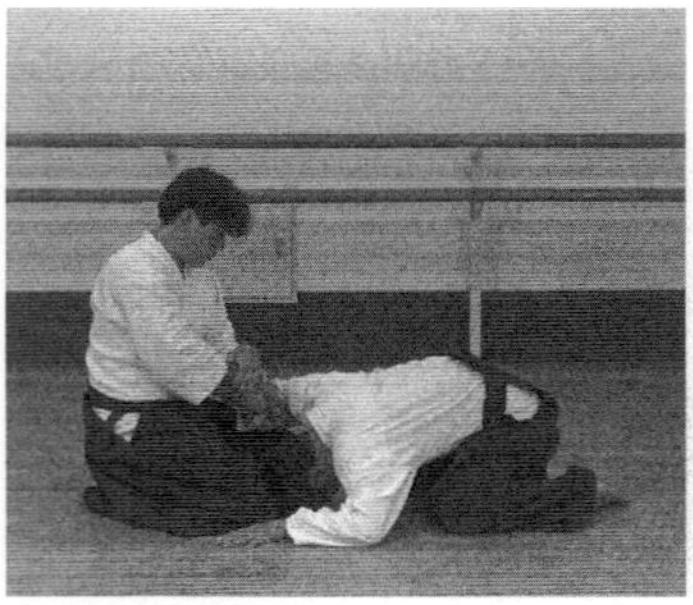
5) 更に下へ抑え込み

6) 敵の躰を後方に倒して崩し

7) 肩をしっかりと極め込む

8) 最後は一本捕りを行って敵の腕と躰を制する

手解き四十八箇条

◎千鳥（手解き四十八箇条の一つ）

千鳥《ちどり》は入身投げの原形であり、肩を取り合って敵と対峙《たいじ》した時、腰等を掴まずに投げる事の出来る特異な投げ技の一つである。それ故に腕を開く場合、その腕には気が通っていなければならない。腕に気を通す為には「折れない腕」の修練が必要である。

1) 立法にて敵と正対する

2) 敵は吾の両肩を掴む

3) 吾は掴まれた瞬間、両手裏拳にて敵の「章門」の経穴に当身を入れ

4) 吾の手刀で敵の頸を払う

5) 敵の頸を払いつつ

6) 鳥の「千鳥」のような恰好で四股立ちになり、吾が両腕を開いて

7) 敵を跳ね飛ばすようにして、後方へ投げ放つ

◎鷹の爪一本捕り（片手取り、あるいは両手取りでも可）（手解き四十八箇条の一つ）

抑える肘の部分は単に掌で抑えるだけでは効果が小さく、敵の腕が太く、力が強い場合、いくら抑えても非力の場合効果を成さず、逆に吾が取り押さえられてしまう事になる。この防止策として、尺沢《しゃくたく》部分を鷹が獲物を捕まえるように掴みとるのである。この掴み方を「鷹の爪」という。

拇指が曲地、中指と薬指と小指が尺沢部分を掴む時は、人差指を使わない事が肝腎であり、拇指は曲地に食い込むように、中指は尺沢に肉食い込む掴む事が肝腎であり、残りの薬指と小指は尺沢より肩側に二指（指二つの間隔）少し寄った部分を抑える。この部分を抑えると激痛が走る。

1) 立法にて敵と正対する

2) 敵は手刀にて吾に打ち掛かる

3) 吾は敵の手刀を受けつつ

4) 「鷹の爪」を以て敵の腕を掴み捕る

5) 同部分を圧しながら、敵の腕を槍を突くようにして斜め下に押し込み

6) 敵の「曲池（きょくち）」と「尺沢」の経穴を、人差指は浮かした儘、他の四本の指で抑えて臥せ

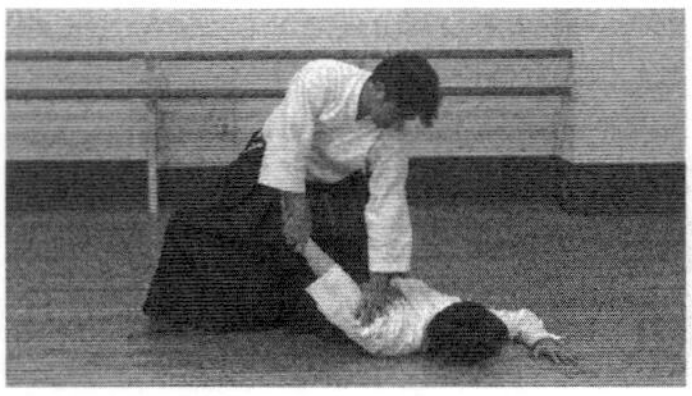
7) 更に抑え込んで

8) 敵の小手部（尺骨部）を両方の手で極め込む

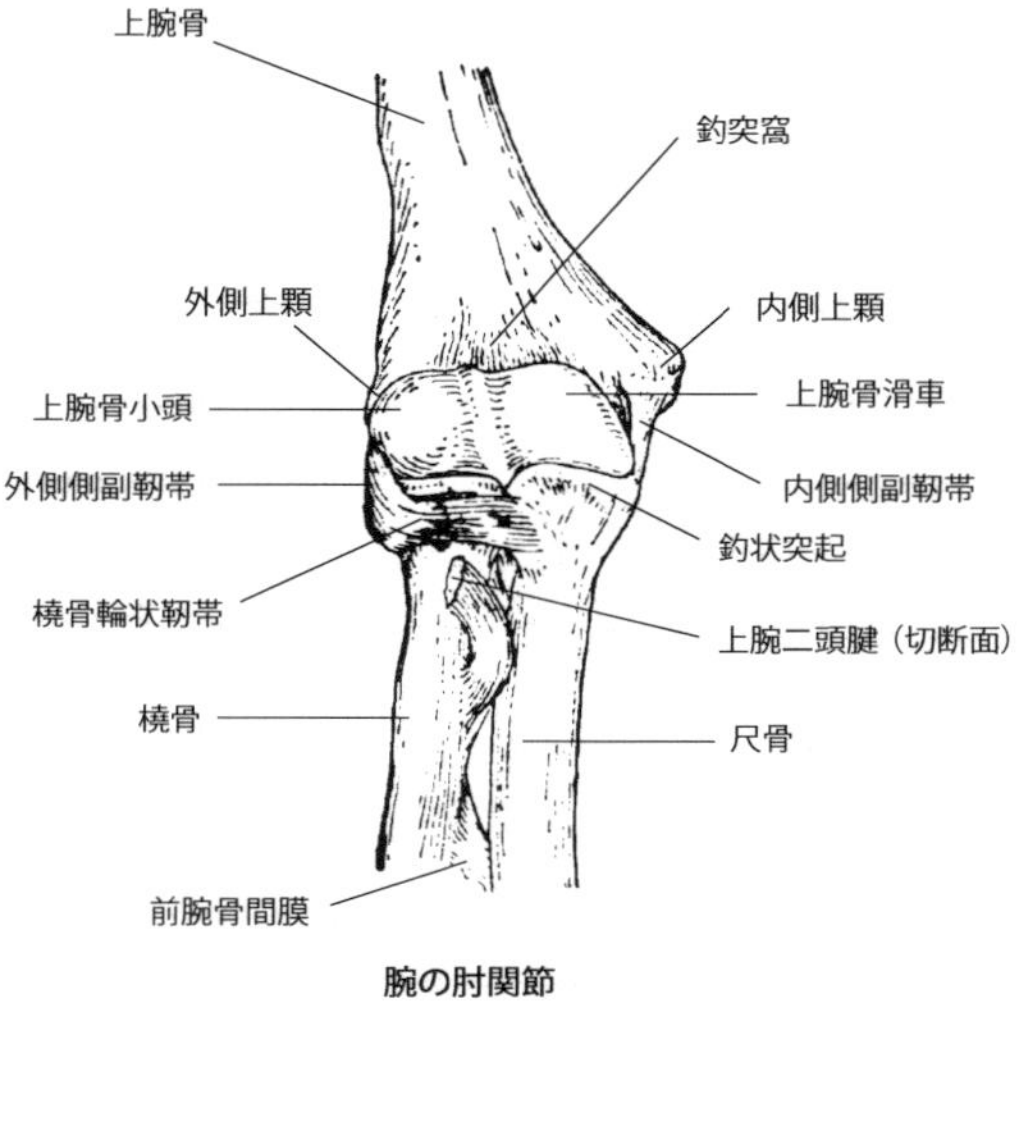

腕の肘関節

◎股挟み（手解き四十八箇条の一つ）

股に敵の両腕を挟み取る場合は、膝先を絞める事が大切で、絞めが甘いと直ぐに腕を抜かれてしまう。従って座る際、膝から下の足の指先までは片仮名の「ハ」の字になるようにして座り、日頃から、「膝行《しっこう》」「膝退《しったい》」の際に、「膝側《しっそく》」も充分に修練しておく必要があり、この座り方は「膝側」の座り方である。

1) 立法にて敵と正対する

2) 敵は吾の両手を封じる

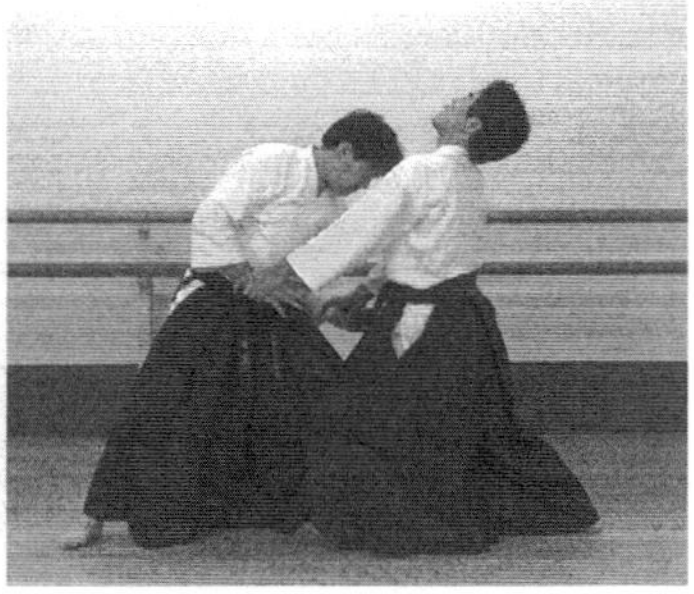
3) 吾は前頭部で敵の顔面に向かって頭突きを入れ

4) 敵の両手首を裏甲の方から掴み捕って

5) 吾は一歩後方に後退して引き摺り

6) 敵の両腕を吾が股に挟み込む

7) 吾は尻餅を突くように座り込み、気を下げて

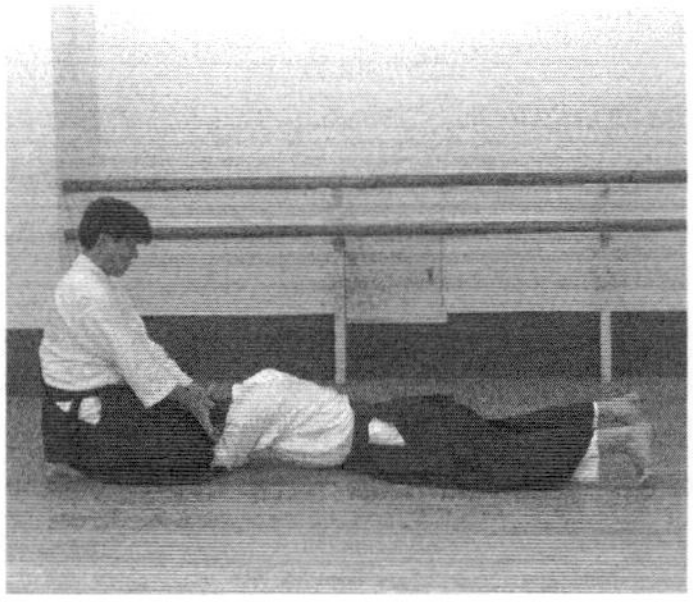
8) 敵の腕が吾が股から抜けないように挟み込み、更に敵の両霞に刀印の当身を打ち込む

◎後抱擁（手解き四十八箇条の一つ）

後から抱きつかれた場合、先ず後頭部で相手の出鼻を挫く事が大切である。但し敵の注意を逸《そ》らす為には、先ず鈎手《こうしゅ》を作り、その固めた指先で敵の手の甲を突き、一旦そこに注意を集め、次に後頭部での当身に出る。抱擁《だきかかえ》はガッチリと後から組み込まれ、身動きできなくなった状態から敵の「四股立ち」の態勢を崩す業で、出来るだけ自分の力を使わず、リラックスして「力貫《ちからぬき》」に心がける事が肝腎である。

※「力貫」に於ては、自身の体内から力を総て抜き取って、現状に身を委ねる事が大切である。一般に謂う「力抜き」は、敵から力を奪い去る事を謂うのであるが、自他共に一体化された共同体の関係の中で、一方的に敵からのみ力を抜き去る事は愚かであり、敵ばかりか、自らの力も貫く事が肝腎である。先ず、敵との境目を無くしてその業の真髄に迫る事が、非力である吾の唯一の選択方法である。敵の力を奪おうとすれば、先ず吾が力を奪う事が肝腎なのである。さて、「力貫」は、その第一に、敵と同化して経絡点を攻める。第二に、敵と融和して経絡線上を攻める（俗に言う、気の逆流し）。第三に、経穴に触れ、敵の力《りき》む動的動作を制する、の三つを行うことがポイントである。

1) 敵は吾が後方より逼る

2) そして吾を抱擁る

3) 吾は腕を胸元に投げ

4) 敵の手の甲を吾が指先で突き

5) 吾が後頭部で敵の顔面に当身を入れ

6) 敵の腕、または袖を捕って

7) 吾は垂直に沈み込むようにして

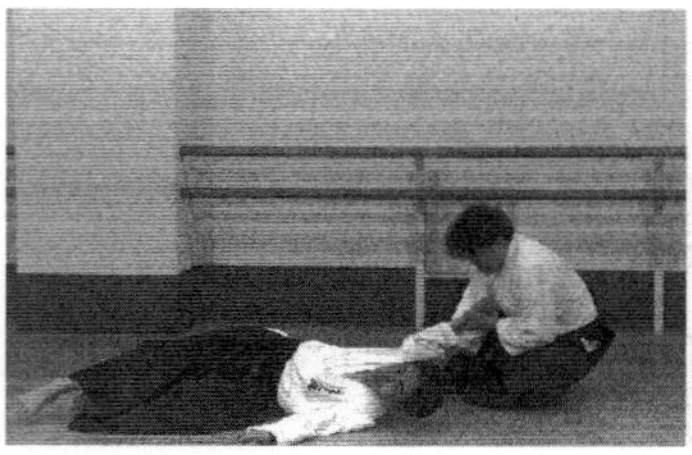
8) 前方に投げ放つ

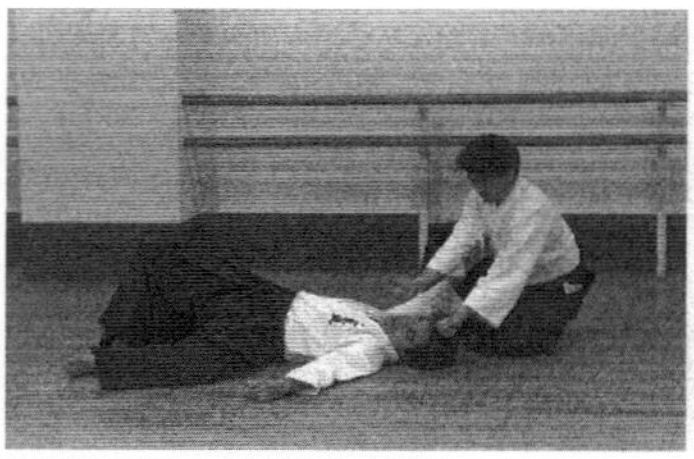
9) 更に当身を打ち込み、残心をとる

◎十字絡み（手解き四十八箇条の一つ）

影の取らせ方は、最初から交叉させておくと見破られてしまうので、敵が吾の手を握る寸前で左右を入れ替えるように修練しておく。また、敵の目の残像を充分に曳き付ける為には、残像への振動させる唸波が必要であり、「念」を送る事（吾が念を意識としての音に変換し、振動を起こして敵に送り付ける行法）が容易に出来なければ絡み業は上達しない。

1) 敵と正対する

2) 敵が吾が両手首を掴もうとする瞬間に、吾の左右の手を入れ替え、敵に影を取らせる

3) 敵は左右の入れ替わった影を掴んだので自然に腕が絡まり

4) 吾は敵の腕を十字に交叉させて絡め捕り

5) 前方に投げ放つ

6) 敵の腕を十字に縛った儘

7) 敵の右肘と左肘をきつく絡めて、肘部に吾が膝を載せ、残心をとる

◎裏四方投げ（手解き四十八箇条の一つ）

「笹《ささ》之《の》葉《は》の理《り》」とは、笹之葉がその葉の上に、雪を積もらせ重くなって耐え切れなくなっても、その葉自体が回転するように返って再び復元し、雪だけを落して、再び元の形に復元する事を言う。

敵の躰は踏み技を掛けない時は萎《な》えた状態であるが、一旦踏み技を掛けると、萎えた状態から筋金が入ったように浮き上がり、合気に掛かるのである。

1) 敵は後方より吾に逼る

2) 敵は吾の後両手首を取り

3) 吾は掴みと同時に転身して

4) 敵手首の脈所をとる

5) 更に外回りに転身して

6) 四方投げに入り

7) 敵の手首を極めて

8) 後方に曳き倒す

9) 敵の肘を吾が膝で踏みつけて、残心をとる

柔術初伝中伝業

◎柔術一条極

隠し当身とは、敵の死角を利用した当身の事で、敵の目から打ち込んだ当身が何処から来たのか分からないようにして打つ当身。

敵を抑える時、槍を前方に捻り込むようにして抑える事が肝腎であり、これが甘くなると敵から押し返されるので、充分な潰し込みの研究をしなければならない。

また「清冷淵《せいれいえん》」を膝で踏む場合、敵の腕をしっかりと躰と腕が、ほぼ九〇度になるように直角にして抑え、敵が腰を浮かして逃げないようにしなければならない。此処を正しく踏み込めば、敵は電流が流れるような痺れと、力が抜けるような鈍痛を感じる。

1) 坐法にて敵と正対する

2) 敵は手刀で吾を攻め、吾は「章門」の経穴に中高一本拳で隠し当身を入れる

3) 敵の肘を抑えて崩しながら

4) 肘と腕を極め付けて抑え

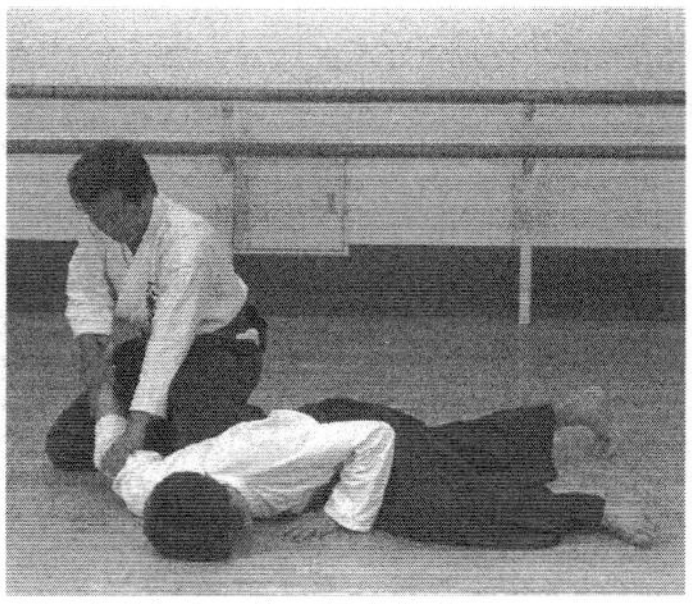
5) 肩を床にしっかり固定させ

6) 一本捕りに持ち込んで

7) 一本捕りの「型」に填める

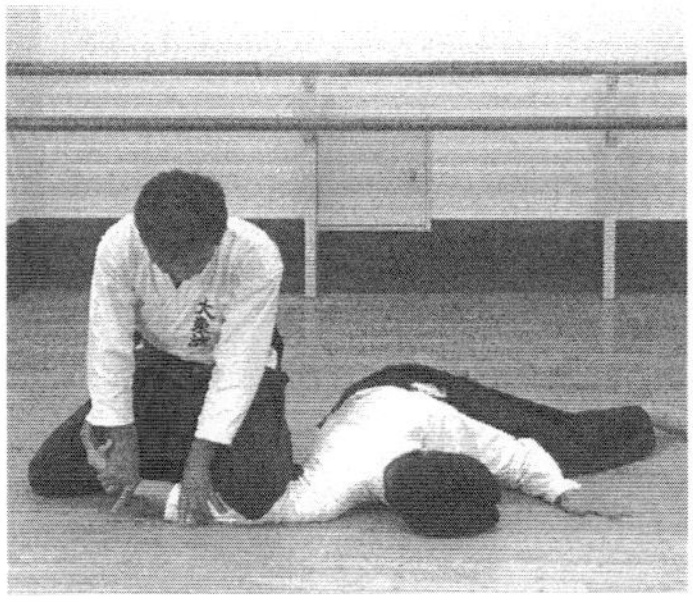
8) 更に手首と肘を圧する

◎柔術二条極

二条極は、握り込んで抑える業ではなく、敵の肘を掛け取る業である。その為、俯《うつぶ》せに臥し、肘関節を若干「くの字」に曲げて圧した時、敵はその苦痛を和らげる為に腰を浮かせて逃げようとする。この防止策として考え出されたのが「腰止め」である。術者は吾が膝で敵の「命門《めいもん》」の経穴《ツボ》を押え込み、腰の浮きを防止するのである。命門は、丹田と一直線の水平方向にあり、此処を圧せられると、身動きができなくなる。

1) 吾は脇差を差し、敵と正対する

2) 敵は吾を手刀で攻め、吾は敵の肘を押し上げるようにして打たせず、肘を制した儘、中高一本拳で「章門」の経穴に当身を入れる

3) 敵の手首をとって肘を折りながら体勢を崩して

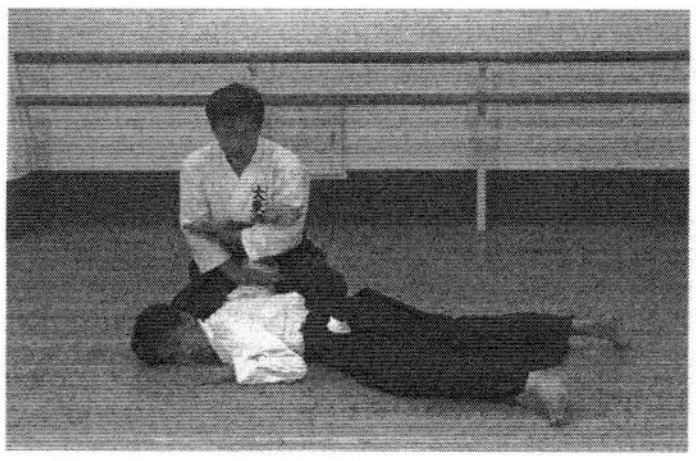

4) 床に臥せ、臥せた後に二条極を施す

5) 更に敵の掌を吾が腹部に密着させ、脇差を抜いて残心をとる

◎柔術三条極

この三条極は、転身をして敵の裡側に廻り込む転身業と、手首を切って敵の手首を取る転身を行わない三条極とがあるが、転身を行う手解きとしての三条極は、敵の肘部が垂直にならず、然も手首の捻りが浅い場合、敵から逃げられる結果となる。その防止策として、敵の掌を自分の胸部にしっかりと密着する事が肝腎である。

1) 吾は脇差を差して敵と正対する

2) 敵は手刀で吾を攻め

3) 吾は敵の肘を押しながら、敵の体勢を崩し

4) 敵の掌を裏に返して

5) 三条極を施し

6) 敵が爪先立ちになるように極め付ける

7) 更に抑えて臥せ

8) 敵の手首を三条極で圧した儘

9) 吾は敵の背中の中央より上に吾が足を置き、敵の肘を掛け捕って固定する

10) 最後は脇差を抜刀して、残心をとる

◎柔術四条極

手根骨の構造は八個の骨から構築されている。

第一列目には舟状骨、月状骨、三角骨、豆状骨が配列されており、第二列目には大菱形骨、小菱形骨、有頭骨、有鉤骨が配列されている。そしてこれらが手根間関節を形成している。

第一列目の舟状骨、月状骨、三角骨の三個の骨は、橈骨《とうこつ》下端と橈骨手根関節をつくり、更に中手には、中手骨と謂われる五個の骨がある。この骨は長骨《ちょうこつ》であり、細長い小さな骨から形成されている。この骨は底・体・頭に区別され、底と手根骨の間に手根中手関節を形成している。第二〜第五中手骨の頭は、靭帯《じんたい》で固く連結されており、第一中手骨の底と大菱形骨とは独立した鞍関節を形成している。この部分は関節が鞍状になっており、拇指関節を外す場合、此処を強く圧迫する事で亜脱臼させる事が出来る。

更に此処を完全脱臼する事が出来れば、敵の業に対しては衝撃を和らげる事が出来、また「縄抜けの術」を使う場合、非常に有利に働く。（以下口伝）

また橈骨手根関節を、「順方向」に動かせば四条極となり、「逆方向」に動かせば七条極となる。更に手根骨を完全に掴み取るには、単に握力が強いだけでは駄目で、『水掴行《すいこくぎょう》』と『労宮行《ろうきゅうぎょう》』の熟知が必要である。水掴行は、水を掴み取り、それを噴出させ

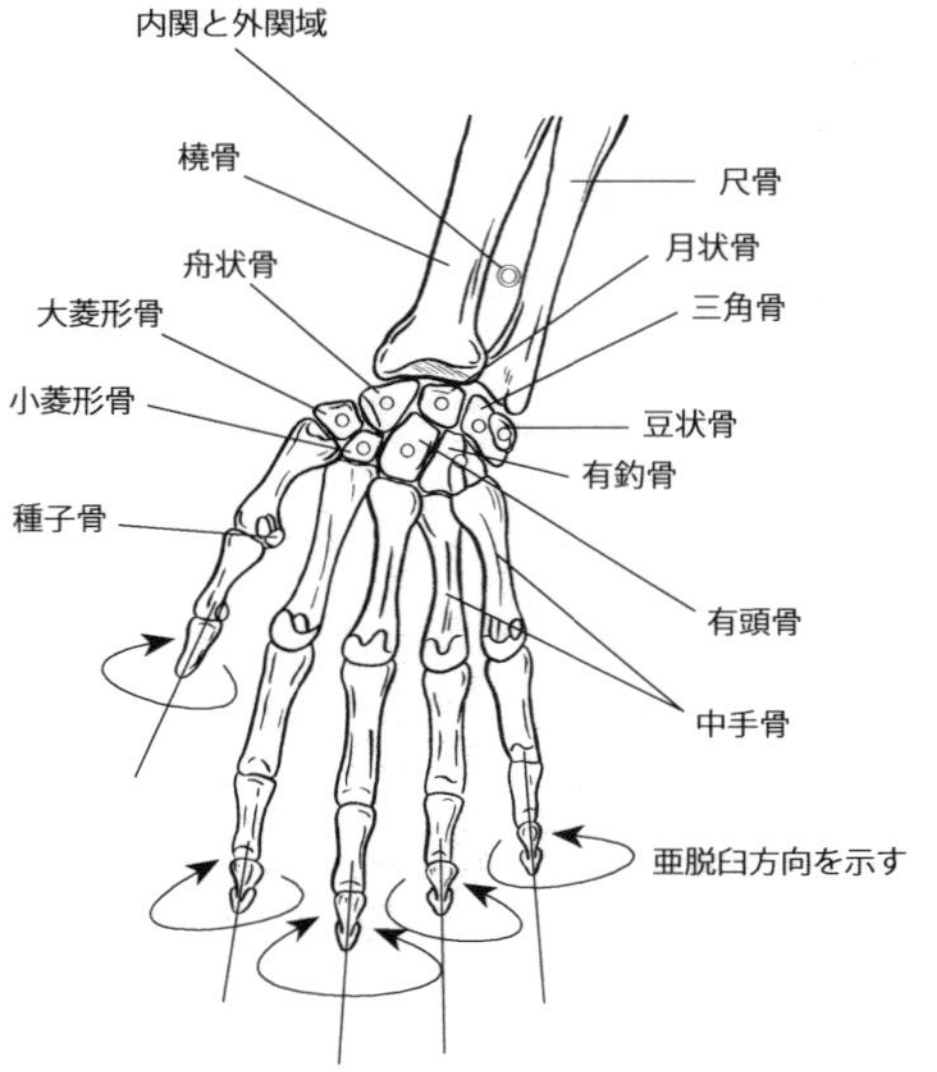

手根関節の構造

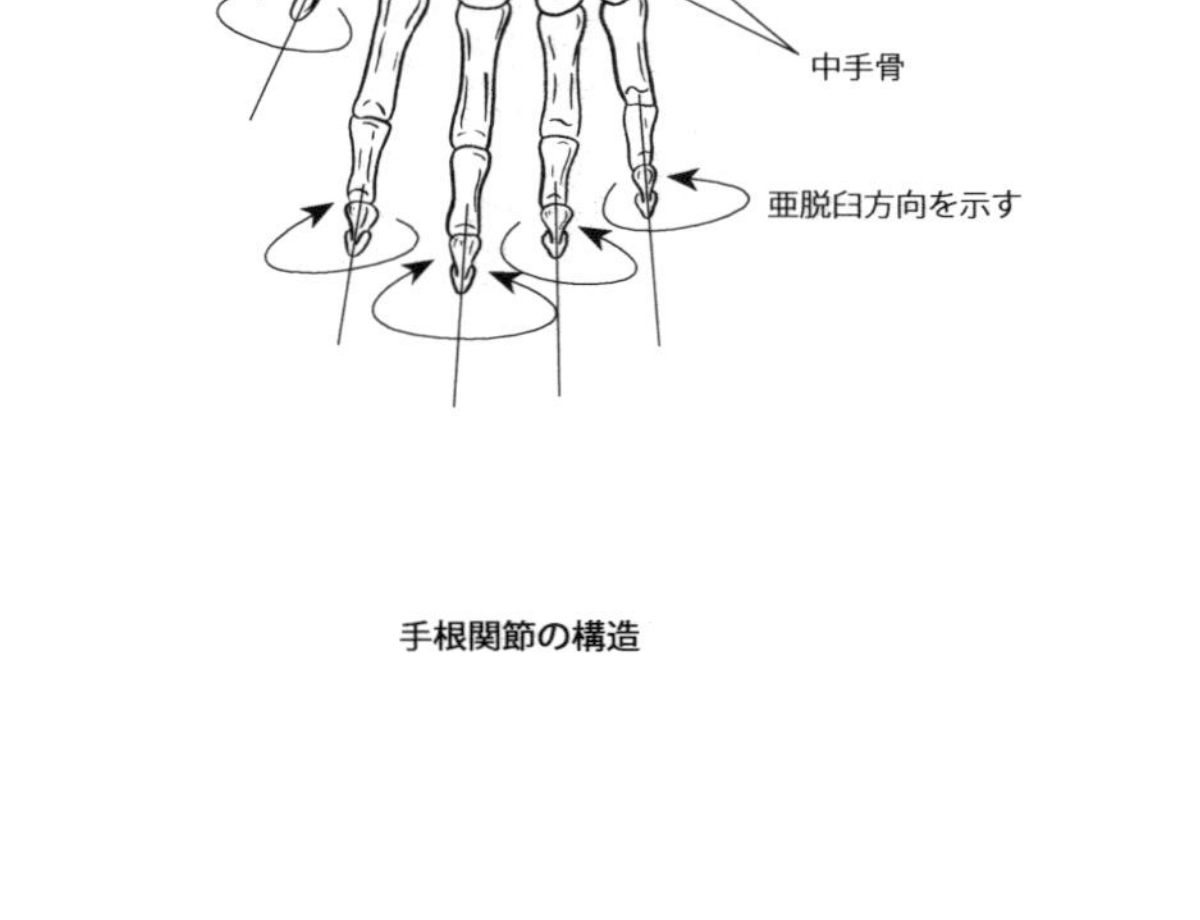

四条極の構造

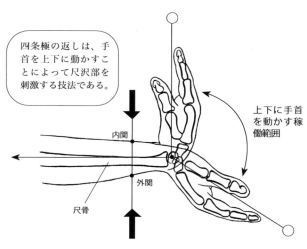

る特異な行法で、労宮行は、掌の労宮部分から放出される磁気エネルギーを用いて、敵の手根関節を狂わせてしまう事が出来る。これらの行を完成させる事が出来れば、敵の手根関節を掴み取った時、上下に並んだ八個の骨の間隔は広がり、橈骨手根関節部分は圧迫される事で激しい激痛と痺れが走る。そして最後の極めとして、橈骨体と尺骨体の間にある「内関《ないかん》」と「外関《がいかん》」の経穴が刺激されるのである。これらの経穴は、孰《いず》れも二指（指二本で人指し指と中指の間隔）の距離にあり、四条極は手根関節部を中心に上下に動かす事によって、尺頭部付近の「内関」を刺激する業である。この場合の圧点は、術者の人差指の第二中手骨の突起部が敵の内関を抑え、此処を圧していなければならない。

1) 吾は脇差を差して敵と正対する

2) 敵は手刀で吾を攻め

3) 吾は敵の肘を押しながら、敵の体勢を崩し

4) 敵の腕を抑えると同時に手首も極め

5) 下方に極め込んで

6) 手首と肘を圧迫する

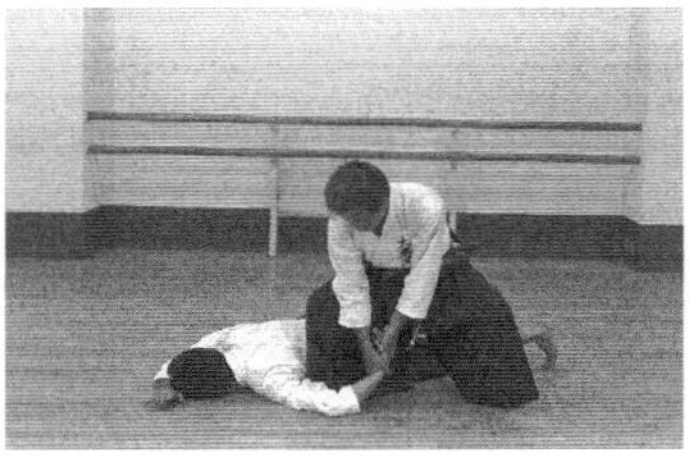

7) 両方を強く圧迫した儘

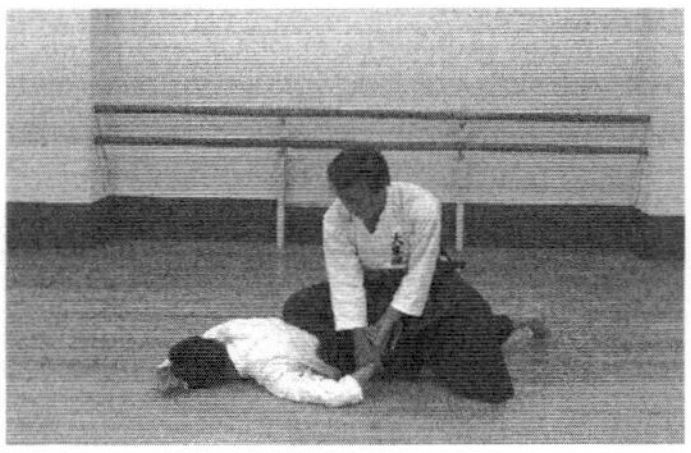

8) 敵の腰に吾が膝を載せ

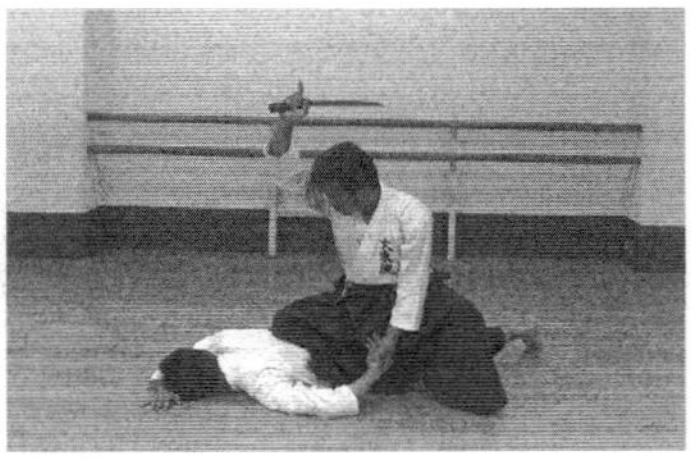

9) 敵の動きを制して脇差の抜刀を行い、残心をとる

◎柔術五条極

五条極は別名「鎌手《かまて》」とも謂い、鎌を連想させる事からその名称が付いた。この業は連行業であり、敵を捕えて連行する時に用いる業である。手首関節である手根骨に刺激を与える（詳細は二九六 の柔術四条極を参照）。

1) 吾は脇差を差して敵と正対する

2) 敵は手刀で吾を攻め

3) 吾は敵の肘を押しながら、敵の体勢を崩し

4) 敵の甲を捕り

5) 肘を制して折曲げ

6) 「鎌手」の型に固めて

7) 吾が懐の方に強く引き付けて固め揚げる

◎柔術六条極

六条極は、第六番目に当たる「柔術第六箇条」の事で、一般には四方投げの六箇条として知られているが、正確には四方投げと六箇条はその取らせ方が異なり、四方投げは手首の表面を取らせる業であるが、六条極は手首の裏側を取らせる業であり、四方投げが陽とするならば、六条極は陰であり、陰と陽の違いは転身するか、否かにある。四方投げは敵の外側より転身して裡側に入り込む業であるが、六条極は転身すること無く吾が掌だけで、敵が手首を掴んだ瞬間、影に転じて裏を取らせ、瞬時に敵を返す事によって六条極の形が出来上がり、そこからの応用は無限である。

西郷四郎が、この六条極より「山嵐《やまあらし》」を編み出した事は有名であり、この業独特の手首と肘を裏に返す技術は、他の柔術諸流派には見る事が出来ず、大東流特有のものである。だが、「山嵐」が大東流から出たという説は西郷四郎没後の近年になってから付

1) 敵と正対する

2) 敵は吾が両手を封じに来る

3) 吾は片方の手を「陰」に取らせて

4) 裏に返し

5) 四方掛けの要領で

6) 六条極を施す

7) 更に前方に投げを打ち

8) 投げた後、肘を固めて

9) 吾が膝で肘を踏みながら、同時に片方の膝で「期門」をも踏み抑え、脇差の抜刀を行い、残心をとる

け加えられたもので、四郎の山嵐が大東流から出たのか否か、定かではない。

六条極の最後の極めは、六条極自体より、最後の極めに重要な意味を持つ。それは四方投げが「章門」を圧するのに対し、六条極めでは「期門《きもん》」の経穴を圧する。

期門は足の厥陰肝経《けついんかんけい》のコースを辿る合計十四個の経穴からなる一部で、それは「大敦《だいとん》」を出発点として「期門」に至る道程である。肝経のコースは「関元《かんげん》」から横にそれて脇腹を経て、再び胸部に戻る。乳頭の直下には第六肋間にある経穴《ツボ》が「期門」である。「期門」の「期」とは、一期一会《いちごいちえ》からも明らかなように、始めから終わり迄の一周の周期《サイクル》の事で、「門」とはそれを収容する最終門の事である。

「大敦」から始まり「期門」に至るコースは、その出発点である「大敦」には、血を整える調血作用や、竅《きょう》を開くとされる開竅《かいきょう》作用があり、経絡に気を流し生殖器を制御する。つまり「大敦」から始まり、「期門」に至るコースは、ヘルニア、遺尿《いにょう》、不眠症、頭痛、眼のかすみ、子宮の不正出血、人事不省《じんじふせい》等を主治する肝経の経絡であると同時に、陰部に刺激を与え、その精気を制御するのである。これを逆から見れば、去勢の作用を持ち、敵を大人しくさせたり、制止したりする事が出来る。古来この期門は精気を鎮める経穴として用いられて来たのである。

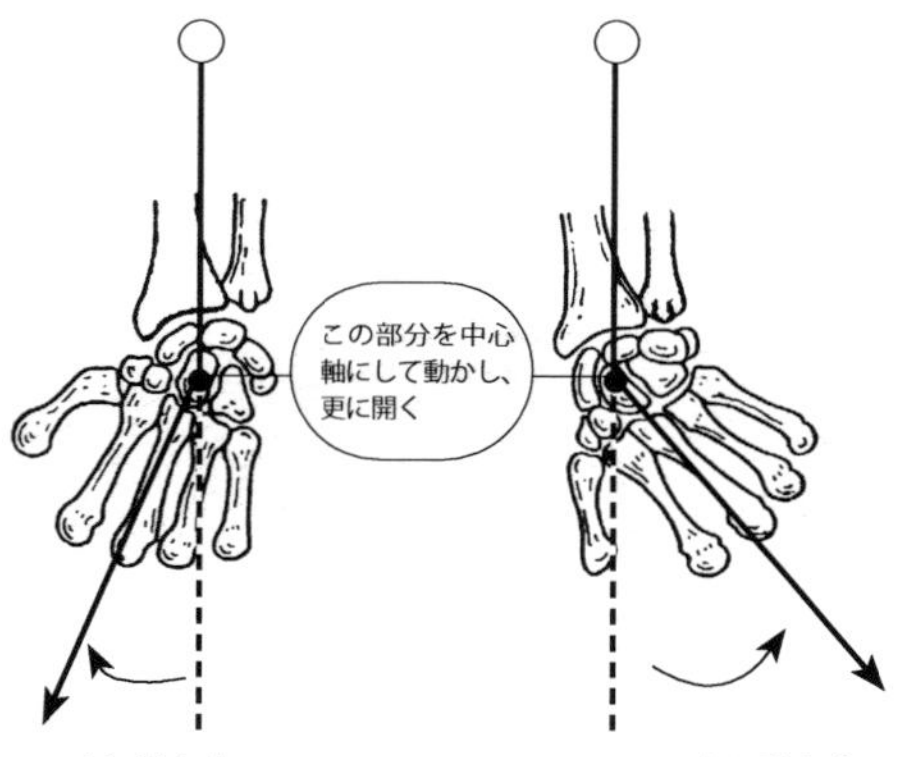
七条極の返しは、手首を左右に動かすことによって手根骨を狂わせる技法である。
右に動かす
左に動かす

七条極の構造

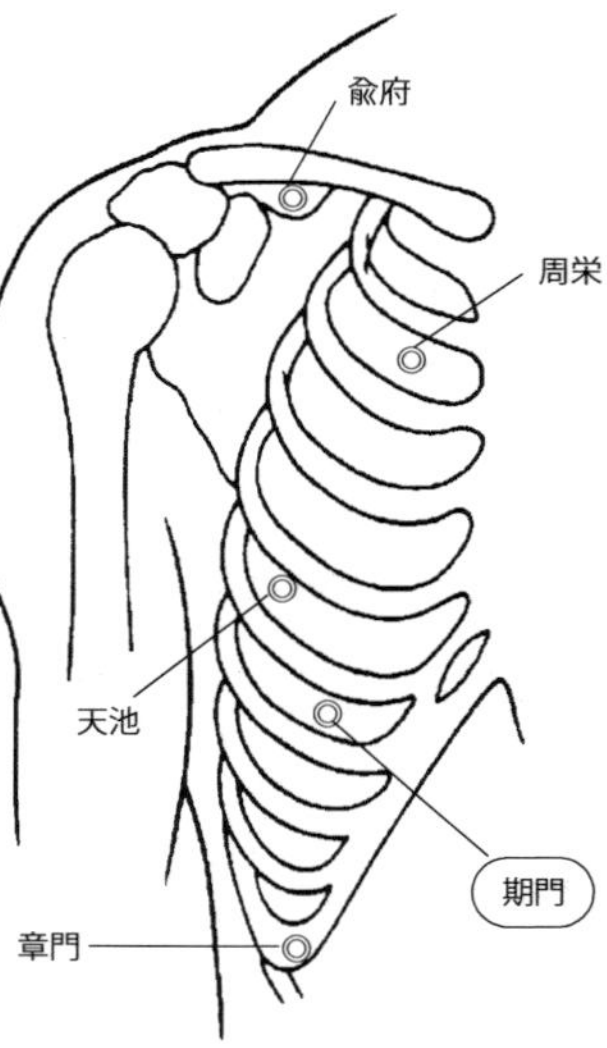

期門の位置

◎柔術七条極

七条極は四条極の裏業であり、四条極が「内関」を刺激するのに対し、七条極は「外関」の経穴を刺激する業である。また四条極の「陰」に対し、七条極は「陽」である。

七条極は、陽の側にある「外関」の経穴《ツボ》を刺激しながら、橈骨手根関節部の骨と骨の間隔を開きながら鈍痛を与え、そこを締め付けて痺れと鈍痛を起させる業である。

刀印を切る事は、刀印自体に意念が入り、そこから圧迫を撥《は》ね返す念の唸波が生じて敵の目から此れを見た場合、刀印の残像だけが残る。刀印の真言は「オン・キリキリ」を二回唱える。

1) 敵と正対する

2) 敵は脇差帯刀の吾が両手を封じに来る

3) 吾は敵に影を取らせた後に、敵の両手首を掴み取り

4) 敵の手の甲を取って

5) 七条極を施し

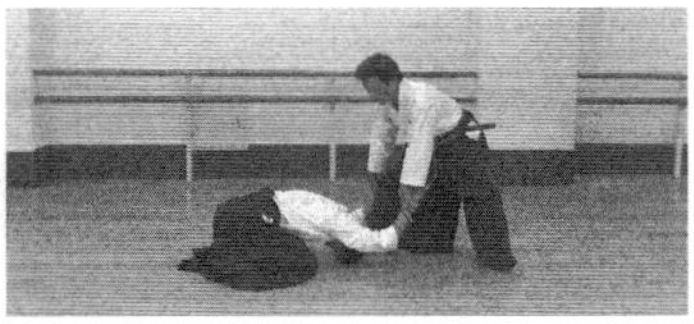
6) 此処で一旦極め潰す

7) 極め潰した後、一旦吊り上げて

8) 仰向けに臥せ

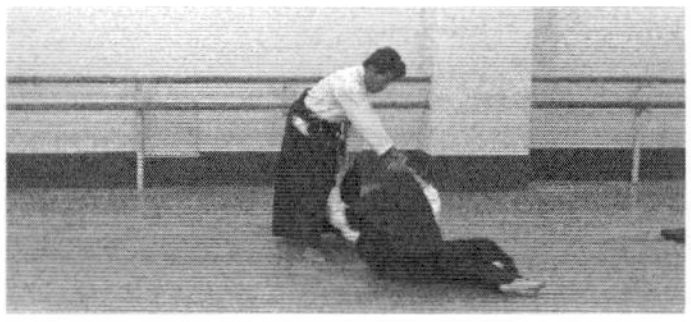
9) 仰臥の状態にする

10) 敵の両手を握った儘

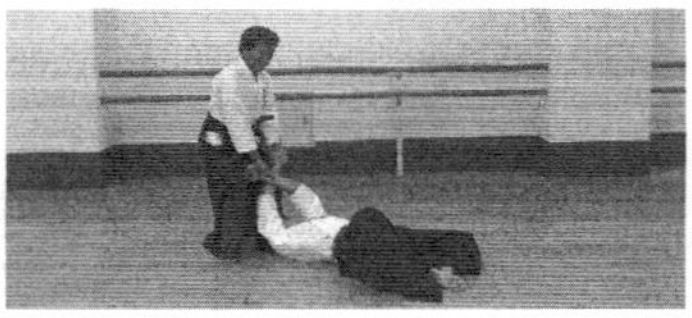
11) 十字に絡め

12) 肘を重ねて

13) その部分を踏みつけ、抜刀を行って残心をとる

◎柔術中伝八条極

八条極は経絡業《けいらくわざ》であり、足の「承山《しょうざん》」と腕の「孔最《こうさい》」が重なる事で、敵の動きを封じる業である。なお、肘と膝を絡め捕る場合、肘の突起部を膝裏が正確に重なるようにして、固める時は腓脛《ふくらはぎ》の「承山」の経穴《ツボ》と、肘部の「孔最」が一致していなければならない。

1) 敵と正対する

2) 敵の打ち込む手刀を吾は刀印で受け

3) 捕えた後、敵の肘を折曲げ

4) 一本捕りにて抑え

5) 更に槍を付くようにして抑え込む

6) 敵を抑えて臥せ

7) 敵の肘と膝裏が重なるようにして抑え

8) 肘と膝を絡めるようにして返し

9) 足首を取って

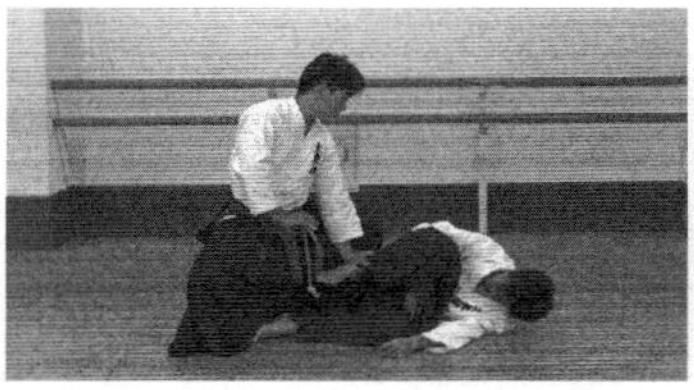
10) 肘を固定し、腕から肘が抜け出さないようにして

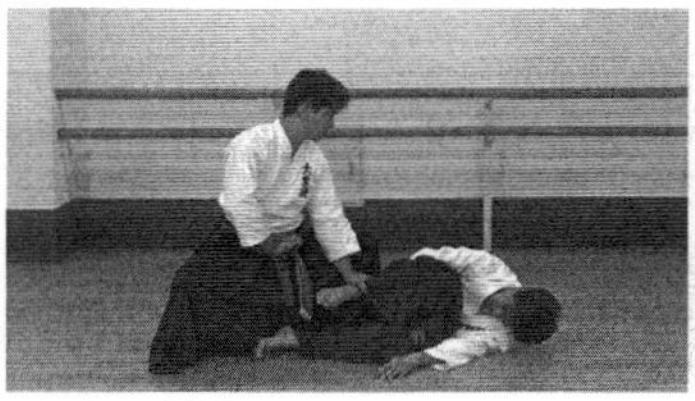
11) 圧し、固めて

12) 極め込んだ儘、脇差の抜刀を行って、残心をとる

◎柔術中伝九条極

手根骨の密着は「水掴行《すいこくぎょう》」と「労宮行」の習得が必要であり、これを熟知する事で「吸盤《きゅうばん》の手」が会得できる。この業は、敵の掌を巧みに制する事で、敵は手首、肘、肩、背骨に痛みが走り、術者が手を緩めない限り、起き上がることが出来ない。

1) 敵と正対する

2) 敵の打ち込む手刀を吾は刀印で受け

3) 捕えた後、敵の肘を折曲げ

4) 一本捕りにて抑え

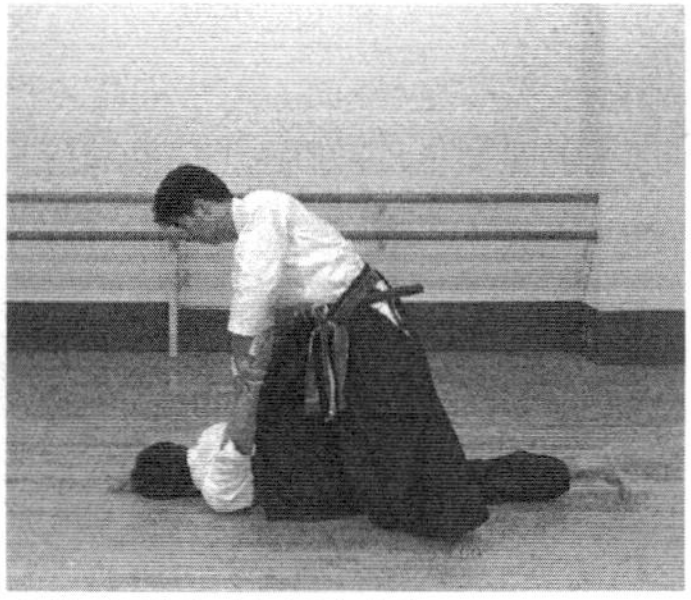

5) 敵の肩部を床に固定する

6) 肩部を固定した儘

7) 敵の掌を裏に返し

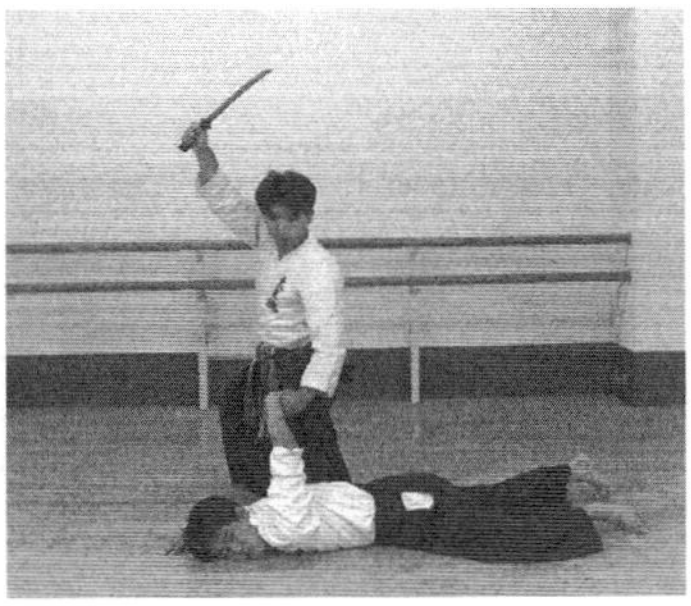

8) 脇差を抜刀して残心をとる

◎柔術中伝十条極

十条極には、独特の甲部と掌部の捕り方がある。

さて、十条極めの特徴は「裏折り」という特殊な技法が用いられ、敵の甲部と掌部を僅かに引き下げる事で威力が倍増されることにある。それは十条極が単なる関節技ではなく、合気に至る為の「経絡業」と連結している為である。「少沢《しょうたく》」から始まる手の太陽小腸経のコースはその中継点に「陽谷《ようこく》」と「養老《ようろう》」があり、更に上って肘の裏に「小海《しょうかい》」があり、それらを経由して鎖骨《さこつ》を横断し、頸の「天容《てんよう》」を経由して頬骨を経て、終着点の「聴宮《ちょうきゅう》」に至る。「聴宮」は耳の直ぐ横に位置する経穴で、耳朶《じだ》前方にある。「聴宮」の「宮」の意味は、重要な場所を意味する言葉で、此処を刺激すると聴覚の回復を促したり、あるいは聴覚障害を齎《もたら》す場所で、秘密を旨とした位置を現わす。

特に聴覚刺激は、人間の平衡感覚を失うものとして合気に用いられ、十条極が旨く掛かった場合、敵はその痛さにあんぐりと「口を開ける」のであるが、その終局の極めは、敵が手根骨を動かされた事で、陽谷と養老に激痛が走り、同時にそれは肘や鎖骨を縦断して頸にいたり、終着点である「聴宮」に激痛が伝わる。この時に敵が口を開ければ、耳朶前方に聴宮の点が露《あらわ》になり、此処を指で圧してバランスを失わせ、敵を転倒させて行動不能にするのである。ズーンと痺れが走り、痛みとも痺れともつかない鈍痛感覚に陥って、敵の動きは手首から肘部にかけて痙攣《けいれん》を起こしながら動きが止まってしまう。口伝に「耳朶双指之術《じだそうしのじゅつ》」がある。

1) 敵と正対する

2) 敵の打ち込む手刀を吾は刀印で受け

3) 敵の手首の周囲を回し込むようにして敵の手首を掴み

4) 敵の肘を下方に折って

5) 肘を絞り込み

6) 肘を折りつつ天に吊って爪先立ちにさせ手根骨を動かし

7) 一気に投げ放つ

8) 投げた後も敵の手首を圧しつつ

9) 脇差を抜刀して残心をとる

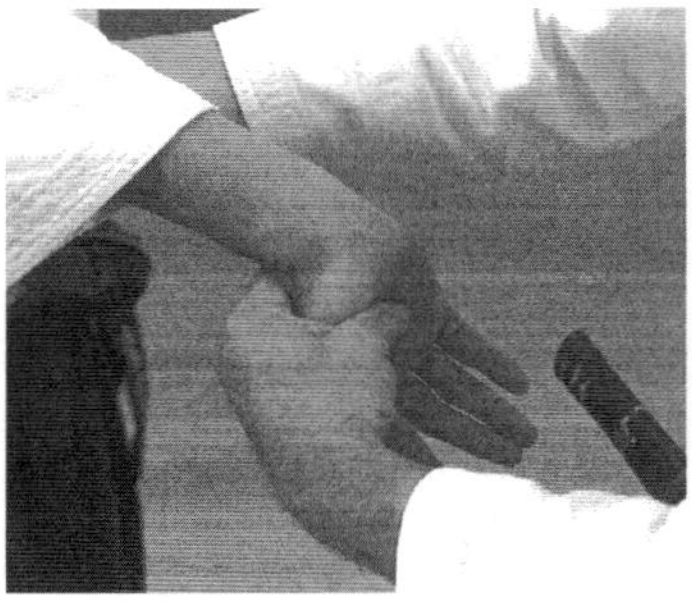
敵の甲部の捕り方（裏側から）

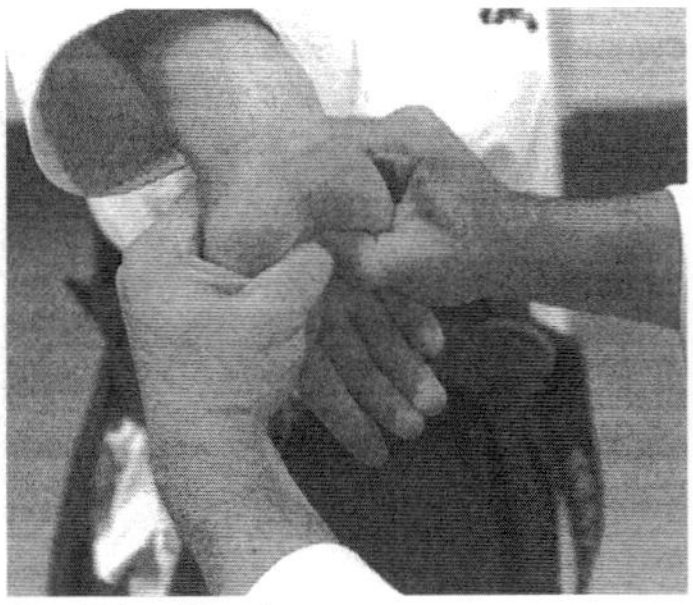
敵の掌部の捕り方

柔術・奥伝業

◎二人捕り胡坐固

この業の謂《いわ》れは、御式内《おしきうち》作法の一つとして、両敵から手首を掴まれ、術者はこれを返して固め捕る「組物《くみもの》・造物《つくりもの》」とした固業である。

1) 敵二人は吾の両手首を側面から取る

2) 合気揚げで浮かし揚げ

3) 腕を返して

4) 抑え込み、敵の各々の腕を

5) 交叉させて

6) 十字に縛り捕る

7) 更に敵の足を抱えて、吾が脇に重ね込み

8) 各々の敵の足を交叉させ

9) 他方の足も固め捕り

10) 固め捕った後、残心をとる

◎達磨固

「奥儀之事」合気柔術・裏参拾箇条の一つに、大東流の特異な「達磨《だるま》固《がため》」がある。

大東流柔術は総てにおいて謂える事であるが、業を以て掛獲《かけと》る時は、一切コンビネーションなど考えずに、一気に掛獲る事が肝腎である。高級技法ほど課せられる手順が多く、複雑になるが、

一切無分別に「固め」にもって行く事が大切である。

1) 敵と正対する

2) 敵の手刀を受けて制し

3) 一本捕りで

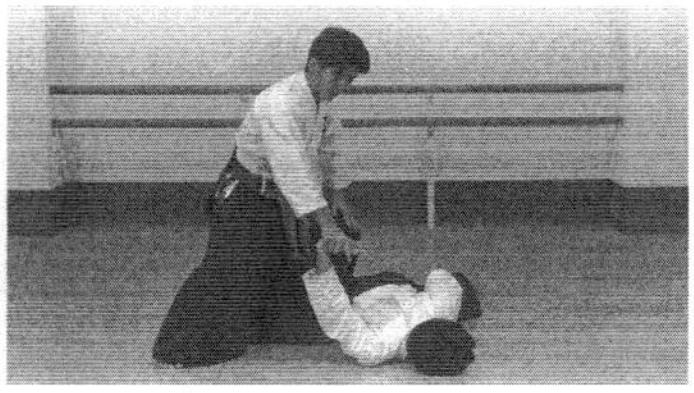
4) 槍を突くようにして抑え込む

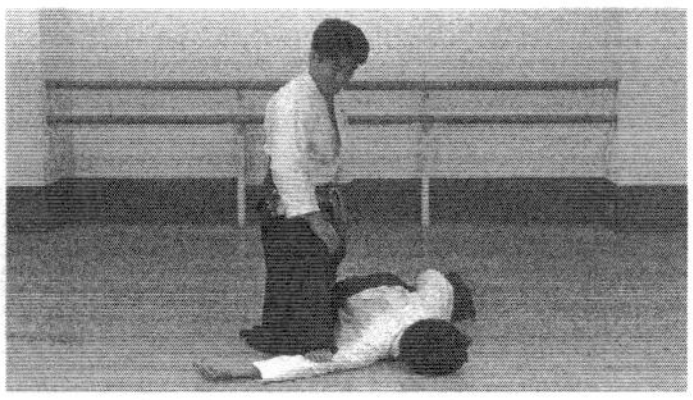
5) 敵の「清冷淵」の経穴を踏み

6) 更に踏みを行った場所を軸にして、足の片方を掛け捕る

7) 掛け捕った手首と足首を掴み

8) 各々を絡めて、仰向けになるように返しを行う

9) 頸を抑えて

10) 敵の腕を垂直に捕り

11) 掌を裏に返して

12) 敵の掌を吾の腹部に密着させて固定し、残心をとる

◎四方固二人捕り

大東流の技法は想念であり、何よりもイメージ作りが大切である。敵から捕られてどうするかではなく、敵に吾が手首を捕らせ、どう動き、どう業を施すかが、「捕り方」の真髄となる。

1) 敵二人は吾の両手を封じる

2) 吾は敵の脈所を捕り

3) 肘を抉るようにして折り

4) 敵の腕を担ぎ、転身して

5) 敵二人を四方投げに処す

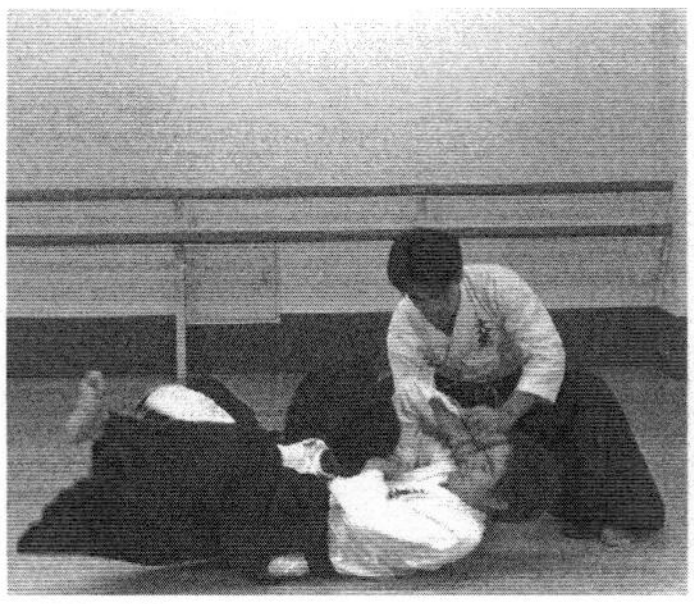
6) 更に倒し

7) 肘を固めて、重ね捕り

8) 動きを制して、残心をとる

◎浮橋

己が想い描いた通りに業を掛けるのが、大東流の妙技である。敵に捕らせ、導き、型に嵌め込み、極めて、制するという一連の動きは、己が描いたイメージが造り出すものである。このイメージトレーニングによって、敵を天に吊る「浮橋《うきはし》」の業が完成する。これは縦の循環を与える「火」の業で、天に繋《つな》がっていなければならない。

1) 敵は吾が両手を封じる

2) 吾は敵の手首を各々交叉させて掴み取り

3) 逆に握り返して

4) 曳き違いにする

5) 敵の躰を裏に返し

6) 吾が膝に手を置かせて

7) 他方に手首を極め、天に吊る

◎奥四方（腕固）

イメージによって導いた業は、最後に固業を施す事によって完成する。固業に導くには、人体の骨格の動きの順方向と逆方向の関節の動かし方をマスターする事が肝腎である。

1) 敵は吾の両手を封じに来る

2) 吾は掴ませた儘、上下の曳き違いを行い

3) 敵の肘を折るように外側に抉って

4) 四方掛けを捕る

5) 敵を天に吊り

6) 吾が腕を敵の頸に巻き付け

7) 敵を浮かせて

8) 投げを打つ

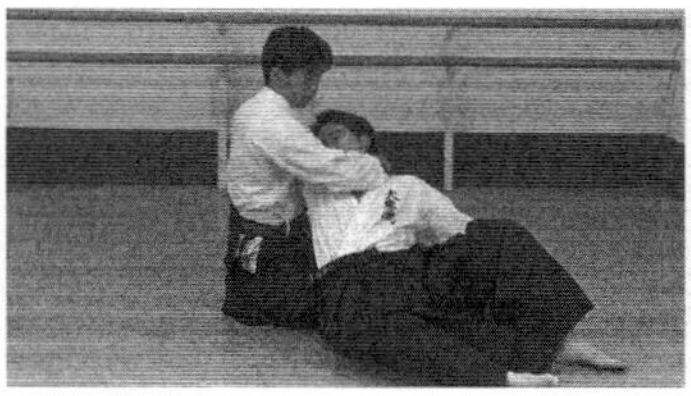

9) 敵の頸を攻め

10) 敵の腕を後頭部に廻し

11) 極め付けて、残心をとる

◎奥四方一本捕り

大東流の「捕り」は、単に投げて、放つだけではない。投げた後の「捕り」に導く動きと、制止方が捕り業の中心課題となる。

四方投げには、「表」「裏」「奥」の三つの次元があり、この業は、敵の頸に吾が腕を巻き付け、制して投げを打つ技法である。また、敵を投げた後、一本捕りに誘導し、「臥せ」を行う。

1) 敵と正対し、吾は手首を掴むように誘導し

2) 敵は吾の手首を封じる

3) 上下に曳き違いを行い

4) 四方掛けを行って天に吊る

5) 更に吾が腕を敵の頸に巻き付け

6) 投げを打ち

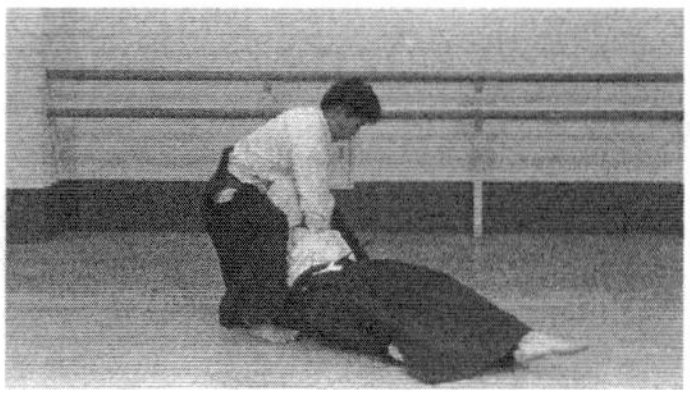
7) 頸を極め

8) 一旦此処で起こし上げる

9) 更に敵の手首を捕って、一本捕りにし

10) 吾が膝を使って、廻し込み

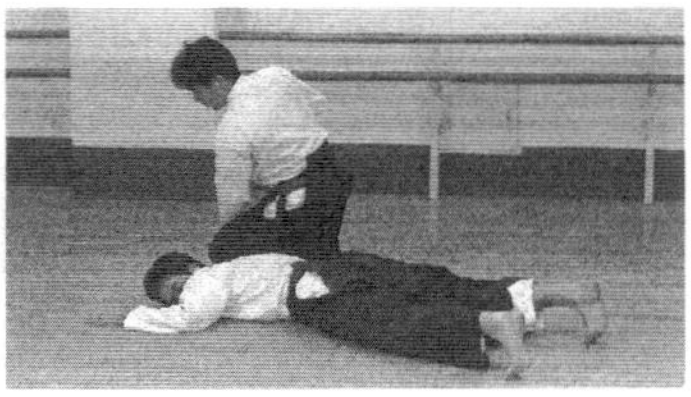
11) 臥せ込む

12) 最後は一本捕りに臥せた儘、残心をとる

◎奥四方立ち捕り（絞め落）

大東流の業の特長は、二つ以上の業が連続するところにある。この業が連続する時、単に同じ業を二回、三回と連続するのではなく、関節業と絞業というように、最後は「絞め」に導いて、「絞め落」を行い、敵を制す。

1) 敵は吾が両手を封じる

2) 吾は敵の脈所を捕り、外側に腕を折るようにして

3) 素早く転身して、天に吊る

4) 肘を掛け捕った儘

5) 敵の頸に吾が腕を巻き付け

6) 頸を絞め

7) 敵の片方の手を捕り

8) 頸を絞めて、絞め落す

◎小手返よりの足胡坐

敵の動きを完全に封じる為に、「投げ」「関節」「経絡」「固め」「留め」というふうに、業がどの箇所も途切れる事なく連続するのが、大東流の業の特長である。

合気道の場合は、写真に見る８の段階で業が終了するのであるが、掛獲には不完全であるので、一気に足胡坐まで持ち込み、敵が逃げられないように制する事が肝腎である。

1) 敵と正対する

2) 敵は吾が腹部を突く

3) 吾は転身して

4) 敵の小手を返す

5) 小手を返しながら投げを打ち

6) 投げて手首を捕った儘

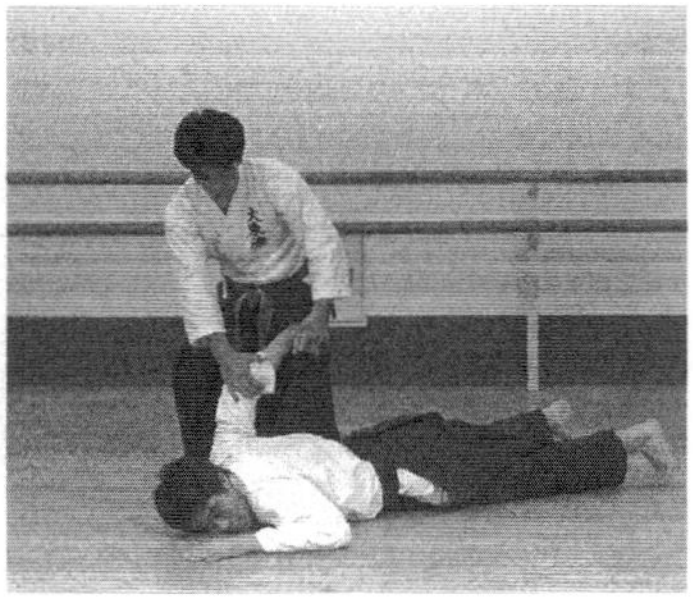
7) 敵の肘関節を折るようにして臥せ

8) 敵の小手を極める

9) 小手を極め付けた儘

10) 敵の足の「承山」の経穴部に他方の足を重ね

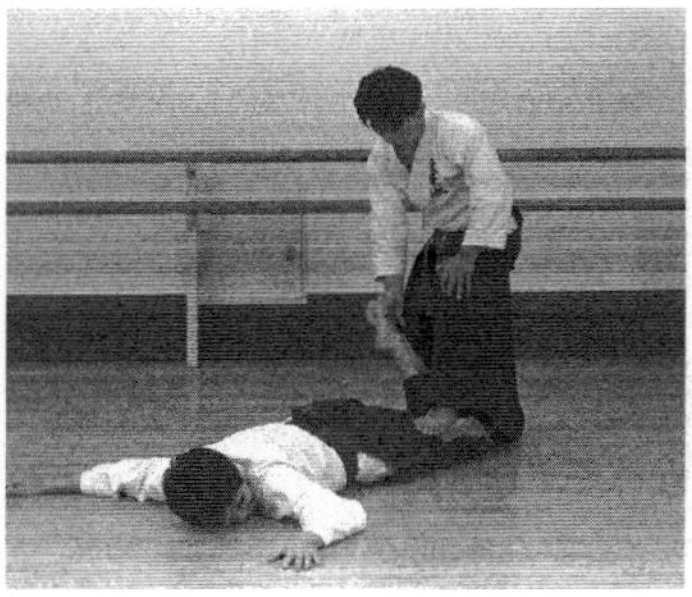

11) 畳み込んで

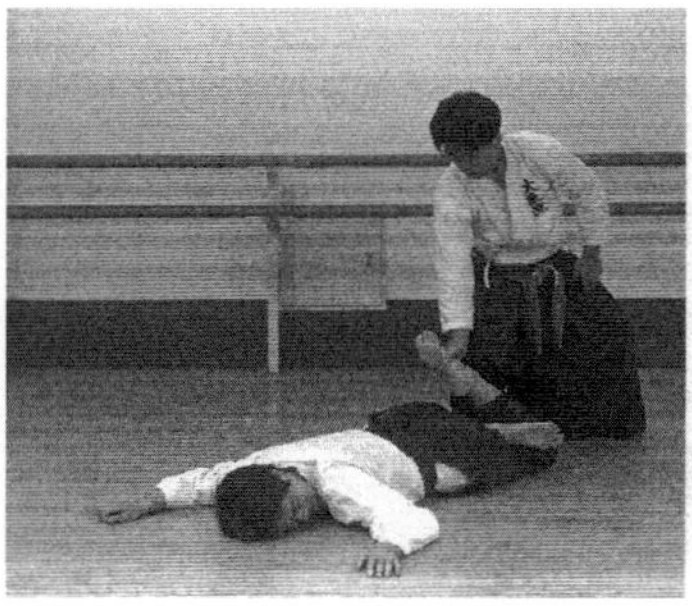

12) 他方も畳む

13) 両足を畳んだ儘、強く抑えて重ね

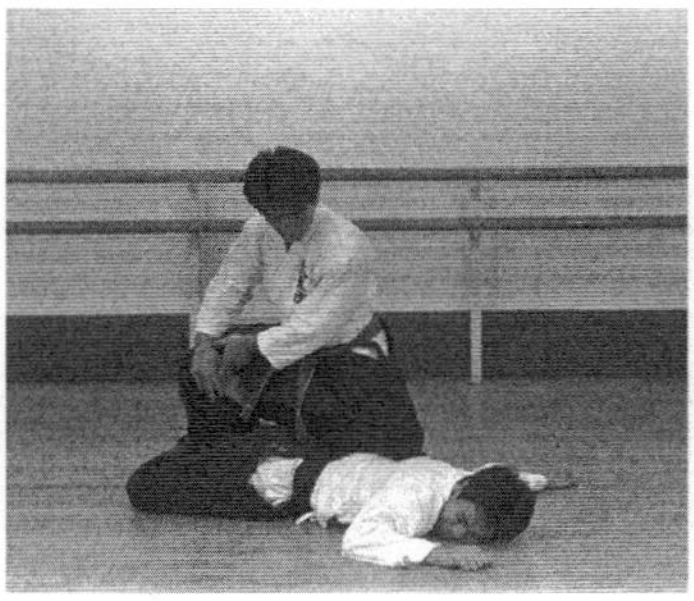

14)（以降裏側から）足を重ね

15) 更に腕を捕り

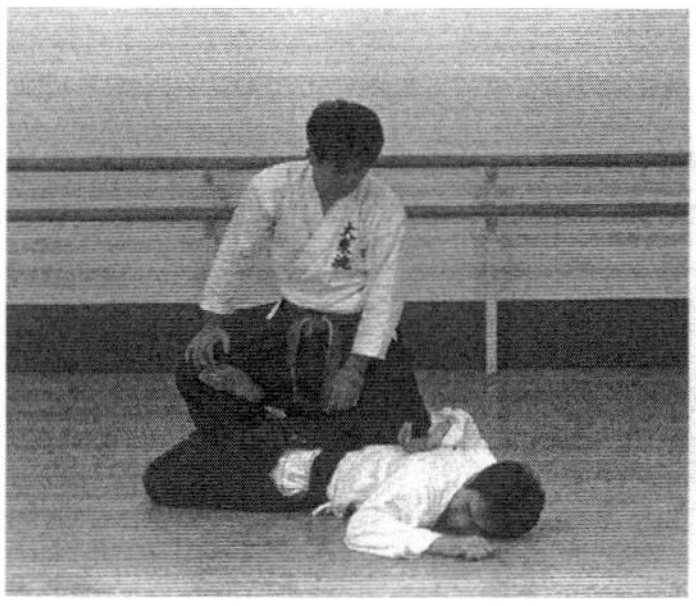

16) 重ね臥せた儘

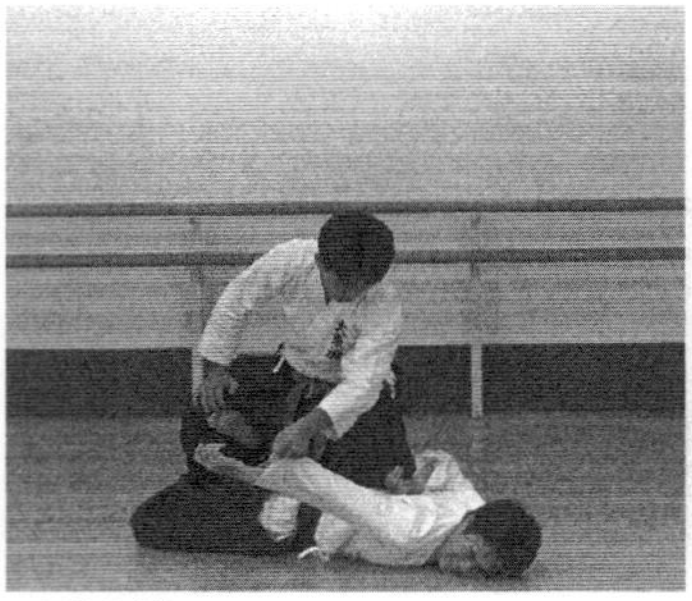

17) 腕を捕って

18) 腕も重ね

19) 足と共に、腕をも腕胡坐に掛け捕り、残心をとる

◎立掛二本捕り（万歳固）

「捕り」から「固め」に移行する大東流の業の流動は、最終的には、抜刀を行う事によって業が完結するようになっている。つまり最後に斬首と謂う、敵の「止《とど》め」を刺す事によって、総てが終了するのだ。

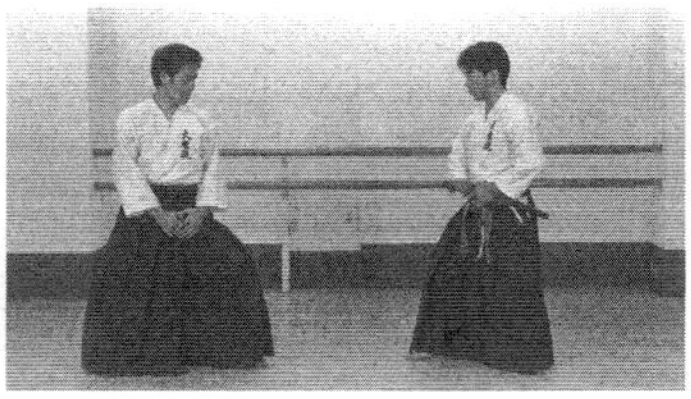
1) 敵と正対する

2) 敵は吾が脇差の抜刀を封じに来る

3) 吾は刀印を作り

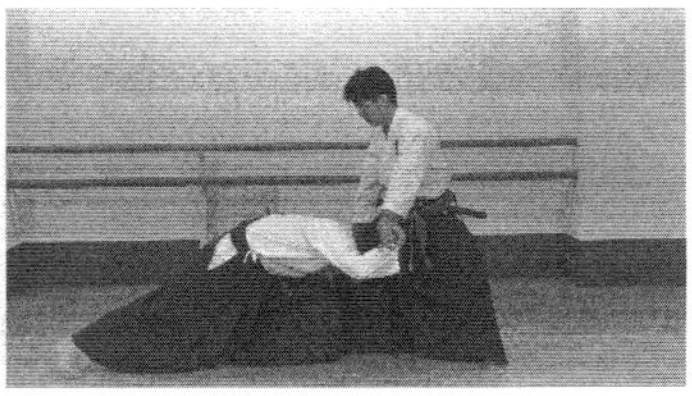
4) 敵の掌の裏側を捕り、抑えて

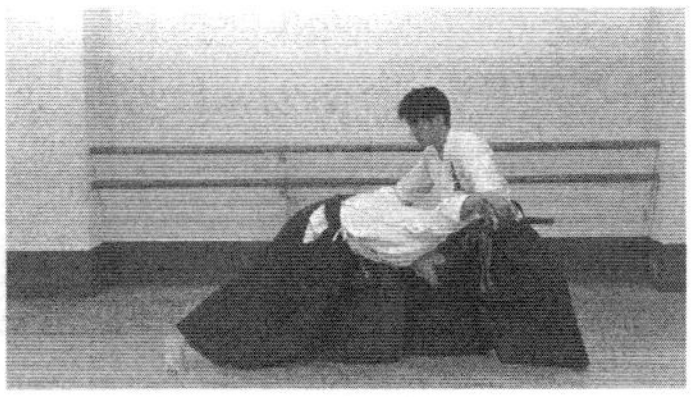
5) この体勢から敵の腕を大きく開いて

6) 敵の腕を真上に上げる

7) 真上に上げた儘、敵を誘導して廻し、天に吊り上げた状態にして

8) 腕と肘を極めつつ

9) 吾が脇の下に敵の腕を導き

10) 肩を曳き寄せて固め捕る

11) 更に吾は脇差の柄を握り

12) 抜刀を行って、残心をとる

◎立掛十字固

「絡め」は、力の構成を分解してそれを追求すると、凡《およ》そ「動」「静」「解凝《かいぎょ》」「引弛《いんし》」「分」「合」より成り立っている事が分かる。これを道理として、普段より「神習《かみならい》」とし、躰に魂込めて描き出し、躰をそれに合わせて動かすと、「武技」となる。神習に際し、普段は左が「陽」で、右が「陰」であるが、「動」の場合はそれが逆になる。「絡め」には「陰陽之逆」が働くので、それをマスターしておかねばならない。

1) 敵は吾が襟を絞めて攻めてくる

2) 吾は敵の両手首を捕り

3) 十字に絡め

4) 絡め上げて吊り

5) 体勢を崩させて

6) 極めを行う

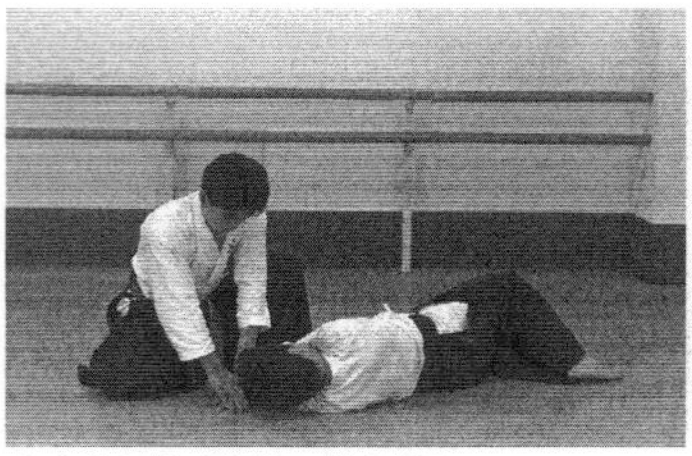
7) 十字に絡めた儘、敵を倒し

8) 敵の片足を絡め

9) 更に他方の足を掛け捕って

10) 残心をとる

◎二人捕り・六条肘固

「立業」から「重ね」「伏し」「留め」に導くには、単に肉体による反復練習だけではなく、霊威《れいい》を益々敏感にする玄理を理解する事が肝腎である。闇を照破するのは光であり、その光の如く、更に深く稽古としての修行を積まねばならない。古人はその極意を「太陽の光が襖《ふすま》を開けると、いつ入ったともなしに差し入る。武術もそうでなければならぬ」と、照破の言を記した。

1) 敵二人は吾の両手を片手持ちで封じる

2) 吾は各々の敵の肘を外側から裡側に抉り込み

3) 各々二人の敵を天に吊って

4) 素早く転身する

5) 敵二人を重ね潰して

6) 重ね合せ

7) 残心をとる

正面から

◎二人重（前後捕り）

己《おの》が腰を捕られ、動きを封じられた場合、古伝に「敵が火を以て攻め来らば、水を以て是を防ぐ。敵を打ち込ますべく誘った時は、水が始終己の躰を包んで、水と共に動く」（「火水《かみ》陰陽《いんよう》之《の》理《ことわり》」水の巻）とあり、「城は濠《ほり》があって始めて城が成り立つ」としている。要約すれば、城の周囲には、敵に攻められぬように水がある。人体の場合も敵が攻めてくれば、水と共に働くから、容易に捕られない、という意味になる。即ち重業《かさねわざ》は水の理であり、横の波紋を遣う。

1) 敵一人は後から吾の腕を抱え抑え、もう一人は吾の腰に組付く

2) 吾は先ず両腕を揚げ

3) 下方に気を下げて

4) 素早く転身を行い

5) 二人を廻して

6) 重ね捕る

7) 二人を重ね上げ

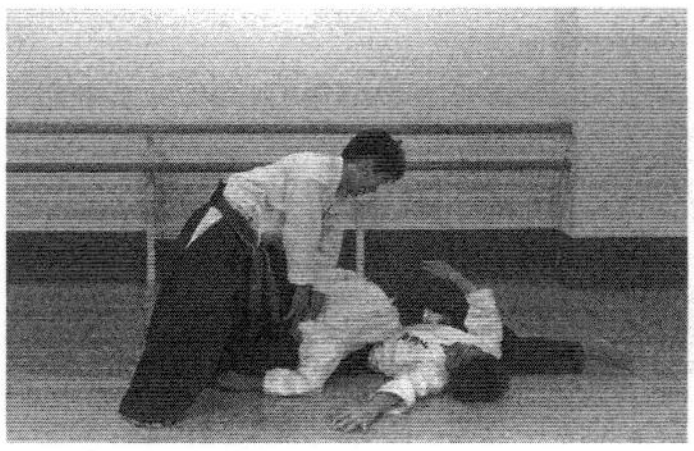
8) 敵二人の動きを制して

9) 残心をとる

◎分身四人捕り

大東流は「手頸《くび》（首）ヲ掴ム事」に始まる。手・足・腰・心の一致、手によってなされる。一方で導き、また一方で倒すと謂うこの玄理を理解しなければ、敵が引こうとした時に、自分の方が崩されてしまう。従って転身合気により敵を呑み、心の働きを以て、心に己が躰を描き、「一歩進め」の足捌《さば》きを会得する事が大事である。口伝に「一歩《いっぽ》進《すすめ》之事《のこと》」あり。

1) 敵は前後、左右から吾の動きを封じる

2) 吾は気を落し、上方に左右の敵を吊り上げつつ

3) 左右各々を前方の敵に重ね合せ

4) 更に転身して、後方の敵を導き

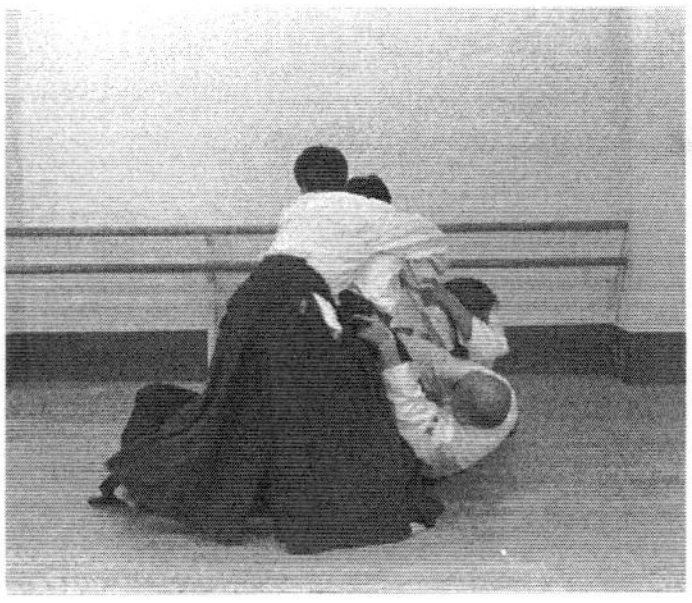
5) 重ね合せる

6) 次に後方の敵を

7) 他の三人に合わせて重ね捕る

8) 四人の敵の動きを封じて、残心をとる

◎二人捕り・六条固

手刀《てがたな》は刀印《とういん》によって天地の息を受ける。天地の息と己が息は、元々同じものであるから、動作も陰陽合致の業を手刀に及ぼして、敵を切り込む。自分の心に敵を呑み、包み込むような雄大な想念が生まれれば、敵の動作を見抜く事が出来る。

1) 敵二人は吾が両手を封じに来る

2) 吾は合気揚げで上方に浮かし

3) 肘を外側から裡側に抉り捕り

4) 敵二人を天に吊って

5) 重ね合せた儘

6) 更に重ね潰す

7)（側面から）潰した儘

8) 敵二人の腕を捕り

9) 残心をとる

◎二人捕り・壁掛

敵を包み込む想念は、敵を己が想う所に導く事が出来る。この場合、敵が吾が手首を掴むのではなく、吾が意図する手首の箇所を敵にまんまと掴ませる事が肝腎である。口伝に「水月之理（敵と吾の距離を水の位とする）」あり。

1) 敵二人は吾が両手を封じに来る

2) 吾は敵二人の肘を外側から裡側に抉り

3) 一旦天に吊って

4) 各々の敵の手首を合わせ

5) 壁に連行して

6) 壁に掛け

7) 一歩後退して、残心をとる

◎顎挟

人の心は火と水を司るものである。この「火水陰陽之理」によって、敵気を以て当たれば気に当たり、水を以て来れば水に当たり、火を以て来れば火に当たる。陰陽・火水を以て攻めたてる気で、敵を横・縦にゆすぶれば、陰陽の息で敵を制す事が出来る（火の巻）。

1) 敵二人は吾が両手を封じに来る

2) 敵二人の手首を巻取って

3) 天に吊り

4) 更に肘を突き揚げ

5) 吾が顎で敵の腕を挟み込む

6) 最後は残心をとる

柔術・秘伝業

◎秘伝四人重

四方車之陣総掛《そうがか》りは、上・中・下三段の「別れ」を以てこれを行う。八双《はっそう》に両手を振りかぶり、意図する処を捕らせて、左右いずれかに転じる。口伝に「八双之理」あり。

1) 敵四人は吾を包囲する

2) 吾は両手を上げ、胴を掴むように誘い込む

3) 敵四人は誘いに乗って、一斉に吾が胴を掴みに来る

4) 敵が吾が胴を掴みに来た瞬間、吾は躰を即座に九十度動かし

5) その瞬間に、一気に気を下方に落して

6) 潰し込む

◎秘伝四人捕り

八双に振りかぶる「剣の理」が大事である。また、天地の呼吸に合し、唸《ねん》と心と拍子が一致して言霊となり、そこから敵を「崩し」「投げ」「抑える」といった大気魂《たいきこん》が生ずる。この大気魂は下丹田に収まり、ここに陽気が起こって、下丹田、会陰、命門、脊柱、玉枕、肩、腕、手首、指先、敵の躰へと侵入し、敵は吾が捕獲の術中に入る。

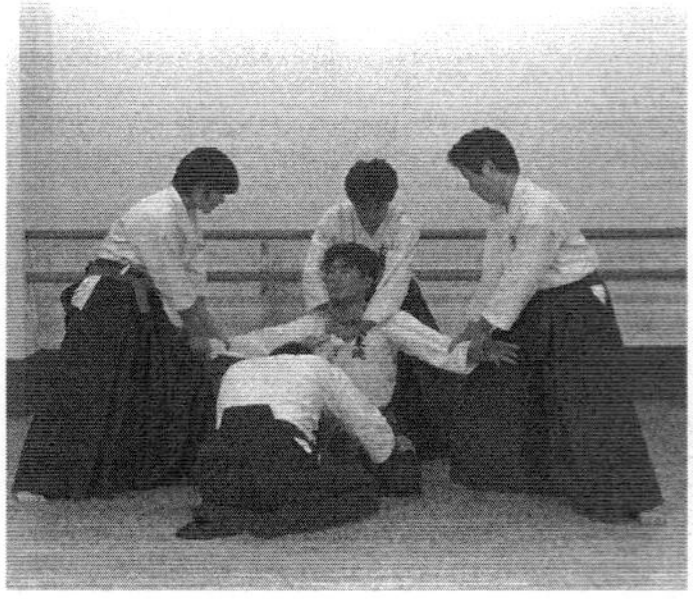
1) 敵四人は吾の両手、頸、両膝を抑えて動きを封じる

2) 吾は左右の敵の腕を外し

3) 二人の敵を前方に臥せて

4) 抑え込み

5) 更に後方の敵を前方に投げて

6) 掛け捕り

7) 最後は残心をとる

◎秘伝四人絡（搦め）

武気（動の気）は、神気の集合によって武技となる。「源《みなもと》に集まる理」を知り、天地の呼吸と合致した時、多敵を動かす大気魂が生じ、かくもすんなりと「面白く投げられる事」「面白く抑える事」を信じて、己が想念を描き、それを焼き付ける事である。

1) 敵四人は吾の肩及び両手を封じる

2) 合気揚げにて四人の敵を浮かせ

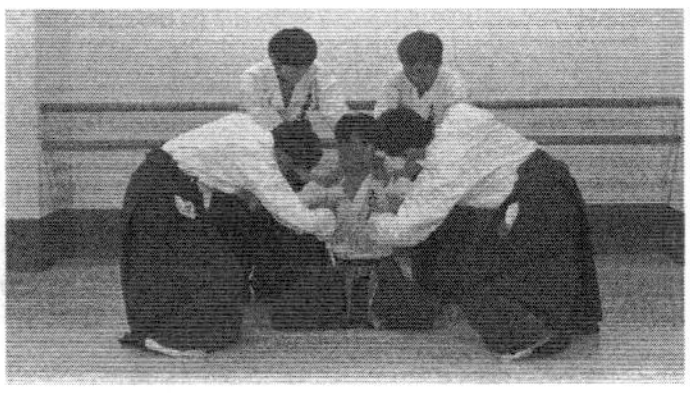
3) 先ず前方の敵二人を崩して

4) 潰し込み

5) 抑えて

6) 更に後方の敵二人を

7) 前方に崩して

8) 潰し込む

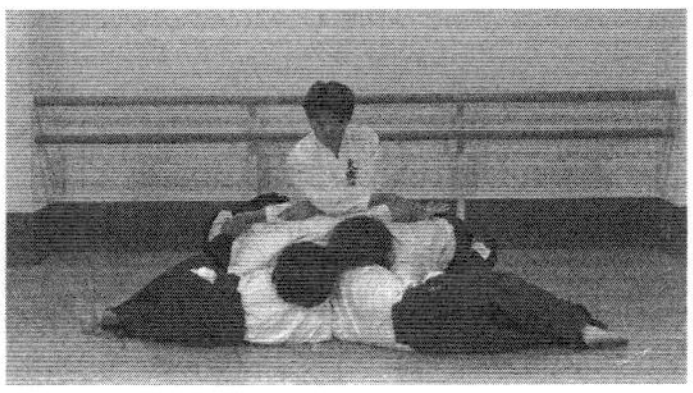
9) 敵四人を各々重ね

10) 各々の腕を捕って封じ込み

11) 残心をとる

◎秘伝四人腕取・合気重

「多敵之位」にはこう記されている。「大勢の時は一人と想い、一人の時は大勢と想って戦わねばならない。一を以て萬《まん》に当たるつもりで隙を与えてはならない。単に一人と一人の敵の斬り合いではなく、天地の息を己が息とする」とある。そして、陰陽の二気から生じる対立概念は、元をたどれば、同一円上の一円に回帰し、天地悉《ことごと》く「一に帰す」のである。これを万有の「一元一円観」と称すのである。

1) 敵四人は吾の腕と手首を封じに来る

2) 吾は敵四人の腕を巻き込み

3) 前方に曳き寄せて

4) 合気で一気に潰し込む

5) 潰した敵を重ねて

6) 合気で封じ込め、残心をとる

柔術・縄術

◎組打（組討ち）

日本の柔術の特徴は、レスリングや拳闘《ボクシング》等の世界各国の素手対素手の格闘技と異なり、素手を以て武器を持った敵と対決してこれを生きた儘「生け捕る」という事にある。すなわち、捕縛《ほばく》術の為の、捕り抑える迄が柔術で、捕り抑えてからが縄術《じょうじゅつ》であった。

この武術史観は、恐らく日本独特のものであって、他の国には見られない。中国武術にも素手対武器の技はあるが、日本の柔術のように、敵を無傷の儘怪我をさせずに生け捕ってしまうというものではない。ただ敵を叩けばよい、勝つ事が目的で、勝てば敵を殺しても構わない、という目的を持った格闘技とは、この辺が異なっている。従って、日本の柔術が、殺さずに無傷の儘生け捕りにするという事は、それだけ技術的に高度なものが要求され、これを一子相伝《いっしそうでん》で伝承してきたのであるから、それは考え方に於ても、技術面から見ても、他とは比べものにならない程、優れたものであったという事が分かる。

これらの技術を捕手《とりて》、小具足《こぐそく》、捕合《とりあい》、腰之廻《こしのまわり》（竹内流《たけのうちりゅう》）、斎《さい》手《て》（竹内流）、打手《うちて》、白打《はくだ》、拳法（大和柳生流、関口流、荒木流、制剛流の一派）、骨法《こっぽう》（不二心流《ふじしんりゅう》）、拳術、手搏、取手、躰術《たいじゅつ》、体術、體術《たいじゅつ》、胎術、柔《やわら》、和術《わじゅつ》（諸賞流《しょしょうりゅう》）、弥和羅《やわら》、柔《やわら》（大和柳生流）羽手《はで》（拳法躰術を現わす）、剛身《こわみ》（紀州藩に伝承）、体挫術（好要流《こうようりゅう》）、強法（一条不二流《いちじょうふじりゅう》）等と称し、各々は柔術を基本にした多目的な武技であった。

例えば、捕手や小具足は、主に敵を捕捉する事を目的にしたものであったし、拳法や白打は敵を蹴り、あるいは当身を入れて捕捉する事を目的にしていた。これらの手段は、その目的を達成する為に、「素手を以て、素手の敵者を制する」「素手を以て、太刀や刀や小刀《こたち》を持った敵を制する」「多敵、あるいは手練《てだれ》の敵に対して、吾が小武器（手裏剣、針、小柄、飛礫《つぶて》その他の隠し武器など）を以て、それを制する」の凡《およ》そ三通りの場面が想像され、その他にも、槍、杖、棒、鉄扇、白扇（西郷派大東流のみ）、勝扇（足軽等の下級武士が用いた開閉できない閉じ扇）、十手、鎖鎌、鍋蓋《なべぶた》（鍋蓋を用いて敵を制する）、手傘《てがさ》（雨傘を用いて敵を制する）等の格闘術もある。

組打《くみうち》は、白兵戦に於ける戦国期の合戦武術の代表的な武技であった。その基本は甲冑《かっちゅう》組打（組討ち）で、弾が尽き、矢が尽き、槍が折れ、刀が折れ、あるいは曲がり、戦う長物の武器が無くなり、鎧通しや脇差、あるいは素手になった時、敵と戦う術であり、また敵に対して素手で戦ったのが組打であった。そして最後は縄術・捕縄《とりなわ》を以て「生け捕る」形で業が終わる。これは江戸時代に至って平服で行う素肌武術として発展する。

また捕縄は、縄術と組打が関連したもので、制した敵を縄で捕縛する方法である。

◎捕縄・早掛

組打で生け捕った敵に縄を掛ける方法である。これを「捕縛《ほばく》」と謂い、縄掛を意味するものである。また「捕縄術《ほじょうじゅつ》」とも称された。

この縄掛には「早掛《はやがけ》」と「本掛《ほんがけ》」があり、早掛に用いられるものは、三寸縄、六寸縄、本縄、及び和紙等を縒《よ》り合わせた縒縄《よりなわ》があり、また本掛には本縄等があり、各々に掛方に特徴があって、五法《ごほう》、十文字、千鳥、兜縄《かぶとなわ》、籠破《かごやぶり》、六道《りくどう》（「ろくどう」とも読む）、角結《つのむすび》、首尾縄《しゅびなわ》、羽介縄《はがいなわ》、落花《らっか》、村雲《むらぐも》等がある。

早掛と称する技法に「迅縄《はやなわ》」というものがあり、葛《かつら》の蔓《かつら》を用いて武者搦《むしゃがらみ》（絡み）を行い、この術に用いられる縄（葛）の長さは七尺五寸である。

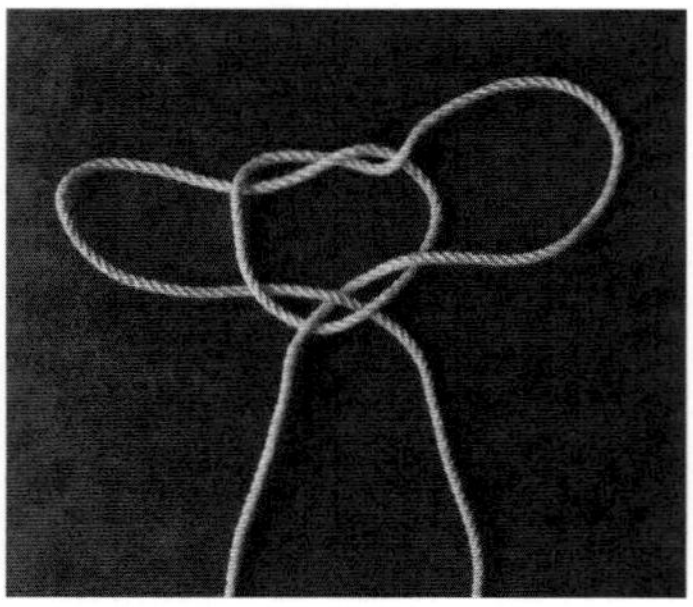
丁字縄

千鳥縄

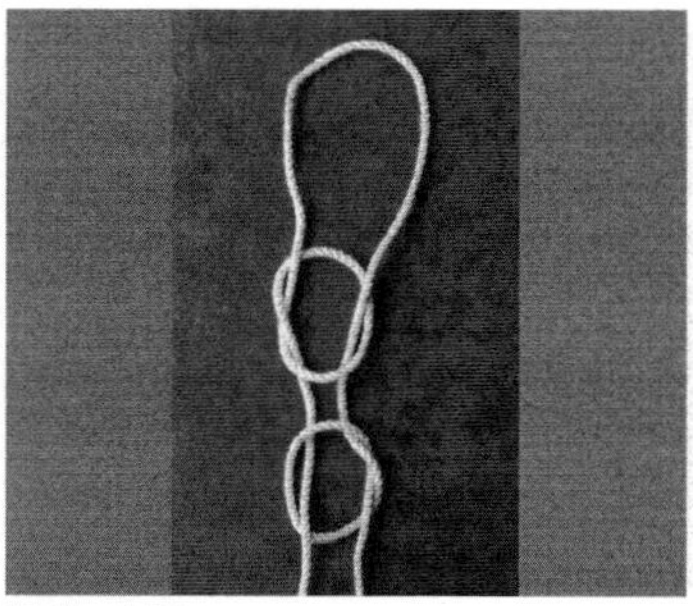
数珠一本縄

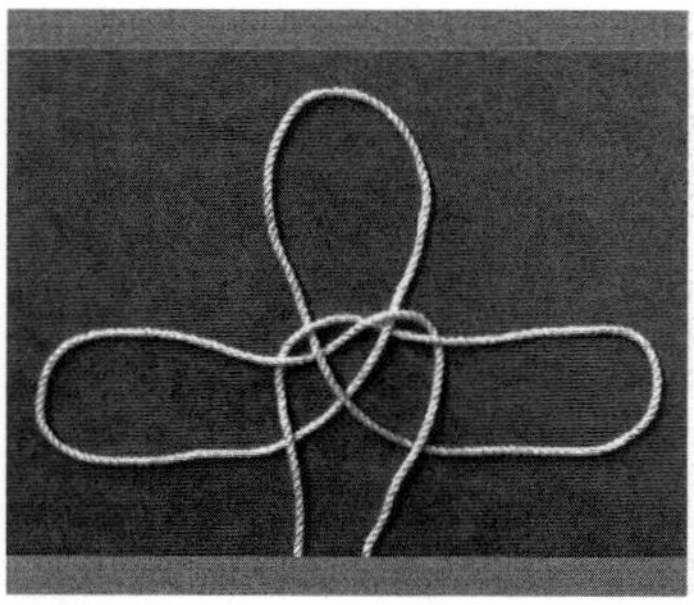
籠縛り

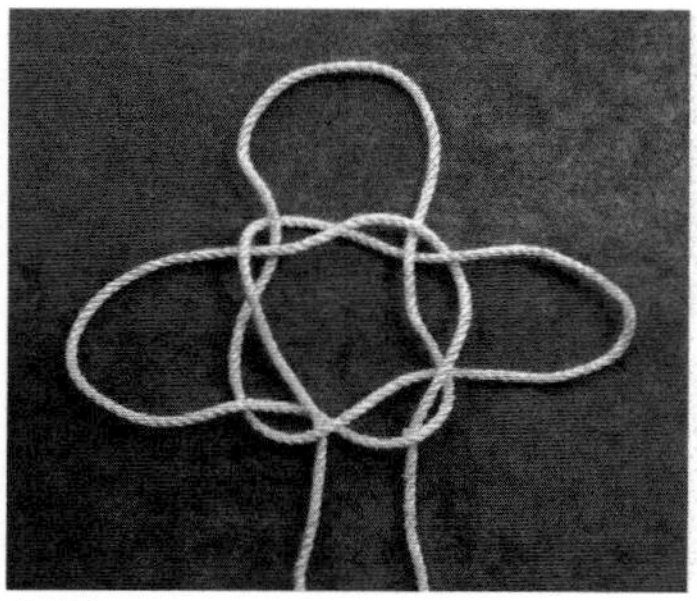
十文字

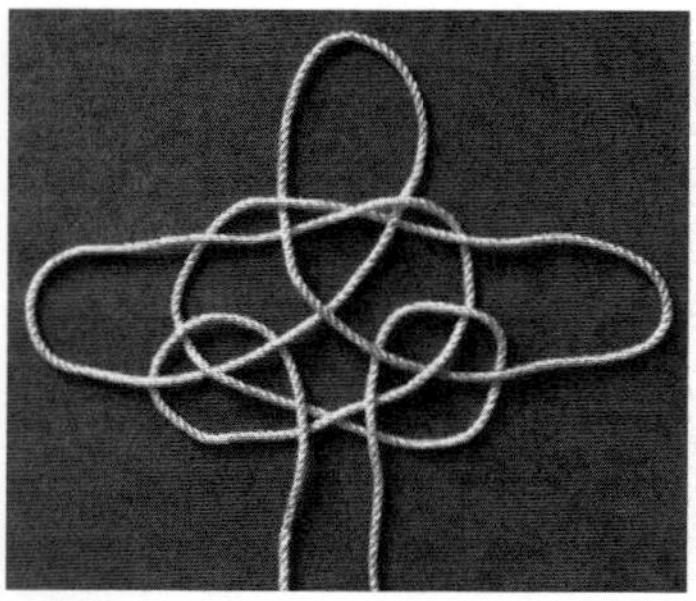
村雲縛り

角結

◎捕縄・掛獲

これは手足を各々斜めに掛け取り、早掛を打って、次に刀の下《さげ》緒《お》（鞘《さや》の栗型《くりがた》に通された正絹《しょうけん》等で組まれた組紐《くみひも》）を使って捕捉する技法が掛獲《かけとり》である。この場合、太刀の帯取りと皮下緒は含まれず、総て打刀（直接刀を腰に差す型）の下緒だけが対象となる。

さてこの掛獲は、敵を投げ、あるいは抑えて俯《うつぶ》せに臥せた処から始まり、手首、肘、肩、頸の順に行うものであるが、下緒の長さから考えて、概《おおむ》ねは手首や肘を中心にして敵の自由を奪うような二点掛け、あるいは三点掛けである。

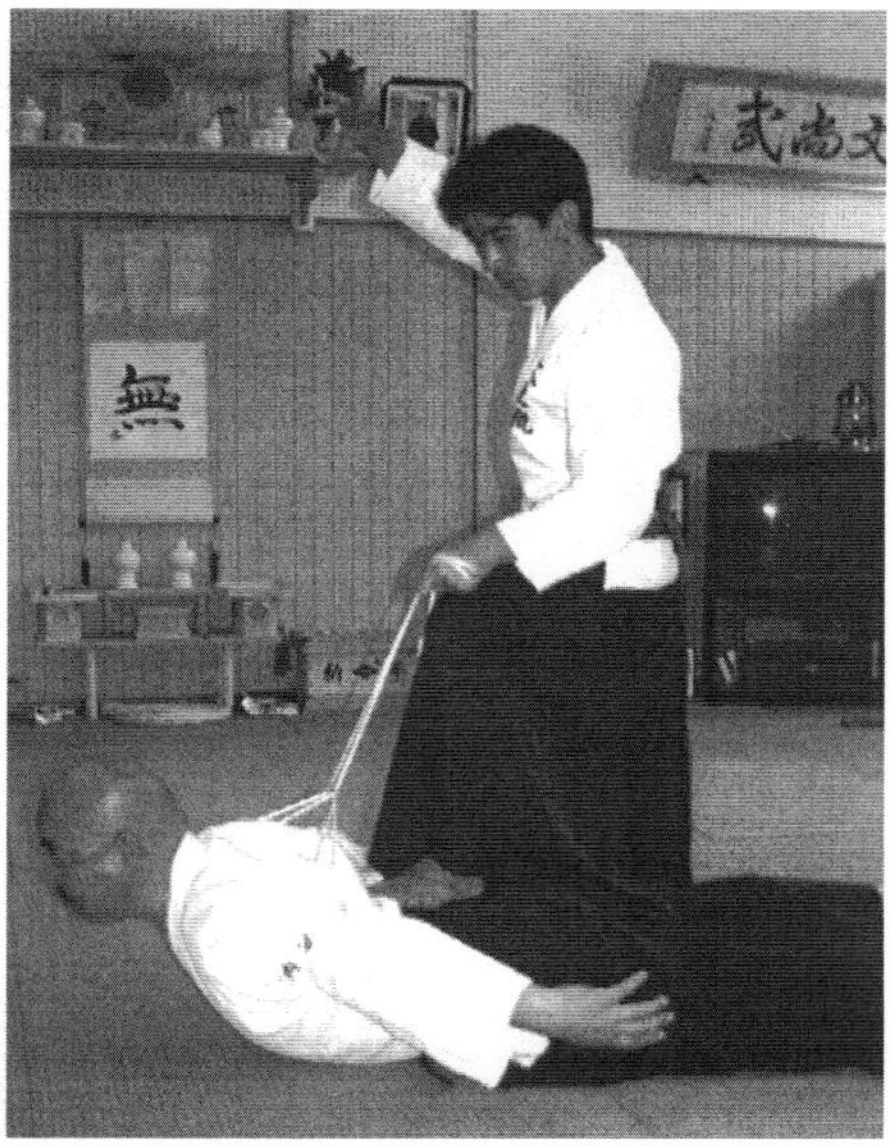

捕縄術／掛獲

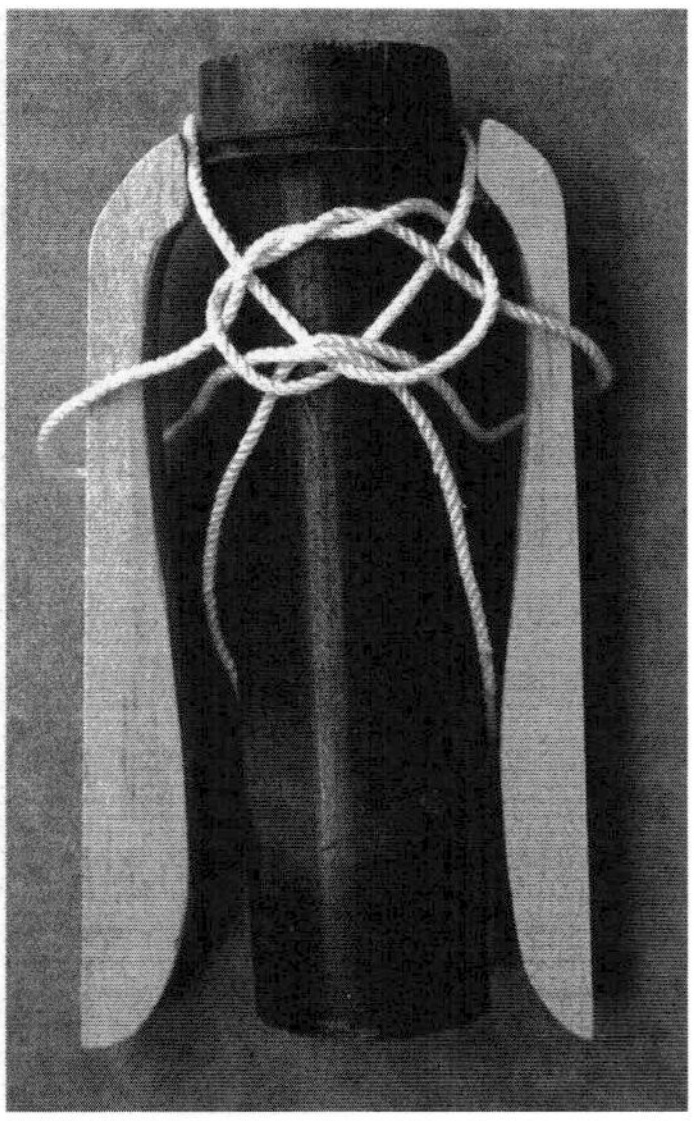
掛獲の手順を示す、縛り人形１

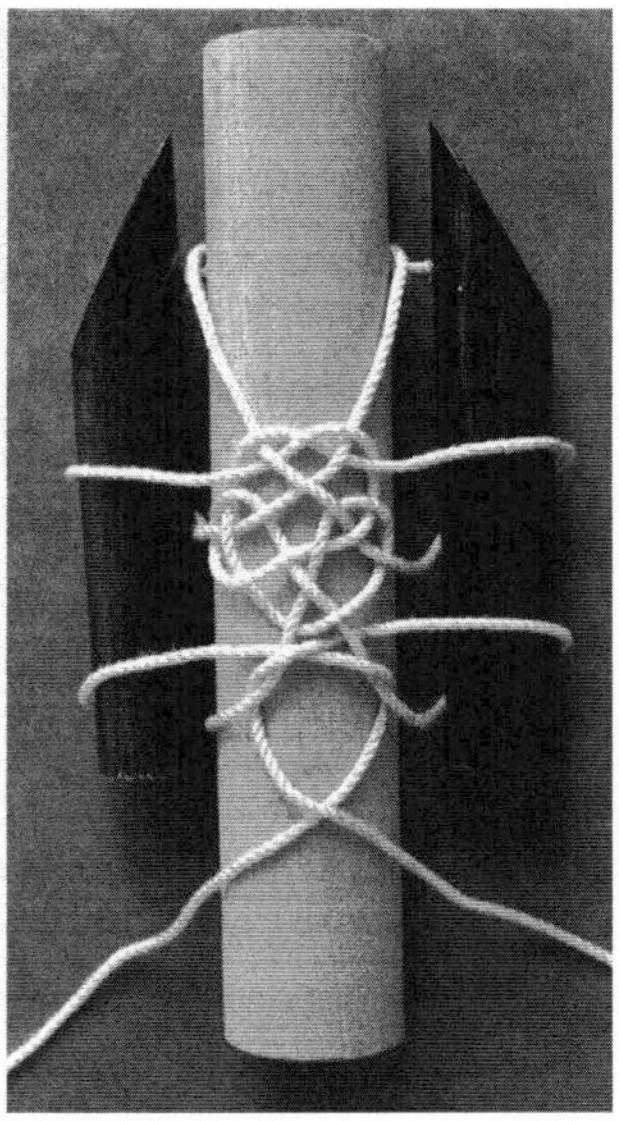
掛獲の手順を示す、縛り人形２

◎捕縄・結捕

特殊な「結び」を行う縄術である。

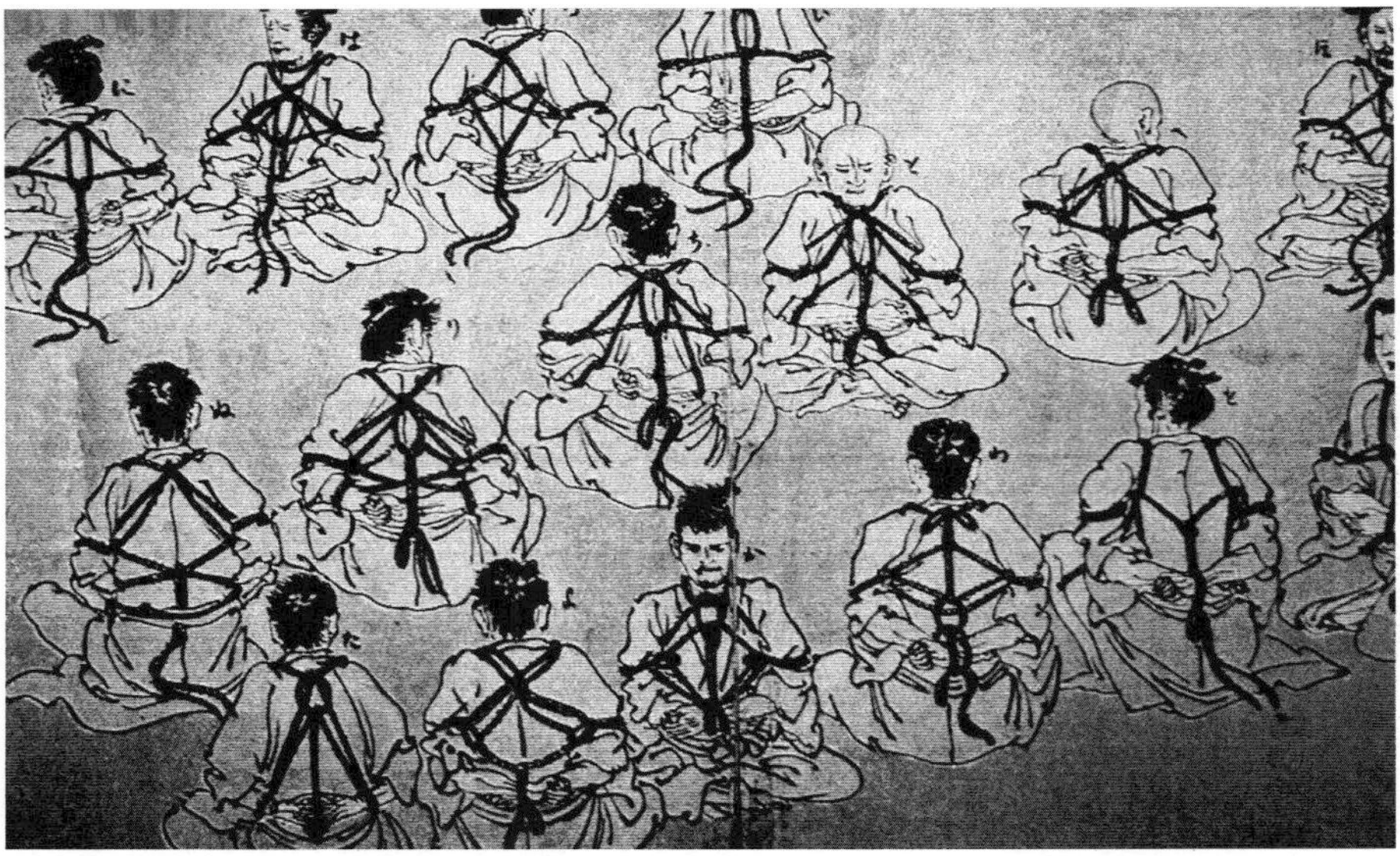

縄の縛り方の色々

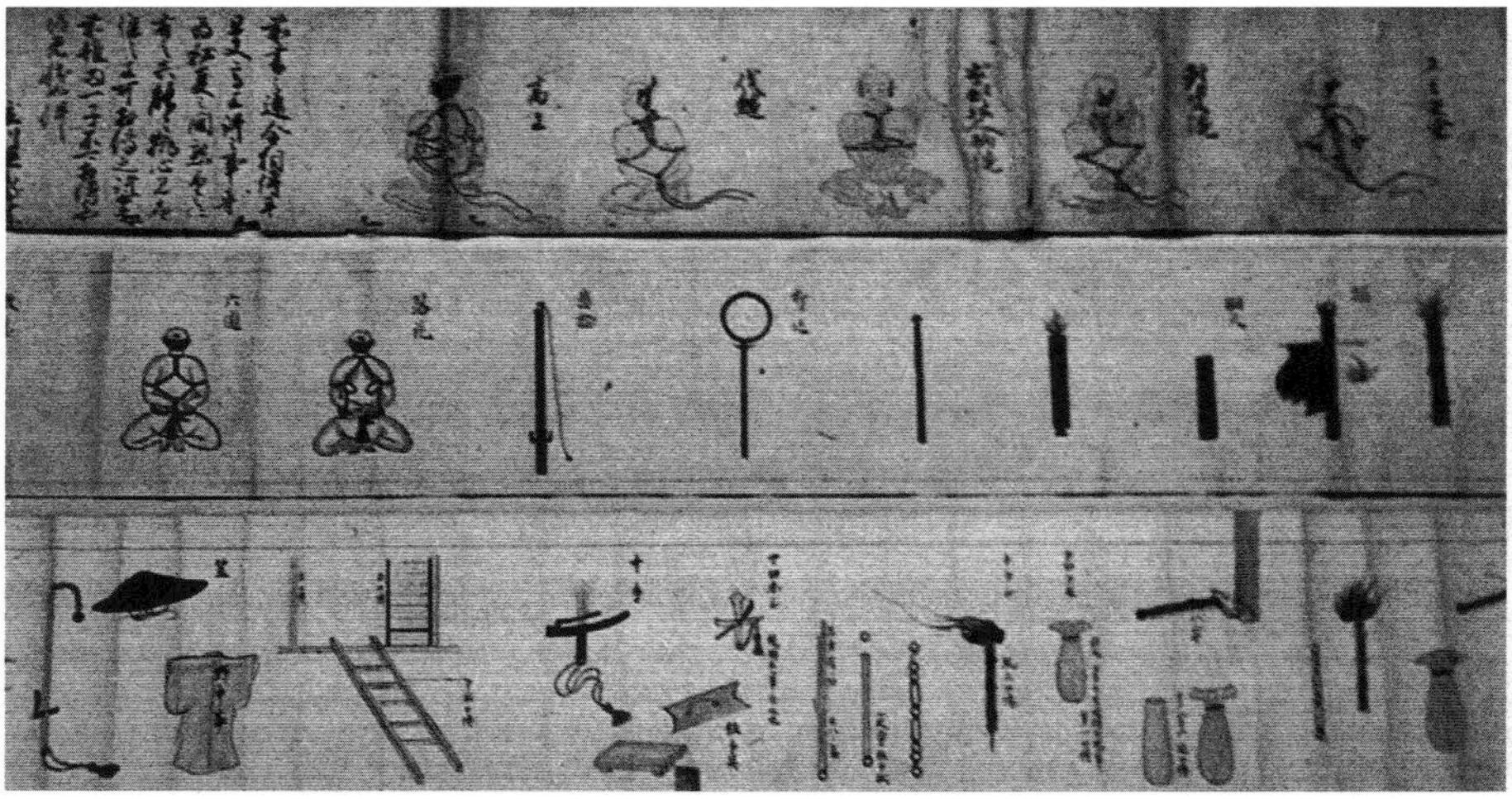

捕り方絵図

◎捕縄・縄掛

三寸から六寸程の長さの縄を使い、早掛に臥せた敵を縄掛によって更に絞め上げる術を用い、敵に強度な苦痛を与え、一旦仮死状態にする掛け方で、殊に用いられる場所は、頸と肘、手首と指関節である。

三寸の物は指の逆を取り、挫《くじ》く事が目的であり、六寸の物は直接それで頸を絞めたり、六寸と三寸を組み合わせて、六寸の物は肘を後腕に縛り、三寸の物は前方で指を縛るといった方法である。この縄掛の特徴は、敵の両手を封じて使えなくする事がその目的である。腕は頭を抱えるようにして腕胡坐を組ませる。

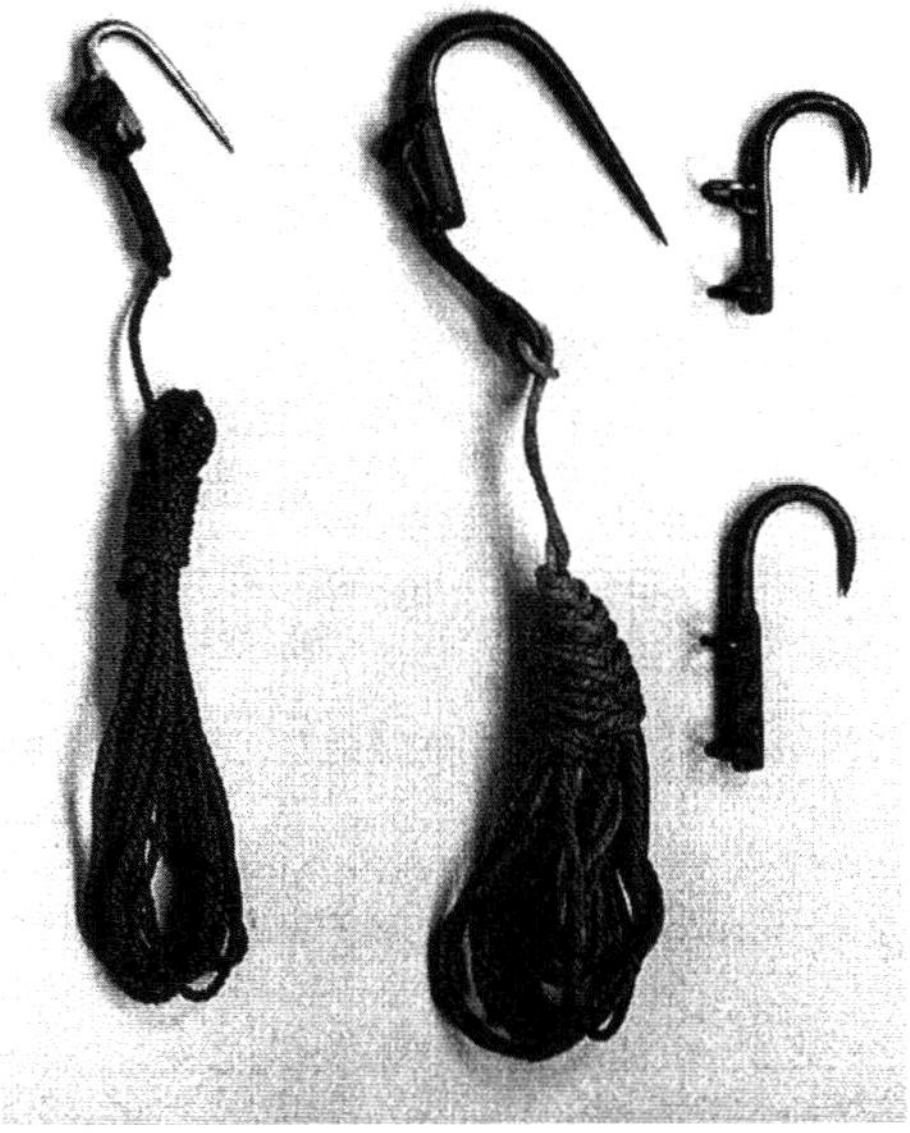
鉤と鉤縄

◎捕縄・伏掛

抑える、あるいは投げて臥せる方法で生け捕った敵を、先ず臥した状態にし、縄と杖等を組み合わせて、掛け取る特異な縄術を伏掛《ふしがけ》という。捕縄には、両手と上半身を縛る伏掛と、それに下半身までを縛ってしまう伏掛がある。

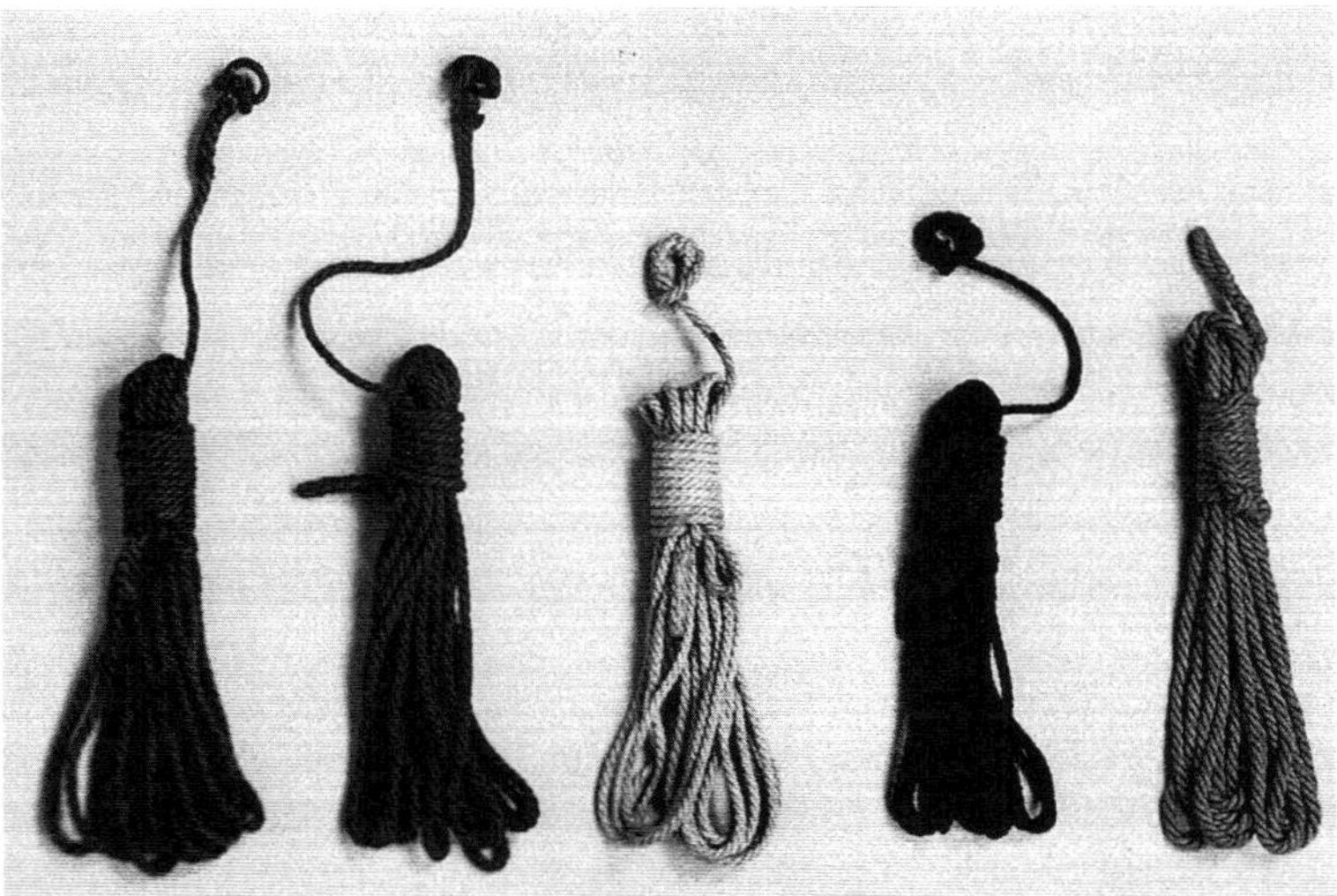
捕縄

◎縄術・紙捕縄（縒縄）

縒《よ》り合わせた和紙の縒縄《よりなわ》（拠《より》縄とも謂う）等を用いて、敵の手の拇指同士、あるいは足の拇指同士を各々縒縄で結んで捕捉する技法である。これは柔術と縄術を組み合わせた応急的な措置であり、投げたり臥したりした敵を連行する場合に用いる術である。

◎縄術・逆手縄

逆手縄は、敵を固め捕った後、逆手を極めた儘、縄を掛けて縛る方法であり、小裏より口伝による八箇条が付随されている。

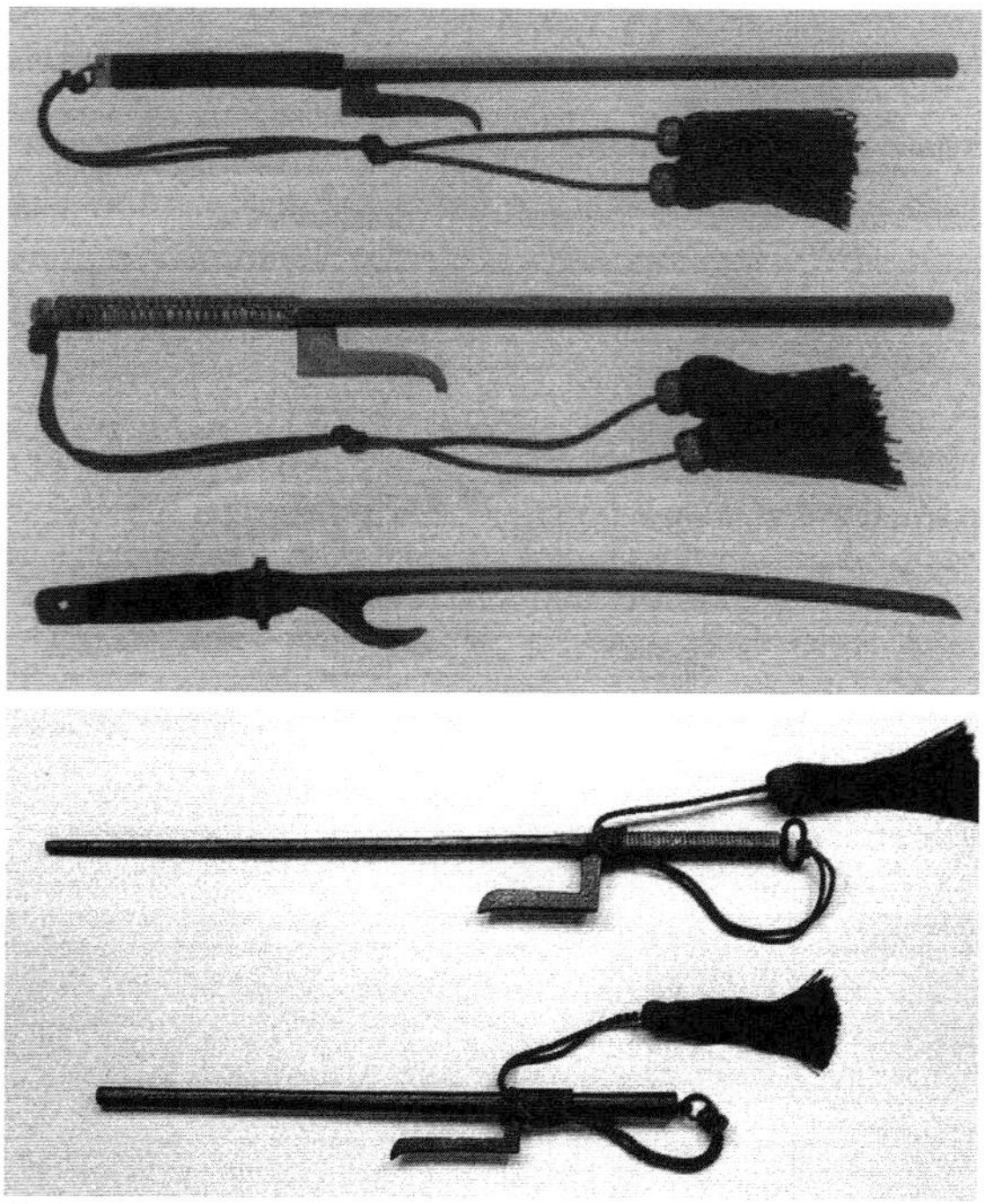
十手

◎縄術・海老責

責縄《せめなわ》（攻め縄）の一種で、敵から情報を聞き出す場合に用い、巧妙な縛りを以て敵を責める術である。

一般に拷問は、捕えた敵が何らかの秘密情報を握っている場合に行われる人間独特の行為であり、この場合、肉体への責めが中心になる。だが拷問の仕方にも色々有り、古今東西を問わず、種々の方法が考え出されてきた。

そして拷問にも次元や水準の違いがあり、野蛮で、低水準である場合の拷問は、敵の躰に直接傷つけて聞き出すという方法である。これには、切り刻んだり、足や手に五寸釘を打ち立てたり、蝋燭《ろうそく》責めと言う方法で、出血させ、外傷を与え、火傷《やけど》をさせて、その苦痛に乗じて情報を聞き出すという方法が用いられる。

この方法は、新撰組《しんせんぐみ》や京都見《み》廻役《まわりやく》等の当時の警察機構が用い

海老責の図

た拷問方法であり、拷問者は最後は死亡する事になる。また昭和初期プロレタリア作家であった小林多喜二《こばやしたきじ》が、特高警察《とっこうけいさつ》（警視庁特別高等警察課）の拷問にあって命を失った如くの、野蛮な嬲《なぶ》り殺しであり、昭和八年二月二十日午後八時頃に絶命したという。

一方これに対して、拷問のレベルが高級である場合、肉体に直接外傷を与えるのではなく、縄で縛り、関節を外し、その苦痛によって白状させるという合理的な方法がとられた。前者の場合は白状したと同時に生命は失われるが、後者の場合、関節の整復を行えば、再び元に戻り、一命だけは取り止められる。

さて、「海老責《えびぜめ》」であるが、これは、両手首を後ろ手に掛捕った儘、両足を胡坐《あぐら》状にして頭部の方に絞め上げる事により近づけて行って、最後には頸の後に引っ掛けてしまう縄術である。

江戸期に書かれた『拷問実記』によれば、海老責は拷問蔵に呼び出した罪囚を、下帯一つの全裸にし、両膝を左右に開いた形で胡坐をかかせる。次に、足首を左右に重ねて、四巻きに縛り合わせ、両手を背中に廻して、二の腕の左右を「かまがくし」縛り上げ、左右の手首を後手に縛り固める。次に、青細引き二本を両肩から前方に廻して、両方の脛《すね》を一周させ、上方に引き上げて締め付け、縛った両脚と顎がほぼ密着するまで寄せて、その部分の縄を両手に固定する。この状態にしておいて、苔杖《むちづえ》（拷問杖）で打ち据え、白状するまで訊問したとある。その結果、『拷問実記』には「然れども、斯《か》くまで、堪《たえ》得る者は、いとまれなり」とあり、拷問の途中で殆どの罪囚が自白した事を記している。この事から考えれば、苦しさから逃れる為の自白に追い込まれ、冤罪《えんざい》も多かったものと思われる。また、それだけ拷問としての海老責は苦痛も大きく、効果の高いものであった。

第二章　大東流柔術の真髄

自分の土俵に引き摺り込む、騙しのテクニック

　力の無用論を説く合気系の武道は、挑戦者に対して、「腕《かいな》を取れ」「手首を取れ」「正拳で突け」「腹を蹴《け》れ」「座布団《ざぶとん》を取ってこい」等の注文を付けて、武術とは関係のない、矛先を躱《かわ》す話術的なテクニックを持っている。そしてこれらの概《おおむ》ねの指導者は、この話術が非常に巧《たく》みである。この巧みな話術を以て、挑戦者が素直に術中に陥り、注文通りに攻撃を仕掛けた処に、某《なにがし》かの技を掛け、挑戦者の驚愕《きょうがく》を煽《あお》る事を最初から計算に入れている場合が少なくない。

　つまり挑戦者の半信半疑の迷いを、挑戦者自身に納得させる為に、自分の土俵に引き摺《ず》り込み、挑戦者の意図や行動に応じるのではなく、挑戦者へ注文を出して、「挑戦の形」を「注文の形」にすり替えてしまうのである。

　では何故、挑戦者へ注文を出すのか。その第一に、合気系の武道は、中国北派拳法の「発勁《はっけい》」や、新躰道《しんたいどう》に見る「遠当《とうあて》」からも分かるように、その確たる威力が小さい為に、言葉の応酬や暗示から始まり、やがて理論ずくで力の無用論を説き、その説得が紛《まぎ》らわしい注文へと変わるのである。

　また注文を出す方が、得意技を使って好きなように料理し易い状況を作る為である。この場合、最も多いのが手首や袖等を取らせて、関節技を掛け、その痛さを自慢したり、崩しの理論に従って挑戦者の迷いと混乱に乗じて、有無も言わさず引き倒してしまう事である。此処には「自分の土俵」に引き摺り込む、術者の心理的な「一文の利」が働いている。

　第二に、予《あらかじ》め術者は、経験からそのパターンが予想され、その事が予備知識として充分に計算されている事である。つまり逆に言えば、挑戦者は柔術の技法に疎《うと》く、術者がどのような形で技を掛けてくるか、予測が出来ないのである。従って術者は、挑戦者の予想の付かない攻撃を受ける前に、こちらから注文を出し、その計算通りの過程の中に引き摺り込み、「痛かった」「わけが分からないうちに倒されていた」、あるいは「投げられていた」等の術者の予想通りの結果が出て、挑戦者が驚く仕組になっている。それはまるで手品を見るような感覚で、まんまと騙《だま》されてしまうのである。

　このような手品的、あるいは話術巧みに矛先を変えてしまう、合気道や八光流《はっこうりゅう》の指導者は実に多いのである。このような方法で合気系の武道は多くの門人を集めて来たのである。ここでその賛否の論を述べるつもりはないが、これらは客観的に見て幼児的であり、その発想の次元は低級である。

　その理由の一つに、もし挑戦者が術者の注文以外の攻撃方法で挑《いど》み掛かった場合どうなるであろうか。術者は複雑極まる人間の動きを計算し、事前にそれを感知する事が出来るであろうか。

　抑《そもそも》言葉を用いる事自体、一つの術と解釈できるが、これは挑戦者が言葉を理解できるという前提に立っていなければならない。

万一、挑戦者が言葉を素直に受け付けない精神病者や覚醒剤中毒患者であったり、性格が残忍で粗暴な人間であった場合、術者の注文に素直に従うだろうか。また素手の術者に対し、挑戦者自身も素手であるだろうか。包丁や刀を握った場合、拳銃を構えた場合等、その他にも色々と考えられる。このような場合、術者は今までの経験からのみの判断で、これに対処する事は出来ない。

また、ひどい指導者になると、何処を攻撃せよとも言わず、ただ「危ないから止めた方がいい」と言い放って、挑戦者をまんまと煙《けむ》に巻く者すらいる。この指導者も指導者であるが、挑戦者もその言葉に引き下がって、闘志を失うのも情けない話である。これは双方に「死の覚悟」が無い為であろう

武術は抑《そもそも》死闘を念頭に置いたものであり、それは殺す為の術であり、技を競い、格闘する為のものではない。また術者が技を披露すれば、その技の秘密が発覚し、ついには研究されて封じ手を考えられてしまう。如何《いか》なる達人と雖《いえど》も、一介の人間である事には変わりはなく、その人間は現世の諸現象に制約を受けている。名人と雖も時空に左右されない人はいないし、彼等もまた凡夫と同じように、生・老・病・死の過程《プロセス》を追う。

そして、武道経験のない素人を侮《あなど》れば、思わぬ致命的な損傷を受ける事がある。素人ほど手が早いのだ。これを忘れると、名人でも素人に敗れる事がある。

某大学の著名な教授で柔道家が、ある合気道の師範に対して「俺の腕を取って見よ」と命じ、その師範は最後まで柔道家の腕を微動だに出来なかったそうである。腕を取るどころか、抑え込もうとした処を逆に抑え込まれ、師範は自らの未熟を、そして合気道の無力を思い知らされたそうである。また柔道家曰《いわ》く、「日本には、俺の腕を取りに来る者は誰一人いない」と、自らの腕前の威力を豪語したそうである。しかし、これは社会秩序が安定している日本だから言える事であって、治安の悪い国であったらどうであったか。

そして、これらはまさに、幼児的発想の最たるものであるといわねばならない。それと同時に、この柔道家の弱者や素人に対する侮りが感じられる。本当の怖さを知らないのである。

もし挑戦した合気道の師範に意地があり、死の覚悟があったなら、おずおずと引き下がらず、命を張って別の方法で挑み掛かった筈である。しかし残念ながら、この師範は「生の哲学」で人生を捉えている為、再挑戦には至らなかった。情けない話である。かくも「生の哲学」が、このような豪語する者と、そうでない者を撰《よ》り分けるのである。

付け加えるならば、武術というものは、抑《そもそも》局所のみを以て、局部的に技を競うものではない。腕とか腹等の一部分を以て、「腕相撲的」に競うのではなく、全身全霊を以て命の遣《や》り取りをするものである。武術家にとって「戦い」は死闘であり、敗れるという事は命を失うという事なのである。「取る」か「取れない」かは、腕相撲的競技の上での狭義であり、広義から見れば実に幼児的発想である。競技の上での勝ち負けは、スピードと筋力を蓄えた方

が当然有利であるのは、誰の眼から見ても明らかである。

しかし、武術はその有利と思える強者に対し、術を以て技を掛けるのであり、その術は敵の息の根を止める事を目的にしている。その術を掛ける以上、腕力を誇る素手の強者に、抜き打ちを以て小太刀の術を使う事もあり、「取って見よ」と豪語する輩《やから》に、己が刀を以て抜き打ちで腕を叩き斬る事もあるのである。

武術はリングや畳・板張りの上で、格闘域を設けてゴングと共に格闘に至るものではない。敵と正対し、一瞬にして「負けない域」を得ていなければ無残に敗れてしまうのである。一瞬の時機《とき》を逃すと、経過時間と共に汐時《しおどき》を逃し、体力体格共に勝る強者に付け入られてしまうのである。武術家にとって一瞬の汐時を捕える「見切り」が肝腎《かんじん》である。

「自分の土俵」という一局面は、計算通りのレールが敷かれている反面、予想外での方法で挑戦された場合、計算が非常に立てにくく、時として命取りになる結果を招くのである。

武術修行者は、「自分の土俵」を巧みに使う術者の如何なる次元に属しているかを即座に見極め、その手口に掛からぬような注意が必要であるし、局面に於て競わない事である。また不慮の遭遇で、死に物狂いの暴徒に出会った場合、相手が素人であっても命を捨てて掛かる者に対しては、決して侮る事なく、自らも命を張ってこれに対応しなければならず、一筋縄で片付けられない事を知っておかなければならない。侮ったり、隙を作れば、ド素人にも敗れてしまうのだ。更に現世は、いつの時代にでも、下剋上や天誅斬殺が罷《まか》り通り、地球上至る処に刺客《ヒットマン》が存在しているのである。

素人は手が速い

素人の怖さは、日本刀等の正式な武器を持って挑んで来る時よりも、刺身包丁《さしみぼうちょう》や力任せに我武者羅《がむしゃら》に挑んできた時の方が実に恐ろしいものである。彼等は武器術の正式な操法を知らない為、あるいは熟練の為に、長時間を要する稽古事や修行を嫌い、手っ取り早い方法として包丁やナイフをその攻撃材料にする。他にもアイスピックやバット等を用い、あるいは自転車のチェーンや革の手袋をして石を握る等の巧妙な方法を用いて、死に物狂いで挑み掛かった場合、最も始末の悪い状態となる。

また彼等が、覚醒剤患者や酒乱の傾向があると、彼等を取り抑えるのは一層の困難を極める。彼等には柔術の特徴である、関節を攻める関節技が利かないのである。例え関節が外れ、骨が折れたとしても闘志は失わないし、益々アドレナリンの分泌が盛んになって、狂暴となり手が付けられなくなる。彼らの異常な力は、型通りの柔術百十八箇条では全く役に立たないのである。

これに対処するには、動物を抑える時の「腕《かいな》を返す術」や「刺潰《さしつぶし》の術」が必要となる。

「腕を返す術」は、暴れ馬を鎮《しず》める時に用いる方法で、「刺潰の術」は、尋常な関節技が利かない者に対して行う術である。孰《いず》れも手が付けられず、狂暴な場合に用いる。

さて、ここでは「刺潰の術」を解説するが、この術は「刺の術」と「潰の術」の二つから構成されており、これらは術者の両手をもって、敵の片方各々の二箇所以上の経穴の入口に「刺し」を入れて、その出口を潰して封じてしまう事にある。

刺の術は、主に顔面の二穴の場所に刺しを入れ、同時に潰してしまう事を言い、例えば眼球二つ、耳の穴二つ、顎の噛み合わせ部分の左右二つ、鼻の穴二つを組み合わせて、合計四箇所を攻めて刺し、脳の運動中枢を麻痺させるのである。それは例えば眼球と鼻の穴の二穴を両手の指で刺しを入れる、あるいは耳の穴と顎の噛み合わせの二箇所を両手の指で刺しを入れる等である。そして「潰し」とは、眼を潰す、耳の鼓膜を破る、顎を外す、鼻から直接脳に達するように指を刺し込む等である。

また注意する点として、練習の度に決められた相手だけを選んで行うと、狎《な》れ合いから生ずる約束事だけの修練に終始するので、この点を戒めなければならない。本来修行というものは、その向上が、孤独の中に身を置いてこそ上達して行くものであり、稽古相手を選んだり、約束事のみに終始すると、単なる型踊《かたおどり》になり、狎れ合いの裡《うち》に、慣れ切った緩みが出てきて自らの上達を封じる結果になるので、自分の裡側の世界を覗き込み、それを探究する心構えが必要である。

大東流柔術と合気道の非実用性

大東流合気柔術・柔術百拾八箇条（大東流柔術や八光流ではこれが百八箇条である）及び、合気道、八光流の基本技のうち、演武では美しく見えるが、実戦では型通りにいかないものがある。一般に多く使われている各技の欠点とその注意点を上げて見た。

武術は時代とともにあらねばならない。しかし、古武術の世界に於て、その骨董的価値観ばかりが評価されて、現実にそぐわないものが秘伝として実《まこと》しやかに罷《まか》り通っている。これは武術を志す者にとって非常に恥ずかしい事である。武術は時代を重ねるごとに進化していかなければならないのである。単に先人の伝統に溺《おぼ》れる事なく、欠点を素直に反省し、またこれらの修行者はその欠点を素直に認め、時代に合ったものとして改良を加えていかなければならないのである。武術的な権威に胡坐《あぐら》をかく事こそ、武術家の最も戒めねばならぬ点である。

◎四方投げ

四方投げは、剣術の「四方八方」に斬るという語源によって、名付けられたものと謂《い》われているが、正確には柳生流の「四方素振り」から出たものであり、四方投げそのものは剣の躰術である。そして四方投げは、他の柔術諸流派には見当たらない。しかし、四方投げが世に出ると、柔術諸流派の中には逸速《いちはや》くこれを取り入れ、自流の技にしてしまった宗家や家元も少なくない。

一般に四方投げは、剣に対する無刀捕りの一種であると信じられているが、それは誤りで、寧《むし》ろ四方素振りを原形にして、敵の腕を剣に見たてて「素振る」という動作が、この技の特徴であり、

合気道の欠点

大東流で行う四方投げの入り方

合気道の小手返しの欠点

大東流の小手返しの小手の巻き込み方

敵の腕や手首を刀の柄《つか》として、横八字に振り、振り態《ざま》に自分の躰《からだ》を転身するというのが、何よりも剣技の一種であるという事を物語っている。

さて大東流においては、躰を左右の孰《いず》れかに旋回させる事を「転身」というが、合気道では一般に「転換」という言葉が使われ、大東流の転身に対し、体の移動という表現で転換が使われている。この転身と転換であるが、双方は同じものではない。

前者は爪先を回転軸として左右に旋回するものであるが、後者は踵《かかと》を中心軸として移動を行うもので、前者が敏捷であるのに対し、後者は鈍重である。その為、後者の場合、柄に見立てた敵の腕を頭上に振り上げる際、その途端に敵から返される恐れが出てくる。

著者の経験によると、合気道の多くの練習者は転換し、手首を頭上に掲げた直後に引き倒されるという破目に陥ってしまう事が多い。この原因は、転身する場合に、敵の手首を捕る時、脈所を取って拇指で圧する事が殆ど無く、また手根骨関節を動かし抱え込むといった手順が不完全で、「合気の理論」を殆ど解していなかったというのが実情であった。これはまた、敵を天に吊ったり浮かしたりする事が出来ず、その為、転身の際に敵の腕の下に潜る事が出来ず、敵の腕に余裕を与えてしまって、後に引き倒されるという事が起こるのである。

◎小手返し（木《こ》の葉《は》返し）

小手返しは、大東流や合気道だけではなく、柔術諸流派にも見られる代表的な技である。ただ大東流や合気道の小手返しと柔術諸流派の小手返しの違いは、前者に捌《さば》きがあるのに対し、後者には殆ど捌きを用いずにこれを掛けるという事である。小手返しは別名・木葉返し等とも呼ばれ、掌《てのひら》を木の葉に見立てて返す様から、この名称が付いたのである。

この技の欠点は順方向の関節技である為、敵が捌きに乗らなかった場合や踏ん張った場合、小手を返すという微弱な動作では容易に倒れてくれない、という事である。また「少商《しょうしょう》」を拇指で圧迫した程度の返しでは不充分であり、これが関節技である為、関節を鍛えたり、ふんばりや股割《またわり》等をして下半身を鍛えた者には、極めて掛けにくいという欠点がある。

合気道の小手返しの欠点

大東流の入身投げの崩し

従って、小手を返す場合、単に小手を返すのではなく、手首の手根骨と肘関節をしっかりと九〇度にして函形を作り、極めをきつくして返す事が肝腎である。

また小手返しに入る代表的な攻撃からの防禦法は、圧倒的に正拳突きが多く、その他に手刀攻撃、両手持ち攻撃、片手持ち攻撃、後両手持ち攻撃、それに衣服の各々の箇所を握る攻撃であり、それを小手返しに誘導するという方式が多いようである。

◎入身投げ

入身投げの原形は、「千鳥」「帯落し」「襷《たすき》掛け」等を変形させたものであり、一説には小野派一刀流忠也派の「絶妙剣」にヒントを得たとされているが、剣技に対する柔術・無刀捕りとは異なるもので、絶妙剣は双方が剣を構えての攻防の遣り取りの一つで、入身投げとは直接関係が無い。

入身投げの特徴は、大東流と合気道のみに見られるもので、その技を掛けるタイミングは、敵が動き廻り、その誘導に応じた時だけで、静止した状態の時は極めて掛けにくい技である。敵が静止している時は、寧ろ「千鳥」「帯落し」「襷《たすき》掛け」等の方が有効で、単純明解な技ほど実戦には有利である。

また入身投げを掛ける際、敵を返す手刀は、多くの場合、自分の手刀を首に掛ける遣り方が主流であるが、単に敵の首に掛ける遣り方は本当の意味で相手を崩し、そして倒す、あるいは投げるといった状態に持っていく事が出来ない。その理由の一つとして、敵の腰と膝は砕けない為であり、この部分を砕き、潰す為には、敵の肩井《けんせい》点を圧して潰す、初伝の合気を習得する事が必要である。敵の肩の「肩井」の経穴に、自分の手刀の小指根を打ち込む事が肝腎であり、この際、小指の方向が垂直方向に真下に向いている事が大切である。このようにして肩井点を打たれた敵は、先ず「肺尖《はいせん》（肺の外面は胸膜で包まれ、肺は心臓を含む縦隔で左右に分けられており、尖った先端を肺尖という。これは鎖骨の上二センチの処に達する）」に刺激が伝わり、左右の肺の肺圧が崩れ、それと同時に片方の腰に刺激が伝わって腰が歪み、腰と膝の刺激はその両方が砕けてしまうような感覚に陥り、ついに敵は転倒してしまう。これが入身投げの合気のメカニズムである。

しかし、指導者がこのメカニズムを知らなくなってしまった為、このメカニズムを形だけで捕えて、首にひっ掛けるといった動きをしているのが、今日の合気武道界の実情である。

◎一本捕り

一本捕りは、合気道の「第一教（第一～第四教までの技法の一つ）」に非常に類似した技で、両手取り、片手取り、手刀打ち等から入る技である。この技を掛ける術者の多くの誤りは、打ってきた敵に対し、手首と肘を抑えて伏せる技と解釈されているが、敵が抑えの途中で踏ん張った場合、抑え切れないばかりでなく、

一本捕りの欠点

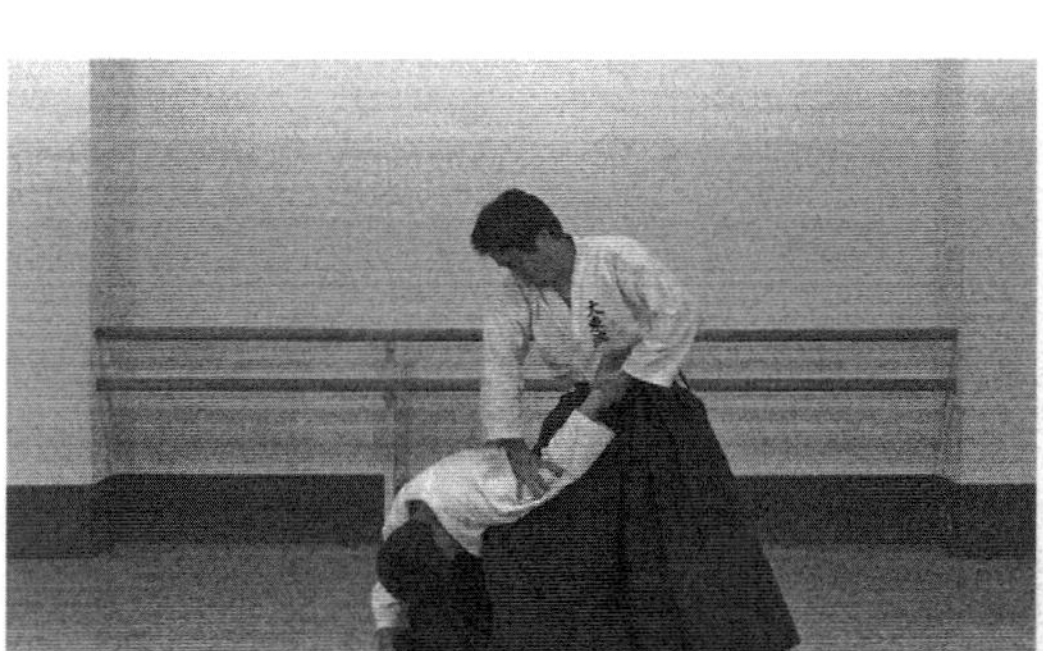
大東流の一本捕り　敵の腕を槍を突くように床に押し込んでいく

返される恐れが出てくる。またこの技は、自分と敵の手首が表裏一体の関係にあり、もたつくと直《す》ぐさま返されてしまうという欠点がある。

元々一本捕りは、戦場に於て甲冑《かっちゅう》を着た武士の白兵戦における組み打ち柔術から出たもので、小手の甲《こう》を「く」の字に曲げて腕側に押す事によって苦痛を与え、万一敵がその手に刃物を握っていた場合、それを払い落すものである。この最後の極めは、敵の手の甲の曲げと肘を掴まえて、術者が中央に各々を押して集める事がこの技の特徴であり、甲冑武術の場合、鎧武者は手から腕に掛けて「手甲《てっこう》」を填《は》めている為、その器具が梃《てこ》となって、素肌の時よりも、二倍以上の苦痛が伴うように技法が構成されている

のである。
さて、俯《うつぶ》せに伏す段階であるが、多くの術者は稽古で狎れ合いが通常となっている為、伏せられて手首を極められるという事を茶飯事の動作としているが、問題点は伏せて極めるという事より、それにまで持って行く事が重要であり、これが一本捕りの一本捕りたる所以である。

一本捕りは、一本槍を突く事からその名称が由来しており、敵の腕を槍の柄に見立てて、一気に突く技を謂ったものである。槍は単に突くだけでは突く事が出来ない。それを突くには「捻り」が必要で、捻りの伴わない動きはその効果が半減してしまうものである。

捻りは螺旋《らせん》の動きをするものであり、槍に限らず筒物の飛び道具にはその裡側に螺旋の溝が切られている。それは捻りの有るものだけが、効果の大きい事を理論付けている為であり、正拳突きにしたところで、捻りの伴わない拳の威力は、その効果が薄い事を裏付けているのである。

また一本捕りで敵を伏せる場合、捻りと同時に「鷹の爪」の業を使わなければ、体軀の大きな者を相手にする事はできない。

◎二条極

二条極は掛け技であり、他の極め技と異なる点は、他の技が手首などを捕えて極めるのに対し、二条極は術者の左右の手と腕を以て順方向に、やや腕を「く」の字に折り、単に掛け取るだけの

二条極の欠点（腰が浮けば逃げられてしまう）

大東流の二条極　敵の腰の浮き上がりを膝で制する

三条極の欠点（捕えた手が下がると敵から逃げられてしまう）

二条極から変化する二本捕りの色々
腕と腰を掛け捕る二本捕り

膝で掛け捕る二本捕り

大東流の三条極
1) 先ず、敵の手の掌を固定して

2) しっかり天に吊って絞め上げる

技である。その為、掛け捕り方が深くなると掛け捕られた敵は腰を浮かせて逃げてしまい、折角掛け捕った敵から反撃される事になる。

その防止策として、「踏み」を行い、吾が膝で敵の腰を踏み、逃げる事を防止するのである。

◎三条極

三条極構造は、手首の裡側捻りに終始する。従って捻って居る間は、技としての効果は継続されるが、一旦掛け捕った敵の手首を緩めると、再び元の黙阿弥《もくあみ》に戻る。だから掛け続けなければならないという欠点があり、大東流で謂う「両手を離す」という技法が行えない。両手を離す事、あるいは片手を離す事ができなければ、脇差の抜刀が行えず、敵への止めを刺す事ができない。従って三条極自体で独立した固業を確立する事は難しく、この技法を掛けた後、次の固め技に移行しなければならないという現実に迫られる。

しかし手を緩めれば、元の黙阿弥に戻るこの技は、敵の手首に強烈な痛みを与えて行動を静止させつつ、次の固業に移行する技術が難しく、その移行を容易にするように考え出されたのが「二本捕り」である。

◎四条極

この技は単に手の甲を極め、抑えるという単純な技ではない。

敵の腕が落ちてしまった万歳固

敵の腕と方をカッチリと極め込んだ大東流の万歳固

腕が逃げてしまった四条極

腕を逃がさない大東流の四条極

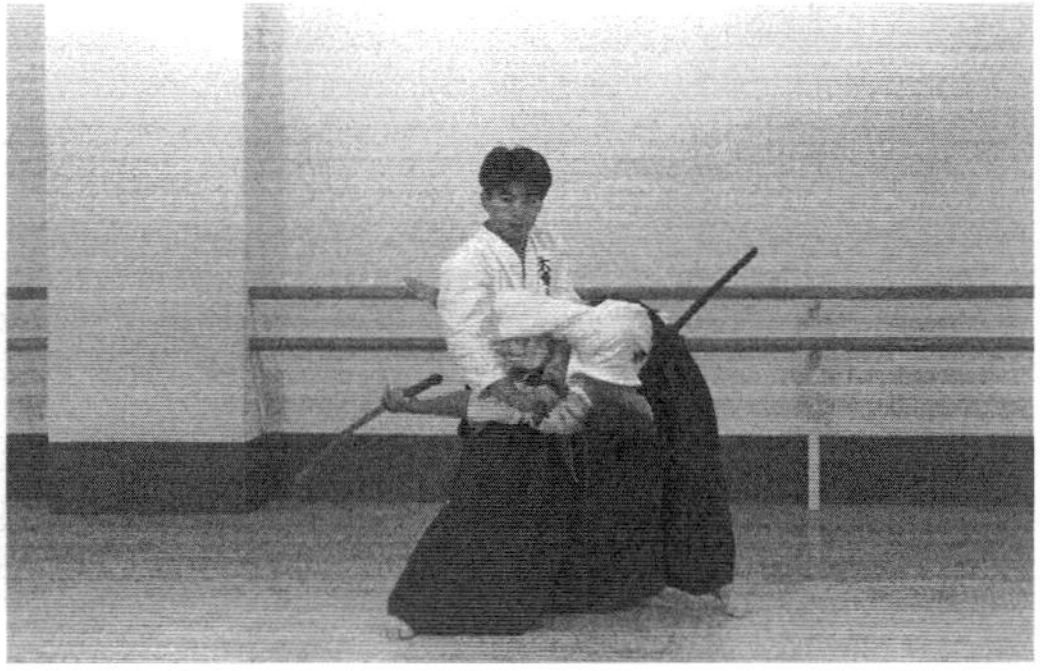

大東流抜刀万歳固
1) 敵の方を極め込み

2) 敵の後に廻った両腕の間から抜刀を行い

3) 解き放した後

4) 敵の頸を討つ

一見単純に見えるこの技は、手根骨の動かし方の熟知が必要であり、それが会得できていないと単に形だけで終わってしまう。（詳しくは四条極の技術構造及び手根骨の構造を参考されたし）

◎万歳固

万歳固めは、敵の腕を肩より上の位置に持って行くため、丁度万歳の恰好に似ている態《さま》からこの名前がついた。

この万歳固めは、元々大東流のものであったが、吾が西郷派大東流の書物が世に出るようになり、柔術諸流派の中には、この技を早々と自流に取り入れて、秘伝の種類にしてしまったものも少なくない。

さて、この技の大きな欠点は、この技自体が立極《たちぎめ》である為、しっかりと股割が出来ていないと、前方に折れるなどして不安定になり、「芋掘り」状態になって、技の効果が充分でなくなることにある。

また、万歳固めで掛け捕った敵の肩関節が、必要以上に柔らかかったり、逆にウェイトリフティング等のボディービルダーは肩に筋肉が付いていて固く、それが極端な場合は容易に掛ける事ができないという欠点がある。その反面、この技に熟練し、骨格の構造と関節の動きが理解できてくると、その隆々たる筋肉を利用して、逆を攻め、巧みに技を掛ける事が出来るようになる。しかしこれは、下半身が股割によって安定し、気を下げる事が出来た人の話で、多くはこの技を使えずに持て余しているというのが実情である。

◎十字絡み

十字絡みには両手持ちと、瞬時に交叉《クロス》させ、影をとらせる二つの掛け方がある。

両手持ちの場合は、一旦誘い込んでおいて、敵の左右の手首を掴む方法であるが、絡んだ時の甘さがあって敵から返される欠点を持っている。また敵の攻撃方法が、両手持ち以外の方法で出てくる場合、必ずしも十字絡めは有効な技といえない。

この技を有効に持って行く為には、交叉《クロス》して影を取らせる方法を修練する必要があり、この影を取る技術は、手刀や拳の場合で

合気道の十字絡の欠点

大東流の十字絡

も充分に応用が出来るようになる。

◎小手捻り全般

捻り技の特徴は、決して逆手を取るというものではない。常に順方向に手首や肘関節を取り、それをある種の角度を以て折畳んで行く事で技が掛かるという構造になっている。そしてこの技自体、腰で掛け取る固め技の一種である。

しかしこの順方向は、敵の腕や手首が常に地面に向かって平行にある時だけに有効であり、一旦敵が痛さの苦痛から手を引いたり、腕を捻った場合は技の効果が皆無となる。多くの場合、この皆無を恐れるあまり、無理にこれと格闘して、必死で抑える態を

大東流の小手捻りは一種の「固業」とみなして業を掛ける

合気道の小手捻りの欠点——受けが狎れ合いになると、肘を上げて逃げる事が出来る

小手捻りの全体像　小手先で掛けるのではなく、腰と肚で掛ける

敵の躰と腕が鋭角になった悪い二本捕　この儘では敵が容易に逃げる事が出来る

大東流の二本捕　敵の胴体に対して腕の開きは約 90 度になっている。腕と胴体の角度が開けば開く程、敵は逃げる事が出来ない。

眼にする事があるが、一旦皆無状態になれば、後は力の抑え技となり、「剛能く柔を制す」という形に終始する。

従って常に敵と正対し、技を掛ける場合は、「捻り」を強調せずに「抉る《えぐ》」事を心得ていなければならない。

「抉る」とは、シャベルカーの、あの土砂を「かき込む」形で、吾が手首を前方から後方に抉《えぐ》り込み、敵を横に抑えるのではなく前に抑えるようにしなければならない。

◎二本捕り

二本捕りは、合気道や八光流には見られないが、大東流の技の中には初伝技法として登場してくる。敵の両腕を掴み、その両方の腕を同時に極め込むのがこの技である。

二本捕りは、ただ敵を横に抑え込んで掛け取るだけではなく、ある時は敵を抑え込み、その背中の上に馬乗りになって、敵の胴体と捕った腕の角度がほぼ九〇度になるように押し上げ、敵の動きを制してしまう固め技の一種である。しかし、この二本捕りを行った場合、胴体と腕の角度が九〇度より鋭角になれば、その効果は半減する。その為に、敵の腰を動かないようにする事が大事であり、次に敵の肩関節が躰の下側から上に上がって来ている事を確認して、肩が抜けたり、逃げたりしていない事に注意しなければならない。

◎呼吸投げ（筈身投げ）

筈身投げの手の切り方　悪い例

筈身投げの手の切り方　良い例

投げ技として考えた場合、柔道の一本背負いや体落しが、組み打ち柔術としてほぼ実戦的であるのに対し、呼吸投げや筈身《はずみ》投げは極めて非実戦的かつ非現実的な技の一つである。一般には「気」で投げるとか、相手とのタイミングを合わせて投げるというこの技は、気の存在を信用しない柔道家や、実戦主義の好戦的な空手家、それに相撲経験者やド素人には掛からない。これらが掛かる人は、気の存在を只管《ひたすら》信じ、発勁の存在を信じている人で、これを信じない人には全く無効である。

また呼吸投げは、敵が動き廻っている際、その動きのタイミングに合わせて投げ放つ技法のように思われているが、多くは約束の上で成り立った受身を中心とする受身技である。これは投げる本人より、受けに廻った相手が受身を旨く取らないと技が美しく、あるいは華麗に見えない。受身の技術が旨くないと、技自体が見苦しくなり、演武と実戦での開きが、これ程大きな差を示す技は他に見当たらない。要するに、投げる者の技術が光るのではなく、受けをする受身の技術が光る技である。

　呼吸投げに入る種類のものとしては、手刀の打ち込みからの投げ、正拳突きからの流して入る投げ、両手取りからの投げ、片手取りからの投げ、衣服上半身の各々を掴みからの投げ、あるいは回転投げ等も一応この呼吸投げの一種に入る。

　これらの技は、敵が静止した状態から掛ける事は極めて困難であり、受身を教える為の技法と理解した方がよいようである。

吾が腰から敵の躰が逃げ落ちた腰投げ

吾が腰にしっかり敵の躰が載った腰投げ

◎腰投げ

　腰投げは、合気道独特の技であり、両手取りから行うのが通常である。しかし、帯刀の習慣の無い現代社会に於て、両手取りは「手解《てほど》き」の段階の古いもので、現実問題として実戦を考えた場合、先ず両手持ちに出てくる事は考えられない。

　また敵を一旦誘い入れて、自分の腰に敵の躰を載せ、体を捻って立ち上がりながら投げるこの技は、立ち上がった瞬間、自分の足が爪先立ちになり、腰の沈めが不充分になり、股割の姿勢が取れなくなる欠点がある。更に腰を引き、股割の上半身直立の姿勢を作ろうとすれば、投げる際、敵は自分の躰の腰には乗らず、滑り落ちる事になる。

　合気道は自らを独楽《こま》の軸で表現する説明を加える。多くの古流柔術諸流派や柔道の場合、投げ技を行った場合、その殆《ほとん》どが前屈みの芋掘り姿勢になる。合気道もこれを嫌う言い方をするが、腰投げの場合は芋掘り姿勢となる。これほど術理理論と、実際が異なる投げ技も珍しい。そしてこれを掛けようとすれば、以外に難しく、植芝盛平《うえしばもりへい》翁の「投げ技創造」から発した技であろう。また、大東流の肩に担ぐ、「担業」が変形したものであろう

◎合気落

　合気落は、腰投げとともに合気道独特の技である。敵は攻撃してくる時、その多くは両肩取りが殆どで、敵が自分の両肩を掴んだ瞬間、左右孰れかに体を転換させ、後側から敵の両脚の膝部分

をすくい上げるものであるが、前屈みになる為に上半身直立の姿勢を崩し、然も敵の両膝部分を掴むという動作をしなければならず、股割の姿勢を取る事が出来ない。この点は腰投げと同様である。そして無理にその姿勢を取ろうとすれば、敵の両膝は片方だけしか取る事が出来ないし、前方に大きく前屈みになれば、逆に敵から技を返されてしまう恐れが出てくる。敵の動きに弾みが付いて動き廻っている状態で技を掛けるのならまだしも、一旦敵の動きが止まり、静止した状態でこの技を掛けるのは至難の技であり、相当な力を必要とする。また敵の体重が相当量ある場合、一旦前屈みになる体勢を作るので、両膝を持ち上げるのは不可能に近くなる。無理にそれを行えば、自らの腰も痛めてしまう。

膝が十分に捕れずに抜け落ちた合気落の悪い例

腰をしっかり据え、正確に膝を捕えた合気落

敵の握り手、両足の位置の各々が正三角形の頂点に定まらない、隅落の悪い例

1) 両足の位置及び握り手が各々正三角形の頂点に定まり

2) 崩しの充分な隅落

3) 術者は楽々と敵を投げ放つ事が出来る

◎隅落（地方投げ）

隅落は、合気道の中核技法として知られているが、柔道の三船《みふね》久蔵《きゅうぞう》十段が編み出した「空気投げ」に類似しており、また合気道の天地投げ（天方投げ）にも類似性がある。

これらの技は孰れも敵の腰を握ったり、腕を抱え上げたり、躰全体を肩か腰で背負ったり、払ったり、足を掛けたりする技ではなく、敵の足運びに注目してその絶妙な汐時を見計らい、同時にそのタイミングと崩しによって掛ける技である。孰れも動きの中で絶妙な汐時が発生する。

しかし、これは投げられる場所が畳の上であるから可能な技で、もし床が畳でなく、コンクリートや砂利道の上であったらこうも簡単に行かない筈である。柔道も同様、一種の畳水練《たたみすいれん》であり、セーフティスポーツを標榜《ひょうぼう》している関係上、最悪の場合でも死なないという安心感があり、その安心の中に身を委《ゆだ》ねているからこそ、万一の場合でも命だけは取り止めるという安堵感が支配しているのであろう。

さて、その欠点に一つに、手首を握った状態、若《も》しくは組み合った状態でしか、これを掛けるタイミングは見つからず、また後方に崩す事をしなければ重心は後に傾かず、更に敵が強硬に踏ん張った場合、絶対に投げられないという短所がある。掛けたとしても、「投げた」という状態にはならず、「倒れた」あるいは「転んだ」という状態で、これが受身を知らないド素人の場合、絶対に投げたという「形」にはならないのである。

素人を投げる事が出来る投げ技は、柔道の「一本背負い」「肩車」等か、大東流の「躰落《たいおとし》」「岩石落《がんせきおとし》」等の肩か背中に担ぎ上げる技が有効であり、投げる支点が下に下がれば下がる程、投げにくくなる。

そこで強引に倒したり、投げたりするには、その技そのものより、補助的な技が必要になり、奇想天外に「アッ」と謂わせるような滑稽な技を用いるか、当身技が必要になってくる。大東流で、「相手が倒れなければ、倒れるまで、何度も当身を打ち続けよ」とはこの事を指しているのである。

◎二人取りに於ける蹴り上げ

蹴り上げの不充分な悪い例　これでは吾が足の「虎趾（こし）」で正確に相手の顔面を捕えることが出来ない。

敵の顔面を、吾が足の「虎趾」で正確に捕えた正しい例

連行によって左右両方から手首と襟を取られ、動けない状態になった場合に、自らが前方に回転して左右の敵を足で蹴る技であるが、瞬発的な反射神経が必要であり、タイミングを外すと、敵から手首を離されて真下に直撃される事態を招く。

また蹴りを入れる条件が整うのは、左右の敵が吾が手首と襟をガッチリと掴んでいる場合で、少しでも緩んでいると、前方に回転する事が出来ず、逆に頭から真っ逆さまに落とされてしまう結果となる。従って敵が少しでも曳く力を緩めた場合、自らが曳き違いによって前方に出るか、あるいは後方に退くかして前方回転のタイミングを掴み、蹴りを入れる事が大切である。（曳き違いの張りに口伝あり）

吾が両手を離す術

白兵戦が一対一の雑兵《ぞうひょう》的戦闘、あるいは下士の個人プレーとするならば、兵法（軍学・兵学）は、軍事政治学的な意図を含んだ、上士の戦略思想に基づく軍略といえよう。前者が低い位置から敵情判断するのに対し、後者は高い位置から敵情判断を下すものである。

孫子の兵法によれば、『第一「計」篇』に、「兵は詭道《きどう》なり」とある。つまり戦いは、「相手を欺く非常な行為」であり、正常でない「気迫の虚」をついた戦略が必要であると述べている。即ち、合戦や戦争と謂われるものは、一連の歴史を通じていつの時代も「狂気の沙汰」なのである。戦時に於て平時の冷静さはなく、常識派と思える軍人ですら血に猛り狂うものである。自己宣伝と功名心が理性を失わせ、名誉欲に陥って戦争を一つの芸術の域にまで高めてしまうものである。そして虚実は、往々にして異なる。

例えば道場に於ける剣術練習は、巧みな剣技の遣り取りで技が練られ、技術が向上していくものであるが、実戦の場合、道場での試合上手が必ず勝つとは限らない。実戦に於て虚を突いた戦い方に迷いがあったり、その気迫の面で、精神的に敵より劣っていれば、試合上手でも斬られる場合がある。

また、格闘技の英雄勝者でも、二人以上の複数の「乱」に遭遇した場合、「一対一」のルールの存在する個人戦と違って、集中力や注意力が散漫になり、勝手の違う土俵の上では、必ずしも勝者になりうるとは限らない。

殊に相手が多勢で、その中に日本刀（刀、脇差、短刀、貫級刀）、ライフル、拳銃、戦闘ナイフ、銃剣、あるいは日用品の金槌《かなづち》、金属バット、角材、ドライバー、包丁、アイスピック等の日常品を隠し持つ者が居れば、例えこの修羅場《しゅらば》を運良く逃れたとしても、無傷の儘で切り抜けられるとは限らないからだ。

そして殊に難しいのは、日本刀の小刀や戦闘ナイフや刺身包丁等の、比較的小型の刃物の防禦法である。

合気道や警察官護身術の「小手返し」のように、襲い掛る敵の手首を取り、半回転捌いて小手を返し、投げを打って内伏せにして抑え込むといった、一連の狎《な》れ合いの型通りには決していかない事だ。それは足運びや躰の動かし方が「転換」という動作に集約されている為である。

合気道や大東流や八光流の投技の多くは、手首を取らせたり、捕まえたりしての非現実的な防禦技が多く、それは一種の「型形式」で構築されている。「乱」に於ける臨機応変的な対処は皆無であり、凡《およ》そは型の約束事で技法が構築されている。果たして実際の喧嘩の時に、殴ったり、蹴ったりしないで、片手や両手を掴まえにいく者が居るだろうか。

その事は同時に敵を遠巻きにし、遠い処からの小手先的な技になり、また、相手の懐《ふところ》深く飛び込んで肩に担いだり、腰で払ったり、あるいは足で太腿や膝等を攻めて、払い投げるという決定的な「払い投」が出来ない「及び腰」に至たらしめるのである。更に頭上から落とし込む《岩石落し》という、柳生流の「柔《やわら》」に見られる業も省略されて、武術から遠く掛け離れている。

ここで認識せねばならない事は、「崩し」によって相手の誘導に弾みを付けたり、相手の「動きのタイミング」を巧みに読み取ってそれに合わせ、一人若しくは大勢を制することは並大抵のことではないという事である。

また大東流（松田豊作《まつだほうさく》）、八光流（奥山吉治《おくやまきちじ》・号龍峰《りゅうほう》）という伝承経路を辿った少林寺拳法（中野道臣《なかのみちおみ》。一般には金剛禅少林寺初代管長・宗道臣《そうどうしん》師家として知られている）に於ても、合気道と同じく、型通りの関節技や投技《なげわざ》があり、実戦では極めて効果が薄い観がある。二人一組での華麗なコンビネーションを主体とする相対練習は、間合や虚・実、技の変化を研究するにはそれなりの効果があるかも知れないが、同じ攻撃パターン、同じ稽古相手等が定着し、それが長期化してマンネリ化すると、狎れ合いになり、それと同時に新鮮さが色褪《あ》せてくる。これらは型稽古を基本構成として作られている為、演武的要素が強く、実戦性にも欠け、スタイルの美しさや華麗さばかりを追うようになる。まさに武術に無知な人間を驚嘆させるに留まる、パロディ的縮図が此処にある。

そして死闘の命の遣《や》りとりの場面が想像できなくなる。

これらは単的に謂って、武技を駆使して命の遣り取りをする勝負の場に於て、勝つ為の訓練を怠るばかりか、負けない為、攻め込まれない為の訓練も怠り、実戦とは程遠いゲーム感覚で技法の掛け合いを実行し、「拳禅一如」や「合気の合いは愛の合い」で、宗教か武道か分からないような巧妙な二枚舌を使い、現実逃避、実戦逃避を目論んでいるのが実情のようだ。柔道も然りで、刃物に対する防禦法が全く研究されていないというのが実情である。

さて、人と人が生死を賭けて格闘する場面は、双方の一歩も譲らぬ気構えから考えて、大量のアドレナリン（心筋の収縮力を高め、心・肝・骨格筋の血管を拡張し、皮膚、粘膜等の血管を収縮させ、血圧を上昇させる作用を持つ。止血剤、強心剤に利用する）が分泌される状態にあると考えてよい。

アドレナリンの分泌で神経が鈍感になった双方が、関節技や投技を掛け合って止《とど》めを差すのは、極めて難しい問題である。

徒手空拳《としゅくうけん》の一撃必殺に於ても同様である。このような非現実的な技法が徘徊《はいかい》する今日、大東流柔術百十八箇条は最早《もはや》過去の骨董

足掛けで掛け捕った後の抜刀
1) 敵と正対する

2) 敵は吾が抜刀の両手を封じに来る。吾は転身して敵の両手を吊り上げ

3) 吾が体勢をやや前方に崩して投げ放ち

4) 敵が投げ放たれて了う前に、手首を切り上げ

5) 敵の手首を掴み

6) 俯せに返して、腕を「く」の字固めて

7) 吾が剣の鯉口に手を掛けて抜刀を行い

8) 固め捕った敵に上段に振り構える

品となり、今日の合気武道界は大きな転期を迫られている現実があるといってよい。

それに比べて大東流は、《合気二刀剣》を母体とした、「転身」動作があり、これは絡め捕る事を目的としている。

白刃取りは素手で戦う以上、多少の皮膚は切られてしまう事を覚悟しておかねばならない。これを当り前だと割り切れば、それだけで心は気丈になり、刃物を身に受ける恐怖心と切られた際の精神的ショックを幾分にも和らげる事が出来る。斬られればその箇所によっては、出血多量になる場合もある。しかしこれは、「逃腰《にげごし》」「及腰《およびごし》」からくる体勢にあった場合である。

これを回避する為には、爪先を軸とし「転身」すれば、敵の切り込みを直角に受けずに済む。更に付け加えるならば、「転換」

すれば後退《あとずさ》り状態になるが、「転身」すれば「逃腰《にげごし》」「及腰《およびごし》」にならずに済む。後退りすれば、体重の重心が爪先ではなく、踵に掛るからだ。こうなれば押し捲《まく》られて一巻の終りである。

刃物は眼で見ても、心で見ない事だ。実戦に於て先入観や固定観念ほど、人の判断を狂わせてしまうものはない。その狂いが墓穴を掘るのだ。

また、白刃取りを行う際、大東流には敵の刃物の構え方で、その熟練度と攻撃方法を予測する《十方之目付《じっぽうのめつけ》》がある。

大東流の白刃取りの特徴は、単に敵の刃物を奪うだけではなく、我が両手を敵の「抑え」や「固め」から外し、吾が腰の剣を抜き、敵を討ち取る事が各々の業の基本となっている。従って敵を討ち取る為には自らの両手を離し、然も敵を動けないように制していなければならない。このような合戦に於ける白兵戦での闘いの中で、多敵に備えて「吾が両手を離す術」が生まれたのである。

多数之位

二人以上の敵に対して、これを防禦し、あるいは乱斜刀《らんしゃとう》を以て攻撃を仕掛ける事を《多数之位《たすうのくらい》》、あるいは《多敵之位》ともいう。

宮本武蔵の『五輪《ごりん》の書・水之巻』には「多敵の位の事」を上げ、「多敵の位と云ふは、一身に大勢と戦ふ時の事也」という件《くだり》がある。これには観察力を以て敵を見分け、前後何れかを打破する事、左右に太刀を広く使う事、左右の太刀は各々に振り違える事、敵を一重に魚繋《うおつな》ぎ（魚を竹笹などにエラから通し、順にひとまとめにする意味）に追い廻す心の仕掛けをつくる事、四方に取り囲まれても一方方向に追い回す事、敵との間合いや間のとり方、拍子を受けて崩す事等が上げられている。つまり一人で大勢の敵と戦い、それに勝つ為の心構えを説いているのである。

また別の項には、

「敵を打拍子に、一拍子といひて、敵我あたるほどのくらゐを得て、我身もうごかず、心も付ず、いかにもはやく直に打拍子也。敵の太刀、ひかん、はづさん、うたんと思心のなきうちを打拍子、是一拍子也。此拍子能ならひ得て、間の拍子をはやく打事鍛練すべし」とあり、機先を制して、一気に倒す心得が述べられている。

さて、此処で《多数之位》がどのようなものであるか、先ずは説明しよう。

一人の人間を攻撃するにしても、攻撃側は各々異なった伎倆と力量をもっている。手練《てだれ》の中にも足の速い者もいれば、遅い者もいる。伎倆や力量にも当然差がある。即ち、一斉攻撃のようであって、そうではないのである。一度に押し寄せてくる波にも、場所によって若干の「ズレ」というものがある。これをしっかり見切る事を「見切り」という。まさに武蔵の云う、観察力を以て敵の「静動」を見分け、前後何れかを打破する事に通じるのである。

一人に対して多勢で襲い掛る攻撃も、見た眼には一斉攻撃のように見えるが、若干の誤差があるという事である。例えば渦に向かった数人が、一斉に渦には巻き込まれないのと同様である。誤差は数人であっても、一回につき接して引き摺り込み、対応出来るのは一人であり、相対的対象が渦のようなものであったら、如何に攻撃側と雖も容易に取りつく事は出来ない。

《多数之位》は、この誤差を以て、敵の攻撃に対処するのである。ここでも武蔵の、敵を一重に魚繋ぎに追い廻す心の仕掛けをつくる事、四方に取り囲まれても一方方向に追い回す事の教訓が生きてくる。

一般に知られている合気道の多人数捕りは、《合気二刀剣》に於ける《多数之位》とは大きく異なっている。その違いを説明すると、その修練法もさる事ながら、技法を掛ける次元（時間と場所）が異なっているのである。

合気道は、その術理の中心となすものが、横平面円運動上の高低を含む「転換（前後左右踵移動の平面円運動）」であり、西郷派大東流では、同じ円運動でありながら、「転身（立体球運動）」を行う。「転換」と「転身」は、双方は同じような意味を持ちながらも、その行動に於ては大いに異なっている。

合気道の転換は概ね「踵での転換」であり、西郷派大東流では「爪先での転身」である。その為に「構え」が無い。

この違いを述べれば、「踵での転換」は足腰が安定する反面、敵の多種多様の攻撃に対して反撃するにあたり、動きが制約され、鈍重になる。またそればかりか、「突き」や「蹴り」に対して後手となり、「後の先」を狙う為、対応が手遅れとなる。それに反して「爪先での転身」は、体重を爪先に預けている関係上、種々の攻撃に対して、軽快に敏捷に防護する事が出来、仮に敵の第一打を食らったとしても、致命傷的な損傷は受けない。方向移動もスムーズに行われ、腰の切れが良いというのが特長である。

しかし、《多数之位》を会得するには、充分な剣の術理の熟知が必要であり、殊に二刀剣の修練は《合気》を行う上で必要不可欠なものとなる。

次に二次業と三次業の説明に入る事にしよう。

格闘は、意地と意地がぶつかり合い、力と力がぶつかり合うのが武術の世界である。勝者は英雄ともて囃《はや》され、敗者は無残に今までの地位を追われる事になる。

武道評論家達は、勝者の、その勝因を科学的に証明しようとするし、敗者はその敗因が何処にあったかその究明を試みる。しかし、武術と謂われるものは、個々の今まで培った修練を総括したもので、枝葉末節な局所の究明では全貌を解明する事は出来ない。

さて武術というものには、各々に次元というものがあり、次元が異なれば、そこで使われるエネルギーは、当然異なるものを使わなければならなくなる。

大別すると、二次元的なスポーツ武道、三次元的な実戦武道、四次元的な気界（厳密に言えば、命の遣りとりを基盤にした霊界や神界の異次元パワー）のエネルギーを使う、次元の異なった古武術となる。従って各々は次元の違いで、形式も、形態も、その修行法すらも異なってくるのだ。

二次元的な平面上を活動範囲とするスポーツ武道は、筋力とスピードを主体にした、言わば欧米的技法で、主に点から点への移動であり、それを上から直視すれば、その行動線は直線であったり、腕や脚を振り回す範囲の半円形を描くものであったりしているが、それを側面から眺めると平面的な面の展開で、それには厚みや幅といった空間が無く、単にスピードと力のぶつけ合いが中心となっている。

また三次元的な空間行動線を主体とする実戦武道は、側面から眺めると、そこには厚みや幅の空間があり、行動線には常に螺旋的な動きが伴う。動きは複雑であり、早い遅いが加わって、高低の落差が大きい。そして球形を成す立体感がある。しかし三次元空間も現世の諸現象に制約される為、高次元から見ればその動きは鈍重で、無駄と無理が付き纏《まと》う。スポーツ選手や格闘家が、力の直線運動が原因で力み過ぎて、心臓肥大による心筋梗塞に悩まされるのは、この無駄と無理を物語った側面といえよう。

さて、四次元以上の気界のエネルギーを使う古武術は、種々の行法が付随している為、専《もっぱ》ら筋力トレーニングよりは、呼吸法や丹田養成法や精神修養が中心であり、それに集中力や霊的行法を用いて、心・技・体の《三位一体》を霊的に作動する「玄気《げんき》」を用いる。これによって、点は線に移行され、線は円弧に移行され、円弧はやがて螺旋に回帰されて、最後は一つの「球」となる。

この動きの構造は、一人の敵に対して行うものもあるが、応用業は二人以上の複数の敵を相手にし、巨大なエネルギーを発する《玄法》が原則となっている。そして口伝でいう「四次元空間に沈める」という、気界の異次元エネルギーを使うのである。

武蔵は「多敵の位の事」の最後に、「一人の敵も、十、二十の敵も心易き事也。能々《よくよく》稽古して吟味有るべき物也」と締めくくっている。

重い物を軽く使い、軽い物を重く使う

剣道には、その伎倆に於て、その真髄に近まれば「重い竹刀《しない》を軽く使い熟《こな》し、軽い竹刀を重く使い熟せる」という教えがある。しかし、この教えは今日でも殆ど活かされていない。剣道家の十人中十人までが、試合に於ては「軽い竹刀を軽く使う」というのが実情だ。

これは競技としての剣道を意識しているからであり、武術としての「撃剣」を意識していない為である。

さて、重い物を軽く扱う事は然程《さほど》難しくない。重い竹刀なり、刀なりを毎日素振りするだけで重い物に馴染《なじ》み、意識せずにそれらを扱う事が出来る。

しかし問題は、「軽い物を重く使う」という事であり、この言葉の真意は単に、見せ掛けの軽い物を重く使うという事ではない。

軽い物を重く使う、この特殊な技術は単に技術一辺倒の練習から会得できるものではなく、それに例えを加えるならば、「割箸《わりばし》一本で敵の脳天を叩き割る」という事であり、また「紙紐で割箸の束《たば》を叩き切る」というような、一見不思議に見える業をいとも簡単にやってのける事をいうのである。

割箸は軽過ぎて木剣の代用とはならない、あるいは紙紐は軽すぎ、弱過ぎて割箸の束を切れるわけがない、という通俗的な理論展開ではなく、割箸一本にしても、紙紐一重にしても自分自身の手足の延長と考えてそれを叩き割り、切断するという事が可能になるのである。何故ならば、剣術家が剣を握った場合、剣は自分自身の肉体を通過した躰の延長であり、剣が物を切断し、貫くという事実が存在する以上、これらは手品や魔術の範囲ではなく、歴《れつき》とした武術の業として、成就の最高峰に掲げられているのである。

術者の発する波動としての「唸《ねん》」は、つまり呼吸（霊的）に集約され物体を通過する性質を持っている。それは外的な破壊力だけではなく、内的な貫通力にも通じている。即ち、「気」を貫通させ、念（想）の音から生ずる意を通過させる働きがある。

唸は気と重なり合って、時空を貫通する力がある。万物には気が存在する。生物であろうが鉱物であろうが、総ての物質に気が存在している。気によって破壊される物質があるならば、気によって破壊する物質も存在している訳であって、両者は一方的に、片方だけが受動であり能動であるという訳ではない。使い方によっては受動になったり、能動になったりする。

例えば、新聞紙の両端が糸によって吊るされているとする。その紙は上部だけ二点が吊されていて、下はその儘の、風に揺れ動く浮動であり、この中央を拳か指で突き、軽く貫通させてしまうという技法である。これは力では貫通できないが、気を用いれば軽く貫通できる。これらは「軽い物を重く使う」典型的な見本ではあるまいか。

これは決して、重い物を軽く使う「力の剣」では理解できない。唸の存在と、気の存在を無視して行えるものではない。唸が発して、気が貫通する想念を描かなければ、力任せに突き破れるものではない。

四次元空間に沈める

大東流の「最大の謎」とされている「四次元空間に沈める」という合気行法は、《宇宙の玄理》から構成されている。

大東流には柔術を基本とする《柔術百十八箇条》の他に、合気を名称とした、剣儀を含めた高級技法というものがあるが、この技法は、単に業が行法を必要とする複雑極まる術理から構成されているだけの事であって、端的に言えば、目に映る範囲では、単調な「一本業」に映る。そしてそれに固めたり、踏み抑えたり、搦め捕ったりする、高級な《縛り》の技術が加味されている。

一本業とは、今日に見られるような格闘技と同形式をとり、リングや土俵を設けて、一人の敵に対して、一人で立ち対《むか》い、それを単に投げたり、抑えて固めたりする業である。しかし、それは止め（殺す事）が無い為、セーフティスポーツの範囲内で行われる。その目的は敵の出鼻を挫き、戦意を喪失させる事にあり、一時的な激痛や衝撃を与えて行動を停止させる。従って一時的に敵を制する事は出来ても、敵を長時間極め込んだり、制しておく事は出来ない。

柔道及び、古流柔術や合気道の多くの投げ技は、投げ放して、握り込んだ手を緩めたり、固めた手を外せば、再び敵は自由を取り戻し、再度敵から攻撃の憂《う》き目《め》を見る事になる。これらは技法が如何に巧妙で高級であっても、総て三次元業の範囲内の事であり、四次元業とは根本的に異なっている。

では、四次元業とは如何なるものか。ここで三次元業と四次元業の比較をしてみよう。

三次元業は、自分の両手を開いた腕の長さを直径とした円周上の円の中心に立ち、そこで敵の攻撃を交わし、投げ、あるいは固めて生け捕るのであるが、四次元業は同じ円周上の中心から、転身して円周の淵に立ち、自分の元に立っていた中心部に敵を沈める業である。

三次元業は相撲の土俵に似ていて、敵を自分の土俵の中に引き摺り込み、遠心力で敵を制するのに対し、四次元技は円周の淵を擂鉢《すりばち》の淵《ふち》に見立て、擂鉢の底、即ち求心力を以て、自分の元居た円周の中心に向かって、地の下に落とし、沈める技法である。この技法が俗に言う「四次元空間に沈める」という業なのである。

三次元業は平面からなる円周の土俵であり、四次元業は『蟻地獄』を思わせる立体空間からなる擂鉢の様相を呈している。但し、この擂鉢は、地に隠れていて実際には見えない。この擂鉢の底を意識しているのは、業を掛ける術者だけである。更に、敵を沈め捕る時は、地上の上で制するのではなく、地に隠れた擂鉢に沈めて制するのである。ここで言う「地下に沈める」とは、精神的には敵の残像（心や魂）を叩き着けるようにして、擂鉢に沈め捕るイメージを持つのである。

肉体的には、地底の奥底に向かって、あたかも深い井戸の底に投げ込むようなイメージを以て、地面に激しく叩き落とすのである。これによって、敵は受け身をとる事が出来ないし、直には立ち上がれない程、強烈な衝撃とダメージを受けるのである。

三次元業は、畳二枚の正方形の中心を主軸として、両手を広げた状態で回転すると、ほぼ畳二枚の正方形に内接する円が出来る。この円の中心点に吾が立ち、この中心点を主軸として、独楽のように左右に回転して、敵を投げ放つのが三次元業である。その際、術者は中心点から動かずに、体捌きの遠心力を以て、敵を右へ左

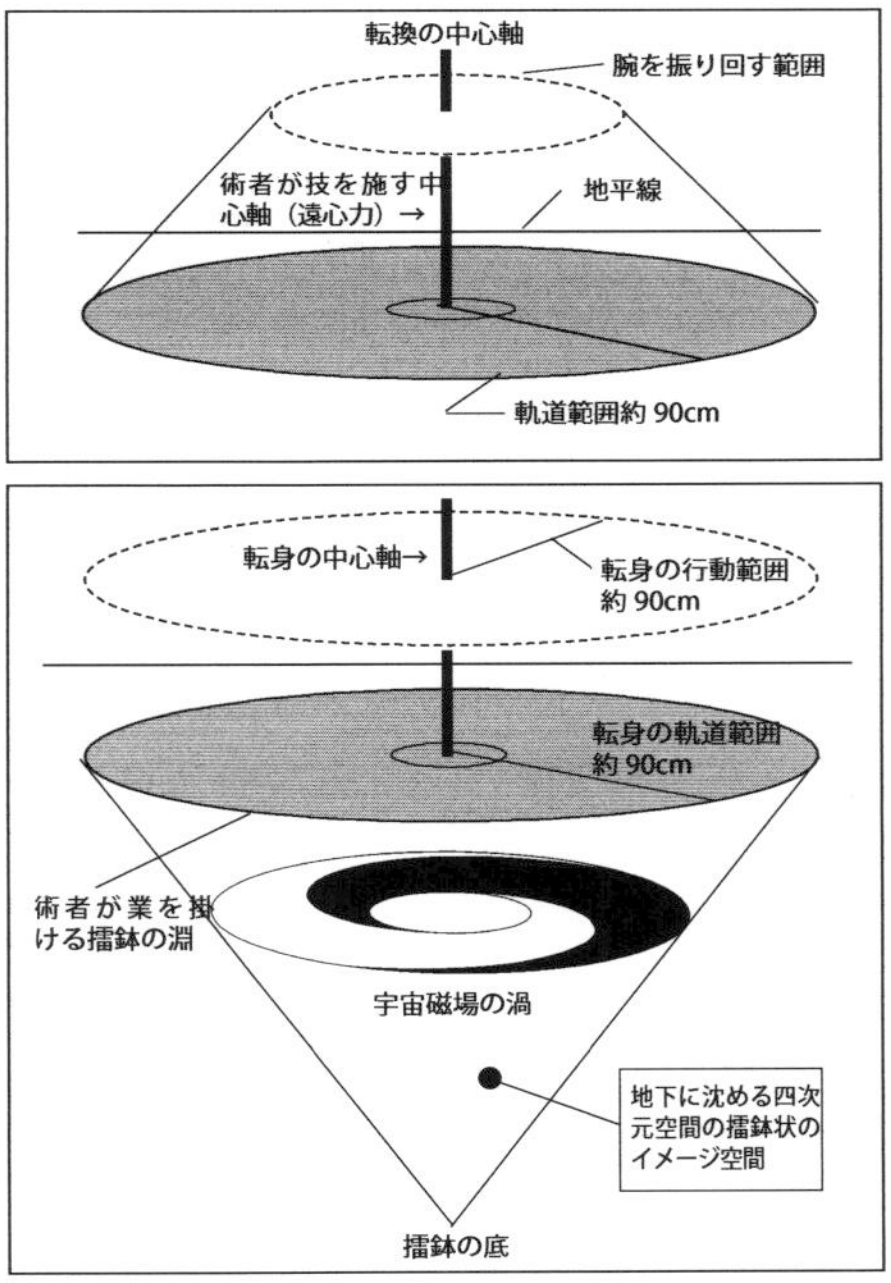

三次元業と四次元業の立体空間の違いを示す図

へと捌き取って投げ、あるいは抑え込む。

これに対して四次元業は、畳二枚の正方形を主軸として、同じように両手を円周状に開き、その回転円周状に独自の擂鉢を描く。この円周線上が術者の足運び《点足（合気道のように踵で転換するのではなく、爪先の軽やかな足捌きに拠《よ》る転身）》の接点となる。敵に対し正対するのは、三次元業と同じであるが、敵の攻撃と同時に、円周の中心から、円周上の淵の接点へ転身して、素早く足を運び、体を一旦中心から円周線上に移動させる。更に左右の手を各々別々に動かしながら、敵を今まで自分がいた中心部の擂鉢の底に向かって、制していくのである。即ち、術者のみがイメージした、地下に隠れた中心部の擂鉢の底に向かって、敵を沈め、落とし込んでいくのである。

そして敵はその中に封じ込められて沈められ、瞬時に行動力を失う。

大東流は、長年収集研究（江戸中期に行われた徳川幕府の講習会「甲中乙伝《こうちゅうおつでん》」にはじまり、西郷頼母《さいごうたのも》が会津藩校・日新館《にっしんかん》の正課武術を編纂するまでの公武合体に於ける幕末まで）が行われた事から多くの技法が存在している。その技法は単純計算しただけでも、凡そ二千八百八十四手あり、これに付随する応用技を加えれば約三万業前後と謂われている。但し、これに武器術（柳生流や溝口一刀流や小野派一刀流の剣、宝蔵院流の槍、柳生流の杖、棒、柳生流の「やわら」等）が加われば、その数は二倍にも三倍にも膨れ上る。しかし大東流は、単に技法の多さを誇る武術ではない。

多くの大東流研究者は、これらの技法に自己流の注釈を付けて分類し、それに大東流柔術の柔術百十八箇条と、武田惣角《たけだそうかく》が口伝し、植芝盛平が口述筆記した「御信用之手三十六箇条」に某《なにがし》かの体系をつけて、蒐集《しゅうしゅう》している人も少なくないが、これらの蒐集家は、蒐集の範囲を抜け出す事が出来ず、大東流そのものが持つ自由性を無視して、骨董品の蒐集家に成り下がっている観が強い。また、大東流の技法の多い理由を本当に知っている人は少ないようだ。

さて、多くの業を沢山学ぶという事は、書面に認めてそれを記憶したり、写真に納める事ではない。自らの躰を通じて、多くの業を学び、学んだものは次々に忘れて（忘れる方法として《忘術》がある）、また新しいものを会得していくという事である。限られた許容量の中で、新しいものを学ぶには、古いものや必要でなくなったものを次々に消去していかなくてはならない。忘れ去る現実の中にこそ、現世の実体があり、本当の真理があるのだ。宇宙の霊妙なる玄理（脳の大脳皮質が作り出す、臨死体験をはじめとする意識の形態の場で、霊的に時空を超越したり、神との融合をする世界）は、実にこの中に宿っているのだ。

捨てる事を惜しんで、新しいものを会得していく事は出来ない。現世は有限の内観宇宙で構築されている。人間には有限的な限界を表わす許容量というものがある。人間は永遠無限の産物ではない。殊に肉体はそうだ。時間や空間に左右され、宇宙の諸現象に左右されている。この現世に於て、これらの制約を受けないものは誰一人としていないのである。

その為には忘れる事が肝腎であり、同時に忘れる事は潜在意識の中に刻み込む事にもなり、西郷派大東流で謂う《忘術》の原点はここにある。そしてこれは、偏《ひとえ》に「型をなくす」という事に回帰する。

忘術

今まで吸収した知識から離れる事を《忘術》という。

知識は、ある意味で個人の教養の一面を担っている訳であるが、それは往々にして固定観念で支配されている場合が多く、これが愚行や醜行の原因を作ったり、恥の上塗りをする元凶となっている。これが俗に言う、「柵《しがらみ》」というものである。

従ってこれらには、自己を殻に閉じ込め、悪念を作り上げ、輝かしいものを穢れで汚してしまう無残な一面があるのである。裏を返せば、凡その人間は何かに魅《み》せられ、心眼が曇らされて、取り憑かれた状態の儘で生きているのである。それが金・物・色であったり、家庭や家族であったりする。

これらが自己崩壊の念を作り上げ、柵に執着する無残な自己を形成するのである。人はこれに振り回されて現世を生きるのであるが、これらの吸収した知識を捨てる事は並大抵ではない。つまり「捨てる」という事を実行する為には、「術」が必要なのである。この術を用いない限り、自己は柵から解放される事はない。

二刀剣から一刀剣へ

元々二刀剣は、一刀の剣を分散させて二刀に置いたものであり、二刀剣を会得した後は、再び元の一刀剣に戻らなければならない。

多くの剣術の諸流派は、二刀を持って格闘する事は極めて稀《まれ》である。然も同じ長さの剣を持って、一振りは我が剣、もう一振りは敵の剣である。多数の敵に囲まれた場合、その敵を打ち破るには、一人が一度に大勢を相手にしては殆ど勝ち目が無い。集団は分散させなければならない。つまり多数を一人にしなければならないのである。

大東流では、多数の陣を破る為には、先ず最初の一人に「奪いの剣」を行って、敵から剣を奪い取り、その剣を以て「二刀剣」とするのである。二刀剣は乱斜刀の要領で敵を切り崩して行く。これが多敵を破る術である。

さて、これを会得出来た後、今までの二刀剣は再び元の一刀剣に戻る。

本来、刀剣は大刀の柄の長さからも窺えるように、両手の手で握るように造られている。その剣を、二刀剣では左右各々、ほぼ同じ長さの剣を持ち鍛え上げたのであるから、それが一刀に戻ったとき凄まじい威力が生じる。この威力を以て、一刀剣とするのである。

これを「合気之太刀」と謂い、一般の古流剣術に出てくる太刀とは異なった剣操法である。そこには合気に則《のっと》った独特の太刀を使い、独特の太刀捌きがある。敵の勢いづいた激剣を殺し、あるいは「真剣の中合せ」に見られるような、太刀と太刀が激しくぶつかりあった瞬間、これをふわりと受け止め、更に転倒させる方向に太刀捌きを行う剣法である。あるいは敵の太刀を受け止めた瞬間、その総ての動きを封じ込め、動けなくしてしまう剣法である。

二刀から再び一刀に戻るとされる理由は此処にあるのである。

一刀剣から無刀へ

太刀を構えた多数の敵に対し、素手で構える修行は「太刀合いの妙」である。更にこれを素手で敵の剣を奪い、投げ、抑えるといった二刀剣奥伝技法は、その醍醐味を一層高級なものへと誘っていく。では、二刀剣から無刀への移行について説明を加えて行く事にしよう。

合気二刀剣の修行行程は、初歩段階の一刀剣の修練を行い、その後に二刀剣に移行し、合気を伴って合気二刀剣と為す。この合気二刀剣は次の段階で合気を伴った儘、一刀剣と為し、やがて無刀へと、本来の人間の姿に戻っていく。

無刀の真髄は、「奪いの剣」であり、正眼に構えた敵の小手とその剣先が上がる瞬間に、素早く斜め前に踏み込んで腕を抑えて、同時に中高一本拳を敵の脇腹に打ち込み、太刀を奪う技法である。「無手」とはその業を謂う。

また、二刀剣の操法を充分に会得したら、もう剣を使う必要はない。剣自体は不要の物となる。これが理想とする「無刀」の境

白刃捕りの連続写真 1

2

3

4

5

6

地である。

剣への執着、剣やその他の得物に頼ろうとする気持ちは、幼児が玩具がないと遊べないのと同様であり、剣がなければ身を守れないのと同じ事になる。

人は生まれ落ちて暫くすると自我が芽生え、やがてこれに振り回されながら、世の中を生きていく事になる。そこには姑息な処世術があり、また物財に執着する独占欲も旺盛になっていく。しかし、これは人生に例えるならば、貪欲な物に執着する絶頂期の事であり、それを頂点として、段々とこれから離れていかなくてはならない。「我」からの解放である。何事かにこだわり、固執するという呪文から解き放されるのである。修行の頂点は此処に到って山場を向かえ、そして自らの魂が「柵」という人生の束縛から解放され、自由を得るのである。

それと同じ事を「無刀」は教えている。知り尽くした外物の刀を、自らの躰に装着させて外側に置くのではなく、自らの心の内側に置くのである。

また内側に置いた心の刀はその中で構えである、「無意」の状態をつくるのである。合気が無手の剣法に至る為には、先の述べた過程や段階が必要であり、最初から「奪いの剣」を目指した無刀の剣はないのである。

無刀から無構えへ

大東流はその極意が、「構えがない」「気合いがない」を特徴とする。この極意に行き着くには、合気二刀剣を充分に熟知しておかなければならない。そこに合気の玄理が存在する。

《合気の玄理》は、一刀の剣の技法を知り尽くして二刀剣に至り、二刀剣から無刀へ至って、やがて構えすら不要となる。即ち、自然体の《無手構え》に至るのである。

しかし、《無手構え》とて、構えないというわけではなく、自分の手を刀に見立てたり、あるいは正拳、もしくは中高一本拳を短刀か、小型の刃物に見立てて、敵の攻撃に対してそれを用いるという事には変わりがなく、ある意味で剣を構えたのと同じ理屈になる。

これに対し、大東流の《無構え》は、その「構える」事自体を止めてしまった、《為《な》すが儘の構え方》であり、力んで相手を正対したり、あるいは相手の隙を窺って、それに乗じるような姿勢をとらない。総て自然に任せ、その中に調和して一体となり、自然の中の「人《じん》」と成るのである。二刀一流の《五方之形》から謂うと、《下段・水形の構え》である。

「身構える」という姿勢の欠点は、「構える」事によって、相手から懐《ふところ》深く飛び込まれて、構えた手を捕られてしまうという事にある。また構えれば、脇が隙だらけとなる。

武術あるいは武道、格闘スポーツと謂われるものは、姿勢を強調し、その姿勢はとりもなおさず「構え」という事になる。殊に上半身及び頭部には多くの急所があり、この構えによって急所を隠し、護《まも》るという事を意味するのである。しかし、これは裏を返すと、構えによって急所の位置が明確になり、相手はそこを攻撃する為に、構えそのものを掴んだり、崩しに掛かる訳である。

例えば、拳闘《ボクシング》の顔面をガードするような構えをして、敵に対し正対した場合、適度な間合いを保って、その攻撃を待ち続ける事は、それに技を掛け受ける側としては非常に不利になるが、逆に業を仕掛ける方が、敵のフェイント的な攻撃に対して怯《ひる》みもせず、その懐《ふところ》の中に一足飛びに飛び込み、その両手のガードを固めた構えをとってしまったら、相手は次に打ち出す攻撃方法がなくなる。後は抱き合った儘の、接近戦での小競《こぜ》り合いとなり（ムエタイならば膝蹴りが入るであろうが）、打ち合う間合いが短い為に、決定的なダメージを与える事が出来なくなる。

これらは、拳闘の接近の攻防を想像して貰えば容易に想像がつくであろう。また合気道の、両手刀を前に出して構える「正眼」を模倣した構え方は、剣と正対した場合、容易に胴（脇腹）を打ち込まれてしまう隙だらけの構えである。これは剣術家から見れば、胴が隙だらけで、どうぞ此処に剣を打ち込んで下さいという風に隙だらけである。

この事から「構え」は、両刃《もろは》の剣であり、敵とある程度間合いを保っている場合は、その構えは有効になるが、接近され、組み付かれてしまったら、構えは全く用をなさない。

用を成さないものであれば、無理に構える必要もなく、なすが儘に身を任すのが肝腎で、「動」から「静」の移行が必要となる。心に動揺を覚えたり、仰々しく格好をつけたり、身構えて力まない構えこそが、構え方の理想的なものと謂えるのである。即ち、肉体で身構えるのではなく、心で構え、魂で構えるという事だ。また、この時の心境は「無意」に徹していなければならない。

さて、大東流は、この無構えにいたって、純然たる「合気」を構築する事が出来る。一般には「無刀捕り」を柔術の極意にしたり、「合気」自体を心得的な戒めにしている古流武術が多いが、大東流はその修行の最終過程に「無構え」を教え、それを真髄にして、武術の完成を目指す事に重きを置いている。従って、無構えは無手護身術の単なる方法論ではなく、即座に敵の力を無効にする事がこれまでの剣技の中で教授されてきたが、これこそが敵の抵抗を無力にして「合一融和」の真境に達したものなのである。

現世が、実践体験から起こる体感主義で構築されている事は紛《まぎ》れもない事実であり、武器を用いる多くの過程と段階と場数を踏まずして、観念的に無手を説いたり、合気を説いたりするのは、合気を名称とする武道の無知を証明する事でしかなく、実戦的な武術から大きくかけ離れる事を意味するものである。古文献を漁り、「気」のブームに乗じて気の存在を豪語し、それに便乗しても、武器や拳法を以て場数を踏み、その体験や体感なくして「無構え」の境地に辿り着く事は出来ない。それは決して華々しい武勇伝に彩られたものばかりでなく、多くは戦いの敗北から生じた貴重な「教訓」が、次に負けない場合の、戦い方の教えとなっている。「無構え」はまさにこの教訓の集積なのである。

技法・術理篇

第一章　剣術の起源とその術理

刀剣への考え方

ここで日本刀について述べる事にしよう。

日本刀は日本民族の、何ものにも替え難い宝であると同時に、日本人の精神性を現わす神器でもある。これが武士の魂と謂《い》われる所以《ゆえん》である。

さて、刀は他の刃物と異なり、製法もさることながら、研《と》ぎ方が異なっている。包丁や剃刀《かみそり》等の刃物が横研ぎであるのに対し、刀は縦研ぎである。また刀は柔らかい鉄の周りを鋼《はがね》が被うといった、異なる二つの鉄の層を持つ構造から出来ている。

刀の製法は大きく分けて二つあり、一つは鍛え刀であり、これは刀匠《とうしょう》が鉄分の中に含まれる炭素分を含む、純度の悪い物質を折り返しを行いながら叩き出して、純度の良いものだけを刀身とする遣《や》り方であり、もう一つは延べ刀（打ち延ばし、または素延《すのべ》ともいう。また鋼鉄の板を工作機械で刀の形に削ったスプリング刀もこれに入る）といって、鍛える回数が極めて少なかったり、あるいは刀姿の形の容器の中に、溶解した鉄を流し込んで、上の刃文《はもん》をつけた疑似刀とに分かれる。前者が美術品としての価値も高く、切れ味もずば抜けているのに対し、後者は美術品としての価値が皆無であり、「曲がる」「折れる」「へこむ」「重い」等の、刀の理想とは程遠いものがある。

さて、日本刀の長さであるが、居合道等では二尺三寸四分（七〇・九センチ）程度の物を「定尺寸」と称しているが、実際の戦闘に於ての長さとしては必ずしも適当ではない。

太平洋戦争当時、陸海軍が指揮官達に適当と定めた軍刀の長さは二尺（六〇・六センチ）前後の刀で、それ以上の長さの刀は長過ぎて適当ではなかった。それは指揮官や将校達が、帯に差す腰差しの形ではなく、左下の腰に下げるという西洋風の騎兵刀《サーベル》形式をとっていた為である。また指揮官が騎乗して軍刀を下げた場合、腰から下に垂らすといった騎兵用の刀装形式をとった為で、あまり長い物は片手で振り回すには適当でなかった。

当時の軍装から推測すると、陸軍は二尺から二尺二寸（六六・七センチ）迄の刀を適当とし、海軍の陸戦隊もこれに倣い、同等の刀を使用していたが、陸海軍とも航空隊では一尺八寸前後の刀を将校や下士官の軍刀と定めていた。これらから分かるように、実戦で使う刀の長さは、あまり長い刀は使われなかったようである。

しかし、古流の居合術や剣術の流派では、競うように長い刀を使用し、その長さを自慢する傾向にあるが、強いて言えば骨董品の世界の過去の産物でしかない。また長い刀を使うには、それだけの熟練した技術が必要であり、刀法操作に難しさがある。

一般的な先入観として、刀はよく斬れる刃物と思われているが、熟練者以外がこれを使用した場合、小さな細い竹を斬る事すらも出来ず、また敵に致命的な傷を負わせる、あるいは死に至らしめるといったことは到底不可能に近い事を知らねばならない。

次に日本刀の製作について述べる事にする。

刀の長さ　肥前刀の大小

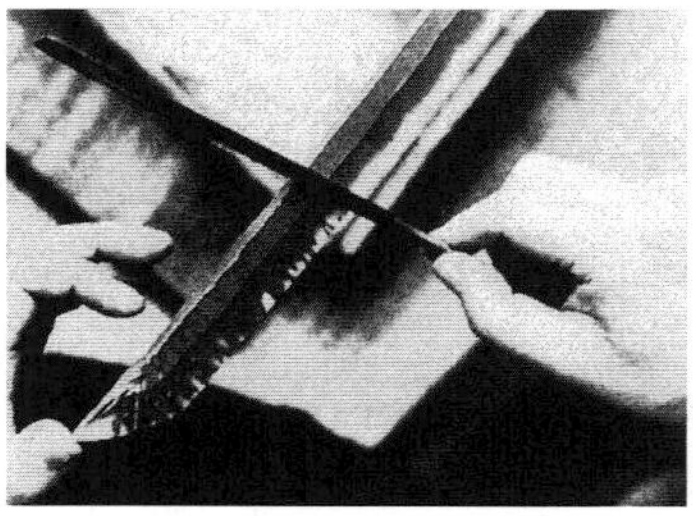

土取り

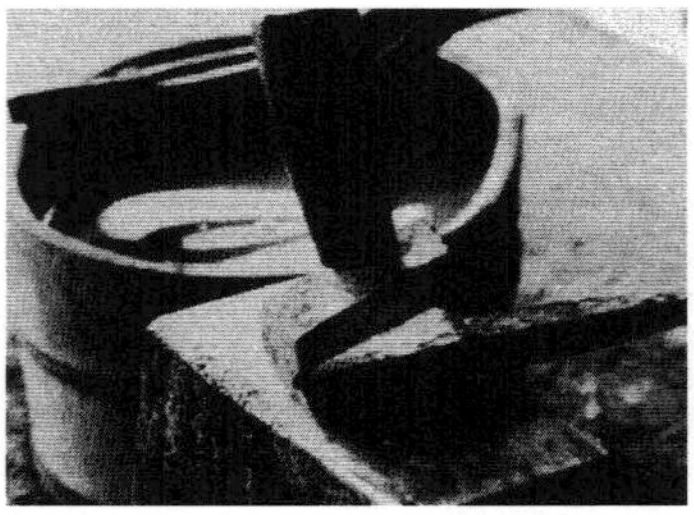

折り返し鍛練

日本刀の製作は、その材料である砂鉄を原料とした玉鋼《たまはがね》と謂われるものが使用され、時として包丁鉄、江戸中期以降に持ち込まれた南蛮鉄、銑鉄《せんてつ》、あるいは古釘等の古鉄も使用される。

製作工程は「玉潰し」という、玉鋼を板状に打ち平めて小割にする作業からはじまる。次に「積《つ》み沸《わ》かし」という工程に入り、同一の材料で作った「てこ鉄」の上に、小割にした玉鋼を積み重ね、炉に入れて沸かし、鍛接《たんせつ》して一枚の厚板を作る。

折り返し鍛え

拍子木

次に「折り返し鍛練」という工程に入り、厚板を打ち延ばして、その中央にタガネを入れて折り返す。この時に鋼の中に含む不要な介在物が叩き出され、炭素の含有量が調節される。この折り返しは数回から、多い場合は十数回に及び、縦に折り返す場合と横に折り返す場合とがある。この折り返し鍛練は、積み沸かした鉄を鍛練するのであるが、例えば十五回の折り返しを行った場合、二の十五乗の層が生まれ、三万二千七百六十八枚の層を数えるのである。

次に拍子木（短冊鉄《たんざくてつ》）という行程に入り、「下鍛え」の終了したものを細長く打ち延ばし、これを一定の長さにして拍子木状に切り揃える。これまでの工程を「下鍛え」という。

次に「上鍛え」という工程に入る。上鍛えは「積み沸かし」からはじまり、「てこ鉄」の上に拍子木を積み、下鍛えと同様に鍛接する。この拍子木は刀の地肌模様の直接の基礎となり、積み方は各々の伝法によって異なる。次に行われるのは折り返し鍛練であり、この鍛練で最終的な炭素量が決定され、地肌模様が形作られる。

次に行われるのは「心鉄造り」であり、軟らかい包丁鉄に玉鋼を混ぜ、数回鍛練が行われる。更に「組合せ鍛練」が行われ、中に心鉄を入れ、外側を皮鉄で包み込む。この組合せ方法は曲げた皮鉄の中に心鉄を入れる「甲伏《こうぶせ》鍛え」や、皮鉄と心鉄を鍛接してから曲げる「まくり鍛え」等があり、その他にも心鉄を中心として皮鉄と刃鉄と皮鉄で三方から包み込む「本三枚真鍛え」や、本三枚に錬鉄を加えて四方から心鉄を包む「四方詰鍛え」等がある。

次の工程は、組合せ鍛練によって出来上がったものを長く打ち延ばす「素延《すのべ》」に入り、更に「火造り」へと進む。ここで刀の形が形成される。

次に行われるのは「荒仕上げ」であり、火造りしたものをセンという鉋《かんな》のような道具とヤスリで形を整える。これが仕上げられると「土取り」という工程に入り、目指す刃文の形を表わす作業に入る。日本刀の美しさはその刃文にあり、刃の部分を硬く焼を入れる為に焼刃土（粘土）を刀身に塗る作業で、その行程のクライマックスを迎える準備が完了する。

さて、日本刀の製作で最大のクライマックスというのは、「焼入れ」という工程であろう。今までの総結集がこれに集約されるといっても過言ではない。焼入れは焼刃土が乾いたところで刀身を一様に加熱し、焼け色合いを見て水槽に投じて急冷するのである。この時、焼刃土の薄いところは、激しく冷やされて硬い刃となり、厚い部分は緩やかに冷やされて、折れにくい刀身が完成する事になる。

またその境目には刃文《はもん》が生じて、折れ易い硬い刃の部分と折れにくい軟らかい身の部分が出来上がり、接合面積を増やす事によって、身が刃を強く抱き込み、折れにくいという働きを持つのと同時に、美しい刃文としての形を表わす事になる。刀の反《そ》りも、

玉鋼と焔の芸術　刀剣鍛練

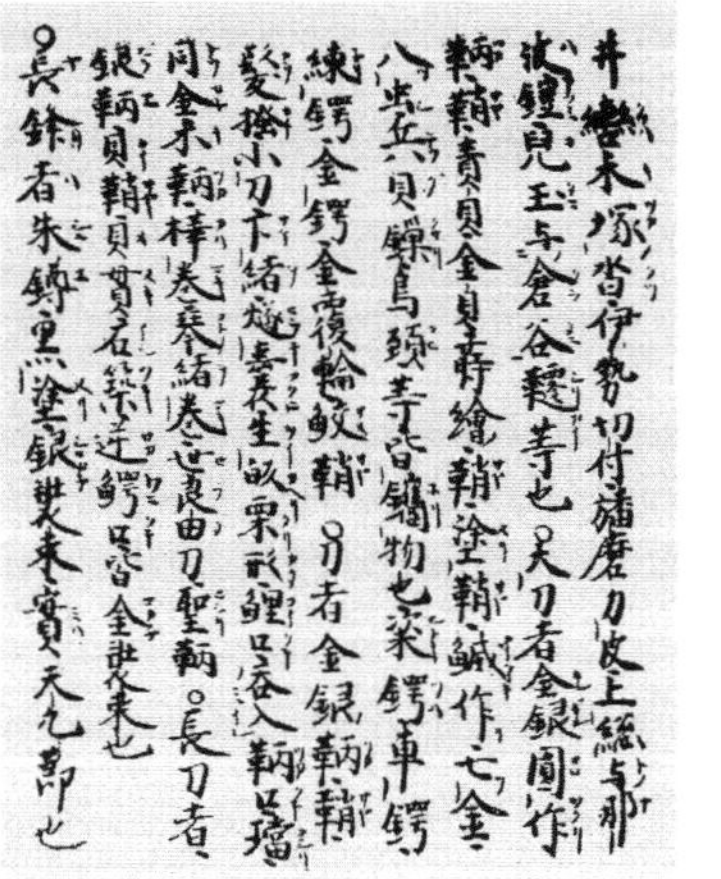

刀装（桂川地蔵記の一部）

室町期の刀職人の図

刀鍛冶の図

研磨の図

この焼入れの時に自然につくられる。

次に行われる作業は「反り直し」というもので、焼入れによって生じた反りを修正する作業である。この作業が終ると「仕上げ」が行われ、鍛冶《かじ》の最終工程が行われる。この工程は鍛冶押とよばれる荒研ぎであり、刀の姿や肉置きを整え、傷や欠点箇所を点検する。点検し確認したものは中心《なかご》（茎《なかご》とも書く）の形を整え、ヤスリをかけて仕上げした後、目釘《めくぎ》孔を開け、最後に表側に作者の銘と、裏側に完成年と月日が彫られる。

日本刀の種類

刀は大きく分けて四つの時代区分がある。一つ目は古刀と謂われるもので、時代は平安から桃山及び室町初期（後半のものを末《すえ》古刀《ことう》ともいう）にかけてのものを謂う。二つ目は新刀と謂われるもので、室町末期及び江戸初期から江戸中期にかけてのものである。三つ目は新々刀と謂われるもので、江戸中期から幕末にかけてのものであり、四つ目は明治初期から現代に至るもので、現代刀と謂われるものである。

正確には刀の時代区分は、上古（奈良時代のもので反りのない平造りの直刀）、平安末期から鎌倉初期、鎌倉中期、鎌倉末期、南北朝時代、室町前期、室町後期、桃山時代、江戸時代、幕末時代、明治以降と凡《およ》そ十一区分に分類されるが、一般には古刀（古刀には上古対して末古刀という分類もある）、新刀、新々刀、現代刀の四区分に分けられる。

刀は各々の時代に応じて、武士達の用途をなしてきた。単なる象徴としての時代もあったし、即実戦に役立つように配慮して、各々の時代時代の刀匠達が刀を造り上げてきた。

古刀期は大太刀、あるいは半太刀という刀姿をしたものが多く、特に桃山時代前後に至っては、戦国時代の名に相応《ふさわ》しく、騎上から片手で振り回す、反りのある独特な太刀が造られた。現代に残るものは、その多くが「磨上《すり》げ」というもので、中心を磨上げたものが多い。

新刀期に入ると、やがて時代は乱世に終焉を告げ、江戸時代の安定した平和な世の中になり、腰から太刀のように腰に下げる刀は必要でなくなり、帯に差す「打刀《うちがたな》拵《こしらえ》」、更には実用的な「江《え》戸《ど》肥後《ひご》拵《こしらえ》」の形式に変わった。この頃の刀は実戦刀というものよりも、寧《むし》ろ武士の魂の象徴的な感覚の刀であった。徳川三百年時代は、儒教の普及と共に、道徳や倫理が共に発達した時代であり、一時の飢饉や一揆等を除けば、全般的に見て治安は非常によかった。その為、刀も象徴的な武士の魂として扱われた時代であった。

しかし幕末に至ると、尊皇攘夷《そんのうじょうい》の思想が掲げられ、世の中が騒がしくなった。それに応じて実戦的な戦闘の出来る刀が必要に迫られた。刀は見た目より、切れ味が要求された。此処に新々刀の登場となる。

明治に至っては、廃刀令と共に帯刀する習慣がなくなり、日清戦争、日露戦争、満州事変、大東亜戦争（一般には太平洋戦争というが、これは進駐軍であったＧＨＱ＝連合軍総司令部がアメリカ側からみて名付けた戦争名である。また戦後、日本刀が各都道府県の教育委員会の登録管理下に置かれるようになったのも、ＧＨＱの差し金である）と時代が進むが、その度に日本刀が軍人の心の拠り所として復活し、最早《もはや》、刀は指揮官の象徴的な要素が強くなり、実際に戦闘に於て刀は使われたが、近代戦を戦う武器と

古刀（無銘）備前ー元亀の頃

新刀（津田近江守助廣）摂津ー貞享の頃

新刀（常陸守包保初代）（逆文字刻名）摂津ー天保の頃

新々刀（近江大掾）豊後ー明徳の頃

現代刀（國廣）豊後ー昭和 61 年

現代刀（安広）筑後ー平成 7 年

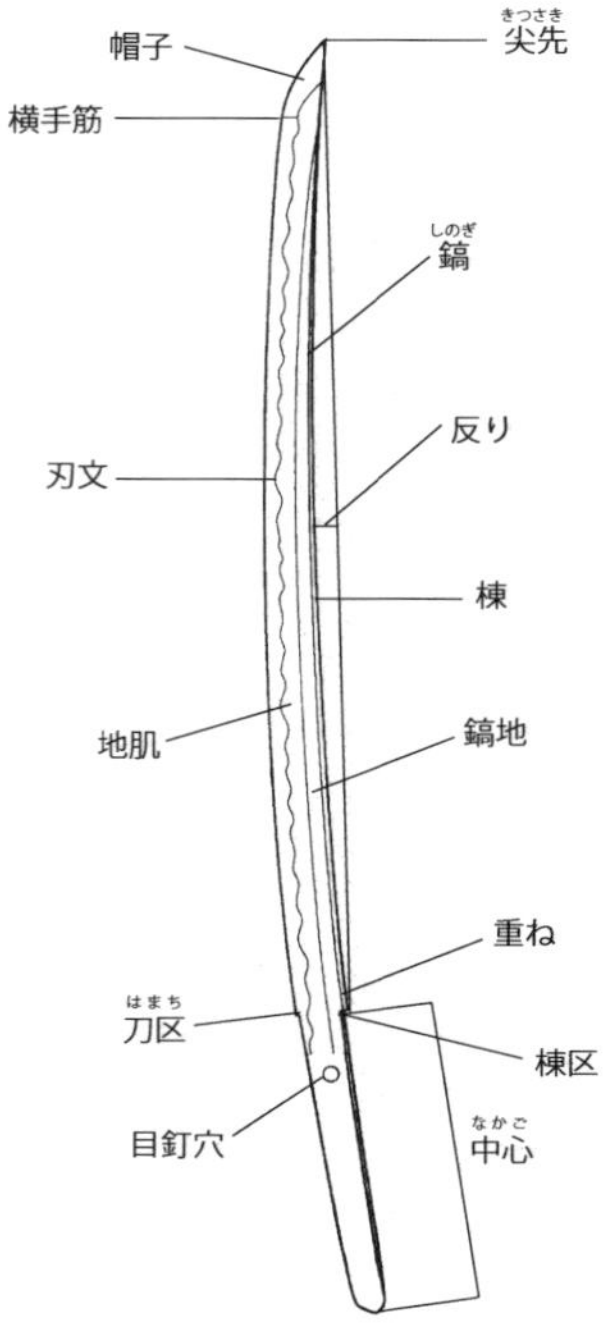

日本刀・刀身の名称

しては時代遅れのものになっていた。

終戦直後、一時ＧＨＱの指導行政下で、日本刀を所持する事は禁止されたが、昭和三十年代になって、これまで禁止されていた武道（この中にはチャンバラ映画も含まれていた）と剣刀の所持等が許され、今日に至っている。

現代刀はこれらの時代を生き存《ながら》えて、死滅に近いような状態に追い込まれながらも、また再び復活の日の目を見たのである。そして現代刀匠によって、今日も刀は造られ続けている。

刀捌きと抜刀法

抜刀の方法には、《順手抜刀》と《逆手抜刀》がある。更に《右手抜刀》と《左手抜刀》がある。二刀剣の場合は左右が同じ剣の長さのものを使うので、右手抜刀だけではなく、左手抜刀も行う。

著者の中段水平之構（鋏構）

また、二刀剣の左手抜刀は《無刀捕り》からの変化技であり、敵の切り込んでくるのを《無刀捕り》で取り抑え、あるいは敵の太刀だけを奪って投げ放ち、敵の持っていた太刀を右手に握り、然る後に自らの太刀を左手で抜刀するのである。

多くの流派の無刀捕りが、ただ敵の切り込んだ刀を躱《かわ》して抑えるか、投げ放つだけで終わっているのに対し、大東流では敵の太刀を奪い取って、自らの得物にし、それを使って多敵の攻撃に備えるのである。ここに《白刃取り》の本来の目的がある。

刀はご存じのように、斬るには二人までが限度であり、三人目は突きで応戦し、刺した後は使い物にならない状態になる。

それは刀身に、血液中の油分や脂肪分が刀身の表面に付着して、斬り続ける事が出来ない状態になるからである。此処に血液が水ではなく、脂《あぶら》（油）であるという事が理解できる。

敵の太刀を奪い取り、あるいは取り抑えて、自らの得物に変化させて行く為には、左右両方に太刀を握り、右手だけの抜刀ではなく、当然左手の抜刀が必要になってくる。

また右手抜刀の中の順手抜刀は、「抜いて」「横に払う」という二調子の動作が必要であるが、逆手抜刀は刀を逆手の儘、握って抜刀し、一気に上段まで持っていって、その儘下段まで振り降ろす技術が必要である。この調子は一調子であり、丹力から起姿する特殊な抜刀法である。

前頁写真の二刀剣は、「鋏《はさみ》之妙理」であり、敵の剣を鼻先に突き突けられない為の構え方である。一刀の場合、敵を打ち込むには太刀を振りかぶらなければならないが、振り揚げると同時に、鼻先に尖先《きっさき》を突き突けられては負けとなる。その為、二刀剣では左右の剣を水平に構え、敵の動きに応じて足を踏み出して飛び出す気魄で構えるのである。

試刀術

著者は、過去の歴史や自分の経験から、日本刀の操作が、実に難しいことをよく知っている。

曾《かつ》て軍事クーデター「二・二六事件」を誘引し、陸軍省の軍務局長永田鉄山《ながたてつざん》少将を斬殺した「相沢事件《あいざわじけん》(一九三五年八月一二日)」を起こした相沢三郎中佐(福山連隊付)ですら、剣道五段(当時の五段は現在の五段と異なり、最高位。陸軍戸山学校の剣術教官)の達人の域の腕を持ちながら、一撃で斬殺することは出来なかった。

相沢中佐の使った刀が、昭和十三年以降(この年に陸軍は全軍装を改良変更)の半太刀造りの軍刀ではなく、騎兵用のサーベル造りの軍刀であったとしても、儀礼用の西洋式の銅にメッキしたサーベルではなく、刀身は日本刀を仕込んでいた。従って武器としては最高のものであったが、それでも一刀の下に斬り据えられなかったのである。達人が操作してこれであるのだから、武術経験の浅い居合術や剣道の修行者が、一撃の下に斬り据えて、相手を即死させるような一刀《ひとたち》は、不可能と謂わねばならない。

刀の操法は刀身を鞘《さや》から出し入れし、振り回して踊る、剣舞的な舞踊技術ではない。一刀、一刀が丹力から振り降ろされる、丹力による《勢い》である。この《勢い》が滞《とどこお》ると、小手先だけの竹刀《しない》的剣技のやり取りとなる。剣は早いか、遅いかという事で

相沢三郎

はなく、その振り降ろす勢い（丹田と直結された丹力の延長力）がどれだけ凄まじいか、その事が試刀術に於ける刀捌きの重要な鍵になる。

試し斬りは、一般には《据物斬り《すえもの》》という名で呼ばれている。据物斬りは、竹や濡れ藁《わら》等を試し斬りするものであるが、振り降ろす勢いに合わせた「心気力」の一致が必要であり、何れが欠けても斬り据える事は出来ない。

刀は、竹や畳莫蓙《ござ》を長年斬ってその儘放置すると、切れ味が低下し、それを防ぐ為に寝刃合せを行う。この方法は乾いた藁や細皮等で刀の刃を研ぎ、刃を立てるのである。

さて、据え物として試し斬りをする物体は、主に青竹や濡れ藁等であるが、時としてブロックや鍛えの弱い銃剣や兜《かぶと》等の物体が、媒体として使われる事がある。

その際の切れ味の具合を、古刀、新刀、新々刀、現代刀の順に述べると、古刀は時代を経ている為、重ねの薄い刀が多く、刃筋が少しでも狂うと、曲がってしまうという欠点がある。しかし、曲がってしまっても、折り返し鍛えが充分に行われている為、刀自体に復元作用があり、元の姿に戻ろうとする働きがある。

新刀は美術品として、あるいは武士の魂としての象徴的なものとして考えた時代に産まれたもので、肉眼では発見しにくい刃切れが往々にしてある。これがあると折れたり、折り返し鍛えの少ない素延刀は曲がったり、また曲がっても復元力がない。

新々刀はその殆どが幕末に集中して造られたものが多く、実戦向きに造られている為、曲がりにくく、折れにくい。身幅も充分である為、何を切ってもよく切れる。

現代刀は大別すると二つに分かれる。一つは俗に「昭和新刀」と謂われ、刀匠が機械ハンマーで鍛えたり、折り返し鍛えが充分である限り、折れたり曲がったりする事はない。しかし、延べ刀（打ち延ばしの素延刀。下士官などに配給された軍刀で、俗に曹長刀《ちょうとう》と謂われた）は鍛えがない（刀の形に鉄を流し込んだだけの物）為、太い竹を切ったりすると直ぐに曲がってしまう。一旦これが曲がると、次々に場所を変えて、左右に曲がりだし、蛇のようにうねる事がある。

前者は試刀術に適するが、後者は試刀術に適さないばかりか、美術品としての価値も極めて低い。日本刀を所持する場合、一般の刃物とは一味違う、真剣という事にほだされて、このような刀は絶対に所持すべきではない。なお、前者の現代刀は、熟練の刀匠がその製作に当たり、打ち返し鍛えが十五回以上行われているものは、打ち降ろして直ぐの時（仕上げ研ぎの入っていない状態）、ブロックさえ切る事が出来る。

さて試刀であるが、その切り方は右袈裟斬り、左袈裟斬り、左右からの真横一文字斬り、下段撥《は》ね上げの左右の逆袈裟斬り、真っ向正面一刀両断斬り等がある。初心者は右袈裟斬りから練習を始め、徐々に高度な試刀術に入っていく。また試し斬りに於て、「切先三寸」と謂われている刀身の部分を使う斬り方であるが、この位置から媒体に当たる斬り方では、間合いが遠過ぎて完全に斬り落とすには不可能であり、更に間合いを詰める注意を払わねばならない。

日本刀は竹刀と異なり、その握り方が違っている。上段に振りかぶる時までは刀の柄は軽く握り、振り降ろすと同時に小指と薬指を強く握り締め、一瞬の斬り降ろしが肝腎である。こうする事によって、刀と丹力（心気力の一致）が一瞬のうちに斬撃に集約され、「斬る」ことが完結する。

刀の折れず、曲がらずの条件は何か

刀は重いだけが刀の特性ではない。重い刀は一般に鉄の中に含まれる炭素量の調節具合が悪く、不純物が混じっている為にその重量は重くなる。重ねが厚く、元幅が広くて一見豪快に映る刀こそ鈍刀の類であり、それを使うには腕力と体力の両方が必要になり、また長時間戦うには極めて不向きの刀と謂わねばならない。

さて、最も良いとされる刀はどのような物か。それは折れず、曲がらず、そして軽いという事である。軽い刀こそ、炭素量の調節が旨く行き、鋼の構造が極めて密になっているので、粗の鈍刀とは異なる鋭い切れ味がその特徴である。しかし、美術刀剣に見る大業物と謂われる刀でも、実戦の場合、必ずしも適当というわけではないので、美術刀剣と実戦刀とは区別が必要である。

吾が剣に龍の化身を観る

日本刀彫刻に最も多いのが、密教に関係の深い竜であったり、不動明王であったり、その本尊の所持物である、剣と羂索《けんさく》（悪霊を縛る縄）である。刀身に彫込んだ剣には竜が巻き付き、それは密教での竜の化身を日本刀に宿したとも思える。

その他にも、金剛杵《こんごうしょ》や三鈷杵《さんこしょ》等であり、煩悩の魔を降伏《こうぶく》する為の象徴の法具が彫られている。

理性で認識できない事、科学で説明できない事が、こうした神秘性を誘い、非日常的な戦場に於ての、時空を超えた象徴《シンボル》を密教的なものに求めた。そこに描かれたのは聖なる大宇宙《コスモス》と感応する吾が剣の威力であった。そして武術者が求めたものは、剣を延長した大宇宙への、時空を超えた世界の出現であった。こうした超時空の世界観が、蛇を神格化した竜を創造させ、また密教と深く結びついていったのである。

さて、刀剣の彫刻では、応永の備前物や相州物に、行を現わす

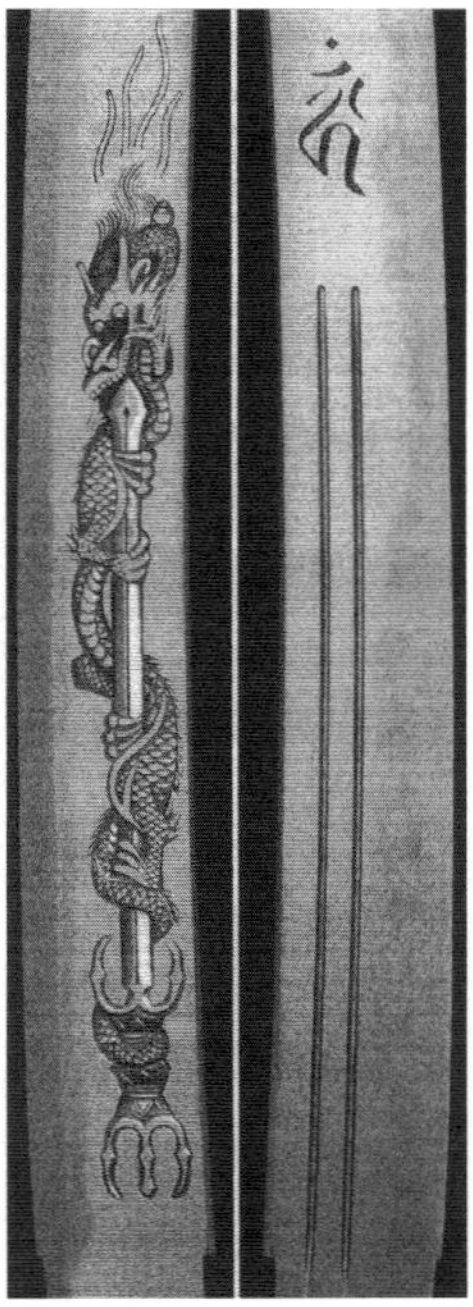
倶利迦羅　龍

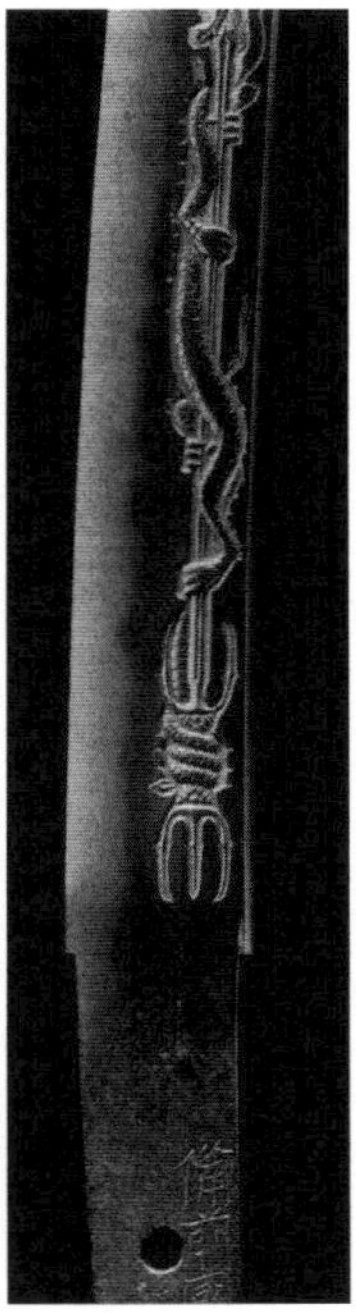
倶利迦羅

倶利迦羅《くりから》（＝梵字のクリカラであり、倶利迦羅竜王を表わす）の地肉彫りが多く見られる。図案の構図は、倶利迦羅竜王が剣に巻き付いたように、きりきり回りながら落ちる様を表わしたものである。次に独鈷付剣や独鈷剣《どっこけん》に草の倶利迦羅をあしらったものである。更に蓮台《はすだい》（蓮華坐《れんげざ》を表わす）に草の倶利迦羅や毘沙門剣《びしゃもんけん》に旗鉾《はたほこ》等がある。それらの模様は裏表に彫られ、珠追いの竜や爪などもあしらわれている。

また刀剣に彫られる竜等には、それと併せて梵字が彫られ、不動明王の梵字が圧倒的に多い。これらの梵字は邪霊退散を祈願したもので、刀剣そのものが忿怒《ふんぬ》身を現わし、刀剣を神仏の器とみなしているのである。そして目的の成就の為に、精神と肉体をある一定方向に誘導している事が窺える。

刀剣にはある意味で静と動が交差し、明王や諸天の姿を描く事で慈悲と忿怒を現わし、その延長が内なる吾と共鳴する大宇宙であった。それはまた、同時に刀剣が超常的な能力を発揮する為の、大宇宙の法具とみなす役割が備わっていた。

剣の裏技

本来柔術は剣の裏技であり、剣術を識《し》らずして、本当の柔術や「やわら（無刀捕り）」は理解できない。言わば日本武術は、その総てが剣術に集約されており、元々は今日に見られるような種目別に分類されて専門的《エキスパート》分野を養成するものではなかった。まして今日に見られる柔道や剣道というものでもなかった。更には空手や中国拳法とも異なるし、演武中心の合気道とも異なっていた。

空手は本来中国南派拳法（福建省地方で盛んに行われていたもの）が、西暦一六〇〇年頃沖縄に伝わり、漁民や農民の間で流行し、沖縄経由で日本に渡来したものであり、その歴史は剣術に比べて新しく、熱帯地方の人には適しているが、本来は北方系の日本人向きではない。

また一般に信じられている、薩摩藩が琉球王朝を鎮圧し、刀等の武器を取り上げて、その代わりに素手で戦う空手が普及した…云々は、空手発祥の歴史とは全く関係が無い。あくまで福建省辺りの、中国南派拳法が沖縄に渡来し、それが漁民や農民の素手で闘う喧嘩の道具として流行したものであった。そして明治以降、日本に上陸する事になる。上陸百年以上を経過し、日本に帰化したとはいえ、筋力やスピード等を、躰から絞り出す南派拳法的な運動法は、ある程度体力がないと出来ない格闘技であり、今日のように、組手中心の試合形式が盛んになってくると、若者中心のスポーツとなり、沖縄空手（唐手）の一部を除いて、体力の衰えはじめた中年以降の高齢者には、極めて不向きな格闘技になってしまった観が強い。

また派手なコンビネーションを含む動きが求められ、試合に見栄《みば》えのする動作が求められる今日、日本人には不向きの韓国の跆拳道《テコンドー》やタイのムエタイの蹴技、中国拳法（近年日本に紹介された中国拳法の多くは、陳式太極拳や形意拳、それに体操化された簡化太極拳等であり、前者は武術的な要素を持っているが、後者は健康法であり、その孰《いず》れも日本人が行うと膝や足首を悪くする。中国人と日本人の体軀の構造の違いをはっきりと認識する事である。民族によって体軀の違いの現れるのは言霊《ことだま》の違いによるものである）の旋風脚《せんぷうきゃく》（空中二段廻し蹴り）や腓脚《はいきゃく》（踵《かかと》落とし）などの蹴技が取り入れられて、それを一応空手と称しているが、それは空手（唐手）本来のモチーフを崩し、また沖縄空手からも遠く掛け離れたものになってしまっている。

今日の空手を大別すると、沖縄空手の古典的な型主体の松濤《しょうとう》館流《かんりゅう》系、極真会の流れをくむフルコン系、朝鮮半島の武技・跆拳道の流れをくむ格闘空手、沖縄剛柔流系、また以上の何れかで修行した人が新たに門を構えた新派系、そしてこの何れにも属さない素人の同好会的な空手グループなどに分けられる。

また、中国でも拳法を大別すると、北派と南派に分かれる。

北派の拳法家は、歳をとっても病気一つせず、意外に元気で、穀類菜食主義者が多い。

南派は肉食主義者が多く、一旦歳をとってしまった拳法家は病気がちで、多くは短命で終わる。この両者の開きは、健康か病気かというだけではなく、南派の拳法家が意外と早く上達するのに比べて、北派の拳法家は上達が遅く、長い年月を必要とする。多くは「もの」にならない儘で終わる人が多い。しかし、修行が順調に進み、それが一旦完成して自分のものになってしまえば、その身に付いた威力は、稽古をしなくとも半永久的であると謂われる。しかしこれは、漢族や満州族や高砂族《たかさご》（台湾原住民）等の中国人に謂える事である。そのかわり、中国には両刃の直剣の剣技は発達したが、逆に日本刀のような反りのある刀剣の剣技は廃《すた》れ、明《みん》代には殆ど見られなくなった。『武備志《ぶびし》』（明の茅元儀《ぼうげんぎ》の作）からも判るように、刀は日本に譲ったと見るべきであろう。

因みに、南派の拳法家の多くが、三十歳を境にして体力が落ち始めるのとほぼ同時に、技の威力も落ち始め、後は為す術《すべ》もない状態になる。そして若い頃に鍛え過ぎた躰の至る処は故障して、肘、肩、腰、膝等の関節痛や内臓障害、脳障害や心臓障害に悩まされ、惨めな死に方をしてしまうのが現実だった。この危険性は現在広く普及しているスポーツ空手にも謂える事である。

世界最強と自称するフルコン空手ですら、スポーツ格闘術の範囲の域を出ておらず、日本刀や長巻、薙刀《なぎなた》や槍、そして弓矢や手裏剣や鉄砲（火縄銃）等の飛び道具に対する防禦法は、具体的にその方法を挙げておらず、また対武器に関しては無防備であると謂わねばならない。

さて、矢が尽き、刀が折れれば、先ず組み打ちとなる。しかし組み打ちに至っても、今日の柔道に見るような投げたり、固めたりの単純な格闘ではなかった。敵に安易に組み付くと、鎧通《よろいどお》しや針などの「刺之術」の洗礼を浴び、このような場合の接近戦は命取りとなり、極めて危険であった。

これに対処するには、剣術の白刃取りを習得しておかねばならなかったのである。

この事は柳生流が、剣術のみに留まらず、剣術の他に薙刀、柔術、拳法、やわら（合気＝弥和羅《やわら》）、三道具、手裏剣、鉄扇、乳《ち》切木《ぎりき》等を指導している事からも窺われ、早くから武器に対する防禦を考えていた事が分かる。

では剣術の起源を探っていくことにしよう。

剣術諸流派の起源

日本兵法の中興の祖とされるのは、天真正伝神道流《てんしんしょうでんしんとうりゅう》の開祖・飯篠伊賀守家直《いいざさいがのかみいえなお》（一三八七～一四八八）であると謂われている。その伝説からすれば、家直は一〇二歳まで生き、長寿を全うした武人であり、天海僧正の一〇八歳に続く長寿であった。武術者としても最高寿の記録を持つ。

『本朝武芸小伝《ほんちょうぶげいしょうでん》』には、家直は「下総国《しもうさのくに》（千葉県）香取郡飯篠村の人也」とあり、「幼弱より刀槍の術を好み、その精為る事、妙にして優れ、更に鹿島香取神宮に祈願して、その将を天下に顕わさんとした」とあり、この自らの流儀を天真正伝神道流としたとある。

また鹿島《かしま》・香取神宮《かとりじんぐう》は、神道流の発祥の地で、武神を祭っている事でも知られる。古来より、このように武芸者は一貫してこの両神宮を詣でている。

鹿島神宮は、茨城県の南、北浦の東岸に位置し、祭神は軍神武《たけ》甕槌神《みかづちのかみ》で、経津主命《ふつぬしのみこと》と天児屋根命《あめのこやねのみこと》が配祀され、創建は神武《じんむ》天皇の御宇《ぎょう》と伝えられている。武人に於ては尊崇が厚く、軍陣に出で立つ者は、この神宮を拝して出立したと謂われる。

鹿島神宮

香取神宮

また香取神宮は、千葉県の北、利根川の南岸に位置し、祭神は伊波比主命《いはひぬしのみこと》で、軍神としての信仰が厚い。

初代家直の門下では、塚原土佐守安幹《つかはらとさのかみやすもと》、松本備前守政信《まつもとびぜんのかみまさのぶ》、門井守悦入道が傑出しており、この後も多くの武術家を出した。

塚原土佐守安幹からは、二代の同新左衛門《しんざえもん》安重、三代の同卜伝《ぼくでん》高幹《たかもと》と伝承され、特に卜伝高幹は、卜伝流または新当流《しんとうりゅう》を名乗り、勇名を轟《とどろ》かせた。

また松本備前守政信からは、有馬大和守《ありまやまとのかみ》幹信が出て、有馬流を打ち立て、二代の大炊満盛は徳川家康に仕えて、家康に有馬流を伝授した。

家直の二代同若狭守盛近《わかさのかみもりちか》からは、三代の山倉播磨守《やまくらはりまのかみ》、三代の大栗春見、そして四代には宝蔵院《ほうぞういん》流《りゅう》槍術《そうじゅつ》の開祖・宝蔵院覚禅《かくぜん》房法印胤栄《ぼうほういんいんえい》が出た。

家直の三代同若狭守盛信からは、十時与三衛門尉長宗が出て、天真正自顕流をうち立て、長宗の伝系からは東郷肥前守重位が出て示現流《じげんりゅう》をうち立てた。

家直の四代同山城守盛綱の門からは、穴沢浄見秀俊が出て、新当流長太刀《なぎなた》の開祖となった。その流系からは柳生松右衛門家信、阿多捧庵、金春《こんぱる》七郎氏勝《うじかつ》(金春流能の家元)が傑出した。また阿多捧庵は尾張柳生流の開祖・柳生兵庫助利厳《やぎゅうひょうごのすけとしよし》の槍と薙刀《なぎなた》の師であった。

言わば家直の天真正伝神道流は、日本兵法の草分け的な存在であった。

新当流(卜伝流)

この新当流は卜伝流とも呼ばれ、塚原卜伝高幹(一四九〇〜一五七一)がその開祖である。

高幹は延徳二年十二月、陸奥国《むつのくに》塚原(現茨城県鹿島郡鹿島町須賀)で卜部《うらべ》覚賢《かくけん》の次男として生まれ、幼名を朝孝《ともたか》と名乗り、後に塚原土佐守安幹《やすもと》の養子となって、安幹死後、新左衛門高幹と改めた。この後、土佐守、土佐入道とも称した。

卜部家は代々鹿島神宮の祝部《はふりべ》(神に仕える祝人または神人)で、陸奥大掾鹿島家の四宿老の一つに数えられる名家であった。

卜部家の遠祖は代々刀術を伝え、またその刀術を発明した家元でもあった。その刀術の中には「神妙剣」が伝承され、鹿島中古流と称した。覚賢の代になって、越前の富田流の一部を「外の物」として取り入れ、鹿島中古流を伝承した。

卜伝高幹の養父、塚原土佐守安幹は天真正伝神道流の開祖・飯篠伊賀守家直から剣を学び、印可を受けた人物である。従って、卜伝は実父からは鹿島中古流を学び、養父からは神道流を学んだ事になる。後に卜伝は卜伝流を新当流と名乗るが、「新当流」の同義語である「神道流」が新当流の由来名になった事は、決して偶然ではないと思われる。

卜伝は鹿島神宮に参拝して兵法の奥儀を開眼し、「一つの太刀」を考案した。これを卜伝は神道流に同義して、新当流を名乗ったと考えられる。新当流は卜伝流とも呼ばれているが、これはあくまで俗名であって、正確には新当流が正しい。

卜伝は三十歳前後の時に「一つの太刀」を開眼し、新当流を打ち立てたとしているが、これは恐らく晩年になってからであろう。柳生石舟斎《やぎゅうせきしゅうさい》や宗矩《むねのり》が晩年になってから書を著わし、また宮本武蔵がそうであったように、卜伝の「一つの太刀」も晩年説が有力である。

卜伝の試合数は、永正九年(一五一二)の二十三歳の時から、永禄《えいろく》五年(一五六二)迄の五十一年間に及び、その出陣数は三十九回で、その内真剣勝負が十九回であった。この経験は後世の武術家に比べれば、比べ物にならない程豊富であり、晩年に近づくにつれ益々その剣技は冴えわたり、研ぎ澄まされて行った。

鍛えられた剣技は、生死を超越して無我の境地に至り、何の迷いもなく、何の恐れもなく、無念無想のうちに絶大なる威力を発揮したものと思われる。

此処に、聖域に到達した武人の無分別が感じられてならない。

愛洲陰流

室町時代中期から後期にかけて、陰流《かげりゅう》を伝えた人物に愛《あい》洲《す》移《い》香斎久忠《こうさいひさただ》（一四五二〜一五三八）がいた。移香斎久忠は享徳《きょうとく》元年の生まれで、紀州熊野の氏の一族、愛洲氏の末裔であった。

南北朝時代に護良親王《もりながしんのう》の令旨《りょうじ》を受けて五ヶ所城、一ノ瀬城、花岡城等により、宗良親王《むねよししんのう》を奉じて、北畠《きたばたけ》氏と共に伊勢の守護職として南朝の為に働いた愛洲太郎判官の、移香斎久忠はその子孫にあたる。

移香斎は水軍に投じて日向《ひゅうが》（現在の宮崎県日向市）に移り、愛洲太郎左衛門久忠、斎号を移香斎と称した。移香斎は長寿を全うし、天文七年、八十七歳で他界した。

日本兵法の開祖は、今日のように医療技術が発達していないにも関わらず、その殆どが長寿であり、その為に流祖やその人脈と関わりを持つ人物（面識が有る無しに関わらず）が、凡夫とは比べ物にならない程多く関わっていた。

因みにその年齢と、その関係を比べて見ると、移香斎が生まれた時、飯篠伊賀守家直は六十六歳であったし、家直が一〇二歳で死んだ時は移香斎は三十七歳であった。その翌年には塚原卜伝が生まれ、移香斎が死んだ時、上泉信綱《かみいずみのぶつな》は三十一歳、柳生石舟斎は十歳、卜伝が死んだ年、柳生宗矩が生まれた。移香斎が愛洲陰流を流名とし、剣術の流派が既に流名を名乗っていた当時、一体誰から兵法を学んだか明らかでないが、関東では家直の天真正伝神道流が盛行し、三河国《みかわのくに》（現愛知県）高橋庄《たかはしのしょう》では中条兵庫頭《ちゅうじょうひょうごのかみ》長秀《ながひで》が中条流《ちゅうじょうりゅう》を普及させていた。

また十五世紀はじめには、念流《ねんりゅう》の開祖・念和尚（慈音《じおん》、相《そう》馬四郎義元《ましろうよしもと》）の門人で、京六人と謂われる人達が京都や奈良で兵法を流布《るふ》していた。元来、京都や奈良を中心とした近畿地方では政権争いを巡って戦乱が絶えない所であったから、この地域では刀剣等の匠《たくみ》（名工）が雪崩《なだれ》込むと同時に、兵法家達も必要不可欠な存在となって、決して例外ではなかった。

『武備志』を繙《ひもと》くと、陰流らしきものは殆ど見当たらないが、『武備志』は明代に書かれた茅元儀の著書で、明王朝の衰乱を憂いたもので、武備の大切さが説かれ、各部門ごとに数十の項目に分かれている。その中でも有名なものが、「兵訣評」「戦略考」「陣練制」「軍資乗」「占度戦」の五部門で、歴代の遣い手や、日本の流派等も挙げられ、時代順に論説を編纂している。

その中の「八十六」に、「芽子曰く、武経総要、載せる所の力凡そ八種にして、小異は猶列せず。其の習法は皆伝わらず。今習う所は惟《こ》れ兵力、長刀なり。腰刀は団牌《だんぴ》（円形の盾）に非ずんば用いず。故に牌中に載す（牌は盾、盾の所にのせる）。長刀は倭《わ》奴《ど》（日本人）の習う所、世総宗の時（一五二二〜六七）進んで東南を犯す。故に始めて之を得たり。戚《せき》（中国河北省）の少保（中国の官名）、辛酉《しんゆう》（一五六一年。永禄四年。「かのととり」の意味）に陣上に於て、其の習法を得たり。又従って之を演じ並びに後に載す。此法未だ伝わらざる時、用うる所の刀制略同じ。但し短くして重し。廃す可き也」と記載され、「影流之目録」が猿の図（双方の猿が刀を握って対する図）と共に「猿飛」「虎龍」「青岸」「陰見」「猿廻」「山影」「月影」「浮舟」「浦波」「覧行」「花車」「長短」などの手法が記載されている。しかし、不明文字が多く、難解な書物である。

そして、移香斎の陰流は上泉伊勢守秀綱《かみいずみいせのかみひでつな》により、新陰流として発展する。

新陰流

上泉伊勢守秀綱（後の武蔵守信綱《むさしのかみのぶつな》。一五〇八～一五七七）が新陰流《しんかげりゅう》の開祖である。はじめは伊勢守を名乗り、正伝新陰流を流名にし、後に武蔵守信綱に改め、新陰流を流名にした。

秀綱は永正五年上州桂萱郷上泉《かいがやごうかみいずみ》（現前橋市上泉）に生まれた。父は武蔵守秀継《ひでつぐ》（憲綱、あるいは義秀を名乗った）で、遠祖は俵藤太秀郷《たわらとうたひでさと》と伝えられている。『関八州古戦録』には金刺秀綱《かねさしひでつな》とあり、あるいは信濃国造《しなののくにのみやつこ》金刺舎人《とねり》の末裔とも謂われているが、果たしてどうであろうか。

『正伝新陰流』には、秀綱の誕生が永正五年とされ、その没後については、上泉の東雲山東寿院西林寺の過去帳に、天正五年正月十六日と記載されている。

さて、秀綱は七十七歳で生涯を終えているが、その生涯の殆どは戦乱の時代であった。室町末期の動乱期であり、国内は乱れに乱れていた。関東や甲信越地方にかけては、相模の北条氏、甲斐の武田氏、越後の上杉氏が互いに野望を繰り広げ、攻防を繰り返していた。またその麾下《きか》の群小の豪族達は、巨大勢力を背後に背負い、その走狗となって奔走せねばならなかった。

この当時、上泉一族も決して例外ではなく、秀綱の父秀継は管領上杉憲政《うえすぎのりまさ》の麾下にあり、天文十二年（一五五一）正月、北条《ほうじょう》氏康《うじやす》は管領上杉憲政を越後に敗走させ、天文二十四年正月には大胡城《たいこじょう》を攻略した。

当時、既に四十八歳の秀綱は、亡き父に代って大胡城の城主であったが、開城降伏し、北条氏に隷属した。越後に敗走した憲政は、長尾影虎《ながおかげとら》に上杉姓を名乗らせ、名も謙信と改めさせて管領職を継がせ、永禄二年五月、影虎は上洛して正式に関東管領に補せられた。

この頃、影虎に秘かに通じていた秀綱は、影虎の上州進出を容易にする為に、予《あらかじ》め北条軍を駆逐し、協力した。影虎軍の活躍は目覚ましかった。大胡城を難無く奪回し、知勇兼備で知られた箕輪《みのわ》城主・長野信濃守業正《なりまさ》を上州諸城の管理下に置いた。

秀綱は長野の麾下として度々武功があり、長野十六人槍に数えられるようになった。殊に業正と安中城主・安中左近との戦いでは、左近に一番槍をつけ、上野国一本槍の感状を業正から賜わった。永禄四年業正が病没し、嫡子右京進業盛《なりもり》（十七歳）が城主となると、武田晴信（信玄）は永禄六年正月、一万の兵を率いて箕輪城を攻略した。

『あゝ箕輪城』によれば、城主業盛は二十八騎を斬り、白糸おどしの鎧を血に染めて奮戦し、「春風に梅も桜も散り果てて名のみ残れる箕輪の山里」と詠《よ》み、自刃したとある。

秀綱は、桐生城主大炊助直綱を頼って再び箕輪に戻ったが、城代内藤修理のもとに武田氏に所属したという。この時、秀綱は箕輪落城後信濃守の家臣二百騎と共に、武田軍に馳せ参じたという。

秀綱の兵法には天性のものが備わっており、新陰流兵法は『甲《こう》陽軍鑑《ようぐんかん》』からも窺えるように、武田信玄からその非凡さが惜しまれている。永禄六年のこの年、秀綱は武将としての生き方を終え、兵法求道者としての道を歩む。時に秀綱五十六歳であった。

秀綱が陰流兵法を学んだのはいつの頃か、その謎は多い。一説には愛洲移香斎久忠ともされるが、移香斎の嫡子小七郎《こしちろう》元香斎ともされる。移香斎が八十七歳で死んだ天文七年には、秀綱は三十一歳であり、元香斎は二十歳であった。

さて、秀綱が上泉を離れ、兵法家として再出発したのは永禄六年であり、秀綱はこの時五十六歳になっていた。これに対して元香斎は四十五歳であり、もし秀綱が二十歳で移香斎から兵法を学べば、移香斎は七十六歳であるから充分にその可能性はあるし、また兵法には年齢制限が無いから、秀綱が四十五歳までに十一歳年下の師匠・元香斎に学んだとしても不思議はない筈である。武術は往々にして年長者から学ぶだけではなく、年少者から学ぶ事もあるのだ。武術の世界には年功序列は存在しないのである。

さて、秀綱の陰流習得法については、三つの説がある。

第一の説には、柳生厳長の説が挙げられ、秀綱は青年時代鎌倉に出て念阿弥慈音を流祖とする念流を学び、更に下総香取へ行って飯篠長威斎の流伝である新当流を会得し、塚原卜伝と剣を交え、その後、常州《じょうしゅう》（常陸国《ひたちのくに》）鹿島に出向き、陰流の開祖・愛洲移香斎についてその手解きを受け、その後秀綱は重きに置かれ、多くの門弟の中でも殊に大事にされたと謂われる。その享録《きょうろく》二年、柳生石舟斎が生まれた年、秀綱は二十二歳の春を迎え、伊勢守と称した。それは大胡城の若大将の頃でもあった。

『正伝新陰流』には、「秀綱の師・愛洲移香斎久忠は高齢の七十八歳で、陰流の極意を総て秀綱に授け、この陰流の大成を伊勢守秀綱に託したという」と記されている。

また第二の説は、『武芸流派大事典』（綿谷《わたたに》雪《きよし》・山田忠史著）に見られるもので、「新陰流の伝書では、愛洲移香斎→愛洲小七郎→上泉秀綱→上泉常陸介秀胤（上泉流軍法）→上泉権右衛門義胤（無楽流上泉派居合・神陰流剣術）→上泉主水正憲元（秀綱からの直系として）……」と順に記載され、この説明に従えば、愛洲移香斎が九州日向で死亡した年が天文七年で、その嫡子小七郎元香斎が常陸国太田城主佐竹氏に仕えたのが、永禄七年の四十六歳の年であるから、秀綱にとってその間は戦乱に明け暮れ、敗走と流浪の困窮時代であった。この間に小七郎元香斎について技術の習得をする事は不可能である。恐らく永禄七年に新陰流は編纂され、完成されたと見るべきであろう。

　以降、秀綱は名を信綱に改め、上州に帰る。しかし、信綱の天正五年（一五七七）までの七年間の消息は不明である。この天《てん》正《しょう》の年は、天正元年に武田信玄が没し、足利幕府が滅亡している。宿敵・信玄を失った上杉謙信はその遥か遠くの能登に進撃していた。謙信が「露は軍営に満ちて秋気清し」と詠んだのはこの時であった。

　新陰流の伝系は、愛洲移香斎久忠（陰流）にはじまり、上泉武蔵守信綱（新陰流）に至って、その嫡子上泉常陸守介秀胤に続くが、その信綱が伝えたとする兵法が嫡子秀胤に伝わったとすれば、信綱が上州に出る永禄六年、あるいはそれ以前に秀胤に伝授しておかねばならない。何故ならば、秀胤は翌年の正月二十三日、三十五歳の若さで戦傷死しているからである。

　一説によれば、秀胤は元亀《げんき》二年、父信綱から上泉流軍学礼法の相伝を受けたとされるが、この年は秀胤が死後七年目に当たり、相伝は不可能である。秀胤の上泉流軍学の伝系の後継者としては、大戸部民部少輔、滋野直光、岡本半助宣就らがいる。

　また愛洲移香斎久忠の陰流の伝系としては、新陰流の上泉武蔵守信綱の門下に上泉主人正《もんどのしょう》憲元《もりしげ》、疋田《ひきた》豊五郎《ぶんごろう》景兼《かげとも》、神後伊豆守宗治、柳生石舟斎宗厳《むねよし》、宝蔵院覚禅房法印胤栄、丸目蔵人佐長恵、奥山休賀斎公重《きみしげ》、鈴木伊賀守意伯らが輩出した。

柳生新陰流

　柳生新陰流及び柳生氏の中興の祖は、柳生又右衛門尉宗厳石舟斎（一五二九〜一六〇六）である。石舟斎は享録二年、大和国柳生庄小柳生城（奈良市柳生下町、現在の柳生芳徳寺の辺り）に美《みま》作守《さかのかみ》家厳《いえよし》（一四九八〜一五八五）の長男として生まれ、その名をはじめ新介、新左衛門、その後但馬守宗厳、更には但馬入道宗厳と改めた。

　柳生家の先祖は十一世紀前期、奈良春日神社の社領の一部、柳生庄を管理していた大膳永家《だいぜんながいえ》にはじまり、家厳まで約五百年間、播磨守永珍（十四世紀前期）、備前守家重（一二七五〜一三五四）、三河守道永（十五世紀初期）、孫次郎家宗（十五世紀中期）、新六郎光家（十六世紀前期）、因幡守重永（十六世紀中期）の事績が明らかにされており、美作守家厳からは記録が多くなり、諸豪族との交流が頻繁であった。殊に畿内を中心として三好、松永、筒井、織田、豊臣、徳川等の諸豪族との関係が深く、家厳、宗厳、宗矩の三代にかけては、更に複雑な様相を呈していた。

　宗厳は、父家厳と伴に三好長慶《みよしながよし》及び松永久秀《まつながひさひで》に属して、屡々《しばしば》戦功をあげた。また一時期、織田信長に仕え、後病気を理由に退き、剃髪《ていはつ》して柳生庄に閑居《かんきょ》した。

　最初は神取《かとり》新十郎に新当流を学び、続いて戸田一刀斎《いっとうさい》について一刀流の奥儀と称された「獅子《しし》の洞入《ほらいり》」までを鍛練したという。

　また上泉伊勢守について新陰流を学んだのは永禄六年前後のことで、箕輪から上京した際で、宗厳が印可を貰ったのが永禄八年

(胤栄と同時期)であった。また一国唯一人の奥伝を得たのは元亀二年であったというが、定かでない。

さて、宗厳の兵法観は、文禄《ぶんろく》二年(一五九三)九月付の『兵法百首』に見る事が出来る。

この『兵法百首』は、宗厳が宗矩と伴に家康に初めて会った時の前年の作で、これによれば「牡丹下の猫」の云々が書かれ、「牡丹花下の睡猫児、学ぶ者此句を透得して識《し》る可し。若し又向上人来らば更に不伝の妙を施さむ。燕飛は懸待表裏の行、五箇の旨趣をもって簡要と為す。所謂《いわゆる》五か(筒)は眼、意、身、手足也。猿廻は敵に随って動揺して弱をもって強に勝ち、柔を以て剛を制する者、学ぶ者に伝付する舌頭上なり。此流は予が久しく日々摩利支尊天の秘法を勤修《ごんしゅ》して日夜鍛煉工夫し、尊天の感応を蒙り忽然として自己の胸禁より流出する者也」と認めている。

宗厳はこの百首の中で、斬人斬馬の戦場兵法から、人としての在り方、兵法としての嗜《たしな》み、武士としての教養などを強調し、儒教的な兵法観を取り入れて活人剣を目指した。

文禄三年五月、宗厳は徳川家康に招かれて京都鷹ケ峰《たかがみね》の御小屋で伺候した。この時、宗厳は自ら木刀を構えた家康を無刀捕りで敗った。家康はその場で二百石を与え、師範役を命じ、誓紙を宗厳に入れた。宗厳時に六十八歳であった。

柳生流

柳生流は、柳生又右衛門尉宗厳石舟斎(号を石舟斎と称した)からはじまり、柳生兵庫助利厳《ひょうごのすけとしとし》如雲斎(石舟斎の長男厳勝《としかつ》の二男として生まれ、尾張徳川義直《とくがわよしなお》に剣術師範として仕えた。尾州藩柳生)、初代柳生但馬守宗矩《たじまのかみむねのり》(新陰流の祖・柳生但馬守宗厳の五男として生まれ、徳川家康に仕え、関が原で功名を立てる。禅僧沢庵《たくあん》禅師と親交をもち、その影響によって剣の理想を修身・治国・平天下に求めた。柳生新陰流を流名とする。二代将軍秀忠《ひでただ》、三代将軍家光《いえみつ》に兵法師範として仕えた)、二代柳生十兵衛《じゅうべい》三厳《みつよし》(宗矩の長男として生まれ、新陰流を修行した後、柳生流を流名とする)等の剣聖によって流統が伝承されて、今日に至っている。

柳生十兵衛三厳の肖像

柳生流は柳生新陰流として一般には知られているが、新陰流は剣術を得意とする流派で、本来の剣術・棒術・拳法・柔《やわら》(柔術と呼ばず、一等上の「やわら」を名称とする)を総合した柳生流とは異なっている。柳生流の祖は十兵衛三厳であり、剣術以外に棒術・拳法（活殺）・柔が剣の裏技として存在しているのは、三厳が武者修行として諸国の道場を歴訪し、その中から優れた業を会得し、体系づけたことに他ならない。

三厳の著書には『月之抄《つきのしょう》』（寛永《かんえい》十四年から始まり十九年二月に完成）があり、これによれば「先祖の跡を訪ね、兵法の道を学んだ」とあり、三厳が諸国を廻国した事が分かる。この書は祖父石舟斎と父宗矩を比較して祖述したもので、上泉伊勢守秀綱、祖父石舟斎、父宗矩と伝わった新陰流の太刀《たち》目録、口伝流儀目録に解説を加えたり、また沢庵禅師の格言を仏道から引用して注釈を加えたものである。特に剣術の裏技として付け加えられているのが「柔」で、単に柔術の域に止まっていない。即ち柔には《合気》を名称とした業がある。その一つが「乱」に於ける《合気二刀剣》である。

三厳は家光の小姓《こしょう》として出仕していたが、寛永三年、非行があり出仕を止められた。その後十二年間柳生の里で新陰流を深く修行し、その工夫に励んだ。またその間全国を廻って弟子を養成し、その指導に当たった。巷では隠密《おんみつ》として諸国を巡ったとか、気違いになったとかの噂があったが、そのような事実は全くなかった。また三厳は片目であったと噂があるが、残されている彼の肖像画は何故か両眼が開いている。

慶安三年（一六五〇）三月、山城国《やましろのくに》大河原弓淵で鷹狩りの最中急死した。四十四歳の時である。

香取派剣術が剣の表業《おもてわざ》であるとするならば、鹿島派剣術は剣の裏業《うらわざ》であり、この双方の長所を体系づけて編纂工夫したものが柳生流である。

宝蔵院流

日本屈指の槍術の名門は宝蔵院流《ほうぞういんりゅう》である。宝蔵院流はその開祖が宝蔵院覚禅房法印胤栄《かくぜんぼうほういんいんえい》（一五二一～一六〇七）であり、胤栄は上泉秀綱の門人であった。八十七歳の長寿を全うし、槍と剣の達人であった。

宝蔵院は奈良興福寺の塔頭《たっちゅう》（脇寺＝付属寺院）で、寺領三十三石余を禄とし、興福寺域外に離れて存在していた。興福寺は元来朱印《しゅいん》二万五千石、坊数四十余の巨刹であり、春日明神の社務を担当する清僧を抱えていた。

胤栄はこの清僧の一人で、宝蔵院院主、祖父は中御門《なかみかど》薩摩《さつま》胤定《いんてい》、父は但馬胤永《たじまいんえい》で、胤栄は俗名を伊賀伊賀守といった。剣及び槍術を柳生宗厳と共に上泉伊勢守秀綱に学び、永禄八年八月、印可状を取得した。

年来諸流御鍛練候と雖《いえど》も、新陰の流、春以来種々御執心候間、一流一通、位、心持一つも残さず相伝申候。此旨偽るに於ては八幡大菩薩、摩利支尊天も御照覧候へ。此儀空言是れ無く候。向後に於て惣べて之を望む旁々御座候はば誓詞を以て九箇所迄御指南 尤《もっとも》候。殺人刀、活人剣の事は真実の仁に寄る可く候。天狗抄極意、向上の儀は一流の外に候間、能々《よくよく》忠孝

に依り御相伝成さるべき者也。仍って印可の状件の如し。猶々
向後弥御鍛練肝要候。
永禄八 己丑《つちのとうし》八月吉日　上州住上泉伊勢守
藤原秀綱　（花押）
宝蔵院様参

胤栄は宝蔵院流槍術の開祖とされているが、戦国時代から安土桃山時代を経て、江戸初期の武芸者の多くは、槍、刀、長巻、薙刀、柔術等を総合的に修練していたので、剣の術の他にこれらの武技も心得ていた。つまりこの時代までは、剣術は同時に総合武術の様相を呈していたのである。

胤栄の槍術は飯篠長威斎家直→小倉播磨守《おぐらはりまのかみ》→大栗春軒《しゅんけん》→胤栄の伝系に属すると見られている。一説には高観流の直槍を修行者から学び、後に工夫を加えて鎌槍、あるいは熊槍としたとあり、この事は『本朝武芸小伝』では、大膳大夫盛忠であろうと述べているが、定かでない。

また『宝蔵院流紅之書』には虎乱太刀合が述べられ、太刀に対する三つの勢法が示されている。

神道無念流

流祖は福井《ふくい》兵衛門《へいえもん》嘉平《よしひら》であり、兵衛門嘉平は新神陰一円流《しんしんかげいちえんりゅう》二代目家元野中権内玄慶に学んだ。兵衛門嘉平は元禄十五年の生まれで、享保年間江戸に出て四谷に道場を開いた。最初は無念流と名乗り、信州飯縄《いづな》権現の無想で開眼し、後に神道無念流と改めた。伝授は口伝を中心に、五加五形、非打一本、立居合十二剣、統合二剣等であった。晩年兵衛門嘉平は、高弟・戸賀先《とがさき》熊太郎《くまたろう》暉芳《てるよし》の埼玉道場に引き取られ、八十三歳で死去した。

斎藤弥九郎

神道無念流が世に名前を知られるようになったのは、戸賀先熊太郎暉芳からであり、暉芳は延享《えんきょう》元年に生まれ、二十一歳の時皆伝を受け、帰郷して道場を開いたが、安永《あんえい》七年、三十五歳の時、江戸に出て麹町《こうじまち》に道場を開いた。門人の大橋寅吉が天明《てんめい》四年十月、牛込行願寺の外で仇討ちをしたのが評判になって、道場の評価が高まった。寅吉は農民出身であったが、この仇討ちで旗本根本喜内に召し抱えられ、百石を賜わる武士となった。初代戸賀先熊太郎暉芳は道場を岡田《おかだ》十松《じゅうまつ》吉利《よしとし》に任せて、文化《ぶんか》六年五月、

六十六歳で死去した。

この頃、岡田十松吉利の道場に入門したのが、斎藤弥九郎《さいとうやくろう》であった。

弥九郎は、寛政《かんせい》十年一月十三日に越中国《えっちゅうのくに》氷見郡《ひみぐん》仏生寺村の郷士斎藤新助信道の長男として生まれ、十五歳の時、岡田十松吉利の門に入門した。同門の江川太郎左衛門《えがわたろうざえもん》や藤田東湖《ふじたとうこ》らと交友を結び、二十九歳で独立し、江川の援助で九段下に道場練兵館《れんぺいかん》を開設した。

天保《てんぽう》六年、江川が伊豆韮山《にらやま》の代官となると、その手代《てだい》として文武の指導や道路河川の改修、品川御台場の築造等に当たり、後に渡辺崋山《わたなべかざん》と知り合い、思想的に尊王攘夷に傾いて行った。

また長男新太郎が、萩で長州藩士に剣術指導していた事から、練兵館には長州や薩摩の志士が多く集まり、門下三千人と謂われて、斎藤派無念流として発展し、門下からは桂小五郎《かつらこごろう》、高杉晋作《たかすぎしんさく》、品川弥二郎《しながわやじろう》らが出て、千葉周作《ちばしゅうさく》の玄武館《げんぶかん》、桃井春蔵《ももいしゅんぞう》の士学館《しがくかん》とともに、幕末江戸三大道場の一つに数えられた。

溝口派一刀流

会津藩と薩摩藩に伝えられた流派である。流祖は溝口新五左衛門正勝《みぞぐちしんござえもんまさかつ》であるが、『武芸小伝』『会津藩教育考』には新右衛門、あるいは正則ともあり、伊藤典膳《いとうてんぜん》（小野忠也《おのちゅうや》）の門人と謂われる。また『寛政重修諸家譜』には溝口半左衛門重長、『武徳編年集成《ぶとくへんねんしゅうせい》』には溝口半左衛門常恒とあり、文禄二年徳川家光に仕え、大坂の陣に戦功を上げ、父溝口外記常吉《げきつねよし》（三千石）が証人になっていた南部久左衛門が大坂方に付いた為、元和《げんな》元年、父と共に改易された。

『寛政重修諸家譜』に出てくる溝口半左衛門重長は、小野次郎右衛門忠明父子に学び、一刀流を習得したとある。通説では、伊藤典膳忠也は父子の関係を成しているが、実際には忠明と忠也は兄弟であり、会津では忠也《ちゅうや》派の剣を小野派一刀流忠也《ただなり》派と呼ぶ事がある。

大東流がその剣技の構成を上げた場合、溝口派一刀流と小野派一刀流忠也派の二つの流儀を上げるのは、元々同一のものを二派と思い込んで、単に二流を挙げているのかも知れない。

会津藩伝承人脈は、溝口新五左衛門正勝↓伊藤政盛↓枝松公忠《きみただ》↓池上丈左衛門安通（一刀流溝口派）と伝承された。

小野派一刀流忠也派

この流派の小野次郎右衛門忠明《ただあき》（前名は神子上典膳《みこがみてんぜん》。上総国《かずさのくに》神子上重の子）の嫡男忠也が伝えたとする流派であるが、小野派一刀流がその流名を新たにしたのは、次男の小野次郎右衛門忠常以降の事で、それまでは小野流と称していた。

小野流の流祖・次郎右衛門忠明は、伊藤一刀斎《いとういっとうさい》の推挙で徳川家康に仕え、嗣子秀忠の剣術指南役となり、柳生宗矩と伴に師範の職についた。元々神子上を名乗っていたが、後に母方の姓を継いで小野次郎右衛門忠明と名乗った。しかし、時には先祖の十市次郎右衛門とも名乗った。

慶長《けいちょう》五年、小野忠明は武功を立てて、上田の七本槍とも称されたが、軍律を犯し真田信幸《さなだのぶゆき》に預けられ、同年に召し還された。将軍家剣術指南として、柳生宗矩が一万二千五百石の大名にのし上がったのに対し、忠明は六百石に過ぎなかった。

さて、伊藤典膳（小野忠也）は、一般に忠明の子と誤った説が罷り通っているが、実は忠明の子ではなく、弟であり、伊藤一刀斎から数えて一刀流第三世を継いだのは、忠明の実子忠常であった。また小野派一刀流と称してその型を大成したのは、忠常の子の忠於であった。また忠常の門から小野派当流が出た。

忠明の弟の忠也は、伊藤典膳と名乗り、全国を武者修行して廻った。後に将軍家指南役として兄の忠明の後を継ぐ。しかし、忠也の以降の足取りは、各々の文献が異なる説を挙げており、一説にはこれが会津に伝わったか、忠也が溝口派一刀流の流祖・溝口新五左衛門正勝に伝えて、一方は薩摩へ、一方は会津に伝わり、会津では両者の剣術を併せて「小野派一刀流忠也派」と謂う場合がある。

また西郷頼母《さいごうたのも》は溝口派一刀流の達人として知られた。

直心影流

この流派は、新道流の松本備前守を祖とし、上泉秀綱の新陰流から分派した流派で、その人脈系体を著わした伝書には、松本備前守政元↓上泉伊勢守秀綱↓奥山孫次郎公重↓小笠原金左衛門長治（号・源信斎）↓神谷文左衛門真光（直心流を名乗り、号・伝心斎）↓高橋弾正左衛門重治（直心正統流を名乗り、号・直翁斎）↓山田平左衛門光徳《みつのり》（直心影流の祖で、号・一風斎）↓長沼四郎左衛門国郷《くにさと》（美濃加納、永井家に仕える）と伝承され、後に男谷《おだに》派へと伝系される。

榊原鍵吉の肖像

直心影流男谷派は、男谷下総守信友《のぶとも》にはじまり、榊原鍵吉友善《ともよし》↓香川輝（無心流）と伝承され、また武田惣角《たけだそうかく》にも伝承されて行った。惣角はこれを受け継ぎ、惣角流合気術を名乗り、この当時大東流は名乗っていなかった。

また男谷下総守信友には、高弟に島田虎之助《しまだとらのすけ》硯山《けんざん》が居り、勝海舟《かっかいしゅう》へも伝わった。

榊原鍵吉《さかきばらけんきち》（一八三〇〜九四）は、男谷下総守信友の門人で、直心影流の達人であった。榊原家は代々の幕臣で、父益太郎友直は軍学に通じていた。鍵吉は天保元年十一月五日、麻布広尾の榊原邸で生まれ、天保十二年、十三歳で男谷精一郎《おだにせいいちろう》の門に入り、直心影流を学んだ。その頃、男谷は麻布狸穴《まみあな》に道場を構え、鍵吉は通いの便から直心影流を選んだとされる。鍵吉の研鑽十年は目を見張るものがあった。天性の素質に加えて、稽古熱心であり、その冴えは達人の域に達していた。しかし、同輩は目録や免許を受けて次々に昇進して行ったが、鍵吉は貧乏であったので入門当時の儘であった。当時、目録や免許は弟子から申請が無い場合、師から進んで免許を与えるような事はなく、また免許を得るには、礼物として、師に本金一枚を送り届けなければならなかった。その上、師や先輩に対して免許披露の宴《うたげ》を設け、饗応するのが習わしであった。しかし、鍵吉にその余裕はなく、この事情を知った男谷は無条件で免許皆伝を与え、その式を挙げてやったという。

安政《あんせい》三年、築地に講武所《こうぶしょ》が開設され、万延《まんえん》元年、小川町に移転になるが、鍵吉は他十名とともに築地の講武所剣術教授方と、小川町の講武所剣術師範として、師の男谷精一郎をはじめ、横川七郎や島田虎之助らに続きその名を連ねた。後に紀州徳川家から入って将軍になった十四代将軍・徳川家茂《とくがわいえもち》に信任されて、二ノ丸留守居役に昇進するが、家茂没後職を辞し、以降は下谷車坂《したやくるまざか》の道場で門弟を育成した。

明治六年（一八七三）官許を得て、浅草見附外の左衛門河岸《さえもんかし》撃剣会《げんかい》を創設して、職を失った幕臣や旗本を中心とする剣術家を集め、彼等の救済と剣術の衰退を防ぐ為に、相撲の興行に倣って撃剣興行を催し、木戸銭《きどせん》（入場料）を取って見世物剣術とした。また、主催者が旧講武所師範の徳川幕府最後の剣士という事で評判になり、大成功を収めた。

明治六年といえば、福沢諭吉や森有礼《もりありのり》らが「明六社《めいろくしゃ》」を創設した年であり、榊原鍵吉とは対象的であった。世の中の流れは文明開化へと傾き、多くの武術は衰退の一途を辿った。当時江戸三大道場と謳《うた》われた千葉、斎藤、桃井道場の剣士達もこれに習い、全国興行などで対抗するようになった。これらは当時欧米から入ってきたサーカスと同一視され、一部で大きな非難の声が上がった。これは、丁度昨今、フルコン系の空手出身者がキックボクシングなどを寄り合わせて「K1《ケイワン》」と称し、一部の格闘好きな若者の支持を得て、リング興行している構図とよく似ている。

明治十二年、山岡鉄舟《やまおかてっしゅう》と並ぶ明治の剣聖・榊原鍵吉は、前アメリカ大統領グラント将軍（第十八代大統領）が来朝した際、明治天皇の御隣席の許、上野公園で剣術を披露し、また明治二十年（一八八七）十一月には、伏見宮邸で兜割りを天覧に供した。この時の事を『日本剣道史』には、次のように記している。

「此日此場に招かれた剣客は皆一流の聞こえある者のみであった。榊原は前々より斎戒沐浴《さいかいもくよく》、鹿島明神を祷り、出入りの刀剣商より取り寄せたる胴田貫《どうたぬき》（肥後物で慶長の頃）の一刀を携えて出頭したり。（中略）兜は名に負ふ明珍鍛えの南蛮鉄桃形、合図に任せて一順、二順、警視庁の逸見宗助《へんみそうすけ》、上田馬之允《うまのじょう》らが腕を鳴らして進み出で、曳《えい》ヤの声も勇ましかったが、刀はカンと跳ね返って冑は掠《かす》り傷だも負わず、或いは刀を辷《す》べらして危うく倒れかかった者もある。榊原は徐々傍近く歩み寄って、すらりと抜けたる胴田貫を真向《まっこう》に振翳《ふりかざ》し気合いの充つると同時にエイと叫んで打下したる手練《てだれ》の冴えは、ズカリと切り込む鉄兜に、三寸五分を喰入ったのである。あな切ったり。割ったりと（中略）嘆美の容子は各人の色に形《あら》はれてあった」とある。時に鍵吉五十八歳であった。

鍵吉は、また一方で断髪令が出ても生涯髷《まげ》を切らず、廃刀令が出ても帯刀を渋る士族の為に、「倭杖《やまとづえ》」を売り出すなどして生計を立てたが、理財の感覚は乏しく、生涯金銭に縁の無い人であった。剣には長じたのであるが、不肖の腹違いの兄弟が多く、それが禍《わざわい》して、鍵吉の晩年は必ずしも恵まれたものではなかった。日清戦争宣戦布告の翌月、明治二十七年九月十一日、六十五歳でこの世を去った。

白刃取りについて

柔《やわら》の術《白刃取り》は、剣術を積み重ねなければ決して会得できるものではない。斬り込んだ敵に対し、「一本捕り」や「四方掛け」を掛けるにしろ、太刀合いに於ての妙技を会得しない限り、いきなり素手で稽古を始めても極めて難しいと謂わねばならない。

《白刃取り》は刃物を想定した無手無刀の術である。この場合の敵の攻撃目標は、「突き技」では自分の咽喉《のど》、心臓、胃、腎臓、鎖骨の窪み等であり、「斬り技」は小手（手首）、頸動脈、上頭部及び顔面、脇腹、大腿部、脛《すね》等であり、これらは何れも動脈に位置している。人間は例えば、小手を斬り付けられて約十四秒後には意識がなくなると謂われている。

従って、大至急止血が必要なのであるが、この十四秒間に止血をし、更に敵の刃物を奪い取って《白刃取り》を行う事はどうみても無理な話であり、やはり剣を扱い慣れた段階に至って、この術をマスターすべきであろう。

さて真剣白刃取りは極めて難しい技法であり、練習の状態や修行途中での試みはタブーであり、これを意識的に演武形式で反復練習してしまうと「約束事」が先行し、実戦に役立たないものとなる。そのメカニズムはこうである。一人が真剣を抜き、もう一人がこれを素手で受ける役割を担ったとする。真剣を握った者は今日までに培った剣技を「敵を斬る為」ではなく、己の振りかぶった剣を、受けようとする者に対して、巧妙に捕えさせるように斬り掛からなければならない。また受ける者は、斬り掛かる者に対して、吾が手の中に如何に全力を注いで取り入れてしまうかだけに神経が注がれる。つまり斬り掛かる者の剣筋を「如何に巧みに捕え、手の中に収めるか」だけが約束事の中心になる。刃を手の中に入れる事のみが、対峙した両者の課題となる訳である。果たして両者の遣り取りは、本当に最高の剣技を出しあっての対戦になるであろうか。

約束事とはそういう事であり、これは単に余興見世物の一つでしかなくなる。従ってこれらの修行の目的は、実戦に於ての非日常的な「万に一つの絶体絶命」に追い込まれてからの妙技となり、日常では用いるべきではない。此処に非日常的（非現実的）なものと、日常的（現実的）なものとははっきり区別しておく必要がある。そして胆に命じたい事は、「素手は所詮、真剣の敵ではない」と謂う事である。

　つまり真剣で斬り込んで来る刃筋《はすじ》を、肉眼で見極め、それを手の中に収めるという訓練は、いくら反射神経を高感度に上げて、運動神経で対応したところで、高が知れているという事である。肉体的な訓練ではこれを熟し、そして敏感な反射神経や持って生まれた運動神経で対応したところで埒《らち》があかないという事だ。高齢者が老躰に鞭打って、反射神経だの、運動神経だの、一騎奮戦して、これを養成するのは全く以て無理な話であり、今更筋力トレーニングに励むとは実に情けない限りである。万一筋力トレーニングが成就してこれが出来ても、「紛《まぐ》れ」であり、時の悪戯《いたずら》であり、偶然であり、運がよかったという、一か八かの「出たとこ勝負」の幸運に恵まれたという事でしかない。

　だが秘伝には、これを止めてしまう術がある。全く反射神経や、天性の運動神経に頼らず、である。これは自らの培った剣の伎倆を以て、斬り込む敵に対し、その呼吸の隙間を読む事で可能になる。人間の動作は一見連続しているようでも、この動きはコマの連続であり、心の訓練次第で「滝の水が止まって見える」ように、動きも止まって見える訓練をする事が可能である（合気霊術として、真剣白刃取りを容易にする「天之気吹《あまのいぶき》」がある）。

不動眼

　心が動いていれば景色は動いて見え、心を静止させれば景色は止まる。心は眼に直結され、眼から見たものは直ぐ心に反映される。これが「不動眼」である。

『円覚経《えんがくきょう》』の中には、次のように記されている。釈迦牟尼仏《しゃかむにぶつ》は金剛菩薩に「瞑想に入っている眼が火を廻すように、雲が走れば月を運び、舟が行けば岸が移る」と。

　つまり心が安定すれば、何事もピタリと静止すると説いているのだ。雲が走る時が月が動く時であり、舟が行く時が岸が移る時であり、何れが先で、何れが後というものでもない。また、何れが動いて、何れが止まっているという事でもない。要は対象物に従って自分自身の心が動いているという事になるのである。それが眼に映り、脳で感じ取っているだけの事であると謂っているのだ。動きを観て動じない心になれば、対象物は総て静止し、その眼が養われれば、それが不動眼となるのである。

　此処で謂う不動眼の「眼《がん》」は、心の眼《め》を指している。肉眼が見えるという事は迷いを生じさせる事であり、心の眼を開眼してこそ、動きに囚われるという迷いから覚める事なのである。

　大東流には、真剣白刃取りを成就する修法として「滝行（滝の水に打たれる事ではなく、それを凝視して滝全体を止めてしまう行）」があり、これは連続する動きのコマを分解し、その中での隙間を探す事なのである。（以下口伝）

　また不動眼にはもう一つの教えがあり、恐怖に打ち勝つ「度胸」

を説いている。例えば肉眼で敵が囲み、各々が刃を構えていたとすると、凡夫はその敵の多勢に無勢、そして刃から来る恐怖のみを過大評価して、恐ろしさの余り後込《しりご》みしてしまうであろう。

しかし、それは一局面であり、連続のコマからすれば単に一コマに過ぎない。過去・現在・未来の通過点の中の、「点」にしか過ぎないのである。このような状況の中で、一コマに過大評価を加えれば、恐怖が恐怖を呼んで、冷徹さを失い、視野が狭くなって判断を誤る事になる。

恐怖や迷いや悩みは人生に付き物であるが、それを感情的に捕える事なく、また不必要な感情を伴わずに、心の中をさらりと通過させる必要があるのだ。即ち肉眼では見ても、心では見ないという事である。

柳生流から得た大東流の教訓

あらゆる剣術の流派は、一之太刀を「斬る」事に集約している。それは日本刀が直刀片刃《かたば》平造《ひらづく》りの剣と異なり、「突く」だけではなく「斬る」事を主体に置いているからである。

しかし、大東流の殿中居合や剣術は、一之太刀が「突き」である。この考え方に至ったのは恐らく「斬る力量」を第一と考えたのではなく、必ずしも力量の無い者が敵と遭遇しても、「負けない」術で対応したものと思われる。斬る為には伎倆と、長い修行で培った力量を備えていなければならない。しかし、「突き」は必ずしもそれを必要としない。初心者でも気魄があれば、手練を「一突き」に出来る。

殊に上級武士は管理職的な要職が多く、役務多忙で、完成までに長年掛かる稽古を行う閑《ひま》がない。纔《わず》かな稽古で活殺自在の効果を会得するには、当時として「突き」以外になかったと思われる。当身技もこの考え方から生まれている。敵に正対した時、中高一

穏陰之構（帯刀）

向中段八相

送中段八相

本拳で脇腹に当身を食らわし、一旦敵の気勢を削いで、然る後に業を掛ける手順で技法が構築されている。

　元禄の頃、江戸城中白木書院（通称松の廊下）で、赤穂《あこう》藩主浅《あさ》野《の》内匠頭《たくみのかみ》長矩《ながのり》と高家《こうけ》吉良《きら》義央《よしなか》（従四位下侍従に叙任されて上野《こうずけの》介《すけ》と改める）の刃傷事件が起こった。長矩は義央に面罵《めんば》され、発作を起こしたように背後から斬りつけたが、義央は額に軽い傷を負っただけで致命傷には至らなかった。此処に一之太刀で「斬る」事の難しさがある。江戸中期幕府は親藩大名を集めて講習会を行ったが、当然一之太刀で「斬る」事の難しさを取り上げたに違いない。柳生流から学んだことは、「突き」の一太刀ではなかったか、このような推論が成り立つのである。

組打正眼

組打正眼（影の向八相）

また、あの『二・二六事件』を誘引し、陸軍省軍務局長永田鉄山少将（統制派）を斬殺した『相沢事件』の張本人であった相沢三郎陸軍中佐（皇道派）ですら、剣道五段（一説には四段という説もあるが、この当時の剣道五段は最高段位であり、今日の八段か九段の高段位に匹敵する。更に軍人は激剣《たちうち》抜刀術の実戦経験を持っていた）の達人的な腕を持ちながら、一撃で斬殺する事は出来なかった。相沢中佐は正対するなり、右袈裟切りで永田少将を斬りつけたが、一之太刀で斬り据える事が出来ず、左手で刀身の中央部を掴み、二之太刀の「突き」で致命傷を負わせている。此処にも一刀の下に「斬る」ことの難しさある。後に相沢中佐は獄中から、日本陸軍の軍装の様式を改めるよう進言した。特に将校が左腰から下げている騎兵刀《サーベル》を半太刀拵の日本刀に改め、刀の柄を片手で握る騎兵刀ではなく、両手で握れる日本刀の長柄に改めるよう進言したのである。

　大東流は江戸中期から昭和にかけての歴史の中で、時代時代の大きな教訓を得ながら、その伝承が息づいているのである。

　また《隠陰《おんいん》之構》にみる労宮《ろうきゅう》の抑えは、「静」から「動」に転じる時の秘め事の「隠し」であり、剣を持った場合は、これが中段八想となり、「突く」事を目的とした《向（対）中段八相》と、「斬る」事を目的にした《送中段八相》がある。

　これらの八相は穏陰之構から出たもので、この八相の特徴は敵に自分の刀の長さを分からなくし、短い刀を長く見えるように使ったり、長い刀を短く見えるように使ったりして、敵の判断を狂わせ、誘い入れる事を目的にしている。

坩堝の剣

多くの武道愛好者は、自らが行う武道を自己顕示的な道具に用いている場合が多い。長年使っている自分の愛好武道を利用して、例えば「空手を〇〇年、そして〇段」とか、あるいは剣道は、柔道は等と、こうした外圧的、かつ外向的な状態を自己顕示する事で、他人に威圧を与える輩が決して少なくない。

また、武術は元々力の否定の上に成り立っていたものであるが、武道は西洋スポーツ的な養成法を借りて、力を肯定し、力こそ、その源泉であると説いているものも少なくない。

これに似たものが「坩堝《かんか》の剣（＝出来過ぎる剣）」である。肉体的な才能や素質に合わせて、力で押し捲《まく》る剣であり、尖先《きっさき》の向こうに、蟻地獄に落とし入れるような灼熱の意図と殺意があり、敵をじりじりと追い詰め、逃れられない状態にして、自らの坩堝《るつぼ》に落し込んでしまう剣である。この剣は熱狂的でもあり、使う者の傲慢が一等前へ露出される剣でもある。そしてこの中に、粗暴さと利己的な人間性の一面が存在する。そこには人格は存在せず、強いだけが取り柄である。

恐らく新撰組の土方歳三《ひじかたとしぞう》の剣が、このような剣ではなかったかと思われる。そして出来過ぎるが故に、何かが欠けている剣である。特徴は、単に出来過ぎていて、強いだけに尽きるようだ。

此れに対戦した者は、上段、中段、下段の孰れに構えても、一調子（一拍子）でなければ打ち込む事が出来ない。剣技には、その試合展開の中で必ず節目部分に隙が生じ、それが裂け目となって打ち込む隙を与える。しかし、坩堝の剣には隙間が現われない。従って待っていれば、無駄のないその動きに封じられて、じり貧状態に追い込まれ、足運びに乱れが生じて来る。同時に、打って来た坩堝の剣は、摺り上げるか、粘りつかない限り躱《かわ》しようがない。此処で迷ったり、闇雲に打って出れば坩堝に囚われて、敵の思惑通りに誘導されて、喉元を突かれる事になる。

この剣を使う者は自分に寛大であり、他人に対しては厳しく、然も容赦がない。ある意味で残忍な剣とも謂える。

坩堝の剣に代表される使い手は、何も剣術や剣道の世界だけではない。武道界全般に広く分布しており、「強い」と評された者は、十人中八人までがこれと似たり寄ったりの考え方を持っている。今日勇名をなしている、武道スポーツ選手の概《おおむ》ねは、これであろう。

坩堝の剣を敗る

剣の試合は、己の肉弾を抛《なげう》って演ずる実践である。しかし出来すぎる剣の前には、一進一退が思うように捗《はかど》らない。迫ってくる剣は摺《す》り上げて躱《かわ》すしかなく、また一調子の剣捌きが殆ど通用しない。無駄の無い攻め方で、じわじわと躙《にじ》り寄って来る。その灼熱の殺気は、例えその剣先を躱したとしても、そこに渦巻く殺気からは逃げようがない。

高齢者の武道愛好家、あるいは指導者が、若者のこうした剣を使う者に敗れている場合は、坩堝の剣の使い手に対戦した場合で、日頃の、通り一遍の剣道理論では全く歯が立たない。追い詰められて、「まずい」と思った時には勝負がついて、負けている。

では、これを躱し、敗る術はあるのか。

多くの敗北は、焦って、力に力で対抗した時に起る。焦れば肩に力が入り、正中線を垂直軸としていた上体（丹田を境目にして上）が前方に崩れ、及腰《およびごし》となる。また視界が狭まり、萎縮して視野が狭くなる。不快な喘《あえ》ぎと蠕動《ぜんどう》が起り、やくざ剣法となって盲打ちとなり、それが旨く御《ぎょ》し切れなくなる。

宮本武蔵は『五輪書《ごりんのしょ》』の中で、「剣を、武骨者の剣にしてしまえば、剣はそれでおしまいである」と述べている。そして「物毎のなき所」と申し添え、「剣には本来極まるところがなく、全くの無形である」と謂っているのだ。

無形だからこそ、無形のものは、力ある有形なものに勝り、また有形なものは、やがて肉体と共に滅ぶ運命にある。

坩堝の剣を敗るには、先ず筋肉をつけてはならない。躰や関節を柔軟にしておき、出来るだけ体重をつけず、軽快に転身が出来て、爪先立ちの機敏な反射神経を養う。食餌を乱さず慎み、粗食小食（肉製品は避け、玄米を中心とする一日一〇〇〇キロカロリー以下）に徹して、それが極まればやがて霊的反射神経が養われる。つまり無駄な動きをしなくて済む体軀が造れるのである。また柔軟な躰を造るには、ラジオ体操やストレッチ運動等の反動をつける運動に終始するのではなく、首関節、指関節、手首関節、肘関節、肩関節の柔軟性を養うと共に、腰の切れを養成する腰の沈め（腰溜《こしだめ》の技術）、股割等によって、股関節、膝関節、足首関節、足の指の関節を順方向と逆方向に曲げて、柔軟性を養成する事が肝腎であり、同時に脂肪を身に纏《まと》わず、なるべく肩に関しては、骨と皮だけになる事が肝腎である。また脂肪をつけ、体重を増やし、無駄な筋肉をつけると、力の体軀となり、剣を握った場合、「力の剣」となる。一般によく謂われる「力の剣は、参段止り」というのは、この事である。

因みに、肉食をして筋肉をつけると、体内の血の中には大量の動物の血が流れ込み、常に動物のように落ち着きを失い、絶えず飛び跳ねていなければならなくなる。

西洋スポーツが日本古来の武術に比べて、常に敵の隙を見つけて忙しく動き回るのは、肉食獣から食べられる草食動物としての恐怖の血が騒ぐからであり、フットワーク（跳ねる足捌き）は、さながら肉食獣を警戒しての威嚇的な動きに似ている。ぴょんぴょんと飛び跳ねるこれは、敵である肉食獣を攪乱《かくらん》し、食べられない為の、動物特有の空しいアピールであるかのようにも見える。

また一見軽快に見えるフットワークは、眼からその刺激を送り込んで、敵を多角度から捕えてアラや隙を窺う、動物的な動きから来ている。まさに此処には健康で強い者だけが生き残る、弱肉強食の世界の縮図がある。

だが、この理論に従えば、力ある者は常に有利であり、力なき者は不利となるという芸道の世界に追いやられてしまうのだ。従って兵法の理論は全く成り立たなくなる。

しかし兵法の理論に素朴に戻れば、「小が大を倒す」術に至ってこそ兵法であり、「柔能く剛を制す」が鮮やかに蘇ってくるのだ。武術には静の中に動がある。一見止まっていると思える「静」は、「動」に転ずる為の嵐の前触れであり、一度「動」に転じれば奇襲的な威力を現わす。

動物が飛び跳ねるように動きの多い術者は、動きのそれ自体が光を発光する「知恵の輪」であり、眼から受けるイメージは攻撃の隙を与えないが、よく視《み》るとその「知恵の輪」には必ずその繋ぎ目があり、それは裂け目となって現われる事がある。その裂け目に剣を打ち込めば、忙しなく動き回る必要はなく、静止した儘、呪文を唱えればそれで済むのである。

呪文の剣

「静中に動」「動中に静」は、武術の「起」と「応」の言葉として古くから用いられて来た。「動中に静」は、動きの中での冷静さを取り戻す、心得を説いたものであるが、「静中に動」は解釈が各々に異なる。

「嵐の前の静けさ」「動かぬ事こそ強さの象徴」「陰が陽に転ずる時機《とき》」等と解釈されているが、「静」だけに眼を奪われた場合、このような解釈になろうが、敵を術中に包含して誘い出し、その中に封じ込めてしまう場合は、もっと他の意味がある。

此処には呪術的な彩色がなければならない。静の中に佇《たたず》む構えは、剣の尖先から発する灼熱の呪文であり、これは坩堝《かんか》の剣の狂気に似ている。しかし、その狂気と異なるところは、灼熱の呪文は言霊であり、坩堝の剣は自らの意念である。つまり宇宙と個人の関係になる。個人は宇宙の存在に適《かな》うわけはなく、宇宙は個人すらも包含してしまう。

包含とは己一人の存在を超えて、総てを包み込む「自他の境目」を無くす事であり、敵と我が一体になる事を意味する。つまり「宇宙」が「個」を抱き込み、従って「個」が刃向《はむ》かった場合、「個」は自らの影響下にある「宇宙」を相手にし、自らの残像に挑戦を挑まねばならなくなる。自らに挑み、自らの残像に負けると、愚行を冒した事になる。

訳の分からぬ儘、「撃たれた」「投げられた」「倒された」が、これである。

呪文と伴に威力をもつその動きは、体捌きの陰陽と、毘沙門天《びしゃもんてん》と摩利支天《まりしてん》の躰動《たいどう》であり、一足一太刀が有効な動きとなる。剣先を敵の喉元《のどもと》に突きつけて呪文を唱える場合、吾が籠手《こて》（小手）を撃つ場合、距離があるにも関わらず籠手が撃てる。

二足で踏み込んで来た場合、敵の剣は速度を失い、敵は力の剣になる。力の剣は軽く躱せば済む事であり、「面《めん》」が撃てる。敵が返し籠手を打ち込んで来た場合、態々《わざわざ》撃たれる為に打ち込んで来たのであるから、「面」と「胴《どう》」が撃てる。

また、呪文は間合に大きな影響を与え、一足踏み込んでくる敵の勝ち急ぎは、摺り足で半歩後退すれば、敵は二足踏み込まねばならなくなり、簡単に返し籠手が撃てる。

こうして敵の動きを追って行けば、敵は撃たれる為に、その術中に嵌《はま》っている事が分かる。所謂《いわゆる》形骸化した剣道システムの束縛から逃れ、大いなる精神を実感し、自己の内観宇宙を開拓して行けば秘儀・修法に迫る事ができる。

坩堝の剣を敗る呪文は、真言「ナウマクサマンダ、バサラダンセン、ダマカロシャダソワタヤ、ウンタラタカンマン」であり、自らの背後に不動明王《カンマーン》をイメージする（呪文の剣の中は「大東流太刀五行」の中の第五番目の剣行であり、因みに第一番目は「影の剣」、第二番目は「開きの剣」、第三番目は「固めの剣」、第四番目は「四方の剣」である）。

柳の枝

剣には、固い「剛の剣」と、嫋《たお》やかな「柔の剣」がある。気合いで押し捲る剣は剛の剣であり、何ものをも跳ね返す力を持っており、我武者羅《がむしゃら》に前に出る事を自己主張する。しかし、それは力強さに比べて鈍重な一面を持っており、固体物のような動きに終始する。

それに反して嫋やかな柔の剣は、総ての力を吸収し、流動体のように撓《たわ》む事で「柳の枝」と化し、敵は打ち込みに際して捕え処を失う。これが気合いとは正反対の「合気」である。

撓む剣は剛の剣を直接捕えて絡め取り、動きを封じつつ、次に敵の肉体へと食い込んで行く。

剣技は、本来「面《めん》」だの、「胴《どう》」だの、「籠手《こて》」だのには関係無く、唯の一撃で敵の躰を崩すものでなければならない。これは木刀であっても、真剣であっても同じ事であり、その手応《てごた》えは直接尖先を通して得物に伝わってくる。敵はそうなる事を避けて先手争いをし、必死でこれを回避し、我武者羅に向かってくる。しかしこれが固体物のそれであり、力と力がぶつかった場合、力に勝る方が勝つ事になる。

そうならない為には、ただ得物を振り回すだけでなく、敵の動きを客観的に洞察して、その動きのみを封じるのである。

また、圧迫してくる敵の気魄に打ち勝つには、敵の眼に動きを合わせて隙を窺うのではなく、自らの躰の緊張を取り除いてリラックスし、眠ってしまう事である。しかし本当に眠るのではなく、この眠りは一旦執着や虞《おそれ》から離れる事を言うのである。押しても曳いてもどうにもならない時は、救ってくれるものもなく、その苦しみから解放される唯一の方法は、強引に眠ってしまう事なのである。即ち、この眠りは単に眠りこけるのではなく、「牡丹下の猫」の眠りである。この眠りこそが、嫋やかな柔の剣に至る「柳の枝」であり、「合気」なのである。

殿中居合

これは御式内《おしきうち》から出た独特の居合術であり、「静坐の型」と「胡坐《あぐら》の型」がある。御式内の作法には「静功」と「動功」があり、

殿中居合／五月雨（立法）

1) 左手を鐔に指を当て心を鎮める

2) 鯉口を切り、鞘を送出して

3) 真横に抜刀する

4) 更に上段に振り上げて、垂直に斬り下ろす

5) 血振りを行い

6) 柄を逆に返して

7) 尖先を鞘に戻し

8) 鞘を前に送出して

9) 静かに納刀する

10) 再び静止した状態から

11) 抜刀を行い

12) 抜打で

13) 吾が真後ろの敵を想定して斬りつける

14) 体の移動を図り

15) 前方を逆一文字払いにする

16) 更に素早く上段から下段に斬り付け

17) 柄の逆をとり

18) 納刀を行う

19) 静かに納刀した後

20) 心を鎮めて残心をとる

静功が礼儀作法を中心にしたものであるのに対し、動功は兵法としての「座居合」が中心となっている。この中には「陰の打ち投げ」という「座敷柔術」も含まれている。

居掛之術

殿中剣法の剣操法は「居掛之術《いかけのじゅつ》」を以て敵の動きを制する操法である。殊に殿中に於ける居合は抜刀して戦う事を目的とせず、

上下台の試斬り
1) 上下台に刀を建て掛けて正座する

2) 刀を帯刀腰指にする

3) 下段の股斬り

4) 上段の据物斬り

己の刀が鞘の裡《うち》にある意念を以て、斬り合いをする事なく、勝ちを納める技術である。

さて、二刀剣によって左右の手を自在に使い熟すようになると、再び一刀剣に戻り、宮本武蔵が指摘したように「左手さして心なし」あるいは「両手に太刀を構ゆること実の道にあらず」という一刀剣の極意に戻ってくる。

合気二刀剣は左右の太刀を自在に操る術であるが、しかしこの場合に中心となるのは、あくまでも自己の利き腕である。仮にその人の利き腕が右手であるとしよう。その右手こそが主要な働きをする大太刀の握り手であり、よく鍛練した左手をそれに添えれば、その威力は絶大なものになる。即ち右手が利き腕である人が、左手も同様に鍛練すれば右手を負傷しても左手だけで、対敵応戦が出来る訳で、二刀剣はあくまで実戦に用いる為に稽古するものではない。

戦場に挑む時、二刀を以て敵の甲冑《かっちゅう》を片手だけで打ち据えたり、貫く事は容易ではない。また騎乗した場合、片方の手で馬の手綱《たづな》を取らなければならない関係上、利き腕に大太刀を握り、反対側の手で手綱を取る事になる。更に時代と共に戦法が変わり、弓矢が鉄砲に変わって主力を占めると、その戦い方や甲冑の作りが古い時代のものに比べて簡素化され、布陣の配置体形すら変わってしまった。

また、武士階級がただ戦場で勝つ事のみを目的として鍛練された技術が、江戸期に入ると、儒教的あるいは仏教的倫理観が深ま

1) 据物斬り（座）

2) 据物斬り（帯刀）

3) 据物斬り（斬り下ろし）

り、それに付随する心が重要視される事になる。即ち心の如何で敵を制したり、心の隙を窺って、敵の刃を抜かせずに済むというような霊的次元を持った技術が、古神道や密教の行法を取り入れて編み出された。

ここで紹介する殿中剣の「居《い》掛《かけ》之《の》術《じゅつ》」も、その心の動きを巧みに取り入れ、二刀剣から発した片手打ちの技術である。片手の抜刀のみで敵を制する高級技法である。居掛之術は殿中居合の独特の剣操法であり、己の鞘の裡の剣を静向法の起姿で抑え、敵の動きを封じる半身半立ちの構えである。室内での抜刀は、その剣の裡に自らの小宇宙を作り上げ、小さな動きで敵を制する。

居掛けの術には「静」の鞘の裡に秘めた敵への精神的威圧と、「動」の鞘から抜いた物理的な威圧がある。何れも敵に居掛けて動きを封じる殿中居合独特の高級技法であるが、この根底には武士道の「日々を死を以て生きる」という死の哲学が流れている。

現代は生の哲学に代表され、兎に角生き存える事が人生の基本となっている。病気を恐れ、只管《ひたすら》家内安全を願って、不確実な明日に向かっての、死を忌み嫌う事が前提となっているようである。従ってそこには行動の新鮮さが失われ、時間という時の流れが人間を従順にさせ、その輝きまでを曇らせている。

武術家は言葉を換えれば行動家であり、行動家は死を恐れ、死を避けた場合に最大の不幸が起こる。もし行動家に最大の不幸が起こるとするならば、死ぬべき時機に死ななかった時機《とき》ではあるまいか。そこには今まで一点の曇りもなかった行動哲学が、醜く輝きを失い、汚点が添加されて、生のみに固執する哀れな自己を晒《さら》け出す結果となるのである。

現代の社会風潮は美しく生き、美しく死のうとして、実は醜い死を選択し、同時に鮮明なまでの輝きと美しさを失い、結果的に醜く生き、醜く死ぬという最悪な結末を選択する事が多い。人間の生存本能は、生きるか死ぬかを選択する、ぎりぎりの境地に追い込まれた場合、生きる事に執着を見せるのは当然の事である。

居掛け 1

居掛け 2

居掛け 3

居掛け 4

居掛け 5

しかし、これは死を忌み嫌い、怖れる結果が招いたもので、時代が太平であればある程、生き延びることに執着を見せる。戦後民主主義は生き延びる事を前提とした社会構造がとられている。従って人間の「狡《ずる》さ」だけが表面化し、それは西洋の処世術に代表される、現代風の小利口な生き態《ざま》になってしまう。

元々武人の行動原理は、「日々を死を以て」あるいは「死を当てて」生きる、爽やかさが備わっていた。武人が事に当たり、死を恐れ、死を回避した場合は、最早そこには武人の姿はなく、単に口先だけで平和主義を豪語する哀れな弁論家に成り下がってしまう。ここに、現代の精神的動脈硬化で苦しむ哀れな現実が存在するのだ。従ってこれらの人間が死に至った場合、惚け老人に見られるように、病院の固いベットの上で死を迎え、直ぐに処分されて骨壷に収まるような、精神性のない小さな死を迎えなければならなくなる。

さて、居掛之術であるが、居掛けは精神的行動原理が死を超越した場合にはじめて行える技法である。この技法は剣道型のような、単に約束事で決められた「形」の領域のものではない。その精神性の裡側には、常に死を心に当てるという崇高な精神が流れている。

人間が今日死ぬと思って行動を起こす時機《とき》、その行動は急に生き生きとした輝きを放つように、その動きすら、一部の隙のない明確な「決断」を示すのではなかろうか。

決断はその根底に、死の哲学の根本原理が流れていなければならない。そして人が決断をした時機、そこには死の選択と同時に本当の自由が訪れるのである。死を恐れ、死を回避する消極的な行動原理は、結局醜さと輝きを失って、無残な「犬死」を招く結果となってしまう。そこに残るものは敗北であり、「恐れるもの」から只管《ひたすら》逃げようと格闘し悶躁《もんそう》した醜さだけが、後味悪く残るだけである。

敵を斬らず、敵に斬らせない境地を自らの心の裡につくる事こそ、居掛けの術の極意なのである。

武術に迷いは禁物である。迷いは、即、自らの敗北に繋がる。殊に実戦に於ては大切な掟となる。実戦は非情なものであり、そこに迷いや躊躇《ためら》いが起こると、その儘、自分の命取りへと反映されてしまう。全く型通りにはいかないものである。

安易な修練しかした事のない者は、常に大きな落し穴を抱えている。非常の事態に即応できる心を持ち合わせていないのである。これは即、自らの敗北を意味するのだ。

時間というものは恐ろしいものである。何故ならば、時間は人の心に「分別」を与えるからである。分別が起これば、最早それは新鮮なものでなく、色褪《いろあ》せた、不透明なものになってしまう。そこで決断が鈍り、自らの行動は覇気のないものになってしまう。行動家が、行動する事を失った場合、そこに残るものは「敗北」の二字しか残らない。これはまさに悲劇というしかないであろう。殊に、試斬りに於て居掛けの斬刀を行う場合、これは極めて貴重な教訓となる。

斬刀術は、考え込んだり、迷ったり、躊躇ったりすると中途半端になって斬り据える事が出来ない。あくまで無分別に、一切の心の柵《しがらみ》を打ち捨てて切り込まねばならない。鮮明な残像だけを心に描いて斬り据えるのである。此の世の現象は、心に描いたものが必ず実現されるという、心像化現象で全てが成り立っているのである。

居掛之術の境地から刀を説明すると、尖先五寸迄を「過去」、鐔《つば》元五寸を「未来」、刀身の半ば凡そ一尺三寸程を「現在」と教える。吾が「過去」で、敵の「現在」に近寄り、その瞬間に「未来」を超して敵に居掛けると説くのである。尖先五寸を飛び越して、二歩踏み込んで七寸とし、これは「現在」に纔《わず》か二寸しか交わってはいない事になる。つまり躊躇する事なく、現在から未来に向かって居掛けねばならぬとしているのである。

閂之術

据物《すえもの》斬りの妙技は、空中に浮いた物体を切り裂く、《閂《かんぬき》斬り》にある。西郷派大東流ではこれを《閂之術》という。この《閂之術》は、鍵の横指《よこさし》（和錠前という日本独特の鍵は、その鍵の巧妙なカラクリもさる事ながら、扉を通して塞ぐ閂部分は容易に切断されない工夫がなされていた。つまり閂の部分に刀と同じ様な、玉鋼《たまはがね》に鍛えを入れたものを使った）の鉄の閂を、斬り据えたことに由来し、これを斬る事を《閂斬り》という。

《閂斬り》とは、四次元空間を切り裂くことであり、斬る得物が如何なる物であったとしても、絶対に斬り据えるという高級技法から構築されている。俗にいう「冑割《かぶとわり》」もこの技法に集約される。

著者の閂斬り横一文字の妙技
横一文字は別名「皿飛ばし」とも謂われ、
元々は敵の頭蓋骨の頭半分を斬り飛ばす妙技である

大方の据え物斬りや居合術が、三次元空間を物理的に、物体を切断するのに対し、四次元空間を切り裂くこの秘術は、刀に血をつけない技術として、剣術の一派の隠れた秘伝として今日まで非公開の儘伝承されてきた。遠くは三代目山田朝右衛門吉継《よしつぐ》が会得したと謂われる妙技で、幕府が江戸中期に十万石以上の大名を対象に開いた講習会（甲中乙伝《こうちゅうおつでん》）にも、この《閂斬り》は登場している。

《閂斬り》の特徴は、真剣の上手な使い方だけに留まらず、秘術としての人を斬った際に、刀身に血をつけない（合気霊術の妙技）というのが、その特徴である。

会津藩には古神道を主軸にした考え方が、藩祖保科正之《ほしなまさゆき》の時代から根付いており、血を「穢れたもの」とする風潮があった。この考え方から生まれたのが、血を付けない《閂斬り》であった。刀剣は神器であり、人間を斬った場合、刀に血をつけないというのは、当時の武芸者や剣術指南役の共通する考えであった。

《閂斬り》というのは、二本の切断した竹を縦に積み上げ、その最上部の竹だけを閂の要領で切断する事である。この秘術の上手は、最上部の竹だけを斬り据え、下部に当たる部分の竹は微動だにしないというのが、《閂斬り》の使い手であった。

さて残念な事は、昨今は型踊《かたおどり》の剣道式居合道が、外国人や女性や武道オタクの老若を集めて、何れの居合道場や剣舞道場も大繁盛である。斬る為の人間殺生の武器が、いつの間にか芸術品に摺り替わり、型踊の、小気味よく舞ってみせる舞踊家が、達人や名人視される昨今である。大切な事は「術無くして、道は無い」という事である。

もし日本人が、古来より連綿として培《つちか》ってきた《術》の妙技を捨てて、ルール中心の、アメリカナイズされたものばかりに目を奪われていると、日本刀の刀身《とうしん》ばかりか、当人の身も心も錆び付き、陳列ケースに飾るような滑稽な武道グッズのアクセサリーの一つに成り下がるのは必定であろう。

五行剣

陰陽裏表の五行の剣捌きを「五行剣《ごぎょうけん》（五法之剣《ごほうのけん》）」という。この剣は五方之敵（五人の敵）に対して行うものと、一人の手練に対して行う五行剣とがある。この動きは「陰」と「陽」が交互に連続されていて前方（敵の目）から見ても、真上から見ても星形の五角形を作るように構成されている。

五行剣は星形の軌跡を辿る剣であるが、その星形の根底には漆《しっ》膠《こう》が生きていなければならない。漆膠とは粘着力であり、付着力である。宮本武蔵の『五輪書』の中には漆膠について述べられており、「漆膠とは、身を入るるに能く付きてはなれぬ心也。敵の身に入る時、かしらをもつけ、身をもつけ、足をもつけ、つよく付くところ也。人毎に顔足は早く入れども、身の退くもの也。敵の身へ我身を能くつけ、少しもあいのないやうにつくもの也」とあり、全身を漆膠の如くに我身を敵に密着させよ、と説いているのである。敵を打つ場合、吾が顔や足が早く出ても躰は後ろに退けている場合が多いので、敵を倒す事は出来ない。従って、手が先に出る場合は負けとなる。手を出す前に全身を敵に密着させろと言っているのである。

五行剣は「多敵之位」に準じ、漆膠《しっこう》の間合を以て「五芒星《ごぼうせい》形」を描きながら、敵を斬り据えていく。

また柳生流の『兵法家伝書』には、「うつたる所は、きれうときれまひとまま、心をつづむるな。二重三重、猶四重五重も打べき也。敵にかほをもあげさせぬ也。勝事は一太刀にて完る也」とあり、一太刀で敵を斬るかどうかは問題ではない。二度三度、更に四度五度打ち込み、敵が顔を上げる余裕がない程打てとある。そうすれば最初の一太刀が利いて、勝負が決まってしまうと言っているのである。

五行剣は単に道場内での型稽古でもなく、道場剣（道場内でしか通用しない剣法）でもない。実戦から生まれた漆膠の剣である。粘り付くように敵が崩れるまで星形を作り、打つ事を連続しなければならない。これを連続させる事で、敵は「底が抜かれ」反撃出来なくなる。つまり精神的には止めを刺す気魄で、敵の心の底を抜く事なのである。また五行剣は、五芒星形に斬り据えた後、「血振り」に特長があり、前方に血振りを行うのである。これは納刀するまでの、残心をとる為の特異な動作で、「刃筋《はすじ》を通す」機《き》を正す（修正）ものである。また、足運びは「足心打行《そくしんだこう》」という、独特な足運びを以て進退を行う（口伝に「足心打行運之事《そくしんだこうはこびのこと》」がある）。

因みに、帯刀の仕方には「柳生指《やぎゅうざし》」と「落指《おとしざし》」がある。「柳生指」は大刀を帯刀する時、吾が前方に向かって四十五度程度に指すことを言い、「落指」は吾が前方に向かって約九十度の角度で指し、抜打抜刀を行う際にこの指し方をする。

五行剣
1) 静坐にて心の静寂を求める

2) 立ち上がり

3) 大刀を「柳生指」から「落指」に変え、鯉口を切って

4) 起勢抜刀により、斜め上に跳ね上げ抜打を行う

5) 横一文字に払い

6) 後方に転身して振りかぶり

7) 左袈裟斬りを行う

8) 左袈裟斬りから体を移動して右下から左斬り上げを行い

9) 転身して後に振り返り、片手で左袈裟払いを行う

10) 前方に血振りを行い

11) 刀の柄を返し

12) 刀を動かさず、転身して鞘を前に送り納刀する

13) 静かに鞘を引き寄せ

14) 腰に収め、「柳生指」に戻す

15) 右足を曳き

16) 心を鎮めて静坐に戻る

第二章　多数の二刀合気と刀術

合気之術

　初伝から奥伝までが柔術や合気柔術とすれば、合気之術は「秘伝」に置かれる位置にある。また初伝から奥伝までが三次元業とすれば、秘伝は四次元業に相当する。これは奥伝を「三十六箇条」、秘伝を「五十四箇条」に定め、次の『秘伝奥儀裏儀』は「三十箇条」で奥の院に辿り着く構成になっている。

　さて、その中の一部を紹介すると、巧みに経絡業を使い、「当てる」「刺す」「崩す」「担ぐ」「掛ける」「踏む」「固める」「影を取らせる」等の他に、発気若《も》しくは発声（真言《マントラ》を用いて）して、敵の「力を抜く」行動を「停止させる」等の業が用いられ、古くは「天狗之術」と称された。この術は、源義経や宮本武蔵が、飯《い》縄明神《づなみょうじん》を本尊とする飯縄之術に因み、「天狗《てんぐ》飛切《とびきり》之《の》術《じゅつ》」を会得するきっかけを作ったものとされている。

　これらの術は「当てる」事を中心に、その当てる際、敵に接近しなくても当身を入れる「天狗の遠吠え（発勁《はっけい》に似た一種）」等の術があり、また「投げる」事は単に投げ放つのではなく、三次元空間に壁を作り、その壁の中に沈める「沈める技法」である。これを「四次元空間に沈める」という。つまり完全に抵抗できない次元に敵を引き摺《ず》り込むのである。

　この技法は更に進んで、多数の敵を相手として、敵の心理状態を攪乱《かくらん》して、判断を狂わせ、更に霊的波調まで狂わせる術である。

　敵の霊的波調を狂わせる原理として簡単には、気合い、掛け声、特殊な仕種、奇妙な構え、手の動き、足運び等が挙げられるが、これは心理状態に影響を及ぼす初歩的なものであり、合気に用いる霊的波調を狂わせる方法は、心理状態だけではなく、個人の脳の中に入り込み、視覚や言霊《ことだま》に影響を与えて幻覚を起こす方法である。これらは呪文によって行われ、言霊に影響を与えて、敵の波調を狂わせてしまう。またそれによって敵に隙を招かせ、敵の一瞬の狂いに乗じて、頸椎を回転させたり、敵自らが判断を誤るような敗因に導くのである。「神経中枢を狂わす」というのが、合気之術の特徴であり、これは「一刀の剣」及び「二刀の剣」に連動されている。

二刀合気

　多数の合気には二刀の乱斜刀が用いられ、多数の敵に対抗することを「多数之位」あるいは「多敵之位」という。

《乱斜刀《らんしゃとう》》は、二人以上の敵を相手に、同じ長さの大刀を持ち、「外乱射」と「内乱射」を交互に打ち出し、吾はその剣の円心の中で「乱之術（口伝）」を用いる。

　さて、二刀の合気にはその基本技として、一刀による「一対一之剣」「一対二之剣」があり、その体得が熟した後、次の段階の二刀の合気を踏む。

　二刀合気は多敵と戦う際、この躰動は重要な働きをする。この躰動の中には、術者が動くべき想念の総てが含まれている。二刀合気は、術者が左右に同じ長さの剣を持ち、左右を同じように動かすのではなく、各々の独自の変化（陰陽の変化）によって敵の動きを封じ、また、次々に制していく。従って合気道のように、左右対称の、技の掛け捕りではない。所謂《いわゆる》、合気の掛獲であって、柔術の左右裏表ではないのである。

一般に合気道と言えば、「相手の力を利用して投げる」等と称され、「纔《わず》かな力で敵を倒すもの」と思われているが、あくまでこれは素人考えであって、相手の力を巧みに利用し、崩れた状態から技を掛ける点に於ては柔道も全く同じであり、これは合気道の専売特許ではなく、更に厳密に言えば、これは正しくない。

「相手の力」を利用する場合、相手が常に行動していなければならない。行動の無い相手に対し、これに技を掛ける事は出来ない。従って、大東流は相手が動くように、陰陽の変化を用いて敵を動かし、吾が術中に塡《は》めるのである。

さてこれを注釈する前に、植芝合気会系も含めて大東流や琢磨会等は、総纏《そうまと》めで「合気道」と呼ばれる事がある。事実、福島県霊山《りょうぜん》神社の境内には「全国合気道発祥の地」という碑が立っているし、一般人には大東流も合気道も区別が付かず、十把一絡《じっぱひとから》げに合気道と見なされる事が多い。そして一般には、孰《いず》れも「合気」を名称としている為、大東流も合気道も区別が付かず、同じように映るのである。従ってその修行法も同一と思われ、そこに存在する手順や技術用語までが同じものである、と想像されがちである。

しかし、これらは体系的な流れや、歴史観、武術思想からも天地の差ほど異なるものである。二刀剣を持って修行する事を知らない合気道と、二刀剣を持って修行する事を、多敵の戦いに於て重視する大東流とでは、この空間における攻防法、つまり「制空圏」の考え方に違いが出てくるのである。

合気道は徒手を以ての、円運動の範疇《はんちゅう》にあり、大東流は徒手を更に延長した二刀剣の中に、その捉えた敵への対処法がある。従ってその制空圏は、徒手を以ての前後・左右・上下・斜め前・斜め後だけの八方向だけではなく、これに延長という二刀が加わり、これが多敵之位に於ける「合気八方」になるのである。そしてこの二刀には、己の手足が血の通った生き物のように延長されて、多敵では有効な制空圏を収めるのである。

さて次に、制空圏に迫ろう。

好戦的なフルコン系空手家達は、よく制空圏を口にする。それは接近戦等を主体とする柔道や相撲等に比べて、打撃系の格闘技の方が制空圏が広いからだという理由である。だから近付く敵には防御的本能と格闘本能が働き、つい手足が出て、好戦的になると言うのである。しかし、幾ら制空圏が広いと言っても、高々手足の付け根を軸にした二メートル前後である。もし制空圏の広さを言うのであれば、槍や長刀の修行者のそれは、その制空圏が打撃系に比べて、如何程の比較になるのであろうか。また、日本刀を持って斬り合いをする激剣や、試刀術を修行して居る修行者の制空圏は、打撃系よりも狭いと言うのであろうか。しかし、これらの修行をして居る人は、打撃系の愛好者に比べて慎み深く、好戦的で傲慢ではないが、一体この差は何処からくるのであろうか。

　また打撃系の愛好者の中には、猟銃を趣味にしたり、海外での拳銃試射を愛好する人が多く、自らの徒手空拳に添えて、何故拳銃試射を愛好するのであろうか。この考えに固執した連中は、特にフルコン系空手を愛好している人が多い。この根底には、試合あるいは挑戦に於て、何が何でも勝たなければならないという残忍な思想があって、万一負けたら相手を殺す、という意図が含まれているようにも思える。最早《もはや》こうなると、武士道や武技や人命尊重の範疇《はんちゅう》では考えられなくなり、日本刀やその他の刃物に対して、飛道具で対抗し、一時の激情で負かされた相手を何が何でも倒すという、暴力的な決着への魂胆が見え隠れしているようだ。また此処に見えざる遺恨が生まれ、因縁を限りなく悪くして行く方に、己の魂を投じなければならなくなる。

　さて再び二刀剣に戻ろう。二刀合気は左右に各々同じ長さの太刀を持つ。十六世紀の戦国時代には、これは「矢払い」の為に使われたとも言うし、「多敵に対峙した攻防法」とも言われている。要するに合気八方の乱斜刀であり、自らを戦いの中心に置いて、次々に敵を躱《かわ》すのではなく、敵の集団の中に斬り込み、敵を意の儘《まま》に動かして、勝ちを収める空間を作るのが、合気二刀の制空圏である。

　それは丁度、球を成す、雪達磨《ゆきだるま》の「転がりの威力」によく似ている。転がり落ちる周囲の、何もかもを巻き込んで、自らは益々膨《ふく》れ上っていく、あの構図である。その回転の威力で、周囲は次々に巻き込まれていくのである。これが二刀合気を用いる場合の、乱斜刀のイメージである。

　武術はその武技が何をイメージし、その次元が何処にあるかで異なってくる。次元が低く、力業を何処までも押し通さなければならない武技は、その範疇で地獄のような肉体を駆使する反復練習に明け暮れなければならないし、次元が高度になれば、滅び行く肉体を脱して、霊的なものに委《ゆだ》ねて、《半身半霊体》により接近する事が出来る。二刀合気は、合気二刀剣をマスターする為の制空圏把握の、前技ともいうべき想念法である。

古流剣術の大きな影響を与えた平戸藩心形刀流

山鹿流と共に有名なのが心形刀流《しんけいとうりゅう》（シンギョウトウリュウとも読む）である。

　心形刀流の最大の特徴は、二刀を以ての《乱斜刀》である。この流派には一刀、二刀、小太刀と、各々に刀法の技術を伝えているが、二刀を用いる斜乱撃は、柳生流（柳生新陰流ではない、柳《やぎ》生十兵衛《ゆうじゅうべえ》三厳《みつよし》からはじまる流派で、現在でも柳生流を名称にしている大和柳生流）の合気二刀剣に相当する剣技があり、極意として「水月刀」「三心刀」「月心」「無拍子」等の口伝がある。

　また、一子相伝《いっしそうでん》の極秘として「雷心刀」「三心刀」「無一劍」の三伝があり、伊庭是水軒秀明《いばぜすいけんひであき》の子孫は江戸下谷に住み、家名を辱めず、その孫伊庭八郎治（伊庭の小天狗の異名をとり、幕府の遊撃隊を率いて各地を転戦し、箱根で片腕を失い、明治二年、二十七歳の時、函館戦争で戦死している）は文武両道の武人として有名であった。

和歌に、

　ふしをがむいかきのうちは水なれや
　　心の月もすめはうつるに
　花紅葉冬の日雪を見しことも
　　思へはくやし色にめてける

とある。

松浦清山像

さて、心形刀流は、新陰流や一刀流等に比べてその成立が遅かったにも関わらず、今日に至っても非常に格調高い形跡を残しているのは、第三十四代平戸藩主松浦清山によるところが大きい。

心形刀流の流名由来については、清山の『心形刀流目録序弁解』によれば、「心形刀《しんぎょうとう》の心は己が心、形も同じ躬の形、刀はその用いる刀である。したがって心形刀とは剣技の総名であって、（この剣は）わが流のみものとしてはならない（志ある者は自由に学ばせるべきだ）。しかるにわが剣生はその実を知らないため、これを流儀の名と思い、他流の人も心形刀とは他の流であると考えている。不学未熟の者にとっては無理からぬことである。いずれにせよ心形刀は術理の真諦を指したもので流名ではない」と述べ、剣を修行する立場は、大きく分けて三つあると指摘している。

一つは、剣技そのものの奥儀を何処まで追及するか。また一つは、剣技を手段として武士形成を如何になすか。更にもう一つは、剣技を手段として健康的な日常生活を営むことが出来るか、の三点であり、その兵法論は、剣術と儒学的武士道と日常生活の、健全で健康的な立場を追及している。

清山は「剣学は平心の術なり」と語っている。この《平心》は柳生宗矩の「平常心」と同じような意味のものであるが、宗矩が平常心を強調しているのは真剣勝負に於ての、平常心を失わないことを力説したのに対し、清山は稽古場の心構えが、単に勝敗にこだわることなく、健康的な日常生活にも移行する事を説いており、そこから人生の教訓を学ばねばならないとしている。これが《平心》の謂れである。前者が勝負のみにこだわった狭義的な解釈であるのに対し、後者はそれを既に超越して、その次元は広義的である。

【心形刀流の伝承系】

伊庭是水軒秀明（常吟子）→伊庭軍兵衛秀康（常全子）→水谷権太夫忠辰（常智子）→水谷権兵衛格寿（全子）→岩間鶚斎利生（常稽子）→松浦壱岐守源清（常清子）

清山の印状にはこのように記されている。

心形刀流剣道

心形刀流剣道表徳免状　一巻

心形刀流剣術　公は多年懈怠なく修業執心の深き実に感ずる故に今先師伝来の表徳号を許す。乃ち常清子と称し奉る。自今指南は勿論同門中遠慮なく差図さる可き者也。

乃て免状件の如し　岩間鶚斎

文化二乙丑年九月天晴日　常稽子利生　花押

謹上　松浦岐州尊侯

常清子君公閣下

大東流合気二刀剣

奥儀合気之術に入って行く為の一つの修行法に、《合気二刀剣》がある。

この特徴は、単に一対一の剣ではなく、二人以上の一対多数を相手にした、「乱《らん》」の実戦剣法であり、この乱は攻撃を主体にした多数の敵を相手にした剣法である。この剣法は「組太刀《くみたち》二十五箇条」から成り、これは上中下の三段階（初伝・中伝・奥伝）が設けられ、初伝では一人若しくは二人を相手にして組太刀を行い、中伝では三人を相手にして組太刀を行う。また奥伝に至っては、更に多くを相手にし、ただ二刀を以て斬り合いをするばかりではなく、「秘伝の妙」として、二刀を以て敵を立った儘、合気を掛けてその場に縛り付けたり、動きを封じて微動だにさせない業がある。

大東流は、戦前・戦中の大正末期から昭和初期に掛けて、多くのダミーが作られた。巻物を書き記さないのが、秘密情報を秘密として保つ唯一の方法であるにも関わらず、幻の武芸として多くの巻物が作られ、またそれが一般に公開されていった。この巻物は武田惣角《たけだそうかく》が代書人に依頼したものであり、当時惣角の講習会に同行していた八光流《はっこうりゅう》柔術（当時は紳士道と称した）の創始者・奥山龍峰や、生長の家（大本教より分派した宗教教団で、信者には八光流や植芝合気道の人が多い）初代総裁・谷口雅春らが当ったもので、他にも達筆者の代書人（代書を職業とする某氏）らで次々に代書されたダミーが作られていった。

今日に見られる、『大東流合気太刀秘伝』『大東流合気槍術秘伝』『大東流合気杖術秘伝』『大東流合気二刀秘伝』等の巻物は、植芝盛平が惣角から去った後の戦中に作られた、惣角自身の直心影流を母体にした武術観が記されたもので、西郷頼母《さいごうたのも》の小野派一刀流を研究した「忠也派《ちゅうやは》」や溝口派一刀流、それに太子流兵法の軍学が入っていない。

また惣角は文盲であったので、新聞を読んだり、書かれた文字に何が記されてあるか理解できない人であったが、その記憶力は抜群で、それに頼り、近年に代書された巻物が作られたのである。その時、合わせて捺印された印鑑が「宗武」の印であった。これを考えれば、惣角の大東流は西郷頼母の大東流と業を異にして、一人歩きし始めた事が分かる。西郷派大東流は、この異なる事を踏まえて「西郷派」と名乗る所以であり、撃剣斬殺に於てその方法論が異なるのは当然といえよう。

さて実戦に於て、組太刀の秘術は「乱」であり、この攻撃と防禦に、「合気」を加えたものが合気二刀剣である。

この合気二刀剣は、最終的な「十方之陣（車之円陣に上下を置いたもの）」を想定した剣法である。この陣を破る事を《多数之位》、または《多敵之位》という。車の円陣で的に囲まれた場合、如何に試合上手と雖《いえど》も困惑の念が起こる場合が少なくない。古代より人類は、敵を包囲し、最後には抜き差しならぬ状態に追い込んで仕留めるといった戦術を多く使ってきたのだ。

さて、戦国時代、剣の活用は一刀流を中心にした剣技のやり取りではなかった。戦争に於て、いきなり白兵戦から展開する合戦の遣《や》り方は無い。いつの時代も最初は飛び道具からであり、矢が尽き、弾が尽きてから、騎馬戦に転じたり、白兵戦になって斬り合いが始まるのである。

従って一刀流の存在が明確になるのは、合戦後半の展開からであり、前半は飛び道具の攻撃と防禦から始まるのである。今日に於ての近代戦も、最初は空爆やミサイル攻撃や艦砲射撃からであり、飛び道具を使わずに、いきなり敵陣に上陸するという作戦を立てる事は、一部の特殊な奇襲攻撃を除いて殆どあり得ない。

これを武術に置き換えるならば、前半は敵の矢を受ける事から二刀流が有効であり、一刀流が有効になるのは矢が尽きた後半からという事になる。矢を払うには一刀流より、二刀流の方が有効である。二刀流の起こりは先ずこれが起源であろう。更に、二刀流は技術が発達し、二天一流や二刀一流のような流派が誕生する。

さて、大東流合気刀剣は、二刀流の奥儀に到達する事を必ずしも目的にしていない。

日本刀の拵《こしらえ》の構造は、元々左右両方の手で握られるように造られている。大東流の剣もこれに準ずる。従って、剣の習得は一刀流より行う。これは技法レベルとしては一次元的なものであり、上達するに従い、二次元的なものに変わる。

大東流で行う一刀流には、その構え方に「表正眼（新陰）」と「影八相（裏影）」がある。

この表正眼と影八相の相違は、新陰流と影流の相違で、ただ相手に正眼で向かい合う、小野派一刀流の「表の形」だけではなく、柳生流等の「影に落す技法」が加わるのである。ここで相手との呼吸を外したり、調子を狂わせたり、あるいは「間合の詰め」すらも外してしまう技術を習得するのである。

次に一刀流の剣を熟知した後、次のステップである二刀剣に入る。大東流の二刀剣は、大小の剣で敵と応戦する剣ではない。左右同じ長さの剣を持ち、左右が均等の重さで操法できる技術を学ぶ。これは三次元空間業を会得する為のもので、遠心力を利用した攻撃が主体である。

従って二天一流や二刀一流のように、右手に太刀、左手の脇指というスタイルではない。左右が同じ長さの、そして重さもほぼ同じ得物を使う。この二刀剣は、心形刀流に見るような「乱斜刀」を学ぶ事がその目的に置かれ、言わばこれは攻撃の剣である。

次にこれに熟知すると合気二刀剣に入る。合気二刀剣の特徴は、「奪《うば》いの剣」であり、自分の太刀と相手の太刀を合わせて、二刀剣となる。これは三次元空間業で求心力を主眼に置いた、防禦を目的とした業である。

従って相手から太刀を奪う動作が課せられる。これは多敵之位に有効であり、多数の敵から囲まれ、最初の一人に狙いを付けて、その者から太刀を奪い、自分の太刀と合わせて二刀剣とするのである。この場合、「巧妙な間合」と「太刀捌き」と「紙一重で敵の剣を捌く勘」が必要になってくる。

この勘は、単に眼で相手の動きを凝視して、それを躱《かわ》すのではなく、相手のにじり寄る音を聞いたり、暗闇でも敵の動きや気配を肌で感じる「風《ふう》を知る」、つまり勘が必要である。二刀剣の、更に上位の剣が「合気二刀剣」と謂われる所以は此処にある。これによって、乱斜刀で攻撃をするばかりではなく、同時に太刀捌きと紙一重で敵の剣を感知し、防禦の態勢も備える事が出来るのである。つまり多数の、刃物を持った敵に対して、一人で応戦できる態勢を習得するのである。しかし大東流の剣は、これが終局ではない。

元々剣は一刀流の剣技の構造で、造られたものである。二刀剣は仮の姿というべきものであろう。

仮の姿は、再び究極に近づくに従い、元の姿に戻っていかなければならない。従って二刀剣は一刀流、即ち一刀剣に戻るのである。

これを要約するならば、一刀剣（一刀流）の初歩を習得した時点で、二刀剣に入り、一刀を両方の手で持つ剣を左右バラバラにして一刀ずつを持つ。これは力が分散した事になる。剣は左右両方で握ってこそ用を為すのである。それが左右に分散する事は、同時に力の分散でもある。片腕で応戦する剣は、相手が左右両方の手で握った一刀の剣よりも弱く、それだけに力で押し切る事の無意味を悟り、柔らかさと剣捌きによって、立ち回る動作を身に付け、無理の無い柔らかな動きへと変わっていく。

更に、転身の大切さもこの事によって身に付いていく。これがやがては紙一重の捌きへと発展するのである。しかし、大東流はこれを終局としないのである。二刀剣は、再び元の一刀剣に戻るのである。左右バラバラに鍛えられた二刀剣は一刀剣に戻る事によって、その威力は甚大《じんだい》になり、最初の一刀剣とは比べ物にならない程の威力が身に付く事になる。

巧妙な間合と太刀捌きと、紙一重で敵の剣を捌く勘も磨かれ、

著者の上段鋏構

相手の太刀捌きも、手に取るように読み取れる境地までに達している。これが二刀剣の一刀剣に戻る究極の目的になる。従って、この一刀剣は、単に一刀流の一刀とは異なっているのである。此処に多重的な四次元業が存在するのである。

　さて、再び一刀剣に戻って説明を加えていく事にしよう。

　最近の居合道などを見てみると、勢いよくピューと風を切る音のみが強調される剣の使い方をするが、これは決して正しい使い方とはいえない。

　音だけが強調されるという事は、無駄な力が入っている証拠であり、このように無駄な力を入れるというのは、必ずしも剣の道でない。

　抑《そもそも》、刀というものは、使いよいように使う事であり、振りよきように振るものである。

　これは最近の剣道に於ても同じ事であり、その一つに、スピード重視があり、二つに、ただ早いだけで、斬刺の効果が非常に薄い事が上げられる。

　日本刀は元々振りよきように造られ、使い易いように造られた、日本独特の刃物である。その使い方は、「刀の理」により構築されており、柔らかく、ゆっくり振っても効果が得られるように造られている。

　ここに日本刀を知り、その構造の、神器と謂われる所以《ゆえん》を知るべきである。それを知らずして、力任せに腕力だけを頼りに、スピードだけを重視して、手前味噌のような使い方をする事は、「刀の理」から離れ、武術の原点から離れていくものである。

　即ち、武術はその修行段階で向上する基盤が為されていて、段階を追うごとに、一次元的、二次元的、三次元的、四次元的と、力とは反比例する構造になっている。力とスピードに頼るのは、まさに逆行する事を意味し、まして歳を取っても力やスピードが必要であるという事は、実にしんどいばかりでなく、力《りき》む事自体、心臓に負担を掛け、血圧を上げ、心臓肥大という、最も老化を早める結果を招くものである。これが武術の原点から離れていく、最も大きな理由である。

　さて、「刀の理」で、もう一つ知っておかねばならない事がある。それは「刀の研ぎの構造」と、その独特の研ぎによって斬られた場合、どうなるかが想像できなければ、刀を「紙一重の差で捌き取る」事は出来ない。刀、殊に日本刀は、他の刃物と異なり、「縦研ぎ」である。包丁や剃刀《かみそり》が「横研ぎ」であるのに対し、日本刀は縦研ぎの構造になっている。これは果物ナイフや戦闘ナイフと異なる研ぎの構造で、その使い方に熟知していなければ斬る事は出来ない。

斬る為に造られている日本刀

刀にはその構造上「斬る為の理」が存在している。つまり、刀は「ふくら」があり、横研ぎの刃物は切り込めばその部分で、肉や脂肪分の抵抗を受けて止まってしまうが、刀は「ふくら」の為、引くと切り裂く構造を持っている。また、血は脂《あぶら》であるという事も知っておかなければならない。この理を知っているか否かで、その上手と下手が分かれる。抜刀の手練《てだれ》はそのような理を熟知して生まれてきたのである。

先ず、刃物によって斬られた場合の事を説明しよう。

刃物を持った相手と遭遇して、もしこちらが、これを素手で応戦しなければならなくなった場合、「白刃取り（正確には大和柳生流の白刃取りであり、柳生新陰流ではない）」の心得がないと、いくら武道の経験者と雖も、恐らく戦意は半減してしまう筈である。また、その隙に斬られ易い。

例えば、刃物を躱《かわ》し損なって、腕や手首の動脈を斬られたとしよう。それが最悪の状態の場合、纔《わず》か十四秒で意識は失われてしまうのである。

この十四秒間で止血を行い、戦う為の態勢を立て直す事は、柔道や空手、剣道や合気道の高段者と雖《いえど》も容易な事では無く、効果的な止血の処置を施すのは極めて困難である。

これが訓練を受けていない素人の場合、精神的な悪条件が重なり、その気の動転で呼吸は乱され、出血は更に酷《ひど》くなる。この状態の中で、相手の刃物を奪い取り、「抑える」「叩く」「投げる」「固める」等の動きが課せられるのである。

従って、刃物に対する防禦は一筋縄ではいかない。

この事は柔剣道の高段位を取得する警察官が、武道や格闘技の経験のないド素人の容疑者を取り押さえる際に格闘して、簡単に刺し殺されて殉職する事件が、度々起こっている事から考えれば頷ける筈である。これは現在の剣道にも柔道にも、「柳生流の無刀捕り」に匹敵する《白刃取り》の「柔《やわら》」の術がない為である。

更には、あの昭和三十年代、一世を風靡したプロレス界の王者として君臨した力道山ですら、名もないチンピラから一突きにされて刺し殺されている。

これはリングの上の試合上手が、実戦、若しくは戦場に於て必ず勝つとは限らない、という事を如実に物語った実例ではなかろうか。そして無残に殺されてしまったこれらの人達は、『素人は手が速い』という、根本的な事実を知らなかったのである。

今日の武道家は、社会の安定と秩序の上に胡坐《あぐら》をかき、演武という約束上での《申し合わせ》に慣れ過ぎてしまっている為、『素人は手が速い』という事実を安易に見落としているようだ。

素人と対戦した場合、「武は礼に始まり、礼に終わる」等と悠長な事はいっていられない。素人は礼儀もなく、ルールを弁《わきま》えず、駆け引きがなく、無分別であり、時と場所を選ばず無差別に襲い掛かるものである。そしてこの凄まじさは道場での内輪稽古の比ではない。

因みに、斬刀の攻撃箇所を挙げると、先ず第一が右袈裟斬りから斬り込む「缺盆《けつぼん》」という箇所を斬り抜く斬り方で、敵は左缺盆を斬られて即死する事になる。次に左袈裟斬りと謂われるもので敵は右缺盆を斬られて即死に至る。

第二に「左右からの斬り上げ」で、狙う箇所は腰から胸郭に駆けての間で、殊に左右の章門《しょうもん》がその第一目標に挙げられる。

第三に「突き」であり、咽喉が中心で、腹部等の部分には突きは用いられない。何故ならば脂の多い場所で血脂が付着し、次の敵に向かえなくなるからである。心臓を狙って刺すのも禁物である。また突きには咽喉を突き刺し、直ちに抉《えぐ》り斬りという方法がある。

第四に「一文字斬り」と謂われるもので、水平に真一文字に薙《なぎ》払《はら》うものである。元々この技法は長刀（薙刀）の業であり、これを刀で行うのはかなりの熟練を要する。狙う場所は頭部で、「皿《さら》飛《とばし》」という技法がある。なお、これと似た方法に「胴払《どうはらい》」があるが、これは生体に対して行うものではなく、死体に対して行うものであり、刀匠がその斬れ味を試す為に「一ッ胴」「二ッ胴」「三ッ胴」と斬り分けていくもので、それを闘いに於て生き身の敵に対して行うのは、刀を粗末にするばかりで、決して感心出来る斬り方ではない。

第五に真っ向斬りがあり、一般には「真向枯竹割《まっこうからたけわり》」という名で知られ、また兜を切る際の「兜割《かぶとわり》」としても知られる。攻撃目標は頭蓋骨頭部全体でこれを真半分にする。その斬り込み要領は、頭蓋骨中央より、肛門迄を真二つにする事が極意であり、丹田の陽気を命門《めいもん》経由で上昇させて、それを瘂門《あもん》に集め、更に左右両腕に集めるようにして吾が刀剣に気を送り込み、発気（瞬時に吸う呼吸）とともに一刀両断にするのである。

第六に「真っ向斬り上げ」と称する斬り方で、目標は敵の股の下から上部に斬り上げる斬り方で、睾丸《こうがん》を第一接点に一気に喉元迄斬り上げるのである。以上述べた斬り方は、出来るだけ刀に血を突けないようにして斬る事が肝腎であり、これを会得するには「閂《かんぬき》斬り」の修練を充分積んでおく事が何よりも大事である。

第七に直接刀で斬り込む事ではないが、柄頭当《つかがしらあて》というもので、敵の水月《すいげつ》やその他の急所に、刀の柄頭の部分を当て込む事をいう。その然る後に斬るというのが、この柄頭当である。人間は水月若しくは全面の急所（頭部から肛門までの正中線に沿った経穴の経路で、「泥丸」「人中」「天突」「膻中《だんちゅう》」「肚《はら》」「肛門」「会陽」と並ぶ）に当身を喰らった場合、前屈みになるというのが万人の反応である。この前屈みになった際に、素早く抜き打ちで抜刀し、首を叩き落すのである。

著者の体験からして、生体を斬るというのは非常に難しいものである。曾《かつ》て刀を切れ味を試す為に、巻藁《まきわら》以外に鶏や犬や山羊《やぎ》を斬った事があるが、人間を含む哺乳動物や鳥類は、「血という脂」を持っている為に、刀の滑りが悪くなるというのが実情である。

テレビや映画の時代劇のように、人間を大根同様に叩きされるものではない。

また「斬る」という事は、「斬られる」という事も念頭に置いておくべきで、生死を駆けての命の争奪戦の場合、互いに刃を向け合い、剣技を競った場合、敵を斬り倒したとしても無傷でいられる事は稀《まれ》である。これが複数ともなれば、必ずといっていいほど、ここかしこに斬り傷を受ける。斬られた場合の意識感覚は既に述べたが、「戦い済んで、陽《ひ》は落ちて」からが大事なのである。止血《しけつ》の方法や斬り傷を治す方法を知らないと、後になってからそれが致命傷となり、あるいは死亡（破傷風が転じて）する結果となり兼ねない。また日本刀での斬り合いは、道場内での竹刀《しない》や木刀の「仮想斬り合い」とは大いに異なる、という事を覚えておかなければならない。

合気静向法と合気二刀剣

合気陰陽法で得た呼吸に同調させて行う《静》の働きが、《合気静向法》である。

この法術の特徴は、動きと共に心が鎮められ、その動きの回転と共に一種の神懸り的な高潮が押し寄せてくるのである。この点は周天法の不練周天、あるいは古神道の「帰神法《きしんほう》」に類似している。

その覚醒する感覚は神懸り的であり、一つの放心状態が訪れるのである。長時間同じ場所に静止しても疲れを感じなくなり、目前に迫る光景は何処までも自由で、伸び伸びとした感覚が得られるのである。あたかも躰《からだ》は大気に浮かんで、静かに静止した感覚が起こる。

脇指の鯉口を切り、白扇を天に構える
1) 白扇の構え

2) 白扇による誘い

静向法は一種の「魂鎮め」的な役割があり、陰陽法呼吸と「今、動かんとする」までの区間の働きであり、何百倍もの力を底に秘めた、陰（静）から陽（動）に移り変わらんとする瞬間を現わしたものである。

合気動向法と合気二刀剣

合気陰陽法で得た呼吸に同調させて行う《動》の働きが、《合気動向法》である。動向法は陰が陽に変化し、陽に移り変わった瞬間からの働きである。

八方を取り囲まれ、然も上下を塞がれた《十方之陣》も、その透明な感覚によって、自由を塞ぐ敵を寄せ付けず、快い躍動が繰り返される。それに《合気二刀剣》の業が重ね合わされて、自他のない境地へと誘うのである。

気の世界では、これらの境地に至る事を不練周天としているが、大周天によって得られた高揚感を更に発展させて、高い「天地人の合一」に至ろうとするものである。全身くまなく大宇宙の気が巡り、自己の小宇宙《ミクロコスモス》と大自然の大宇宙《マクロコスモス》が完全な形で交流されるのである。これが《黄金体》と謂われるもので、その自らの発する波動は宇宙意識であり、次元は四次元的なものである。

尖先を敵に突きつけ、脇指の鯉口を切る

この黄金周天法（不練周天法）は、大周天で得た気のエネルギーが更に強力になった状態で、自己の人間である小宇宙が大宇宙（大自然）と交流すると同時に、根源的な生命力の活動が盛んになり、瞬発的に発する気のパワーが最強のものとなる。自らの意念で大自然の気を取り込み、それが自在に操れるようになる。更に宇宙との一体感が実感として得られるのである。即ち、動きの中で各々の周天法を発展させ、その周天法を自らと合体させて《人神合一》の世界を目指すのである。
此処に至って「境目がなく、自他がなく、敵がなく」の境地に到達できるのである。これは敵との境目もなくしてしまい、合気二刀剣のその動きは常に敵の機先を制する事になる。
それは左右が自在であり、敵が斬り掛ける前にその気配が手に取るように分かり、体捌きも不思議と滑らかな変応性を帯び、敵の仕掛けの一手先に出て、前か、斜め前に切りつけて動きを殺し、あるいは攻撃を躱して後ろに退きながら、左右斜め後ろに切り伏せる。この時機の攻防は、左右斜め前かその斜め後ろ、更に四方に向けての体捌きが特に効果的で、太刀先を敵の目の前に突きつけて動きを封じる事も出来る。

第三章　大東流槍術と合気杖

槍の操法

槍は「突く」為に考え出された武器である。「突く」事が第一の目的であり、「薙払《なぎはら》う（薙刀のように払う）」事が第二の目的で、最後に鐓《いしづき》（鏃《ぞく》と謂《い》われるもので、長刀《なぎなた》等の石突と同じ）で突くという事を攻撃の目的にしている。

次に防禦であるが、これは「払受《はらい》け」と「絡め取り」があり、前者は柄を回転させて敵を追い払ったり、間合を保つ為に行う動作であり、後者は敵の刀を絡め取り、敵の手から刀を奪ってしまう技術である。

さて、槍は大方を「突く」という事に集約された武器である為、これを突くには単に突いても、突き刺せるというものではない。

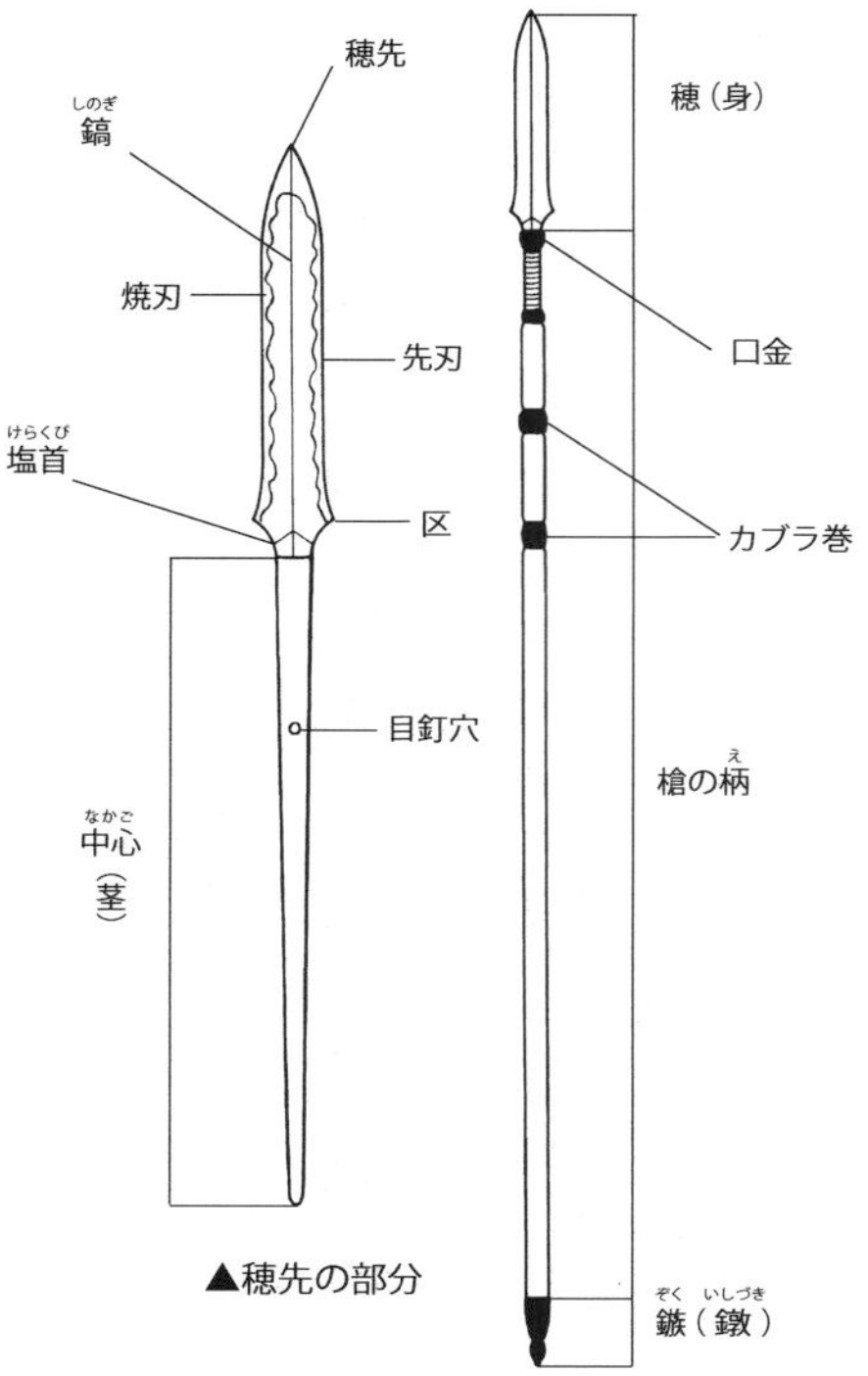

槍の構造図

槍身

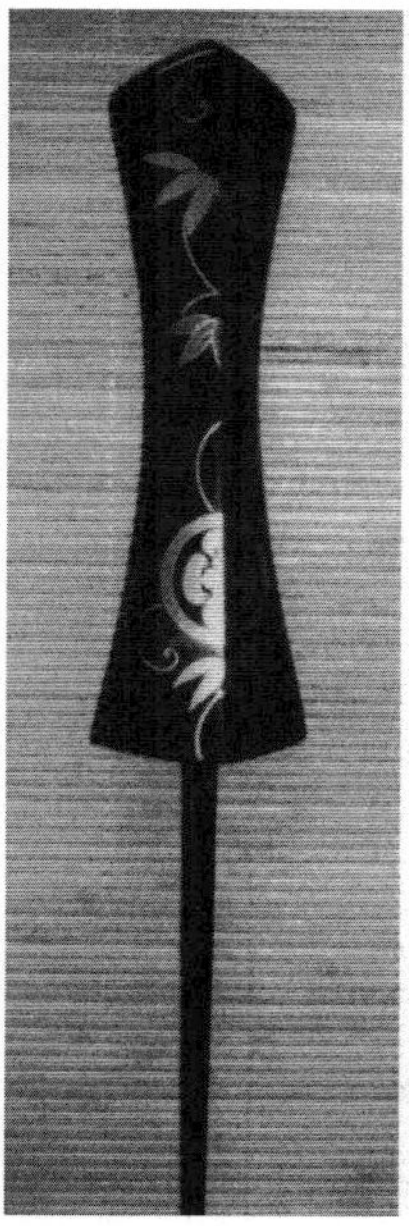
槍鞘（三角槍）

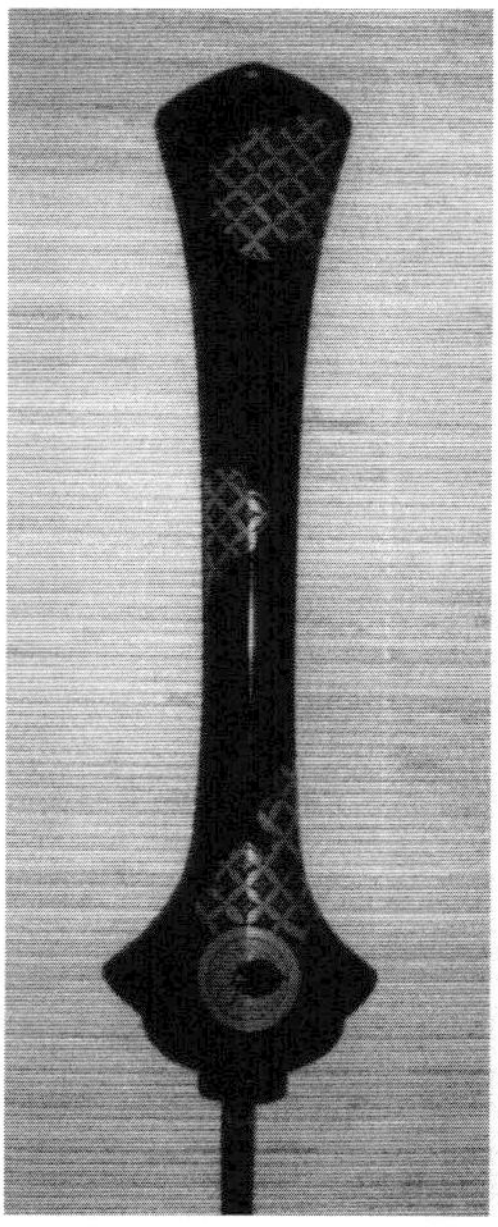
槍頭鞘（両刃槍）

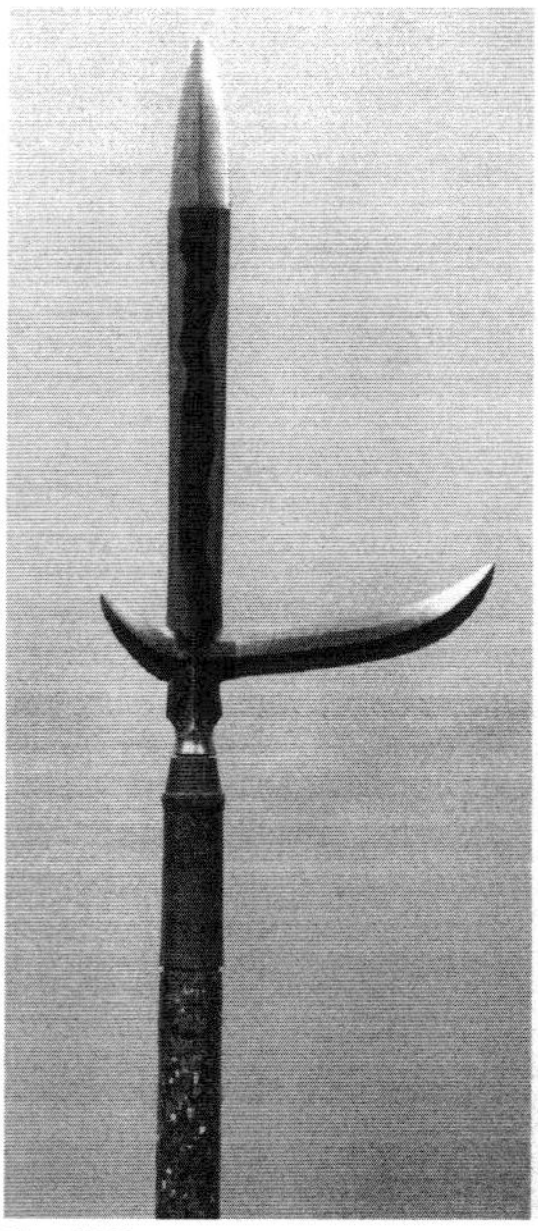
半月鎌槍

手槍上段の構

手槍中段の構

長槍中段逆構／槍を遣う時は大小の刀を帯刀して行うのが正しい

槍突之気合術／「吐く気合」と「放ち」

槍突之気合術／「吸う気合」と「突き」

突くには、突く為の「気合」がいる。これを「槍突《やりつき》之気合術」という。

この槍突之気合には、突き刺す為の「吸う気合」と、突き刺した物体（例えば米俵《こめだわら》等）を宙に放り投げる「吐く気合（投げ上げる気合）」とがある。

槍突の突きは、単に槍をその儘《まま》前方に突き出すのではなく、例えば中段の構えから右手に槍の柄の中程を持ち、左手に槍の鐓付近を持つ。そしてこれを突き出す場合、右手は鉄砲の中の筒《つつ》（＝銃《つつ》）と同じように、弾の飛び出す発射溝の役目があり、また左手は発射溝から押し出す為に、撃鉄《げきてつ》が弾丸の尻を叩いて前に噴射させる役割を担う。その弾丸発射に当たっては、単に前方に押し出すだけでは駄目で、槍の柄を捻《ひね》りながら（正確には螺旋《らせん》状に捻りながら）突き出すのである。このように螺旋状に突き出す事によって、当然穂先の刃の部分も螺旋を切って回転し、これが物体に突き刺さると大きな衝撃を伴って奥深く突き刺さるのである。これは刺す技術だけではなく、発火装置としての「吸う気合」が必要になる。この気合は、吸う為に無声である。

また突き刺したものを宙に放り投げるには、「吐く気合」が必要であり、この気合が不充分であれば、折角得物に突き立てる事が出来ても、宙に浮かした時点で槍の柄は折れてしまう。これを折らずに宙に得物を放り上げるのが、槍突《やりつき》之気合術の妙技である。

槍の体捌き

柔術は現在の柔道とは異なった伝承形式をもつ武術である。柔術は、剣（この中には槍や薙刀《なぎなた》が含まれる）の裏技で、元々「和術」とも呼ばれ、その中には「殺法と活法」が同じように伝えられていた。殺法は人殺しの術であり、それはまた、先人の智恵の集積であり、その智恵は多くの敗北の記録や、失敗の記録の「戦訓」と謂われる教訓であった。

今日スポーツ武道の多くは、勝者を英雄視する考え方があるが、これは競技を展開する事で、その次元を戦国時代の乱世の兵法に逆戻りさせただけであった。これは下剋上に貫かれ、弱肉強食論を強調しているに過ぎない。そして、その修行で培った人間性は全く相手にされない。

しかし、若者は年をとり、確実に死に向かって人生を歩いている限り、今日の勝者は、明日の敗者なのだ。今日は「生の哲学」で人生を生きようとする為、何事も「先送り論」になり、今日一日のことを、今日一日で片付けようとはしない。「やれば出来る」「人間には無限の可能性がある」「輝かしい明日がある」等と嘯《うそぶ》いた考え方に陥る。此処に現世の人間の盲点がある。またこれが生の哲学の実体である。

だが「死の哲学」はどうだろうか。日々に、心に死を当てていきる生き方は、「朝に生まれ、夕べに死す」の生き方であれば、総てが新鮮に見えるのではあるまいか。

何も失うものがない、総てを捨て去って、生きる生き方こそ、生き生きとした、爽《さわ》やかな透明度がその生き方に拍車を掛けるのではあるまいか。つまり無私になって、奉仕し、道標なり、人類に貢献してこそ、その爽やかさは一層透明度を増すのではなかろうか。此処に山本常朝《やまもとつねとも》が説いた『葉隠《はがくれ》』が息づいている。大東流の秘術は、この精神構造の中に存在するのである。

さて、大東流の体捌きは、その源流を宝蔵院流《ほうぞういんりゅう》の槍術に見る事が出来る。槍の構成は、穂（槍の刀身に当たる部分）、鞘《さや》、柄《つか》、中心《なかご》（茎）、鏃《ぞく》（鐓《いしづき》＝石突）から構成されている。槍はその自らの利き腕に応じて、中握を握り、返す、捌《さば》く、突いてしごく、振る、廻す、はねる、飛ばす、刺す、切る等の動作を繰り返し、その構え方は、中段正眼、中正眼、下段、霞上段、霞中段、霞下段、送上段、送中段、送下段等の構えがあり、その構えと、敵の槍を受ける際の体捌きがある。

体捌きには点足《てんそく》で躱《かわ》す受け流し、廻り、背筋受け、巴返し、清流水返し、撥《は》ね返し等があり、その足捌きは送り足、歩み足、開き足、踏み込み足、継ぎ足、点足法、転身法等がある。

また槍の操法では、受け流し、巻き落し、払い流し、擂《す》り上げ、掬《すく》い上げ、抜き返し、打ち落とし、山掛け、打ち返し、出鼻払い、なぎ打ち、切り返し、二段突き、左大車《たいしゃ》返し、右大車返し、大車止め等がある。

槍の特徴は敵と正対した場合、敵の武器を巻き上げ、払い流してしまうところにある。あるいは巻き落しを行う。その醍醐味《だいごみ》は抜き技や巻き技に見る事が出来、敵の攻撃を一歩後退しながら、躱を左右に開いて相手の武器を外し、直ちに反撃する抜き技、そして打ち落としと続く。また巻き落しは敵が構える剣を狙って巻き落し、直ちに反撃に転ずる。巻き落し、直ちに突き返すのだ。そして心は冷徹な「動中静」の、静かなる「明鏡《めいきょう》止水《しすい》」の境地に自ずと至っているのである。

さて、大東流はこの宝蔵院流の槍術に学び、あるいは柳生流の剣や棒に学んで、独自の体捌きを完成させた。その独自性が、特異な体捌き、足捌きに現われている。本来宝蔵院流は、十文字態槍を基本とする特異な流派であるが、江戸期に至って、室内での格闘の為に袋槍《ふくろやり》や手槍《てやり》が考え出され、狭い部屋での攻防法が確立された。この長さ約五尺を基本の長さとする槍の操法が、野外の戦場とは異なった攻防の技術を生み、それが薙刀等にも影響を与えていく。この五尺を六〜八畳の室内での攻防の技法に当てはめたのが、手槍の業であった。またこの槍捌き、体捌き、足捌きはその儘、大東流の捌き全般に伝えられ、これが武器に対する捌きの原形になったのである。更に構え方も、極めて無構えに近い構え方をするのは、合気二刀剣に於ける「下段の構」あるいは槍の「下段の構」が原形となり、特異な構えを形作っている。

大東流手槍術

手槍の操法は、本来が一対一の攻防に於ける技術ではない。己自身を円陣の中心に置き、その円陣の中央から放射状に、己に向けられた敵の剣先を己自身が受け止めて、捌き、あるいは払い、それを自在に受け流す術である。この場合の槍捌きは、右旋と左

手槍に於ける、対刀との攻防

旋を組み合わせ、右旋の拡散、左旋の収縮を利用して左右に払い受けていく。この払いがその儘体捌きに連動されて、足捌きを形作っているのである。従って、この捌きは、紙一重で槍の穂先(槍身《そうしん》)を躱《かわ》す「受け流し」の技術となる。

大東流の多数之位はこの紙一重で受ける、受け流しの技術が課せられるのである。また、これを習得しない限り、大東流の多数取りは会得出来ないのである。

大東流には、槍術に付随したものに、合気手槍術や、手槍を原形とした五尺と六尺の杖と棒に合気棒術がある。これらの槍術を基盤とした技法に槍を用いて敵を転倒させたり、敵の刀を絡め捕って動きを封じる術がある。

柳生杖

大東流合気杖と柳生杖

柳生杖《やぎゅうじょう》は、柳生十兵衛《じゅうべえ》三厳《みつよし》が無刀捕りを研究する為に創案したもので、これは「十兵衛杖」とも呼ばれる。大和柳生流にはこの杖術が伝えられている。

さて、杖術といえば、神道《しんとう》無想流《むそうりゅう》杖術《じょうじゅつ》が有名であり、「杖術」を表技とした、剣術の中から生まれた特異な流派である。この流儀の創始者は無想《むそう》権之助《ごんのすけ》勝吉(一五九六～一六一五)であり、宮本武蔵に出会って試合するまで、多くの試合をして一度も敗れた事がなかったという。

権之助は元々武士ではなく、剣を神道流の桜井大隅守《おおすみのかみ》吉勝に学んだ。慶長の頃、宮本武蔵と試合する機会に恵まれたが、武蔵の得意技である十字留《どめ》に掛かって、打ち込んだ太刀が外せなくなり、押す事も退く事も叶わず、無慙《むざん》に敗れた。以降これが起点となって発奮し、二刀流を敗る事に専念して工夫を凝らし、宝満山《ほうまんざん》竈門《かまど》神社に祈願して参籠《さんろう》すること三十七日目の満願の夜に、不思議な夢を見た。その夢は、童子が現われて「丸木をもって水月を知れ」と御神託を授かり開眼したという。以降、権之助は姓を無《む》想《そう》と名乗り、剣、槍、薙刀の操法を総合した棒術を工夫し、杖術を編み出して、真道無想流を創始したと謂われる。この流派は数代を経て、福岡藩黒田家に伝わり、足軽や下士の武芸として定着し、今日に至っている。

　同流は伝承途上に於て流名が変更され、真道《しんどう》無想流、新当無想流、神道無想流となって、棒と杖を得意とする流派となり、今日では神道無想流杖術を名称としている。また、この流派の杖の長さは四尺杖である。

大東流合気杖

　さて、再び柳生杖に話を戻す。これに用いられる杖の長さは五尺杖であり、精密には一五三センチである。これは密教の「桃木《とうもく》(桃の木で出来た杖)」と同じ長さであり、月の下での邪気や穢れを払うものとされている。

　元々杖術は太刀が変化したものであり、剣技とともに工夫が加えられてきた。殊に、その「間合取り」に於ては、「水月の間」という特異な「一足一刀の間」を構築し、互いの剣の尖先《きっさき》が何処まで接近すれば触れ合うか、その研究に真剣に取り組んだのが、杖に於ける「間合を読む」技術であった。この技術は棒術に至って完成を見る。

大東流棒術

　間合には「三・六・九」という教えがある。三は対峙した双方の間が三尺で、これを生死の間と称し、この間合空間によって勝負が決せられる。また六は六尺の間を意味し、この位の間合空間に「一足一刀の間」が存在し、太刀の届く最短距離とされている。この最短距離は、示現流《じげんりゅう》等を見れば、その「一足一刀の間」がどのようなメカニズムから存在するか一目瞭然である。更に九は九尺の間であり、それを「本間《ほんま》」と称した。これは太刀の届かない距離で、これは棒の届く範囲とされた。棒術に於ては、この九尺の間合が攻防の基本となる。

　棒術に於ける本来の目的は、「棒対棒」の格闘ではなく、「棒対

棒脇構え

棒上段構え

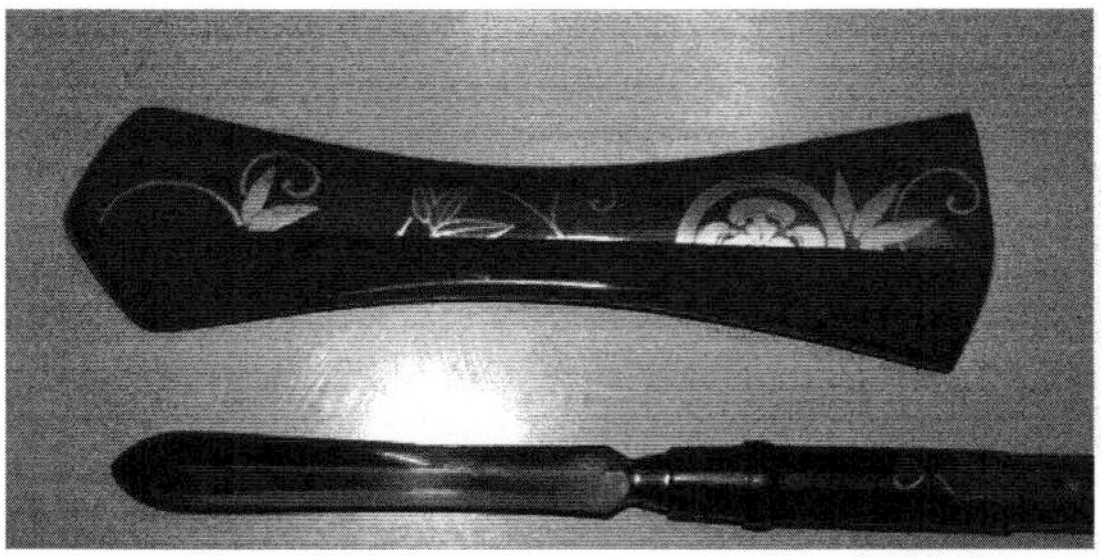

籠槍の鞘と槍身

太刀」の勝負を目的に業が編み出されたものである。木の棒によって、真剣を制するには、太刀の届かない九尺の間合に於てのみ、これが可能であった。従って太刀の敵を制するには、敏速な「冴え」が必要であり、更に手数を少なくして、一撃で敵の急所を「突く」、あるいは「打ち据え」なければならなかった。棒の間合から考えれば、遥か遠くにいる太刀に於ける剣技は、往々にして稚拙ではあるが、その材質である鋼と木の棒とでは、それなりの特異な技術が要求されるのである。

六尺棒から草案された手槍の業

大東流では、五尺杖の先端に「袋槍《ふくろやり》」を被《かぶ》せてこれを槍とする、室内に於ける太刀や小太刀の攻防の技術がある。

この槍捌きは、宝蔵院流の研究の結果、新たに編み出された大《たい》車《しゃ》（大車派とも）を中心とした、自分の躰に捲き付くような槍法で、独特の使い方をする。また、敵の刀と応戦した時、敵の刀の鐔《つば》元に、槍の穂先の根本部分でこれを巻き取り振り払う。

室内戦に至った場合、長い槍は不向きであり、また四尺杖のような短いものでは用を成さない。六尺の長さを保つには、五尺杖の上に一尺の槍の穂先を被せ、これで応戦する事が適当とされる。また、上士や大名や重役の乗る籠《かご》には、籠槍がその室内に備え付けられていて、緊急時の際、この槍を以て応戦する。（口伝に「手槍合気杖之書記《かきしるし》」あり）

籠槍の長さは一様でないが、約四〜四尺五寸（一二〇〜一三五センチ前後）の槍が籠の内部に備え付けられている。これは敵の襲撃等の非常時の際に用いられ、野外用の刺し道具として使われるものである。使い方は通常の槍と同じように、撃刺する方法を用いる他に、敵の刀や槍と応戦した場合、単に刺すだけに止まらず、纔《わず》かな動きで敵の刀や矛先を絡め取り、同時に動きを封じてしまう術である。

第四章　大東流白扇術

白扇操法について

戦いは凡《およ》そ「上意下達《じょういかたつ》」によって行われる。上層部の戦争の構図を演出し、それを企画した作戦が、前線に於て下層部の実行部隊の将兵の行動となる。戦争は、立案し、作戦をたて、それを実行して勝敗が決する仕組になっている。

参謀部の収集した情報を分析し、洞察した結果、戦略構想が生まれ、その構想に従って戦術作戦という実行部隊への演出がなされる。その演出に象徴的な示唆を与えるものが、乱世では「白扇《はくせん》」であった。

しかし、白扇は戦略構想を立案し、戦術を指揮する単なる象徴ではなく、そこには全体を総括する軍事手段の政策堅持を誇示し、また白兵戦に至れば、上級武士の立派な武器にもなりえたのである。

日本の扇が武器として用いられ、それが武器化したのは十六世紀の戦国期の頃からで、一般に知られているのは、「鉄扇《てっせん》（開閉が出来る）」や「勝扇《かっせん》（開閉が出来ない）」と謂《い》われるもので、殊に徒侍《かちざむらい》の間で広く用いられてきた。しかし、ここで紹介するものは徒侍が用いた鉄扇等ではなく、それより重量の軽い白扇の操作法である。

イタリアの政治戦略家マキアヴェリ（Niccolo Machiavelli）は、『君主論』の中で、「武器なき人格者は滅びる」と述べている。

喩《たと》え人一倍多くの人生経験をし、教養を積んだとしても、闘い方を知らなければ、素人の斬り付けた刃すら躱《かわ》す事が出来ないのである。上級武士や君主というものは、配下に多くの者を従えている。その者達に威光を示し、決断をし得るものは、一本の扇に託された「決断の象徴」である白扇であった。これが重臣や側近達の畏敬の念と尊敬を集めてきた。それは、また同時に側近の中の敵を打ち据える武器にも早変わりしたのである。

白扇術の中には、「間合い取り」という心理的な、敵との間を保つ攻防の技術があり、「人の度胆を抜く」駆け引きがある。

扇というものは、ただ長さのみの器でなく、これが開いたり閉じたりする特異の性質を持っている。この開閉によって、自らの位置を近づけたり遠ざけたり、あるいは大きく見せたり、小さく見せたりするのである。これによって敵は距離を誤り、相手を侮《あなど》り、白扇の術中にじりじりと嵌《はま》り込んでいくのである。

更に白扇の持つ色にも秘密がある。白扇と謂われる所以《ゆえん》はその色の「白さ」に象徴され、白という色は人間の目を攪乱《かくらん》させ易い。一般には高貴の色を金や銀にランク付けしたがるようであるが、金銀を動かしてみても、さほどの衝撃《インパクト》は感じられない。これに感想を付け加えるならば、単に眼に刺激を与える武器的なものではなく、優雅な鑑賞用の舞いの世界のものであろう。

しかし白扇の白は、暗い処や月影でも、ほんのりとその存在感があり、明るい処では眼に強烈な衝撃を与える。ましてそれは巧みに回転しながら、あるいは木の葉のようにハラハラと動き廻るのであるから、目を攪乱《かくらん》されない方が稀《まれ》である。

本書では、これまで西郷派大東流合気武術の一度も公開されなかった白扇術を公開する事にし、多くの大東流に興味を持つ方々の、武器術に対する理解がいただければ光栄である。

白扇とは

白扇は、単に和服を着用したさいの装身具ではない。立派な武器術の為の攻防の武道具であり、一番身近な非常に頼りになる貴重品である。この白扇一本で真剣に立ち向かい、あるいはその他の武器をもつ攻撃から、我が身を守る頼もしい味方に早変わりするのである。

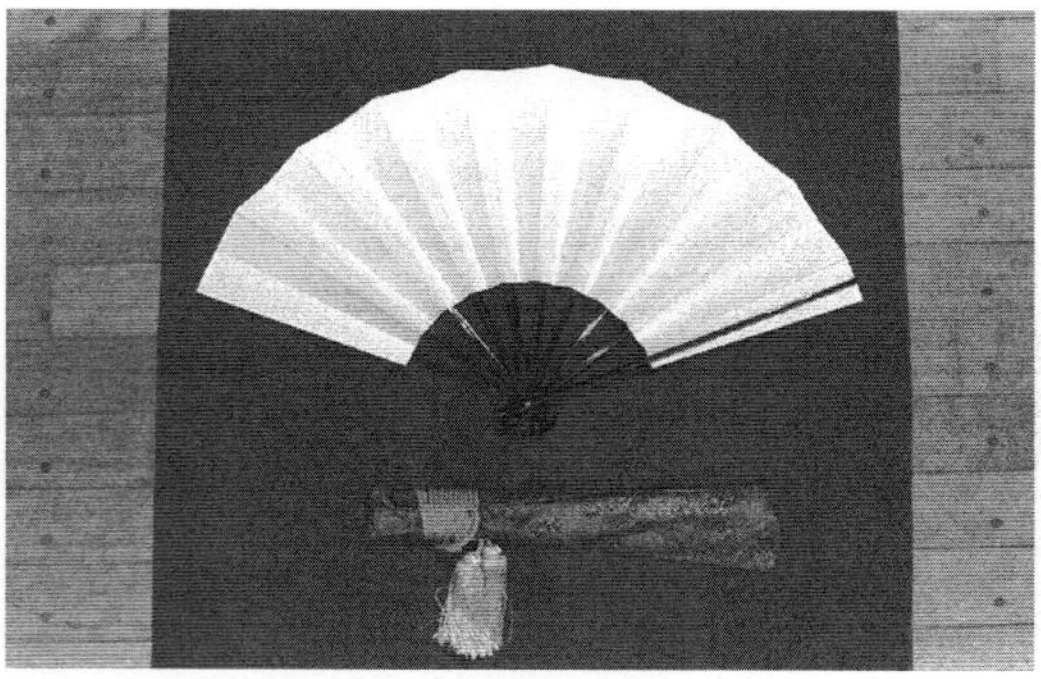

白扇——御式内の作法から復元した尺寸

西郷派大東流で用いるこの白扇は、長さが一尺二寸（現在では一尺の俗にいう尺寸《しやくすん》と謂われる物が使われているが、西郷派大東流では「御式内《おしきうち》」から古典の技術を復活させて、復元した一尺二寸の扇を使っている）であり、センチメートルに換算すると約四〇センチ程になる。縁骨はよく乾燥した和竹を使用し、それに漆《うるし》が施されてあり、長年持ち歩いても縁骨である竹部を保護する役割を持っていて、漆自体も傷に強い性質がある。

白扇に当たる部分の和紙は、洋紙に比べて丈夫であり、特長として刃物を防御する性質がある。和紙は幾重にも重ね合わされて梳《す》かれている為、耐久性に優れ、繰り返し開閉しても、その摩耗度は洋紙と比べて少なく、然も軽くて、手首に対して大きな負担を与えない。

武人の用いる別の種類の扇に、鉄扇と勝扇があるが、これらは白扇に比べて重量があり、手首にかかる負担や使い勝手が異なっており、操作法が容易でない。然も肉体的な練習が必要である。

その点、白扇は軽く、然も漆《うるし》仕立ての出来上がりであるから、ずっしりとした手応《てごた》えがあって、操作法が容易であり、鉄扇や勝扇に比べて開閉自由である。殊に開いた際の操作法は、鉄扇や勝扇の二つに比べて多様であり、動かし方も自在性に富んでいる。

面ではなく点との闘い

優秀な敵に対しての扇の攪乱方法は、その狙いが側面の攻防に主体を置く。従って、正面から堂々と敵に正対する事はあまりない。つまり白扇の一刀《いっとう》（白扇の打ち込みは、真剣の打ち込みと同じように「一刀」、「二刀」と数える）をもって打ち込んだりはしない。

白扇は心理的な攪乱の要因が強く、高々《たかだか》一本の白扇を以て敵と正対するのであるから、必ず正面からの攻防を避け、「点として闘う」事がこの技術の骨子である。

白扇一刀の打ち込みで、人間に致命的な損傷は負わせる事は不可能なのである。寧《むし》ろ相手の出鼻や行動を制する事が重要であり、人命殺傷は重い鉄扇や勝扇と異なり、白扇の一刀を以て、敵への留めは刺せないのである。白扇での攻防とその制し方は、無傷の儘、敵を生け捕りにして、その行動のみを制するといった事を究極の目的にしているからである。

戦闘は、我武者羅《がむしゃら》に闘志を剥き出しにして闘うばかりが能ではない。敵の動きを心理的に巧妙に封じながら、進退を繰り返し、有利な条件の下《もと》で対応する事が好ましいのである。

ここで忘れてはならないのは、金属や固い樫《かし》の木等で出来た武器に対して、纔《わず》か竹と和紙の素材で戦うのであるから、その心理的に占める領域が如何に大きいか、あるいは敵を制するに至るまでの誘導の過程《プロセス》が如何に大切であるか、充分に研究し、反復を繰り返さなければならない。

戦争を指導し指揮するもの

今日の生活文明の発展を考えた場合、有史以来の人類の足跡の中で、腕力的な「弱肉強食」のルールで政治や経済が運営された事は稀《まれ》である。稀というより、殆ど無かったといってよい。つまり表面的な力に頼る者が、その力のみを以て、政治を牛耳り、経済を動かした事は殆ど皆無と言ってよい。豪傑を誇る剛の者が政治を司り、戦争を指導した事は、平時や戦時を通じて殆《ほとん》どなかった。

現在に当てはめて言うのなら、「手の速きものが優位に立ったり、あるいは人斬り上手、投げ上手の者が指導者的な立場に立って、政治や経済を動かした事は、歴史上殆ど無かった」という事である。

一般的に「文武両道」というが、「文」は表面化するが、「武」は表面化する事がなく、また万一表面化し、それが人を指導したり、歴史を動かしたという事実は実に稀であった。武人は、常に文人の一等下にあるものというのが古来からの常識である。但し文人と雖《いえど》も、武の備えの無かった者は直ちに闇に葬り去られる現実があったのは事実である。

さて、白扇の指揮の象徴に迫ろう。

古今東西の歴史を繙《ひもと》き、その指揮系統を見てみると、それを指揮する将軍や将校が戦死した場合、その統制された集団は、一気に崩壊してしまうようだ。後は敗残兵として、離散と敗走を繰り返すばかりとなる。

しかし、異例なケースも屢々《しばしば》起こっている。それは指揮官が戦死してしまった後、残りの戦隊を取り纏《まと》めて、下士官や上級の兵隊が兵を統率して戦い続けたケースである。これは日本だけに見られ、武士階級は、上から下まで統制のとれた状態になっていた。これは、日頃から文武に親しんだ事が功を奏している事を如実に物語るものであり、武士集団は、上から下までその多くが文盲ではなかった為であると考えられる。所謂《いわゆる》教育程度の差が此処に現われ、西洋や大陸のそれとは異なっていたのである。

戦争は政治の延長であると謂われる。従って政治家は腕力だけの「武」では尊敬を集め、全体に号令を下す事は出来ない。そこには「文」の積み重ねがいる。

これは戦国期や江戸時代だけの事ではなく、明治以降にも、最前線で上官が戦死した為、一等卒（一等兵）が残りの兵を取り纏《まと》めて、戦闘を続けたという記録が多く残っている。

歴史を振り替えって、中国や欧米の戦争書籍を見てみると、戦闘を指揮する将軍が戦死すると、部隊は総崩れ状態になり、後は蜘蛛《くも》の子を散らすように敗走する光景がよく描かれている。

敗走する原因の一つは、戦意が喪失した為であるが、多くは意思伝達の手段が無かったものと思われる。即ち、徴兵で寄せ集めた兵隊達は読み書きが出来ない者が多く、まして外人部隊等の他国人や他民族の寄せ集めとなると、意思の疎通は極めて悪いものになる。即ち、伝達の文字を理解できない文盲等が原因して、戦意が喪失してしまったものと思われる。それに「取り決め」や「伝達形式」等の異なり等も大きく影響していたようである。

さて、指揮の象徴に、大将のもつ「采配」若《も》しくは「軍配（戦国期は大将の指揮の象徴として使われた）」というものがあるが、これと同じ役目を果たしたものが「白扇」である。

騎乗の上から振りかざす一尺二寸の大きめの白扇（平原や野山の緑の中では、白色は通常の物体の面積の三倍以上の大きさに見える）は、遠い処からもよく目立ち、その開閉の大きさで伝達形式（例えば、全軍総攻撃は全開、別動隊のみが突撃する場合は半開などというように）が異なっていたと謂われている。そして大将はその白扇を大きく天に掲げ、それを振り降ろすことで全軍が巧妙な動きを取ったのである。

巧妙な動きを取れるには、軍隊が組織化されていなければならず、単に全員が戦闘部隊だけでは用を為さない。部隊全体のうち、戦闘部隊は全体の三割程度にしか過ぎず、他は後方支援を行う、工兵や輸送兵や野戦病院等である。これが一つになって軍隊を組織する。その組織化されたものを動かすのが、指揮の象徴であった白扇である。

組織化されたものは強い

組織化は、単に多勢の集団戦法を意味するものではない。一人の強力な敵に対して、集団で襲撃するのと同様、個人の備わっている長所的な箇所を出しあって組織化し、各々の手足を独立させて動かす事が、戦いに於ての勝因の鍵となる。

正攻法だけに頼り、正面切ってのぶつかり合いでは、小が大を制する事は出来ない。小部隊は小部隊なりに敵の虚を付く事が肝腎《かんじん》であり、同時に戦略構想が必要であり、その戦略構想に従って政策を進め、戦術的には敵の弱点を見つけ出し、手薄な処を強力な力で叩き、敵の優勢な部分に対しては、付かず離れずの遊撃戦を繰り返さなければならない。

手薄な処を叩く事が「極め」とするならば、優勢な処に付かず離れずの状態を作る事は、攻防に於ての駆け引きであり、坩堝《かんか》に陥れる「誘い」である。この誘いを用いて、一挙に敵の虚を衝《つ》くのである。その為には、一つ一つの動きを組織化する必要があり、各々の持ち場を死守しながら、全体的に調和の取れた均衡《バランス》を保っていく必要がある。

この均衡とは、一箇所が叩かれれば、その次に控えた部隊がそれを補う後方支援体制である。この後方支援体制が整って、はじめて組織化が完了したといえるのである。

さて、ではこれを人体の各箇所に当てはめて行くことにしよう。

これを上から順に説明すると、眼は敵の動きを捕える実像を検視する索敵《さくてき》器官であり、左右の腕や手はその陰陽を交互に繰り出す攻撃器官であり、足は進退等の機動力を繰り出す行動器官である。

また躰全体に張り巡らされた肌は触角であると同時に、勘を養成する「風《ふう》を知る」事を読み取る器官である。

「風を知る」とは、今動こうとしている敵の、事前の行動を予見的に感知していく能力である。これらを総動員して総合的に組織化し、敵への攻略のプログラムを演出していくのである。小なりと雖《いえど》も、白扇の遣い手は己自身が組織化された一個の軍隊なのである。

白扇操作の実技編

白扇の握り方には、先ず二つの方法がある。一つは「陽」であり、もう一つは「陰」である。

陽の握り方は、手の指の五本共を総て握ってしまう握り方であり、陰の握り方は、人差指と親指を開き、他の中指、薬指、小指を閉じた握り方である。

陽の握り方は、大東流白扇術の初歩的な握り方であり、陰の握り方は高級技法を行う際に用いる握り方である。

人間の手の指の開閉は、主に物を掴《つか》む場合に行われるが、その多くは無手の状態から、某《なにがし》かの物体を掴もうとする事が、その目的であり、握ったものを用いながら、それを操作するにはそれなりの技術が必要となってくる。その技術が、武術の場合には剣であったり、槍であったり、薙刀であったり、棒であったり、杖であったり、あるいは白扇であったりするのであるが、これらの握り方の多くは、五本の指を総て閉じてしまう、陽の握り方に一貫されてしまっている。即ち、陰の握り方で、これらを操作している武術は実に稀という事になる。

さて大東流白扇術は高級技法であり、陰の握り方に代表され、その操作方法は陰の握り方でなければ出来ない技が多く存在している。つまり、白扇を開閉したり、開いた儘の状態で、敵を攪乱させ、白扇の動かす方向に巧みに引き寄せる技術は、五本の指を閉じてしまっていては、決して行う事が出来ないのである。

世の中に、武器や得物を持って格闘する格闘術は多々あるが、その武器や得物が閉じたり開いたりするのは、扇を除いて他にはあるまい。そしてそれを開閉しているのは、手の五本の指であり、特に人差指と拇指《おやゆび》は、その攻防の状態の中で、臨機応変に即時の動作に対応して、巧みに動き廻るのである。

右上(1)の写真は、扇の全閉状態での指の握りである。次に(2)は片開きで用いる場合を表したものである。この片開きでの用い方は、人差指と拇指の操作法を、手首の甲の動かし方に合わせて充分に修練しておかなければならない。この技法は白扇術の高級技法である「銀杏《いちょう》廻し」等の技術が習得できないので、手首には充分な柔らかさと、敵の動きの変化に応じて臨機応変に対処する人差指と拇指の「順送り技術」が必要である。

これらの動作がある程度行えるようになったら、次は扇の開閉を行う、扇の取り扱い方の練習に入る。

扇は、単に閉じたり開いたりするという道具ではなく、その開閉の際には慎重な注意が必要である。扇は折り目の端から順に開いていき、閉じる時も順に端から閉じていく。これを行う際の扱い方が乱暴であったり、端から順に行う事をしないと、扇に変な折り目の癖が付いたり、あるいは扇の骨に沿って歪《いびつ》な亀裂が入ったりするので、取り扱いには充分に注意が必要である。また、

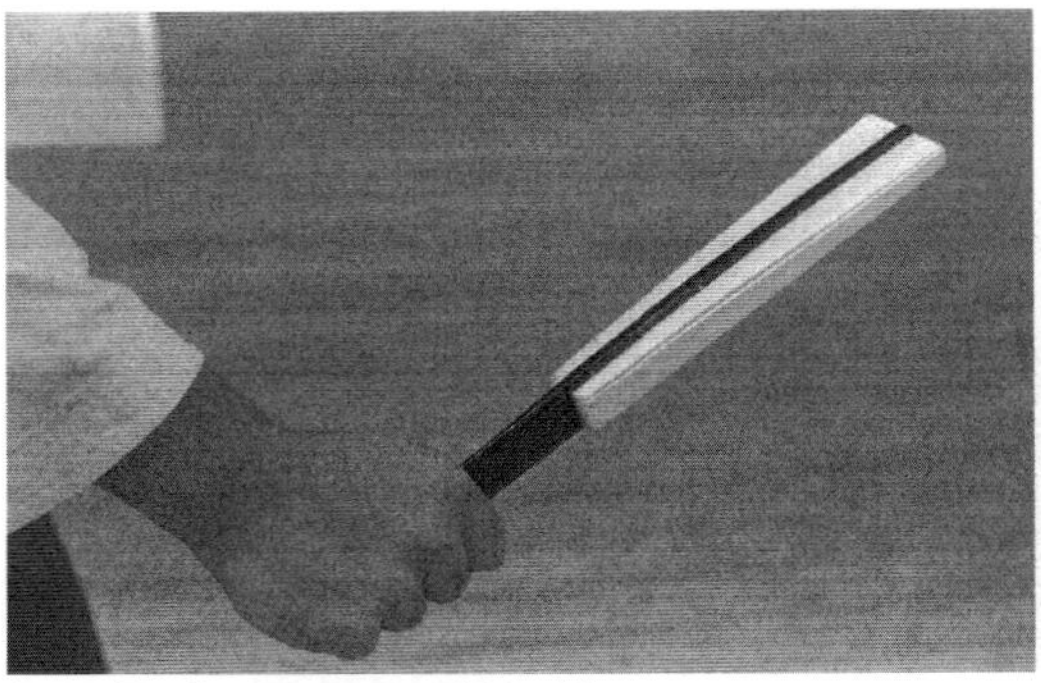
白扇の握り方　閉じて用いる場合（1）

白扇の握り方　片開きで用いる場合（2）

白扇の受け

白扇の払い

開きっ放しの状態で扇を放置してもいけない。扇は閉じた際、紙で出来た紙輪を掛け、その後に袋の中に収納する事が大切である。

さてこれらの取り扱い方に慣れたら、次は扇を握った状態で、手首と手首の甲を動かす動かし方を習得するのである。最初の動かし方は陽の握り方で扇を閉じた儘、五本の指で扇を握り、「受け」と「払い」の練習を行う。

手首がその「受け」と「払い」の動作に馴染《なじ》んだら、次はそれに足の動きを伴わせて、「進退」受けと払いを行うようにする。この動きの中に「騎乗受け」や「騎乗払い」を取り入れて、進退動作を繰り返していく。また最初の「開く」動作の一つとして、「扇の一枚扉開き」を行って、進退動作の中に「一枚扉開き」を行う。一枚扉開き（右上片開き）とは、扇の襞《ひだ》一枚を開き、敵の目を白い動きで攪乱させながら、進退動作を行う技術である。

白扇による御式内作法
1)「坐」腰指し

2)「置」

3)「添」

4)「儀」

扇が閉じた儘では、単に一本の棒切れのような存在でしかなく、しかし一旦これが開けば、鳥が翼を広げたように約三倍の大きさになり、その面積は、襞数を二倍した面積となる。これらの増減は敵の眼からすれば、精神的には苛立《いらだ》つものであり、心理的には攻防の動きの何処かに隙が出来易い状態になる。また攪乱され易い。その隙を上手に利用しながら、次から次へと敵を封じていくのである。但し、これらを心理的に誘発させる為には、日頃の鍛練と、その鍛練を積み上げて得た技量に加えて、敵を扇一本で呑み込む「胆力」と「度量」を養う事が必要であり、その根本精神は死生観を超えた「武士道」に帰一しなければならない。

白扇術の基本体系を成すものは、会津藩が江戸中期以降から培ってきた殿中作法である「御式内」であり、その立ち振る舞いの一挙手一投足の一挙一動の、細部にわたる動作の集大成であり、その中に白扇作法というものがあって、これが白扇術の母体となったものである。

白扇の間合と、その対処法

間合には「三・六・九」の定めがある。（詳しくは第三章「大東流槍術と合気杖」を参照）剣や杖との間合、槍、長刀、棒等との間合は、長い得物を持つほど有利になり、得物が短かったり、素手である場合は不利となる事を示している。

　さて間合であるが、これは人間の視覚によって齎《もたら》されるもので、肉眼を通しての間合の測り方は時として狂う事がある。この狂いは、自らが誤って狂った場合と、敵の攪乱によって狂わされた場合とがある。

白扇術の実践

　白扇を持った場合の体の移動や転身は、足から動くのではなく、腰から動き、それが下半身では円の動きとなる、上半身では螺旋上を動いて、それはあたかも球体の軌跡を辿る。この発信源は腰であり、腰の切れが総てを決する。

白扇術　擦れ違い
1) 敵と正対する

2) 敵と擦れ違いを装い

3) 敵は擦れ違い態に、抜刀を行う。また吾はその気配を感じ取り、敵の抜刀と同時に白扇を上段に構え

4) 敵の敵の斬り込みに備え

白扇術　打ち込み
1) 吾は白扇を以て敵と正対する

2) 敵が抜刀を行い、振り上げと同時に吾は白扇を一旦後に退き

3) 敵の斬り込みと同時に転身して

4) 更に吾が白扇を敵の頭上に打ち込む

白扇術　鈎手
1) 敵に白扇を構えて正対する

2) 敵は白扇を握る手を封じに来る

3) 吾はその手を誘うように握らせ

4) 白扇小手捻りを掛けて

5) 更に極め込み、動きを制する

5) 敵が斬り込もうとする瞬間、白扇を縦に全開し

6) 敵が斬り掛かろうと念じた瞬間、白扇を横に向け

7) 敵の機先を制して

8) 更に吾は敵の目に向けて白扇の先を向ける

9) 敵は機先を制せられた儘、身動きならず、吾はその白扇を曳くと同時に敵は仕方なく前方を斬りつけてしまう

第五章　大東流合気霊術

合気霊術とは

著者がこの業《わざ》を初めて習ったのは、昭和四十三年の頃からで、約四年間に亙《わた》って指導を受けた事がある。最初は常識を疑う業ばかりで、暫くの間、何も出来ずに苦悶の連続だった。それと同時に、非現実的とも思えるこれらの業の数々は、単にハードな肉体強化を行っても、到底到達できるようなものではなかった。

「縄抜け」から始まるこの業「合気霊術」は、非常に難しいもので、通常の技術からは総《すべ》てがはみ出したものであった。

著者は二十代の頃から合気霊術を、先師・山下翁から教わり、その難解な事に最初は戸惑い、困惑し、精神状態が不安定になり、混沌とした日々を送った事があった。

この業は西郷派大東流の最も玄妙かつ、恐ろしい修行法であるが、この頃、初歩の縄抜けと、「真剣白刃捕り」の基本を成す「白刃抜き」と「白刃入れ」を習っていた。

この真剣白刃捕りの基礎習得には、白刃抜きと白刃入れの二つの遣《や》り方があり、白刃抜きは学生時代既に会得していたが、白刃入れは極めて難解な業であった。

西郷派大東流が技法を「技」とせず、「業」とするのは、人間の日常性を超えた、三次元世界を超越した時空に達する「技術」であるという事から、技法を「業」とするのである。

その白刃入れは、抜き取った刀を元の鞘《さや》に戻すのみではなく、その鞘に、別の刀を更に、もう一振り入れるというものであった。

それと平行するように縄抜けを習った。これは、両手首を針金で縛り、ペンチで針金を捩《よ》じり上げられた挙げ句、血行が滞《とどこお》って紫色になった時を見計らって、自分の親指の底骨を脱臼させ、そこを外して、手首を抜くという縄脱けの方法である。

縄抜けの際、親指の関節を外す事によって、掌は手首と同じ大きさになる。一言で言えばこれだけの事であるが、親指の関節を外すという事は、相当な苦痛が伴う。何しろ、親指の関節を亜脱臼させなければいけないのである。亜脱臼は不完全な脱臼であり、完全脱臼とは全く次元の異なるものである。技術が未熟であれば完全脱臼が出来ず、相当な痛みが起る。

一般に、安易に使われている言葉に「顎を外す」「肩を外す」と謂《い》われているが、これが如何ほどのもので、それが不完全亜脱臼であった場合、どれ程の苦痛が伴うか、あるいは「外す（完全脱臼で）」という、この技術がどのように困難で、極めて難しいか、長年の武道経験者でもその事を本当に知っている人は少ない。まして、古武術の権威のような顔をして、トーク・アンド・トーク（アメリカで流行し、双方の専門家が出て、互いの長所を褒《ほ》め合うディスカッション方式の著書。中には、素人が専門家面《づら》して褒《ほ》め合うものも少なくない）の、二人以上が立候補して、互いの技術を褒《ほ》めちぎる文士的古武道蒐集家達は、修行としての日々の実践が伴わない為、その難解さを知る事無く、古人の戦訓や知恵を、安易な文章の一行に留め置く程度の事しか出来ない。また、柔道整復や整体術の治療師等で、「六大関節」を豪語する人でも、関節（特に顎《あご》、肩、肘、手首、膝、足首など）を自由に外したり入れたりする人を、著者は未だにこの眼で見た事がない。彼らは患者が外してくるので、一々外すまでもない、と逃げる。著者がこの眼で然《しか》と見たのは、吾が先師山下翁と伊賀流忍法の達人・伊賀《いが》白幽斎《はくゆうさい》師と、それに大和柳生流の一部の人で、五指に数える程度の纔《わず》かな武術家であった。

さて、亜脱臼と本脱臼の違いは、完全に関節が外れたかそうでないかである。完全に外れれば苦痛は小さくなるが、亜脱臼の場合は、完全に外れていないので、相当な苦痛を伴うのである。そして後遺症として何年も痛みが残る。著者は今でも、この時の後遺症は残っていて、冬場には親指の根本にズキズキと痛みが走る。だが、これをやらない限り、絶対に奥儀の縄脱けが出来ないのだ。

但し、外し方には、他にもっと痛みを感じない方法があるのだが、それは当時教えて貰えなかったのだ。苦痛と困惑の中で、何とかこれを熟《こな》したものの、次に控えるのは、更に恐るべき真剣白刃捕りと白刃入れである。これは中々《なかなか》会得出来なかった。

この真剣白刃捕りは、映画やテレビで出てくる、掌を合掌させて、敵の刀を受け止めるもの（自称・柳生白刃取りという）ではない。あれは恐らく、武術に心得のない研究未熟な劇作家が、頭の中で立ち回りの一場面として想像した、他愛のない、子供じみた幼稚な空想であろう。

但し、類似した「合掌捕り（正確には白刃合掌捕り）」は存在する。この合掌捕りは、大東流筈身《はずみ》投げから修行をし、その完成に至って、敵の真剣を挟み捕る高級技法である。

西郷派大東流の白刃捕りは、自らが敵の刀を握り込んで制してしまうものである。要するに、刀を掌で掴《つか》み捕り、握り込んでしまわなければ、事を為さない修行法である。更に白刃入れは、一旦抜いたものを、再び元の鞘に戻すというものであった。この会得に当たっては、非情な決心と度胸を要する。

その決心とは、自らの手を切り刻む覚悟を以て行わなければならないという事である。当時、著者はこれを学ぶに当たって、その遣り方を一通り先師が、一旦私の眼の前でやって見せてくれる。そして、それと同じ事を遣れというのである。

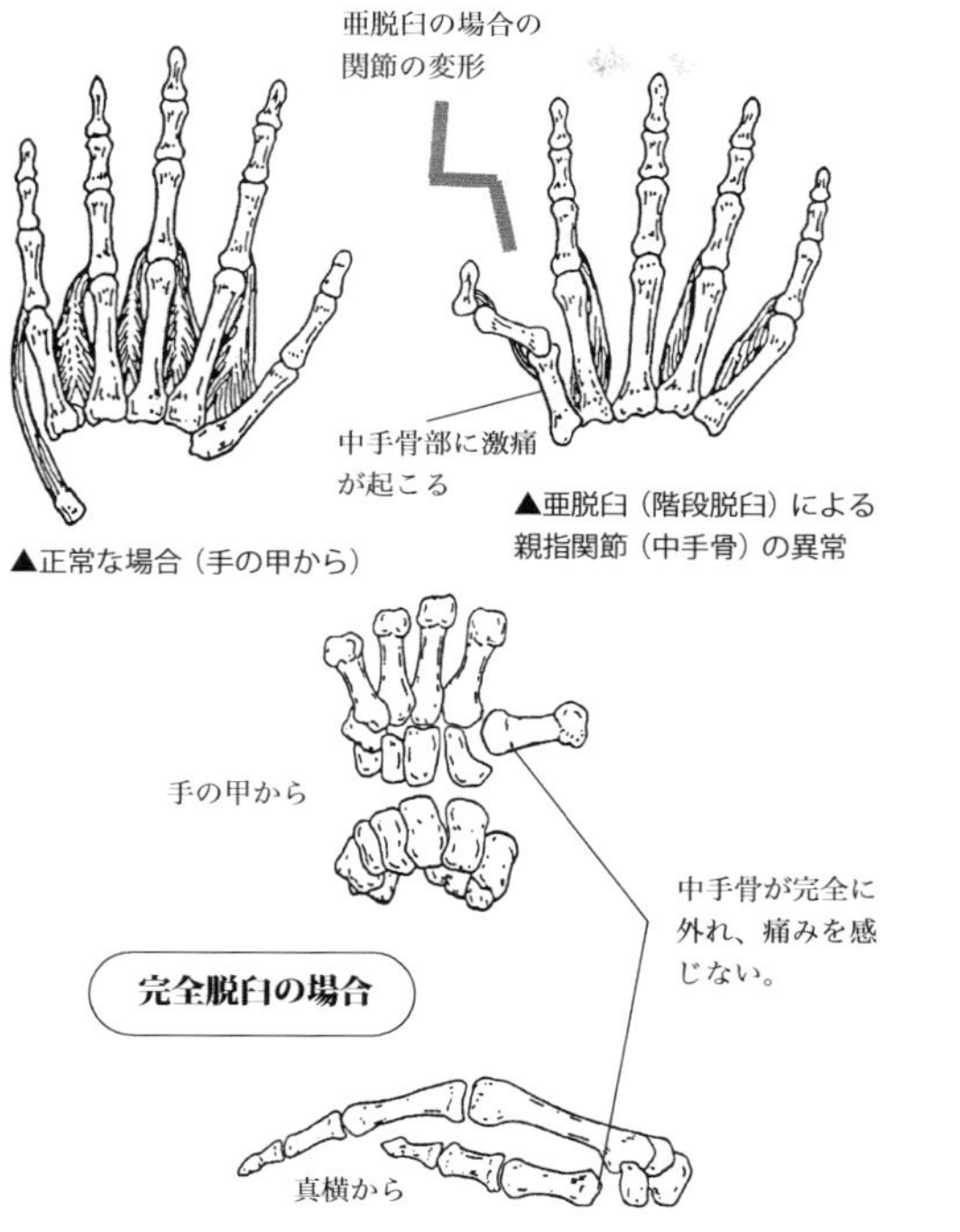

手の完全脱臼と亜脱臼

見ていれば簡単だが、これをやるとなるとそうはいかない。見れば極楽、やれば地獄の観がある。そして、これを行おうとして、元の鞘に戻す（掌から引き抜いたものを、再び掌に納める事を「元の鞘に戻す」という）際に、掌をざっくり切ってしまうのである。この業の構造が一体どうなっているのか、最初は全く解《わか》らなかった。

　著者自身、これを行うのに、旺盛な好奇心と勇気だけはあったが、肝腎《かんじん》な理解力が欠けていたのである。頭で考え、理屈で行おうとしても、見よう見真似で直ちに行えるものではなし、習得出来るものでもない。刀の特徴と、その性質を充分に会得出来ていなければならないのである。また刀の恐怖心からも一線を超えなければならないのである。

　この壁にぶち当たった時、著者は初めて日本刀の研《と》ぎの研究をはじめたのである。

合掌投げを基礎とする、白刃捕り
1) 敵と吾は帯刀の儘、正対する

2) 敵は抜刀を行い

3) 上段に振り上げて吾に斬りつける

4) 吾は敵が上段に振りに振り上げた瞬間、柄頭で敵の水月に当身を入れ

5) 敵の右手首を捕って

6) 転身し

7) 投げ放つ

大東流に見る合掌投げ
1) 帯刀し敵と正対する

2) 敵は吾の両手を封じに来る

3) 敵が吾が手を握った瞬間、合気揚げ手吊り上げ

4) 転身して

5) 投げ放つ

6) 最後は残心をとる

刀は、殊に日本刀に限っては「縦研ぎ」である。

他の刃物は横研ぎであるのに対し、刀だけは縦研ぎであり、掌に握っても直ぐに斬れない性質を持っている。しかし「曳《ひ》け」ば異なる。曳けばその性質上斬れるのである。それは刀の刃全体に「ふくら」という特殊な断面がある為である。そして曳けば斬れるのだ。

その「斬る＝曳く」という敵の動作にも耐え得るものが、「西郷派大東流白刃取り」である。この技法は、空想の映画やテレビの時代劇とは異なり、刀その物の刃《やいば》を完全に握ってしまうというものである。これが不完全であったり、精神的な迷いや躊躇《ちゅうちょ》が伴うと、手をザックリと切ってしまう事になる。

合掌捕りの際もこれと同じで、握りが不完全であると、掌は真ん中から切り裂かれ、左右孰《いず》れかの四本の指は総て切り落される事になる。

合気霊術は、こうした現実とは逆の想念（「行法・秘法篇―第六章　合気秘法」を参照）を以て、現実に当たり、非現実的なものを現実として再現する、神界の業である。

◎タイミングと呼吸法

時機《とき》（汐時）を合わせる、タイミングと云う言葉は、本来は効率よく時間を観察し、その観察に基づいて、その頂点を見極める事をいう。更に、それには「合わせる」という動作が伴わなければならない。

これを合わせるには独特の呼吸法があり、これを「天之気吹《あまのいぶき》」という。天之気吹は次のようにして行う。

さて、呼吸法については仏教に於ける「止観《しかん》」、仙道に於ける「周天法《しゅうてんほう》」、古神道に於ける「息長法《おきながほう》」、ヨーガに於ける「クリヤヨーガ」があり、武術に於ても独特の呼吸法がある。

これらの呼吸法の共通するところは、天地の間に存在する「玄《げん》気《き》」を体内に取り入れる事で、これは生命力の源である生物電流から発生した電気的エネルギーを体内に、気血とともに巡らす事であり、苛立った神経を鎮め、自然治癒力を高めて新陳代謝を促す。この玄気が体内を循環する事で、人間の持つ各々の能力が高まり、それは各層を成して霊的神性が宿る。

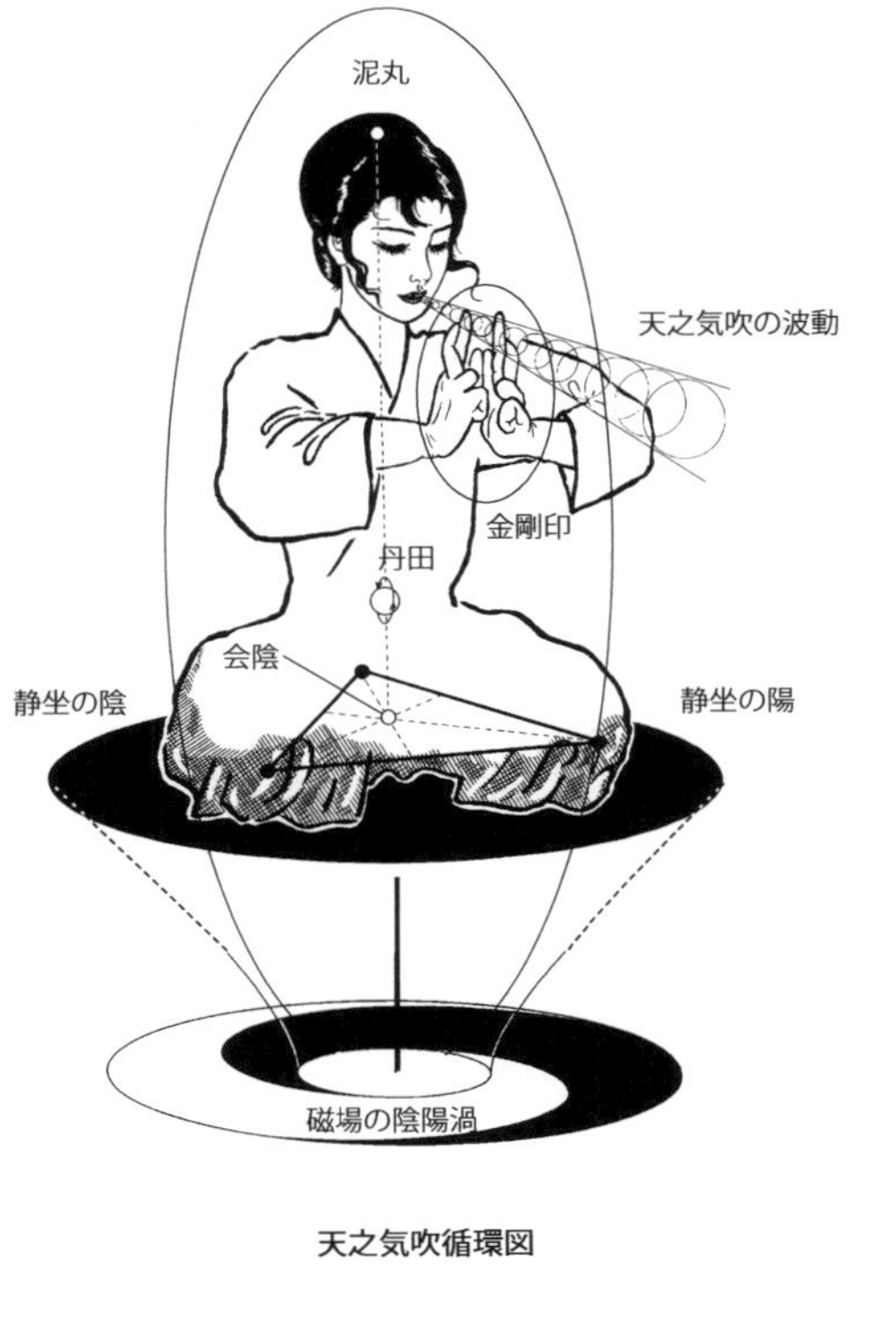

天之気吹循環図

①早朝、日の出前に日の出ずる方向に静坐し、腰骨を立てて坐する。腰骨を立てる為に尻部を後に突き出し、腹を前方に突き出し、先ず腰骨をしゃんとさせる。膝頭《ひざがしら》は拳《こぶし》三つ程が入るように開き、足の拇指は、各々が重なるようにして坐る。手の指は裏側から組み合わせ、金剛印《こんごういん》を結ぶ。

②日の出を待ちながら、気吹に取りかかる準備と心構えを確認する。陽が昇り始めたら、それを肉眼で凝視しながら、次に躰《からだ》の向きを転身して西に向け、先ず吐気を行い、次に再び東に向けて太陽を凝視して深呼吸を行う。所謂《いわゆる》「深息法《しんそくほう》」である。

　吐気は、昨日まで溜《たま》ってしまった邪気を口から思い切り吐き出し、深く、重く、吐き出す。そして転身し、東の太陽に向かって静かに鼻から吸気を行う。軽く、静かに、音を立てずに、後頭部に突き抜けるようなイメージで吸い込む。太陽の陽気を摂取するのである。この間隔は、十秒吐き、十秒止め、十秒吸い、十秒止める、という順に繰り返すのが理想的だ。

③転身して邪気を吐き出す時は、右旋回で廻り、邪気が少なくなり、五分ほどしたら左旋回に変え、同じ呼吸動作を前後十分程度行う。次に転身は行わず、静坐の状態で太陽を凝視した儘《まま》、呼吸を止め、その止める時間を次第に長くする。例えば一度目が三十秒であったら、二度目は四十秒、三度目は五十秒、四度目は六十秒というふうに段々長く息を止めていく。これを一分以上二分までを限界にして行う。苦しくなって息を吐く時は、太陽に顔を向けてはならず、下を向いて吐き出す。

④太陽の陽気を取り込んだら、立ち上がり四股《しこ》立ち（騎乗立ち）になって先ず両手に手刀《てがたな》を作って、振り挙げ、振り降ろす。この動作を太陽に向かって数回行う。呼吸は深息法を保つ。

⑤次に同じ動作を腰の位置だけ左に捻って、側面から太陽を受けて数回行う。

⑥次に同じく腰の位置だけ右に捻って、側面から太陽を受けて数回行う。

⑦次に後向きになり、背中を太陽に当てて柔らかな陽差しを意識して、これと同じ動作を数回行う。

　以上の動作は、腰骨がしっかりと垂直に立っている事が肝腎であり、上体が前に倒れたり、後に反《そ》り返ってはいけない。また四股立ちになった時、しっかり股割りして腰を鎮め、この鎮め方が深ければ深い程良い。これが天之気吹である。

　足の裏は、しっかりと大地に根を張ったようなイメージを持ち、大地の精気を吸い上げるようなイメージを持つ。こうする事によって、大地から精気が、顔面から陽気が体内に浸透し、下丹田付近の太陽神経叢《たいようしんけいそう》に、これらの天地の玄気が集中するのである。集中の結果、躰に玄気が漲《みなぎ》り、動きがよくなり、腰が軽くなり、その切れが良くなり、躰が軽く、頭も軽くなり明晰となる。またこれに合わせて、「枕無し」で、板張り等の固い床に寝る習慣をつけると、更に霊的神性が高まる。（口伝に「枕無し」の行法あり）

◎タイミングと筈身投げ

天之気吹で修養された玄気は、体内を循環する。しかし、玄気はその持続時間が短く、再び摂取を行わなければならない。殊に食餌法《しょくじほう》が肝腎であり、肉食をしている人はその滞在する時間が短く、食物玄米菜食の人の方が、その滞在時間が長い。

さて、敵のタイミングを巧みに読み、汐時を読むには玄気が必要である。体内に玄気が漲れば、その玄気は弾けるような威力が備わり、敵が腕を握ったり、手首を握ったりすれば、即座に弾く事が出来るのである。これが「筈身《はずみ》」である。またこれは「調子」あるいは「拍子」とも謂われる。

筈身投げは、タイミングを読む業で、四方八方に投げ分け、これを「合気八方」という。

◎合掌投げ

この投げは筈身投げと類似しているが、合掌は掌の労宮《ろうきゅう》の経穴同士を合わせる事から、多少筈身投げとは異なる。労宮の経穴は腹の太陽神経叢と直結されており、此処は第二のブレーンと謂われ、右脳の潜在意識と関わりを持っている。合掌は一種の「労宮行」であり、労宮と労宮を合わせる事がその極意であり、単に経穴を合わせるだけでは、此処に示すような威力は現われてこない。日々の天之気吹の行法がその基礎を成すのである。

合掌投げは、敵が吾の両手を捕えた瞬間、手を合わせてその儘前後左右に投げる業であるが、これを「合掌四方」という。

◎合掌捕り

究極的には、合掌での「真剣白刃取り」である。これは極めて至難の技であり、敵の斬り込む剣を手の中に収めるという「無刀捕り」の課題が秘められている。

先に述べた通り、剣筋を見極める不動眼を極める事は勿論の事であるが、同時にその動きに心を奪われる事なく、安定した「心の鎮《しず》め」が要となる。心が不安定となり、その激しい動きばかりに眼を奪われていると、心の眼で見る不動眼が養われず、現象だけに眼が奪われて、向上に歯止めが掛かってしまう。

さて、合掌捕りは、掌で敵の剣を受ける業であるが、それは現象だけを追った結果であり、それは真意とは異なる。合掌捕りは「労宮行」であり、天之気吹によって齎《もたら》される秘術である。人間の掌である労宮の威力を具現したものが「合掌捕り」である。

この技法は段階を追って修練する事が大事であり、いきなり真剣から入るのではなく、敵が木剣で打ち込んで来るのを躱《かわ》し、転身して合掌投げの要領で敵を投げ放つ稽古を行う。敵の斬り込んで来るのを右左に転身して、投げ放つのである。勿論、天之気吹で蓄えられた玄気を使う事が基本となる。

◎真剣白刃抜き

これは、天之気吹で蓄えられた玄気を使っての真剣白刃抜きである。掌を使うこれらの業は、単に反射神経や運動神経に頼って華麗に振る舞う業ではなく、その原動力となる天地の玄気と、太陽神経叢に直結される右脳の働きがこれらの技法の中枢を成す。

　真剣白刃抜きは、和紙でも切れる鋭い真剣の刃を握り、それを引き抜く技法である。この場合、精神集中と、かなりの統一力が必要で、少しでもこれらのバランスを失うと失敗する。この精神集中は単に一点に心を集めるのではなく、平衡感覚のような左右のバランス、前後のバランスが必要である。この前後左右のバランスを失うと、これは失敗に終わり、掌をザックリ切ってしまう事になる。

　しかし、バランスを保ち、平衡感覚を保つ事が出来れば、日本刀の性質である「縦研ぎ」を利用してこれを行う事が出来る。

◎真剣白刃入れ

　これは、抜いた真剣を元の鞘である吾が掌の中に収める業である。入れて収めるという事は、「抜く」事よりも難しく、刀が縦研ぎという性質だけを利用して収められるものではない。霊的状態になる必要があり、掌が刀を包み込む鞘の役目をする必要がある。

　日本刀に於ける鞘の役目は、刀身そのものを保護する役目を持つ。従って人間の掌もその役目を担えば良い訳である。バランスを壊すこと無く、平衡としての集中力を養い、現世の物理現象に左右されず、鞘の気持ちを自らが描き、それに委《ゆだ》ねる事である。勿論、天之気吹で玄気を蓄えておく事は謂うまでもない。

◎真剣白刃合掌捕り

著者が 21 歳の時、フジテレビ「万国びっくりショー」で見せた「真剣白刃抜き」と「真剣白刃入れ」（昭和 45 年 4 月）
枯竹斬りの妙技

真剣白刃抜き

司会の故・八木次郎氏と

敵が渾身《こんしん》の一刀を以て斬り込んで来る真剣を素手の合掌で受け、手中に収める事を謂う。これは真剣白刃抜きと真剣白刃入れの両者を統合した業として行われる高級技法であり、至難の技の一つである。ただこの修練は約束事で繰り返し練習すると、約束事の中に閉じ込められてしまい、実戦に役立たないレベルに止まってしまうので、心の戒めと日々の地道な修練が肝腎である。それに合わせて霊的な働きの向上させる行法も怠ってはならない。

太陽より摂取した玄気を躰全体に漲らせ、敵の打ち込んで来る太刀を、真剣白刃入れの要領で包み込んでしまうのである。これはあくまで反射神経で対応してはならない。反射神経は視覚に頼る為、対処が遅れ、受け止めようとして手を差し出した時は、既に斬られてしまう。これを受けるには肉眼的な反射神経ではなく、「勘」の働きが大切であり、霊的反射神経で対応しなければならない。

◎真剣白刃捕り

これは、真剣白刃合掌捕りをレベルアップした白刃捕りで、合掌捕りが両手で制するのに対し、この技法は片手だけで対処する、難易度の高い霊的高級技法である。これは総ての真剣白刃捕りを総括したもので、また、玄気を体内に摂取する究極の総仕上げ的な行法である。

これはまた、単に肉体を駆使して動き廻る反復トレーニングからは会得できるものでなく、心の律し方と、日々の食餌法の精進や霊的反射神経の養成が、その鍵を握る事になっている。

また更には、「労宮行」の総仕上げとして、「腕周天」「労宮周天」の口伝による技術を習得しなければならない。

腕周天は、手に法定印を結び、腕周囲内に気を周天させる方法で、労宮周天は、労宮同士を交互に組み合わせ、手の薬指を労宮に当てて、労宮と薬指内を周天させる方法である。この時、労宮に玄気を循環させ、労宮発気の功を錬る事が大切である。

掌《しょう》（一般にテノヒラと読むこの文字は、手の甲の裏側を意味するもので、手の「平」の「たなごころ」を指すものである）で刀を握るこの技法は、敵の得物を思いの儘手中にする霊術で、その行法は、決して反射神経や肉眼的な「瞬間見切りの術（瞼《まぶた》の

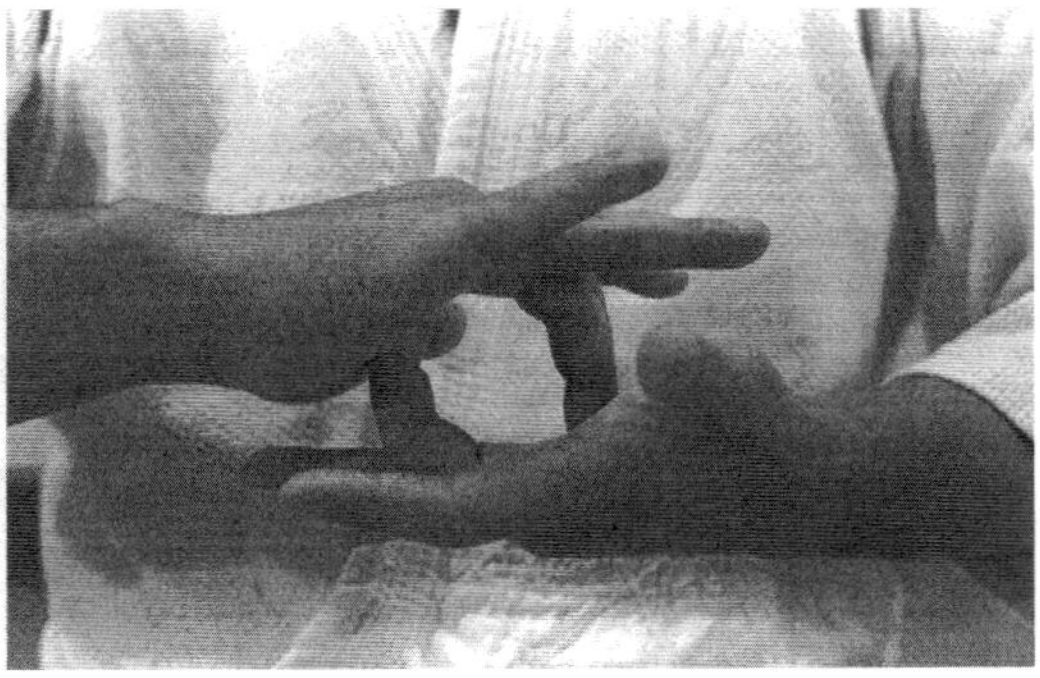

労宮周天

瞬《まばた》きを巧みに行い、そうする事で物の動きが止まって見える術）」ではない。

一之太刀で打ち込まれる一太刀は、一回限りの剣であり、その一回を一回だけの術で対処すればそれで済む事であり、この心境（斬られる恐怖に打ち勝って、刃の下に潜り込む事の口伝あり）に到達する為には、日々の行法に加えて、労宮から発するエネルギー線（電磁波の一種）の使い方が肝腎である（口伝に「白刃捕・掌之術」あり）。

影を使う

この術は、物の影を巧みに利用して、敵を攪乱《かくらん》する術である。

影には光が付き物であり、光の当てかた次第で、影は大きくなったり長くなったり、短くなったりする。その光の特性を利用しながら巧みに影を作り出すのである。また光を二点から交叉させれば、その交わった箇所は死角となり、それは影と同じ働きをする。光が二点から集まった場合は、物の姿が消えてしまうのである。

この術はつまり、二箇所から光を交差し、その交叉点《こうさてん》に光が集中した玄気を体内に取り込む術である。これは日食と月食の日が使われる。すなわち、太陽が月の影になる時と、月が太陽の影になる時である。

太陽の軌道には、黄道と月の軌道の白道があり、太陽は一年で黄道を一周し、月は一ヵ月で白道を一周する。黄道と白道の差は約五度の傾きがあり、両者が交叉するところで日食と月食が起る。朔《さく》や望《ぼう》の日には、地球、月、太陽の各々が一直線に並ぶが、これは緯度が一致しない為に日食と月食は起らない。緯度の一致が見られるのは、月と太陽が交叉する点で、この交点は「昇交点」若くは「降交点」と謂われている。

これから考えると、朔は月を間にして地球と太陽が一直線上に並ぶ時機であり、望は地球を間にして月と太陽が一直線上に並ぶ時機となる。古来より、日食と月食については、旧暦は寔《まこと》に便利な暦《こよみ》であった。（口伝に日時を割り出す「軍立《いくさだて》」あり）

さて、日食と月食は蝕《しょく》を意味し、蝕は両者の「影」であった。この影は皆既日食の神秘等を現わし、皆既日食では光冠《コロナ》が発生する。この光影が、つまり光を表面にした「影」なのである。

また影は「生まるるもの」を意味せず、「死するもの」を意味する。同時に日食と月食には「死するもの」の意味もあるのだ。ここに恐怖の根源が存在し、崩壊に纏《まつわ》る、邪悪な気への虞《おそれ》が人間の心の片隅に形を潜めている。即ち、「影」である。

この影は攪乱之術に用いられ、心の弱点を突いて恐怖や憂いを植え付けるものである。日食や月食にはこのような、生きとし生けるものへの攪乱する魔力が備わっているのである。

これらの「影」を使う流派には、先ず「影流」が挙げられ、他にも「陰流」や「蔭流」が挙げられる。更に時代が下がって「新陰」の登場となる。本来「影」の持つ意味は、表面正眼《おもてせいがん》から変化して、影に構える裏の業で、太陽に対峙した「月影」あるいは「光影」を利用した錯乱の魔力を意味するものであった。つまり吾が刀（素手の場合は手刀《てがたな》）に月光を反射させたり、動きに錯覚を与えて敵の目を攪乱させ、あるいは影に構えて刀の長さを見誤らせたり、間合を誤らせたり、幻覚を見せたりして、敵の錯乱した隙を窺い、敗るものである。

口伝に攪乱の「虞術《ぐじゅつ》」があり、これは一種の調伏《ちょうぶく》術である。「虞」とは「グ＝心配」を意味し、他にも危虞（危急存亡）、山虞（山崩れ）、野虞（地震）、無虞（無智への恐怖）、憂虞（憂鬱への恐怖）等の意味で使われる。虞術は時機《とき》（汐時）や自然現象への虞を用いて、敵を攪乱し、崩壊に至らしめる独特の調伏術である。

これを用いるには、「天には天文に通じ（蝕を知っている事）、地には地に通じ（自然現象の前触れを知っている事）、人間《じんかん》には人に通じ（人の心の動揺やその心理を知っている事）、七星壇《ひちせいだん》を組み、妖星《ようせい》が本命星を侵犯する時機《とき》を窺《うかが》え」の故事に倣い、災禍を招き入れる調伏術を行う。これによって敵は全滅する。これは所謂「魔法」であり、「熾盛光法《しじょうこうほう》」に対峙した「影法《えいほう》」である。本来は「光法」であり、妖星調伏に当てる。

妖星調伏と本命星

個人の運命は星宿《せいしゅく》が司る、という密教宿曜《すくよう》が信じられた平安時代の貴族達は、その権力闘争の中で「本命星《ほんみょうしょう》」を信仰していた。この信仰は、本命宿や本命曜、あるいは黄道《こうどう》十二宮を十二ヵ月に配当し、生月宮とする本命宮等を様々に分化し、これを発展させて本命星（本命とは七星を意味する）を編み出した。

本命星は、九世紀頃に貴族階級で盛んに用いられた修法で、円《えん》仁《にん》（慈覚《じかく》大師）が病弱であった文徳《もんとく》天皇の為に「皇帝本命の道場」を建立して修した修法が「熾盛光法」である。

熾盛光法とは、護国修法として、天皇の運命を司る本命星を祈念する真言秘法である。

本命の道場の本命とは天皇の本命星を指すが、天皇の本命星が唯一の王として北極星（北辰《ほくしん》・妙見《みょうけん》）であるのに対し、貴族達はこれを憚《はばか》り、北斗七星の一つを本命星としたのである。生年の支と同じ日を本命日とする事は古くから行われていたが、生年の支を北斗七星に結び付けるようになったのは、平安時代に流行

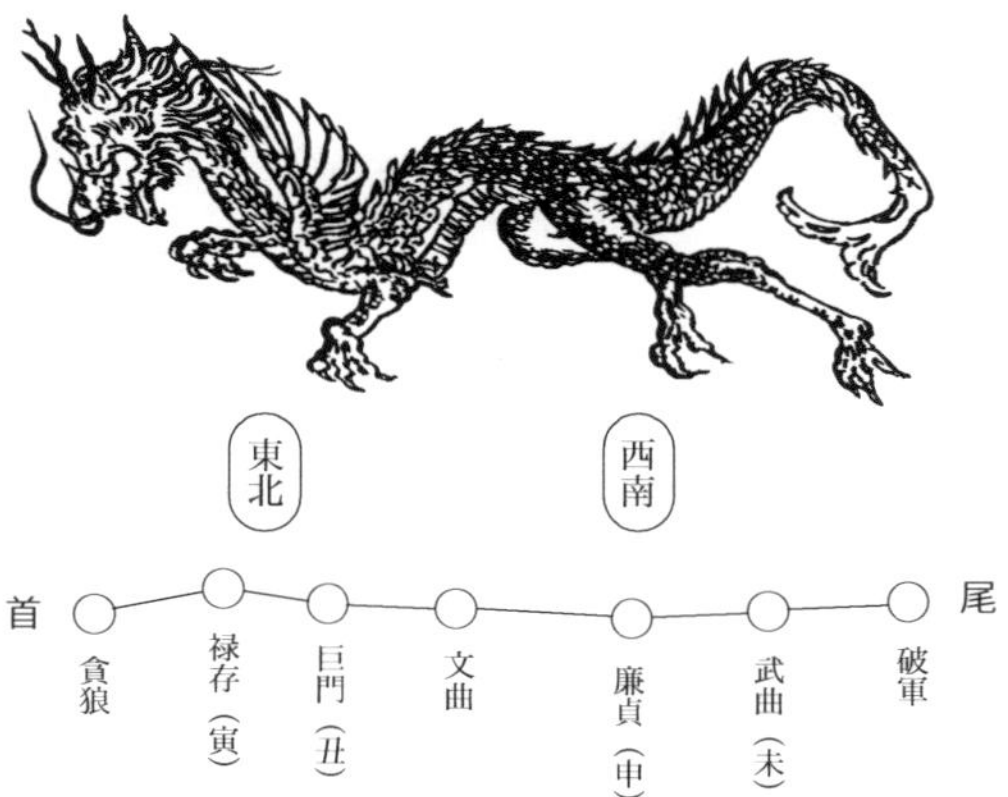

七星図『梵天火羅九曜』

した密教的占星術にあり、本命星の信仰が盛んになった時からである。

七星図には、首と尾が存在し、首から順に貪狼《どんろう》、巨門《こもん》、禄存《ろくぞん》、文曲《もんこく》、廉貞《れんてい》、武曲《ぶこく》、そして尾に破軍《はぐん》がくる。

十二宮の配当には、貪狼星に子《ね》年生まれ、巨門星に丑《うし》年と亥《い》年生まれ、禄存星に寅《とら》年と戌《いぬ》年生まれ、文曲星に卯《う》年と酉《とり》年生まれ、廉貞星に辰《たつ》年と申《さる》年生まれ、武曲星に巳《み》年と未《ひつじ》年生まれ、破軍星に午《うま》年生まれがくる。

本命星は、人間の生涯の運命を左右し、その宿業《しゅくごう》に因縁・所属する星であり、常にこれを尊び、供養しなければならないと密教は教える。万一妖星が本命星を侵犯したならば、大きな禍《わざわい》を招くから、この時は七星壇を設けて、妖星調伏をしなければならないと教えるのである。

七星壇と北斗法

密教呪術に限らず、その呪文の効果を高くする為には、従来のものより、形式は一層複雑になっていき、儀礼の法も口伝に頼らなければならなくなる。本命供養の修法もこれに委ねられ、複雑になって、裏星《うらぼし》として元辰星《がんしんせい》の供養が行われるようになった。

元辰星とは、生年十二支の子《ね》・寅《とら》・辰《たつ》・午《うま》・申《さる》・戌《いぬ》を陽命とし、丑《うし》・卯《う》・巳《み》・未《ひつじ》・酉《とり》・亥《い》を陰命として、「陽命は前一に向かい、陰命は後一に向かう」方角を元辰星とするのである。これは一年、半月、一ヵ月、十五日、一日、半日の各々に配当する事もでき、最小単位である「半日（＝十二時間）」については事を起すに当たり、「陽命は午前には三十分早くなり、陰命は午後には三十分早くなる」時間帯を元辰星時刻とするのである。

右図のように、十二支を各々の方位に配当し、各々の本命星に当てはめて見ると、例えば、子年（陽）生まれで貪狼星を本命星

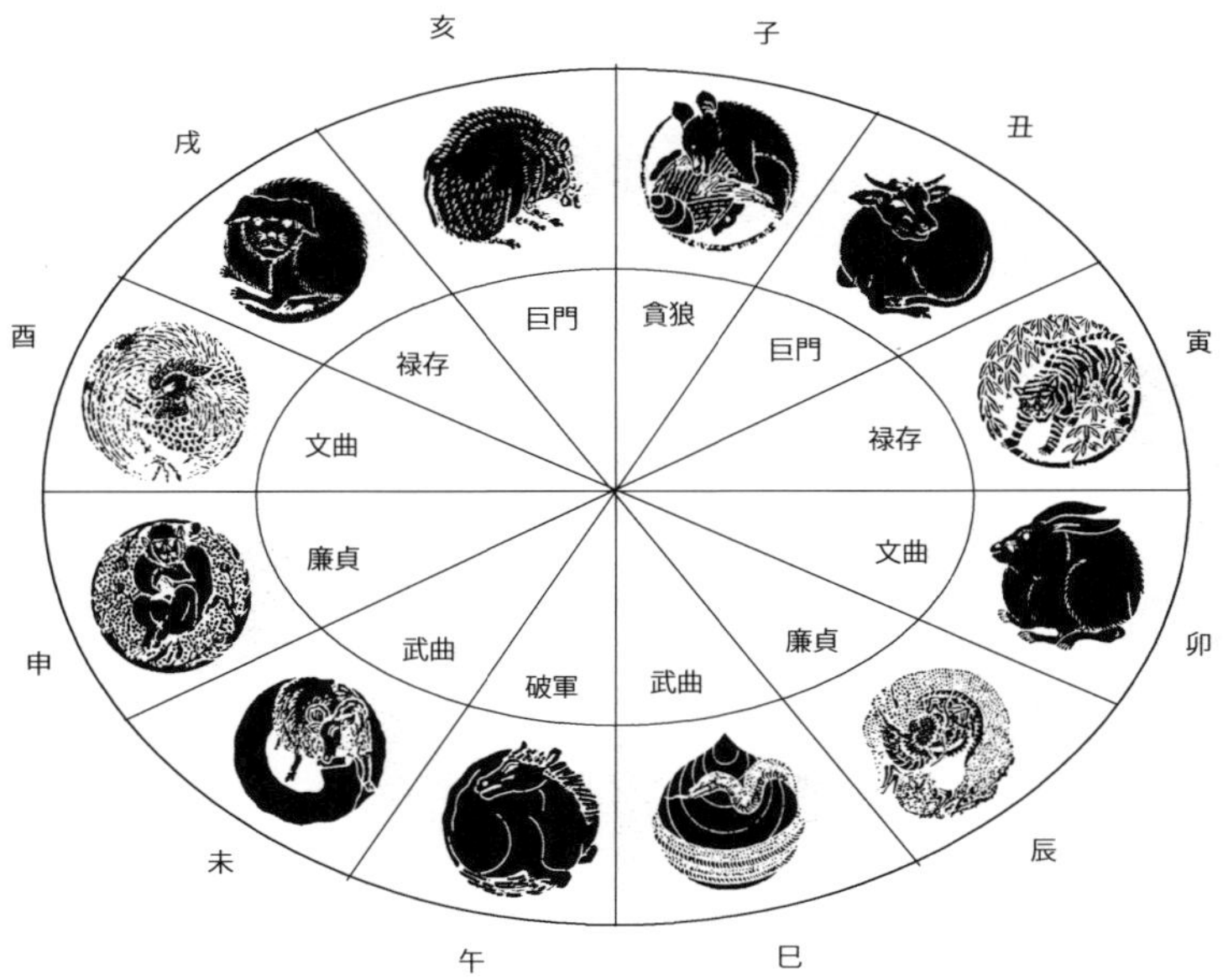

元辰星『宿曜私記』（小野僧正仁海伝）

とする者は、一つ前の丑に向かう未が元辰星で、丑年（陰）生まれで巨門星を本命星とする者は、一つ後の子に向かう午が元辰星で、破軍星が元辰星となるのである。本命星と元辰星は互いに利益を施し、人間に幸福を齎《もたら》すと謂われている。それ故、古来よりこれを知る者は本命星に本命を祈願し、元神である元辰星に地位、名誉、栄達、無病、息災を祈った。しかしこれを逆手に取って、本命の裏星であるこの星に、現世利益とは裏腹の魔法・妖星調伏を行い、敵対する者を葬り去る者もいたのだ。

　さて、人間には「主」と「従」の関係しか存在せず、その中間は存在しない。その階級階層は「上」と「下」であり、中間層は存在しないという事である。これは詳細に配当して行けば、中間層に位置する階級が生ずるのではないかという考え方もあるが、厳密に謂って、総て浮世は主従関係のみで運営が行われ、両者の中に割って入る中間層や中産階級は存在しない。「王」か「庶民」かであり、支配者の支配を受ける、被支配者の関係でしかない。これは集合的、あるいは集団的な立場から洞察すると、どんな小さな団体やグループにも、その「長《おさ》」に立って指導する指導者がいる。その場合、加護を受けた側近であっても、やはり「長」ではなく、「従」の関係であり、「長」はその全てを統括している。「長」が庶民であっても、その席で「長」に位置するのであれば、これは庶民ではなく「王」であって、その集団はこの「長」によって運営されている事になる。しかし、この集団が何らかの下部組織の一員にある場合は、その支配権が上部団体にあるので、上部団体の支配権の持つ者が「長」であり、この支配権を掌握する者が本命星の持ち主となる。

　従って、調伏術は、「長」の本命星が何処に位置するかを見極め、その弱点を見つけてそれを調伏、あるいは降伏する術である。

　いずれにせよ、これらの事から、個人の運命に最も深く関わりを持つのは、北斗七星の中にある本命星であり、これを息災延命を祈願して行う星供は、「北斗法《ほくとほう》」と呼ばれた。これは別名・北斗供とも呼ばれ、生年干支に当たる本命日に、本尊・北斗曼荼羅《まんだら》を前にした北向きに壇を設け、勧請《かんじょう》し、祭文を唱える。

　北斗曼荼羅は、須弥山《しゅみせん》上の一字金輪仏頂（北極星の意味）を中心に、外円第一重の上部には北斗七星、下部には九曜執、第二重には十二宮、第三重には二十八宿の諸星神を描く。更に壇中央には願主の本命星、周囲には本命宿（生日宿）、当年宿、生月宿、本命曜などを勧請し、祭文を唱える。

「つつしみて座上の北斗の大神、本命の某星（ここには当人の本命星が入る）、属曜の某曜（同）らに啓す。天姓（性か、ひとなり）、天道を仰ぎて、つつしんで神の冥威を頼む。しかしのみならず出家入道の本意は、興法利生のためなり。しかして今年（あるいは当年某歳＝同）属し奉る某曜は、これ不肖を消除し、善願を円満にし、弁を成すという。ここに万事心に叶わず、所願思うに叶わず。いわんや物怪（悪魔・妖星調伏）屡々《しばしば》現われ、悪夢ときどき示し、朝々暮々、心神安からず。これによりて本命の日を待ち得しめ、煎茶、仙薬、名香、紙、金銀の礼奠《れいてん》を献じ奉り、過ちを謝し、罪を愧《は》じ、思う所を祈り申す。ただ願わくば、北斗大神、本命属星《ぞくしょう》、諸曜執ら、殊に慈愍《じびん》を垂れて、献ずる所の供具、必ず納受を垂れよ。もし非常に災難の病、口舌の障難、失火、盗難、盗賊、悪魔調伏の一切の不祥事のあるべきは、未然に消除して、安穏、快楽の願い守り助け給え。福寿を増長し、善願を円満にし、仏法を興隆し、群生を利益するの願い、意の如く遂げしめよ」（祭文を唱える際、平安貴族が用いた星への祈りの例文より）

焔を使う

現世に存在する火は、天界の火の転火したものであり、人間は知恵の火として太陽から火を盗んだものとされる。この火は水滴一つで地上に太陽の火が移り、この世の火は元々太陽から転火されたものであった。それが焔《ほのお》の謂れである。

焔は、内観宇宙では裡側《うち》を燃えるものとされる。火は、本来外側にあるものが燃焼する物理現象と解されているが、それを内なる宇宙で感じた場合、それは自らの裡側に存在しているといえる。

人の心には、常に焔の原形となる火種《ひだね》の燻《くすぶ》りがあって、何処かで白煙を上げているが、これに一旦火が点《つ》けば、忽《たちま》ちのうちに劫火《ごうか》の大焔となり、猛り狂うのである。人間の裡側には、このような情念の世界や忿怒《ふんぬ》の世界が同居していて、日々の喜怒哀楽を司っている。従ってこの忿怒を和らげ、情念のみに走る熱情を冷徹に戻す為に、時として焔が用いられるのである。

理性で確認できない事や、科学で割り切れない事を、この焔の神秘で説き明かし、修行という形体を成す密教的発想は、大東流を行う上で、最も大切な要素の一つであった。

曾《かつ》て修行というものは、焔を象徴した護摩壇《ごまだん》に帰納し、日常生活の日常茶飯事を超越して火焔を象徴した火に求められた。

この火こそ、天界から持ち込んだ火であったのである。またこの火は、法力を獲得した密教修行者の体現的な象徴でもあった。役小角《えんのおずぬ》、道鏡《どうきょう》、空海《くうかい》、最澄《さいちょう》、霊仙《れいせん》、日蔵《にちぞう》、陽勝《ようしょう》、文観《もんかん》、天海《てんかい》という密教僧らは、総てこの法力の獲得者であった。火焔を知恵の拠《よ》り所として、薪を煩悩に見立て、煩悩を焼き尽くす護摩は、日常の既成概念とシステム化された過情報から逃れ、その秘儀・修法に込められたエネルギーから、顕著《けんちょ》な仏と一体となる事で自らを善導《ぜんどう》に導いて行ったのである。

此処に至り、人は『リグヴェーダ』の中の、火の神アグニに近づく事が出来るのである。また火焔を背負う「不動明王」も仏の化身として焔から生まれた尊天である。

仏談義

太平洋戦争末期、アメリカ軍の空襲が激化し、日本本土にも、中国大陸や日本近海の米航空母艦から飛び立った米陸海軍のB29をはじめ、B17や、戦闘機のロッキードP38や、グラマンF4Fまでが襲撃の為に飛来した。日本国内は逃げ惑う人で騒然となり、都会から田舎へと疎開が始まった。自治に携《たずさ》わるひと握りの、兵役を免れた官吏と、勤労奉仕に狩り出され、強制労働を強いられた勤労学生の男女だけが都会に残され、後はその殆《ほとん》どが集団的に疎開をして行った。

しかし、疎開をしたのは、何も人間に限った事ではなかった。爆撃の破壊や火の手から、恐れるように多くの有名寺院から仏達も、また疎開して行ったのである。

日本古来の木造建築で世界に名だたる古寺と称する、法隆寺をはじめとするその他の多くの寺院からも、爆撃の灰燼《かいじん》を恐れて、国宝級の仏像達が、その道の有識者の意見で疎開可能と判断され、地方に移動されて行った。

これは日本の歴史始まって以来の事であった。仏の頭上に災難が振り掛かってくると言って、今まで安置された場所から、何処

明王院

明王院祭壇

か遠くに運び去ってしまった事が曾て実際にあっただろうか。恐らく、これは俗人的な固執の心情主義から発した、貧しい発想であったろう。全く愚かとしか言いようのない愚行であった。

何故ならば、災厄に殉ずるのが真の仏の姿ではなかったか。

歴史を振り替えれば、天平時代の東大寺は平重衡《たいらのしげひら》の兵火にかかって健気《けなげ》にも消失し、灰になる事で仏像達は仏としての運命を全《まっと》うした。大仏も、如来も、観音も、弥勒も、明王も、尊天も、悉《ことごと》く劫火に身を投じた。これこそまさに仏の真の姿ではなかったか。

これらを惜しむ心情は、仏を仏と見ず、そこに美術品的な価値観だけが、薄汚く渦巻いているが故の、人間の浅ましさであった。人間の欲望が信仰という素朴な人々の心を無視して、かくもこのように疎開という醜態を曝《さら》け出したのは、日本の歴史始まって以来の、前代未聞の事であった。

一切空を説き、無を信条とする仏道にあって、仏こそ、失うべき何ものをも有せざるが故の仏であり、一体何を惜しむ必要があったのだろうか。

歴史的な年輪を刻み、希少価値を有する尊い仏達が、爆撃の劫火に焼かれる事は痛恨の思いであるが、それを逃れて疎開を試みる等は、真の意味で信仰を冒瀆《ぼうとく》するものであり、あまりにも感傷的であったのではあるまいか。

焦土と化す敗戦の前日まで、アメリカの執拗な空襲が繰り返され、辺りは一瞬にして焼け野原となり、至る処で無惨な残骸が横

たわり、あるいは裡側を曝け出して、点々と、家を焼かれて眼の焦点を失った人達が呆然と立ち竦《すく》んでいた。

敗戦の傷跡は、至る処に無慙な爪痕を残したが、有識者が仏を美術品として定義をした時、日本人の心から「信仰」という文字が消えたのである。

あの昭和二十年八月十五日の、異常なまでに暑かった夏の日を境に、日本国民の道義《モラル》は廃《すた》れに廃れ、信仰の日々は消えうせてしまった。神社仏閣に残る神々や仏達は黄昏《たそがれ》て、ただ無信仰の無神論者が小賢《こざか》しく唯物史観を振り回し、俗事や世間風に煽《あお》られて傍《ぼう》若無人《じゃくぶじん》に横行する現状に至った。

大きな神社仏閣を観光の目玉とする地方都市には、毎年季節の分け隔てなく、多くの観光客が押し寄せる。彼等は無信仰の、それも好奇の眼だけを神々や仏達に向け、漫遊の客人を気取っている。このような悄然《しょうぜん》たる神社仏閣は、あのハイネの『伊太利《イタリー》紀行』そっくりではないか。

ドイツの詩人・ハイネ（Heinrich Heine 1797～1858）は謂う。「たとい純白の高価なシャツを身に着け、総てを現金で景気良く支払っても、廃虚に夢見る伊太利人に比べるなら、単に一個の野蛮人に過ぎぬではないか」と悲痛な呟きを吐露《とろ》している。

今日の日本人の神社仏閣に接する態《さま》は、まさにハイネの嘆きに帰納される。

経済力によって、成り上がり者的な生活水準に達した多くの日本人は、世界の貧困を余所目《よそめ》に見ながら、賤民的な貪欲さで神社仏閣を濶歩《かっぽ》し、寧《むし》ろハイネを嘲笑している愚かな気配さえ感じさせる。

日本中の神社仏閣を持つ観光地では、無気力で、賤民的な餓鬼が、貪欲なまでに、その御利益《ごりやく》と加護を狙って徘徊《はいかい》する。それが正月三が日ともなると、絶頂に達し、喰っても喰っても満腹に至らぬその貪欲な腹は、まさに飢餓そのものに変身して、煩悩の深さを曝すではないか。

日本人は、終戦のあの日を境に、高貴な面影は後に潜み、豪遊する温泉紀行さながらの、無風流にして、貪欲さだけが、際立って目立つ人種に成り下がっているように見える。

「神は死んだ」とは、哲学者ニーチェの言葉である。

信仰の唯心論から、権力指向の唯物論に変わり、現代社会は、神や仏がひとかどの意味を持たなくなった。

仏像や神々の名前は最早、迷信から来る偶像の、嘲笑の対象でしかなくなってしまっている。

世界に冠絶《かんぜつ》する麗《うるわ》しき美の国・日本は、今やその根本を至らしめた峻厳《しゅんげん》な信仰心を忘れ去り、一切の価値観を利殖に向けて走り続けている。

再び日本人がその再生を促して、大いなる希望と、深い危惧の念を抱くか否かは、それは日本人自身の霊的神性に委ねられているのではあるまいか。

「神が死んだ」——それは取りも直さず、霊的神性が失われたという事を物語っているのである。

時空間（隠れた時空）

敵と対峙して、不図《ふと》、その敵の呼吸が見える瞬間がある。緊張し、張り詰めた神経の中に、穏やかな空気が流れ、不思議な気合で覆われる事がある。

敵の視線の中に自分の見るような感覚が生まれ、敵との一体感を感じ、そんな時に、何の前触れもなく、敵の呼吸の吐納を捕まえる事がある。その呼吸の吐納は、その息が、ほんの少し吐き出された瞬間を捕えて、隙を作る事があるのだ。

これは敵の隙であるが、裏を返せば自らの隙であり、此処に勝敗を左右する時空間がある。

神風が微風を以て吹くように、またこの時空間も、ほんの少量の纔《わず》かな隙間に存在している。それを知るには日々の修練を重ねる事は勿論のことであるが、単に肉体の反復練習を積み上げても、これを知る事は出来ない。幽体訓練が必要である。

戦いには、凡そ主導権争いをする為に、その序盤戦には激しい攻防の遣り取りが繰り返される。そしてひとしきりの喧騒が止むと、周囲は静けさを取り戻す。静まりかえって対峙する双方からは薄闇の中で膨張する呼吸の乱れがあり、施餓鬼《せがき》の入り込む隙が生まれる。施餓鬼とは直接供養が受けられないで、成仏を妨げられている地縛《じばく》の霊を持った霊障で、それが戦いの場で肉弾戦を繰り広げる人間に憑衣《ひょうい》する。その憑衣が乱れとなり、吐納を狂わす。その狂いが呼吸を乱し、酸欠状態と貧血状態を起す。これが人間に害毒を及ぼして、対峙する双方何れかの視界が狭められ、突如視界の中に細かい紫外線のような光が走り出す。それを感じると血圧が上昇し、心臓に負荷が掛かっている事が分かる。剣道やその他の試合を経験した者であれば、この事はよく理解できる筈である。

その光は、やがて流星のように尾を曳《ひ》いて、左右に散らばって行く。そこに時空間の空間が生まれる。

その時間は各々によって多少異なるが、喧騒後、一、二分程度で現われてくる。激しく動いた後は、西洋スポーツの鍛練法を仮《かり》宿《やど》としている近代武道には、この兆候が必ず現われ、これを克服するには多くの場合、単に我武者羅《がむしゃら》で、気丈な精神力を持つ事に委ねられている。俗に言う「根性」である。

しかし、この根性が癖者《くせもの》で、呼吸の吐納が正しくない西洋スポーツや近代武道は、心臓肥大という心経障害（手の少陰心経の経絡異常で、心臓と神経を病む）に陥る。同時に毛穴から大量の血液が蒸発して行くような不快感に襲われる。つまり酸欠から起る、瞬間貧血状態になるのである。まさに此処に落し穴があり、時空間があるのである。

では、これをどのように克服するか、これが一つの武術の課題になるであろう。

先ず、その一つが「霊胎呼吸法《れいたいこきゅうほう》」で、分かり易く言えば胎児の行う呼吸法であり、人は母親の体内に居る間はこの呼吸法を無意識の裡に行っていたのである。

戦いの最中、この呼吸法を行う事が出来れば、酸欠状態や貧血状態から免れる事が出来、時空間（隠れた時間）を見つけて、逸《いち》速《はや》く第二次攻撃に移れる。また、次に飛び跳ねたりしての「誘い」等の、無駄で大袈裟な動きを控える事が出来るのである。

誘いには二通りの方法があるが、一つは体動的な誘いで、激しく動き廻る事で、敵に自らの隙を作ったように見せ掛けて、そこに飛び込ませる方法を取るものと、もう一つは心理的に崩れたと見せかけて、その虚を撃たせる方法であるが、前者は逆に自らが時空間を安易に作り易く、賢明ではない。また後者は、一通りの「行法」に精通しておかなければ、容易に行えるものではない。

同時に仏の心や、神から掛け離れてしまった現代人にとって、仏や神とは常に擦《す》れ違い状態であり、隠れた空間からの加護を願う事は、極めて困難な時代に入っていると謂わねばならない。

霊胎呼吸法

一言に胎息、あるいは胎児の呼吸法といっても簡単に行えるものではない。これを行うには調息呼吸（腹式呼吸）の熟知が必要であり、胎息にはその修練法として三段階の方法がある。

第一段階は「武息《ぶそく》」と「文息《ぶんそく》」である。第二段階は「真息《しんそく》」であり、第三段階は最も難しいと謂われる「胎息《たいそく》」に至る内呼吸である。

◎武息

武火呼吸と謂われる呼吸で、胎息に至る第一段階を形作るものである。意識を以て行う強い呼吸法で、下腹に陽気を発生させる呼吸法であり、吐気と吸気の間に「停気」を挟む呼吸動作を入れる。この停気を行う場合、強い意志を丹田に掛け、故意に陽気に発生を促すのである。

またこれを行う際、三通りがあり、一つに「吐気・吸気ともに長さは等しい」場合であり、これは丹田に陽気を発生させる場合に用いる。二つに「吐気が長く、吸気が短い」場合であり、陽気が頭の上丹田に上がった後、任脈《にんみゃく》を通して丹田に降ろす場合に用いる。三つに「吐気が短く、吸気が長い」場合で、陽気を尾《び》底骨《ていこつ》から頭の上丹田に引き揚げる場合に用いる。先ず、この三通りの呼吸を予《あらかじ》めマスターしておかねばならない。

さて、これを行う時の姿勢は、「静坐」若しくは直立不動の「立坐」にて行う。

先ず、掌を開き両腕を延ばして、真横に肩の高さまで上げ、掌は天界と通じているようなイメージをもつ。その儘、深呼吸の要領で吐気から始め、大きく腹部を膨らませたりへこましたりして、これを五十回程度行う。次に掌を下腹付近に持っていき、腹部まで息を落すような感覚で調息法を行う。両掌は腹部に置いた儘、三通りの武息を行う。

息は、吸う時は軽く鼻から吸い上げ、吐く時は重たく口から吐き出す。息を吸い込み、体内の中に取り入れていく場合は、延髄、胸部（中丹田）、腹部、尾底という順に脊柱《せきちゅう》に沿って降ろし、吐く時は、その逆の尾底、腹部、胸部、延髄の順に上って行き、脊柱全体に気が行き渡るようにする。呼吸の循環は、脊柱に沿った縦の循環である。

次に武息の状態を以て、鼻腔呼吸を行う。鼻腔呼吸は鼻の穴の左右で交互に行う呼吸法で、右の穴から取り入れて左で吐く、左で取り入れて右で吐くという方法である。これも同じように静坐、若しくは直立不動の立坐の姿勢で、前回と同じように行う。呼吸の循環は脊柱の中心を正中線に置いて、その左右を循環する横の循環である。

◎文息

文火呼吸ともいい、呼吸は調息と同じであるが、今度は全く意識を掛けないで、下腹が自動的に動く腹式呼吸である。外見は呼吸をしているのかいないのか分からないような呼吸法で、温養（各々の重要箇所に陽気を停止させ、その意識を練る方法）を行う場合に用いる呼吸法である。これは武息が完全に完成し、陽気が任脈と督脈を通して容易に出来るようになった時、自ずと出来るようになっている自動呼吸である。意識を以て行う場合は、あくまで武息でしかないので、注意が必要である。

これを行う際の姿勢は、武息と同じ形を取り、静坐か直立不動の立坐であり、掌を用いる方法も、深呼吸をする方法も、回数も同じである。深呼吸を繰り返した後、一旦吐気を行ってゆっくりと呼気を始める。その際両掌は、腹部から咽喉の天突《てんとつ》部に軽く押しあて、息を吸い込み、それが下がるに従って、掌を咽喉から胸部中央の膻中《だんちゅう》（＝水落《みぞおち》あるいは水月《すいげつ》であり中丹田の位置）、丹田、下腹部、会陰《えいん》部へと移動する。これまでが吸気である。それが会陰部の通過を確認して吐気に入り、再び上昇をし始める。

今度は、掌は尻部を経て、丹田の裏側である命門《めいもん》部を軽く圧迫するように、この付近を揉《も》むように抑え、次に脊柱背後の背中に至る。そこで掌を返し、玉枕《ぎょくちん》に持って行き、掌を玉枕に押し当てた儘、両方の指を表向きに組み上げる。その組み方は最初「外《げ》縛印《ばくいん》（拇指を外に向けて組む）」に組み、次に「内縛印《ないばくいん》（拇指を握りの裡側に閉じ込める）」に組み換える。時間は外縛印が五秒程度、内縛印が七〜八秒程度であり、そこで内縛手印で温養をした後に、「泥丸《でいがん》」に至り、此処で玉枕部と同じように温養を行い、更に「印堂《いんどう》」へと至る。注意点は、泥丸での温養は玉枕部での温養の半分の時間が好ましく、此処で長時間行ってはならない。

印堂は念の発する場所で、此処での温養は内縛印で充分温養をした後、内縛印を「天鏡印《てんきょういん》」に変化させ、温養を行って「人《じん》中《ちゅう》」へ気を送り、口を覆う（手の各々を組み合わせ、掌を口に当てる）ようにして温養を行い、更に天突へと戻す。この周期《サイクル》が一行程（総時間は三十秒以内）でこれを数回から数十回繰り返す。これを繰り返す事によって、縦の循環のコースが確認でき、この縦のコースが確認できたら、次に同コースを循環させながら、左右の横のコースの修練に入る。これは武息の横の循環と同じように行う。最初に吐気を行って、右の鼻腔から息を吸い込み、会陰部に達したら吐気を行う。縦の循環と同じコースを通り、上昇して左の鼻腔より吐気を行う。次に左の鼻腔より吸気を行い、会陰部に達したら、上昇しながら右の鼻腔で吐気を行う。

この繰り返しは、時間が経《た》てば経つ程次第にゆっくりとなり、縦の循環と異なり、周期の行程時間が段々長くなっていく。そして呼吸もしているのか、していないのか分からなくなるようになってくる。意識が段々薄らぎ、静かな安らぎを感じる。この感覚は、真息に入る為の重要な要素となる。

◎真息

一言で説明すれば、文息の一段階上の呼吸法であり、鼻や口を使わない呼吸法で、武息が完全にマスターされた時に行える呼吸法である。武息で各々の箇所で温養をしている時、この温養を長い時間続けている時に現われる呼吸である。温養が長時間続くと、白い光を感じてくる。それはやがて回転を始め、呼吸は文息でマスターした吐気と吸気の長さが等しくなり、呼吸が停止しているような感覚に陥る。しかし、呼吸が止まった時のように苦しみが無く、快い安堵感を感じるのである。

これを行う際の姿勢は、静坐若しくは直立不動の立坐にて、先ず掌を天に向け、深呼吸を五十回ほど繰り返して吐気から行う。呼吸は最初、腹式呼吸を行い、次に逆腹式呼吸へと変化させていく。掌は静かに外縛印を組み、下腹部に当て、気持ちが落ち着いたところで拇指を握りの裡側に沈め、外縛印から内縛印へと組み換える。呼吸と気の循環は、文息の横の循環と同じように行う。左の鼻腔から息を取り込み、次第にそれを天突、胸部の中丹田、胃の下部、臍部、下丹田と下げて行き、これが下丹田に下がった処で内縛印をこの丹田部分で上下させる。そして再び上に上がって行き、右に鼻から吐気が抜ける。次に右の鼻腔から吸気を行い、これが同じように降下を始め、下丹田に至る。更にそこから上昇し始め、左の鼻腔から吐気が抜ける。この際、文息のように、下がって来る気を会陰部まで送らないのが、真息の特徴である。必ず下丹田部で留め置き、それ以上に下がらないようにする。

さて、これを繰り返す事によって、下丹田部は異変が起り始める。下丹田部に「横渦《よこうず》」が生じるのである。左の鼻腔から取り込んだ気は降下して丹田部に至り、正中線を中心にしてその中央から渦が発生し、それは左回り（反時計回り）に外側へ拡散されていく。その渦は両腹部の外側付近にまで達すると、再び正中線の中央に集められ、それは文息の際の上昇コースに従って、上へと上って行く。それが右に鼻腔から吐き出されるのである。

次に同じ方法で右鼻腔から吸気が取り込まれ、同じコースを辿って下丹田部へと達する。今度は右回り（時計回り）の方向で渦が発生し、両腹部の外側にまで達すると、それは中央に集結を始め、丹田部の中央付近から上昇し始める。これが数回繰り返されると、完全な発光体としての白い球が現われ、それが呼吸と重なって上下し始める。これを「霊珠《れいしゅ》」という。この霊珠を感じる事で不安が去り、悩みや迷いが取り除かれ、自らの裡側に安堵感が訪れる。

白い光の発光体は、横の循環を起しながら渦を発生させ、外に外に拡散した後に内へと収縮を始める。大周天と同じ感覚に至り、肉体的な感覚から解放されて、自由に伸び伸びとした解放感を得る事が出来る。動いても疲れる事が無く、何処までも膨張して行き、そして小さくなって収縮が始まる。やがてそれが自在に行えるようになり、総てが一つになって境目が無くなる感覚を抱く。つまり「人神合一」が得られるのである。

◎胎息

これは、完全に呼吸器管が停止してしまった呼吸であり、哺乳動物が母胎に居た時の呼吸法である。

これは天地大自然から気を吸収する呼吸法で、その気を呼吸に代える呼吸であり、皮膚呼吸だけで呼吸する遣り方である。この呼吸法は小周天が完成し、大周天が発動する時に現われる呼吸で、総ての呼吸法の究極となり、激しく動いても疲れる事が無く、また不老長寿としての効力をもつと謂われている。これが「霊胎呼吸法」と謂われるもので、また五官を制御するとも謂われている。

さて、この呼吸法は、拡散から始まり凝縮に至る呼吸法で、拡散は胎児の内気から生まれ出て、外気に至り、外気の接触を受けて幼児として外に生まれ出て、幼児期を経て少年期に至り、少年期から青年期、青年期から中年期、中年期から老年期、老年期から凝縮を始め、再び元の胎児期に戻り、収縮が始まるという周期《サイクル》を辿る、脊柱を中心に縦の循環を繰り返す呼吸法である。この一周期が人生の経過であり、人生の総てをこの一周期の短い行程の中で悟る事になる。この一周期は、また輪廻《りんね》の一周期で、人間の繰り返す輪廻をこの中で瞬時に悟り、輪廻の輪から解脱《げだつ》する、本当の意味での「悟り」が開けるのである。だがこれは容易に行えるものではなく、極めて難しい呼吸法であると謂わねばならない。

この呼吸法の最初は、真息と同じ方法を用い、最初深呼吸を五十回ほど行って、腹式呼吸と逆腹式呼吸を行った後、吸気を行う。

吸気は左鼻腔から始まり、逆腹式呼吸（丹田呼吸）の儘で行い、吸気を脊柱に沿って下に降下させて行く方法を取るのであるが、下丹田付近にまで吸気が下がった時点で、その中央にそれを一旦温養し、それを太陽神経叢（下丹田で第二に脳と謂われる部分）に蓄積する。

此処で総ての事（宇宙意識から凝視した人間の人生の各々の期間の生・老・病・死）をイメージして、それを客観的に感知しながら、それは再び縦の渦を描いて、下から背骨の方向に渦を巻き、背骨が段々伸び始め、拡散されて行く、マクロ的な感覚を抱く。そして充分に伸び切った後、上に上昇を始め、それは右の鼻腔から外に吐気として吐き出される。左の鼻腔から取り込んだ吸気は、その成長に合わせて拡散し始め、胸が膨らみ、姿勢は背中を反らすような形となり、後方にのけぞるようになる。

次に右鼻腔から吸気が行われ、同じ行程を辿って下丹田部の太陽神経叢に集められる。此処で再び今度は逆の順を追って、生・老・

病・死が、死・病・老・生の順を辿って、次第に若返るコースを辿る。その若返りに従って、躰は見る見る中に丸まって凝縮を始め、老体から青年期の躰、青年期から少年期、少年期から幼年期、幼年期から母体に戻って胎児と化し、胎児から更に小さくなって精虫に至るという、ミクロ的な凝縮が始まり、最後は零になって、零から再び復元が始まる。

　右の鼻腔から取り込んだ吸気は収縮を現わし、球の中心に向かって収縮を始め、中心の一点に凝結する形を取り、その姿勢は胎児が躰を丸めたような形となる。

　この一周期はマクロとミクロの組み合わせで、左の鼻腔より吸気が始まり、太陽神経叢に至って「上廻りの渦（腹部から上昇して背骨に至る）」が現われ、下丹田を中心にした胸部から会陰部までの付近に拡散して、それはやがて中心に戻り、吐気となって右の鼻腔から吐き出される。次に右の鼻腔より吸気が行われ、太陽神経叢に至って「下廻り（腹部から下降して背骨に至る）」が現われ、下丹田を中心にした胸部から会陰部までの付近に拡散して、それはやがて中心に戻り、吐気となって左の鼻腔から吐き出される。この各々の循環は、真息が脊柱を中心軸にして廻る横の循環に対し、胎息は脊柱を中心にして廻る縦の循環となる。

　この呼吸法を長年繰り返していると、やがて胎息が完成され、不老長寿から不老不死に至り、次元の超越が可能になると謂われている。この出現は大周天を完成して、最も難しいとされる黄金周天を得た後に現われるもので、現世の虚質である、マイナス三次元空間から抜け出し（解脱を意味する）、四次元以上の次元に至るとされている。

　我々の住んでいる現世の空間は、決して実体というものが存在せず、また強固でもなく、いつも不安定の中に存在し、人間は迷いや不安や悩みを抱いて生きている。これらは元々実体が無く、いつも変化を続け、刻一刻と形体を変えている。

　胎息は、そのような不安定要素を排除して、高次元の世界に至る切り札となるもので、その現世の空間と高次元の空間は一つの点としての接点があり、その点に接する事が出来れば、高次元に滑り込めるとされている。高次元世界は、現世では日常茶飯事の迷いや不安や悩みが無く、病気も存在せず、また時という時間の経過も存在しないので、不老であり、不死であるとされている。

真言九力

　人は、人に施す事を、自らの力量や伎倆《ぎりょう》として神から試される。自らを低く置き、自らを慎む事を常に見られている。有頂天の世界に舞い上がるのは禁物である。質素な生活の中で裸一貫の本当の自分と対面し、その粗衣・粗食・少食の生活の原点から自分を見つめ直す必要がある。「肉《じし》食った報《むく》い」や、贅沢に物財に囲まれる西欧主義の誤りに気付かねばならない。金や物で振り回されない自己を確立しておく事が大切である。

　さて、因と縁は、人間の修行如何で神に近い状態に近づける事が出来るが、一歩その修行法を誤れば、肉体主義に走ったり、精神分裂の闇の中に迷い込んでしまう。

人生とは、将棋盤のように、八十一の目の中で、双方が将棋の駒を向かい合わせ、二重の同じ駒によってそれを戦わせる、勝負の世界の喜怒哀楽劇である。

天上（南）に「九つの気」、地上（北）に「九つの気」が有り、試合や合戦の勝負に於ても、また人生に於ても「この九つの気」が影響を与える。

真言霊力は本来十力《じゅうりき》であるが、軍略や武術でこれを敢えて九《く》力《りき》とするのは、天国と地獄を示す「天界二十七天」の世界の、生き様を現わしたものである。地獄界、畜生《ちくしょう》界、餓鬼《がき》界、阿修羅《あしゅら》界《かい》、人間界、天上界、地居天界（下天）、帝釈天界（有頂天）、夜摩《やま》天界《てんかい》、兜率天界《とそつてんかい》、楽変化《らくへんげ》天界《てんかい》等を支配する各段階であり、人間は概ね地獄から天上界迄の六道を一日の裡、あるいは一年の裡、一生の裡に何度も輪廻する。ある時は天上に舞い上がり、ある時はどん底に叩き落とされる。

人間の煩悩を如何に扱うかは、総ての宗教にとって共通課題であるが、密教は人間的な欲望も宇宙生命の躍動に繋がるものとして、またこれも人間が人生を経験する上での大事な経験の一つに入れている。人間は五種類（眼・耳・舌・鼻・身）の感覚と意の六根を持ち、此処からあらゆる迷いが生じると考えられ、その貪欲、愛欲、怒りの心も、総て肯定する事で価値転換が行われ、万物はその本質に於て宇宙の真理に触れる事が出来る。従って人間は、あらゆる感覚器官を総動員して真理を捕える修行をしなければならない。人間の持つ眼という感覚器官を活用して、宇宙の真理を獲得するのが曼荼羅であり、色・形・香・位置・持ち物等によって、それを五官に感ずる事によって、人は宇宙の真理と交流する事が出来る。

さて、真言九力の最初は「壇」であり、これは護摩壇等の息災《そくさい》法、増益《ぞうやく》法、敬愛《けいあい》法、降伏《ごうぶく》法に用いる修法である。そしてこの壇は、武術に用いる場合、この中でも「調伏法」が最も大事な修法となる。

言行発声の図・言霊としての言行秘術

第二番目に「金剛杵《こんごうしょ》」であり、煩悩を打ち破る堅固不壊《けんごふえ》の心を表示する法具である。

第三番目に「鈴《れい》」であり、神仏を歓喜させて驚覚させる時に用い、一方、五鈷、三鈷、独鈷、宝珠、塔の金剛鈴《こんごうれい》がある。武術では、この形の変形を刀剣の倶利迦羅《くりから》に描いたり、御符として自身の躰に密着させる。

四番目に「輪《りん》」であり、チャクラを車輪に見立て、それが自由自在に転ずる法であり、これを「転法輪《てんぽうりん》」という。元々武器であった輪は、やがて法具に転じた。武術では、飛び道具の手裏剣を意味し、その回転法力を以て、「輪」となす。（手裏剣は投げると横回転と同時に縦回転を行い、その飛距離によってその回転が異なる）

第五番目に「剣」であり、第六番目に「弓箭《きゅうせん》」であり、第七番目に「棒」がくる。これらは神仏の魔や敵を打ち破る力の象徴として、不動明王や毘沙門天等の持ち物とされている。武術に置き換えれば「刀剣」であり、「弓矢」であり、「槍や棍《ぼう》（棒）」である。

第八番目に「数珠《ずず》」であり、念珠（百八の煩悩と百八の仏を現わす）という。大東流密教術では、この数珠は鋼の珠からできた「鉄粒」である。この上に各々の帰依する色を載せ、武器である事を隠している。

第九番目は「観法」であり、これらの一切を総動員して、人間のもつ感覚を研ぎ澄まし、色、形、音、香、運動等から宇宙の真理を見つけ出し、宇宙に溢れるエネルギーを自らの生命エネルギーに注入して、時には呪殺法（殺傷）や離間法（仲間割れ）等の法力も行う。これは、武術では真言《マントラ》としての「神呪」になり「呪文」となるのである。

密教ではその感覚を目や鼻だけではなく耳にも求めた。目に見え、鼻で感ずる物体の実体は、生物であれ無生物であれ、宇宙での存在は、ある特定の周波数を持った振動音の振動が凝縮したものであり、それが「音」だと考えられている。つまり音は「形の反映」であり、形は音から生まれたものと説かれている。従ってこの感覚を会得すれば、瞬間にして宇宙の真理と合一出来るのである。

手に印相《いんぞう》を結び、口に真言を唱え、精神を集中して心を三摩地《さんまじ》の境地に至らしめれば、人間の躰・言行・精神の三つは、また神仏の働きに繋がるのである。

密教では、両手やその指で様々な形を表現する。これらは神楽《かぐら》舞《まい》や日本舞踊でも同じであり、この動きは単に最初から最後まで同じ流れで動くのではなく、肝腎な要所要所ではピタリと静止される。この静止の上手下手が、伎倆の優劣の分かれ目となり、静止した手の形で、術者の実力が解るものである。真言九力を使い熟すには、これらの感覚を逸速《いちはや》く悟り、神仏と同調するような修行が必要である。

その為には、先ず形や音や香を整え、霊統を正し、それに武人たる装いを以て日々精進に励まなければならない。

斎戒沐浴

先ず、躰を微温湯《ぬるまゆ》で洗い清めなければならない。また斎戒沐浴《さいかいもくよく》する場合は祈願が目的であるので、前日の食事を摂ってはならない。

躰を洗う場合は、髪の毛から始まり、順に下に下がっていく。この場合、予《あらかじ》め歯を塩で磨き、肛門は指の入る処まで突っ込み、その周囲を洗っておく事が大切である。

眼は洗面器に顔を沈め、眼を開いた儘、眼の玉を左右上下に動かして洗う。鼻は洗面器に一摘《ひとつま》みの塩を入れ、左右を交互にして吸い込んでは吐く、という順を繰り返す。先ず、右の鼻の穴を指で抑え、左鼻の穴から思い切り水を吸い込み、次に左の鼻の穴を抑えて、右から吐き出す。これを交互に繰り返す。

耳の穴は綿棒等で汚れを取り、清潔にする。

男子の男根は恥垢《ちこう》等を洗い落し、睾丸の陰嚢《いんのう》は拠《よ》り重なったヒダを開いて丹念に洗い清め、女子は生殖器の周囲だけ丹念に洗い、膣の中を洗ってはならない。しかし、男性はこれに対してよく洗う事であり、この部分は冷水で洗う事が好ましい。また洗う部分は男根を中心に、睾丸には出来るだけ冷水が掛からないようにする。男根を洗う際、タワシか荒縄の編み上げた物でよく洗う事が最良であり、冷水を掛けて掌で叩くか、荒縄で叩いてもよい。

肛門を洗う際は、予め浣腸しておく事が好ましく、この後に肛門周辺の裡側と外側を丹念に洗う。また大腸内を温水循環器で洗う事もよい。これが総て終了してしまった後、沐浴に入るのが最良である。

温浴する場合は、躰全体を湯槽《ゆぶね》の中に沈めず、乳首迄を湯の中に浸ける。決して肩まで沈めてはならない。これを実践する事で、冬はいつまでも暖かく湯冷めする事はなく、夏は入浴後暫くは爽やかに過ごす事が出来る。またこれを行う事によって躰の天地陰陽が定まり、精気を安定させる事が出来る。

池の笹舟

これを行う時は、身を清める沐浴から始まる。

盥《たらい》を池に見立てて水を張り、その上に一叟の小さな紙舟を浮かべる。この紙舟は神（霊）の乗る舟で、同時に「火水《かみ》が結ばれた」事を意味する。この時の紙の色は白でなければならない。材質は防水紙で縦一〇センチ・横六センチで、舟の作り方は「笹舟」の要領で作る。完成したら、その上に一本の長さ五センチ程の蝋燭《ろうそく》を建て、火を点《とも》し、水面に静かに浮かべる。

場所は明りを付けない室内が好ましく、野外であれば風の無い日を選ぶか洞窟を選び、双方共に暗がりである事を条件にする。

これを行う時刻（人体時計参照）は、陽命と陰命で各々に分かれ、基準時は丑満《うしみつ》（三つ）時である。神霊に依《よ》る術なので厳格を期さなければならない。

服装は、正絹の白筒袖《つつそで》の着物と白の正絹帯、それに正絹の白袴を身に着け、白足袋を履き、白装束で身を包み、背骨を伸ばし腰骨を建て、内金剛印を組んで伊吹を行った後、焔を凝視し、調息呼吸を行いながら、印を固く握り締めていく。次に限界まで握り込んだら再び握りを緩め、更に焔の凝視を続ける。握り締めと、緩めを繰り返しながら、紙の舟が左旋をする事を念じる。やがて舟は中央付近で左旋を始め、くるくると廻り始める。やがて蝋燭が短くなり、遂には紙に到達して、芯が燃え尽きて蝋燭が消える。これは「火水が結ばれた」事を意味する。

この行は毎日行ってはならず、新月と満月を除く日に、週二回程度の割合で行う。予め行う日程を組む事が大切である。また、これを行う前日は一切の食事を摂《と》ってはならない。

これは霊的神性と霊的反射神経を養う秘術であるが、食餌法の基礎である玄米菜食法がきちんと確立されてないと、精神障害を起す事がある。俗に言う「魂が捕られる」という意味である。

野中の焔斬り

これも神霊に依る術であり、厳格を期さなければならない。日時は闇夜の新月に行い、周囲には明りが全く無い状態にする。行う場所は野外が適当で、風の無い日を選ぶ。あるいは風の吹き込まない洞窟か、最悪の場合は神域を設けた道場等の室内でもよい。

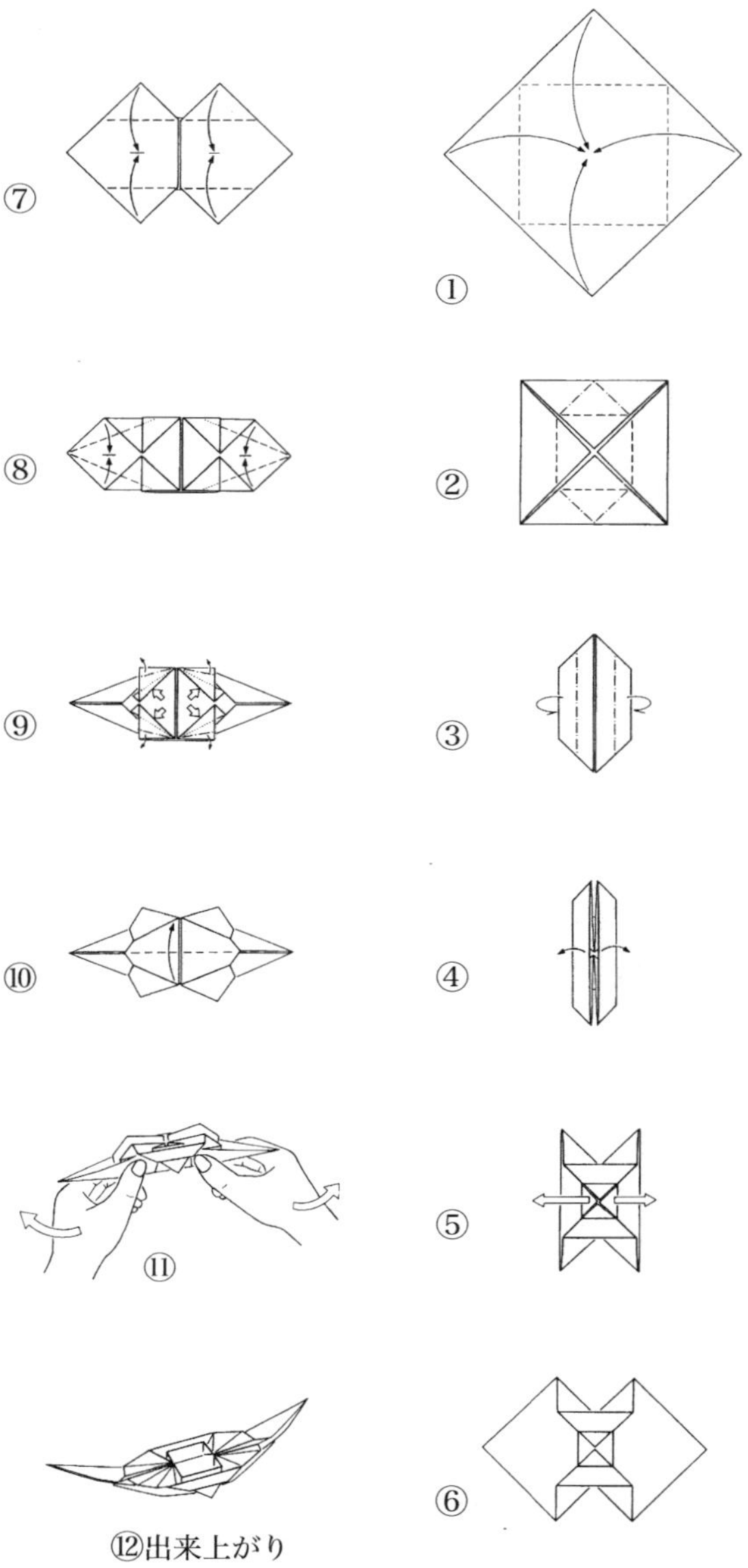

笹舟の作り方

時間は各々陽命、陰命に分かれて、丑満時を基準時にし、十五分以内の時間帯でこれを行う。精神異常をきたすので、長時間行ってはならない。最初に沐浴をし、前日の食事一切を控えるのは言うまでもない。

足の長い燭台に蝋燭を建て、火を点し、先と同じ白装束に身を包み、背骨を伸ばし腰を建て、左脇の床下に倶利迦羅入りの日本刀を置く。

手順は調息呼吸と焔の凝視から始め、その凝視箇所を焔の中心から焔の先端に移し、その先端と闇の境目を探し、何処からが焔で、何処からが闇であるか、その境界線を探す。こうする事によって接点が現われ、その繋ぎ目はやがて円になって「月輪《がちりん》」を描く。つまり闇夜に月を見るのである。

蝋燭の焔は円い月に代わり、新月の闇夜に月を見るのである。心に円く暖かい熱感を感じたら、直ちに、左脇に置いていた倶利迦羅入りの日本刀を居合で抜き掛け、月輪下部（焔の芯の根本）の気合いもろとも切り落とし、月輪を一瞬空中に浮かべる。この時、それが成功不成功に関わらず、一回切りで止めるのが好ましい。これが成功した場合、月輪が一瞬空中にポッカリと浮かぶ。また斬り損なっても、再びこれに挑戦してはならない。次の機会に送るのが好ましく、時節は新月が好ましい。

これを行う事で、霊的神性が高まる事は勿論の事、霊的な瞬発力が付き、早い動きを遅く見る事が出来る。

注意点としては、月輪観を完成させてから遣るのが好ましく、いきなりこの行法から入ってはならない。日本刀は大小何れでも構わないが、守護神（守護霊）加護の為、倶利迦羅彫刻入りの物が好ましい。

弥生の術

外で月の光を浴び、その場に静坐をし、姿勢を正して腰骨を建てる。呼吸は静かに軽く鼻から吸気を行い、吐気は口から重たく音を立てるように吐きだす。やがて心に安定が生まれ、静かな調息呼吸が行われる。服装は出来るだけリラックス出来るものを着用する。足は裸足がよい。腰骨を建てる為に、出来れば袴を着用した方がよい。

次に想念により、天より月が降りてくる。その月は珠《たま》を成し、次第に降下を速め、やがて吾が家の屋根に到達してすっぽりと家ごとを包み込んでしまう。その月は次第に小さくなり、吾が端座する部屋にまで入り込んでくる。それ全体はやがて我を包み込み、次第に収縮を始め、段々小さくなってそれは下丹田に入り込み、丹田と同化してピンポン球くらいの大きさになってそこに定着する。この球は粗密波を発信し、躰動が起き始める。その躰動は快く、周期を伴って熱感を発し始める。暖かいような、熱いような感覚は躰の隅々にまで到達し、益々丹田からの発信は沸き上がるように激しさを増していく。同時に、気がこの一点に集中を始め、この部分を中心点にして、末端への連動が起こる。末端に達した躰動は脈打ちながら指先に到達し、左右各々の指頭が磁場で覆われる。左手の人差指はS極、中指はN極、薬指はS極、小指はN極、掌の中心はN極、そして掌の中心の労宮（N）と薬指（S）が互いに引き合い、小さな輪を作る。また右手の人差指はN極、中指はS極、薬指はN極、小指はS極、そして掌の中心の経穴である労宮にはS極が現われ、労宮（S）と薬指（N）が互いに引き合い、同じように小さな輪を作る（手の指の中心は薬指である。また拇指は特別な磁場を持たない）。

やがて躰全体に磁場が起こり、天の気は泥丸より侵入し、地の気は仙骨より侵入して、躰全体に気が流入を始める。その時、衝脈は躰を縦に貫く気の通路を作り、帯脈《たいみやく》は躰の横を流れながら螺旋を作り、渦巻の気の通路を下丹田から上丹田まで作る。

泥丸から仙骨に至るまで悉《ことごと》く天の気を流入させて、自分を発信源にして気のエネルギーを放出していくと、やがて疲労感を感じなくなり、躰全体が昂揚感を覚えて軽やかになる。

これを行う時期は、旧暦の三月の弥生《やよい》の「望月《ぼうげつ》（満月）」を頂点に、皐月《さつき》（五月）まで行うのが最も良いとされ、新暦では四月十二日で、月齢は一五・〇である。これは僧尼が修行の為に寺に籠り始める頃とほぼ同じ時期で、修行期間の意味が含まれる。

天之川

無明の天には、天之川が流れている。ここには人間の郷愁の故郷があり、それなるが故に巨大な意識体が存在する。無明の天は、単に傍観すれば無明であるが、これを光明にするには「行法」を用いなければならない。

これは古くから柳生流等で用いられた行法で、此処に剣技の奥儀がある。一般に剣技といえば、練習によって成就されるものと信じられているが、肉体の華《はな》開く時期は精々十代の後半から、三十代の前半であり、以降は衰退する運命にある。

肉体を酷使し、闘志《ガッツ》を剥き出しにする、拳闘、フルコン空手、柔道の選手を見て貰えば、この事は一目瞭然である。彼等の王座に老人は居ない。敏捷な足捌きは、肉体の華開く年齢特有のものであり、仮想の敵を脳裡に描いて汗を流すのはこの年齢の特権であり、「盛りを過ぎた」場合、早々と落ち目の人生が待っている。

歳をとるに従って、柔軟体操に無理が生じ、筋肉は解《ほぐ》し難く、その上青年期に見た欲望と、憎悪と、憤懣《ふんまん》と、復讐の日々は過ぎ、衰退と、放擲《ほうてき》が姿を表わし、枯渇の運命が待ち構えている。過去の栄光は遠い過ぎた昔に閉じ込められ、盛りを過ぎた嘲笑だけが耳鳴りとなって谺《こだま》する。

縄飛び、パンチングボール、サンドバック練習、シャドウボクシング等の若者特有の、青春を発散する一種の熱気発散器具は、無用の長物となり、情緒的趣向を凝らして見ても、過ぎし日の栄光は再び戻っては来ない。同じリングの中で、ゴングとともに試合が開始され、秒読み計算が始まって、肉体を駆使し、互いに痛めつけ、蹂躙《じゆうりん》し合って、全身を惨《むご》たらしく傷つけ合って引き裂かれるという展開が行われた場合、盛りを過ぎたものに勝ち目はない。これは、総てが相対的な世界を相手にしているからだ。

さて、拳闘やフルコン空手に於て、打たれ強さは「要領」だという。しかし果たしてそうだろうか。

今日、「最強」と謂われる格闘技は、実戦のみが意識走りして、相対的勝ちの中で英雄とする考え方が未だに根強い。最大の急所である「顔面」及び「頭部」、それに「金的《きんてき》」が外されたスポーツルールで直走《ひたはし》る、これらの格闘技は、スポーツ格闘技であっても、武術としての要素は既に失われていると言ってよい。もしこれらが、要領によって展開されているとするならば、叩く方も、叩かれる方も、筋力とスピードの打ち合いを行っているが、叩かれても大して堪《こた》えない部分を叩き合っているに過ぎず、顔面が打たれ、それによって頭蓋の縫合が外されたとするならば、あるいは金的に命中して、睾丸を潰されたとするならば、遅かれ早かれ死ぬ運命にあり、単に要領と言ってはいられない筈だ。

人間の五体は、鍛える事によって大して痛みを感じない部分も在るし、敢えて鍛えれば片輪になってしまう処も在る。頭部は縫合の噛み合わせの関係から言っても、額の部分を除いて鍛えようが無く（此処も長期に亙《わた》って鍛えると、頭蓋と脳を連結した毛細血管が切れて痴呆となる）、金的は男性の生殖器で在る為、鍛えようが無い。

しかし、此処に若者の尊敬を得る、肉体以外の、筋肉以外の、スピード以外の、何かが存在しているとしたらどうだろうか。

此処で天之川という秘術の外形を紹介したい。この秘術は天の気を取り入れる周天法を基盤とした天人地合一の行法で、先ずは十二経絡に気を巡らす事から始まる。ただし初心者の場合、気感を体得する事が大切であり、その第一症状として、気を放出すると疲れを感じ、手足の動きが主体である為、多少の拘束事項に縛られる。つまり、気の放出によって「疲れる」等の肉体現象が起こるのである。

次の段階は任脈と督脈を使った周天法で、これは一般に小周天と謂われ、気を出すと疲れるが、それだけ出力も大きくなって、自己のエネルギー効果が向上する。しかし、発揮の際にその距離の制限を受ける。

次の段階は外界との交流であり、気の情報の入出力が自在となる。但し、詳細な口伝を必要とするので、実地指導を受けなければならない。また外界と交流を始めた際、外流に流され易くなるので、要注意が必要である。

さてこれらを克服しながら、辿り着く処は、自己の小宇宙と大宇宙の交流であり、天人地合一の境地である。激しく動き、気を出しても殆ど疲れる事が無く、高揚感に浸り、発気はその制限が無いと謂われている。そして天体の天之川と合一するのである。

柳生流には「多敵之位」に天之川の秘術がある。（詳細は口伝にて省略）

毘沙門天之術

毘沙門天《びしゃもんてん》は、須弥山《しゅみせん》の四方を守護する四天王の一神で、多聞天《たもんてん》の別名を持ち、単独に信仰されてきた尊天でもある。

さて毘沙門天は、インドの古代神話によると、暗黒界に棲《す》む悪霊の長《おさ》とされてきた。それがヒンドゥー教では、クーベラと呼ばれて、財宝福徳の神とされて、殊に仏教では梵天や帝釈天と並び、仏法を守護する神として人々の信仰を集めた。

古代インドの『マハーバーラタ』によれば、毘沙門天は宇宙創造の神プラチャーパティの孫で、全世界の富と不死の命を与えられ、ランカーの宮殿に棲み、魔神軍団に護《まも》られながら全世界に君臨していた。ところが嫉妬深い弟の魔王ラーヴァナに追い出され、ヒマラヤのガンダマーナダ山に逃れた。この山は幸いな事にも宝の山であったので、此処に居座り、その後仏教の守護神として、須弥山に睨みをきかせるようになったとされている。

毘沙門天の姿は、鎧・甲冑を身に纏《まと》い、左手に宝塔を掲げ、右手に槍を持って、足の下には邪鬼を踏みつけている。

日本に於ける毘沙門天信仰は、仏教伝来と共に始まり、仏教に深く帰依した聖徳太子（厩戸皇子《うまやどのおうじ》）は、物部《もののべ》氏との抗争の中で、毘沙門天に戦勝祈願を行い、これに勝利した聖徳太子は、摂津《せっつ》の玉造《たまつくり》に四天王寺を建立して、鎮護国家の守護神としてこれを崇めた。その後、全国各地に国分寺が建立されると、毘沙門天信仰が伝播《でんぱ》し、やがて武神として崇められるようになった。

毘沙門天を武神として尊崇したのは楠木正成《くすのきまさしげ》の母親で、彼女は立派な男子が欲しいと、信貴山《しぎさん》の毘沙門天に祈願し、やがて正成を生み、毘沙門天の武勇に肖《あやか》って、幼名を多聞丸と名付けた。

また越後の名将・上杉謙信は幼少より毘沙門天信仰を志し、旗印に毘沙門天の「毘《び》」を印《しる》した事は殊に有名である。

さて、仏教は人々に教えを説くのに、慈愛の心だけでどうにもならないと説く。不動明王が右手に独鈷剣（降魔の剣）、左手に羂索《けんさく》（縄）を持つのは、人間が「愛」だけで説き伏せる事の出来ない生き物であるという事を証明している。時には「力」が必要であり、魔神は力を以て戦わねばならないとしている。毘沙門天

毘沙門天の種字「ベイ」

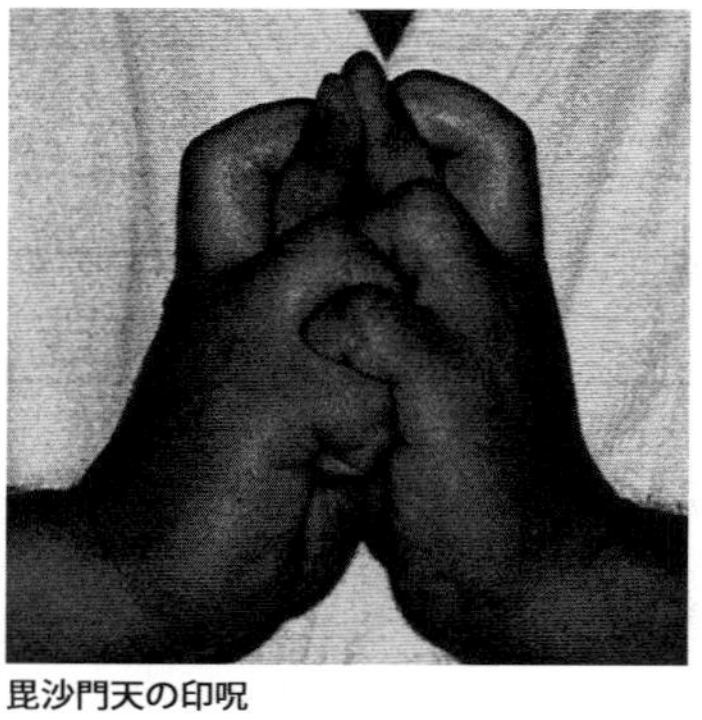

毘沙門天の印呪

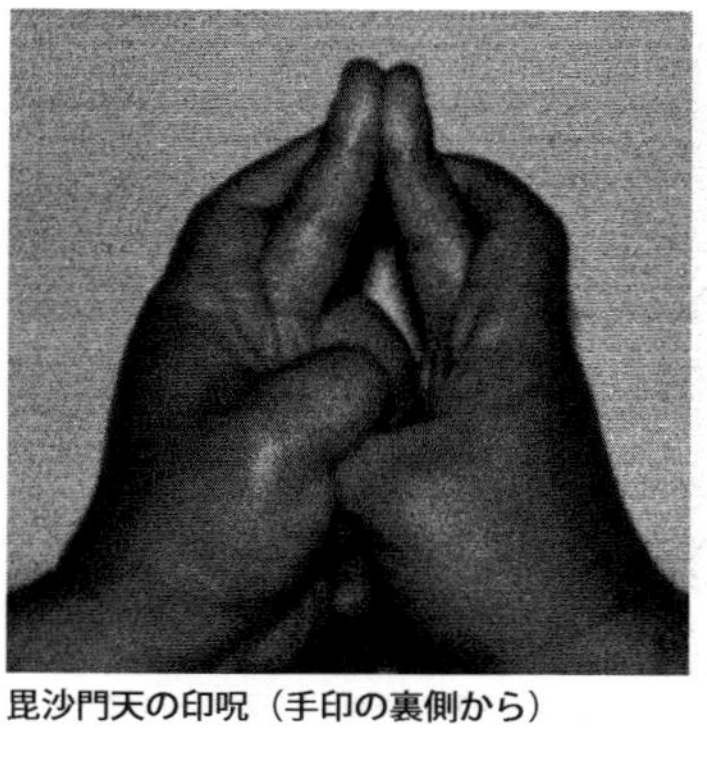

毘沙門天の印呪（手印の裏側から）

もこれにたがわず、元々力を持った神であり、武神として多くの武将に信仰されてきた事は、怨敵降伏《おんてきこうぶく》に威力を発揮した神であったからだ。その霊験は、不老長寿や戦勝祈願や神通力に及び、調伏法としては戦略に用いられた。その中でも怨敵降伏に用いる調伏法は、呪殺の秘法とされ、秘伝として一部の古流武術の流派に伝えられて来た。

その秘法は、桃の木を細かく削り、それを一昼夜煮込み、それに黄土を混ぜて七体の泥人形を作り、その人形の前面に怨敵の名前を各々七つ書き、調伏法の護摩壇を組んで、調伏真言を唱えながら、それを七日間かかって火の中に投じていく。これを行う事によって、敵は七日間のうちに悶絶を繰り返して死に絶えるとされている。（以下口伝）

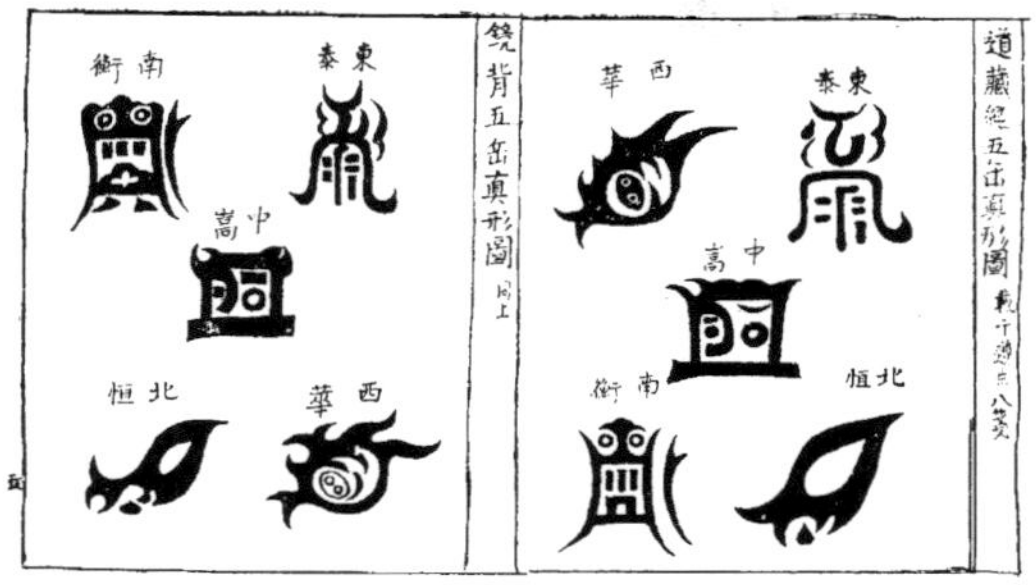

『五岳真形図』

また武芸者が全国武者修行に出かける際、毘沙門天の種字（梵字）である「ベイ」の御符（札）を懐に仕舞い、これを持ち歩くと災難に遭わず、また長い夜道を歩く場合、毘沙門天を表わす印呪を結ぶと、通常より早く歩く事が出来、更に災難に逢わないとされている。

毘沙門天の「ベイ」の御符は、『五岳真形図《ごがくしんけいず》』と共に、古くから全国武者修行の武芸者の間で秘かに用いられてきた。

『五岳真形図』は、一説によれば六門遁甲《ろくもんとんこう》（八門遁甲の二方角を省略した簡化式のもの）法術を基盤にして構築されたものと謂われ、深山幽谷に於ける地理や地形を呪符として作成し、古神道に於ては霊符の妙験によって、天災・地殃・人禍（天・地・人）の三災を抜除し、難病奇病の憂いを取り除き、不老長寿を会得する宇宙の玄理《げんり》を表わしたものであるとされている。

道教修行で最も重要視されていたものは、『抱朴子《ほうぼくし》』や『三皇内文』それに『五岳真形図』であり、これらは邪気や温疫気や、更には兵凶を避ける総合的なものであった。

『五岳真形図』によれば、「霊符の妙験によって一切の邪悪、疫病、流行病、熱病、風土病等の家内に侵入する難病奇病を排除するばかりでなく、盗難や賊の侵入や兵凶等も避けられる」とあり、辰《たつ》巳《み》（巽＝東南）の方角に霊符を貼り、あるいはそれを掛軸にして安置すれば、その家の繁栄と富貴は少なからず五代に及ぶ」とある。また「五岳真形図を所持する人に、禍を及ぼそうと企てる者は、その者自身に大きな禍が起こる」ともある。

　霊妙なる宇宙の玄気は、「人間の祈り」と「大極との結び」を繋ぎ止め、現世に不思議な力を齎《もたら》している。しかし、これらは日々の規則正しい修行なしには、到底成就するものではなく、日々の自らの心の律し方が肝腎である。その修行法を簡単に要約すれば、次の五則で、第一は腹式呼吸と逆腹式呼吸（丹田呼吸法）を基盤とする仙伝素養法、第二に仙伝導引法、第三に仙伝灑水《しゃすい》法、第四に仙伝観念法、第五に仙伝吐納法（胎息を中心とするもの）であり、勿論玄米菜食を中心とした正食法を心掛ける事は言うまでもない。

　さて、実践に当たり、一旦これが完成すると、五種の秘法が得られ、先ず第一に、東岳《とうがく》地形と泰山真形図《たいざんしんけいず》を帯びると、無病にして長寿が得られる。そして願望は悉く成就し、物質的邪悪を排除した後に、心身共にその成就がなされる。功名や武術の上達、五穀豊穰や大漁、長寿や無病息災である。

摩利支天之術

　古来より、毘沙門天と同様に尊崇されてきたのが摩利支天《まりしてん》である。摩利支天は、何人にも見えず、何人も捕える事も出来ず、何人にも害される事もなく、どのような災難や危機からも免れる事が出来るという、陽炎《かげろう》を神格化した神である。古代インドでは陽炎を「威光」と表現し、「マリーチ」と呼ばれてきた。そのマリーチを漢字に転写したものが、摩利支天という文字であった。

　摩利支天は「摩利支天提婆《だいば》」といわれ、天女を表わす場合もあるが、通常は六〜八本の腕を持ち、金剛杵、針、弓矢、剣、槍等の武器を持ち、猪の上に立っている。猪に乗る姿は本性を掴む事が出来ない陽炎を表わしたもので、摩利支天が、太陽に棲む日天の前を疾風の如く駆け抜ける態に因んだものである。

眼にも止まらぬ、疾風の如き速さは、昔から剣客達の憧れの的となり、また多くの武将もこれに肖って摩利支天信仰を行った。摩利支天が自らを加勢すれば、その動きは敵に悟られる事なく、またその陽炎のように眼に見えず、捕えようの無い程の速さは、決して自分が敵から傷つけられる事はなく、この意味で古来より武士階級の尊崇を集めてきた。

　楠木正成は、自らの甲冑の中に摩利支天の小像を忍ばせ、隠行（隠形《おんぎょう》）之術を心得ていたので、敵を恐れさせたという。

　因みに、隠行之術は、素早く隠れてしまう事であり、『抱朴子』には雲母《うんも》等を用いて姿を消すとある。雲母は火成岩等に含まれている複雑な珪酸塩《けいさんえん》で、今日では電気絶縁、保温、防熱等に使われ、またガラスの材料でもある。恐らく雲母はガラス、若しくは鏡の効果を狙って用いられたのではあるまいか。『抱朴子』には、これを飲むとあるが、飲むより、自分の躰の周りにこれを着装して、太陽光等に反射させて敵の目を晦《くら》ませた、というのが実情のようだ。光には、二つに光が同じ場所で重なった場合、そこに重ねられた物体は見る事が出来ないという特性があり、またそれ自体が光を発している場合、この実体を見る事ができないのである。雲母は何かに反射させる材料に使われたと見るべきであろう。

また、摩利支天を象《かたど》るものとして、「秘妙符」という御符があるが、この御符の特徴は肌身は出さずこれを着けていると、咄嗟《とっさ》の場合、真言《マントラ》「オン・アビラウンケン」（大日如来を意識する「南無一切妙法」の意）を唱える事によって、邪霊を打ち払い、吾に難を為す、悪人、猛獣等が避けられ、五難である盗難、水難、火難、地難、風難、剣難、女難を避けられると謂われている。これは全国武者修行の武芸者を安心させ、彼等が生まれ故郷に帰ってから「摩利支天之術」として流派の秘伝にしたのは、当然のように思われる。因みに、毘沙門天は右、摩利支天は左に降神すると謂われている。

第六章　大東流当身拳法

当身による合気

一撃必殺の突き業、人体急所への当身業、無駄な力を使わず、人体急所の位置を的確に把握し、それを巧妙に駆使して敵を倒す。この基本は、先ず第一に纔《わず》かな打力で、出鼻を挫く事が目的である。これは、大東流柔術の本命の種々の業に持ち込む事がその主旨であり、出鼻を挫く事は仮当身的な要素が強く、敵の行動を一旦仮当身で停止させ、精神的衝撃で動揺を招き、次に柔術の種々の業に持ち込むまでの手段となる。

大東流の当身は、主に中高一本拳に代表されるが、単に単調な一回当ての当身に終始するのではなく、仮当身と雖《いえど》も、敵が行動を停止するまで、あるいは戦意を失うまで何度も打ち据え、当身の連打を集中させる必要がある。この場合、中高一本拳では、胸郭下部の「章門《しょうもん》」や「水月《すいげつ》」が有効であり、また肘先でこれらの部分を突いてもよく、これが殺傷力を持った本格的な本当身になった場合、その衝撃で中枢神経は麻痺し、仮死状態あるいは死に陥れる事が出来る。

また一時的に運動神経を麻痺させ、敵の行動を制して崩したり、抑えたり、投げたりするのが、柔術諸流の技術とされているが、縦拳《たてけん》や裏拳で補助的に用いるのを「仮当身」、肘や正拳、踵《かかと》や膝で一撃必殺で敵を倒すのを「本当身」という。

さて、大東流に於ける人体急所で用いる急所箇所は、頭部から順に、天倒《てんとう》、天道《てんどう》、霞《かすみ》、印堂《いんどう》、烏兎《うと》、人中《じんちゅう》、両毛《りょうげ》、下昆《かこん》、独《どっ》鈷《こ》、頬車《きょうしゃ》、脳活点《のうかつてん》、頸中《けいちゅう》、秘中《ひちゅう》、松風《まつかぜ》、村雨《むらさめ》、膻中《だんちゅう》、月影《つきかげ》（左右二箇所）、稲妻《いなずま》（左右二箇所）、電光《でんこう》（左右二箇所）、後電光《うしろでんこう》（左右二箇所）、雁下《がんか》、水月、肺尖《はいせん》（左右二箇所）、胸尖《きょうせん》（左右二箇所）、明星《みょうじょう》（開元）、早打《はやうち》（左右二箇所）、尾骶《びてい》、第一頸椎、癪活《しゃくかつ》、

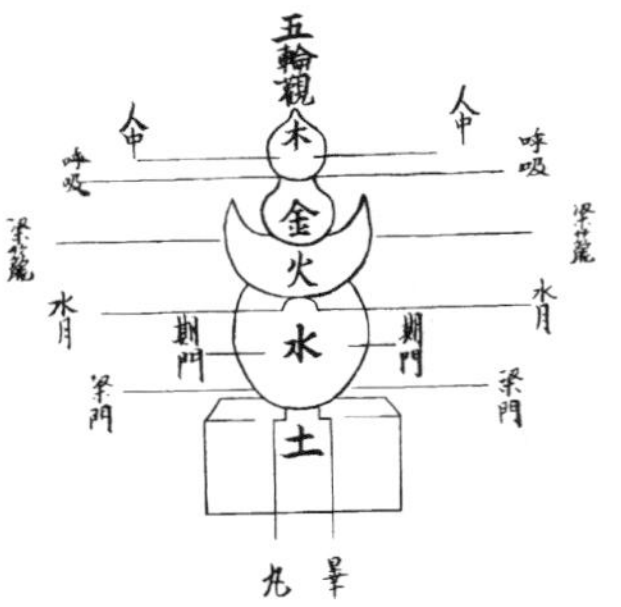

柳生流秘伝に記された『五輪塔急所秘術』

地主神社鳥居

地主神社境内に見る天台密教系の五輪塔

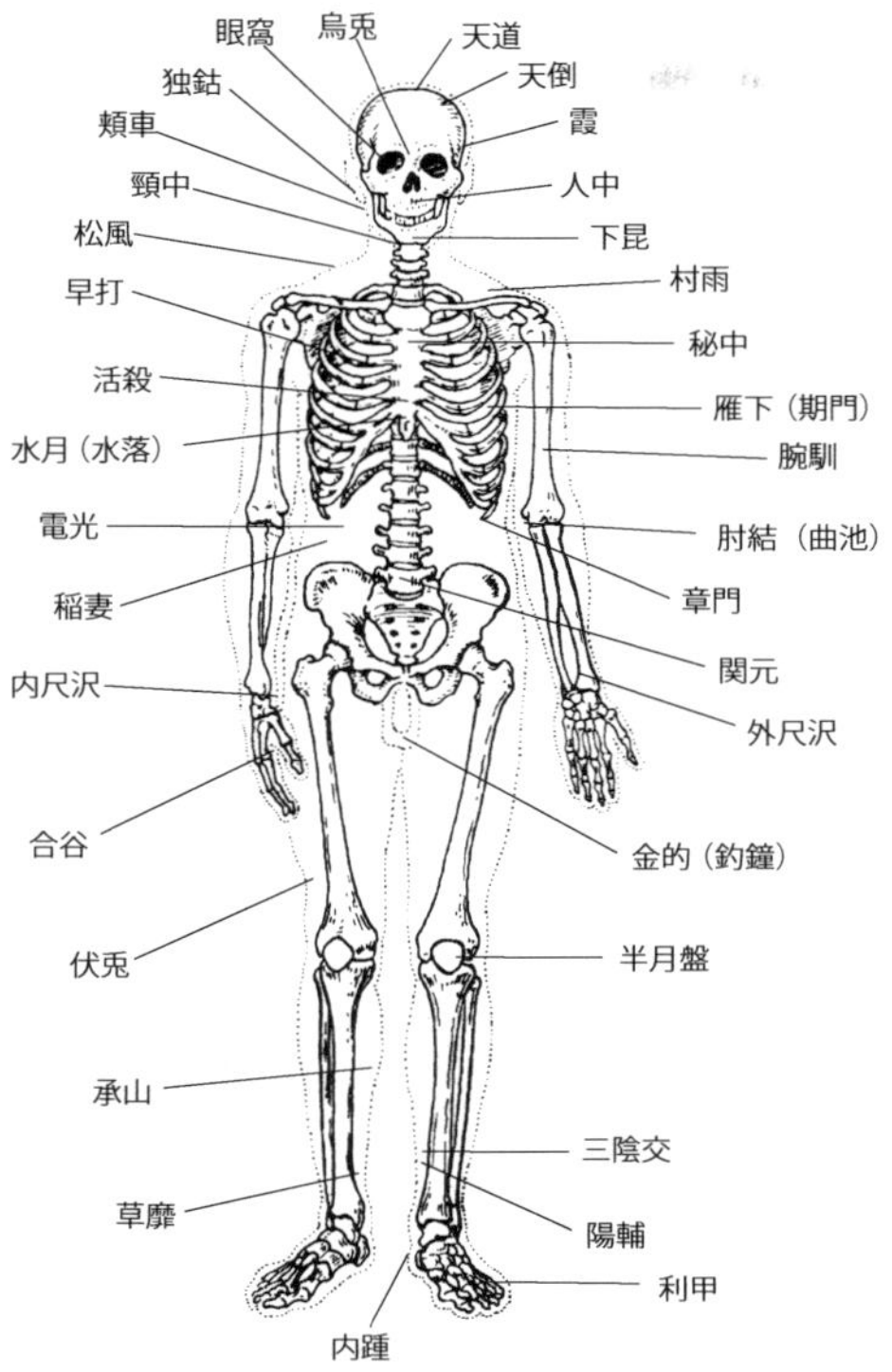

人体急所図

活殺《かつさつ》、金的《きんてき》（釣鐘《ちょうしょう》）、腕馴《わんじゅん》（左右二箇所）、肘詰《ひじづめ》（左右二箇所）、内肘詰《うちひじづめ》（左右二箇所）、開握《かいあく》（左右二箇所）、内尺沢《うちしゃくたく》（左右二箇所）、外尺沢《そとしゃくたく》（左右二箇所）、曲地《きょくち》（左右二箇所）、合谷《ごうこく》（左右二箇所）、甲手《こうしゅ》（左右二箇所）、内関《ないかん》（左右二箇所）、外関《がいかん》（左右二箇所）、後稲妻《うしろいなづま》（左右二箇所）、夜光《やこう》（左右二箇所）、後詰《あとづめ》（左右二箇所）、承山《しょうざん》（左右二箇所）、内踵《ないか》（左右二箇所）、甲利《こうり》（左右二箇所）、向脛《むかいずね》（左右二箇所）、手打《てうち》（左右二箇所）、潜龍《せんりゅう》（左右二箇所）、草靡《そうび》（左右二箇所）、陽輔《ようほ》（左右二箇所、但し別名として絶骨《ぜっこつ》、分間《ぶかん》、分肉《ぶにく》等の呼び名がある）、伏兎《ふくと》（左右二箇所）であり、その数は八十一にのぼり、殊にこの中では約七十箇所程が主に使われる。

大東流に於ての急所打法は、柔術諸流派と同じく、約七十箇所程の経穴が使われるが、竹内柔術が急所打法に七十二穴を定め、大和柳生流が七十四穴を定めている事は、ほぼ大東流の約七十箇所程の経穴と一致する。大東流の急所打法が「約～」となっているのは、打法に変則的な応用があり、単に拳一突きで一穴と数えていない為である。急所の周りには、同位置付近に別々の機能を持つ経絡が流れており、その経絡を指俣《ゆびまた》等で突くと、別々の効果が現われてくるからだ。

中国には擒拿術《きんなじゅつ》という捕獲のための武術があり、これは経絡上の経穴を掌、拳、指先で打突き、若《も》しくは押圧して、然る後に捕えるというもので、時には突きと同時に、敵を神経的に麻痺させたり、脈所を絞め揚げて運動不能にする武術である。これは日本の柔術諸流派と極めて酷似しており、元々これら諸流派は中国思想の影響を受けたものと思われる。

日本柔術諸流派の中には、拳法を名称にした流派が少なくないが、これらは擒拿術としての経絡における殺活を研究した流派であり、本来の意味での中国拳法とは異なっている。

擒拿術に「七十二把擒拿術（三十六要穴で、更にはそれが二倍となる）」がある事から、その急所の経穴数は日本柔術のそれと一致するのである。また空手（主に沖縄唐手）の急所もこれに一致する。

柳生流を除く、日本柔術諸流派（大方が七十二穴を採用）と中国擒拿術（三十六要穴）の共通点は、十二の数字の倍数の上に立脚したものであり、これは経絡の「十二経絡」に端を発している。

張りと中貫合気

この「張り」は当身拳法の素振りであり、拳で討つ事を「拳《けん》張り」、猿臂《えんぴ》等の肘討ちを「肘張り」、中高一本拳等の鋭い拳で突く事を「刺《し》張り」という。

拳張りは、拳を各々に変化させながら、裏拳、正拳、下裏拳、中高一本拳を使っての刺し張りと変化させながら連続業を繰り返し、更に肘張りに移って、「張り」の素振り動作を連続させる。

これらの動作がある程度会得できたら、次は「気力の一致」に入る。この気力の一致は、徒手での「張り」や「刺し」の業だけではなく、蹴業に至っても同じであり、これに呼吸を伴わせないと、気力は一致しない。

その気力の一致で最も大切な事は、普通突きや蹴りを行う場合、多くは「呼気」になるのであるが、これは「気」と「力」が分散されて一致する事はなく、「力」が主体になって「気」が従になってしまう。これでは用を成さないのである。

従って威力を一致させる為には、突きでも蹴りでも、「呼気」ではなく、「吸気」にあるのである。つまり目標物である媒体に当たる瞬間、「吸う」のである。この「吸う」事こそ極意であり、呼気から一瞬に転じて「吸気」を行うのである。大東流が「無声柔術」と謂《い》われる所以は此処にあり、「有声」であれば「呼気」であり、「気」と「力」は分散され、やがて呼気が停止されて「力み」だけが強調され、力業に終わってしまう。

さて、張りを行う場合は、出来るだけ力を抜き、拳は手は最初から固めるのではなく、丁度卵か何かを軽く握った感じで、打ち出す瞬間にこれを握り固め、同時に、目標物に当たる瞬間「吸う」のである。これは当身業に限らず、大東流柔術を行う際も、この吸気は大切である。吸う呼吸が会得できたら、これが本物であるかどうか、「試《ためし》張り」が必要となる。空手で言えば「試《し》割り」であり、据え物斬りで言えば、「試《ためし》斬り」である。

大東流の試張りは、合気拳法・手拳《しゆけん》を以てこれを行う。合気拳法は単に拳を固めての力技とは異なる。また空手や拳法の突き蹴りとも異なり、これらが直線的な攻め方をするのに対し、大東流柔術では多分に敵の背後や側面に回り込み、体勢を入れ替えると同時に突きを放つので、その張り出す打法は螺旋状《らせんじよう》の軌跡を辿

張りの連続動作

帯刀による張りの連続動作

る。打ち出し方自体も空手や拳法とは異なり、真空の中を打ち出すような素早い呼吸調整が行われる。

　この方法は新聞紙数枚を誰かに上だけ持って貰い、これを「突き」や「刺し」で突き破る方法である。最初は一枚から始め、その呼吸が掴めたら枚数を徐々に増やしていく。しかし初心者は、気と力が分離している為に、纔《わず》か一枚の新聞紙すら突き抜く事が出来ない。「暖簾《のれん》に腕押し」状態で、コツを掴むのに多少時間が掛かる。それは拳を空手のように固め、力技で対応しようとする為である。時間がかかるのは、力が抜けるまでに時間がかかるという事である。

　一般に思われている呼吸は、空気中の酸素を取り入れる為に、二酸化炭素を吐き出し、単にガス交換を行う事くらいにしか思われていないが、武術ではこれを東洋的な思想を加えて「気力の一致」と称し、心・気・力を更に一致させて呼吸調整を行っていくのである。これを「中貫《なかぬき》合気」という。

　中貫合気は、瞬時に点を破壊する技法であり、呼吸を一箇所に集中する事が大事である。そして力《りき》んだり腕力でこれを打破してはならない。仮に打破しようと目論んでも、それが力技や肘から捻り出すピストン運動である場合は、暖簾に腕押しで、新聞紙一枚突き抜く事は出来ない。これはピストルとハンマーの違いで、ピストルは標的目標に押し当てても発射する事が出来るが、ハンマーは目標物に押し当てた儘では、それを破壊する事が出来ないのと同じ理屈である。ハンマーで目標物を破壊する為には、打ち砕く為の距離（振り上げて、振り降ろす）を必要とするからである。

　さて、この新聞紙が正拳突きや抜手刺しで突き破れれば、次は割箸一本を名刺や、割箸の入っている鞘の紙等を使ってこれを切断する事が出来る。この場合､正確にいうと､「切断」ではなく､「折る」と言った方が適当であるかも知れない。つまり紙で割箸を折る事が出来るのである。また蠟燭の火を二〜三センチ手前から正拳を握り、この火を消す事が出来る。これは風を起す空気圧で消すのではなく、気力の一致行う「火止之術」である。

　次に、青竹の両端を橋渡しして紙で吊り、それを木刀、若くは日本刀で一刀両断にする秘術の会得である。これが行えるようになると、同じ材質の木刀を、両端の紙に橋渡し、もう一方の木刀で切断（折る）する事が出来る。

　これは総て「吸う呼吸」に集約され、瞬間に「吸う」事が極意となる。（口伝に肛門の引き締めがあり）

二丁張り

　左右両方の拳あるいは手刀を打ち出す事を「二丁張《にちょうば》り」という。「丁」とは偶数を表わす意味で、左右を同時に突き出し、各々は異なる当身の効果を狙ったものである。

　例えば、拳張りの一種で、下突き揚げからの二丁張りで拳闘《ボクシング》のアッパーカットのような突き揚げ方の顎の下昆（地閣）と金的を同時に突き揚げる、段差を設けた張りである。この二丁張りは

上下二丁張り

左右二丁張り

上下の張りと、横の左右（双刀討で、その呼吸は中国拳法の双峯貫耳《そうほうがんじ》によく似ている）の張りがある。

蹴業

大東流の蹴業は、殿中作法の慣例《しきたり》の由来から、静坐からの蹴りが基本であり、先ず静坐をし、正対した敵の顔面若しくは水月を攻撃目標にして蹴り込む。蹴り方は「前蹴《まえげり》」であり、吾の踵が敵の攻撃目標に当たるようにして蹴り込む。この蹴り方は空手の前蹴りとは異なり、足先で蹴るのではなく、踵を先にして蹴り込む蹴技である。立って蹴る場合もこれと同じで、目標は水月から金的を狙って蹴る。また腹部の正中線に沿った「中院《ちゅういん》」付近を蹴る場合は、踵の先が内臓を蹴り破るようなイメージを以て蹴り込む。この蹴りは、甲冑を身に着けた敵に対して有効とされる蹴技である。

次に「足刀蹴《そくとうげり》」で横の敵に対して蹴り込む。これらの蹴り方は「蹴り放ち」であり、寸止め空手（松濤館流《しょうとうかんりゅう》系）のように引きを早くするのではなく、敵の表皮内の肉を突き貫け、内臓や骨に達するように蹴り込む。

蹴業の場合も「拳張り」と同じく、目標物に当たる瞬間に「吸う」呼吸を行い、気力の一致を図る。また蹴り込には「蹴り放ち」が肝腎《かんじん》で、寸止め空手のように、戻しや引きを早く行わない事が大切である。戻しや引きばかりを強調して、スピードだけに眼を奪われていると、全く役に立たない当身術になってしまうからである。

大東流は「投げる」「抑える」「極める」「臥せる」「絞める」「固める」「挟む」「踏む」「掛ける」「留める」等の動作に連動させて、最後は止めである「蹴り」を加える。その蹴りは、「前三枚」と「後三枚」があり、前三枚は敵の胸郭にある「章門」や「期門《きもん》」を蹴り込む業で、後三枚は「脊柱」を蹴折る業である。

現在合気道で「足鋏《あしはさみ》」あるいは「紙挟《かみばさみ》」（大東流の挟業とは異なる）という、技名の回転蹴りとも、足挟み技ともつかぬ技法が流行しているが、これらは元々合気道にあった技ではなく、近年に付け加えられたもので、空手やムエタイ等の派手なアクションに刺激されて、無知な入門者募集に一役買っている技で、これを武術的に見た場合、余りに隙が多過ぎるので苦笑する他ない。所謂《いわゆる》、合気道にも蹴技という事を宣伝したものに過ぎない。

　学生合気道の演武会で、この技が頻繁に登場するが、突然敵の側面に回り込み、身を投げ出しての足鋏は、対戦相手から下段に打ち易い処へ技を掛ける、無駄の多い格闘法である。また戦闘法としてのレベルは、極めて幼児的で、素人には区別できずとも、真摯《しんし》に当身業を研究した者ならば、この技に不自然さを感じ、技自体に無理がある事を容易に見抜ける筈である。

静坐からの前蹴り「虎趾」
坐者の「膻中」を蹴る

静坐からの足刀蹴り「足刀」
主に「金的」を狙う

静坐からの前蹴り「円踵」
坐者の「膻中」もしくは背後の「脊柱」を蹴る

投げ放ちからの蹴り込み
主に敵の「章門」を蹴る

　また大東流の眼から、空手の回転廻し蹴りや、中国拳法から近年由来した「踵落《かかとおとし》」（原形は中国拳法の腓脚）は、「振り回す」あるいは「落下させる」という重力運動に委ねられている為、日本刀の鋭い動きに比べれば非常に遅いものであり、例えば帯刀した脇差を「抜討・一調子」で斬り付けた場合、間違いなく脚は叩き斬られてしまう。

頭蓋骨の構造と頭部点穴名称

　また大東流には、当身業の極みとして「大東流点穴術」があり、これは一般の当身とは異なる。その「当」は次の通りである。

　脳は六個の骨が精密に殆ど隙間なく、噛み合うように組み合わされて構成されているが、それは脳頭蓋として前頭骨（1個）、頭頂骨（2個）、後頭骨（1個）、側頭骨（2個）、蝶形骨《ちょうけいこつ》（1個）、篩骨《しこつ》（1個）の八個からなり、また顔面頭蓋としては、鼻骨（2個）、鋤骨《じょこつ》（1個）、涙骨（2個）、下鼻甲介（2個）、上顎骨《じょうがくこつ》（2個）、頬骨《きょうこつ》（2個）、口蓋骨《こうがいこつ》（2個）、下顎骨《かがくこつ》（1個）、舌骨《ぜつこつ》（1個）の十五個からなっている。

◎天倒（天道）之当
　この部分は前頭骨部を謂う。此処に当てを入れると、脳髄の活動に変化が起こり、脳と頭蓋骨を繋ぎ止める毛細血管が切れたり、精神障害あるいは種々の脳病疾患に至る。また瞬時には脳震盪《のうしんとう》や知覚刺激障害が現われて、眼が見えなくなったり、耳が聴こえな

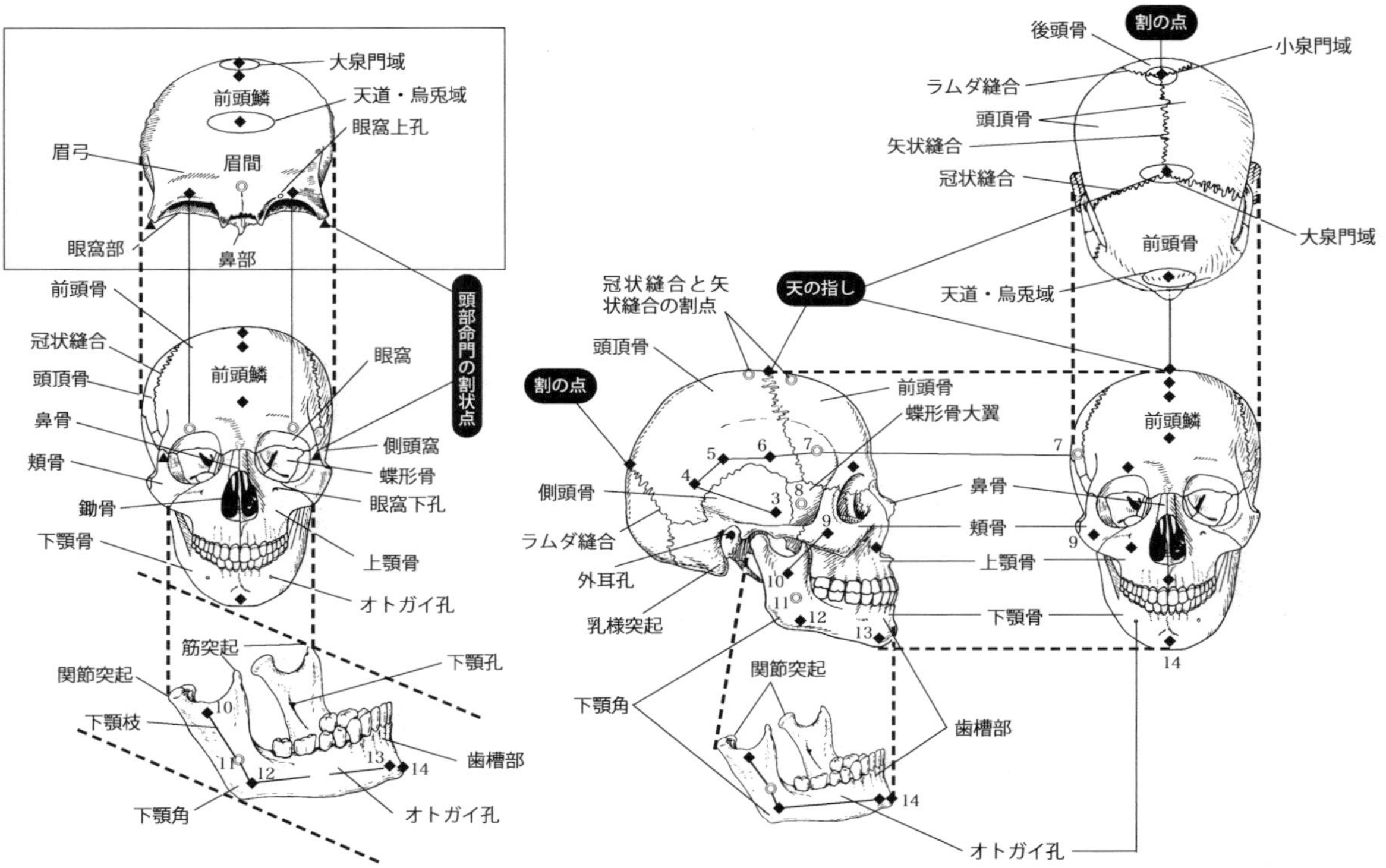

頭蓋骨と頭部点穴名称図

天倒（天道）之当

くなったりする。

この部分の当には、手刀、水平拳、正拳、水平猫手を用いる。

天倒と天道の位置は頭蓋骨頂上部にあるが、両者は各々個別の経穴であり、脳を取り囲む六個の骨より形成された前頭骨部に存在する。「天倒」は、頭頂骨の矢状《しじょう》縫合《ほうごう》と前頭骨の冠状縫合が中心で交わった処（督脈《とくみゃく》の百会《ひゃくえ》）で、この付近には新生児の時からの「大泉門」の口があり、此処を打ち砕く事で即死に至る。また「天道」は、前頭骨の中央部付近で、督脈の「神庭《しんてい》」であり、此処を熊手掌底で打抜くと、前頭骨が中央部から割れて陥没する。

因みに、据え物斬りの兜割りは、死者の馘《くび》に兜を被せ、それを柾土《まさつち》（篩《ふるい》にかけた砂と柾土を五対五の分量で作った土）の上に置いて、切断する刀法であるが、これは兜を斬るのではなく、死者の鹹の前頭骨の正中線に沿った中央部を切断するのである。この事は前頭骨が新生児の時、二つに割れていたという事を物語る事実である。

◎烏兎之当

烏兎の意味は太陽と月であり、太陽には三本足の烏《からす》がおり、月には兎《うさぎ》が居るとした神話から由来した言葉で、「天には日月ありて、陰陽の入るは、人にして両眼の上にあり」と『兵陽書』には示されている。「烏兎」と謂われる部分は、顔の中心の両眼の鼻上部にあり、この部分の当ては中高一本拳、正拳、平拳、指平拳、裏拳、手刀等を以て攻撃する。これにより大脳を刺激し、神経錯乱を齎《もたら》す。

烏兎之当

人中之当

◎人中之当

顔の中央鼻と下部口の上部の間を「人中」という。この部分を高一本拳、正拳、平拳、指平拳、裏拳、拇指等を以て攻撃する。これにより視覚障害、呼吸障害、神経激衝等が起こる。

また人中という経穴は、蘇生術として用いられる場所であり、鍼灸等の「暈針《ぐんしん》(鍼灸師が針を打ち、針の抜けなくなる事故症状を謂う。此処に針を打つと曲がって抜けなくなった箇所の針が抜けるようになる)」の症状に使う経穴である。また脳溢血や顔面神経痛の手当をする経穴でもあり、此処に灸を据える事で、鼻血が出て蘇生させる事も出来る。

人中を正中線とする中央には、上顎間縫合《じょうがくかんほうごう》が鋤骨から下に向かって縦に走っており、表面は皮下は口輪筋《こうりんきん》で覆われ、此処は様々な治療点であると同時に、人間をいとも簡単に殺してしまう経穴でもある。

此処を攻撃する場合は、正拳を始めとして、中高一本拳や裏拳や猿臂が使われ、中貫合気で打ち据えると、上顎間縫合を簡単に外す事も出来る。

◎瘂門殺

一般には「盆《ぼん》の窪《くぼ》」と謂われる場所で、此処を打破するには中高一本拳や拇指拳が用いられる。また止めとして猿臂が用いられる。

　瘂門《あもん》は「瘂門宮」であり、此処は身体を浄化する入口となり、滝行等では此処の「宮」を開いて、清水の精を受け入れる場所とされている。此処を激しく打破すれば、脳及び延髄圧迫によって内出血が起こり、意識を消失して鼾《いびき》をかく症状が起こる。軽い場合は顔面が蒼白になり、皮膚が冷え、冷や汗をかいたり、また瞳孔が散失し、眼球が座ったようになる。更に言語障害が起こり、味覚や臭覚に異常が起こる。

◎頬車之当

瘂門之当

頬車之当

「頬車《きょうしゃ》」とは頬骨付近の経穴であり、耳朶《みみたぶ》の下のへこんだ部分にある。この経穴は足の陽明胃経《ようめいいけい》の、合計四十五の経穴の頭部にあり、頬車は「承泣《しょうきゅう》（眼の下で、涙の零《こぼ》れる位置）」から始まって第六番目の経穴であり、承泣から出発したルートはその後、鼻の横を下り、口を巡り、顎の下に至る。そこから二本に分かれて、一本は耳の前を上り、前頭骨部に至る。他のもう一方は頸から肩に下り、缺盆《けつぼん》を経由して、足の「厲兌《れいだ》」に至る。
　頬車は耳朶のへこみ及び、下顎の付け根に位置し、直《す》ぐ傍《そば》には「独鈷《どっこ》」の経穴があり、此処を打てば同時に作用する。頬車及び独鈷の当ては、正拳や中高一本拳で一撃する。この部分には耳下腺、顎二頭筋、顔面神経、大耳介神経、耳介後動脈、後頭動脈が

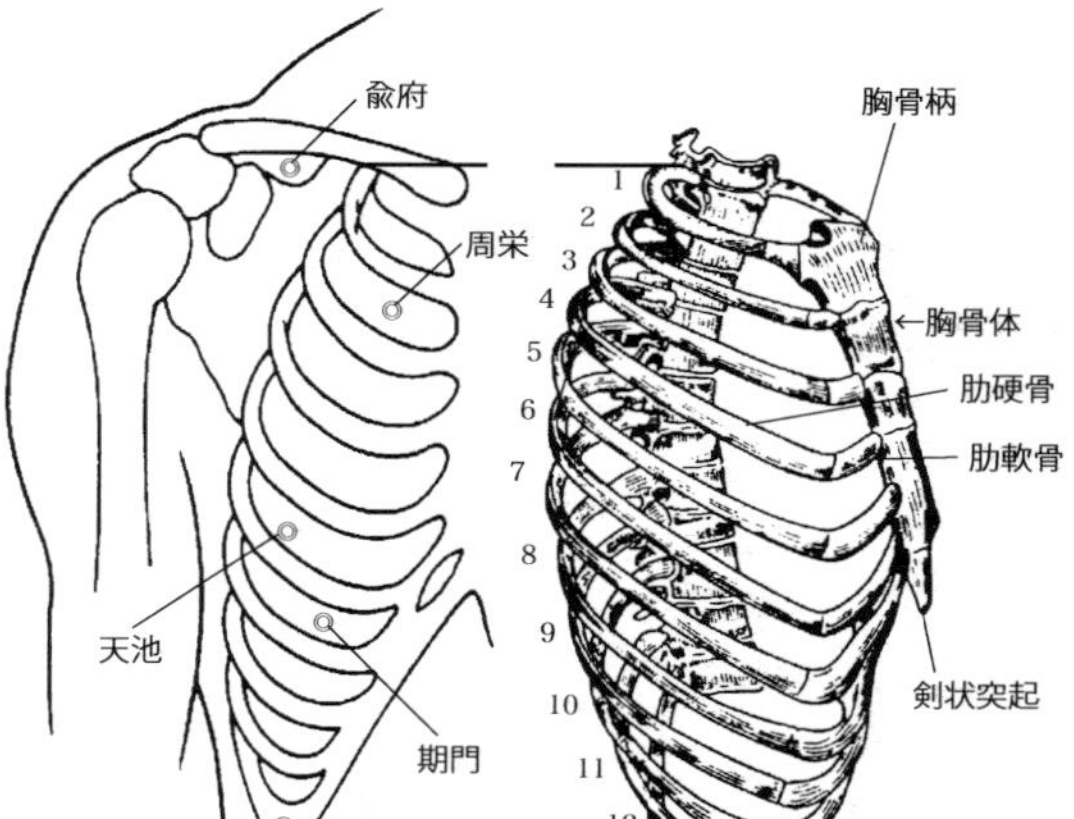

胸郭と胸部点穴名称図

あり、此処を打てば、三叉神経《さんさしんけい》に刺激が伝わり、頸動脈が圧迫される。同時に顔面神経麻痺となって涙が出たり、涎《よだれ》が出たりする。あるいは歯の痛みを感じる。三指折熊手の第二節の指頭を用いれば下顎を外す事も出来る。

胸郭は十二個の胸椎と、十二対の肋骨及び一個の胸骨からなる籠状の骨格で、上に行く程、狭くなり、下に行く程広がっている。胸郭は成人ではその形がほぼ楕円形となり、この中には胸腔が造られ、呼吸器系や循環器系の主な臓器が収められ、胸郭によって保護されている。

胸郭の運動は腹式呼吸をすると、胸腔の容積は増減するが、この場合、主として各肋骨の上下運動が起こる。これは肋骨と、それに連結される結節と謂われる箇所が、その上下の直線運動軸として蝶番《ちょうつがい》運動を行い、上に上がった時は胸腔が広げられ、下に下がった時は閉じられるという、呼吸筋による運動を繰り返す為である。

大東流当身業は、胸郭運動に異常を与えるもので、胸郭は「当」や「刺し」を行う事で形に異常を与えたり、呼吸器障害や循環器障害を起こさせて、後天的な異常を人工的に作るものである。形の異常としては、偏平胸、鳩胸、漏斗胸などがあり、また呼吸器系では呼吸器系の疾患全般、循環器系では心臓障害や胃腸障害などを起こす。

◎章門之当

この部分は、足の厥陰肝経《けついんかんけい》のコースであり足の拇指の「大敦《だいとん》」から「期門」に至るまでの経絡上に、合計十四の経穴があり以上の二箇所はこの線上にある。

「章門」はこの経絡の中に含まれ、陰部を巡りS字型に蛇行しながら、腹から腹部に戻る部分に章門、期門という順に続く。章門の大方の位置は、肋骨の下側に突き出た先端にあり、此処を圧されると鈍痛が走り、動きが鈍くなる。大東流では踏み業を行う際、一般に用いられる経穴であり、また当身業を施す場合、此処に中高一本拳を打ち込み、敵の動きを制する。

章門之当には、主に中高一本拳が用いられ、敵は此処を刺されると呼吸困難な状態に至り、敵の起勢から起こり、激しかった勢

章門之当

いは、この「当」で一挙に制されて今までの動きは遮《さえぎ》られてしまう。要するに、行動停止の「当」が用いられ、抑えや投げに導く為の動き封じの技法である。

◎期門之当

これは「雁下当《がんか》」ともいう。

人間の動きの原動力は「気」である。「中府《ちゅうふ》」で最初の経穴を形成した「気」は、全身を巡り十二本の経脈（肺・大腸・胃・脾・心・小腸・膀胱・腎・心包・三焦・胆・肝）の六臓六腑（一般には五臓六腑というが）と関係を持ち、最終的な意味合いで「期門」が存在する。期門の位置は、乳頭の直下の第六肋間にあり、胸郭全体の神経を司っている。期門の「期」は一期一会《いちごいちえ》を表わす意味で、「門」は最終的な意味合いを持つ最終門《ラストゲート》という意味である。

期門付近には、大胸筋、内外肋間筋があり、この部位には前胸神経、肋間神経が支配していて、此処に強烈な当てが加えられると、呼吸に必要な前胸神経と肋間神経に衝撃が走り、麻痺状態になって呼吸障害を起こす。同時にそれに伴って、大円筋と小円筋が麻痺して腕が動かせない状態になる。

この部分の攻撃は章門と同じく、中高一本拳を用いて行うが、他にも拇指拳や、大東流点穴術では「三日月《みかづき》」や「指俣《ゆびまた》」を用いて、章門と期門の二箇所を同時に叩く「刺業《さいわざ》」が用いられ、敵の呼吸器系に影響を与えて、呼吸を停止させたり、気管支系に影響を与えて肺静脈の血脈の流れに影響を与え、生理的機能を狂わせる。また心臓に不整脈を与え、人工的心臓発作を起こさせる。あるいは麻痺して心筋梗塞と同じ状態になる。浅く当たり、瞬時にこれらの症状の現われない場合は、長期化して肋間神経痛《ろっかんしんけいつう》になる。更に「左打法《さだ》」に於てのみ、此処を三日月や指俣で叩くと、肝臓が狂わされ、同時に自律神経等にも影響が出る。

此処を打たれて、直後に現われる症状としては、先ず顔色が紫色を伴った感じで蒼褪《あおざ》め、「咽喉《のど》が乾く」「頸《くび》が冷える」「頭が膨らむように痛い」「手足が急に冷える」「躰《からだ》全体に寒気を感じる」等であり、この儘の状態で長時間放置すると、半身不随や、肢体麻痺等が起こる。これを戻す為には、大東流医術独特の「活」が必要であり、本来「当」は入り口であり、「活」はその出口に「当」

期門之当

を逃がす通り路をつけて遣《や》る事を謂う。（左打法に「雁下之秘事《がんかのひめごと》」という口伝有り。蘇生法の「活」を行った場合、直ちに蘇生が見られ、共通する事は、殆どが排便を催すという事である）

◎水月之当

「水落《みぞおち》」と謂われる部分で、位置は正中線上にあり、上胸部下、腹部の上にあり、仮死状態にする急所である。臍《へそ》の上三寸（約十八センチ程）の正中線上にあり、腹直筋と肋間神経の前枝と、血管としては上腹壁動脈があり、主には胃痙攣と似た症状が起こる。此処を打たれれば顔が蒼褪め、震えが来て、寒気を感じるのも、その特徴である。更には横隔膜と心臓と気管支に衝撃が転移し、強度な呼吸困難が起こる。

　此処への打法は、主に正拳や中高一本拳や拇指拳、時として抜手が使われ、抜手の場合は即死状態を目的に突かれるもので、「突き」その後に「抉《えぐ》る」という動作が二重になる為、即死（卒死）に至らしめると謂われている。この即死状態は、単に瞬間死を意味する即死ではなく、一撃された「刺し」に近い打法が、諸臓器の神経を刺激し、それが一旦脳に反映され、その刺経の衝脈《しょうみゃく》三因《さんいん》（諸臓器の刺激が脳に跳ね返り、脳は横隔膜の運動を遮断し、呼吸困難になるまでの三要素）によって数時間後に絶命、あるいは卒死すると謂われている。従って即死と卒死では意味に違いがある。

　さて、卒死を目的にする抜手は、普通これを鍛練する場合、砂袋や小豆を入れた深い桶の中を突くのであるが、空手のように突きぱなしの動作で、これを何度も繰り返していると、指先の神経と爪（爪には多くの神経系の影が反映されている）を痛め、視覚障害を齎すので、突いた瞬間、同時に揃えた四本の指を巻取らなければならない。

◎右稲妻之当

「稲妻《いなずま》」と謂われる部分で、俗に言う「肋腹の当」を指す。これは左の月影に対峙するもので、此処に「当」が打ち込まれると、電光のような「稲妻」が走る事からこの名の由来となった。

　人体には前面から見て右側に肝臓があり、左側よりに胃がある。稲妻之当は右側の肝臓を叩き、肝臓機能を破壊する業である。此処への攻撃は中高一本拳や猿臂が一般的で、打撃を受けた直後には、肋膜神経が激しく刺激され、呼吸停止が起こる。

◎左月影之当

「月影《つきかげ》」は「稲妻」と左右で対峙する。人体の左側には胃が流れ込んできており、胃には「承満《しょうまん》」を中心に、合計五つの経穴がある。承満は胃のほぼ中央にあり、「受納」を司る場所で、消化器系の中枢をなす。此処への攻撃は、稲妻之当と同じく中高一本拳や猿臂攻撃し、肋膜神経の破壊で呼吸停止が起こる。

　稲妻と月影には、各々左右に双方が存在するが、左側の月影は胃であり、その下の稲妻には脾臓が存在するが、右側は月影は右

水月之当

右稲妻之当

左月影之当

後電光之当

よりの肝臓上部であり、稲妻は肝臓右よりの下部となる。

◎後電光之当

後電光と謂われるこの部分は、副腎の部分であり、此処は蹴るか、拳で突いて攻撃する。これによって敵は転倒する。倒因は股二頭筋の刺激である。打法は月影に同じ。

殺法

古来より毒を以て、敵の命を奪う方法が種々考え出されてきた。その一つの方法に肝臓の作用を利用して、敵の自由を奪う方法が編み出された。

さて、肝臓は暗褐色をした大きい器官で、成人では重さが約一〇〇〇グラムあり、横隔膜直下の腹腔の右上部を占めている。肝臓は左右の両葉に分けられ、右葉は厚く大きく、左葉は小さくて薄い。肝臓の下には肝門《かんもん》という出入口があり、下面中央には固有肝動脈、門脈、肝脈があり、右葉下には胆嚢《たんのう》が連なっている。

肝臓には解毒作用があり、体外から侵入してきた毒素と、体内で発生した有毒物質を酸性化して取り除き、これらを無毒にしたり、硫酸と結合させてグルクロン酸と結合させて、メチル化、あるいはアセチル化して解毒する。また肝臓はその栄養血管である肝動脈から動脈血を受け、他方の門脈により消化管・脾臓・膵臓から来る静脈血を受ける。

このように肝臓は、解毒と血液循環に重要な役割を持ち、特に肝臓中を流れる全血液量の内約五分の一は動脈血であり、四分の五が門脈血である。

古人は、肝臓のこのような役割に早くから眼を付け、毒を使って敵を倒す方法を作り上げた。この方法には鳥兜《とりかぶと》（金鳳花《きんぽうげ》科の多年草）やウマノアシガタを用いて敵を倒すか、ジギタリス（ゴマノハグサ科の多年草）、蛇の毒（沖縄産の波布《ハブ》や蝮等）、河豚《ふぐ》の毒、蠍《さそり》の毒、蜘蛛の毒、銀、鉛、阿片等を用い、骨格筋の麻痺あるいは呼吸筋の麻痺を利用して、これらの殺法を編み出してきた。

毒の用い方は刀の尖先《きっさき》、槍の穂先、長刀の尖先、矢先、手裏剣、針等に付着させて敵に射掛けるものであった。

また仏教伝来とともに、香木や合香《ごうこう》の法が六世紀頃に我が国に伝えられ、日本に於てはこれが香道《こうどう》として発展していく。最初は専《もっぱ》ら仏前の御潔《きよ》め線香のような形で使用されていたが、いつの頃からか、宮廷貴族の間でもて囃《はや》されるようになり、室内や衣類に焚き込めて、歌合せや貝給《かいあわせ》の席等でも用いられるようになった。やがてこれらは貴族に独占され、匂いの遊びを対象にした「薫物合《たきものあわせ》」に発展する事になる。これより幾時代かを経ると、単なる遊びから脱皮して、厳格な礼儀作法に則り、室町中期から「香道《こうどう》」と謂われる芸道に発展を遂げる。それまで公家中心であったものが、武士階級の中で流行を始め、室町末期には打ち続く戦乱の中で公家の薫物合は廃《すた》れ、それに変わって武家階層が引き継ぎ、また民間にも伝えられた。

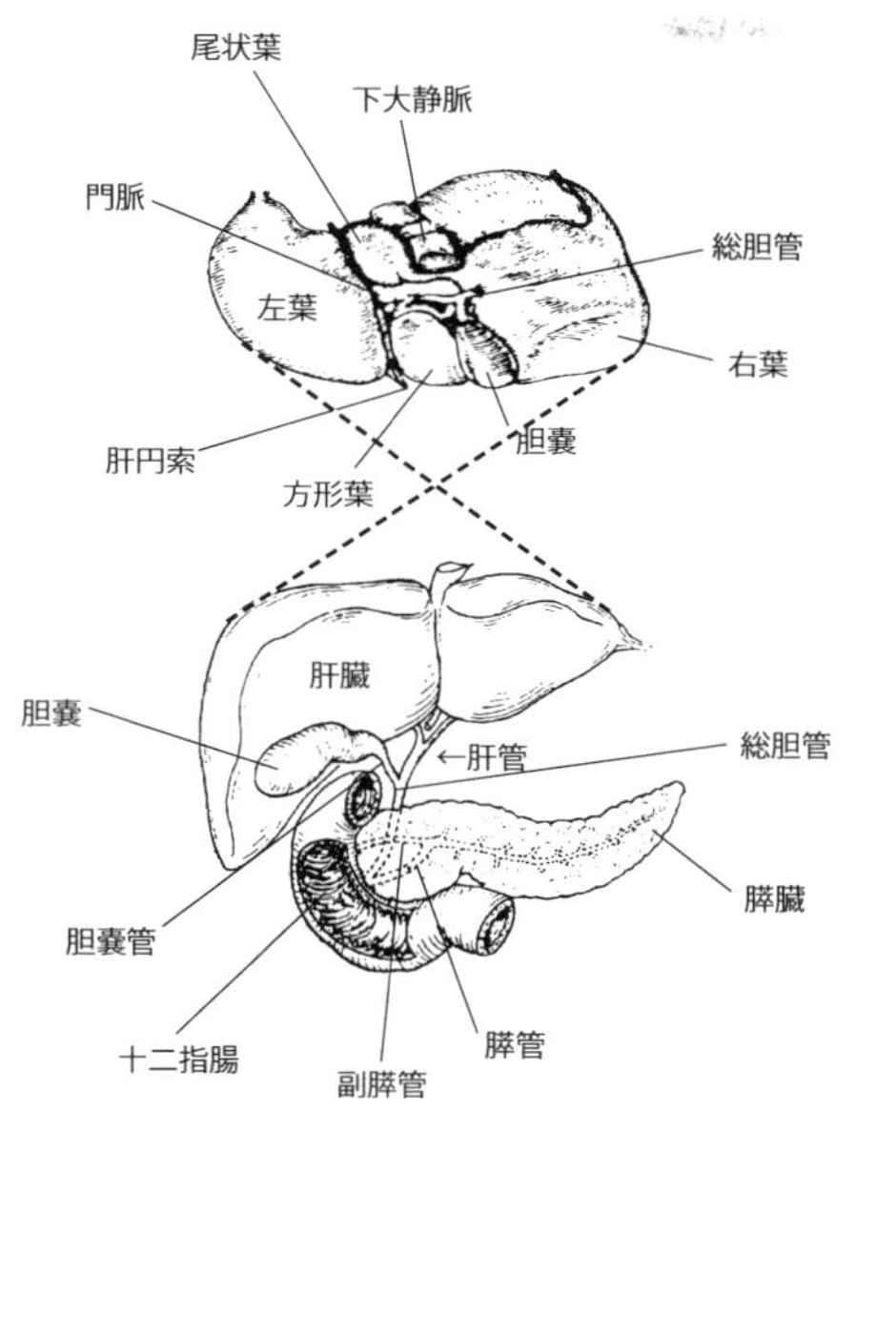

肝臓の図

しかし、公家の中から起こった薫物合は、一方で宮廷を護る衛《えい》司《し》戦士であった風魔《ふうま》一族にも伝わり、彼等は匂いを以て敵を眠らせたり、脳の神経中枢や嗅覚を狂わせて廃人にしてしまう新たな匂いによる殺法を編み出した。これが「殺香《さっこう》」というものである。その匂いの調合には独特の秘伝があり、麝香《じゃこう》（ジャコウジカから採る興奮剤）をベースに樟脳《しょうのう》（楠木《くすのき》から採取）、阿片、石炭酸、吉草酸、酢酸、アルコール等の刺激臭の強い薬剤を調合し、これを裏で政治的な謀略等に用いた。月の精気を受けて月光の下を暗躍する風魔一族は、この殺香を最も得意とした。

敵将の「命」を暴き出して調伏《ちょうぶく》する密教調伏法が間接的な殺法であるとするならば、これらは直接的に敵将を射止める「殺しの術」としての秘法であり、肝臓を中心にして肝細胞を冒し、諸臓器に異常を与えたり、炎症を起こさせて死に至らしめる術であった。

殺法には毒を用いて敵を殺す方法と、打法等で内部の血管を破裂させたり、諸臓器や神経に異常を与えて死に至らしめる方法がある。

この打法には、即死に至らしめる殺法と、大小便を止め、あるいは半身不随にして徐々に弱めていって死に至らしめる「一日殺し」「二日殺し」「三日殺し」「十日殺し」等の技法がある。

またその長期に及ぶものは「一年殺し」「二年殺し」「三年殺し」という、毒薬と打法を並行させて行う殺法がある。

殺法の定義は、柔術諸流派によって異なる。即死に至るものを殺法とし、単に転倒したり、気絶するだけの当てを殺法より除外している流派もある。ただ柔術に於ける「拳法」は「蹴破る」という意味を持たせたもので、これは外来の拳法の意味とは異なる。外来の拳法は一撃必殺が目的でなく、同じ急所を重ねて殴る事で敵を制する技法で、それが一旦急所から反れれば、「殺法」の効果は薄く、度々同じ処を打破しなければならないが、日本柔術の拳法躰術は、その急所を捕える打力に関わらず、一度捕えてしまえば、殊に胸部や腹部の場合、それは直接的に内臓を破壊してしまう。一見鈍重に見えるこの拳法躰術は、昭和二十年代以降の在来の新興武道（日本少林寺拳法や全日本少林拳など）のようにコンビネーションの美しさとスピード感こそ無いが、捕えた敵は、内臓もろともに破壊する凄まじい威力を持っている。

◎風魔殺

これに用いる打法は掌底を用い、外側ではなく頭蓋骨全体の裡《うち》側を叩く業である。つまり脳が機能する部分を中心に障害を与え、異常を起す事を目的にするのである。

正拳及びその他の拳打法は、主に外側を破壊する為に用いられるが、掌底打法は、外側はその儘で裡側のみに打撃を与える特異な打法である。この掌底の作り方は、五指折熊手の手形を作り、その掌底部を用いて敵の上顎骨を外し、同時に内部の血管と神経を打破する。また上顎骨付近の縫合が外れる。

この殺法が「風魔殺《ふうまさつ》」と謂われる所以は、人間の五官を破壊する技法であり、人間が生きて行く為には、五官の機能は欠かせな

風魔殺

いものであるからである。それを破壊し、機能を失わせる事は、脳、視器、聴器、鼻腔からの嗅覚機能、口腔からの味覚機能が不能になる事で、その総ては頭蓋骨の裡側に集約されている。これを破壊するのが風魔殺である。

この打法の用い方は、敵が攻撃を仕掛けて来る瞬間、打たれるのを覚悟に接近し、その擦《す》れ違い態《ざま》に、五指折熊手の掌底部を頬骨の下部の窪みに押し込むようにして打ち砕く。この時、掌底部は頬に密着し、然もこの押し込む圧力によって、上顎骨と頬骨を繋ぐ平面関節が外れ、同時に下顎骨も外れて周辺の神経組織が破壊される。

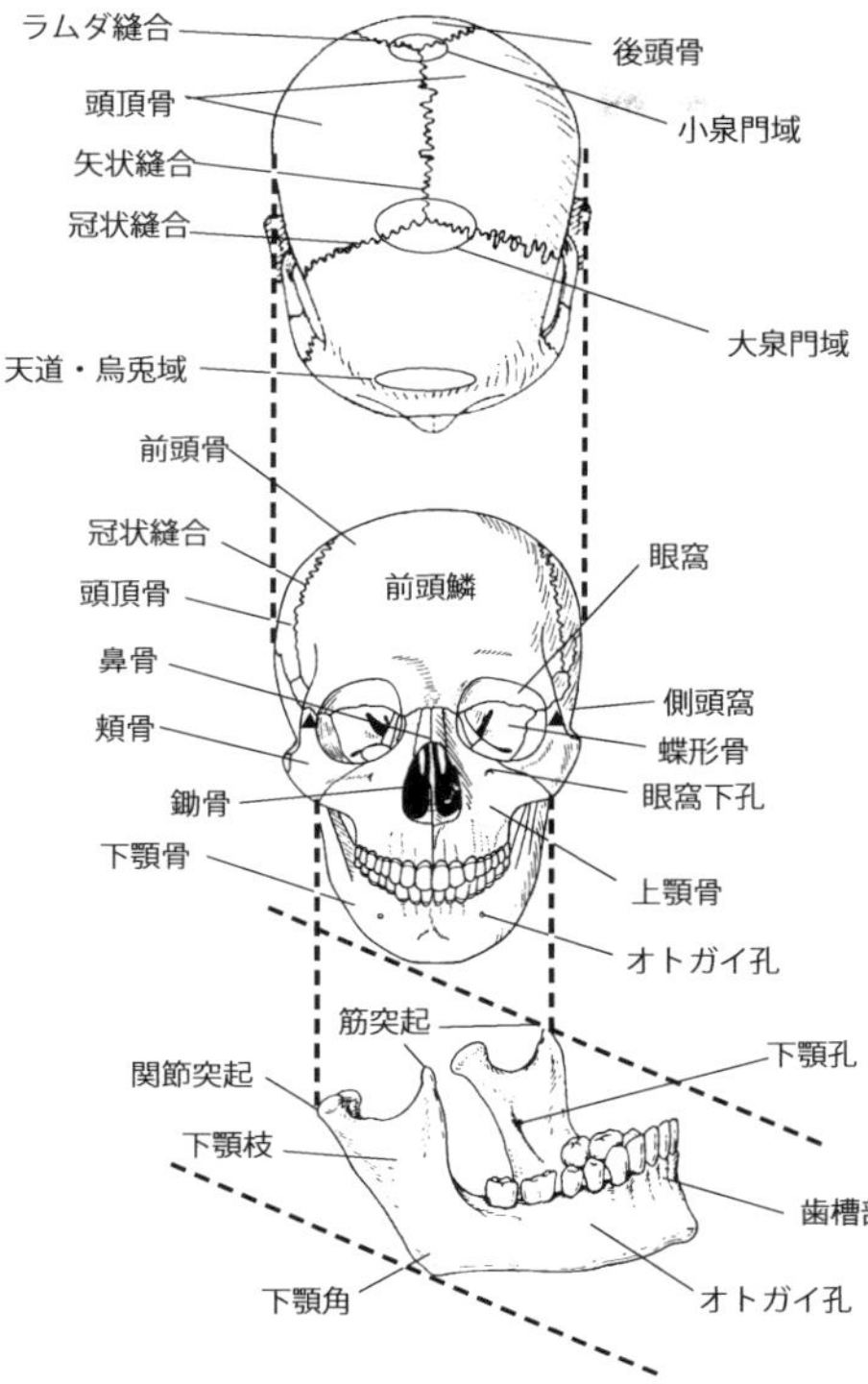

頭骨前面と下顎の図

◎無明殺

此処への打法は、V字形に開いた折指俣が中心であり、他には五指折熊手を用いて、目標は眼球と頭蓋骨の隙間を狙って打つ。人指し指と中指を裡側に折り込んでV字形の折指俣を作り、正中線上にある前頭骨の前面下方の鼻骨を、左右の眼球もろとも突くようにして打ち砕く。また、接近されない為に咽喉を他方で刺す。これによって鼻骨だけではなく、眼窩《がんか》部の骨が砕かれ死に至る。

無明殺

◎焔摩殺

これは「印堂《いんどう》」打ちで、此処を打つには中高一本拳をはじめとして、正拳や拇指拳等が用いられる。

この部分には額（前頭骨）中央下から伸びた「眉間《みけん》」が走って

焔摩殺

おり、此処で上顎骨縫合と接している。また鼻骨や涙骨とも接しており、此処を打たれると、鼻骨付近の縫合が外れ、顔面麻痺を起こして死に至る場合がある。

印堂は、人間が言霊《ことだま》を発する場合、此処から言霊の意に沿った唸波が送られ、その人の唸が強い場合、その唸は相手側の脳に影響を与え、同調させる事が出来る。従って此処を打たれる事は唸を失う事であり、運良く一命を取り止めた場合でも、精神分裂状態になって廃人同様となる。

◎泉門殺

これは「六波《ろっぱ》返し」とも謂われる「泉門《せんもん》」打ちである。此処は脳天に向かう矢状縫合が交叉する中心線上の箇所で、頭蓋骨を形成する前頭骨と左右の頭頂骨の繋ぎ目を突き、この部分の平面関節を「ずらし」、あるいは「外す」という殺法である。

此処を叩くには、五本の指を折り込んだ五指折熊手という、指先を固めた「刺し」の手形を用いる。この五指折熊手というのは、単に五本の指を折り込んで固めるだけではなく、拇指に段違いになったズレを施して、他の四本とは異なる固め方をする。泉門付近には前頭骨からの冠状縫合《かんじょうほうごう》と、後頭骨からのラムダ縫合があり、矢状縫合を中心位置にしてその前後には「大泉門」と「小泉門」がある。この部分を泉門殺で前方の前頭骨よりに叩いた場合、大泉門付近の繋ぎ目が外され、後方の後頭骨よりに叩いた場合、小泉門付近の繋ぎ目が外される。孰れも脳障害を起こして死に至る。

◎無界殺

この殺法は、一撃によって上鼻骨縫合と眼下巣帯状骨を打ち砕く打法である。この打法は、人差指と中指で指俁を作り、敵の鼻骨を刺すようにして打ち込む。打ち出した瞬間に捻りを加えて突き上げると、上鼻骨縫合が外れ、また眼下巣帯状骨が破壊されて死に至るというものである。

指俁の手形は、正拳等に比べると極めて弱い手形であるが、無界殺にこれを用いる場合、さほどの強度を持つ必要はなく、正確な角度で打ち出す事が出来れば、纔《わず》かな力で上鼻骨縫合を外したり、破壊する事が出来る。

◎霞殺

この部分を打破するには、中国拳法の双峯貫耳《そうほうかんじ》と同じ様な双拳の裏拳、あるいは五指、掌底を用いて、側頭窩の蝶形骨《ちょうけいこつ》大翼を破壊する。または左右両方の拇指拳を同時に打ち出して、この部分の破壊を行う。これを行う事によって、蝶形骨大翼付近の縫合が外れ、同時にこの上に流れる海綿静脈洞の静脈血管が切断され、顔面動脈及び神経に刺激が起こり、大脳錯乱が起こる。

縫合を外すという、大東流の特異な打法は、風魔殺、無明殺、焔摩殺、泉門殺、無界殺、霞殺からも分かるように、たとい即死に至らなくともその威力は絶大であり、交通事故による顔面部の損傷で顔面神経痛になったり、鞭打ち症等に見られる長期化する病状は、時間と共に廃人に導くものである。これらは表皮部分である外部の縫合の外れだけが病因になるだけではなく、縫合が外されるという事は、その内部に収まっている諸器官が破壊されるという事であり、治療は極めて困難である。

◎眼球殺

此処への攻撃は、指俣を使って、指先を直接眼球の中に刺し込む。これによって失明するばかりではなく、時には脳に達して死に至る事もある。これは前頭骨前面の眼窩と涙骨と蝶形骨大翼の縫合を外し、激突の場合は脳に達するのである。この場合、前頭骨と頭頂骨を繋ぐ側面部分の縫合が外され、その衝撃は第一頸椎

霞殺

に達し、正中線上にある鶏冠を破壊して下垂体窩に達し、その打法が激に達すれば、矢状縫合を突き破り、後頭部を貫通する。

眼球部の涙骨は、眼窩《がんか》の裡側壁の前方の一部を成している薄い骨板が涙骨で、左右に一対ある。手の小指の爪程の大きさで、涙《るい》嚢《のう》の収まる為の溝があり、この溝を以て涙骨という。顔面骨の中では最小の骨であり、極めて壊れ易い骨であり、正確に狙いを定めれば、指で簡単に打ち砕く事が出来る。

◎鼻腔殺

眼球殺と同じく、指俣を持って鼻腔付近から脳に達するように下から突き上げるようにして刺し込む。時には脳に達して死に至る事もある。此処に指を差し入れると、先ず中鼻甲介である篩骨の一部が破壊され、次に鼻腔の奥にある下鼻甲介が突き破られ、鋤骨が切断されて、指俣は鼻骨と涙骨の縫合を外して顔面中央に侵入する。これが脳全体を破壊し、即死に至らしめるのである。

鼻骨には左右一対の長方形の小骨があり、この二枚が屋根状に連なって、鼻根部を形成する。鼻先の尖った部分は軟骨で、鼻骨とは関係しない。その為、最も反面では柔らかい部分であり、眼球と併せて突かれれば防禦不能であり、同時に縫合が外れるという脆《もろ》さを持っている。

◎釣鐘殺

この殺法は金的（睾丸）を一撃して、あるいは握り潰して（正

鼻腔殺

釣鐘殺

会陰殺

確には握り潰し、この拳状態の儘で体内に押し込む）呼吸停止による気絶、あるいは即死に至らしめる。これは交感神経及びに精系動脈の激盪《げきとう》によって起こるもので、「突き放し」を行った場合のみ、釣鐘殺で死に至らしめる事が出来る。「突き放し」とは、突いた時、あるいは蹴り込んだ時、直ぐに手足を抜かないで、その儘の状態にしておく事を謂う。抜き戻しが早ければ早い程、敵は蘇生される確率が高くなり、戻しの遅いほど蘇生不能となる。

◎会陰殺

「会陰《えいん》」は、任脈《にんみゃく》と督脈《とくみゃく》の起始に当たる経穴で、体内の正中線の裏表を一周するようなコースを辿る。躰前面を司る任脈は合計二十四個の経穴があり、督脈は躰後面を司り、合計二十八個の経穴がある。任脈と督脈の作用は躰全体に及び、その起始点が会陰であり、人間は会陰を打ち砕かれる事で行動が不能となる。

さて、鎧・甲冑の構造は、古今東西を問わず、上から仕掛けられる攻撃に対しては充分に対処できるように作られているが、真下からの攻撃に対しては、全く無防備同然の構造になっている。

戦国期の白兵戦に於ける組み打ちは、矢が尽き、弾が尽き、太刀が折れて、最初は柔術組み打ちに至るのであるが、投げ業の目的は、抑《そもそも》敵を倒し、その倒れた隙に素早く脇差、鎧通し、短刀、小刀（小柄と謂われる柄に穂先が差された刃物）、共小柄《ともこづか》、貫級《かんきゅう》刀《とう》、針などの刃物を股の下、あるいは脇の下に刺す事にあった。

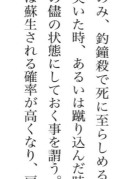

この部分は全く覆っている物が無く、容易に刺せた。無手の場合も同じであり、倒され、脚を開かれて、股間の急所がガラ空《あき》になれば、容易にこの部分に当身を加える事が出来た。しかし、柔術諸流派の投げ技の目的は、敵を投げて地面に叩き付ける、あるいはその後に拳等で止めを差す、というのが詰めの形、あるいは残心の形であり、股間に止めを刺して、絶命させるという殺法の意味は持たない。

従って、多くの当身は「当てるよりも、早く引け」と教え、また現在普及している寸止め空手でも、スポーツ化していく実情の中で、打ち出した拳を素早く脇の下に戻さない場合、「技有り」のポイントにならない為、引き戻す動作ばかりを強調して、本来の一撃必殺の殺法の意味から大きく掛け離れてしまっている。

釣鐘殺及び、会陰殺は「突き放し」が肝腎であり、その貫通力を絶大にする為には、「引き戻し」だけの素早さでは、余り効果を上げる事が出来ない。

◎尾骶殺

四つに組んだ場合等に、股下から差し入れ下から上へ、中高一本拳または拇指拳で尾骶骨を打つ。あるいは同じ状態の、上から仙骨に手を廻し此処を打つ。これが尾骶殺である。

尾骶骨は仙骨先端にある「尾骨」であり、仙骨は骨盤に挟まれたような形で腰骨部の支肢を構成している。

尾骶殺は、古来より柔術諸流派の秘伝とされ、『拳法三大下肢秘術』の中に含まれ、釣鐘殺と会陰殺と同様に、その当身は「突き放し」が極意とされていた。突き放しの「当」の要領は、拳法三大下肢秘術にもあるように、最初は手の内に「卵」を握るように軽い空間を作り、突き放しと同時に手の内の卵を一気に握り潰し、発気を伴わせて突き放しする事が肝腎である、と説いている。この場合、蹴りの時は、踵を用いて蹴り込みのように「蹴り放し」が大切であり、素早く戻す事は無用とされた。

また、大東流柔術技法である、膝・肘合わせや八条極め等は、「突き放し」「蹴り放し」の為に編み出された業で、止めはこれ等によって行われた。

尾骶殺

【註】拳闘《ボクシング》について

もし選手《ボクサー》がグローブを着けず、素手で打ち合った場合、恐らく当身業の「殺法」に近い状態で、敵を倒す事が出来るであろう。つまり、当たった敵は、運が悪いと縫合が外れる恐れが出てくるという訳である。その為に、試合を目近に控えた選手の、スパーリングパートナーを務めるパートナーは、必ずヘッドギアーをはめ、これに対処する。これは頭蓋骨と脳を結ぶ毛細血管が切れるというだけでなく、頭蓋の縫合に何らかの影響が出る事を物語っている。

拳闘《ボクシング》はその歴史が古く、古代オリンピアの格闘技パンクラチオンにはじまり、中世以降はイギリスで行われるようになった。更に近代に至っては、西洋科学を駆使したスポーツ科学的な格闘技となった。各々体重に応じて階級が設けられ、プロは十六階級、アマは十二階級である。

選手の体軀は、ヘビー級を除く総ての階級が、不必要な箇所の肉は限界まで削《そ》げ落ちた体軀をしており、肩、腕、胸、脚、脹《ふくら》脛《はぎ》等の、一つ一つのそれ自体が、攻撃力を秘めた武器としての均斉美を醸し出している。

単独練習《シャドウボクシング》一つ取り上げて見ても、敏捷で軽やかなリズム感溢れるフットワーク、左右を使った、シングル、ダブル、連打、カウンター等、仮想の敵を相手にして動き廻る身の熟《こな》しは、その何から何まで合理的である。また選手にとって、水は禁物になっていて、水分の摂取は体重を増やす事になり、それだからこそ、食べ物で摂り、練習で汗を絞り出して躰中から水分を抜き取っていく。これを計量まで繰り返し、躰を干し上げて行くのである。水を飲もうと思えば周りには幾らでもあるが、敢《あ》えてそれをしない。自らの強い意志に従って、我が身を砂漠の真ん中に置いているのである。試合に出て勝つ為には、先ず渇《かわ》きとの戦いに勝たねばならない。これが選手の意志を堅固にするのである。

そして観客の多くは、拳闘《ボクシング》の勝負には、時として奇蹟が起こる事を信じて、会場に足を運ぶのである。たった一発のカウンターパンチで世界の価値観が変わる、その奇蹟を信じて。

拳闘の奇蹟は、今まで一方的に優勢に打ち捲《まく》っていた選手が、たった一発のカウンターを受けてマットに沈む事である。打ちのめされ、痛めつけられ、顔全体を柘榴《ざくろ》のように変貌させて、上半身を惨《むご》たらしく打たれながらも、劣者は最後の力を温存させて反撃の機会《チャンス》を窺い、九分九厘勝ち誇った敵の纔《わず》かな隙を見つけて、一撃必殺の一発で敵を葬り去るのである。まさに此処に拳闘《ボクシング》の奇蹟と神話が生まれるのである。

しかし、これは選手自体が、天成の才能に恵まれなければ適《かな》う話でなく、万人向きではない。また打法的なテクニックはあっても、残念ながら、術としての「秘伝」は存在しない。更に、体力の失われた高齢者には不向きのスポーツである。

大東流当身業及び点穴術と、中国拳法の相違について

大東流点穴術には、今まで紹介した「当」としての点穴術と、「刺し」としての点穴術がある。

また「当《あて》」及び「刺《さし》」に共通した手形は、中高一本拳で、これは別名「石臼拳《せききゅうけん》」とも呼ばれ、最も効率よく制する事の出来る手形で、抜手のように内臓を痛めたり、眼を痛めたりする事がない。

因みに、猿臂《えんぴ》を絶えず使っていると、肘関節の亜脱臼を起こし、抜手は眼を病み、正拳は頭痛の原因になり、脚技《あしわざ》の廻し蹴りや腓《はい》脚《きゃく》（＝擺脚《はいきゃく》で空手で謂う踵《かかと》落とし）旋風脚《せんぷうきゃく》は、股関節亜脱臼となって死ぬまで付き纏《まと》って離れる事はない。脚技で人間が行って股関節脱臼を免れるのは古流唐手でいう、「足刀」と「前蹴り」の二つだけである。

「太極拳合気拳法」普及に努めていた当時の著者
合気拳法掌底打ちの著者

前登脚（踵蹴り）の著者

昨今は、武道の見世物的な興行が盛んに行われている為、その動きやボディー・アクションが派手になっている。明治以降沖縄から輸入された当時、元々唐手の源流には無かった、ムエタイの回転廻し蹴りや、中国拳法の腓脚や、二起脚《にききゃく》（二段蹴り）や、旋風脚が取り入れられ、またアメリカから来たストレッチ等での柔軟運動法が取り入られ、格闘選手の間では、技を華麗に見せる為、脚を出来るだけ高く蹴り上げる事にその目的が変わり、同時に肩関節や股関節の故障が増加している。
更には、腕部の背腕《はいわん》部や手腕《しゅわん》部、前腕尺側《ぜんわんしゃくそく》部や前椀橈側《ぜんわんとうそく》部の部分を用いての攻防は、手首や肘の関節部の亜脱臼を疾病《しっぺい》させる病因になるばかりではなく、「肺経」の障害を煩《わずら》い易く、その人が煙草の喫煙者では無い場合でも、肺癌になり易いと謂われている。
また、一般に太極拳等は健康に良いとされているが、それは中国文化大革命当時に、揚子江のような長大な延々と続く楊家太極拳（楊式）の激しい運動や複雑で危険な箇所を省略し、時間を短縮した簡化太極拳（この中に陳家のものは含まれない）だけであり、滔々《とうとう》とした動作を長い時間かかって遣るこの種の北派拳法は、姿勢が一般には「チーシ（大架式と小架式がある）」といわれる起勢《きせい》・収勢《しゅうせい》という沈む形をとる為、膝に負担が掛かり、結論から言うと日本人向きではない。中国人の膝の構造と、日本人のそれとは大きな違いがある。これを行って躰に悪影響を生じない人は、中国人や朝鮮人等、大陸系の人のようである。

長年、陳家太極拳を行った日本人が、晩年膝の痛みを訴えて、太極拳の日本人向きではない事実を指摘している事は、非常に興味深い話である。にも関わらず、練習の浅い人や、練習嫌いの日本人の拳法家はこの事実を知らず、あくなき中国拳法の「発勁《はっけい》」という幻を追いかけて奔走している現実は、実に悲惨な現状であると謂わねばならない。

著者はこの事について長年研究し、一時は太極拳（殊に武術としての陳家太極拳を当時の日中友好協会のメンバーから実技を入手）と合気武術の共通点を幾つか見い出し、更に独自の研究と工夫を重ね、勁《けい》を練り、その類似性に於て『太極拳合気拳法』（大東流合気拳法とも称した）なるものを創始したが、結局、膝や股関節に異常をきたし、この探究は成就しなかった。

つらつら考えて見るに、大東流は武士階級の上士の間で秘かに研究されたもので、農民や漁民の武技とは異なる事を発見した。

結局回帰した処は、日本独自の「武士道精神」であり、「日本刀」であった。

結局、言霊圏の異なるものは、日本人向きではないという事を思い知らされ、深く反省した挙句《あげく》、元の軌道に戻ったのである。だが自分の冒した愚に気付く為に長い廻り道をしたが、良い経験であったと、今日では回想している。人間は、自分の間違いや固定観念から抜け出す為に長い時間が掛かるようである。

日本人武術家が幾多の困難を乗り切り、幾多の外国武芸を習得したところで、その帰り着く先は「日本武士道」であり、一旦路を離れても、再び回帰する処は武士道の原点であった。そして大東流の根本術理である、「日本刀の操作」、即ち剣術であった。剣を離れて、日本人はその真髄を究める事は出来ないのである。

日本人には日本人の言霊があり、日本特有の言霊を離れて、外国のものを国風化し、日本的にしてしまう武芸は、その伝統からいっても恐らく沖縄唐手くらいなものであろう。近年日本に紹介された中国の南北の拳法や、タイのムエタイは、日本人に取り入れられ、国風化するには、まだまだ相当な時間が掛かるものと思われる。

昨今のカンフーブームは、一昔前に比べれば衰えたとはいえ、それでも多くの愛好者が稽古に励んでいる。しかし日本人の、素質も才能もない中国拳法師範が、多くの中国拳法に関する書物を著わし、単純な感化され易い人々に「先生」あるいは「拝師《パイシー》」（尊敬の意味）」と呼ばれて傅《かしず》かれ、素人には区別できない難解な理論でまくしたて、我こそ正真正銘の拳法家と豪語しているのは何ともおかしな話である。

さて、空手が沖縄に根付いた大きな理由は、中国福建省に近く、また地図の上からもその言霊圏は中国拠《よ》りであった。中国南派拳法を唐手とし、独自の無手武術や武器術を編み出して行った。これが明治初頭、日本に持ち込まれて「空手」となった。実に時は、関ヶ原の戦いと同じ頃の西暦一六〇〇年前後の事であった。あれから四百年程の時が過ぎ、既に国風化されていると謂ってもよかろう。

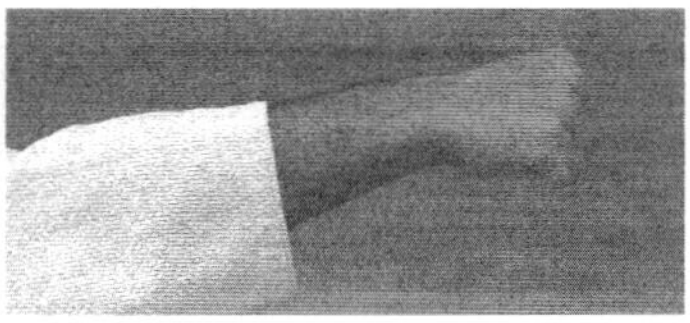

「刺し」として用いられる手形の種類
1) 正拳

2) 平拳

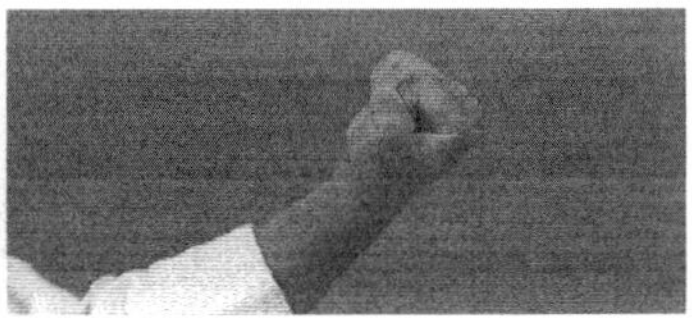

3) 裏拳

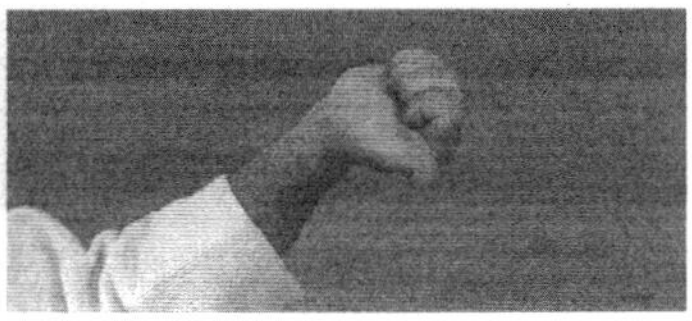

4) 裏拇指拳

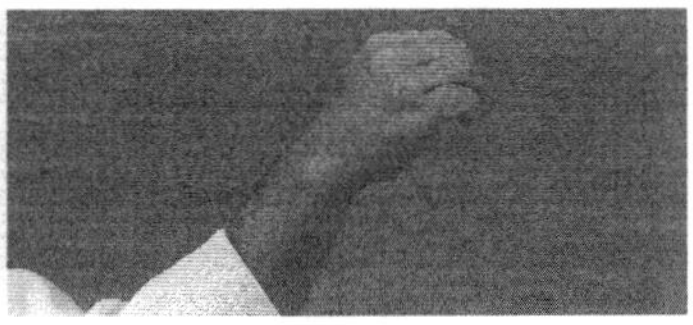

5) 猫手

6) 水平猫手

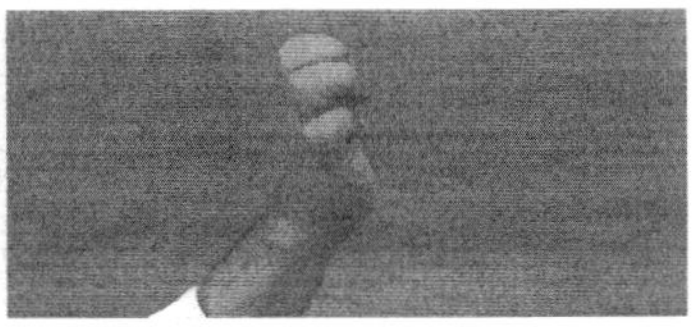

7) 熊掌手

8) 裏熊手

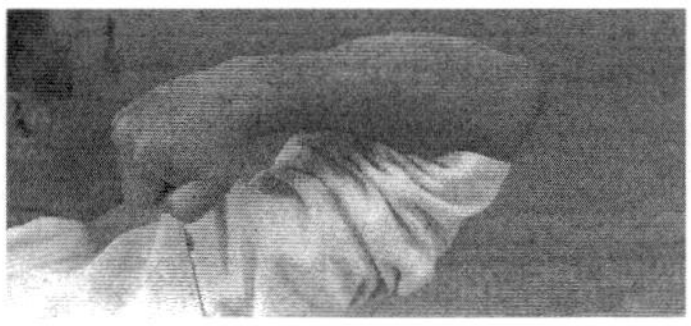

9) 猿臂

10) 掌底（側面）

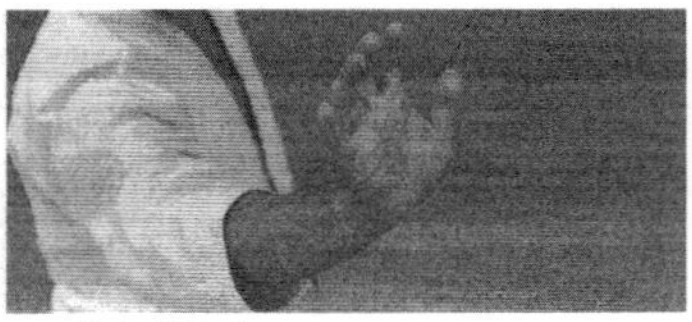

11) 掌底（前面）

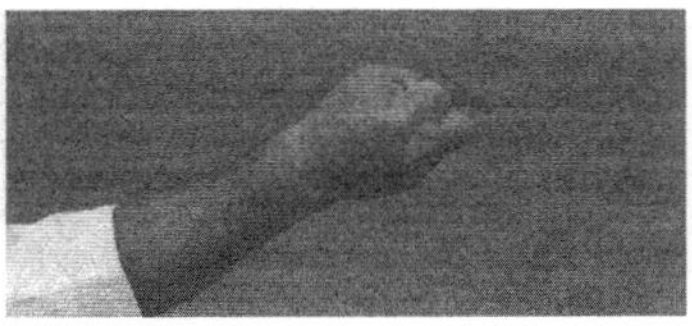

12) 中高一本拳

13) 裏手

14) 抜手

15) 点穴・三指

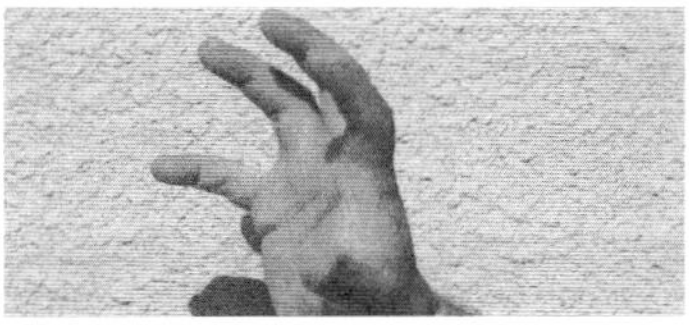

16) 点穴・五指

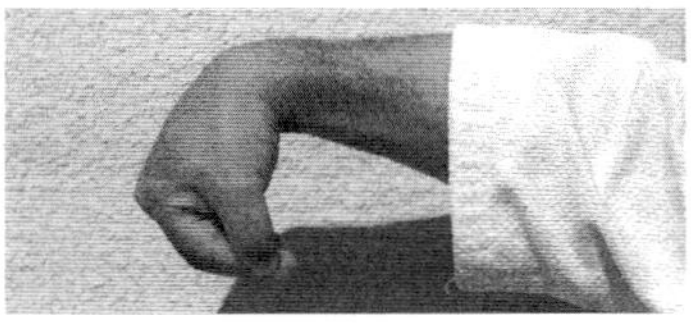

17) 点穴・蟷螂

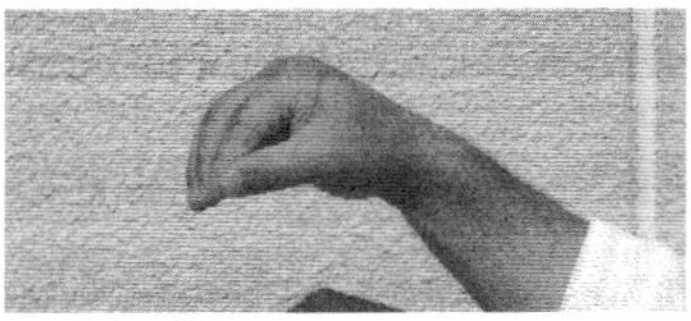

18) 点穴・鎌先

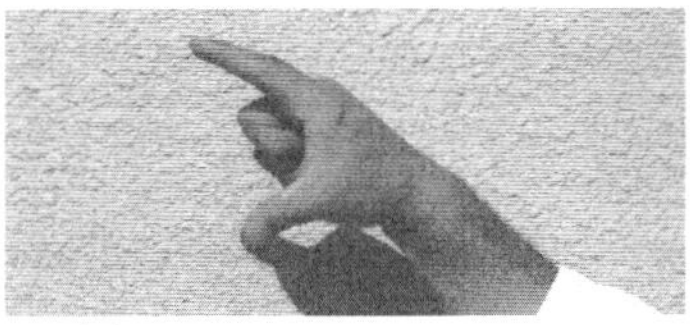

19) 点穴・三日月

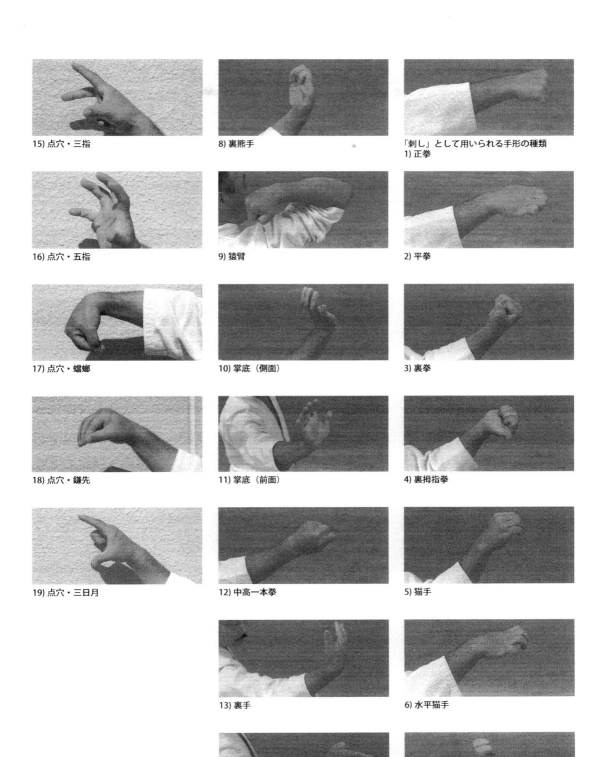

大東流点穴術

再び、大東流点穴術に話を戻そう。

さて、大東流の点穴術は、単なる当身とは異なっている。当身術は、中高一本拳や裏拳による当身が中心であるが、点穴術はただ一箇所を叩くのではなく、一度に数ヵ所を同時に叩く技法である。一箇所を叩く代表的なものは、中高一本拳、裏拳、拇指拳、平拳、指平拳等であるが、一度に二箇所以上叩く点刺《てんし》は指俣《ゆびまた》、折指俣、三日月、三指折熊手、五筒《ごづつ》、五指点《ごしてん》、五指折熊手である。

これらは一種の「刺業《さしわざ》」で、指や拳や鈎手を以て敵の行動を制する技術である。この技術は、これらの「殺法」と表裏一体になった「活法」があり、当身業によって脳震盪などで失神し、あるいは仮死状態になった者を蘇生させる技術である。従って「殺法」と異なり、縫合を外さない事が点穴術の特徴である。一旦縫合を外した場合、その接骨や整骨は困難であり、たとい一命を取り止めるように蘇生しても、外された縫合の復元は不可能である。従って大東流点穴術は「入口」と「出口」の関係から縫合を外す事無く、蘇生可能な状態にして点穴を施すのである。

概ね、大東流点穴術は、殺法としての意味合いの、点穴の「入口」を示すものであるが、復元可能な状態に至らしめて、活法はその「出口」を導引するものである。

空手や拳法、その他の柔術の当身技等は、一方的に「入口」だけを強調するもので、「出口」に至る蘇生法がない。最初から殺す為だけに作られたものも少なくなく、一旦「刺し」を入れ、しかる後に蘇生させて活かすという技法は、大東流点穴術を於て、他に見当たらない。(勿論、殺法だけの「入口」の刺しを行い、蘇生の為に「出口」を導かない限り、業を施された敵は、放置すれば死亡する)

点穴術の殺法は、頭部及び胸郭の孰《いず》れかを、二箇所以上同時に叩くと、その衝撃は内臓に迄及び、瞬時に失神させたり、その儘人工呼吸等で蘇生させても、数時間後には大小便が止まったり、激しい吐き気を催して食べ物を受け付けない状態に至り、日増しに躰が弱って衰弱し、最後には死に至るという結果に至らしめる。

これに至るのは、大東流点穴術が直接脳と頸椎に影響を与え、人間の生命活動にまで影響を与えるからだ。

しかし、大東流点穴術には、同時に脳活等の「蘇生法」があり、殺法としての「入口」は、活法としての「出口」を使えば容易に蘇生させる事が出来、失神者または仮死者を、死の淵から引き戻す事が出来る。

さて、これを蘇生させる方法として殊に用いられるのが「脳活《のうかつ》」であり、脳活は図に示す通り(◎印の1~7)、脳活点を起点とし、左右の両方から、術者は自分の両手の五本の指と掌部分と人指し指の付け根の部分を使って施術を行う。この場合の患者の姿勢は、最初は仰臥《ぎょうが》であり、術者の両手の中指部分が第二頸椎に固定されていなければならない。先ず最初に顔を真上に向けさせ、顎が突き出すように押し上げる。次に術者は患者の背後に回り、背中側から両手の指を以て◎印の5~7の部分を中指、薬指、小指と当て、顳顬《こめかみ》部分を上に引き上げるようにして圧する。この施術法は、後頭部の第一頸椎（実際には第二頸椎が指に触れる）を固定し、活を与える。しかし、これには詳細な口伝があり、実地指導を要す。

齦交（ぎんこう）点穴殺

五指点穴殺（顔面の縫合を外すことを目的に打つ）

水溝点穴殺

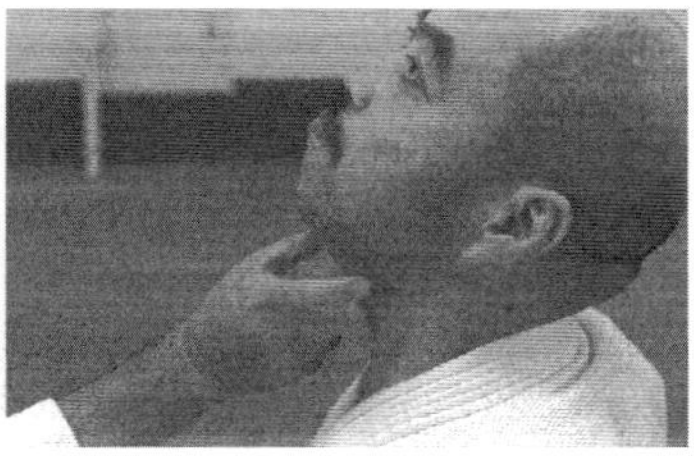
人迎（じんげい）点穴殺

指二俣による眼球殺

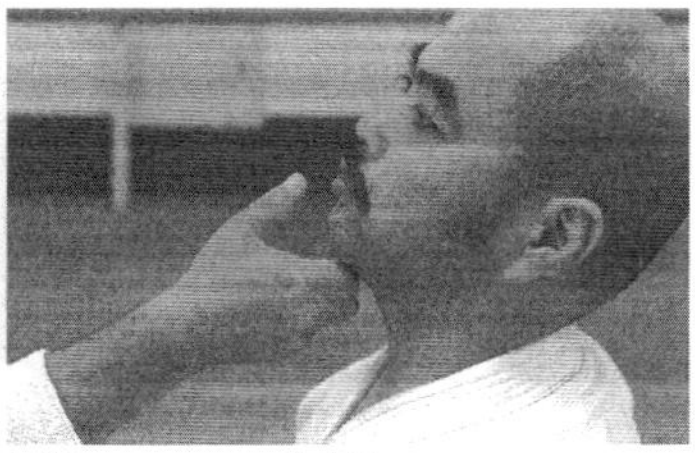
承漿（しょうしょう）点穴殺

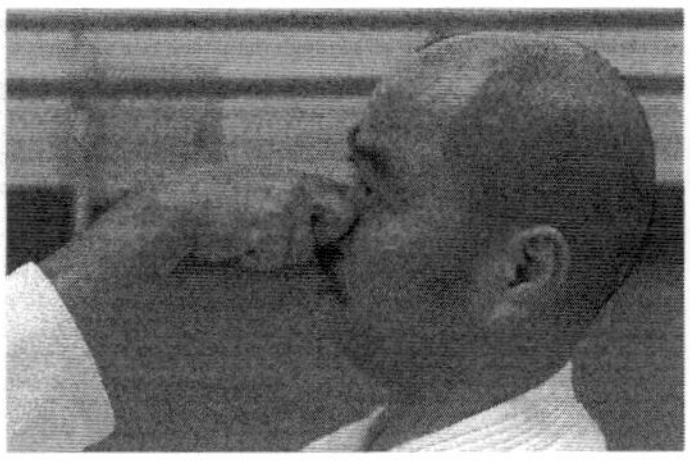
幻明（げんみょう）点穴殺

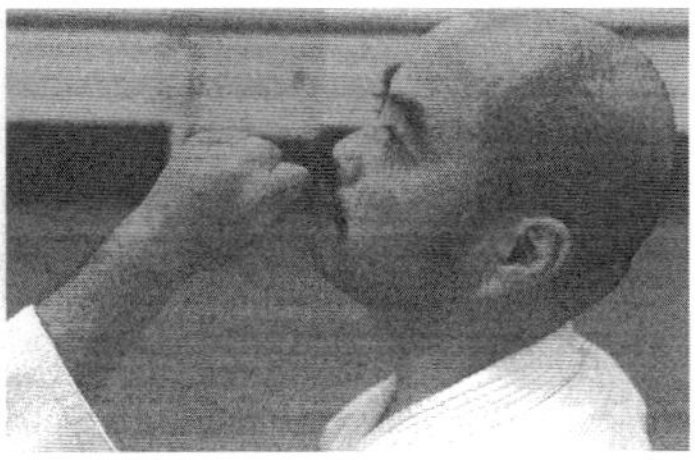
人中点穴殺

幻空点穴殺

兌端（だたん）点穴殺

活法篇

第一章　大東流整体術

三宝と人体構造

肉体は、この世だけに与えられた人間の仮の姿である。肉体に何一つ実体はない。それは人体という構造が、「三つの気」から構成されている為である。

さて、呼吸法を行う上で、あるいは《合気》を行う上で、絶対に侵してはならない事がある。それは煙草《タバコ》の喫煙である。煙草は《行法》を行う上で、精神的には意志薄弱になり、堅固な精神力が破壊される。肉体的には気管支炎や喘息《ぜんそく》、最悪の場合には肺癌になる恐れや、精神分裂を起こして脳を破壊する恐れがあり、修行を遣《や》っていく上では、成就と長寿が保証されない。《合気》の完成時期は、その殆どが、筋力の威力を失った高齢時である為、長寿が保証されないとなると、《合気》は、その完成を見ぬ儘《まま》挫折して、今までの努力が水の泡となる。著者は、今まで喫煙者が《行法》を行って、神経が過敏になり、精神を分裂した人を何人も見て来た。またそれだけ行法に於ける吐納が大事であるということだ。

しかし、本当に怖いのは、このような習慣性や表面的なものでなく、《三宝》《さんぽう》を冒される事である。《三宝》とは「精気《せいき》」「元気《げんき》」「神気《しんき》」の、三つの気の形態が合体したものをいう。これが人間の躰《からだ》の実体であり、宇宙、あるいは天体の《三光》《さんこう》に対しての、小宇宙としての気の形態がここにある。

さて、三宝と人体構造について説明してみよう。

人間は大まかに分類すれば、「肉体」と「精神」によって構成される。これを厳密に言えば、水冷式の高等哺乳動物の形態をした霊長類の肉体に、霊魂という高次元（四次元以上の霊体で、膨張拡散した後に、収縮し零次元に戻る）の生命体が合体したものが人間である。

霊長類の肉体は、三次元顕界の不自由な制約に束縛され、心情や念の波動的世界を、時として孤立させてしまう。また言霊《ことだま》に反応し易い。その為、心情機能を旨く調節出来なかったり、あるいは感情の制御を失い、外から不純な「外流（偽情報や悪霊）」が忍び込み易い状態になって、自己を破壊する事がある。煙草の習慣性が、この破壊に一役買っている事を申し添えておきたい。

この生命体は、宇宙波動と同質のもので制御され、「精《せい》・気《き》・神《しん》」である「形《げよう》（肉体）・宝《ほう》（心情）・霊《れい》（念と言葉であり、言霊の威力）」の形態を成している。

霊魂は、元来が高次元の超時空の生命体で、その本質は意識であり、形態を持たない。その為に、それ自体では三次元顕界で物理的な活動を発揮する事が出来ず、肉体と合体する事で「神」に宿り、肉体を制御しようとする。

肉体に備わった五覚（味覚・視覚・臭覚・聴覚・触覚）も、肉体制御の為の、肉体的機能の一部に過ぎない。

しかし、霊魂本来（神）の目的は、肉体（精）のみに宿るのではなく、神気によって、「宝」と結ばれ、潜在能力（神通力）を発揮するのが目的であった。従って「神」を宿す脳（宝）の構造も、左右両方に別れ、各々の意識する波動が異なった構造になっている。

左脳は「精」と結びついて「形」をなし、右脳は「神」と結びついて「霊」をなしている。

左脳は表面意識の有限世界であり、右脳は潜在意識の無限世界である。その許容量は右の方が遥かに大きい。前者はβ《ベータ》波の脳波を出し、神経回路網を経て筋骨の調整を行い、後者はα《アルファ》波の脳波を出して、電気的信号《インパルス》（気という生物的衝撃電流）を電通させて経絡の調整を行う。この調整が「安らぎ」や「寛《くつろ》ぎ」等の精神安定剤の役割を果たす。そして「精・気・神」の三者は、各連絡網で密接に結ばれている。

人体の骨格

人体の構造は、骨によってその概略が構成されている。各骨は突起、窪み、面、孔、溝等を持ち、突起部は関節の頭となったり、筋肉の付着部となったりして、孔や溝は神経や血管の通路となったりしている。また彎曲《わんきょく》は体腔を構成している。

さて隆起に属するものを分類すると、次のようになる。隆起は骨の鈍い小突出部、突起は骨の強い突出部、結節は節のように高く盛り上がった部分、棘《きょく》はバラの刺《とげ》のように先の尖った突出、顆《か》は先端の肥厚した突起、粗面はざらざらした面で、筋の付着した部分、稜《りょう》は山の尾根のように長く連なった隆起である。

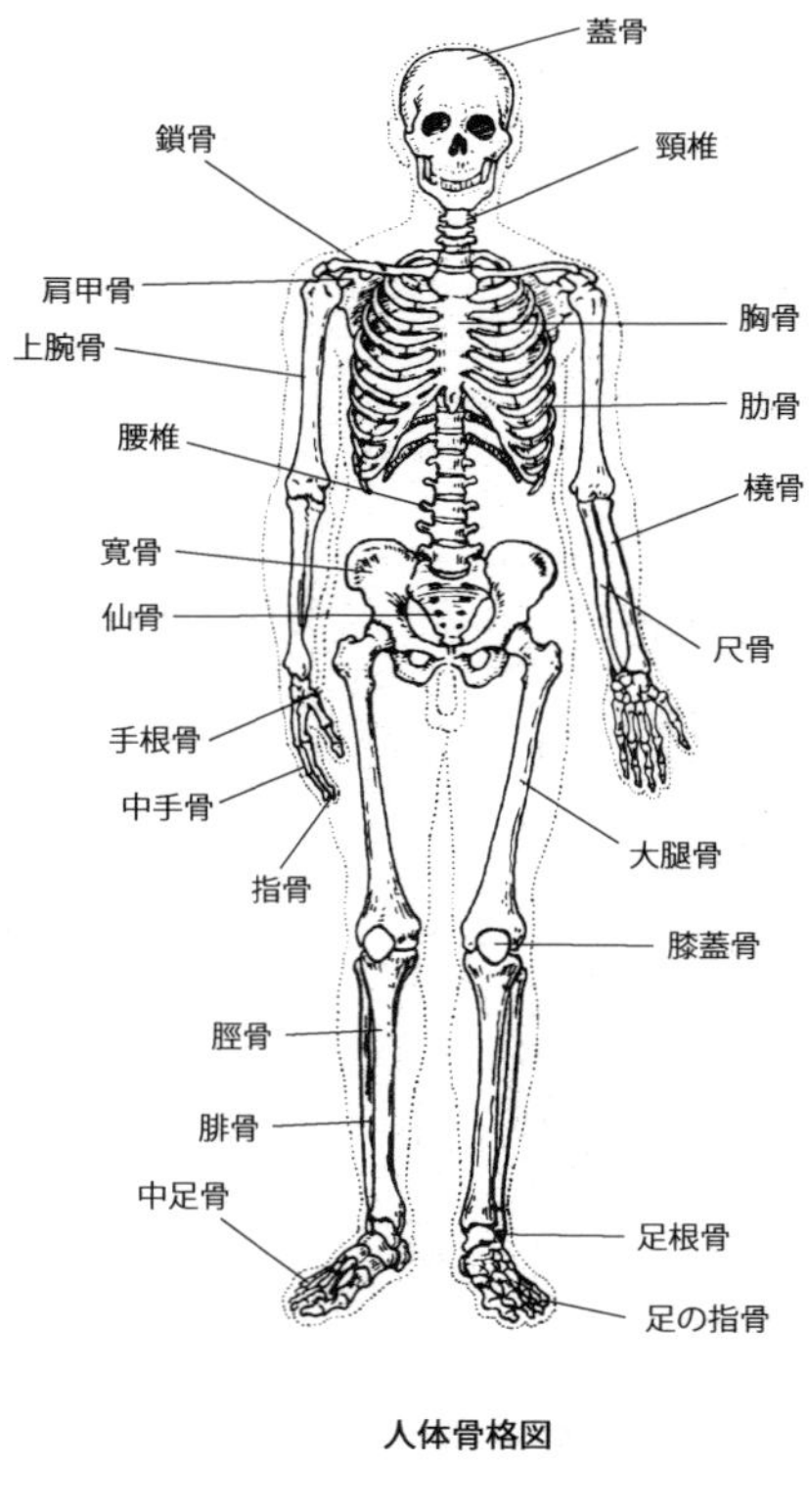

人体骨格図

窪みに属するものは次の通りである。切痕《せっこん》は骨の縁が刃物で抉《えぐ》られたように入り込んだ部分、溝は溝状に細長い窪《くぼ》み、窩《か》は浅く窪んだ部分、裂は周囲が骨で囲まれた裂け目、腔は数個の骨で囲まれた腔所、洞は一つの骨の中の腔所、蜂巣《ほうそう》は小さい腔所が数多く密集したものである。

平面に属するものは次の通りである。鱗は面の鱗状のもの、翼は骨の一部が平たくなった翼状になった部分、板は骨が板状に薄くなった部分である。

人体の骨格は二〇〇個の骨で組み立てられているが、これを大別すると、脊柱、胸郭、上肢骨、下肢骨に大別される。

気血の流通とその開閉盛衰

心体に於ける気血の循環は、天体の運行によって制御されている。太陽の日の出、日の入、月の満ち欠け等の盛衰に従って、また、人体内部の気血という生命エネルギーも、経絡を循環しながら、各々の時間に応じて周期的に開閉盛衰をしている。

　全身を流れる気血は、後天の気の一つである「営気《えいき》」が経絡を流れる時、『霊枢《れいすう》』には「脈に注いで血《けつ》と化す」とあり、このエッセンスは飲食物が変じて血を造り、営気が経絡を流れる時に「血」が生ずるのである。また、気は存在であると同時に作用である。

　因みに、後天の気には「営気」「衛気《えいき》」「宗気《そうき》」の三気がある。

　孟子はその教えの中で「浩然《こうぜん》の気」を説いている。即ち、一晩の休息により、清明で純善な「気」が満ちてくる早朝こそ、浩然の気を養うべきだと「養気」の主張を繰り返しているのだ。この「気」は単に存在というより、人間特有の天体の運行によって左右される機能という方がより理解し易い。

　「気血」という言葉は、体内を流れる生命エネルギーとして用いられ、人間が生活を営む為の生理機能である。

　さて、『論語』の中には「戒め」として、次の一節がある。

「若い時は気血が落ち着かないので、女色を戒めとする。壮年は気血が盛んになるので、争いを戒めとする。老年になると気血は最早衰えるので、欲得を戒めとする」とある。

　このように機能の根源をなす気は、まさに「浩然の気」であり、機能を土台にして自然現象を眺めると、考え方の視点の移動が必要となる。例えば、血管や神経は死体解剖によると物質的な存在であるが、これが生体だと、経絡や経穴は単に物質的な存在とは言い難い。眼に見る事も、手に触れる事も出来ないならだ。しかし、「気」は歴然として存在し、その存在故に自分を取り巻く環境を維持できるのである。

　気血の因子は飲食物にあり、食養によって人は気を養う事が出来る。食養とは食べて養う事を言う。つまり食事とは「気」を食べる事であり、環境や季節を丸ごと体内に取り入れる事である。穀物、野菜、果物等が、食物に宿った気である事は、誰も疑う余地がない。人間はこれを取り入れる事で、気を造り、肉や骨を造る事が出来る。それは同時に感受性に富んだ、高度な判断力を持ち、疲れを知らない状態に維持できて、健康を安定的なものにする事が出来るのである。しかし、これは天体の運行に左右され、陰陽を調え、五臓六腑を安定させ、気血を益し、情志を和する為には、開閉盛衰の意味を心得ておかねばならない。

人体を流れる経絡

経絡とは生命情報を携《たずさ》えた、生命エネルギーを体内に循環させる経路の事である。生体の生命活動は、経絡の流れが滞りなく順調に流れていれば健全、その秩序が乱れ、症状が病気となって現われる時は異常とみなすのである。つまり気血が体内の何れかで滞《とどこお》っている事になる。

　さて、経絡には、十二正経と督脈《とくみゃく》・任脈《にんみゃく》を含む二奇経があり、人体を四十四本に連ねて縦横に走っている。経穴は一般に「ツボ」

と呼ばれ、各経絡上に位置する気のエネルギーの出入口となっている。経絡上には全身約三百六十余りの経穴があって、これが配置され、経絡外の奇穴や、新穴を含めると約八百余りの刺激点が存在している。

五臓六腑と十四経絡について

人体機能は陰の「五臓（正確には心包を含めて六臓である）」と、陽の「六腑」から構成されている。その機能は、五臓が身体の解《げ》毒《どく》やプラナの伝達、あるいは栄養素の貯蓄を受け持ち、六腑が消化、吸収、還元を受け持っている。前者は解毒、プラナの伝達、栄養素の貯蓄である事から非生産的であり、後者は活動エネルギーに変換したり、その還元を行うので生産的である。

また、五臓を詳しく分類すると、肝臓は解毒や貯蓄を司り、心臓はプラナの伝達を司り、脾臓は貯蓄と調整を司り、肺臓は解毒とプラナの伝達を司り、腎臓は解毒を司る。

更に、六腑に於ては、胆嚢《たんのう》は胆汁（消化液）の生産を司り、胃は分解と消化を司り、小腸は消化と吸収を司り、大腸は消化と吸収を司り、膀胱は水分の体内還元（濃縮）を司り、三焦《さんしよう》は潤滑油（ホルモン分泌）の生産を司る。

◎足の太陰脾経《たいいんひけい》

足の親指の内側から始まる。隠白《いんぱく》、大都《だいと》、太白《たいはく》、公孫《こうそん》、商丘《しようきゆう》、三陰交《さんいんこう》、漏谷《ろうこく》、地機《ちき》、陰陵泉《いんりようせん》、血海《けつかい》、箕門《きもん》、衝門《しようもん》、府舎《ふしや》、腹結《ふつけつ》、

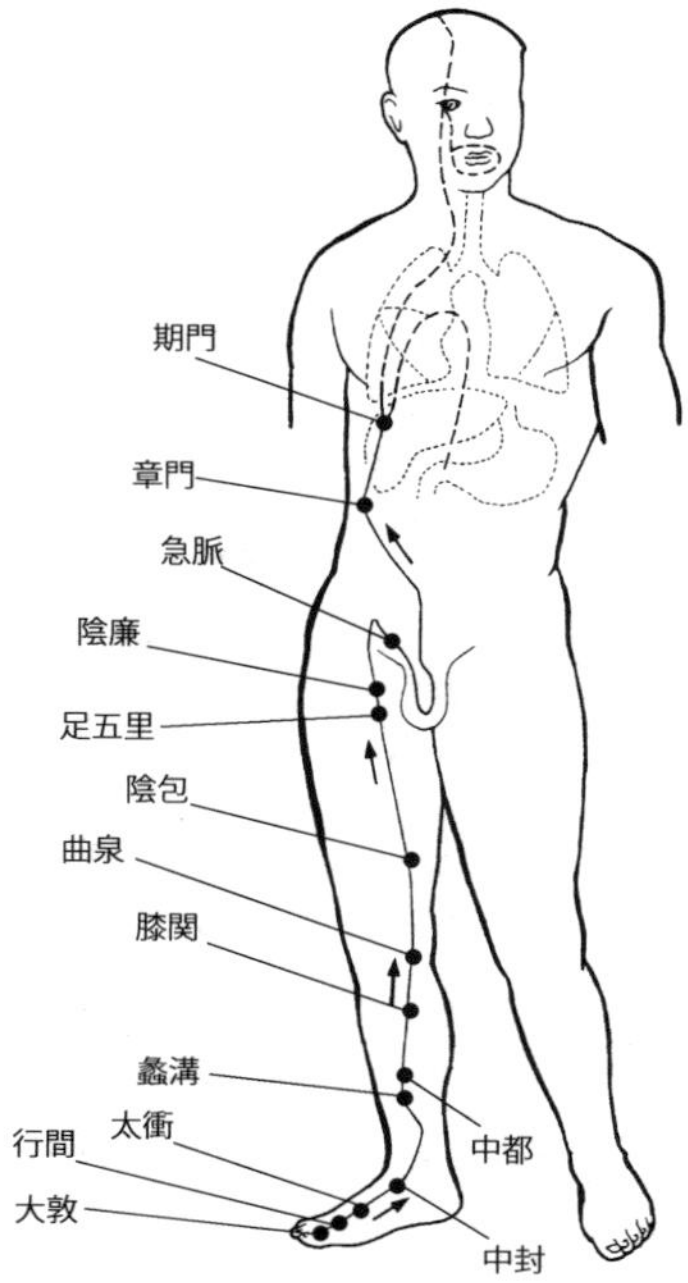

足の厥陰肝経の経絡図

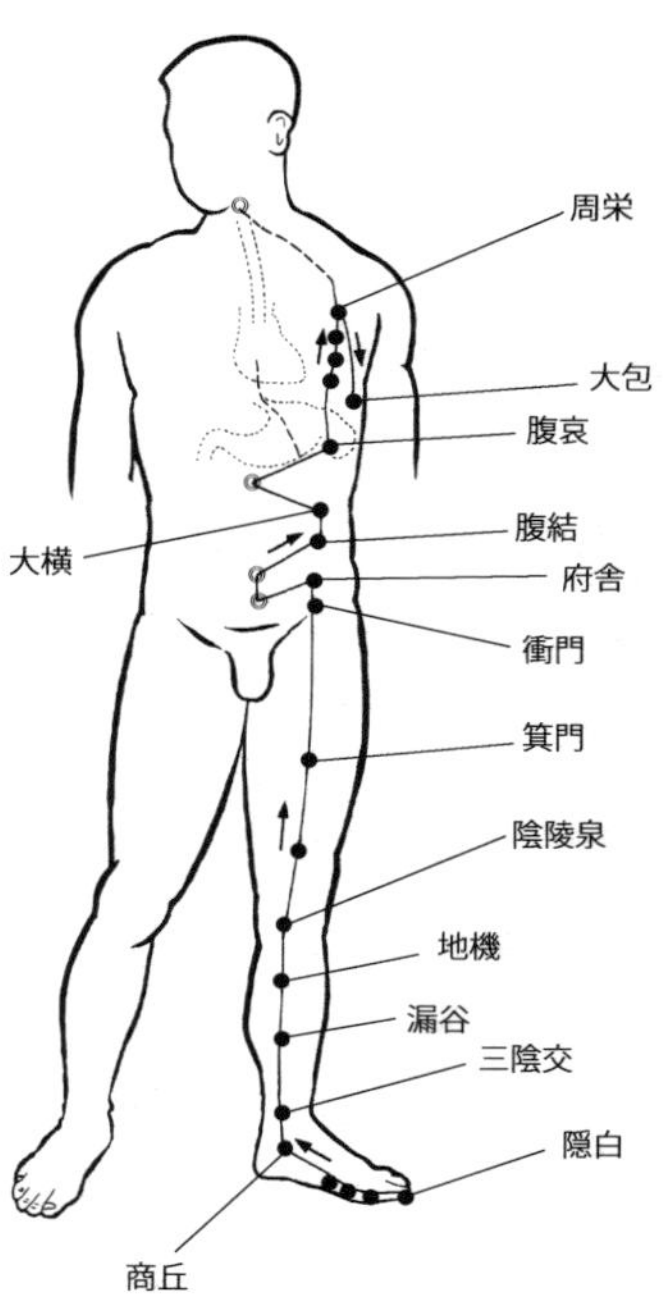

足の太陰脾経の経絡図

大横《だいおう》、腹哀《ふくあい》、食竇《しょくとく》、天谿《てんけい》、胸郷《きょうきょう》、周栄《しゅうえい》、大包《だいほう》の二十一穴である。また、経絡が作用する部分は膵臓、腸や生殖器である。

◎足の厥陰肝経《けついんかんけい》

足の親指の外側から始まる。大敦《だいとん》、行間《こうかん》、太衝《たいしょう》、中封《ちゅうほう》、蠡溝《れいこう》、中都《ちゅうと》、膝関《しつかん》、曲泉《きょくせん》、陰包《いんぽう》、足五里《あしのごり》、陰廉《いんれん》、急脈《きゅうみゃく》、章門《しょうもん》、期門《きもん》の十四穴である。また、経絡が作用する部分は肝臓、生殖器である。

◎足の陽明胃経《ようめいいけい》

足の人差指の外側に至る。承泣《しょうきゅう》、四白《しはく》、巨髎《こりょう》、地倉《ちそう》、大迎《だいげい》、頬車《きょうしゃ》、下関《げかん》、頭維《ずい》、人迎《じんげい》、水突《すいとつ》、気舎《きしゃ》、缺盆《けつぼん》、気戸《きこ》、庫房《こぼう》、屋翳《おくえい》、膺窓《ようそう》、乳中《にゅうちゅう》、乳根《にゅうこん》、不容《ふよう》、承満《しょうまん》、梁門《りょうもん》、関門《かんもん》、太乙《たいいつ》、滑肉門《かつにくもん》、天枢《てんすう》、外陵《がいりょう》、大巨《だいこ》、水道《すいどう》、帰来《きらい》、気衝《きしょう》、髀関《ひかん》、伏兎《ふくと》、陰市《いんし》、梁丘《りょうきゅう》、犢鼻《とくび》、足三里《あしのさんり》、上巨虚《じょうこきょ》、條口《じょうこう》、下巨虚《げこきょ》、豊隆《ほうりゅう》、解谿《かいけい》、衝陽《しょうよう》、陥谷《かんこく》、内庭《ないてい》、厲兌《れいだ》の四十五穴である。また、経絡が作用する部分は胃である。

◎足の少陰腎経《しょういんじんけい》

足の裏側の中心点から始まる。湧泉《ゆうせん》、然谷《ねんこく》、太谿《たいけい》、大鐘《だいしょう》、水泉《すいせん》、照海《しょうかい》、復溜《ふくりゅう》、交信《こうしん》、築賓《ちくひん》、陰谷《いんこく》、横骨《おうこつ》、大赫《だいかく》、気穴《きけつ》、四満《しまん》、中注《ちゅうちゅう》、肓兪《こうゆ》、商曲《しょうきょく》、石関《せきかん》、陰都《いんと》、腹通谷《はらのつうこく》、幽門《ゆうもん》、歩廊《ほろう》、神封《しんぽう》、霊墟《れいきょ》、神蔵《しんぞう》、彧中《いくちゅう》、兪府《ゆふ》の二十七穴である。また、経絡

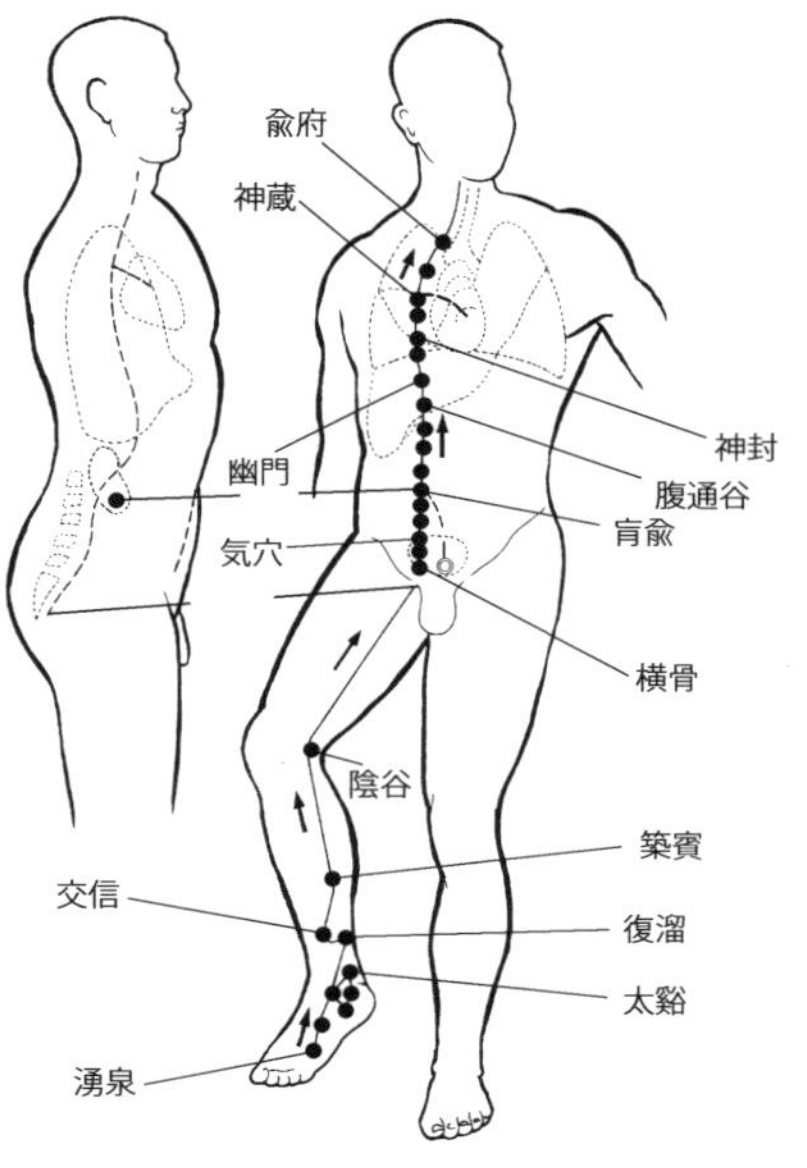

足の少陰腎経の経絡図

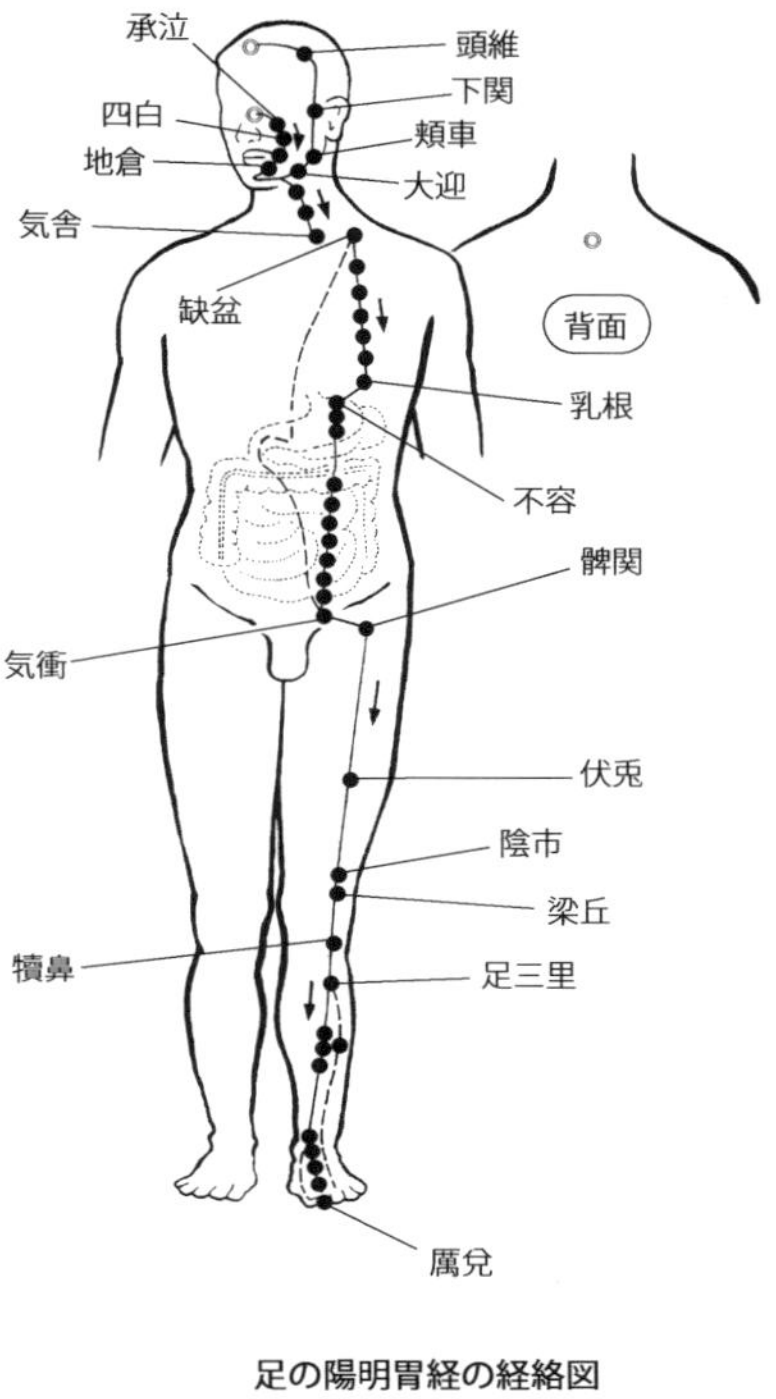

足の陽明胃経の経絡図

が作用する部分は腎臓、脳、脊髄、神経系である。

◎足の少陽胆経《しょうようたんけい》

足の薬指の外側に至る。瞳子髎《どうしりょう》、聴会《ちょうえ》、上関《じょうかん》、頷厭《がんえん》、懸顱《けんろ》、懸釐《けんり》、曲鬢《きょくびん》、率谷《そっこく》、天衝《てんしょう》、浮白《ふはく》、頭竅陰《あたまのきょういん》、完骨《かんこつ》、本神《ほんしん》、陽白《ようはく》、頭臨泣《あたまのりんきゅう》、目窓《もくそう》、正営《しょうえい》、承霊《しょうれい》、脳空《のうくう》、風池《ふうち》、肩井《けんせい》、淵腋《えんえき》、輒筋《ちょうきん》、日月《じつげつ》、京門《けいもん》、帯脈《たいみゃく》、五枢《ごすう》、維道《いどう》、居髎《きょりょう》、環跳《かんちょう》、風市《ふうし》、中瀆《ちゅうとく》、膝陽関《ひざのようかん》、陽陵泉《ようりょうせん》、陽交《ようこう》、外丘《がいきゅう》、光明《こうめい》、陽輔《ようほ》、懸鐘《けんしょう》、丘墟《きゅうきょ》、足臨泣《あしのりんきゅう》、地五会《ちごえ》、侠谿《きょうけい》、足竅陰《あしのきょういん》の四十四穴である。また、経絡が作用する部分は胆嚢、側頭部、肩、体側部である。

◎足の太陽膀胱経《たいようぼうこうけい》

足の小指の外側に至る。睛明《せいめい》、攢竹《さんちく》、眉衝《びしょう》、曲差《きょくさ》、五処《ごしょ》、承光《しょうこう》、通天《つうてん》、絡却《らっきゃく》、玉枕《ぎょくちん》、天柱《てんちゅう》、大杼《だいじょ》、風門《ふうもん》、肺兪《はいゆ》、厥陰兪《けついんゆ》、心兪《しんゆ》、督兪《とくゆ》、膈兪《かくゆ》、肝兪《かんゆ》、胆兪《たんゆ》、脾兪《ひゆ》、胃兪《いゆ》、三焦兪《さんしょうゆ》、腎兪《じんゆ》、気海兪《きかいゆ》、大腸兪《だいちょうゆ》、関元兪《かんげんゆ》、小腸兪《しょうちょうゆ》、膀胱兪《ぼうこうゆ》、中膂内兪《ちゅうりょないゆ》、白環兪《はっかんゆ》、上髎《じょうりょう》、次髎《じりょう》、中髎《ちゅうりょう》、下髎《げりょう》、会陽《えよう》、承扶《しょうふ》、殷門《いんもん》、浮郄《ふげき》、委陽《いよう》、委中《いちゅう》、附分《ふぶん》、魄戸《はっこ》、膏肓《こうこう》、神堂《しんどう》、譩譆《いき》、膈関《かくかん》、魂門《こんもん》、陽綱《ようこう》、意舎《いしゃ》、胃倉《いそう》、肓門《こうもん》、志室《ししつ》、胞肓《ほうこう》、秩辺《ちっぺん》、合陽《ごうよう》、承筋《しょうきん》、承山《しょうざん》、飛揚《ひよう》、跗陽《ふよう》、崑崙《こんろん》、僕参《ぼくしん》、申脈《しんみゃく》、金門《きんもん》、京骨《けいこつ》、束骨《そっこつ》、足通谷《あしのつうこく》、至陰《しいん》の六十七穴である。また、経絡が作用する部分は膀胱である。

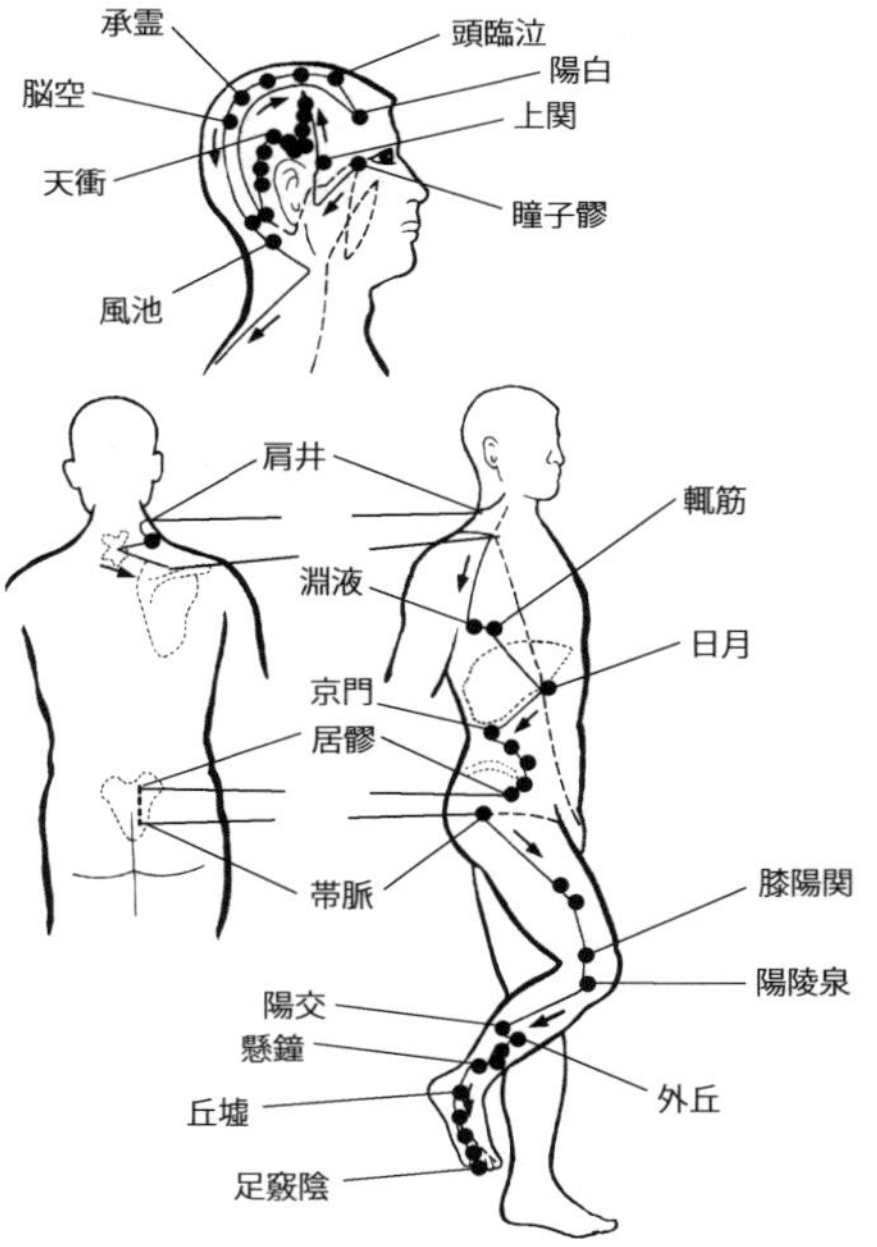

足の少陽胆経の経絡図

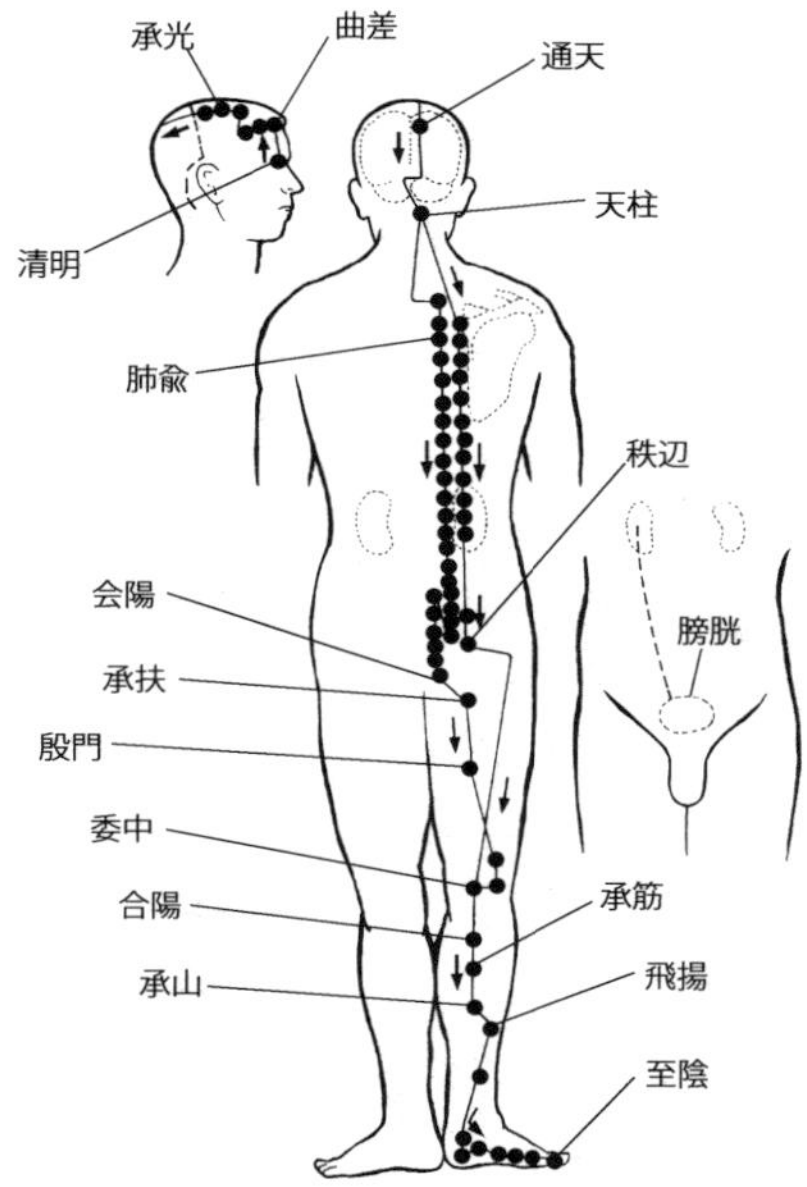

足の太陽膀胱経の経絡図

◎手の太陰肺経《たいいんはいけい》

手の親指の内側に至る。中府《ちゅうふ》、雲門《うんもん》、天府《てんぷ》、侠白《きょうはく》、尺沢《しゃくたく》、孔最《こうさい》、列缺《れつけつ》、経渠《けいきょ》、太淵《たいえん》、魚際《ぎょさい》、少商《しょうしょう》の十一穴である。また、経絡が作用する部分は肺臓、呼吸器系である。

◎手の厥陰心包経《けついんしんぽうけい》

手の中指の内側から始まる。天池《てんち》、天泉《てんせん》、曲沢《きょくたく》、郄門《げきもん》、間使《かんし》、内関《ないかん》、大陵《だいりょう》、労宮《ろうきゅう》、中衝《ちゅうしょう》の九穴である。また、経絡が作用する部分は心臓、腸である。

◎手の少陽三焦経《しょうようさんしょうけい》

手の薬指の外側から始まる。関衝《かんしょう》、液門《えきもん》、中渚《ちゅうしょ》、陽池《ようち》、外関《がいかん》、支溝《しこう》、会宗《えそう》、三陽絡《さんようらく》、四涜《しとく》、天井《てんせい》、清冷淵《せいれいえん》、消濼《しょうれき》、臑会《じゅえ》、肩髎《けんりょう》、天髎《てんりょう》、天牖《てんゆう》、翳風《えいふう》、瘈脉《けいみゃく》、顱息《ろそく》、角孫《かくそん》、耳門《じもん》、和髎《わりょう》、絲竹空《しちくくう》の二十三穴である。また、経絡が作用する部分は体の表面、神経系である。

◎手の陽明大腸経《ようめいだいちょうけい》

手の人差指の内側から始まる。商陽《しょうよう》、二間《じかん》、三間《さんかん》、合谷《ごうこく》、陽谿《ようけい》、偏歴《へんれき》、温溜《おんる》、下廉《げれん》、上廉《じょうれん》、手《ての》三里《さんり》、曲池《きょくち》、肘髎《ちゅうりょう》、五里《ごり》、臂臑《ひじゅ》、肩髃《けんぐう》、巨骨《ここつ》、天鼎《てんてい》、扶突《ふとつ》、禾髎《かりょう》、迎香《げいこう》の二十穴である。また、経絡が作用する部分は大腸中心である。

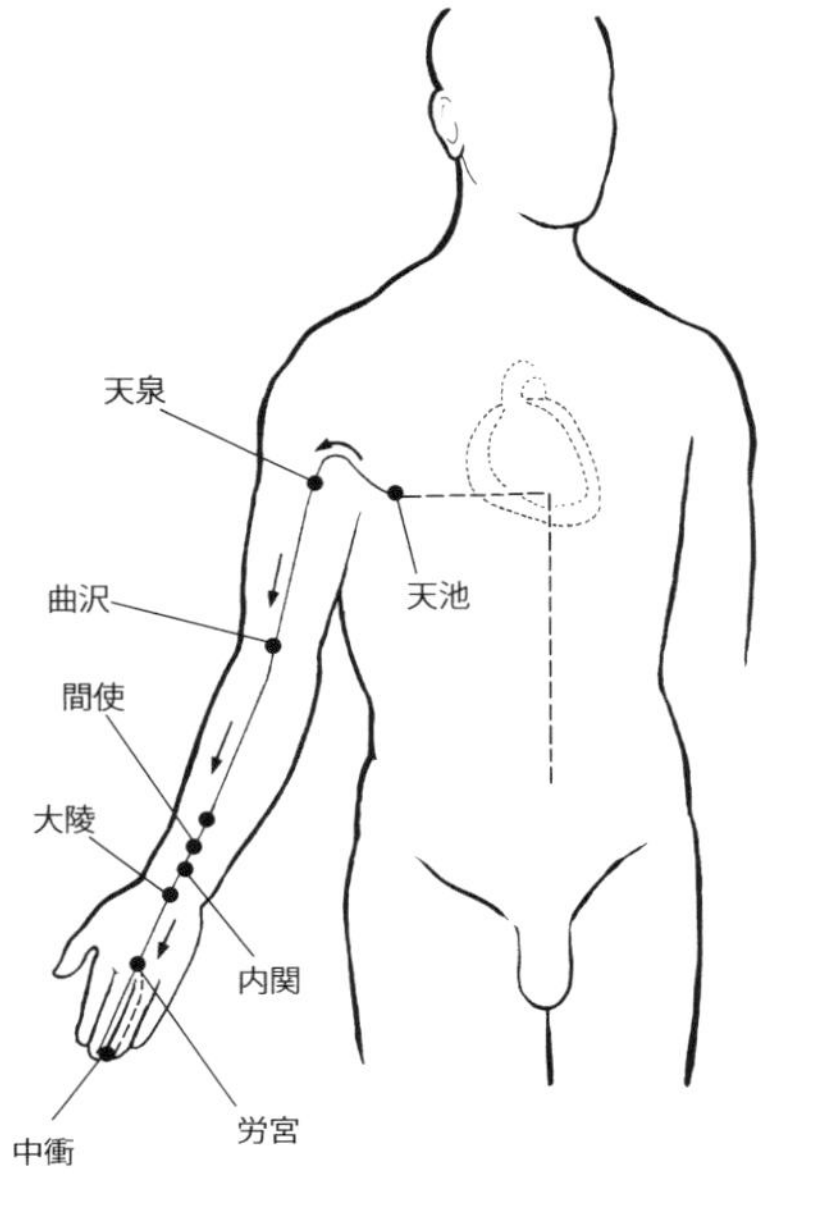

手の厥陰心包経の経絡図

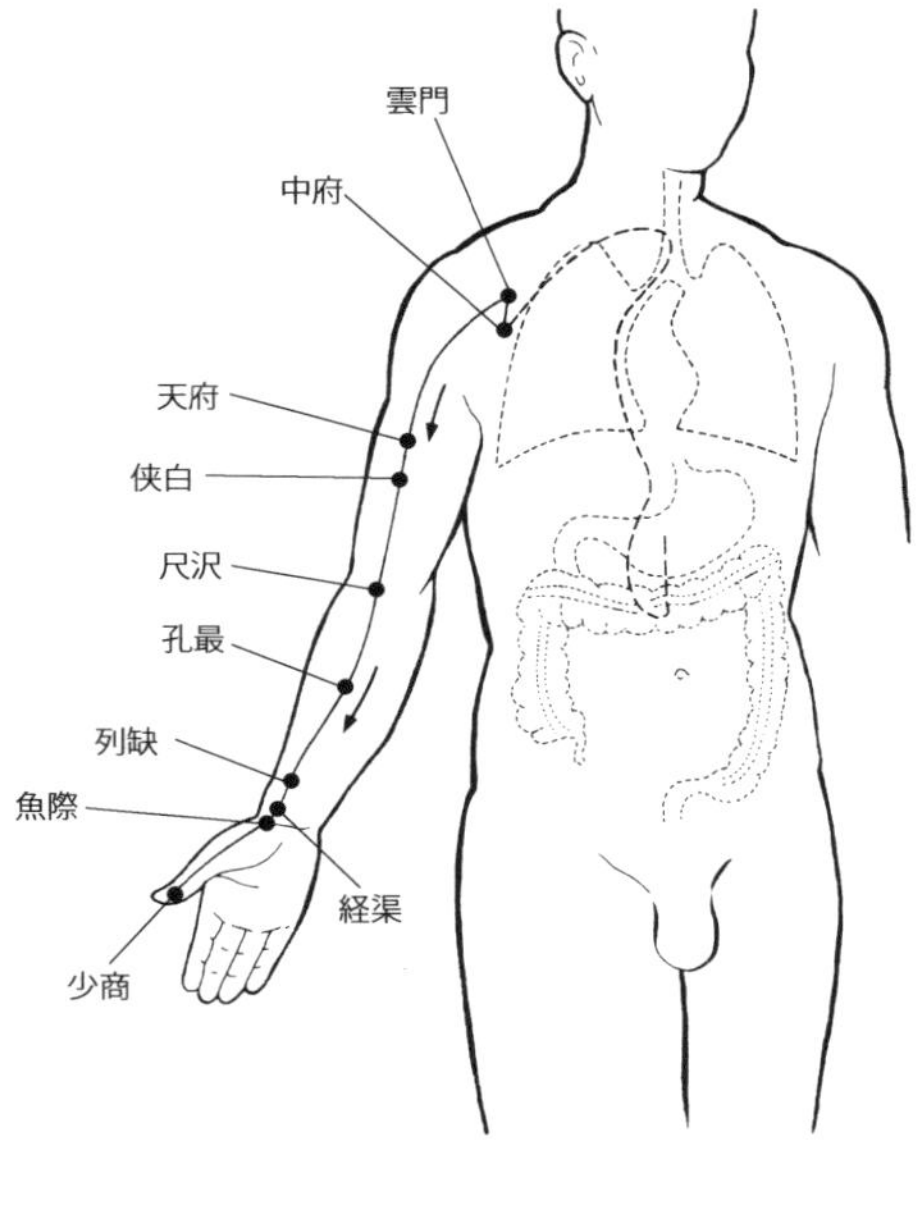

手の太陰肺経の経絡図

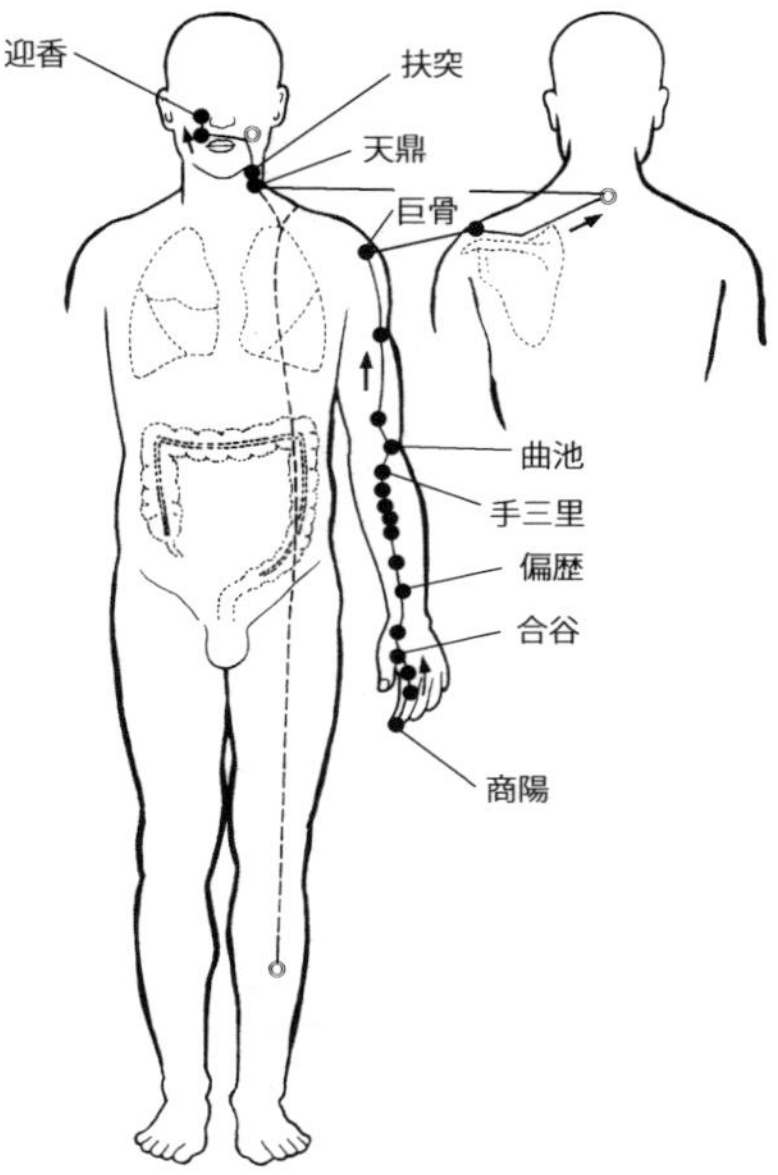

手の陽明大腸経の経絡図

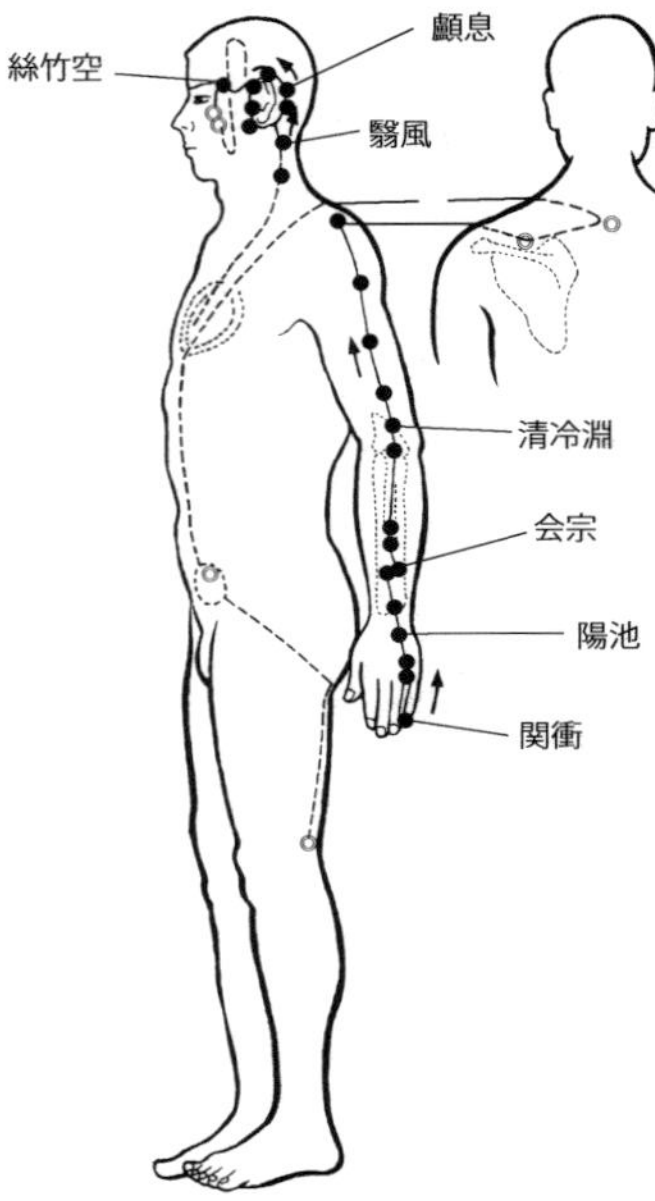

手の少陽三焦経の経絡図

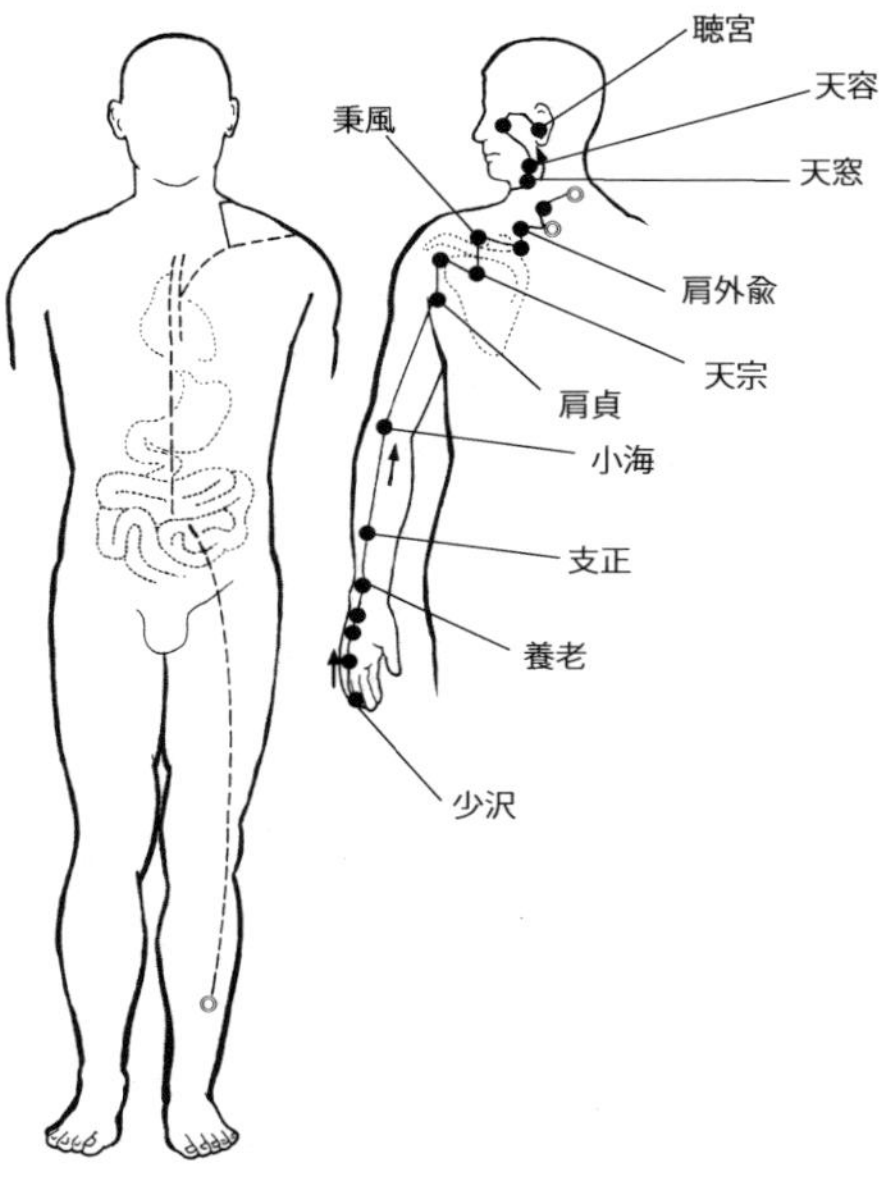

手の太陽小腸経の経絡図

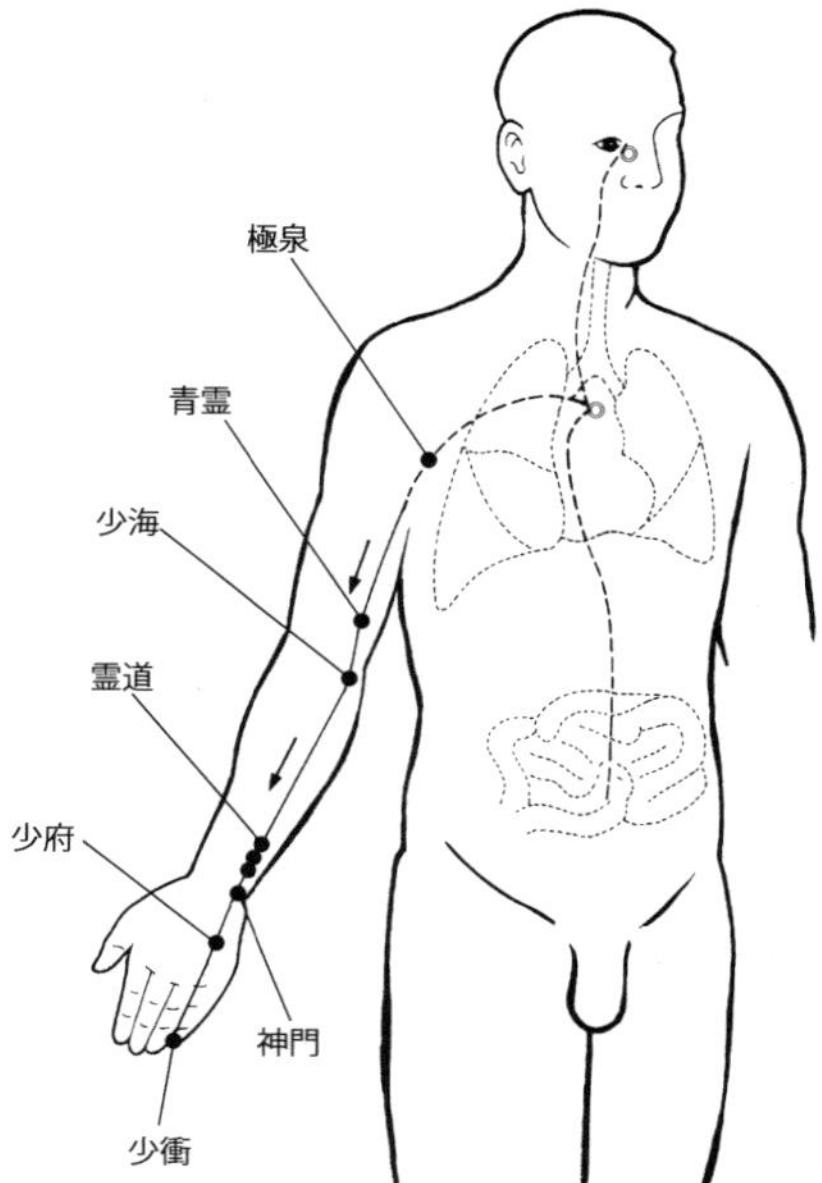

手の少陰心経の経絡図

◎手の少陰心経《しょういんしんけい》

手の小指の内側に至る。極泉《きょくせん》、青霊《せいれい》、少海《しょうかい》、霊道《れいどう》、通里《つうり》、陰郄《いんげき》、神門《しんもん》、少府《しょうふ》、少衝《しょうしょう》の九穴である。また、経絡が作用する部分は心臓、神経系である。

◎手の太陽小腸経《たいようしょうちょうけい》

手の小指の外側から始まる。少沢《しょうたく》、前谷《ぜんこく》、後谿《ごけい》、腕骨《わんこつ》、陽谷《ようこく》、養老《ようろう》、支正《しせい》、小海《しょうかい》、肩貞《けんてい》、臑兪《じゅゆ》、天宗《てんそう》、秉風《へいふう》、曲垣《きょくえん》、肩外兪《けんがいゆ》、肩中兪《けんちゅうゆ》、天窓《てんそう》、天容《てんよう》、顴髎《かんりょう》、聴宮《ちょうきゅう》の十九穴である。また、経絡が作用する部分は小腸中心である。

◎任脈《にんみゃく》

会陰部が起始となっており、会陰《えいん》、曲骨《きょっこつ》、中極《ちゅうきょく》、関元《かんげん》、石門《せきもん》、気海《きかい》、陰交《いんこう》、神闕《しんけつ》、水分《すいぶん》、下脘《げかん》、建里《けんり》、中脘《ちゅうかん》、上脘《じょうかん》、巨闕《こけつ》、鳩尾《きゅうび》、中庭《ちゅうてい》、膻中《だんちゅう》、玉堂《ぎょくどう》、紫宮《しきゅう》、華蓋《かがい》、璇璣《せんき》、天突《てんとつ》、廉泉《れんせん》、承漿《しょうしょう》の二十四穴である。また、経絡が作用する部分は全身である。

◎督脈《とくみゃく》

会陰部が起始となっており、尾骨の先端から始まり、長強《ちょうきょう》、腰兪《ようゆ》、腰陽関《こしのようかん》、命門《めいもん》、懸枢《けんすう》、脊中《せきちゅう》、中枢《ちゅうすう》、筋縮《きんしゅく》、至陽《しよう》、霊台《れいだい》、神道《しんどう》、身柱《しんちゅう》、陶道《とうどう》、大椎《だいつい》、瘂門《あもん》、風府《ふうふ》、脳戸《のうこ》、強間《きょうかん》、後頂《ごちょう》、百会《ひゃくえ》、前頂《ぜんちょう》、顖会《しんえ》、上星《じょうせい》、神庭《しんてい》、素髎《そりょう》、水溝《すいこう》、兌端《だたん》、齦交《ぎんこう》の

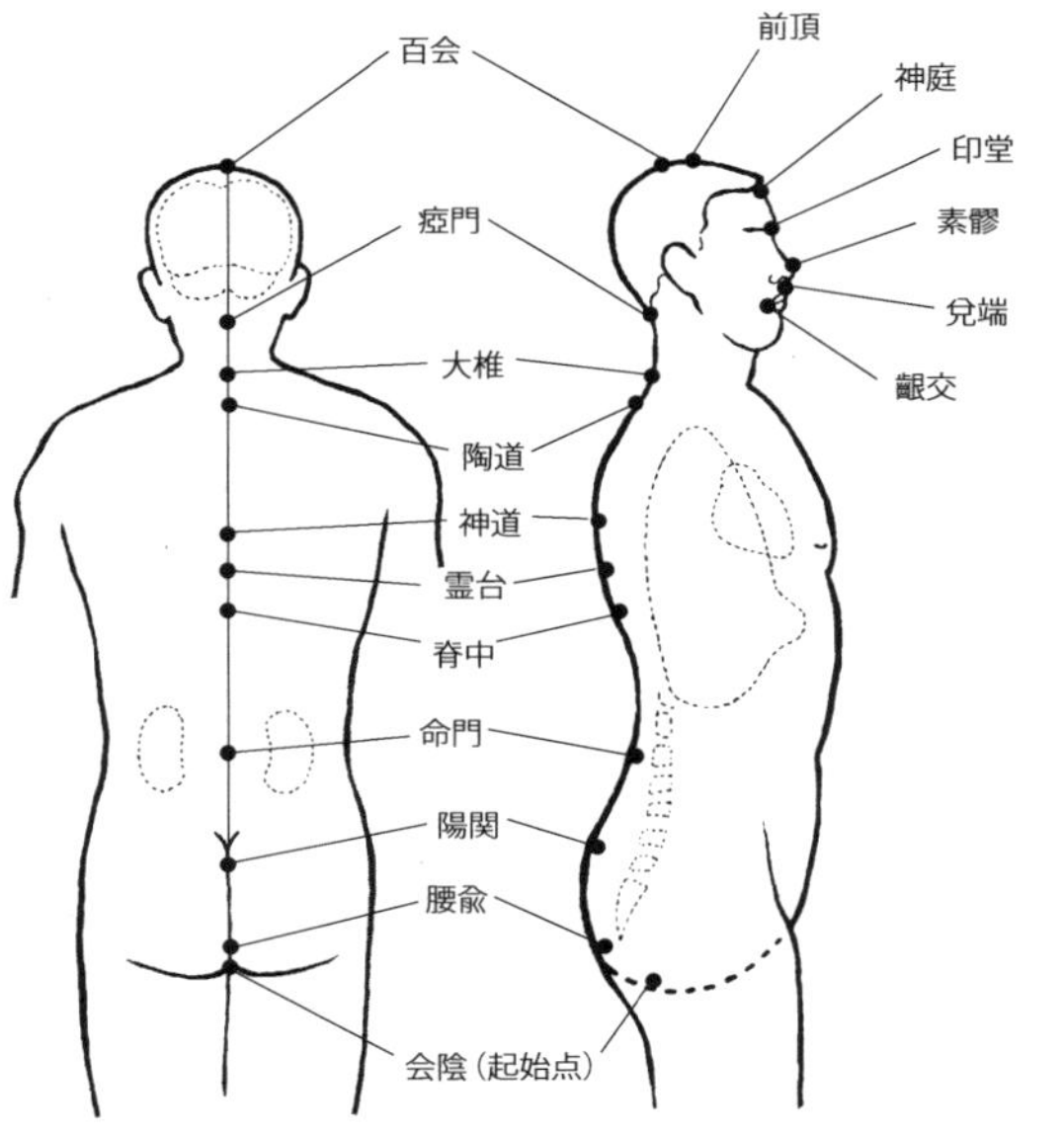

督脈の経絡図

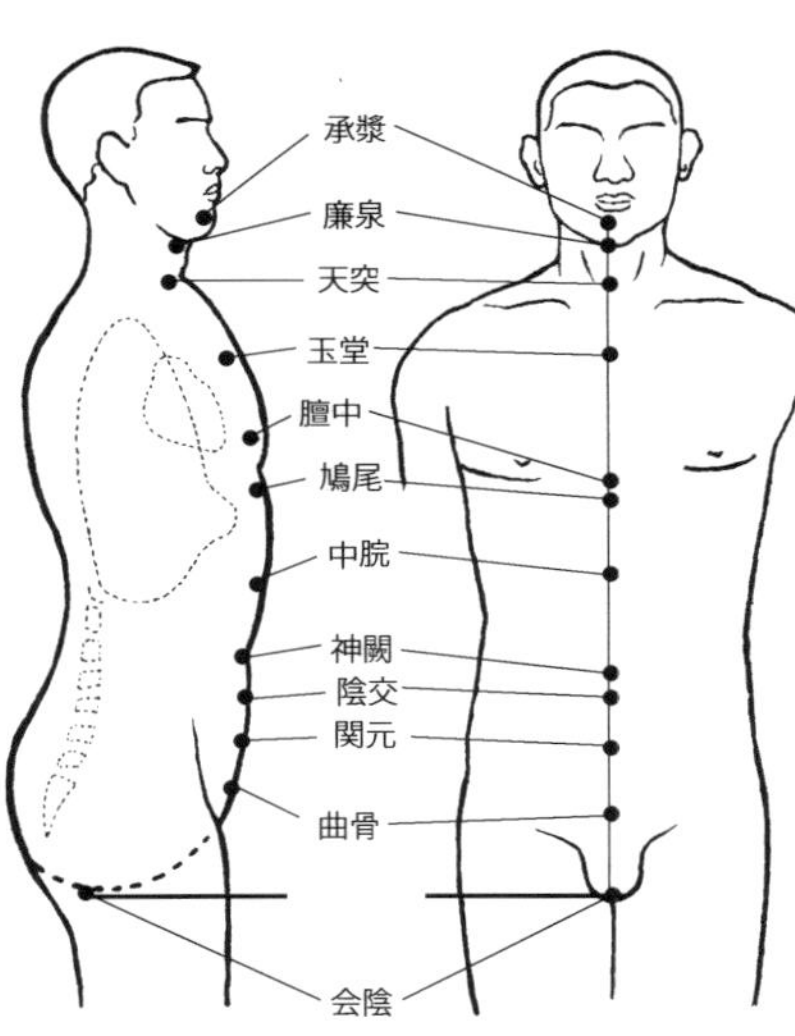

任脈の経絡図

二十八穴である。また、経絡が作用する部分は全身である。

躰動

人間の生存本能のエネルギーは、ある種の長寿を願うものに注がれる。

そして健康でありたい、長生きをしたい、これは人類共通の願いであろう。

さて、武術の歴史を振り返ると、その流統を為《な》した宗家、家元、開祖と謂《い》われる武術家の多くは長寿であり、死ぬまで修行に明け暮れた事が窺われる。では彼等は何故長寿を全うし、殆ど病気という病気もせずに健康を維持し、自らの人生を全う出来たのであろうか。

この事柄に迫る時、一つのキーワードに達する。

それは武術、若くは武道イコール「躰を動かす」という「動きの図式」に行き当たるのである。そして何よりも注目したい処は、規則正しい日々の生活（精進）と、贅沢をしない（食通《グルメ》として美食にこだわらない）食餌法《しょくじほう》である。

彼等は、実戦の中から「程々《ほどほど》」という極意を見付け出したのである。何事も自然に逆らわず、ただ滔々《とうとう》として「目先の欲に囚われない境地（吾唯足知《われただたるをしる》）」に到達していたのである。そして彼等の日々の精進として行った行法の一つに「躰を動かす」事があったのである。

躰を動かすという事は、「躰動《たいどう》」であり、躰動とは人間がその骨格なり、筋肉及び神経を、特殊な方法で動かす事によって、普段では使わない筋肉や神経を動かす事であった。

また、それに付随する、その骨格を成す骨の接合部分である関節部を極限まで、「動かし」、そして「曲げる」事によって、気・血の流れを良くし、血液の循環を促進させる効果を熟知していた。

つまり、躰を止めれば「気血」が止まり、動かせば気血も運行し始める。人間の躰は極限まで動かし、曲げる事によって、今まで動きが鈍くなっていた箇所が再び蘇る仕組を知っていたのである。

血液の促進が躰全体に程よく循環されると、毛細血管の循環回路は大きく開かれ、生理機能が増大されるのである。

生体の最も根本を支えているのは生理機能であり、これが人間の生存本能を満足させる役目を担っている。この生理機能とは、同化作用と異化作用である。

この二つの作用は、全く相反する方向性を持っており、同化作用は生体物質を合成し、エネルギーを蓄積していくのに対し、異化作用は生体物質を分解・消化して消費するという働きを担っている。

躰の中では、人間の一日の二十四時間内で、同化作用と異化作用が昼と夜で交互に行われているのである。日が暮れて明け方までの時間は同化作用が優勢になり、夜が明けて日中の時間は異化作用が優勢になる。

これを具体的に言うならば、「食事と睡眠」は同化作用であり、

「排泄と活動」は異化作用の為せる技なのである。

人間の肉体的条件は、食事を行う事により心身がリラックスし、それはやがて眠りという状態に至る。この睡眠中の状態が同化作用であり、この状態は、深い熟睡に至れば至る程、効果が大きく、熟睡中に同化作用が完了する。また、睡眠から眼が覚めたら不要物を排泄する現象が現われ、排泄後すっかり身が軽くなったら、異化作用で得たエネルギーを存分に使って様々な活動を行うのが、人間の摂理である。これが凡その順当な一日の生活循環である。

そして人体の構成成分は「気《き》・血《けつ》・水《すい》」である。

虚を齎す内因と外因

気は生命エネルギーの源（陽）であり、血は血液を構成する物質（陰）であり、水は体液を構成する物質（陰）である。

現世は因果の世界から構築されており、過去の設定したものが生命活動に影響を及ぼし、活動の場としての顕在宇宙が、大宇宙（天体を形成する惑星群）と小宇宙（個人の人体）の繋《つな》がりの中で生命体を育《はぐく》み、宇宙エネルギーを個人に還元させる作用を行う。つまり、人間という一個の個人（小宇宙）を支える為に、「気」の支配を受ける。気の支配下にある個人は、それを受ける側としての輪廻を行い、受け続ける間に「業《ごう》」の蓄積を行う。その影響が原因となって、相関関係を生じさせ、その業が因果律として、因果という設定を行っていく。

気が「虚《きょ》（＝邪）」になれば、血が穢れ（邪悪）、血が穢れれば、水が濁り、水が濁れば、気が失われるのである。これを「輪廻転《りんねてん》生《しょう》」という。

人間は、この輪の中に現世を見い出しているのである。そして業の蓄積と、原因と結果はの、果てしのない輪廻を繰り返す。病気はこの輪廻の中に存在するのだ。

さて、病気は、この気・血・水が「邪《じゃ》」になることから起こり、多くは運動不足と日々の不摂生から病因を招いている。その病因には外因《がいいん》（気象条件で、風《ふう》・寒《かん》・湿《しつ》・暑《しょ》・火《か》・燥《そう》の六種＝六気《ろっき》）と内因《ないいん》があり、外因は気象条件の他に飲食物（人体は食の化身である）を指し、内因は自己を取り巻く環境を指している。

病因としての内因は、「喜《き》・怒《ど》・憂《ゆう》・思《し》・恐《きょう》・悲《ひ》・驚《きょう》」の七《なな》情《じょう》（人間の持つ本来の縁起）と、「利《り》・衰《すい》・毀《き》・誉《よ》・称《しょう》・譏《き》・苦《く》・楽《らく》」の心の動揺を現わす「八風《はっぷう》（世間風《せけんぷう》）」がある。八風とは、社会環境を取り巻く、俗事の動揺である。

人間社会を取り巻く現状には、七情の縁起と共に、心そのものが動かされる八風が吹き荒れている。我々は社会環境の中で、この八風に流され易い。流されれば、心身共に外傷と内傷を受けるのである。また七情は八風に曝《さら》されて、内傷を受け、内傷は外因の原因である気象状態の邪気を受けて、「外流《がいりゅう》（邪気や邪霊）」に流される事になる。これは身体的には苛々《いらいら》として現われ、肝を病み、また肝は苛々を起こし易く、怒りっぽくて冷徹な判断力が失われていくのである。やがてストレスによる胃潰瘍等に発展し、くよくよ思う悩むようになり脾を傷つける事になる。

このように内傷は内因を作り、内因は外因と深く関わって恐ろしい悪循環を繰り返すのである。

また、外因の一つである飲食物も、人体と深い関わり合いを持っている。

古伝に、「魚は火《か》を生じ、肉は痰《たん》を生じ、蔬菜《そさい》（水果）と豆腐は平安を保つ」とある。つまりこの教えは熱（現代栄養学でいう熱量《カロリー》の事ではない）としての、肉（豚∧牛・鴨・馬∧羊∧鶏）、魚（淡水魚∧鮪等の大型魚∧鯛・鮃∧鰤∧鯖∧鰯等の小魚。因みに、∧は、「火」の順、即ち熱の大きい順を表す）、辛い食品、酒、塩分、糖分等は摂《と》り過ぎないようにし、季節の野菜を多いに食べ、動物性食品を避け、植物性食品（キュウリやナスのように、その性が「涼」の為、胃を冷やすものがあるので注意）を食べるということを説いている。

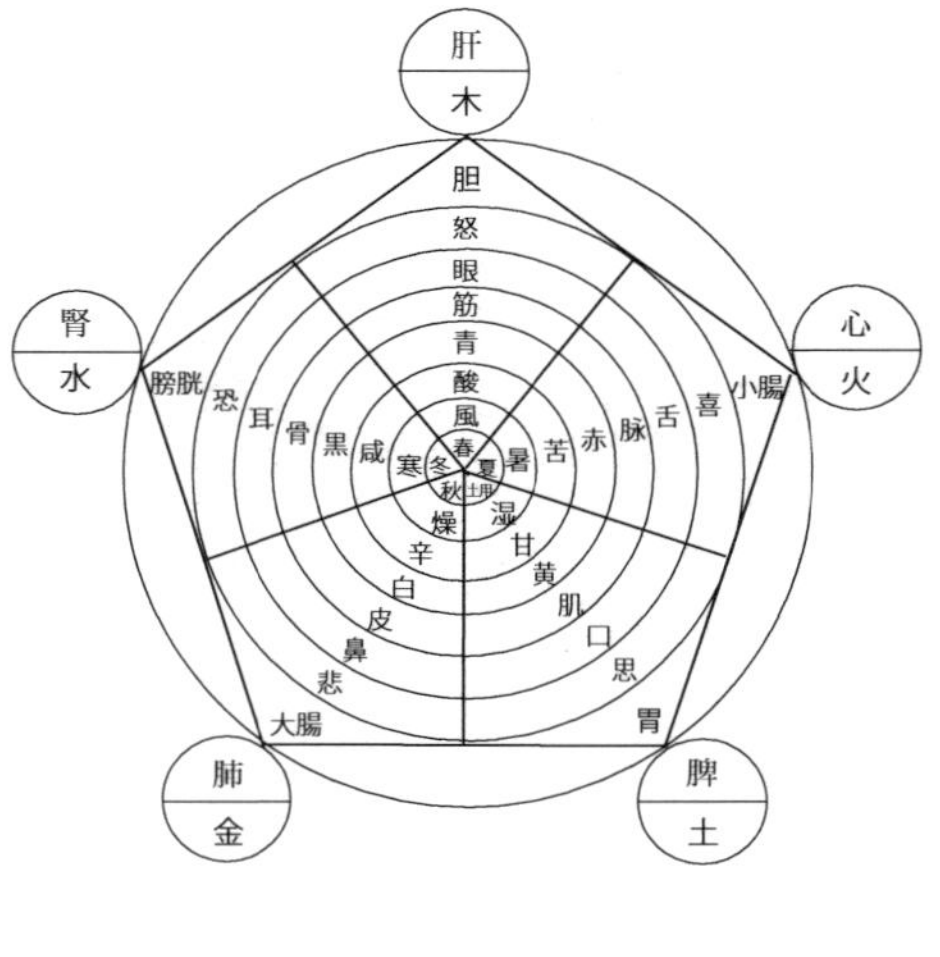

五行色躰表

右の図表は『五行色躰表』である。

五行循環理論（木火土金水）に五臓（肺《はい》・脾《ひ》・心《しん》・肝《かん》・腎《じん》で陰で構成され、但し心包は表の中に含まない）と五腑（胃・小腸・大腸・膀胱《ぼうこう》・胆で陽で構成され、但し三焦は表の中に含まない）を当てはめ、感情の「五志（七情のうちの五つの感情で、喜《き》・怒《ど》・思《し》・恐《きょう》・悲《ひ》）」と、感覚の「五竅《ごきゅう》（口・鼻・耳・眼・舌）」と、器官の五主（肌と肉・皮膚と頭髪・骨・筋と腱《けん》・脉）」の関係を示したものである。これらは「五色（黄・白・黒・青・赤）」と、「五味（甘・辛・苦・酸・咸）」と、「五気（風・寒・湿・暑・燥で、火《か》は表の中に含まない）」と、季節の「五季（春・夏・土用〈長夏〉・秋・冬）」を組み合わせて相生や相剋の関係を判断するものである。

例えば、この『五色色躰表』から判断して、各器官の機能を説明していくと、いつも怒ってばかりいるので「怒」が激しくなり、苛々が募って肝を傷つけ、逆に肝の機能が衰えると怒りっぽくなり苛々は益々激しくなる。

五臓でこの表から判断すると、肝は「筋と腱」に属するから肝の機能が低下するという事は筋肉に異常を齎《もたら》し、所謂《いわゆる》脹脛《ふくらはぎ》の「こむらがえり」という筋肉の痙攣を起こすのである。これらの症状において、控えるべきは動物性食品であり、肝臓に負荷がかかるため、食欲不振に陥ったりする。この改善法は、二日から三日の間水だけを飲んで動きながら過ごすことである。また、腹巻きをして、肝臓付近の保温も必要である。背中を電気ストーブで炙《あぶ》る事も大きな効果がある。

「こむらがえり」の直接の原因は、脊髄のズレから起こる症状で、過去に於て暴飲暴食が原因であり、椎骨（頚椎、胸椎、腰椎、仙骨）の亜脱臼があり、脊髄神経が圧迫されている為である。

肝が虚になると、脊椎に付随している腱や筋がどちらかの方向に緊張を生じて縮む事になり、同時にこれは肝臓への赤信号を発している訳だ。

また、五竅から判断すれば、肝は眼の働きを司り、肝が衰える（虚）と、視力が低下し、諸々の眼病を患う事になる。

更に、五味から判断すると、肝と関係するのは酸の味であり、肝の働きを助ける為には酸味が必要である。酸っぱいものが欲しくなる現象は、肝の機能が衰えた時に起こるものである。そして五味の摂取は少な過ぎても多過ぎてもいけない訳であり、常に五行に合わせた陰陽のバランスを保つ事が大切である。

生命力と治癒力

よく、生命は「永遠」であるという言葉を引用される事がある。その永遠の響はその儘宇宙に繋がっていく。顕在宇宙である現世は有限なものであるが、永遠の生命活動が繰り返されているのなら、その現場がある筈であり、活動の現場としての宇宙が存在していなければならなくなる。

換言すれば、私という個人は、現在を生命体の中の宇宙で存在している事になる。宇宙の中の私という事なのだ。

ところがそれを逆に捉えるならば、私という存在を支える宇宙エネルギーも存在している事がある、と謂う事になる。更に生命活動が永遠とするならば、宇宙のエネルギーを受け続ける私という結論が生まれてくる。これが輪廻転生の実体である。

また、それは生命体としての私が、宇宙エネルギーの波動を受けながら単に存在し続けるという事だけではない。存在の過程の中で、個人は様々な影響を受け、業を蓄積して、善悪孰れかに偏った行動をしている事になる。不摂生を繰り返せば健康を損ない、精進を積めば善果として健康を保つ事が出来る。善悪も結局行き着くところは、因果律の輪の中に戻ってくるのである。

さて、「病気は気から」という言葉がある。つまり不安や緊張が続くと心理状態に深く関与して、自律神経系のフィードバック機能が破壊され、種々の身体的不定愁訴を拡大させ、それが病気として現われるという訳である。

これらは身体的な症状に止まらず、種々の感情障害を起こし、一般に謂われている自律神経失調症がこれに入る。思い悩むと脾を傷つけ、怒り過ぎると肝を傷つけ、喜び過ぎると心を傷つけ、悲しみ過ぎると肺を傷つけるのがこれである。そして恐れ過ぎると腎を傷つけるのである。

殊に腎は生命力の根源であり、成長・発育を司る働きがあり、これがピークに達すると、生命活動は下降線を辿る。また人間の生命力には各々の年齢に節目があり、男は八の倍数（8×8＝64歳）、女は七の倍数（7×7＝49歳）で「腎虚《じんきょ》」（腎の精気が衰え、男は六十四歳頃精液が極度に薄くなり、女は四十九歳頃に生理が終わる)」になっていくのである。しかし、複雑な人間社会を生きる現代人は男女を含めて、凡そ五十歳を境に腎虚となる事が多いようである。

腎虚とは髪の毛が抜け、あるいは白髪になり、耳の機能が低下し始め、水分代謝が容易でなくなり、歯が弱くなり、蔵精が減少し、骨髄の機能が弱く脆《もろ》くなり、大小便の排泄(前立腺肥大症等で)が容易でなくなり、また性機能が極めて減退する。その多くは、現代人の肉や乳製品の過剰摂取にあり、早熟がその原因である。人間には「精禄《せいろく》」というものがあって、早熟で早く使い過ぎれば、それだけ早く腎虚となる。

肉や卵は、コレステロールを増やす元凶だと警戒されながらも、未だこれらの食品は、スタミナ源であると信じられている。コレステロールを増やすという、そのマイナス面が敬遠されながらも、スタミナ源と信じられているのは、大きな矛盾である。

血液を汚し、粘着力を強めて、酸毒化し、コレステロールを増加させて、動脈硬化や高血圧や糖尿病等を引き起こす動物性食品が、その一方でスタミナ源であると信じるのは、実に相矛盾した考え方であると謂わねばならない。

食物が、スタミナそのものの原動力となって活動出来る血管の状態は、先ず動脈がしなやかで、血液がサラサラの弱アルカリ性(生理的中性)の時に限って働くものであり、動脈硬化で血管が固く脆くなって、然も酸毒化して腐敗菌に冒されている場合に、これがスタミナ源になる、というふうに考えるのは誤った盲信的俗説といわねばならない。

肉食、卵、乳製品中心の食事をしている人は、内臓機能の老化を早めるので短命になり易い事が『国際自然医学会(医学博士・森下敬一会長主宰)』等の医学白書で報告されている。

肉等を始めとする動物性食品は、分解によって強酸類が発生し、血液を酸毒化して、代謝機能を根本から狂わせる元凶である。

その結果、性的な病的興奮や、中高年になってからの前立腺肥大症等の、深刻な排泄障害を起こす現状が述べられている。また、少年少女を早熟に至らしめて、性的興味を増大させ、精力的エネルギーが排泄されて、その分だけ老化を早める結果を招くとされている。性犯罪の多くは、精液の捌《は》け口を求めての犯罪であり、結局肉食が原因となっている。

昨今の青少年が早熟なのは、実に肉食に由来しているのだ。青少年犯罪が年々低年齢化するのも、肉食の結果から起こる早熟が原因であり、肉食はこの他にも、性格的には肉食動物のように、気性を獰猛にさせ、好戦的で傲慢な人間を作り上げてしまうので警戒したいものである。

欧米人が日本人に比べて、極めて傲慢なのは、個人の自信から来るものではなく、肉食の結果起こる性格変貌で、このような好戦的で傲慢な一面が反映されたものと考えられる。

さて、生命力を再び呼び戻し、回春術として大東流整体術を取り入れる場合、先ず生命力の根源である納気《のうき》(吸気)について正しい考えを持たなければならない。「肺は呼気を司り、腎は吸気を司る」という考えであり、殊に腎は生命エネルギーの根源をなしているという事実である。また腎は骨を司り、髄を生み、脳に通じているのである。即ち、腎虚になれば、骨の様々な障害が現われると同時に、歯も弱くなっていく。更に髄には、骨髄と脳髄の意味があり、腸で造成された血液（腸造血説の考え方）は骨髄に白血球製造の指令を与え、再び腎臓へ還元するコースを辿る。従って腎を強めることが生命力を蘇らせ、体内の治癒作用は増幅されていくのである。

現代栄養学の誤り

　肉食は、このように動物的闘争本能を剥き出しにして傲慢に駆り立て、穏和な性格を失わさせる食事であるという事を胆に命じなければならない。

　また、伝統や習慣の違う、動物性食品を摂取するという、現代栄養学の考え方は危険極まりない。栄養学者が謂うように、これらを長期に亙《わた》って食すると、体調に異常が生じ、また、精神的にも運勢的にも、眼に見えないところで不幸現象を招く。

　唯物論者は、目に見え、手に触れる物理現象を示すものだけしか信用しない。霊的現象を軽蔑し、近代科学の名の許《もと》に、それを排他する。ここに彼等の偏見的で傲慢的な鈍感さがある。

　戦争、交通事故、貧困、残忍性、醜悪さ、病気、禁忌、怪我、犯罪、家庭不和、反道徳、不倫、強姦《レイプ》、強制猥褻《わいせつ》等これらの不幸現象は、「食」と密接な関係があるのだ。大地とは「血や肉」であり、その組織化されたものが人体である。

　また、国際化の波は、食糧危機にも暗い翳《かげ》りと、波紋を投げかけようとしている。

　政府の外国に依存する政策は、農家の減反に拍車を掛け、若者の離農を煽《あお》る原因を作っている。その結果、自給率が年々低下している。

『国連農業白書』によると、現在の日本の自給率は、ＥＵの農業国家が一〇〇％から一三〇％を達成しているのに対し、二十九％という低い数値に留まっている。自給率の低い国家が、その最後、どのような結末を迎えるか、歴史はそれを教えている。

　計画経済で、食糧政策を表面に打ち出し、自国の人民を管理統制した事は、旧ソビエト等の社会主義国家を見れば、一目瞭然である。

　さて、ここでマルクス主義と資本主義の構造の類似点を探ってみよう。

　大衆の知る範囲では、両者は相交える事の無い、相反する政治理論だと思われている。しかし、これは短見的な見方である。

　資本主義経済は、十七世紀のイギリスの産業革命に由来している。このイギリスで発明された社会工業化の社会装置は、資本主義経済の中枢を担い、やがて全西欧に普及して、大きな発展を遂げていく。しかしまた、その発達は、社会そのものを病ませる要因にもなった。

　つまり上部構造と下部構造が、構造主義によって、更に次の構造化を生み、貧富の差が拡大して、不平等が生じてくるという現実を作ったのだ。金持ちは益々金持ちになり、富国は益々富んで栄える。しかし、この現象が一旦バランスを失うと、社会不安と国際緊張が高まり、ついには戦争に発展するという事になる。

マルクスの生きた十九世紀の近代資本主義社会は、その恥部とも言うべき、不平等と不自由を浮き彫りにして、封建制度に酷似した社会構造を作り出していた。

この構造主義に終止符を打つべく、マルクスは『資本論』を著し、この恥部を明解にしようとしたのである。俗に言う、下から上の階級闘争であり、プロレタリア独裁であった。

さて、資本主義が富と広大な領土を支配する事で、上から下へ支配の触手を延ばすのに対し、共産主義社会主義は、革命によって下から上に支配の触手を伸ばすものである。

何れにしても、世界を一新させる社会構造的装置であり、この両者は決して相反する理論で貫かれているのではない。元々二つは同じ政治的経済的な目的を持った、ひと握りの世界支配層の為の政策手段であるという事が分かる。

スターリン独裁体制下当時、ひと握りの特権階級によって、政治が牛耳られてきた事は周知の通りである。多くの人民は帝政ロシア時代以上に酷使されていた。それは何か。支配層によって、食糧が制限あるいは操作されるからだ。食糧が制限され、充分に人民に行き届かなければどうなるか、という教訓を、旧ソビエトは歴史の中で教えているのだ。今もその延長上にある。

昔から、支配者や征服者の支配層が、人民を従順にさせる政治手段は、常に飴《あめ》と鞭《むち》だった。

食糧を少なめに制限されながら、充分に与えないで、空腹状態にして於て、そして鞭を振るって跪《ひざまず》かせ、その従順になったところに僅かばかりの飴（食糧）を与える。この遣り方が、今も昔も支配層の間で行われてきた。

スターリン独裁体制下当時、多くの人民が強制収容所送りとなり、また、無惨に処刑されていった。これらの事実は当時の生々しい歴史映像が教えているのだ。

しかし、食糧を操作制限しながら、人民を酷使した、旧ソビエトのこれらの歴史の教訓は、日本では全く生かされていない。

さて、今日の支配層は、以前の国単位の支配勢力ではなく、政治的経済的意図を露《あらわ》にして、単なる一国の支配層から、世界支配層へとのしあがっている。我々はその実情を知らねばならない。

彼等の手段は、食糧を握る者が世界を制するという支配理論の上に成り立ったもので、食糧政策に某《なにがし》かのシナリオを作り、その演出をする為に、日本の食糧政策に深く介入しているといわれている。

その中枢をなすものが、ＦＡＯ《ファオ》（Food and Agriculture Organization of the United Nations　俗称ファオ、国連食料農業機構）である。

ＦＡＯは、肉や乳製品や卵類を、最も栄養価の高い食品にでっちあげ、これらは人体には最も理想的な蛋白質源であると主張している。

その理由は、栄養価の非常に高い牛乳の蛋白質を、必須アミノ酸で決定し、八種類からなるアミノ酸群のイソロイシン、ロイシン、リジン、フェニールアラニン、チロシン、メチオニン、スレオニン、トリプトファン、バリンの組成を有する蛋白質を、栄養価比較の「標準蛋白質」にしたのである。従って、多くの食品は、この標準蛋白質のアミノ酸基準で、蛋白価《プロテイン・スコア》の数値が出されているのである。

例えば、肉は標準蛋白質と比較してどうか、あるいは大豆は、玄米はこれと比較してどうであるか等の、蛋白価の数値を割り出したのである。その比較から標準蛋白質の蛋白価の数値を超えたものを「良質の蛋白質」と決定し、単位量の蛋白質に含まれる、必須アミノ酸の量で、全ての食品を判定しているのである。

食品	FAO規準配合に基づく	人乳の必須アミノ酸組成に基づく	卵の必須アミノ酸組成に基づく	制限アミノ酸(卵組成)	NPU
牛乳	80	75	60	S	75
卵	100	90	100	―	100
カゼイン	80	75	60	S	72
卵アルブミン	100	80	90	トリプトファン	83
牛筋肉	80	80	80	S	80
牛心臓	80	80	70	S	67
牛肝臓	85	85	70	S	65
牛腎臓	80	85	70	S	77
豚ヒレ肉	85	90	80	S	84
魚	70	70	75	トリプトファン	83
燕麦	80	70	70	リジン	―
ライ麦	80	90	90	スレオニン	―
米	70	75	75	リジン	57
とうもろこし粉	40	40	45	トリプトファン	55
あわ	70	60	60	リジン	56
こうりゃん	70	50	50	リジン	56
小麦粉	50	50	50	リジン	52
小麦胚芽	60	70	65	S	67
小麦グルテン	40	40	40	リジン	37
落花生粉	60	80	70	S	48
大豆粉	70	85	70	S	56
ごま種子	60	50	50	リジン	56
ひまわり種子	70	70	70	リジン	65
棉実粉	70	95	80	S	66
ばれいしょ	60	85	70	S	71
しろいんげん	50	50	42	S	47
えんどう	60	70	60	S	44
さつまいも	80	85	75	S	72
ほうれんそう	70	100	90	S	―
キャッサバ	20	50	40	S	―

ＦＡＯが決定した食物数値

また、これらの判定基準には、卵が用いられ、卵を基準にして算出したケミカル・スコアの算出法が取られている。

これを考えれば、最初から肉や乳製品や卵は、食品として最も理想的な優良食品であるという事が前提になっており、これらの数値が決定されているのである。

だが、もし玄米や大豆を組成するアミノ酸で、これらを基準として蛋白価を算出すれば、全く違った数値が出た筈である。

ＦＡＯでは基準とする食品が、画策者の意図する、全く別の図式の上に成り立っており、最初から目論んだ理想像が固定されているのである。そして残念な事に、このＦＡＯの決定した基準蛋白質に、ケチをつける日本の医学者や栄養学者は殆どいない。

ここに表わされている肉や乳製品や卵だけが、異常に高い数値で表わされているのは、何が何でも肉食をさせなければならないという意図が、その裏で読み取れるのではあるまいか。

そして、人体は大地で育つ食物に還元されていく。還元された食物は、再び人間に還元され、人間が死ねば、また元の土に帰る。これが《身土不二《しんどふじ》》の、大地と人体の両者を循環する思想である。

身土不二の崩壊の危機

大自然の生命体は、人間や動物、植物と土の中に居る微生物との間を、次々に、輪廻の輪の中が循環するように、流転している《素体《そたい》》の一部に過ぎない。

素体とは、元々実体が無く、生まれては死に、死んでは生まれるという、元素を生みだす無機物体である。

輪廻の循環は、人間や動物が植物を食べて生命を繋ぎ留め、人間や動物の日々排泄される糞尿や、寿命が尽きて死んだ動物の死骸が、土の中の微生物によって分解され、それを土に戻す。次に、植物がそれを養分として根から吸収して成長する。それを再び、人間や動物に提供するという循環作用が繰り返されている。

この三者は一体であり、共存共栄の秩序を保っている。これが大自然に於ける輪廻であり、ここに正常で、健全な自然の営みがある。

つまり人間は、肉体的には哺乳動物の一種として、その輪廻の輪の中に組み込まれ、自然の一部として、存在が許されていた動物に過ぎない。また、人間の排泄した糞尿も、必要不可欠であったから、自然の中で、その仲間として営む事が許されていた。

少なくとも縄文人の世界は、素朴な原始生活の中で、自然の理に適った生活を営んでいた。

彼等の育てた作物は、自家製植物であり、それらは常に共存共栄の関係にあり、例えば植物の近くや、木下では人間が糞尿を垂れ、その一部は地下に染み込み、また、一部は豚等の家畜がそれを掘り返し、そこに犬が来てこれを追い払い、再び糞尿を垂れる。その糞尿を含んだ肥えた土地に、人間が野菜等の植物の種を蒔《ま》く。これが瑞々《みずみず》しく育てば、それに虫が付く。その虫を、鶏や鳥が来て啄《ついば》む。その鳥の卵を人間や動物が食べる。この循環を考えると、非常によくできた合理的な原始農法であったという事が判る。どの部分をとってみても、全く無駄がなかった。そして、土地と人の関係は一体であった事が判るのである。

しかし、今日の植物には、土地と人間の一体感を感じるものは、何一つない。人工的に管理され、人為的に作られた物ばかりである。

多くの植物は動物同様に、化学飼料が当てがわれ、人工的に作られていて、その季節感や産地を度外視するものばかりである。ここに《身土不二》の思想が崩壊している現実がある。

縄文人が多く望まないのに対して、現代人は欲望だけを拡散して「足るを知る」事がない。進展してその止まるところを知らず、人間の欲望の命ずる儘に、生産拡大を企て、増強を計り、不自然になった地球に、何の疑いも持とうとしない。

今世紀の人類は、我がもの顔に傍若無人《ぼうじゃくぶじん》に暴れ回り、汚し、狂わし、歪ませ、地球を穢《けが》した。そして、そんな地球を、来世の子孫に引き渡そうとしているのである。

腸造血説

現代医学では、血液の造血は「骨髄造血説」が主力になっており、これが西洋医学の有力な医学学説となっていて、その信奉者も決して少なくないようだ。しかし、血液を考えた場合、肉食主義者と菜食主義者とでは、その血液の汚れ方が違っているのである。

では、一体この汚れは何処から起こるのであろうか。

西洋医学でも肉食中心の食事をすると、体質は酸性体質になり、血液が汚染された状態になると謂われている。だから肉の酸性を中和させる為に野菜を摂れという。
逆に、菜食中心の食事を実践している人は、弱アルカリ性で、血液の濁りが少ないともいわれている。

という事は、食物で血液が酸性になったり、弱アルカリ性（生理的中性）になったりするという事になる。では、造血は何処で行われるのか。骨髄造血が正しいのか、あるいは腸造血が正しいのか、これだけでは造血作用を起こしている場所を突き止める事は出来ない。また、この違いを、現代医学の常識である、骨髄造血説だけでは到底説明をする事は出来ない。しかし、食物と血液は密接な関係にある事は事実である。

さて、食物の吸収、消化の原理を追って見ることにしよう。
食物を吸収し、消化するところは腸であり、殊に、小腸の働きは目を見張るものがある。何故ならば自然食医学の立場からすると、小腸は血液を造り出し、浄化を司る器官であるからだ。そして、これを腸造血、あるいは腸浄血といい、今日の自然食による「腸造血説」の提唱に、大きな影響と示唆を与えている。

癌を始めとする多くの慢性病は、血液の汚れから起こるものである。殊に、欧米型の肉食中心の食生活を繰り返している事が、これらの病因を生み出している。

霊的食養道の基本的な食餌法は、基本的には「玄米穀物菜食の実践」であり、これを徹底実行する事で血液中の自然治癒力（赤血球や白血球に働きかける）を高め、細胞の若返りを目指すものである。人間の躰は使い方によっては、百四十歳から百五十歳までもつと謂われている。もし、これらの事が本当に実現される事になれば、八十歳や九十歳で病死する事は、食の在り方を誤った結果であり、単に「早死」若しくは「若死」を意味し、食物と寿命が密接な関係にあるという事を物語っている。

人間は生まれてくると、後は「老」「病」という段階を経て「死」に行き着く。

老いの原因も、病気の原因も、全ては食物が腸で腐敗し、停滞して長い間に排泄されない事にある。そして、血液が汚れるから、老化現象が起こり、同時にそれは病気を発生させる病因ともなる。

病気は、即ち炎症であり、「体細胞の世界（Ｋ《カリウム》）」に起こった異変と直接的な因果関係を持っている。つまり、血の汚れた結果「血液の世界（Na《ナトリウム》）」に異常が起こり、それが体細胞に及ぶという事である。従って、血液を正常な状態に保てば病気は起こらず、また、病気は血液を正す（浄血《じょうけつ》）事によって、病気が根治出来るという事になる。

血液が食物から造られ、これが骨や肉の組織である体細胞を造るという事は、元々食物に由来しているという事が分かる。即ち、食物が血液を造っているという事になる。まさに、人体は「食の化身《けしん》」なのである。

長寿の秘訣

人間は、生命エネルギーを「気」に支えられているという事が分かる。元気の元は両親から譲り受けた「先天の気」であり、これを「生まれつきの気」、あるいは「腎気」「原気」という。この先天の気は、精を蓄え、髄を生み、脳を満たし、骨を司る気であり、宇宙に存在する気を以て、それを吸収する事が「後天の気」である。人間はこの後天の気によって呼吸し、気を吸収している。この呼吸によって吸収する気を「清気《せいき》」と謂い、飲食物から吸収する気を「穀気《こうき》」という。清気と穀気から「宗気《そうき》」が生じ、これが後天の気の源泉となる。

この宗気は「営気《えいき》」と「衛気《えいき》」に分けられ、営気は脈管（血管やリンパ管や経絡）を流れ、躰の各器官に栄養分を送り届ける働きをする。また衛気は、躰の表皮部分を循環して皮膚に水液を散布して、汗腺の開閉や体温の調節、あるいは風邪等の流行性の病原菌の感染から護る働きを持っている。そして気が巡れば血も巡り、気が滞れば血も滞る」という相乗の関係にあるのである。

この欠乏状態を「虚」と呼び、「病邪」が充満し、それが発展すれば「実」を作り出すのである。この状態が「気虚」「血虚」「津《しん》（水）虚＝陰虚」と謂われる状態である。

因みに、気虚は疲れを起こさせ、体力を減退させて、息切れ、眩暈《めまい》、大量発汗等を起こし易い状態にする。

また、血虚は顔色を黄色、あるいは青白くして、唇や手足の爪から赤みを奪う作用を起こさせる。これが酷《ひど》くなると、寒冷期の皮膚の炎症や痒《かゆ》みを発生させ、皮膚や髪の毛を乾燥させる。白髪や脱け毛が激しくなる症状は、この血虚に由来している。

更に津虚は、苛々、のぼせ、眩暈、手足が火照《ほて》る、唇がかさかさになる、やたらと咽喉が乾く、訳もなく痩せる等の症状を起こさせ、気の運行に失調を齎す。凡そ老化現象とはこのような衰退作用が起因していて、同時に消化吸収能力も低下させていくのである。本来の「正気《せいき》」である筈の気が、不摂生の要因で「邪気」に変化したためである。

さて、武術家の長寿の秘訣に触れてみよう。

概《おおむ》ね武術家は、日々の精進を目指している為、生活の中心が修行であり、不摂生を長く続けない。仮に一日や二日不摂生をしたところで、修正の利く、精神構造をしている。

彼等の息の長い源泉は、常に今日一日の枠の中を、今日一日の枠の中で、今日一日の大切にし、一日の循環を厳守し、日々精進を行ってきた。

古来より武術家は少食であり、粗食であり、「一日二食主義」であった。そして人体宇宙の仕組に早くから気付き、それを忠実に良方向に持って行っていた。

朝は異化作用に従い、排便と午前中までの活動、昼から夜に掛けては同化作用により、食事を行い、行動や活動に務めた。この時間的周期は、昔の修行法と同じく現代に至っても、ほぼ同じであるという。

彼等の「一日二回」という食事回数は、過食を防ぎ、摂取した食物の代謝をより効果的に行う最良の策であった。つまり「朝抜きの一日二食主義」が、その長寿に大きな貢献をしたわけである。朝食を抜き、思い切り躰を使って「空腹トレーニング」を行って、概ね人が煩う成人病の解消に当り、健康保持に驚異的な効果を体得していたのである。

これは同時に節食であり、この節食が自らの「食禄《しょくろく》」を伸ばし、長寿に至った訳である。

因みに「食禄」とは、その人の一生の食糧総量が二十代前後で確定され、その食糧総量を以て、一生を食べていく「運命から与えられた自らの食物量」である。従って、その与えられた食物量を大食いして早く食べてしまえば、早く食べ物が尽きてしまい、同時に食べ過ぎは成人病の病因を招く。

人間は、生まれてから二十歳迄で、大体その人の「喰い縁《ぶち》」が決まると謂われている。これを「食禄」という。

例えば、その人が二十歳を迎え、その一生涯に於て六〇〇〇キロの食糧が与えられたとする。その人は一年間で一五〇キロずつ食べるとするならば、この六〇〇〇キロの食糧は、四十年で食べ尽くしてしまう事になる。従って、その人の寿命は六十歳前後で尽きるという事になるのだ。

食通《グルメ》料理は幻想でしかない。総ては夢の中の出来事である。現世は、『葉隠《はがくれ》』（山本常朝《やまもとつねとも》の口述著）が説くように、「夢」から構築されているのだ。今現に起こっている事も、一秒過ぎれば過去のものとなり、総ては「夢」に戻り、「幻」に戻るのである。

美食にしても、時間が経てば腐敗物の塊《かたまり》となる。さて横眼で今作りたての食通料理を見ながら、それを羨《うらや》ましいと思うか否かで、自分の寿命が伸び縮みする因縁があるのである。何事も「程々」にし、慎む事を知らなければ、一気に乱れて寿命を縮めるのだ。そして胃は「小さな脳」と謂われ、また貪欲な牙をも隠しているのだ。

俗に腹八分というが、食禄の事を考えれば「腹六分から七分」が適当であろう。

少食であるという事は、それだけ食費につぎ込む経済的な得を得るだけでなく、肥満体から解放されて軽い躰を作る事が出来る。躰が軽くなれば膝や腰にかかる負担が軽くなり、省エネタイプの体軀を作る事が出来る。軽い躰は「躰の利れを良くし」「躰動」を容易にして、滑らかな躰を造る事が出来る。つまり中庸である。「食料を喰伸ばす事」は「躰動」を実践する事であり、健康と長寿に寄与する最短距離という事が、この事から解《わか》るであろう。

古来より武術家の寿命が長いのは、人体宇宙の仕組を知り、食禄の事を知り尽くして、それに準じた日々の精進を忘れず実行した為であった。

五障とは何か

病気ではないが、何となく体調が優れないとか、気分が優れなかったり、それかといってはっきりとした異常は感じられないという状態を「不定愁訴」という。

不定愁訴は、器質的な疾患が認められないのに、様々な自覚症状を訴える状態であり、現代医学ではこれを病気の状態とは認めていないのである。しかし、予防医学の立場からいうと、完全な赤信号の状態であり、この不定愁訴を取り除く事が、健康と運勢を強める方法なのである。

だが、現代人はこれを甘く考えがちである。この状態は火事を知らせる警報器が鳴っているような状態である。

例えば、夜寝ているとき警報器が鳴ったとしよう。その警報器の音が煩《うるさ》いからといって、あなたはその音だけを停止させて、何事もなかったように、再び床に就けるだろうか。

まさに不定愁訴は、この状態なのだ。

日常生活の不摂生と食の乱れから、この状態が起るのである。そして、不定愁訴の根源は「五障（五つの身体的障害）」が関わっている事が少なくない。

五障の一番目は贅肉であり、多くは肉食や乳製品の摂り過ぎと、運動不足から起るもので、肥り過ぎや水肥りは、皮下脂肪の脂肪値が高いことを示し、成人病で死ぬ確立が高いことを現わしている。

二番目は宿便であり、便秘、下痢、痔、蜘蛛膜下出血、肩凝り、大腸癌等の原因になる。

三番目は汚血であり、汚れた血が体内に滞って高血圧、肝臓病、通風、吹き出物等の原因をつくる。

四番目は躰歪《たいわい》（躰《からだ》の前後、左右、上下の不均整）であり、躰の歪みや骨の歪みであり、頭痛、不眠症、神経痛、腰痛等の原因をつくる。

五番目は邪気（幽界の外流）と交わった為に、肉体に悪影響を及ぼす精神状態であり、神経症や、脳を除く肉体的には殆ど欠陥のない精神障害、心身症、脱力感、疲労感、無気力感、ノイローゼ等である。

これらの五障に共通しているものは宿便であり、宿便が贅肉をつくり出す元凶になり、贅肉は躰を歪め、骨を歪め、血液を汚染して体内の至る処で汚血箇所をつくりあげる。

そして、顕幽界や幽界の外流と交流するような衰運の原因となる邪気と波調を合わせてしまうのである。この事から宿便を排除させる事が、肉体的にも精神的にも安らぎと安定を招き、不定愁訴を退治できる、最も効果的な方法である。

未病を治す

西洋医学は近年長足の進歩を遂げてきた。しかし、一方で西洋医学の薬による副作用や、難病奇病の不治もさる事ながら、外科の範囲では日本古来より柔術の裏技として伝わった整復術以下の、未だに原始的な治療法がなされている。これは西洋医学が人体を個々の臓器の部品の集合体と考え、総体的な人間として見る事を等閑《なおざり》にしてきた背景がある。「痛みを訴える人」や「病める人」を見ず、「病んだ骨格や臓器」ばかりに眼が奪われて、肝腎の人間を見ていないというところに大きな欠陥があるようだ。

その結果、医師や医療に対する不信感が募り、その為に西洋医学に対して、様々な不安と疑問が人心に潜在化していると言うのが実情である。検査データばかりがもて囃《はや》されて、肝腎の患者自身が不在なのだ。これは厚生省をはじめとする行政の怠慢にも原因があるが、患者自身も「大きな総合病院や大学病院ほど良い」という、安易な考え方にも原因があるようだ。これらの病院については、検査設備については最高の物を取り揃えているが、肝腎な患者と語らい、患者の人格を尊厳して心から患者の訴えを訊くという姿勢に怠慢があるようだ。

さて西洋医学が、大東流整体術と最も関係の深い領域にあるのは、整形外科の範囲である。しかしこれとて、西洋医学では現在に至ってもはっきりとした明確な治療法は確立されていない。例えば、X線《レントゲン》に出ない脱臼である。細かく言えば、纔《わず》かな骨のズレであり、この多くは踵側外側に発生する損傷である。

今日では医師を始め、あらゆる治療家が「捻挫」と云う言葉を安易に使い、単純な、浅い病名で処理しているが、実は湿布をしたり放置するだけでは絶対に完治する事はなく、年齢と共に悪化する病気である。一般に捻挫と謂われる損傷は、正確には足関節亜脱臼と謂われる損傷であり、亜脱臼は骨を整復する事により元に戻さなければならない。しかし、その術を知る人は少ない。

足関節は大小七つの骨の集まりであり、殊に踵側が外側に亜脱臼し易く、更に立方骨や中足骨まで外側にズレる損傷である。この外側のズレを整復によって元の正しい位置にもって行く事が、大東流整体医術の技法なのである。つまり亜脱臼した骨を元の位置に戻すという事が、これらの整復法である。

また、このズレと同じものは、膝脛骨内果や膝腓骨外果のこれらも骨が亜脱臼する事で起こる損傷である。

人類は直立し、二足歩行を始めた時からこの悩みに煩《わずら》わされて来た。ダーウィン進化論『種の起源』によれば、ヒトは元々猿人が進化したと言うのであるから、地上を四つ足で這い回っていた方が自然であった。しかしいつの頃からか、直立歩行を始め、それは同時に腰痛を招く原因を作った。

二足歩行に於て、腰骨と密接な関係にあるのが股関節である。最近この損傷に悩んでいる人は実に多い。自覚症状が有る無しに関わらず、日本人の多くはこの病気を患《わずら》い、そして苦しんでいる。要するに股関節亜脱臼という病名がこれである。股関節脱臼は、乳幼児の損傷であると思われがちであるが、実はそうではない。成人を過ぎた大人に、この股関節亜脱臼という病気が最も多いのだ。股関節亜脱臼は同時に依存症を併発し、老年期に到ると、男性は前立腺肥大症、女性は子宮筋腫《きんしゅ》という病気を患う結果を招く。殊にストレッチ運動やエアロビクス等の蹴り《キック》による動作、及び空手や和式中国拳法、あるいは蹴りを主体とする動作とするスポーツ武道は、この損傷を受け易い。殊にムエタイを手本とした空手の「廻し蹴り」や、中国拳法の腓脚《はいきゃく》と呼ばれる「踵落し」等の蹴技は、日本人には不向きであり、また陳式太極拳の「旋風脚《せんぷうきゃく》」と呼ばれる空中二回転蹴りも然《しか》りである。

ある有名な空手の大家が、晩年三十センチも足を上げる事が出来ず、また階段の上り降りが自由に出来なかった事は、知る人ぞ知る笑い話で、またある有名な、非常に足の上がる美容体操家の女性が、中年期を過ぎた頃から内側股関節の苦痛を訴えて、階段の上がり降りは、付き人に支えられてテレビ局入りしたと言う、嘘のような話がある。

見た眼に一見派手に見える技程、中年期から晩年期に至って、現われるべくして現われる亜脱臼病が現われ、晩年は自分の躰すら上手に使えず、絶えず安静を維持して、持て余す惨《みじ》めな人生を送らなければならなくなる。そしてこれらの直接的な関係は、肉食や乳製品の摂取にあり、その上、不摂生と水の濁《にご》りが挙げられる。

さて病気の根源は「水の濁り」であると謂われる。水が濁ると多くの不純物が水路自体を塞《ふさ》いでしまって、毛細血管が詰まり血管自体が脆《もろ》く、破れやすくなる。この状態が「瘀血《おけつ》」である。

現代人は生活の中で不摂生を重ねるごとに、日々この瘀血を体内に生じさせている。従って、瘀血を取り除く努力さえ怠らなければ、自然治癒力によって病気から解放されるのだ。そして人類は、将来的には放射線療法も化学療法も電気療法も、もしかすると外科的手術といったものさえも不要になる時が来るかも知れない。しかし現代科学は、「水」の本当の本質すら未だに解明が出来ていない。つまり未病を治す理論が確立されていないのである。

第二章　肩・腰・肘・膝・手足に有効な整体法

肩が痛い、肩が凝る

肩凝りは、多くの場合、血行不良と、肩の高さより以上に腕を上げない事から起こる疾患である。そして老化の第一歩はこの肩凝りから起こる。

殊に肩凝りが絶痛点に達するのは、気象条件としては湿気の多い長夏と、寒さの厳しい冬であり、それは同時に脾や腎に負担がかかり、また胃や膀胱を患う事になる。これは湿邪《しつじゃ》と寒邪《かんじゃ》が病因となり、これに風が加われば風邪《ふうじゃ》となって、湿・寒・風の邪が原因で慢性関節リューマチとなって、痺症《ひしょう》（痺れや痛みを主症状とする疾患）を伴う事になる。

さて、人体には六臓六腑（一般には五臓六腑として知られるが、此処でいう六臓とは肺・脾・心・肝・腎・心包であり、六腑とは胃・小腸・大腸・膀胱・三焦・胆のこと）がある。

その六腑の一つに三焦があり、三焦は上中下に分かれ、その中央には横隔膜と臍《へそ》の中間に中焦がある。この部分には六臓の中の脾があり、六腑の中の胃がある。

大東流の古伝によれば、気の発生はこの「中焦」と謂《い》われる胃の辺りから気が発生し、それは胃を通り、横隔膜を経て上に上っていく。つまり気は、胃から肺へと移行し、これは肩に上って「中府《ちゅうふ》」に達する。

因みに、中府の「府」とは人の集まる都を現わし、中焦から上ってきた気が集まるところから中府と名付けられた。つまり気が発生して最初に辿り着く経穴が中府なのである。

肩凝りはこの中府が主治穴であり、副主治穴に肩井《けんせい》があり、此処を上から圧迫されると人間は腰が砕けてしまうという盲点を持っている。また中府より発した気は拇指《おやゆび》の少商《しょうしょう》まで連なっている。このコースは手の太陰肺経《たいいんはいけい》であり、中府から拇指の少商までである。

人間が生存本能によって「生命の火」を灯し続けるには、酸素

肩の痛みや肩凝りに有効な武術整体
両手四方投１

両手四方投２

両手四方投３

の力が必要であり、その酸素によって飲んだり食べたりしたものがエネルギーとなる。酸素が欠乏すれば、先ず第一に脳に相当量のダメージが発生し、脳細胞は破壊され、三分程で絶命する。酸素は肺を通じて食物からエネルギーを放出させ、やがてそれを二酸化炭素に変換して体外に吐き出す役割を果たしている。この休みなき交換が生命を維持しているのである。従って中焦部分の異常は、肩凝りとなって現われ、酸素と二酸化炭素が容易に交換されていないという事を現わしているのである。肺の虚は、やがて大腸に達し、辛い腰痛を暗示する事になる。

この改善法として大東流整体術では、「合気揚げ」という動作を繰り返す。元々肩凝りの原因は、自分の肩の高さより腕を揚げないことから起こる血行不良の病気であり、更にこれが進むと、烏口突起の骨が外れ（亜脱臼を起こす）、四十肩、五十肩という末期的な肩凝りとなる。

肩凝りからの再生を図るには、「合気揚げ」を中心とした相互動作を行い、また最も単純な「木刀の素振り」も、肩より上に腕を揚げるので、肩を揉《も》み解《ほぐ》す効果は大きい。

これらを行う時の呼吸法は、術者が腕を揚げる時は息を吐き、下げる時（木刀では斬り下ろす時）、あるいは被術者を倒す時は息を吸うのである。

この呼吸法は逆腹式呼吸法で、スポーツや武道の「気合」とは反対の呼吸法であり、所謂《いわゆる》「無声（敵を倒す瞬間に気合を出さないこと）」の極意は此処にある。

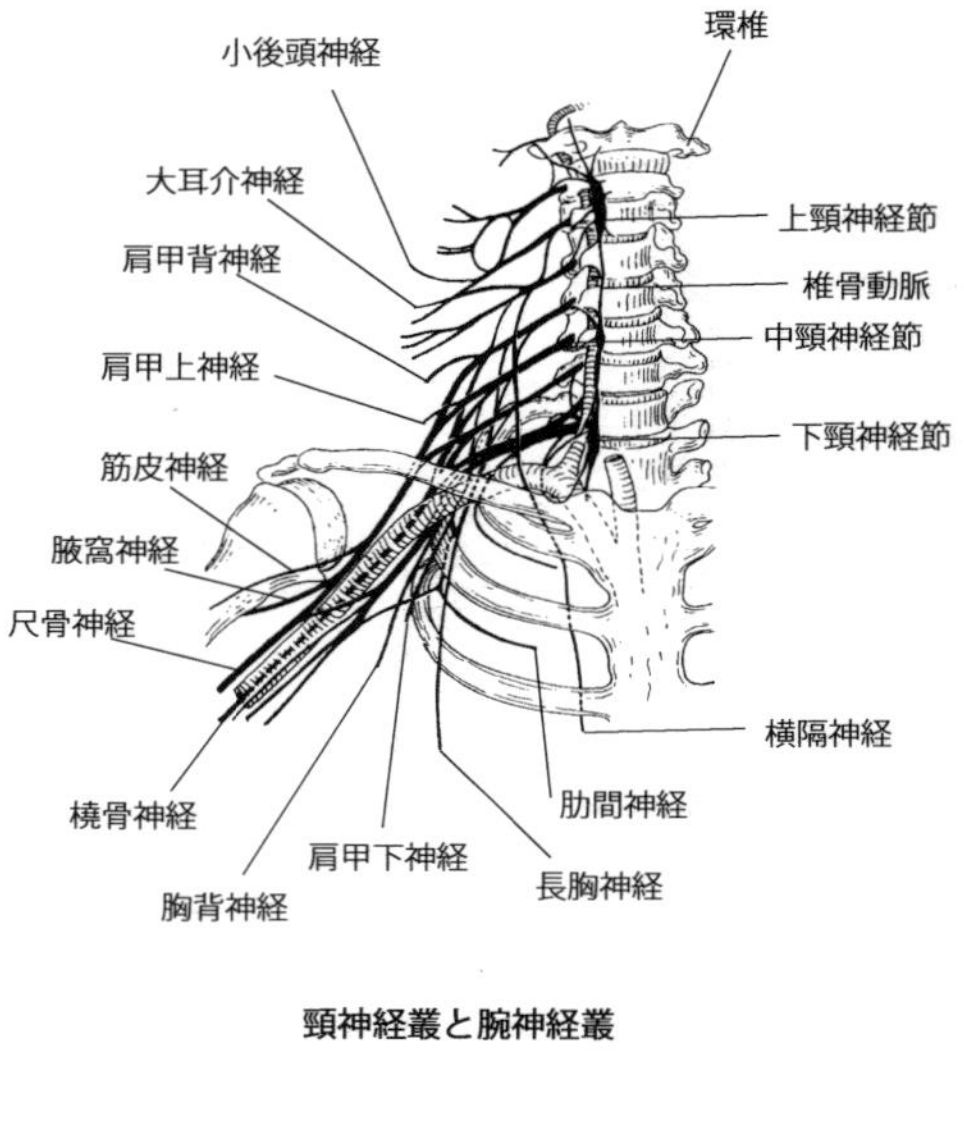

頸神経叢と腕神経叢

また、この時力んだり気合を掛けると、呼吸の吐納が乱れ、肺を傷つけるので注意しなければならない。動きは早く行う必要はなく、熟知するまで緩やかな動きで行い、慣れるに従って速度を早めていく。

呼吸法の注意点

決して深く長い呼吸をしない事である。深く長い呼吸は浅い呼吸よりも「気」に深刻な打撃を与え、丁度充電過多による症状のように神経系統に大きな損傷を与えてしまう。神経が焼切れてしまうためであり、精神障害という取り替えしのつかない結末を作り出すのである。

怪しげな新興宗教や、合気系を自称する武道を修練する人に、多く見られる症状である。また深く長い呼吸をしている人は、股関節や肩関節の亜脱臼をする為、その第一症状としては眼の白目が赤い、目の下に隈《くま》が出来る等の症状が現われ、それが更に進むと腎臓を病み、脳髄と脊髄を病んで、末期症状としては精神異常に陥る。

但し、無理なく自然に長い呼吸をしている人は、これらは問題外で、自然のうちに拍子呼吸がなされているので、その心配はない。

立ちっぱなしや疲れると腰が痛くなる

腰痛は普段「反り腰」の訓練を行っていないことから起こる疾患である。これは肺の虚が起因して、大腸が損傷を受け、これが腰痛として現われてくるのである。

これを普段から予防し、あるいは慢性化した腰痛を回復方向に向かわせるには「反り腰」の訓練が必要である。

さて、肩に上った気は、口へと至り、更に両鼻脇の「迎香《げいこう》」へと辿り着く。この迎香は、手の陽明大腸経《ようめいだいちょうけい》のコースを辿って人差指の「商陽《しょうよう》」に達する。この迎香と商陽までの途中には有名な「合谷《ごうこく》」の経穴があり、合谷とは気の流れが手の甲に差し掛かった処に、谷川から湧き出る気の源泉が、まるで谷川の水のように溢れ出ており、それに出会う事から合谷の文字が生まれたのである。そしてこの合谷は、針麻酔等でも使われる経穴であり、此処は元気の出る原穴とされている。複雑な流れをする気は、肩の鎖骨《さこつ》付近の凹《くぼ》んだ部分に「缺盆《けつぼん》」という場所がある。この場所から鼻の脇に上る気と、肺を通り、横隔膜を横切って大腸に至る迄の経絡とに分かれるのである。缺盆自体は体内のかなり深い部分にある為、一般に東洋医学の考え方では、この部分が経絡や経穴から外されているのが実情である。

さて、人差指の商陽と両鼻脇の迎香間のコースは、大腸と密接な関係を持っており、大腸を含む六腑の機能は飲食物を消化し、それを滓《かす》にして肛門へと送り出す働きを司っている。従って六臓のように蓄えるという機能は有していない。

腰痛に有効な武術整体
両手入身1

両手入身2

両手入身3

ここで大腸の構造と働きを説明しよう。

大腸は、小腸から移行して肛門まで至る約一・八メートルの区間であるが、此処には小腸の境界線である回盲弁からはじまって、上行結腸《じょうこうけっちょう》、横行結腸、下行結腸、S字結腸、直腸、肛門と連なっている。

小腸から送り込まれてきた大腸への食物は、その大部分が滓であり、既に栄養分を吸収し尽くして老廃物化されたものが、此処に送り込まれてくるのである。概《おおむ》ね大腸の働きは、更に水分を吸収して、半固形化しそれを老廃物として肛門へと送る働きをする。

大腸内で老廃物が停滞する時間は、約四～二十四時間とされ、二十四時間以上、此処に老廃物が止まるとそれは腐敗して、腐敗菌を発生させる。そしてその腐敗菌から発生した腐敗臭等のガスは、再び大腸から逆吸収され、腸マヒを起こす病因を作る事になる。この老廃物停滞と腸マヒ現象は、腰痛を始め、大腸癌、白髪や禿《は》げ、精神的には無気力さを増進させて、殊にこの停滞とマヒ現象から起こる腰痛は、腸の働きを減退させ、内腹圧を弱める原因を作り、更にその弱体化は足首や膝等に移行して、老化を一層早める事になる。

殊に怖いのは、腐敗菌から発生した大腸菌は、ブドウ糖と乳酸に分解して、酸と腐敗ガスを発生させ、時として膀胱炎、腎盂《じんう》炎、急性大腸炎等を起こすのである。また肺は大腸に合する事から、便秘は喘息《ぜんそく》などの病因と関わっている事が多い。これらの体型をした人は、出っ腹であり、俗に言う太鼓腹をした人に多く、腹が前に突き出ている関係上、酷《ひど》い腰痛に悩まされている。

この状態が慢性化すると、肺に起因を持つ病因は大腸に到って「悲」を作り、悲は肺に跳ね返るだけでなく、心をも傷付ける事になる。

さて、大東流整体術では「捻り」の動作のある「転身四方投げ」の動作を行う。この動作は相互に術を掛け合い、捻りを加えて人差指の方向に被術者を導くだけでなく、合谷を掴《つか》んでこれを行えば、虚になった大腸を刺激する事にもなり、また腰を左右に捻る事で大腸自体を刺激する事にもなる。

大東流の技法の特徴は、表面的に見て左右対称の人体を、正中線を中心としたその両側に、術者と被術者が右左に転身することにある。つまり正中線を軸として、その両側に経絡や経穴がほぼ左右対称に存在しているからである。

但し例外は、正中線に重なり合っている督脈《とくみゃく》の脉は一本であり、同時に経穴も一箇所だけである為、東洋医学上、督脈は左右対称から除外される。

さて、この大東流の整体法であるが、術者は重心を落としつつ、膝に屈伸と余裕を持たせて、両手を握る被術者の内側（懐側）に回り込み、腕を順方向に捻ると同時に決め込んで、被術者を後方に反らせぎみにして倒す。動きは最初緩やかに行い、慣れるにしたがって速度を早めていく。術者は被術者の腕を揚げ、動かす時に息を吹い、振り下ろし、倒す時に息を吸うのである。呼吸はゆつくりと、深く行い、吐納は吐く時と、吸う時の時間が同じようになるようにする。

これらの動作を反復させる事で、鬱血《うっけつ》（躰の一部分に静脈血が集まる事）したり、瘀血《おけつ》（古くなった血）や悪血《おけつ》（毒性の酸毒化した血液）を動かし、また腸内に蓄積した老廃物を排泄することができる。

因みに、日本人の平均の一日の排便量は約二〜三百グラムであり、欧米人のように肉食（牛乳、チーズ、バター、油類、食肉等）をしている人は百グラム以下、また玄米穀物菜食主義の人は三〜四百グラム程度の排便がなされる。昔は玄米穀物菜食主義の人の排便（天然肥料）を「金肥《きんぴ》」として尊んできたが、今日は化学肥料にとって変わられ、また肉食主義者の便は水銀等の科学薬品や化学合成調味料等の食物に有害な物質を含んでいる為、肥料として、人糞は殆ど使われなくなった。これより現代人が欧米食に翻弄され、如何に有害な食生活をしているか、一目瞭然であろう。

六臓六腑の働きの再整理

六臓は、肝（解毒《げどく》と貯蓄を司る。膵臓と生殖器に作用）、心（気血の伝達。心臓と神経に作用）、脾（貯蓄と調整。膵臓、生殖器、腸に作用）、肺（解毒と気の伝達。肺臓に作用）、腎（解毒作用。脳髄、脊髄、骨髄、神経系に作用）、心包《しんぽう》（解毒と気の伝達。心臓と腸に作用）であり、多くは解毒や気の伝達や栄養素の貯蓄である。これらは総て「陰」に属する。

六腑は胆（胆汁と謂われる消化液の生産）、胃（食物の分解と消化）、小腸（消化と吸収）、大腸（消化吸収とカスの水分調整）、膀胱（水分の体内還元で濃縮作用）、三焦（潤滑油であるホルモンの分泌と生産）であり、六腑は消化・吸収・還元を行う。

膝が痛む、足がだるい

膝の痛みは、凡そは胃腸の疾患から起こる病気で、殊に主治穴は足三里を中心とした整体を行う。また、人間の足を構築する大腿骨と、それを脛骨《けいこつ》と腓骨《ひこつ》に連結する膝蓋骨《しつがいこつ》の亜脱臼等が挙げられる。それと同時に肥満した体重等も挙げられる。

体重が重くなると膝にかかる負担が大きくなり、痛みやむくみといった症状が現われてくる。

肥満体で体重の重い人は、既に腎を冒され、脳の満腹中枢を破壊されている為、糖尿病等の病因が潜んでおり、末期症状に到っては高血圧、高脂血症、それに糖尿病といった成人病を患っている。胃から脳に伝わる満腹中枢への伝達が不通となって、食っても食っても食い足りない、大食漢に陥るのである。胃は小さな脳であることを胆に命じ、またそこには大食漢に陥る貪欲な牙が隠されているのである。食っても食っても食い足りない感覚の迷いは、実はこの貪欲な牙が、襲いかかり、自らの自制を失った結果である。当然肥満体にもなれば、体重の重みで膝をも痛めるのである。

因みに、胃が小さな脳と謂われる所以《ゆえん》は、空腹を感じる時、胃の中の空っぽの状態を胃そのものが感じるのでなく、血液中の糖分が減った事を脳細胞が感知するからである。そして満腹中枢が破壊されれば、脳細胞の感知は偽情報となり、偽情報にも関わらず、貪欲に食べ捲《まく》らなければならないという、幻覚に惑わされるのである。これが実は、体重を増加させ、膝に負担をかけている張本人なのである。

さて、胃（承満《しょうまん》であり、本来は胃を上中下三部分に分けて考える）を通って足に下った気は、足の陽明胃経《ようめいいけい》のコースを辿って、足三里を経由し、足の人差指（第二趾《し》）の厲兌《れいだ》に至る。

このコースを考えてみると、胃部に近づいた気は、流れを変えて内側よりとなる。つまり内側よりの厲兌に至る経絡は胃に属するという事なのである。胃の部分には承満を始めとして五つの経穴があり、「五」は「十」の半分であるから、仮に、俗に言う「腹八分」と云う言葉があるが、胃での受納は「半分」迄が限界であるという事を意味しているのである。この目安は、食事の量を通常の半分にするという事にも繋がり、少食で粗食が胃を健全にするという事を物語っているのである。

胃から下った気は腹部に到り、その儘、下腹部の足の付け根（鼠径部《そけいぶ》）に到達する。やがてこれは更に下って厲兌に至る。そしてその中間に膝がある。

膝は足の中間点である。此処は大腿部に当たる大腿骨と、脛に当たる脛骨と腓骨が、膝蓋骨によって連結され、此処に流れる気は膝の外側を掠めるように流れている。その内側に向かう陽明胃経のコースは足三里を分岐点として外に流れる支流がある。手の合谷は流れが合流する場所であったが、足の三里はその流れが枝別れする場所である。

さて、足三里の経穴は、三里の文字からも窺えるように、里とは邑の事であり、気が盛んに集まる場所をさす。

また三とは犢鼻《とくび》（外膝眼と謂われ膝蓋骨の外側の凹みが出来ている部分）から下へ三寸の処にあり、これが三里の由来である。

この経穴の取り方は、人差指から小指までの四本の指を併せて当て、その幅が約三寸なのである。これによって大まかな取穴《しゅけつ》（経穴を探す方法）が行えるのである。

食事療法のアドバイス

澱粉《でんぷん》を摂り過ぎると、体型は肥満体になる。殊に、白米と食肉類と砂糖などを併用した食品を食べ、それにアルコール類を摂ると、血糖値の上昇と共に、インシュリンの異常分泌をきたし、遂には底を尽きて分泌されなくなってしまう。このようにしながら人は無意味に腎臓を失っていくのだ。

肘が痛む、痺れる

手の少陰心経《しょういんしんけい》のコースは、気の流れが、肺経のコースが躰の前面であったのに対し、背中に近い後面を辿ることになる。

さて、人間の骨格の腕部分を挙げた場合、そこには肩から肘までの一本の太い骨がある。これが上腕骨である。肘から手首までは上腕骨より小さめの骨があり、外側が橈骨《とうこつ》、内側が尺骨《しゃっこつ》である。胴体と腕の付け根に当たる部分には、「極泉《きょくせん》」という分岐点を現わす経穴があり、この極泉から腕を下る気のコースが上腕骨と尺骨の内側にある。

人体の肘から手首までの構造は、手首近くで橈骨と尺骨が重なりあっていて、この部分には三センチ四方の中に四つの経穴がある。この部分は押すと痺れるような感覚が走り、大東流合気武術では「四条極め」と「七条極め」の経穴として知られ、そこは同時に心臓病（不整脈や狭心症等）や精神病や不眠症の主治穴でもある。

更に気は掌へと進み、小指の内側を通って爪の内側にある「少衝《しょうしょう》（少とは小さい事を現わし、衝とは要衝である事を現わす）」へと到達する。

少衝は鍼灸《しんきゅう》術では、高熱や癲癇《てんかん》等で人事不省に陥った場合、此処に針を打ったり、灸《きゅう》を据えたり、出血させて蘇生させる方法をとる。

さて、肘の痛みや痺《しび》れは、同時に心臓疾患を併用している場合があり、心臓の心拍数が激しくなる運動や興奮する環境に自己を置いた場合、このような状態が起こる。怒り、驚き、喜びは結局心臓に跳ね返り、激しい音やそれに反応して興奮する事も心臓の心拍数を上げ、中枢神経からの刺激は心身共に悪影響を与える。その症状として肘や手首の鬱血が考えられる。

激しい動作を強いられるスポーツや武道、また弓道のように何秒間か静止し、肘への負荷をかけながら集中力と瞬発力を要求される動作等は、心身共にその影響を受けている場合が多い。

因みに、心臓をリズミカルに収縮させているのは右心房にある特殊分化神経組織《ペースメーカー》であり、基本的に心拍数は成人で約七十回、新生児で百三十回であるが、格闘技で約百七十回、弓道で約二百回というデータが出ている。それとは逆に瞑想や坐禅等では約五十回以下で、運動と意識の変化で心臓への負荷が異なってくるのである。

肘の痛みに有効な武術整体
両手小手返し１

両手小手返し２

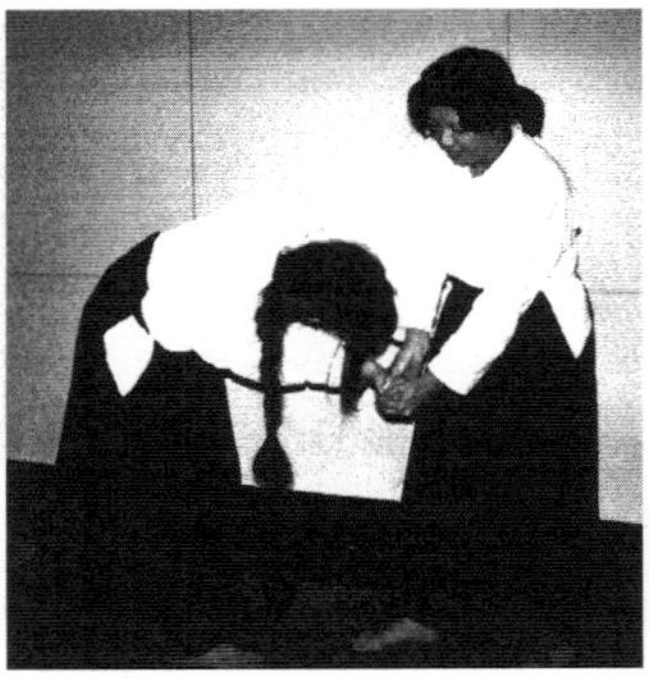

両手小手返し３

整体法としては、「小手返し」が最も有効な技法であり、この業は肘と手首を各々九十度に曲げ、倒す技法である。先ず術者は両手取りで被術者の自分の両手首を取らせ、術者は抜き手の要領で上に持ち上げ、被術者の小手を返す形を作る。小手を返す形の儘、被術者を外側に倒し込む。

カルシウムを補う法

現代人は歩かなくなった。歩いてもその距離は極めて少ない。現在カルシウムの摂取が盛んに叫ばれている。しかし牛乳を飲み、カルシウムそのものを口の中に詰め込んでも、カルシウムは骨になったり、歯になったりしない。カルシウムは適度な運動が伴って、始めて骨に定着するものである。

また日本人の牛乳信仰は、異常な神話を造り上げ、牛乳の中に豊富なカルシウムが詰め込まれて充満しているという妄想を持っている日本人は、牛乳さえ飲んでいれば健康であるという、狂った神話を造り上げた。

昨今の学校給食はどうだろうか。学校で牛乳を飲み、また家に帰って牛乳を飲む昨今の子供は健康だろうか。骨が丈夫になっただろうか。カルシウムには苛々《いらいら》を抑える働きがあるというが、青少年の苛々は下火傾向にあるのだろうか。

それにしても、カルシウム豊富な牛乳や乳製品を昔より多く摂取する日本人は、冷徹な判断と慎み深く、観察力のある人物に成長を遂げているのだろうか。

さて、校内暴力、家庭内暴力をはじめとして起こる暴力問題や少年非行等その大きな問題点の一つにカルシウム不足が上げられる。

昭和四十七年、世間を騒がした連合赤軍の山岳アジトで、十四人の仲間を暴虐な手口で殺害したリンチ事件も、野菜不足とカルシウム不足から起こったものであった。彼等の食生活は、百日間以上も一切の野菜を摂らず、インスタント食品や缶詰だけで過ごすという劣悪なものであった。このように、著しいカルシウム不足は、神経系に大きな障害を齎《もたら》し、精神が不安定になるのである。

カルシウムは、哺乳動物に対して、精神安定剤としての役割があり、これが不足すると脱毛が起こったり皮膚障害が起こる。鼠にカルシウム欠乏食を与えて飼育すると、最後は共食いを始めるという。このようにカルシウム欠乏は、中枢神経を刺激して、亢奮状態に陥るのである。

カルシウムが不足する大きな原因として、野菜類、海藻類、小魚等のカルシウムを豊富に含んだ食物の摂取不足と、カルシウム成分を体内から溶かし出す、白砂糖の大量摂取が上げられる。

白砂糖の大量摂取は、体内の組織からカルシウムを奪い、骨や歯を弱くしていく。また、カルシウムを奪う他の食物として、粘着性や保水性の為に添加している、食品添加物であるリン酸も大きな影響を与えている。それらの多くは、ハムやソーセージ等の加工食品の中に含まれ、リン酸はカルシウムを奪う悪因がある。ハム・ソーセージ等の加工食品を始め、他には蒲鉾《かまぼこ》、天婦羅《てんぷら》、インスタントラーメン、アイスクリーム等があり、リン酸は殆どの加工食品に添加されている。更に、清涼飲料水、乳酸飲料水等の加糖飲料をはじめとして、スナック菓子、菓子パン等もカルシウムを破壊する要因を含んでいる。

このような食品は、カルシウムの欠乏を招くだけではなく、葉野菜や根野菜を、食感的に嫌う味覚体質を作り上げ、ビタミンB群の欠乏で、神経に悪影響を与えると謂われている。また、糖分を多量に摂取すると、ビタミンB群までもが破壊されてしまう。

巷に出回っている加工食品の殆どは、食品産業のご都合主義やコスト主義の思惑の折り込まれた食品であり、従って、人間の健康は後回しにされているので注意が必要だ。

例えば、ウインナーや蒲鉾等は、見せ掛けの美しさを出す為に、合成着色料や発色剤（亜硝酸塩）が使われ、ソフトな口当たりを出す為に、結着剤（重合リン酸塩）が使われている。これらの添加物は、魚肉等に多く含まれている「二級アミン」と結合され易く、ジメチルニトロソアミンという発癌物質を作り出す。

また、ハム・ソーセージに使われている添加物の中には、結着剤（重合リン酸塩）があるが、これは保水性を保つものであるのと同時に、水増し剤としての役割があり、例えば、一キロの原料肉で、一・二〜一・五キロの加工食品を作ると謂われている。

まさに人間の腹の中はゴミ箱である。またそれがゴミ箱であったか、そうでなかったか、その判定は即座に現われないから厄介である。庶民は何処までも酷使され、詐取されなければならない。

とにかく、食品が疑わしい現代を生きる日本人は、安易に「牛乳や乳製品のカルシウム信仰」「肉のスタミナ説」等に振り回されてはいけない。

牛乳に含まれている蛋白質の大部分は、人体に不要なカゼインで、摂り過ぎるとアレルギー反応を引き起こす。またミネラル成分も人体向きではなく、乳幼児が飲むと、水分・電解質代謝の混乱が起こって水膨れになったり、歯や骨が脆《もろ》くなる。更に牛乳生産工程の中で、ウルトラプロセス法という高熱殺菌処理が行われている為、蛋白質変性が起き、乳糖は最早乳酸菌を繁殖させる力を失っていて、飲めば飲むほど虚弱体質となる。

本当の意味で、カルシウムを摂取しようと思うのならば、効率

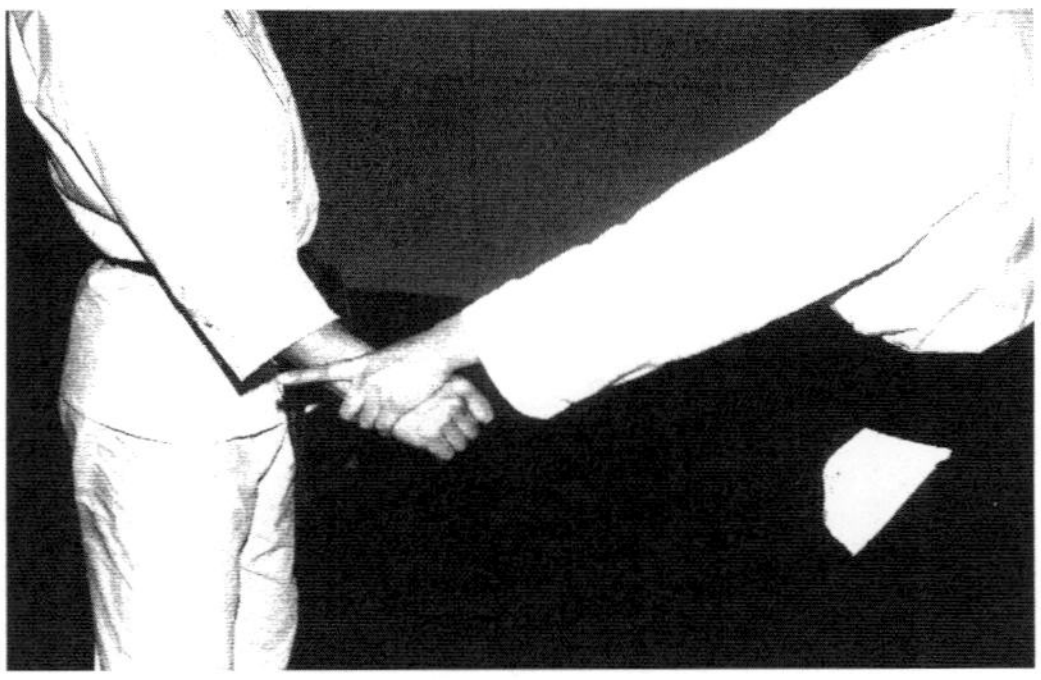

手首の痛みに有効な整体運動
七条極１

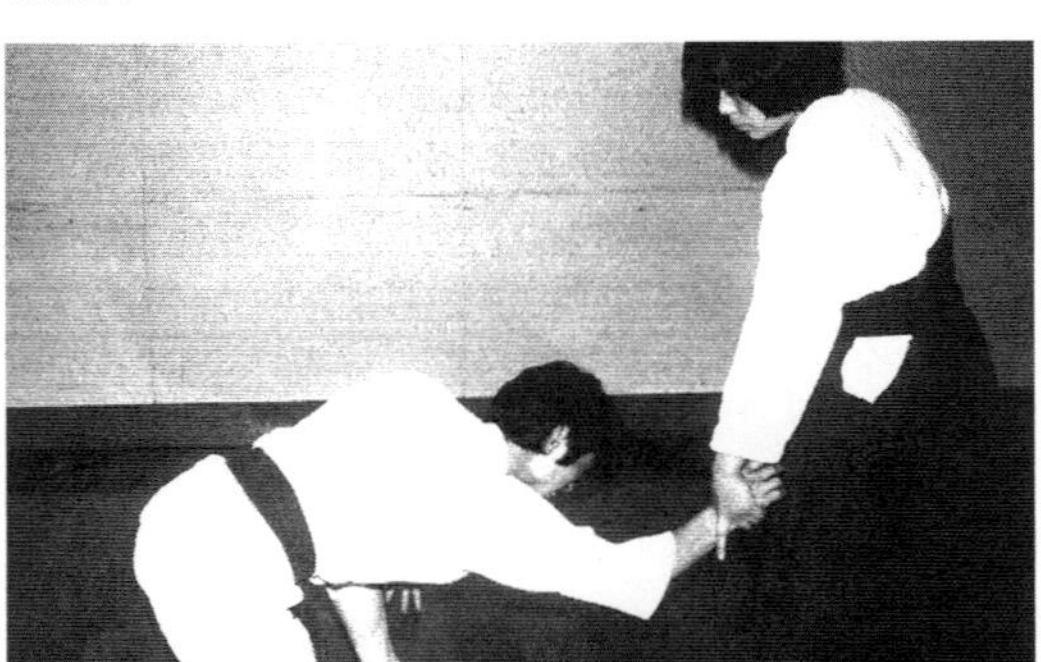

七条極２

の悪い乳製品等から摂取するのではなく、海藻類や小魚介類から摂取する方が賢明である。

手首の順手方向が痛む

人間の手首関節の曲げ方は、順手方向と逆手方向がある。順手方向というのは通常曲げている曲がる方向であり、逆手方向は通常殆ど曲げない、これ以上曲げると脱臼してしまう方向である。また更に特殊な曲げ方として左右に捻るようにして曲げる方向がある。

さて、順手方向に手首を曲げ、その状態で痛む場合、あるいは少し曲げただけで、あるいは普段の状態から手首が痛むといった場合は「養老《ようろう》」の経穴を刺激する方を取る。それにあわせて手首部分の骨を動かす方法を取る。

手首の逆手方向が痛む

多くは尺骨の亜脱臼にある。また小指から腕の外側に上る気の停滞も考えられる。

さて、このコースは小指から肩に上り、耳に至るまでの太陽小腸経のコースであり、心経の終着点である少衝は、小指の爪の内側にあり、この爪を隔てた反対側が小腸経の出発点となる

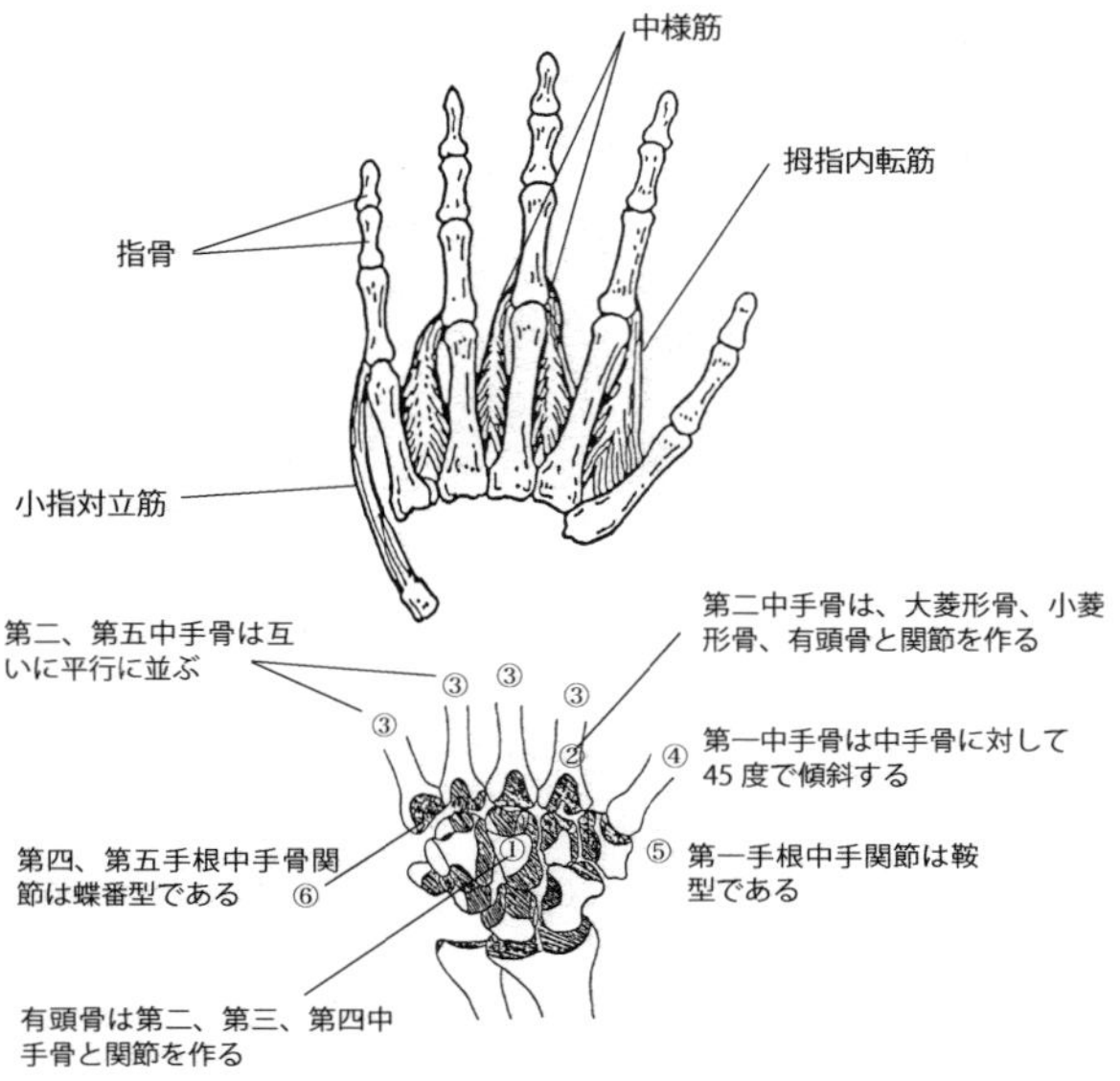

手の甲側と手首関節の図

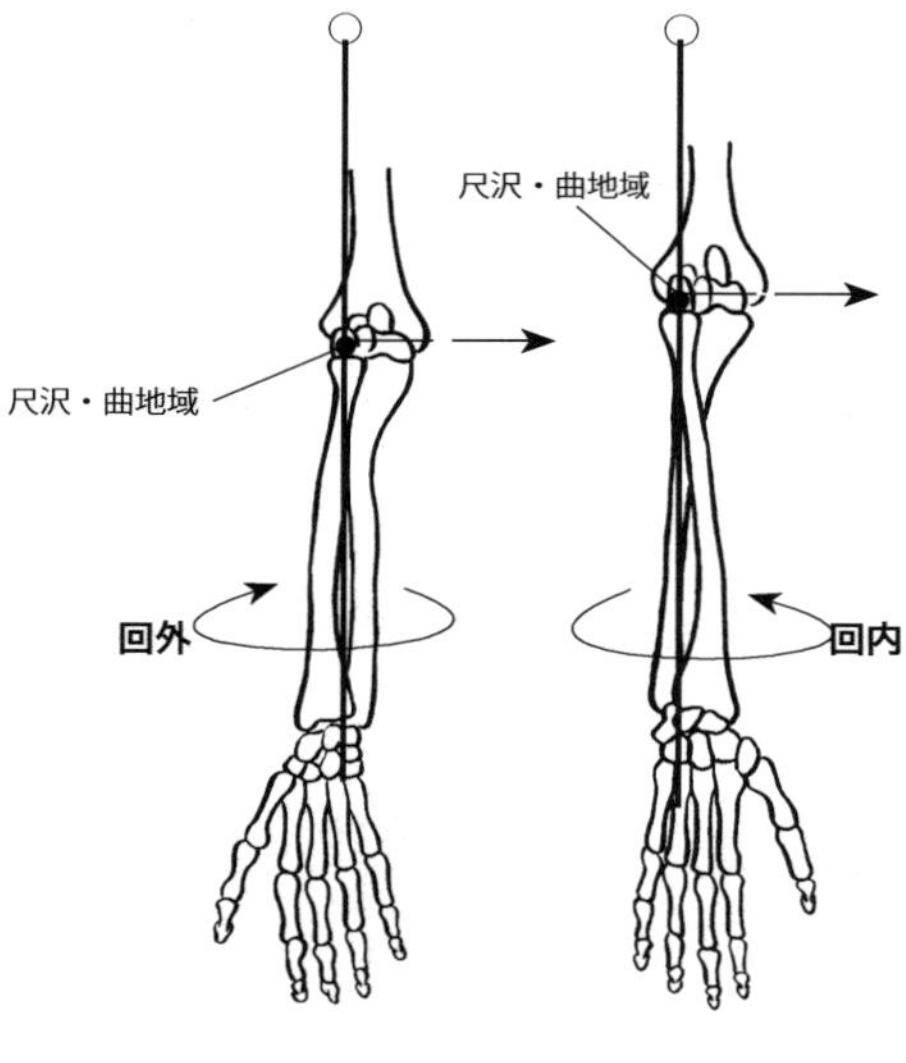

尺沢部の捻りの構造

「少沢《しょうたく》」である。

少沢は少衝（心経）と同様の「井穴《せいけつ》（気が躰の表面から発する場所）」であり、表面近くから浮き出した形で発されている。その証拠に、圧してみれば痺れるような痛みを感じる。経絡の巡航コースは、少沢を出発点に、手や腕の外側の後縁（「養老《ようろう》」を経由）に沿って上り、肩に至って背中に廻り、やがて耳の横にまで達する。殊に小腸経の場合、手首の尺骨部分に経穴が集中し、尺骨部分の骨の亜脱臼が考えられ、その主治穴は外側の手首より少し上がった部分の「養老」がその治療点となる。またこの経穴は、老人病や老化予防に使われる場所でもある。

養老は、手首の肩側に向かった少し上の部分にあり、橈骨《とうこつ》と尺骨《しゃっこつ》の合わさる所にある。また、手首の順手方向並びに逆手方向が痛むのに合わせて、手の指先が痺れるような痛みを感じる場合は、心臓機能の異常の現れである。特に、力む運動を過度に行うと、この症状が現れ、心臓に負荷のかかっていることの警告信号である。

ところで、手の指は経絡と深い関係にある。

拇指――太陰肺経。先端は「少商」
人差指――陽明大腸経。先端は「商陽」
中指――厥陰心包経。先端は「中衝」
薬指――少陽三焦経。先端は「関衝」
小指の内側――少陰心経。先端は「少衝」
小指の外側――太陽小腸経。先端は「少沢」

更に指先に注意したい事は、中指と薬指が痺れと同時にこわばったりする時は、特に心臓の要注意となる。これは心臓肥大症から起こる症状で、脳の小さな血管が膨れたり、切れたりしている時の症状と一致するからである。この状態を放置しておくと、心臓麻痺に襲われて急死する危険性すらあるのだ。中指に痛みがある場合は、心包（心臓を包む膜）に問題があり、薬指に異常があれば、三焦系のホルモン分泌に問題があり、ホルモンの分泌異常で「異常発汗」がこれに当たる。

日頃から指先は、自己の健康状態の有無が現れる所であるから、常にチェックしておきたいものである。

第三章　大東流活法

活とは

大東流の「活」の中には、瞬間的に蘇生させる活と、慢性化して躰の不調を訴える痛みを取る為の整体術としての二種類の活があるが、大東流で「活」という場合は、前者の活を指す。

脳活法

この活法は、頭部を打撃されて気を失ったり、日射病や癲癇《てんかん》や突然の発狂等で意識を失った場合の活法である。

施術の手順は次の通りである。

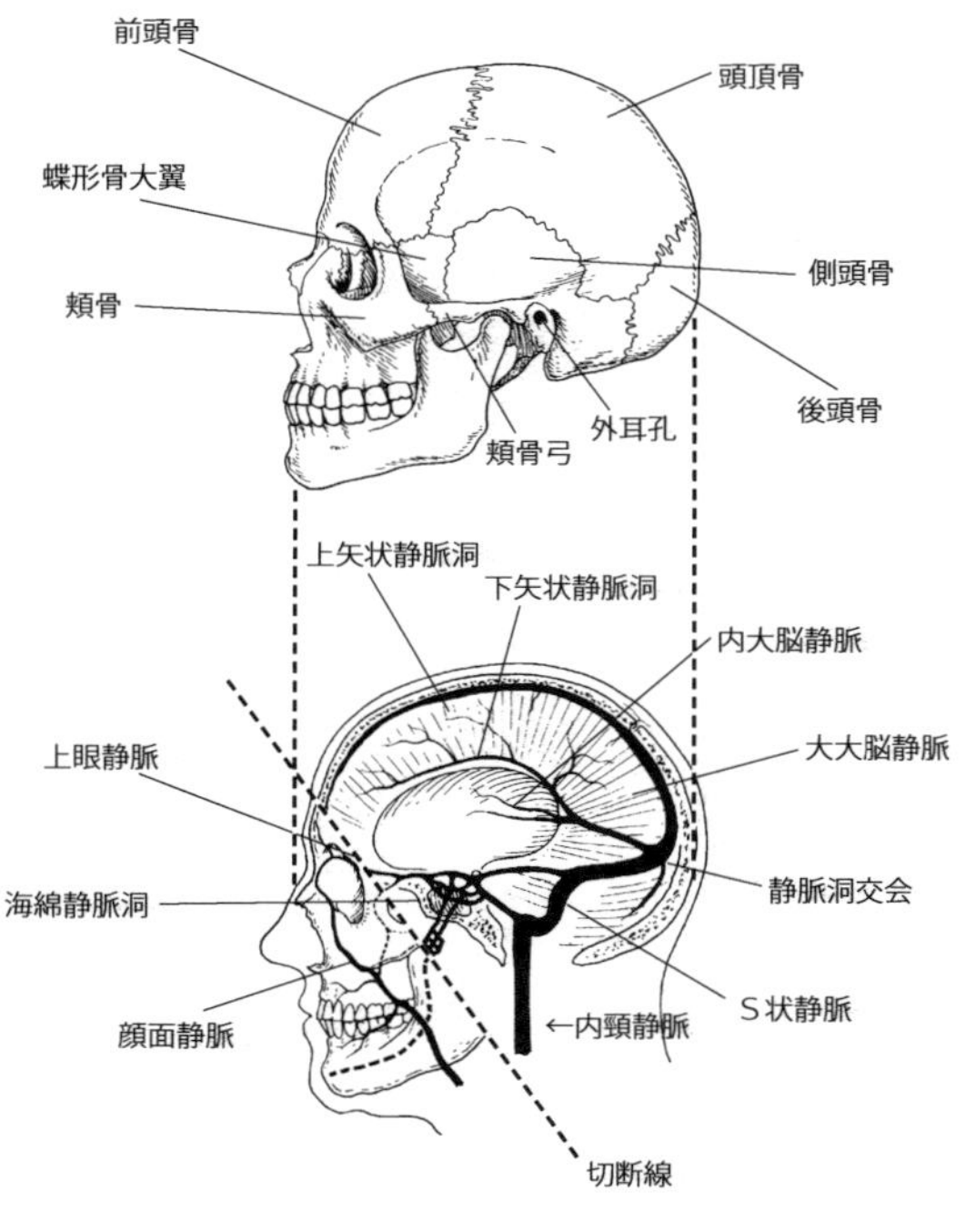

頭部の脳活点と太陽点

①失神者（気絶）を静かに仰臥《ぎょうが》させ、施術者は失神者の頭部前方に位置して坐る。失神者は躰《からだ》全体がグニャリとしているので、安易に抱きかかえたり、手首や肘関節を損傷させないように、注意しながら扱わなければならない。また頭部を強く打撃している場合は、頸関節自体もグニャリと垂れていて、左右孰《いず》れかに曲った状態になっているので、先ず顔を真上に向けさせる事が第一である。

②施術者は、両掌を失神者の第二頸椎部分（頸後頭部の第一番目の上部の頸の骨）に当て、中指がこの頸椎部に掛かるようにする。

③この部分を引っ張りぎみにしながら、顎が真上に突き出るようにし、施術者は吾が中指と薬指を以て押し上げるようにする。こ

脳活法

れはもたつくように行ってはならず、一気に蘇生させなければならない。(施術に詳細な口伝があり、内出血を起している場合は、施術後直ちに専門医の検診を受ける事が必要である)

また別伝として「脳生法《のうせいほう》」があり、延髄上にある「風府《ふうふ》」若くは「瘂門《あもん》」の経穴に鋭い刺激を送る方法である。これは顎や印堂等を打たれて気絶した場合に有効である。蘇生後、吐いたり、大小便を催すのが回復の兆しである。

太陽活法

この活法は仮死状態の時に用いる活法で、失神の場合とは異なる活法である。失神の場合は、躰全体に締りが感じられず、手足がグニャリと垂れるような状態であるが、仮死の場合は、半ば躰が硬直し、脊髄が脆《もろ》くなっているので、この場合の扱いは慎重を期さなければならない。

太陽活法は、顳顬《こめかみ》の部分と第一頸椎への活法であり、側頭窩《そくとうか》の部分を指先で圧する方法を用いる。

①先ず、施術者は仮死者の上半身を起して背後に廻る。その時、仮死者の背中より右手を深く差し込み、また腕の中でしっかり抱き込み、左手は仮死者の両股の上から抑え込むようにして腰を折り込むようにして上体を起す。

②左右両手の拇指を後頭部の第一頸椎(正確には後頭部の第二頸椎しか指では探り出す事ができない)に押し当て、他の四指は顳顬に押し当てて「圧し」、そして「離す」方法を用いる。

③顳顬を「圧する時」は、やや上に吊り上げるようにして、また拇指《おやゆび》は第一頸椎を裡側《うちがわ》に押し込むようにして圧し、「離す時」は顳顬部を先に離し、次に拇指は上に押し上げるようにして順に離す。

足指活法

絞め落された場合に蘇生させる方法として用いる活法である。この活法は、足の拇指の先にある「大敦《だいとん》」と「隠白《いんぱく》」を刺激する蘇生術である。これは足の拇指を折曲げる方法で、絞業等で窒息して呼吸停止になったり、脳溢血で意識不明になった場合に用いる蘇生術である。

①仮死者を先ず仰向けに寝かせる。

②次に仮死者の両足の拇指を裡側に強く折曲げる。

③様子を見て、次に腹を押して意識と呼吸の回復を待つ。

腹活法

先ず方法の第一として、腹部にある「丹田(関元《かんげん》付近)」、膻《だん》中《ちゅう》付近の「鳩尾《きゅうび》」「石門《せきもん》」「水道《すいどう》」の経穴《ツボ》の何れかに刺激を与える蘇生術である。此処は両手を組み合わせて拳状にし、一気に叩いて蘇生させるのである。これを行う事で横隔膜運動が開始され、意識と呼吸が再開される。

次に方法の第二として、仮死者を腹ばいにして寝せ、術者は掌底で背中の「神道」と「中枢」を一気に強く叩く。これによって仮死者は意識と呼吸を取り戻すが、吐いたりするので顔を横向きにして呼吸を妨げないようにする。

背活法

これは脳活法で蘇生しない場合に直ちに行う活法であり、直ちに背活法の措置を施し、その方法は襟活法と同じである。

①施術者は、仮死者の背後に回り込み、両脇を仮死者の両腋《わき》下に両手を深く差し込み、上半身を静かに起す。

②次に施術者は、両足を仮死者の背中に密着させながら、仮死者が倒れないように中腰の姿勢をとって立ち、右膝頭を仮死者の背中部分（胸椎十二個の内の下から五番目の部分＝第七胸椎）に当て、仮死者の顔をほぼ正面に向けさせる。

③施術者の膝の位置は、第七胸椎に押し当てた儘、両掌で仮死者の前方両肩から水落の両側面へ押し当て、指先総てを下に向け掌は仮死者の躰にぴったりと漬ける。

④膝頭が第七胸椎に当たっている事を確認し、活の態勢が整ったら、呼吸を一息して両足を揃え、一気に仮死者の胸部を引き上げるようにする。

水活法

これは溺れた者や誤って物を飲み込んだ者を蘇生する方法である。昨今は人工呼吸一点張りであるが、人工呼吸を行う前に充分に水を吐かせる事が肝腎《かんじん》であり、その基準は溺れてから発見され

水活法（溺水活）1

2

3

4

5

る迄の時間による。十五分以内であると水活法で蘇生し易く、三十分以上経過した場合は人工呼吸及び酸素吸入が必要となってくる。その時、確かめなければならない事は目の瞳孔が開いているか否か、肛門の活躍筋の締まりがあるか否か、であり、瞳孔の開き、括約筋の締まり具合で蘇生の有無が確かめられる。

さてこの方法は次の手順で行われる。

①これを行うには二人の者が必要となる。一人は術者でもう一人はその助手である。先ず、助手が四つん這いになり、溺者を俯《うつぶ》せにしてその上に載せる。この時、助手の腰部辺りに溺者の腹が載るようにして、術者は溺者の腰、背中と順に押していく。

②次に後ろから胸部を強く押し、飲み込んだ水を吐かせる。押す回数は二回程度が適当である。

③この押し方は武術の技を掛ける時の呼吸で行う。一回目は後ろ脇胸部から、二回目は脊柱付近から強く押す。これによって溺者は水を吐き出すが、これで旨くいかない場合、三度目を更に強く押す。大方はこれで水を吐き出すのであるが、この方法はで蘇生しない場合は人工呼吸に切り替える。

④以降、人工呼吸の方法に準ずる。

睾丸活

睾丸に当てられて気絶した場合に行う活法である。睾丸は外角質が急に物に当たったり、此処に蹴り等の当身業を喰らうと、往々にして気絶する場合がある。その場合次の手順で行う。

①気絶者を足を投げ出して座らせ、次に左右何れかの手と腕を垂直に引っ張り上げる。

②術者は気絶者の腕を垂直に引っ張りながら、上げた法の腕の側の腰の部分を足の腹で強く叩く。

③一発で蘇生しない場合は、背中を数回強く叩く。

④更に腕を引き揚げると、大方はこれで蘇生する。また蘇生後この部分を揉《も》みあげておく事が大切であり、同時に跳躍等をして落

睾丸活法 1

2

3

4

ち着かせると後遺症を残す事が少ない。

打撃活法

これは急激な刺激を与えて蘇生させる方法で、物が支えて窒息状態になった時に行う蘇生術である。刺激点は「廉泉《れんせん》」や「腎《じん》兪《ゆ》」や「脾兪《ひゆ》」を一気に打撃して蘇生させる方法である。

手順としては失神者を先ず、自分の立て膝の上に載せ、刺激点を打撃するのである。

止血法

これは斬られた場合の止血法である。傷に最も近い部分の止血の止血部位は左写真の通りである。

斬られる、刺されるで一番多い場合は、何らかの殺傷事件に巻き込まれ、それと争って負傷した場合である。それに続くものとして、試斬り等で切断目標への間合を間違い、自らの足の拇指を切断したり傷つけたり、膝を斬ってしまった場合である。

さて、肩から上の頭部等を斬られ、若しくは刺され、これを止血しようとして頸動脈を長時間強く抑える事は危険であり、五分

仰臥活法 1

2

3

呼吸活法 1

4

2

以上に亙《わた》って抑えると意識が朦朧《もうろう》となり、脳は沈黙状態になるので、此処を抑える場合、充分な注意が必要である。次に紐《ひも》等で縛る場合、故意に強く締め付けて縛ると壊疽《えそ》を起こすので、これもまた注意が必要である。

出血すると体温が下がるので、躰を暖める必要があり、また傷口は出来るだけ下がらないように高い位置にしておく事が肝腎で、万一切断してしまった場合は止血と同時に、各々の脈所を抑えて紐で縛り外科的な治療を受ける。

刃物攻撃に遭遇した際の覚悟とその知っておきたい事柄

実戦武術は素手対素手での対処法だけではなく、各種武器に対してもその対処法を心得ておかねばならない。今日戦場(局地戦)

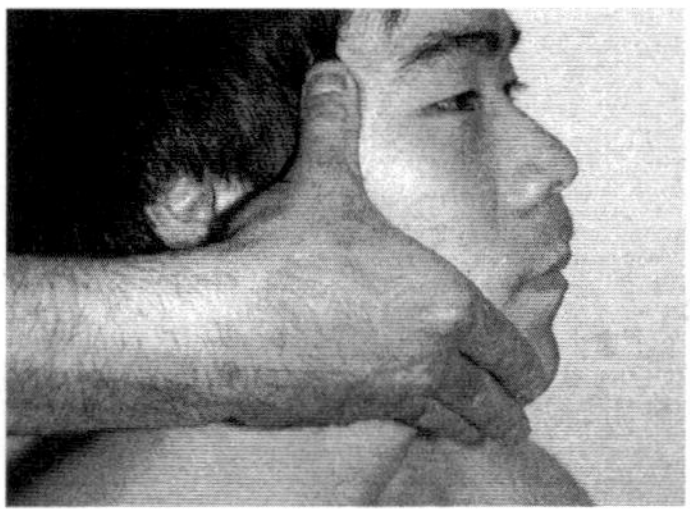

止血　顳顬部

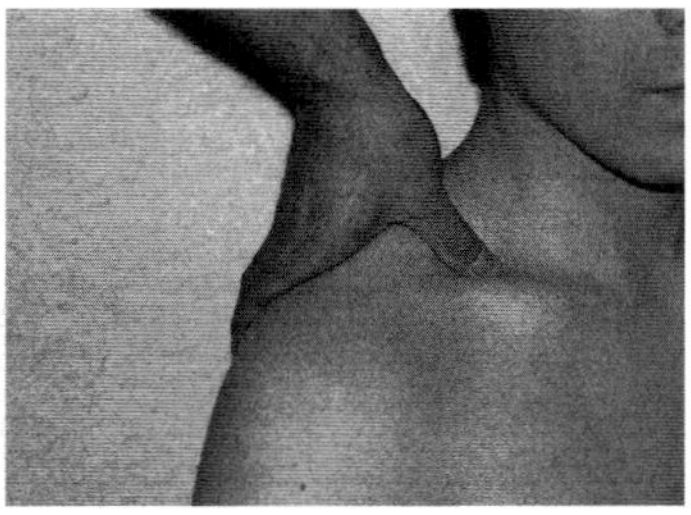

止血　鎖骨部

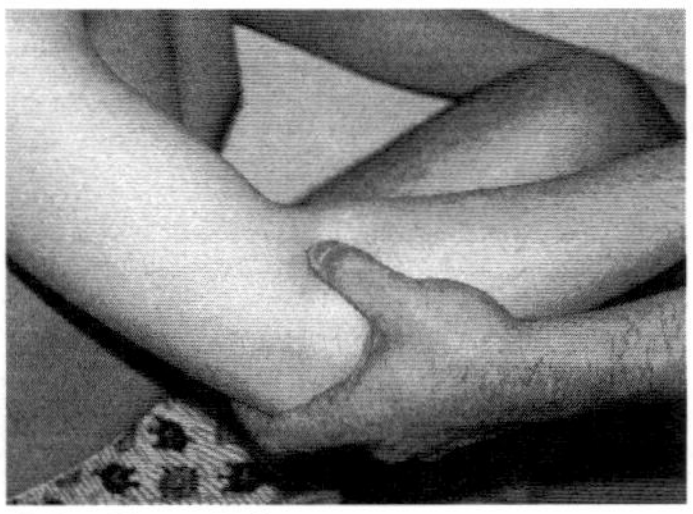

止血　腕・尺沢部

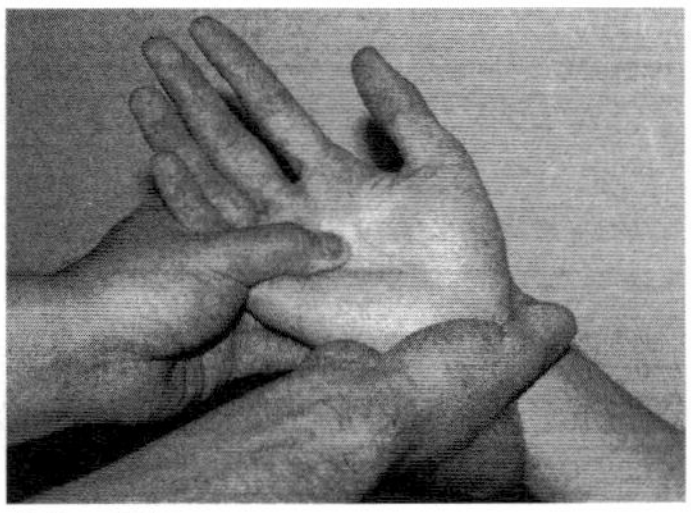

止血　掌部

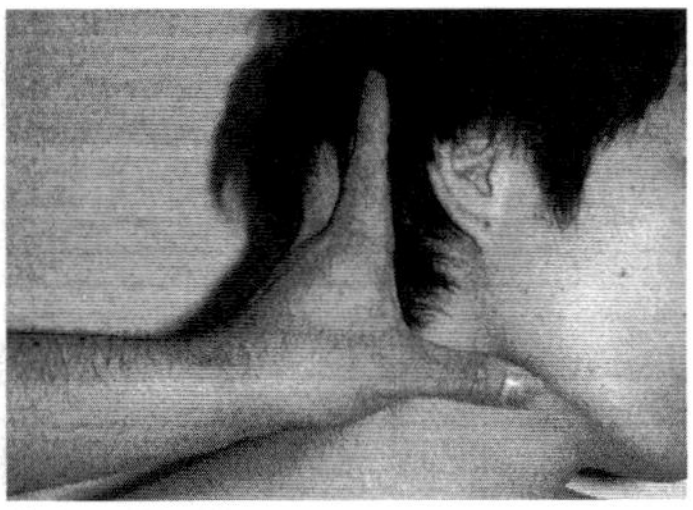

止血　頸動脈部

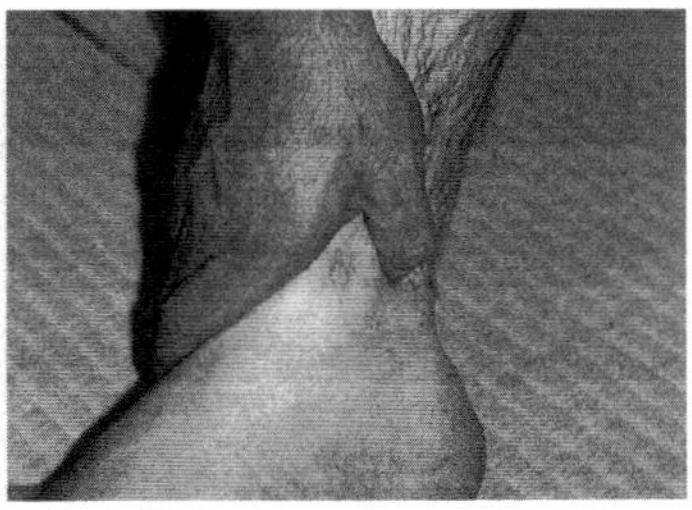

止血　足首部

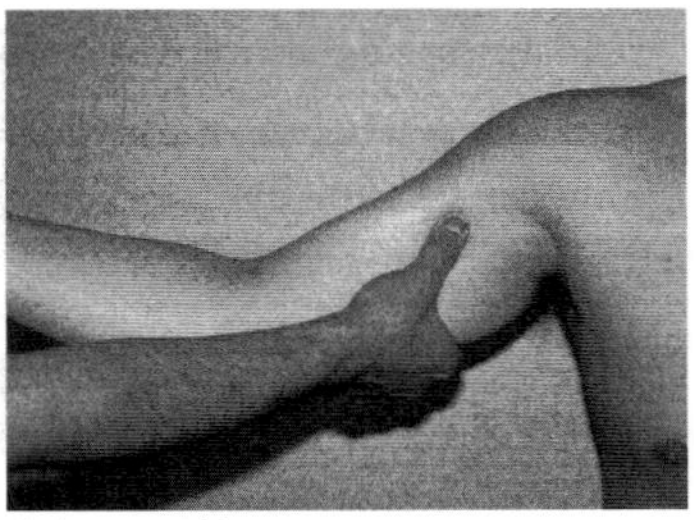

止血　二の腕部

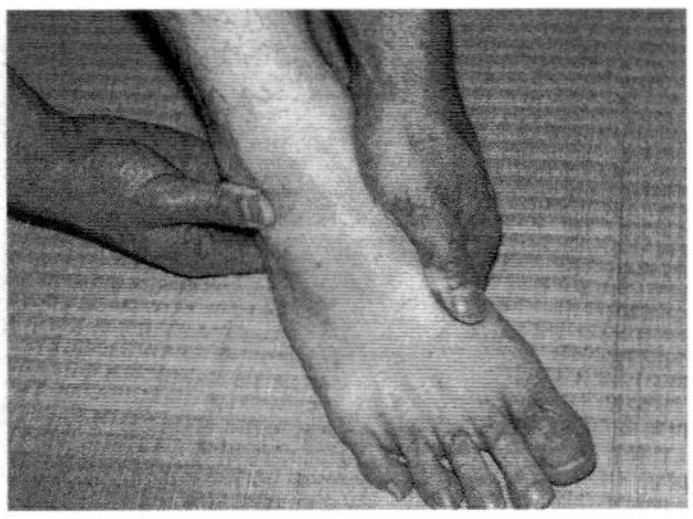

止血　足先部

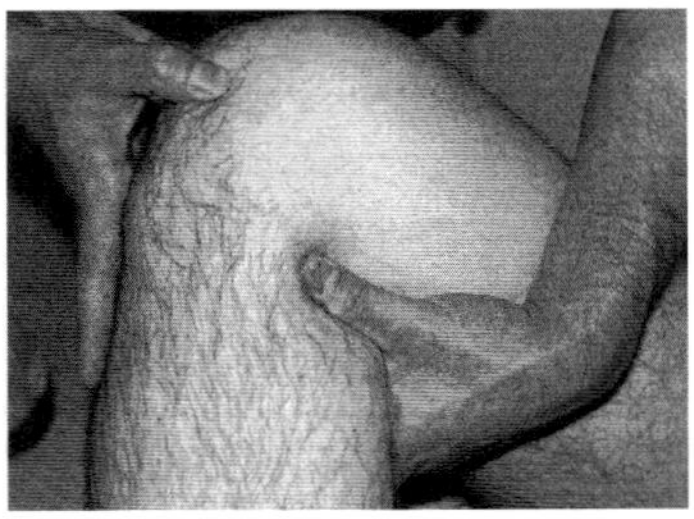

止血　膝部

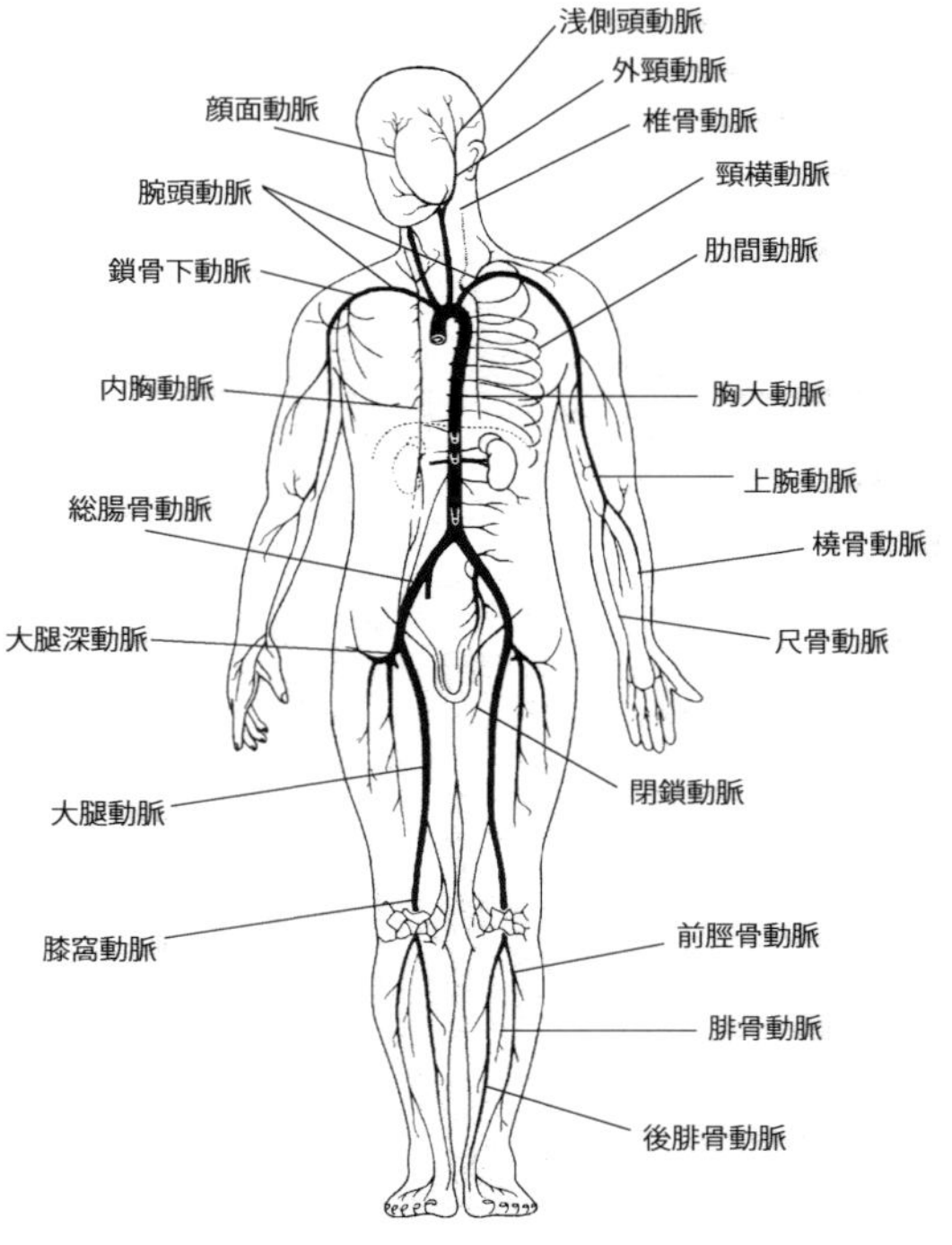

全身動脈図

での格闘に用いられるのは、大方が戦闘ナイフや各種突撃機銃に着剣する銃剣等が中心であるが、他の武器として鉄パイプ、金属及び木製バット、角材、ドライバ、金槌《かなづち》、フォーク、鉄箸《てつばし》、カッターナイフ、アイスピック等の日用品も時として凶暴な武器となりうる。

　多くの日本人は、殺傷の実態を知らない為、防弾チョッキはさぞ堅固な物であろうと想像しているようであるが、これは三十八口径の銃弾に対して考案された防弾着で、この三十八口径の拳銃は有効射程距離は十メートルと謂われている。しかし、これはあくまで平均的な基準値であり、射撃練習をした事の無いド素人が撃てば、二メートル先の相手にも致命傷を負わせるのは難しいとされている。そして三十八口径の拳銃は比較的犯罪に多く使われる。その為に三十八口径の防弾用として、この防弾チョッキ（日本製）が考案されたのである。従って万能とは言い難いものがある。

　さて、この日本製防弾チョッキの欠点は、重い割には、鋭利な刃物やアイスピック等は簡単に貫通してしまう事である。そしてこれは、剣道の防具以下の物であるという事を認識しておいて頂きたい。刃物は、日本刀に限らず、日用品のナイフでも、その先端は簡単に人間の皮膚を切り裂く事が出来る。喩《たと》え致命的な傷は負わせる事が出来なくても、繰り返し切りつける事によって出血に導く事が出来、浅い傷を皮膚の至る所に負わせれば、それだけでショックを与える事が出来る。そして出血は血圧の低下を招き、戦意を萎《な》えさせるものである。

　例えば手首や腕の動脈を切断されると、最悪の場合には約十四秒で意識が無くなり、素人の場合、血を見ただけで気が動転したり呼吸が荒くなるので、出血は更に酷《ひど》くなる。纔《わず》かこの十四秒間で止血を行ない、これが刃物を持った相手と格闘している場合には、相手から刃物を奪い、制するという行動が課せられるので、素人の場合これは不可能と謂わねばならない。

　本書に揚げた全身動脈図からも分かるように、ナイフを使い慣れた者は、次の場所を狙ってくるので致命的な傷を受けないように心がけるべきである。斬り（切り）業で狙われる箇所は、手首、前腕部とその裡側、大腿部とその裡側、顔面、咽喉《のど》等であり、突き業として狙われる箇所は、心臓、咽喉、胃、肝臓、腎臓、延髄、鎖骨のへこみ部分等である。

ナイフを持った相手と対峙した場合、絶対に後退《あとずさ》りしてはならないのは勿論の事であるが、武器を持った相手に対して素手で戦う以上、全身の至る処に多少の切り傷は受けても当り前だ、という覚悟が必要である。間違っても、無傷の儘相手を生け捕ろう等と、努々《ゆめゆめ》思わない事である。

最初から切られ、刺されるという覚悟が出来れば、恐怖心は半減し、ショック状態から起こる混乱や危険もある程度回避できるのである。

このような事態に遭遇した場合、道場稽古のように、すんなりと敵は抑えられたり、投げられたりしてくれないものである。従って日頃から実戦に則し、実際に日本刀やナイフを遣《つか》って修練を重ねておくべきである。最近は人間が平和惚けからひ弱になり、指導者自身も刃物の恐怖と、危険という理由から、刀、脇指、短刀、匕首《あいくち》、西洋ナイフ等を実際に用いて修練する事が無くなっている。従って稽古はあくまで木刀や模造の居合刀となるが、これは実戦護身術から謂えば極めて人命を軽んじた、軽率かつ軽薄な愚行と謂わねばならない。これらの武器を持った相手に対して、対処する措置方法も知っておかねばならないが、同時に切られた時や刺された時の経験も積み重ねておかねばならない。

ここではっきり申し添えるが、一度も刃物で切り傷を負った事の無い者が、実際に刃物を持った敵と格闘した場合、真っ先に殺されるのは、こういった刃物の切り傷・刺し傷を一度も受けた事の無い、些《いささ》か腕に覚えのある武道（特に柔道、空手、合気道、少林寺拳法等で、素手を中心にしてコンビネーションを考えたり、試合する武道）の有段者である。

これは警察官で、柔剣道の四段五段の有段者が刃物を持った容疑者と対峙し、これと格闘して無慙に斬り殺されたり、刺し殺されたりして殉職する結果から見れば一目瞭然であろう。彼等殉職者は斬られた事、刺された事の、致命的な傷が原因で死ぬのではない。傷を負った混乱と、ショック状態による大量出血で死んでいるのだ。

この事から武術家は日頃から実戦に則して、「受ける事」「対処する事」ばかりに囚《とら》われず、「斬られる事」「刺される事」にも長《た》けていなければならない。そして日頃から、血を見る事にも慣れておくべきである。

日本人は戦後平和主義を叫ぶあまり、血を忌み嫌う民族に成り下がってしまったようである。このかくも愚かな、口先だけの平和主義が、一方で犯罪の低年齢化に拍車を掛け、大量の凶悪犯罪を生み、次々に多くの不幸現象を作り出しているのである。血を見た事のない者、死闘をしたことの無い者に、本当の平和主義者は一人も居ないのである。命の遣《や》りとりをして、はじめて人命の尊さが分かるのである。

エピローグ

兵法・軍学を集積した大東流

合気を標榜《ひょうぼう》し、合気を名称にしている武道や武術は、最近急激に増えて来た。それらはいつの間にか、大東流の系統図に名前が組み込まれたり、また「大東流○○会」の研究会形式を名乗るグループも決して少なくない。このグループの多くは、直接大東流の指導者から技法を教わったのでも教わるのでもなく、文献から、あるいは書籍から技を模倣し、グループ長を中心に練習を行い、武道雑誌等で仲間を集めるといった、その本質は同好会的な研究会であり、それを自ら大東流と称しているようである。

また合気と称しながらも、実はそれが単なる筋力養成の基本柔道やレスリング的な柔術であったり、名前だけの抽象的な標榜であったりしている事が少なくない。

更には合気を基督《キリスト》教的な宗教観で捉え、合気の「合」を「愛」と称したり、老荘思想の「宇宙森羅万象論」を持ち出して、万物の融和や調和を強調して、既に「戦闘」する事を忘れたり、人類社会構造の要に「融通無礙《ゆうづうむげ》」や「調和円満」を早々と持ち出して、これこそ人類の進むべき平和の道と、宗教的な色彩を強め、それを豪語して憚《はばか》らない輩《やから》もいる。

また触れられた瞬間に手が痺れ、力が抜けて動けなくなるという「触合気《ふれあいき》」や、一瞬にして大勢の敵を潰したり、倒したり、重ねたりする「重合気《かさねあいき》」を得意とする人も居るが、概《おおむ》ね武田惣《たけだそう》角《かく》や植芝盛平《うえしばもりへい》の武勇伝に、あわよくば便乗しようとしている人達であり、これらの人達が、自らの技法を実演して大相撲の力士や柔道無差別級の巨漢選手を「触合気」や「重合気」で倒したという話は一度も聞いた事がない。総ては武田惣角や植芝盛平の武勇伝にちゃっかりと便乗しているのが、大東流や合気道の愛好者の実情である。

我々は冷静になって考えた場合、日本は今日まで歴史的に見て、多くの武術の達人を生み出して来たと考えられるが、日本人特有の情緒的な考え方から推察すると、「柔能《よ》く剛を制す」的な、小が大を倒す、奇襲戦法の好きな民族性が、そういう感性を育て上げたと謂《い》えるのではあるまいか。

日本人の最も好む戦績は、今日でも繰り返し芝居や舞台で上演され、その多くが「義経《よしつね》の鵯越《ひよどりご》え」「正成《まさしげ》の千早城《ちはやじょう》」「信長《のぶなが》の桶狭間《おけはざま》」である。そして忠義の代表格として「忠臣蔵」があり、これらは総て「大が小を倒す」典型的な構図となっている事に相似性を見い出すのである。

またこれらの共通点は、勝利は誰の眼から見ても、劣勢であり、その殆どは勝算がなく、既に戦う前から決着が着いたものと扱われ、それを客観的に見た場合、何れも無謀な戦いであったと分かる。しかし、日本人の心情は、このような戦いを無謀な戦いと謂わず、神風を期待し、逆転を期待して、寧《むし》ろ勇将や知将に率いられて小兵力が大兵力に戦いを挑んで、大敵を破る事に異常な情熱を燃やし、これを支持する国民気質《かたぎ》がある。

今日大東流が武道界から注目を受け、「大東流合気」をかくも絶賛するのは、武田惣角や植芝盛平の、小柄な体軀から繰り出す「小が大を倒す」という痛快な格闘場面（例えば惣角の白川郷での対決や、丸茂組相手の痛快武勇伝）のみに集中しているようである。この事は作家・津本陽《つもとよう》の武田惣角を題材にした『鬼の冠』、植芝盛平を題材にした『黄金の天馬』等からも窺《うかが》える。

大東流修行者や、これを絶賛する評論家の多くは、この二人の偉人を持ち上げ、引用し、神格化する事を忘れない。そしてそれに付け加える際の言葉が「指一本で巨漢を投げる。あるいは指一本で潰す」という、清和源氏伝説に基づいての合気説で、それを「神秘」と豪語して憚らない。

これらを大東流の宣伝した著書から引用すると、「合気揚げ——つかまれた両手首または片手を、上に揚げながら外す練習——は合気の基本を会得するものであるが、この練習一つから上下左右に無限の変化が生ずる。この練習によって合気の力の養成をされた者は、いくら剛力の者に強く手首を掴《つか》まれても、簡単に外して逆手を極めたり、あるいはそのまま前後左右に自在に投げ飛ばすことができる。さらに上達すれば、相手が掴んでいる手を離しで逃げようとしても、相手の逃げようとする方向について行って、そのまま千変万化の技法を用いて極めてしまう。（中略）曾て武田惣角が松永正敏陸軍中将の要請によって、仙台第二師団の講習におもむいた時、松永中将より、『合気は自分の体を支えるもの（地面や床など）がなくともできるのか？』と質問された惣角は、五、六人の兵士に自分の身体をかつがせて『胴上げ』にさせ、手も足も宙に浮かせた状態から、一瞬にして兵士達をつぶして（倒し）てしまった。しかも、ただつぶしただけでなく、そのままつぶされた兵士達は合気で極められてしまい、だれ一人として動くことが出来ず、中でも真下にある者はつぶされる時に、尻で水月を当てられて悶絶してしまった」（松田隆智著『秘伝日本柔術』より）と説明を加え、惣角の合気武勇伝が如何に凄かったかを克明に伝えている。

近代的軍隊として武器の操作を心得、曲《まが》り形《なり》にも明治当初の軍隊とは異なり、江戸時代の兵法より遥かに進歩した近代的軍隊が、いとも簡単に江戸時代の感覚を残した旅の武芸者・惣角からひねり潰されたとする事実は驚愕に値する。しかし、前時代の武芸者が苟《いやしく》も組織化した近代的軍隊に対し、ひねり潰したのであるからそこから学ぶ点も多かった筈で、以降も続々と高級軍人（海軍中将・浅野正恭、海軍大将・竹下勇、海軍大将・岡田啓介、海軍大将・財部彪、海軍大将・小栗孝太郎、海軍大将・鈴木貫太郎らの陸海軍の将官をはじめ、海軍大佐・横尾敬義、陸軍大佐小牧斧助、海軍少佐・外山豊二らの佐官クラスの軍人達の他に下級将校がいた。この中の数人は武田惣角より教授代理を授かっている）の入門希望者が続々と入門したとあるが、大東流の宣伝著書からも窺えるように、当時驚嘆に尽きる「神技」と称される大東流を学びながらも、何故日本は先の大戦に敗れたのであろうか。

「柔能《よ》く剛を制す」「小能く大を呑む」の痛快な勝利の謳《うた》い文句は、

日本人の情緒的感覚の中で、最も好む心情の一つであろう。しかし、この事ばかりに溺れて、本当の意味での教訓を見失うと、先の大戦同様に、日本人は再び敗北を重ねてしまう道を辿らなければならない。

神話、伝説、武勇伝等は、抑《そもそも》誇張があるのが常である。語る者が豪語した場合、筆記者がその儘《まま》受け止めて、真実として如何にも現実に在《あ》ったかのように記録する事がある。

古人の痛快な武勇伝と現実を混同する危険性は、我々日本人を迷走の坩堝《るつぼ》に閉じ込めて、同じ過ちを犯させ、再び冷たい雪の泥《ぬか》濘《るみ》を歩かねばならなくなる現実に遭遇するものではなかろうか。

また我々日本人は、明治以降西欧の近代的文明の恩恵に与り、科学万能主義が運命づけられて、最も素朴な質問を忘れ、多くの先入観を抱かされている場合が少なくない。知るべき対象に迫る場合、それは既に生半可な答が用意されていて、正当な知識の流通を疎外し続けている。古人の知恵は泥沼の底に深く沈められ、敗北で得た貴重な教訓は、小手先だけの痛快な武勇伝に打ち消され、現代を生きる日本人には、そこから学ぶ点は最早《もはや》無いとしている。だがこの考え方自体が、既に誤った概念を押し付けているのではなかろうか。

能力の優れた者、才能に富んだ者、頭のいい人間だけに、物が見えて、仕事が出来て、従って出世するという単純すぎる社会構造の図式は、もういい加減に呪縛から解かれ、滑稽な選民的英雄主義から解放される必要に迫られているのではあるまいか。

昭和十七年六月五日、日本は海軍を中心にミッドウェー作戦を実行に移した。この巨大な作戦はひと握りの作戦参謀達によって立案され、与えられた様々なデータからあらゆる戦略を試みた。彼等は海軍大学校を優秀な成績で卒業したエリート中のエリートであった。

ミッドウェー作戦の当時、当然ながら彼等の頭脳は結集され、日本の機動部隊空母群は、ミッドウェー島を攻撃しなければならないという予想に基づいて、陸上攻撃用の爆弾を搭載し、発進寸前の状態で待機していた。ところが敵の機動部隊が接近中との無電が入り、爆弾を搭載した飛行機は一斉に魚雷に変更せよという命令が下った。甲板員は気忙《きぜわ》しく作業して魚雷に変更したところで、日本の索敵機は敵の機動部隊を見失い、その旨が作戦室に飛び込んできた。参謀達はひとひねり考えた挙句、再び陸上攻撃用の爆弾に変更するよう南雲忠一（海軍中将）司令長官に具申する。そして再び変更命令が出され、その作業が終わるか終わらないうちに敵の急降下戦闘機が襲ってきた。もう、この時日本はアメリカに遅れを取っていたのである。

日本機動部隊は、空母「赤城」をはじめとして空母の甲板上に積まれていた爆弾や魚雷は大爆発を起こし、更に弾薬庫に誘発して辺りは火の海と化した。この作戦に携わった参謀や指揮官達は、何れも海軍大学校を優秀な成績で卒業した戦争の専門家であった。頭脳もずばぬけていた。だからこそ臨機応変に対処した筈だった。しかし、人知を超えたところに、運命の不思議がある。

ミッドウェー海戦の敗北は、日本始まって以来の大敗で、信じられない程の悲惨な負け戦《いくさ》であった。アメリカ側の情報を軽視し、準備不十分の儘、連合艦隊司令長官・山本五十六《やまもといそろく》の強引な性格を浮き彫りにした無謀な作戦であった。

敵を過小評価し、楽観視して自信過剰に陥っていた海軍部は、日本の歴史始まって以来の、白村江《はくすきのえ》の戦い（六六一年から二年間戦った軍事行動。日本はこれに大敗北を喫す）に匹敵する負け戦を経験し、真珠湾攻撃を上回る手痛いしっぺ返しを受けた。この海戦を最初から侮《あなど》り、楽観視して見ていたのは、この作戦の指揮に当った連合艦隊も、海軍軍令部作戦課同様であった。戦う以前から、海軍軍令部では祝杯の用意が整えられていたという。全く馬鹿げた話である。

この間に、軍令部には南雲機動部隊の悲報が届いた。

赤城、加賀、蒼龍が被弾を受け、大火災を起したという急報であった。この時点では、飛竜は健在であり、突撃をして「我攻撃成功セリ」の知らせを打電するが、やがて敵の猛爆を受け、「飛竜被爆大火災」を報じて沈没する。

これら沈んだ四隻の空母は、無敵攻撃空母の異名を取る日本海軍の秘蔵っ子であり、速力三〇ノットを誇る最新鋭艦であった。真珠湾を皮切りに、太平洋やインド洋を巡航し、日本海軍の積極的な作戦を実行する秘蔵っ子的な存在であったが、これ以降は逆転して、陸海軍ともに消極的な作戦しか立てられなくなって行く。

この点を考えると、海軍は陸軍に較べて無謀な大作戦を展開したというべきであろう。海軍の無謀さが、陸軍までも引き摺《ず》り込み、陸軍の犯した作戦に較べると、その桁は遥かに小さい。

ミッドウェーの敗北や、ガダルカナルやニューギニアの数々の悲劇も、全ては連合艦隊司令長官・山本五十六の責任であり、当時の日本の国力から考えて、元々勝てた筈の大作戦に敗北したというべきである。

日本の運命を大きく変えていった大東亜戦争の、一つ一つの戦いは敵味方ともに、大きく運に左右された。戦争というものはほんの小さな運の働きで、どちらかが有利になる。例えば、その時刻に雲が出た、風が出た、あるいは命令が一箇所だけ届かなかった等で、それが「上手の手から水が漏れる」式で勝敗に決定的な差が生じてくるのである。人知を超えたところで運が左右するのだ。運は確率から言っても、最初は敵味方双方にも五分五分に働く法則がある。しかし、これで勝利を得る方は、決して体力があり、経済力がある方ばかりとは限らない。

三年九ヵ月に及ぶ大東亜戦争を論ずる場合、これを無謀な戦争と位置付ける考え方が一般的であるが、元々日本人は小兵力を以て大敵を敗る事に異常な情熱を傾ける国民である。太平洋を挟んだ大東亜戦争が、日本とアメリカの国力の差を論《あげつら》い、圧倒的大差の敵と戦ったから無謀であったと一概に否定すれば、鵯越え、千早城、桶狭間等の戦いから、日清、日露の戦争まで否定されねばならぬ。また朝鮮戦争も、ベトナム戦争も否定されねばならぬ。

アメリカの強大な国力を思う時、大国に刃向う事は無意味であるから、朝鮮人民も、ベトナム人民も、戦わずして尻尾を巻き、アメリカの軍門に降るべきであったのか？

そして何故大東亜戦争だけを無謀と決め付け、その譏《そしり》を受けて、日本人はこれ程までに自虐《じぎゃく》的な立場に追い込まれ、一億総懺悔《ざんげ》しなければならないのか。

我々日本人は、この点に於て、本当に論ずるべき事を論じていないのではあるまいか。そして大東亜戦争期の悲惨な状況に、生理的な反発だけを強めていても、何一つ教訓を得る事に努力していないのではあるまいか。

また日本のマスコミの現状として、本当に何かを論じようとする時、スポーツや芸能の報道に素早くすり替えてしまう場合が多い。どうでもいい事に焦点を当てる。勝負の世界で誰が勝ったか、負けたかという事は、結局野球はどこが勝ったか、大相撲では誰が勝ったか、サッカーはどのチームが勝ったかという事であり、単に優勝したスポーツタレントを、英雄とする低俗な考えに他ならない。恐らくこのような大衆の目を逸《そ》らす考え方から、武勇伝は生まれるのであろう。また、ひとたび男子に生まれたなら、これに肖《あやか》りたいと願うのは、また人情であろう。

だが、多くの武勇伝は、歴史がそうであるように、その中には殺伐とした、血で血を洗う残忍な、個人戦の域を未だ出得ない宿業がある。武芸者が武芸を以て武技を競うのは、暴力や弾圧を避ける為の、それではない。最初から野望と野心を剥き出しにした売名行為であった。

戦争に学ぶ武術としての軍学

八紘一宇《はっこういちう》が帝国主義の槍玉に揚げられ、軍国主義の譏を受けて久しい。元々は家族同胞主義ともいうべき「アジア的思想」であったこの思想が、侵略主義にとられ、植民地主義の悪しき代表格として袋叩きの憂き目を見た。樽井《たるい》藤吉《とうきち》の『大東合邦論《だいとうがっぽうろん》』は地に落ち、「五族共栄」は悪の代名詞とされた。

しかし、大東亜戦争を切っ掛けに、当時欧米の植民地であった東南アジア諸国は、戦後民族の悲願であった独立を次々に果たし、成就を叶えた背景には、日本の影響下にあったものであるが、これは殆ど論じられた事はなく、侵略の烙印だけが一際目立つのは何故だろうか。

欧米の各国を歴史的に見ても、帝国主義・植民地主義代表格であったのは、寧《むし》ろイギリスやスペインであった。大英博物館は、世界各地から強奪した戦利品が、あたかもイギリスの文化遺産のように展示された泥棒博物館であり、また同国がしでかした阿片《アヘン》戦争の如きは、世界の歴史から謂っても最も恥ずべき行為ではなかったか。更にスペインは、コロンブスがアメリカ大陸を発見して以来（実際には原住民も居たのだが）、次々とアメリカ大陸に押し寄せ、また、メキシコの原住民を約四百万人も大量虐殺して、以降スペイン人との混血を重ねて行った。これらは当時両国が植民地的帝国主義に入れ上げ、それが如何に凄まじかったかを証明するものである。

しかし、明治以来の日本人の白人崇拝主義は今日まで続き、一度もこれらに非難を加える事もなく、また悪の刻印を押した事もない。寧ろ西欧を優遇し、賛美し、西欧に習った西暦で物を考える西欧至上主義路線が、欧米酔心派の福沢諭吉らの有識者によって敷かれ、政府もこれを推進し、教育現場でも公然とこれを指導した事実がある。

更に日本人の進歩的文化人と自称する白人崇拝主義者は、イギリスをはじめとする帝国主義・植民地主義の権化の代表格であった国々の、人道にも劣る行為を一切不問にし、逆に日本軍閥が拡張政策を基盤にして蜂起したとする太平洋戦争のみを批判して、自虐的な立場に追い込む現実を考えると、どう見てもこれは片手落ちと言う他ない。

オーストラリアの首都キャンベラには有名な戦争博物館があり、その中には大戦中日本軍がオーストラリア兵（太平洋戦争当時連合軍）の捕虜を虐待している凄まじいばかりの絵が掛けられている。この絵はまるで日本人に対して、如何に非人道的であったか、深い反省を求めるような描き方が為されている。しかし、日本は広島・長崎に於て、あるいは東京・名古屋・大阪・福岡大空襲に於て、非戦闘員であった婦女子を百五十万人も殺戮しながら、一方、軍人であり戦闘員であるオーストラリア兵を、日本軍が奴隷同様に酷使したという、双方の現実を考えれば、どちらが非人道的であったか容易に察しが付く筈である。

このように日本人の白人劣等感は、只管《ひたすら》白人に恐縮し続けなければならないのだろうか。

日本人は「忍耐の民族である」と言われる、もう一つの顔を持つ。満員電車のラッシュアワー、遠くて狭い住宅事情、渋滞を繰り返す高速道路、大地震の際、絶対に避難場所にはなり得ない貧弱な公園、必ず何処かで交互に行われている下水工事、政府及び地方公共団体の傲慢で鈍重な決断、これらの一つ一つを取り上げて見ても、論ずるに値する事柄を多く残しているが、国民の多くはこれに忍従し、只管沈黙を続けているというのが実情である。「長いものには巻かれろ」が、日本人の国民気質でもあるようだ。

さて、「生が時間に制約される有限」である事を最も自覚せねばならないのは、現代を生きる生者の義務でなかったか。

何故ならば人間は時として、自らの意志に関係なく「死を迎える」事があるからだ。

これを軍事的立場で検討すると、軍事は必ずしも人命尊重主義に矛盾するものではない。平和の尊さは、戦争と戦争の間に実感するものであり、軍事研究を抜きにして真の平和は望めない。しかし、人命尊重という錦《にしき》の御旗《みはた》は、観念形態を擁護《ようご》する考え方から、武器を人間から遠ざけ、これに蓋《ふた》をして研究を怠る事が、平和への近道だとする短見的な考え方がある。しかし、これはあまりにも大事を見失った考え方といえよう。日本人自らが考えるべき日本国憲法が、アメリカの口出しによって解体され、軍事を考える事を放棄する一節が付け加えられて以来、日本人は先の大戦を自虐的な立場に追い込んで反省と懺悔《ざんげ》を強《し》いられ、これまでの日本人の歴史観や今迄のナショナリズムや文化伝統といった内実の総てに訂正が加えられ、曾《かつ》ての実情を正しく比較するという貴重な教訓すらも失う現実を作り出したのである。この事がやがて再び禍根となって、日本人特有の視野《しや》狭窄《きようさく》を進行癌のように静かに進行させて行く結果を招いた。

　教訓を知り、教訓に学ぶ事は人生の重大な要素である。しかし武術家や武道家が、教訓の何たるかを解さず、日々の練習に明け暮れ、ただ勝てばよいという弱肉強食理論に従って、また無知盲目あるいは無教養であってもその如何に関わらず、何人も人生を全《まっと》う出来る。だがそれを知り、学ばずに生きる事は、日本人として未来を失う事である。

古武術崩壊の危機

　古武術はその立脚基盤が、古人の試合上手の武勇伝に成り立っている。そしてそれは伝説的な偉人に纏《まつわ》る話として、歴史的根拠の無い儘、一人歩きしている場合が決して少なくない。

　さて、武術と言うものも、人間と同じように時代の要求に応じて発生し、それから成長を遂げ、安定して、多くの門人を集め、そして斜陽化し、更に痕跡化する——という過程を辿るわけである。このコースを辿って歴史の中で登場した武術古流派は、時代と共に発生し、時代と共に痕跡化していった。それが「幻の武術」と大袈裟《おおげさ》にもて囃《はや》されている原因である。

　しかし一旦跡絶え、然る後に復元して見ても、それは秘伝を解さない儘の復元であり、強いて言えば、新たに起源した新興武道の観が強い。最たるものが大東流であろう。

　大東流が新羅三郎義光《しんらさぶろうよしみつ》によって創始され、これが後に会津藩に伝わり、秘密武術として御留流《おとめりゆう》とされたという説に、疑問を持っている人は決して少なくない。著者もその一人である。

　先ず、その第一はいくら秘密武術と称しても、新羅三郎義光の時代から数百年間も、その存在を知られずに明治中期まで秘密裡に隠し果せただろうか。

　この説を信じる人はその大方《おおかた》が、武田惣角を中興の祖とする大東流柔術修行者や研究者で、惣角の武勇伝に便乗している人達やグループである。また、これらの文献研究者の中には、『古事記』に登場する「抜き手」論や「合気」論を持ち出して、これを大東流と言って憚らず、その歴史的根拠を無視した人が多く、更に武術や文化・芸能というものが、長い歴史を通過する中で、必然的に明らかになるのは当然であり、それを知られず、一度も日の目を見ていないという説には、実に疑わしいものを感じる。

　殊に武術の場合、第一に研究したり、習得する必要があり、数百年間を隠し通すという事は、極めて難しい事である。

　江戸期に於て、御留流と称されていたのは、徳川宗家の柳生《やぎゆう》新陰流《しんかげりゆう》、島津家の示現流《じげんりゆう》、紀州徳川家の柳生新陰流、南部藩の諸賞流《しよしようりゆう》、岡山藩の竹内流《たけのうちりゆう》等であり、それに準ずるものとして、水戸烈公こと徳川斉昭が、天保《てんぽう》十三年に自ら薙刀《なぎなた》をとって創意工夫した常山流《じようざんりゆう》、高槻藩士・山田一風斎藤原光徳を祖とし、薙刀と剣による小脇の構えと車返しを伝えた直心影流《じきしんかげりゆう》、上州安中藩士・根岸松齢宣教が肥前小城《おぎ》藩に伝えた根岸流《ねぎしりゅう》等であり、これらは藩外の者が修行する事は不可能であっても、その存在や伝承は明らかになっている。武技というものは、起源当時よりも、時代を経て、改良に改良が加えられ、洗練されてはじめて秘伝になり得るのである。それから考えれば、大東流には改良に改良を重ねる一切の記録が無く、突然完成品として明治初期に姿を現わしている。

第二に、新羅三郎義光の時代から甲斐武田家に至る時代背景は、世の中が混沌とした十六世紀迄の戦国期で、その主戦力は「甲《かっ》冑組打《ちゅうくみうち》」に代表される、戦場武術でなければならない。日常でも甲冑を着けて生活する時代に、何故「素肌武術」というものが存在し得たのか。

第三に、武田惣角の学んだ武術は、直心影流、柳生流の他、一時期、西郷頼母《さいごうたのも》について学んだ事が明らかである他、以降の伝書による口伝云々……は、惣角と植芝盛平の新たな創作であり、大東流が新羅三郎義光以来、連綿として存在したという証拠を、何一つ証明するものは全く見つかっていない。多くは昭和初期の新たな創作である。この為、大東流は新興武道の観が強い。

第四に、武術に於て、歴史が古くなればなる程、単純明解であるが、大東流は極めて複雑であり、高級技法に見る掛業等は、果たして戦国期に編み出されたものであったのか。時代を遡《さかのぼ》り、古ければ古い程、原始的であり、野蛮であり、泥臭さが漂っていなければならない筈であるが、何故古い伝統を持つという大東流だけが、他の古流柔術に比べて垢《あか》抜け、洗練されたスマートさを持っているのだろうか。

第五に、技法に名称を付ける場合、多くはその名称の由来を技法名で呼ぶのが一般的であるが、それにも関わらず、「一箇条、二箇条、三箇条……」等と呼ぶのは、西郷頼母の溝口派一刀流や太子流兵法《たいしりゅうへいほう》から流用したものであり、江戸末期、会津藩では西郷頼母が幕府要人の為に、それを警護する会津藩士達に授けたものではなかろうか、という事が推測できる。もしそうだとすると、一々技法名を挙げて指導するより、指導の面で容易《たやす》かったのではないか。

恐らく大東流柔術（正確には合気柔術と言わない）は、西郷頼母によって伝えられた技法が、武田惣角に、源氏由来伝説を付け加え、清和《せいわ》天皇末裔の新羅三郎義光が戦死体解剖と女郎蜘蛛云々……の註釈を付け、以降は惣角自身がそれを信じ、実戦経験から創意工夫し、大東流柔術と合気術が出来たのではあるまいか。従って、秘かに大東流修行者に吹聴されている、新羅三郎義光に起源する「大東の館説」、武田家の重臣であったと称する「大東久之助説」、合気が「相木森之助《あいきもりのすけ》」に由来する説等は、殆ど歴史的根拠のない虚言というべきものであろう。

やはり西郷頼母、あるいは西郷四郎の西欧列強を睨んでの、「大いなる東《ひむがし》」の政治的牽制から「大東流」が創始されたのではあるまいか。

大東流修行者が、歴史的根拠のないこれらの説を信じる事は、自身の優越的な傲慢を煽《あお》り立てるばかりで、真摯《しんし》に本物を見据える眼が失われていく事にご注意申し上げたい。

我々は先の大戦の如き、無知な過ちを再び起こしてはならない。大東流に纏る付随された歴史をロマンとして信じる、信じないは別にしても、痛快な武勇伝の域を脱してこそ、己自身の飛躍があり、そこに真実があり、また歴史的根拠を歪める事は、次世代へ受け継がせる歴史的遺産を正しく評価し、検証する眼を奪う事になる。歴史を理性や知性で語り継ぐ事は、これを体験した体験者の必須条件であり、奇妙に歪められた構図に、我々は惑わされてはならない。

そして我々が置かれている現実を、世界的なマクロの眼で遠望した場合、日本人が民族の存亡を賭《か》けて重苦しい、終末としての経済的儀式「ビッグ・バン」に突入しようとしている事である。単刀直入に表現すれば、暗黒的な経済問題が発生し、大打撃を被る事態に直面した事である。しかしこの現実に気付く者は、エコノミストと雖《いえど》も稀《まれ》である。

一九九〇年代半ばにはじまった、所謂《いわゆる》バブル経済の破綻とそれに震源を発する後遺症は、戦後最悪の不景気を齎《もたら》し、金に物を言わせる事を当然のように思っていた日本人の、肥大化する拡散・膨張の傲慢さを急速に萎縮させた。巷《ちまた》ではこれを第二次日米戦争の「敗北」と捕える向きも少なくない。

そして何よりも重大な問題を抱えているのは、未だにバブルのツケを払い終わっていないところに、外圧（殊にアメリカ）に基づく金融ビッグ・バンの猛烈な爆風が、日本本土に押し寄せようとしている事である。この外圧は、やはり終末を暗示する核戦争にも似た、殲滅《せんめつ》的な迄のイメージを投影した日本民族の脅威になりはしないだろうか。

日本人の島国根性的な視野の狭さ、殊に国際問題を、世界的な複眼で見抜く能力には疎《うと》いように思われる日本人特有の世界観は、世界から幾重にも誤解の輪が掛けられ、邪心がないにも関わらず、更にその上に誤解を被《こうむ》る現実が控えている。

武術家を一個の戦略的思想家と考えるならば、当然この辺が見えてくる筈である。しかしこの複眼的多角戦略を、己《おの》が武術に掲げている武術家は少ない。多くの武道家や武術家の興味の対象は、強弱論を基礎に置いた己《おのれ》個人の保身であり、その目指すところは、いつの時代でも周囲から傅《かしず》かれるような、見掛け倒しの強者に回帰する事である。従って彼等が、ある目標に向かって邁進《まいしん》する事を期待しても、多くは空しい遠吠えで終わってしまう場合が少なくない。

武道家や武術家にとって、凡そ遠い未来を小さな経済観念で見据えた目標ほど、不似合いなものはない。それが独断と偏見と傲慢な個人主義に走った場合には、特に、である。

我々は世界情勢の中で見捨てられ、取り残され、無慙に迫害されて滅んで行った民族、あるいはそうした感情を政治的・軍事的ヒステリーに結び付け、この渦の中に巻き込まれて没してしまった国家があった事を忘れてはならない。現にローデシア（今のジンバブエ）はそうであったし、コソボ問題等からも分かるように、民族間での紛争は未だに後を断たない。

　この事は、我々を含めて、多くの国々がその為の紛争に巻き込まれる可能性を秘めている。それは同時に、日本民族が太古から培った武士道の中に秘められた精神性と、その武人《もののふ》としての誇りを失う事であり、此処に武術崩壊の暗示があるのである。

おわりに

私は武術家としては殆ど「武勇伝」というものが、全く無いと言っていい程である。振り返れば、武術家としては極めて単調な、そして欠伸《あくび》の出るような平凡な人生を歩いて来た。従って合気武道界で神格化され、もて囃《はや》されている、武田惣角や植芝盛平のような凄まじき「武勇伝」は何一つ存在しない。

しかし、私は自身の性格からして「斬った、張った」の、一見豪快痛快に見える自慢話からは、人間本来の血の通った人情の機微は見い出す事が出来ないと思っている。殺伐とした「強持《こわも》て」の、然も、人殺しや喧嘩上手を、神のように祀りあげて、心無い武道評論家によって神格化された書物は実に多いが、それらは一貫して殺伐とした武勇伝に終始し、象徴され、誇大化されている。そして殺された者の非業の死に、一ト欠片《かけら》の「情」すら掛けていない。それは武術の次元を低レベル化しただけには止まらず、発想が何とも幼児的である。まさに少年マンガの世界である。昨今の青少年の殺伐とした無差別犯罪も、由来はこの辺にあるのであるまいか。

また此処が、武術家が偏《ひとえ》に、十羽《じゅっぱ》一絡《ひとから》げに、良識人から、一等低い眼で見られ、誤解を招く現実を作っているのではあるまいか。更に此処に彼等の、幼児的発想に対する厳眼《げんがん》が注がれているのではあるまいか。

日本は先の大戦によって敗北し、戦後アメリカ模倣型の民主主義路線を導入して、これを最大の正義と信じ、あるいは公正と信じて、自由と平等に入れ挙げてきた。

しかし、それは無差別で、個人の利益誘導を祈願する「絵に描いた謳《うた》い文句」に止《とど》められた。昨今は明治以来の脱亜入欧政策で、明治時代を遥かに上回るアメリカ主義と、アメリカナイズされたものが好まれる時代となった。この儘突き進めば、日本武術の真髄は一挙に崩壊してしまう事であろう。

武士道の何たるかを解さず、武術秘伝（武術の中には殺法だけに留まらず、極秘と称するものがあり、それは密教の呪術形式をとり、呪法、神呪《しんじゅ》、調伏《ちょうぶく》、祈祷《きとう》、易、遁甲《とんこう》、天文、気象、地理、九字《くじ》、軍立《いくさだち》、活法、医術、食事までが含まれる）の何たるかを知らずして、日本武術の真髄に触れる事は出来ない。旨く表面を繕《つくろ》い、外形化して保存に至っても、あるいはそれが辛うじて存続しても、中味である真髄は失われる事になる。

この厳しい現実を真摯《しんし》に受け止め、武道を志すものは、今一度古人の培った原点の武術に回帰する必要があるのではあるまいか。

私は、武道とは何か、という前に、その原点である、武術とは何か、という事に言を回帰したい。故事で謂う「百年兵を練る」とは「勝つ為」のものではなく、敵に容易に付け込まれない為の「負けない境地」を得る為のものではなかったか。こういう原点に立脚した武術に学ぶ事は、自問自答の為に用意された鏡を見詰め、更にこれを研ぎ澄ます事に他ならない。ここに勝つ為ではなく、負けない境地があるのではあるまいか。

最後に本書の出版に当たり、平戸に関する資料の提供や写真撮影を許可して下さり、また多大な協力とを頂いた平戸市の松浦史料館の主任学芸員の本田昌宏氏、並びに学芸員の皆様、日本刀の知識について資料の提供を頂いた福岡美術刀剣会座長の青柳一清氏、また本書の写真撮影に当たり技法を演じて頂いた関東本部・習志野綱武館の岡谷信彦師範をはじめ、道場生の諸氏、並びに本書を出版するに当たって多大な協力を頂いた株式会社八幡書店の武田崇元社長、同社顧問の大宮司朗氏、同社編集者の堀本敏雄氏に深く感謝致します。

西郷派大東流合気武術　宗家
曽川　和翁

西郷派大東流合気武術発祥の地・豊山八幡神社に立つ著者

●著者略歴

曽川和翁（そがわ　かずおき）

昭和二十三年八月長崎県平戸市生まれ。幼少より山下芳衛先生に師事し、会津藩西郷頼母編纂伝承の大東流合気武術と八門遁甲兵法五術（命《めい》・相《そう》・卜《ぼく》・医《い》・山《さん》）、軍略や軍立《いくさだて》、その他の兵学を学ぶ。また「陽明学」「密教・房中術」「理趣経的密教房中術」「八門遁甲・人相術」の研究家としても知られ、国際軍事情報に関する戦略・戦術思想家でもある。

昭和四十年四月、十六歳の時に「大東流修気会」を発足させ、約五十名の会員を集める。

昭和四十二年四月、十八歳の時に北九州市八幡西区春の町・豊山八幡神社内に「大東修気館」道場を設立する。この年度、約五百名が集まる。

昭和四十六年二月、西郷派大東流当主（宗家）の継承印可を受け、当主の証である「武神の御霊」と古神道や密教に関する古文献の一切、刀剣（初代肥前国忠吉ほか）や槍（兼房ほか）、短刀（繁慶ほか）その他の武器（隠し武器を含む）一切を山下芳衛初代当主から相続し、後に継承する。

昭和四十七年五月、北九州市八幡西区森下に移転。

昭和四十九年四月、北九州市八幡東区中央町に「合気武道館」を設立する。

昭和五十年、千葉県習志野市に「綱武館《こうぶかん》」、翌年五月に岡本邦介（八光流皆伝師範）氏、村上勝利（当時柔道五段で、北海道系大東流修行者）氏の入門に伴い、茨城県稲敷郡美浦村のＪＲＡ美穂トレーニングセンター厚生会館内に「美穂道場」が開設。

平成元年七月、北九州市小倉南区志井に総本部「尚道館」（尚道館ビル）を自己資金で設立。

平成四年六月より滋賀県大津市一里山に在住し、滋賀支部「玄武館」を置く。

平成十二年四月二十一日、米国イオンド大学教授（Ph.D,）に就任。同大学より哲学博士（Doctre of Philosophg／数理哲学）の称号を授与さる。

平成十三年三月五日、九州科学技術研究所設立。

今日までに約五千名以上の門下生を指導し、カナダ、キューバ、台湾、オーストラリア、フランスからも、修得の為に、修行に励む門下生がいる。

平成十六年十一月十二日、特許庁の「登録商標」の認定を得る。登録商標は「西郷派大東流合気武術」および「西郷派大東流」である。

また同年四月六日、知的所有権協会の知的所有権の権限を得る。知的所有権を得たものは「西郷派大東流合気武術」「西郷派大東流」および「大東流合気武術」である。

学術論文に『微分方程式の研究』『古典数理哲学』『仏教愚感』『東洋哲学史』『日本陽明学』などがあり、実用著書に『大東流合気之術』（愛隆堂）、『大東流合気二刀剣』（愛隆堂）、『合気完成90日』

（ＢＡＢ出版）、『八門人相事典』（学研）、『合気の秘訣』（愛隆堂）、『大東流入身投げ』（愛隆堂）、『大東流合気之術』（愛隆堂）、『合気口伝書』第一巻～第十一巻（綱武出版）、『ＤＶＤ＋ＢＯＯＫ　大東流合気武術』（愛隆堂）、その他多数がある。

また出版事業や会報活動として、西郷派大東流の『志友会報』（毎月一回発行）、軍事・政治・歴史・経済研究に基づく『大東新報』（毎月一回発行）の会報紙を発行している。

●本書の内容や入門に関するお問い合わせは、返信用封筒・送料を同封の上、当事務局まで。

〒802-0985
福岡県北九州市小倉南区志井六丁目一一‐一三
西郷派大東流合気武術　総本部・尚道館
■ＴＥＬ：０９３（９６２）７７１０

●インターネットＵＲＬ
https://daitouryu.com/japanese/top.html

新装版 大東流秘伝大鑑

平成十一年十一月十九日 初 版発行
令和 六 年 十 月 十 日 新装版発行

著者 曽川和翁 ©

発行所 八幡書店
〒142-0051 東京都品川区平塚二丁目一番十六号
KKビル5F
振替 〇〇一八〇―一―四七二七六三
電話 〇三（三七八五）〇八八一

カバー装幀／齋藤みわこ

ISBN978-4-89350-957-4 C0075 ¥8800E